인간의 — 밥상

신의 밥상

※일러두기

1. 성경 본문 인용은 새번역 성경을 기준으로 했으며, 개역한글, 개역개정, 공동번역 등 다른 번역본 성경을 인용한 경우에는 괄호 안에 이를 명시하였다.

2. 히브리어와 헬라어 원문은 따로 표기하지 않고 한글 독음만을 표기했으며, 이해를 돕기 위해 한자를 표기할 경우 한글 표기 후 괄호 안에 한자를 표기했고, 영어의 경우에는 한글 독음없이 원문을 그대로 표기하였다.

3. 명화의 경우, 해당 본문 내용을 가장 잘 표현하면서도 미술사적으로 중요한 의미를 갖는 작품을 한 꼭지 당 한 점씩 골라 소개하였다. 가급적 다양한 화가의 작품을 소개하고자 했으나 본문 내용과 일치하는 작품을 우선적으로 선택하다 보니 한 화가의 작품이 여러 점 소개된 경우가 있다.

인류 역사를 뒤바꾼
40편의 맛있는 성경 속 음식 이야기

인
간
의
—
밥
상

신
의
밥
상

유승준 지음

소담출판사

저자는 그간 깊은 신심으로 한국 기독교 신앙의 증거를 기록하는 작업을 해왔고, 또한 요리에 대한 관심이 남달라 꾸준히 음식과 연결된 책을 기획하며 저술 활동을 해왔습니다. 그렇기에 성경 속 음식 이야기를 다룬 『신의 밥상 인간의 밥상』이 출간된 것은 그간의 시간들이 본 저서의 탄생을 위한 준비 기간이었던 것 같다는 생각마저 듭니다.

성경은 시대와 국경을 초월하는 최고의 스테디셀러이자 온 인류가 인정하는 최상의 영적 양식입니다. 그럼에도 불구하고 오늘날 다수의 기독교 국가에서 수많은 사람들이 예수를 믿고 자유롭게 성경을 읽기는 하지만 여전히 사회와 학교, 직장과 교회가 변화하지 않는 이유는 말씀을 받아먹지 않고 맛만 보거나 냄새만 맡거나 보고 읽기만 할 뿐 내 몸속에 살아 있는 영양분으로 흡수시키지 않는 까닭이라고 저자는 지적하고 있습니다. 신앙인이 아니더라도 한 번쯤 읽어 봐야 할 성경이지만 그 방대한 분량 때문에 창세기만 수차례 반복해서 읽다가 포기한 이들이 어디 한둘이겠습니까? 이들에게서 열정을 끌어내기 위해서는 인간을 유혹할 뭔가가 필요한 법. 저자는 성경 속에 담긴 맛깔스런 음식을 미끼로 사용했습니다. 음식 이야기를 따라 야금야금 성경을 읽다 보면 식탐에 빠질 수밖에 없도록 만든 소담스러운 요리책이라고나 할까요? 다음 메뉴는 뭘까, 차례를 뒤적이면서 뒤에 등장할 요리를 기다리며 한 접시 한 접시 비우다 보면 영적 포만감은 물론 자신감과 성취감까지 더해집니다.

성경 속 음식을 읽어주며 성경을 먹게 하는 책. 이 책은 인간의 본성을 이용해 신의 메시지를 섭취하도록 인도하는 건강하고 지혜로운 밥상입니다. 모쪼록 오병이어 기적처럼 이 한 권의 책이 수많은 영적 가난과 질병을 치유하고 채워주길 기원해 봅니다.

신의 밥상을 먹는 이들이 늘어난다면 세상은 더욱 올바르고 아름답게 변화할 거라는 희망을 품게 됩니다.

한젬마 | 화가·대한무역투자진흥공사(KOTRA) 크리에이티브디렉터

모처럼만에 방대하고 매력적인 책이 나왔다. 어떤 음식을 먹고사느냐가 우리 인성과 미래를 결정한다고 나는 생각한다. 그 음식이 이끄는 운명의 식탁을 세세히 나누면서 풀어간 이 책은 식탁 위 음식으로 읽는 성서이며, 음식으로 읽는 인류사다. 곁들여 명화 감상까지 누리게 되니 훈훈하더라. 우리의 운명이 결정되는 아주 사소하면서 가장 소중한 추억과 이야기는 식탁에서 벌어지는데, 음식과 역사와 문화를 성서로 담아낸 이 책이 내게도 퍽 소중한 책이 될 것 같다. 이 어려운 작업을 쉽게 풀어간 작가에게 박수를 보낸다.

신현림 | 시인·사진작가

저자와 인연을 맺은 것은 2004년입니다. 당시 한 출판사 편집주간이었던 저자는 어느 날 갑자기 제게 책을 내자는 제안을 했습니다. 그해 가을 저는 난생 처음 제 이름으로 된 책 한 권을 펴냈습니다.

아마 그때부터 저자는 이 책을 구상하고 있었던 것 같습니다. 자료를 모으고, 생각을 다듬고, 글을 쓰는 데 꼬박 10년 넘게 걸린 셈입니다. 방대한 성경을 요리를 기준으로 분석하고 해석해서 이렇게 새로운 책을 쓴다는 게 보통 일이 아닌 까닭입니다. 이 책을

읽다 보면 이야기책을 읽듯 성경이 술술 읽힙니다. 그리고 그 속에 요리와 음식에 관한 비밀들이 얼마나 많이 숨겨져 있는지, 인간에게 먹고사는 일이라는 게 얼마나 심오한 의미를 갖는지가 잘 드러나 있습니다. 저는 요리의 역사가 이토록 장구하며, 종교적으로 오묘한 뜻을 내포하고 있는지 이 책을 통해 새삼 깨닫게 되었습니다. 『신의 밥상 인간의 밥상』이라는 제목 또한 매우 흥미로우면서도 적절하다는 생각이 듭니다. 먹고사는 건 인간의 힘만으로 되는 일이 아닙니다. 당연한 듯 매일 마주하는 한 끼 밥상에는 수많은 땀과 눈물과 사연과 신의 섭리가 담겨 있습니다.

먹고사는 일상의 문제를 인간의 욕망과 탐심, 소유와 분배, 사회 정의와 평등에 관한 문제로까지 끌고 가 해석하며 대안을 제시하는 저자의 혜안이 놀랍습니다. 그런 의미에서 이 책은 요리책이 아니라 인문서이며 철학책입니다. 종교를 가진 분은 물론 신을 믿지 않는 사람들도 한 번쯤 읽어볼 만한 교양 필독서라고 생각합니다. 사업하랴, 방송하랴, 가장 노릇하랴 정신없이 바쁜 저도 두고두고 틈나는 대로 조금씩 음미하며 다시 읽어볼 작정입니다.

백종원 | 요리 연구가 겸 외식경영 전문가·(주)더본코리아 대표이사

도처에 먹방이 차고 넘치지만 정작 음식에 대한 근원적인 성찰은 부족한 시대입니다. 먹는 일에 대한 지나친 집착은 어쩌면 현대인의 불안이나 심리적 허기의 반증인지도 모르겠습니다. 그런 중에 만난 『신의 밥상 인간의 밥상』은 옛 이스라엘 백성들이 먹었던 만나처럼 아주 달고 맛있는 책입니다.

뛰어난 편집자이자 기독교와 관련해 개성적인 저술 활동을 해온 저자가 이번에는 성경을 통해 신과 인간, 그리고 음식의 관계를 탐구했습니다. 신이 세상을 창조한 이래 인류는 먹고사는 문제로부터 한시도 자유로울 수 없었습니다. '먹다'라는 동사와 '살다'라는 동사가 결합된 '먹고살다', 이 단어는 '먹는 것'과 '사는 것'이 따로 분리된 게 아니라는 걸 말해줍니다.

그의 질문을 따라 성경 속의 음식 이야기를 읽어가다 보면 먹고사는 일에 대해 하나씩 생각의 실마리가 풀리는 듯합니다. 저자의 말처럼, 성경은 굶주림에 지친 인간과 끊임없이 먹이시는 하나님의 역사를 담고 있습니다. 하나님을 창조주이자 심판자로서가 아니라 자녀를 무릎에 앉히고 젖을 먹이고 밥을 먹이는 우리네 어머니로 묘사한 것이 인상적입니다. 예수님은 스스로 음식이 되어 살과 피를 나눠주신 자애로운 인간으로 그려집니다. 서양 회화의 명장면들과 함께 읽으니 성경의 일화와 구절들이 더 생생하게 떠오르고, 멀게만 느껴졌던 신이 어느새 다정한 친구처럼 다가옵니다. 그리하여 신의 밥상은 곧 인간의 밥상, 나의 밥상이 됩니다.

나희덕 | 시인·조선대학교 문예창작학과 교수

너희 가운데서

아들이 빵을 달라고 하는데

돌을 줄 사람이 어디에 있으며,

생선을 달라고 하는데

뱀을 줄 사람이 어디에 있겠느냐?

너희가 악해도 너희 자녀에게 좋은 것을 줄 줄 알거든,

하물며 하늘에 계신 너희 아버지께서,

구하는 사람에게 좋은 것을 주지 아니하시겠느냐?

그러므로 너희는 무엇이든지,

남에게 대접을 받고자 하는 대로,

너희도 남을 대접하여라.

이것이 율법과 예언서의 본뜻이다.

마태복음 7장 9절~12절

성경은 굶주림에 지친 인간과
끊임없이 먹이시는 하나님에 관한 역사다

성경을 조금씩 읽기 시작한 어린 시절부터 줄곧 머릿속을 떠나지 않는 질문이 있었다.

'왜 하나님은 사람들의 먹고사는 문제에 직접 개입하시지 않는 걸까? 선악과는 왜 만들어서 인간이 에덴동산을 떠나 노동에 시달리며 살도록 하신 걸까? 노아에게 왜 고기와 와인을 줘서 자손들이 저주를 받고 인종이 나뉘게 하신 걸까? 왜 예수님은 광야에서 돌을 빵으로 만들어 사탄의 코를 납작하게 하지 않으셨을까? 오병이어의 기적으로 많은 사람을 배불리 먹인 예수님께서 왜 인류의 먹고사는 문제는 근본적으로 해결해 주시지 않은 걸까?……'

주로 먹고사는 문제에 관한 의문이었다. 아버지 어머니를 비롯한 대부분의 어른들이 먹고사는 문제 때문에 너무도 힘겨운 삶을 이어가고 있는 모습이 안쓰러웠던 까닭이다. 어른이 되어 수많은 목사님들의 설교를 듣고, 신부님들의 강론을 들었지만 내 의문을 명쾌하게 풀어주는 설교나 강론은 들을 수 없었다. 학교를 졸업하고 취직을 하고 결혼을 하면서 나 또한 먹고사는 문제에 시달려야 했기에 의문은 점점 사라지고 숙명이 그 자리를 대신했다.

나는 책을 만들고 글을 쓰는 일을 하며 먹고살았다. 재미있는 것은 그토록 다양한 분야 중에서도 요리책이나 음식을 다룬 책을 만드는 일이 즐거웠고, 요리와 음식에 관련된 글을 쓰는 일에 유달리 호기심이 많았다는 것이다. 요리책을 만들고, 요리잡지에 글을 쓰고, 음식과 문화, 음식과 문학에 관해 탐구한 책을 집필하면서 나는 인생과 먹고사는 문제의 심오한 세계 속으로 점점 더 깊이 빠져들게 되었다. 삶이란 곧 먹고사는 일이었고, 그 사람이 어떻게 살았는가 하는 것은 그 사람이 무엇을 어떻게 먹고살았는가와 동일하다는 걸 깨달았다.

　마흔 살 이후, 나는 본격적으로 '요리'와 '음식'이라는 색다른 두 안경알을 장착한 채 성경을 다시 읽기 시작했다. 성경은 창세기부터 요한계시록까지 온갖 요리와 음식 이야기들로 가득 넘쳐났다. 왜 하나님께서 에덴동산에 선악과를 만들어 놓으셨는지, 인간에게 주어진 최초의 시험이 왜 하필 먹는 문제였는지, 노아가 먹고 마신 고기와 포도주가 무슨 의미인지, 본격적인 요리가 등장한 건 언제부터인지, 허기를 채우기 위해 동생 야곱에게 팥죽 한 그릇에 장자의 명분을 판 형에서의 잘못이 왜 그토록 큰 것인지, 요셉이 자신을 노예로 팔아넘긴 형들에게 베푼 화려한 오찬의 모습이

어땠는지, 하나님은 이집트로부터 이스라엘 민족을 해방시키면서 왜 어린 양고기와 무교병을 먹으라고 명하셨는지, 이스라엘 백성들이 광야에서 40년 동안이나 먹었던 만나와 메추라기에 담긴 하나님의 뜻과 섭리가 무엇이었는지 등을 하나씩 발견해 나가는 기쁨은 뭐라고 말로 다 할 수 없는 것이었다. 요리와 음식의 역사는 인류의 역사였으며, 하나님과 인간 사이의 관계맺음의 역사였고, 바로 성경의 역사였다. 나는 비로소 어릴 적부터 품어 왔던 오래된 의문이 풀리면서 성경의 오묘하면서도 신비로운 세계를 마음껏 여행할 수 있게 되었다. 질문이 있어야 해답도 찾게 되는 법이다.

인간의 특징을 나타내는 말로 흔히 라틴어 '호모'를 넣은 표현이 사용된다. 손을 사용하는 인간을 '호모 하빌리스', 직립 보행하는 인간을 '호모 에렉투스', 지혜를 갖춘 인간을 '호모 사피엔스', 도구를 사용할 줄 아는 인간을 '호모 파베르'로 부르는 식이다. 근래에는 놀이를 즐기는 인간이라는 뜻의 '호모 루덴스', 휴대전화를 생활화하는 인간이라는 뜻의 '호모 모빌리쿠스', 인터넷을 하는 인간이라는 뜻의 '호모 인터네티쿠스'라는 말까지 생겨났다. 이중에서도 나는 요리하는 인간, 요리를 즐기는 인간이야 말로 인간을 인간답게 하는 가장 중요한 특징이라고 생각한다. 이 세상에 존재하는 수많은 생명체 가운데 썰고, 볶고, 데치고, 섞고, 얼리고, 발효시키는 등의 고단한 과정을 거쳐 요리를 만들어 먹는 존재는 인간이 유일하다. 이런 인간의 특징을 나타내는 말로 '호모 뀌진느', '호모 쿠킷투스'라는 말이 사용된다.

구약성경을 간략하게 요약한다면 인간을 먹고사는 존재로 만드신 하나님, 그리고 그런 인간이 먹고사는 문제로 끊임없이 괴로워하고 시험에 빠질 때마다 어머니가 자식을 먹이듯 체념하거나 포기하지 않고 끝없이 챙겨 먹이시는 하나님에 관한 이야기라고 할 수 있다. 그런 차원에서 보자면 신약성경은 자신이 만든 인간을 위해 직접 인간의 몸으로 세상에 태어나 인간의 영혼과 육체의 먹고사는 문제를 근본적으로 해결해 주시기 위해 스스로 음식이 되어 자신의 살과 피를 나눠주신 예수님에 관한 이야기라고 할 수 있다. 그렇다면 신약과 구약을 통틀어 성경은 굶주림에 지친 인간과 끊임없이 먹이시는 하나님에 관한 역사인 것이다.

성경을 읽을 때 간과해서는 안 되는 중요한 단어가 바로 '잔치'다. 성경에는 헤아릴 수 없이 많은 잔치가 등장한다. 하나님은 인간과 더불어 즐거운 잔치를 벌이고자 에덴동산을 만드셨고, 직접 인간의 형상으로 아브라함을 찾아와 잔치를 즐기셨으며, 장차 새 하늘과 새 땅에서 선택된 백성들과 함께 풍성한 잔치를 베풀겠다는 약속하셨다. 예수님 역시 잔치에 관심이 많았으며, 사람들과 함께 먹고 마시는 걸 좋아하셨다. 갈릴리 가나 혼인 잔치에서 물을 포도주로 변화시킴으로써 하마터면 흥이 깨질 뻔한 잔칫집 분위기를 살려 주신 것이 그분이 행한 첫 번째 기적이었으며, 유월절 어린 양으로서 제자들과 최후의 만찬 의식을 치르셨고, 부활 후 제자들에게 나타나 같이 생선과 빵을 나누어 먹으며 잔치를 베푸셨다.

내가 파악한 바로는 성경에 나오는 요리와 음식에 관한 의미 있는 이야기들은 전부 40편이었다. 나는 이중 대표적인 이야기를 추려 몇 년 전 「빛과 소금」이라는 잡지에 1년 동안 연재를 한 적이 있다. 연재 후 나머지 이야기들을 정리해서 책을 펴낼 계획이었지만 바쁜 일이 겹치다 보니 차일피일 미루게 되었다. 사실 너무 방대한 작업이라 엄두가 나지 않았던 이유도 있었다. 나는 신학을 공부한 성직자도 아니고, 성경을 심도 있게 연구한 학자도 아니며, 요리에 전문 지식을 갖고 있는 요리사도 아니다. 그래서 글쓰는 일이 몹시 버거웠다. 하지만 그 덕분에 더 자유롭게 상상의 날개를 펼치며 종횡무진 먹이를 찾아 높이 날 수 있었는지도 모른다. 모질게 마음 먹고 일을 끝내고 나니 감회가 이만저만이 아니다. 성경과 요리에 더 많은 학식을 갖춘 분들이 보면 부족한 점이 한두 가지가 아니겠으나 보다 풍성하고 깊이 있는 보충은 이후 다른 손길에 의해 꾸준히 이어지리라 믿는다. 누구나 쉽게 이해할 수 있도록 쓰려 했지만 성경 자체가 워낙 난해한 내용이 많아 한계가 있었다. 시각적으로 도움이 되었으면 하는 바람에서 널리 알려진 서양화가의 그림을 내용에 맞게 소개했다. 이 역시 적절한 그림을 찾을 수 없어 꽤 애를 먹어야 했다. 때로는 한 편의 그림이 주는 감동이 내 지리멸렬한 문장을 압도하는 경우도 있을 것이다. 이 또한 기쁘고 즐거운 일이다.

아무쪼록 이 책이 기독교인들에게는 더 원숙한 신앙의 체험을, 성경을 통해 색다른 깨달음을 얻고자 하는 독자들에게는 흥미진진한 개안開眼의 계기가 되었으면 하는 바람이다.

어려운 시기임에도 흔쾌히 출간을 결심해준 소담출판사 이태권 대표님과 멋지게 책을 꾸미고 만들어준 편집자 홍대욱 님, 디자이너 신진택 님을 비롯해 편집부와 영업부 모든 분들께 진심으로 감사를 드린다. 내 인생 절반의 시간 동안 내 먹고사는 문제를 책임져준 어머니와 노동의 수고를 아끼지 않은 하늘나라에 계신 아버지, 그리고 내 인생 나머지 절반의 시간 동안 내 먹고사는 문제를 책임져줄 아내 김혜경 님에게 이 책을 바친다. 무엇보다 내 영혼의 양식을 끊임없이 책임지고 공급해 주신 하나님 아버지께 이 책으로 인해 생겨날 모든 갈채와 영광을 돌려드린다. 갈채와 영광을 뺀 꾸지람과 비판은 전적으로 나의 몫이다.

2018년 새해, 굶주림 없는 세상을 꿈꾸며
유승준

차 례

제1부 인간을 먹고사는 존재로 만드신 하나님

제2부 어머니가 자식을 먹이듯 사람들을 먹이신 하나님

제3부 스스로 음식이 되어 살과 피를 나눠주신 예수님

Chapter 1

인간을
먹고사는
존재로 만드신
하나님

01
인류 최초의 유혹,
에덴동산의 선악과

완벽한 이상향 에덴동산

창세기 1장에는 태초에 하나님이 천지를 창조하신 대역사가 기록되어 있다. '세상 창조에 관한 기록'이란 뜻을 가진 '창세기 創世記, Genesis'의 히브리어 제목은 '베레쉬트'다. 영원 속에서 시간과 공간이 처음 생겨난 '태초 太初'를 가리키는 말이다.

첫째 날부터 여섯째 날까지 하나님은 쉬지 않고 우주 만물을 만들어내셨다. 그리고 대미를 장식할 작품을 맨 마지막에 심혈을 기울여 빚어내셨다. 그게 바로 사람이다.

창세기를 기록한 것으로 알려진 모세는 27절에서 "하나님이 자기 형상 곧 하나님의 형상대로 사람을 창조하시되 남자와 여자를 창조하셨다."고

기술하였다. 주목할 것은 그 다음이다. 하나님은 사람에게 세 가지 일을 행하셨다.

첫째는 복을 주신 것이다. 에덴동산 같이 모든 것이 완벽하게 갖추어진 공간 속에서 하나님처럼 만들어진 사람에게 더 이상 무슨 복이 필요했을까? 이것은 창조주인 하나님과 피조물인 사람 간의 경계와 차이를 분명히 선포하신 일이라 할 수 있다.

이로써 사람은 하나님의 형상대로 만들어졌지만 하나님과 똑같거나 하나님을 능가하는 존재가 아니라 하나님이 주시는 복을 받지 않고서는 살아갈 수 없는 유한한 존재라는 사실이 분명해진 것이다. 여기서 복이란 눈에 보이는 세속적인 복이 아니라 하늘에 속한 신령한 복을 의미한다. 사도 바울은 우상 숭배와 황제 숭배가 극에 달한 에베소 교회에 보낸 편지에서 하나님이 사람들에게 내려 주시는 복을 이렇게 정의한 바 있다.

"우리 주 예수 그리스도의 하나님 아버지를 찬양합시다. 하나님께서는 그리스도 안에서, 하늘에 속한 온갖 신령한 복을 우리에게 주셨습니다." 에베소서 1장 3절

또한 에베소 교회를 맡아 목회하고 있던 나이 어린 믿음의 아들 디모데에게 보낸 편지에서는 하나님이 복 그 자체이시며, 그분을 섬기고 모시는 게 바로 복이라고 가르쳤다.

"건전한 교훈은, 복되신 하나님의 영광스러운 복음에 맞는 것이어야 합니다. 나는 이 복음을 선포할 임무를 맡았습니다." 디모데전서 1장 11절

"기약이 이르면 하나님이 그의 나타나심을 보이시리니 하나님은 복되시고 유일하신 주권자이시며 만왕의 왕이시며 만주의 주시오." 디모데전서 6장 15절, 개역개정

둘째는 일을 주신 것이다. 하나님은 사람에게 생육하고 번성하여 땅에 충만하라고 하셨다. 그리고 땅을 정복하고, 바다의 물고기와 하늘의 새와 땅에 움직이는 모든 생물을 다스리라고 하셨다. 세상 속에서 사람이 무슨 일을 하며 살아가야 할지를 구체적으로 알려 주신 것이다. 남자와 여자가 가정을 이루어 자식을 낳아 기르며, 이 땅을 터전삼아 땅과 바다와 하늘에 있는 모든 창조물들을 다스리는 것, 이것이 사람이 해야 할 일이다.

셋째는 먹을 것을 주신 것이다. 하나님이 사람에게 직접 먹을 것을 챙겨 주셨다는건 무엇을 뜻하는 것일까? 영적인 존재인 사람에게 맨 먼저 복을 주시고, 인생의 의미와 가치를 느끼며 살아가도록 일을 주신 후에, 육체를 가진 사람의 온전한 생명을 위해 양식을 마련해 주신 것이다. 이로써 사람은 먹지 않고는 살아갈 수 없는 존재라는 사실이 명확해졌다. '먹고살아가야만 하는 존재.' 이것이 바로 하나님이 만드신 인간의 특성이다.

"하나님이 말씀하시기를 내가 온 땅 위에 있는 씨 맺는 모든 채소와 씨 있는 열매를 맺는 모든 나무를 너희에게 준다. 이것들이 너희의 먹거리가 될 것이다." 창세기 1장 29절

사람은 태초에 하나님에 의해 먹고사는 존재로 창조되었지만 그 먹을거리는 전부 하나님이 만들어 주셨다. 땀 흘려 농사를 짓거나 먹고살기 위해

애쓰지 않아도 온 천지에 씨 맺는 채소와 씨 있는 열매가 가득 했다. 언제든지 배가 고프면 돈을 내거나 허락을 구할 필요 없이 그것들을 마음껏 먹을 수 있었다. 에덴동산은 동양 사람들이 이상향으로 꿈꾸던 무릉도원 같은 곳이었다. 영국 작가 올더스 헉슬리가 1932년에 발표한 소설 『멋진 신세계』에서 예견했던 굶주림과 가난이 존재하지 않고, 질병이나 전쟁의 위험이 없으며, 그 누구도 고독과 절망과 불안을 느끼지 않는 세상보다도 훨씬 더 멋진, 그야말로 완벽한 세상이었다.

하나님이 처음 사람에게 주신 '먹을거리 food'는 식물이었다. 최초의 인류는 철저한 채식주의자들이었던 것이다. 풍요로운 삶의 상징인 '쌀밥에 고깃국'은 적어도 에덴동산에서는 통용될 수 없는 식단이었다. 가난이 일상이었던 시절, 우리도 고기반찬이 부의 상징처럼 여겨지던 때가 있었다. 그러나 먹고사는 게 풍요로워진 오늘날 사람들은 더 이상 고기를 찾지 않는다. 웰빙의 대명사가 된 채식은 맨 처음 에덴동산에서 만들어진 최고급 식단이었다. 창세기 2장을 보면 인간의 창조 과정이 보다 상세하게 설명되어 있다. 여기서 눈여겨 볼 것은 하나님이 사람에게 주신 최초의 금기사항이다. 그동안 하나님의 창조사역이 진행되면서 성경에는 줄곧 "~하라"는 긍정적인 명령의 말씀이 이어졌는데, 이 부분에서는 "~하지 말라"는 부정문, 즉 뭔가를 금하는 규율의 말씀이 나타난다.

"주 하나님이 사람에게 명하셨다. 동산에 있는 모든 나무의 열매는, 네가 먹고 싶은 대로 먹어라. 그러나 선과 악을 알게 하는 나무의 열매만은 먹어서는 안 된다. 그것을 먹는 날에는, 너는 반드시 죽는다." 창세기 2장 16절~17절

여기서 사람이란 인간의 조상인 아담을 가리킨다. 영국 국왕 제임스 1세의 지시에 의해 1611년 전면적으로 개정 발행한 성경으로 흔히 흠정역 성경이라고 불리는 KJV The King James Version 영어 성경과 1978년 미국 뉴욕성서공회에서 현대인들을 위해 쉽게 번역 출판한 NIV The New International Version 영어 성경에 따르면 우리가 흔히 이야기하는 선악과는 'the tree of the knowledge of good and evil', 즉 그것을 먹으면 무엇이 선한지 악한지를 알 수 있게 되는 나무의 열매를 말한다.

하나님의 말씀으로 창조되어 모든 것이 선하고 아름다워서 하나님이 보시기에 심히 좋았던 세상, 그중에서도 가장 정성껏 만들어낸 사람이 살고 있는 에덴동산 안에는 악한 것, 나쁜 것, 추한 것이란 있을 수 없었다. 이런 환경 속에서 사람이 스스로 무엇이 선한지 악한지를 알 수 있게 된다는 것은 악한 것, 나쁜 것, 추한 것이 비로소 에덴동산 안에 등장하게 된다는 것을 의미한다. 선한 존재로 창조된 사람이 하나님의 뜻을 어기고 악한 것을 알게 되었을 때 반드시 받게 될 벌은 죽음이었다.

먹을 것과 먹지 말아야 할 것

사람을 만들고 심히 기뻐하며 맨 먼저 먹을 것을 챙겨 주셨던 하나님이 왜 하필 다른 규율들을 놔두고 먹을 것을 금하는 규율을 내리신 것일까? 사람은 영적인 존재이면서 동시에 육적인 존재로 창조되었다. 하나님과 소통하며 하나님으로부터 끊임없이 복을 받는 것은 영적 존재로서 영의 양식을 먹는 것과 같다. 마찬가지로 사람은 생명을 유지하기 위해 육의 양식을 먹어야만 살아갈 수 있다. 이 중 눈에 보이는 것은 육의 양식이다. 육체를 가진 사람에게 가장 약한 부분이 바로 눈앞에 보이는 먹을거리로부터의 자유와 절제였던 것이다. 하나님은 자신의 형상을 따라 창조된 사람이라면 식탐의 유혹 정도는 가볍게 물리치고 보다 높은 차원의 영적 존재가 되길 바라셨던 것이다. 이런 하나님의 기대와는 달리 사람은 식탐의 유혹 앞에서 여지없이 무너지고 말았다.

"여자가 그 나무를 본즉 먹음직도 하고 보암직도 하고 지혜롭게 할 만큼 탐스럽기도 한 나무인지라 여자가 그 열매를 따먹고 자기와 함께 있는 남편에게도 주매 그도 먹은지라." 창세기 3장 6절, 개역개정

여자는 하나님이 아담을 위해 돕는 배필로 지으신 하와이고, 남편은 하와를 처음 본 순간 '내 뼈 중의 뼈요 살 중의 살이라'고 고백했던 아담이다. 이 두 사람이 하나님이 먹지 말라고 금하신 선악을 알게 하는 나무의 열매를 따서 보란 듯이 사이좋게 나눠 먹은 것이다.

하와가 선악을 알게 하는 나무의 열매를 따먹게 된 데에는 뱀으로 나타난 사탄의 유혹이 결정적이었다. 뱀은 하와에게 살며시 다가와 물었다.

"하나님이 정말로 너희에게 동산 안에 있는 모든 나무의 열매를 먹지 말라고 하셨니?"

하와는 하나님의 규율을 직접 듣지 못했다. 아담에게서 전해 들었을 뿐이다. 그런 하와에게 뱀은 반어법을 사용하며 하나님의 말씀이 정말인지를 되물음으로써 하와로 하여금 의혹을 품게 하고 자신이 지켜야 할 규율이 과연 무엇인지를 모호하게 만드는 고도의 화술을 사용한 것이다. 이에 하와가 제대로 걸려들었다.

"아냐, 그렇지 않아. 동산 안에 있는 나무의 열매는 우리가 다 먹을 수 있어. 그런데 하나님께서는 한가운데 있는 나무의 열매만큼은 먹지도 말고 만지지도 말라고 하셨지. 그걸 먹으면 우리가 죽을까 하노라고 말씀하셨어."

하와의 답변이었다. 동산 중앙에는 선악을 알게 하는 나무와 생명나무가 있었다. 하나님은 선악을 알게 하는 나무의 열매를 먹지 말라고 하셨지 생명나무의 열매를 먹지 말라고 하신 건 아니었다. 하와는 이 둘을 구분하지 않았다. 그리고 하나님의 말씀을 직접 듣지 않았다는 이유로 이를 반드시 지켜야 할 규율로 여기지 않고 남의 말인 듯 객관화시키면서 만지지도 말라고 했다는 거짓말을 지어냈다. 게다가 반드시 죽으리라는 말씀을 죽을지도 모른다는 투로 변형시켰다. 뱀의 유혹에 귀를 기울인 결과 의심의 함정 속으로 빠져든 것이다.

뱀은 기회를 놓치지 않았다.

"너희는 절대로 죽지 않아. 하나님은 너희가 그 나무의 열매를 먹으면 너희 눈이 밝아져서 하나님처럼 선과 악을 알게 된다는 걸 아시기 때문에 그렇게 말씀하신 거야."

간교한 뱀은 하나님의 규율을 정면으로 부정하였다. 먹어도 죽지 않는다는 것이었다. 오히려 그것을 먹으면 눈이 밝아져 하나님과 같이 될 거라고 말했다. 선악을 알게 하는 나무의 열매를 먹지 말라는 규율은 창조주인 하나님과 피조물인 사람 사이에 경계를 설정하기 위해 마련해 놓은 최소한의 안전장치였다. 그런데 하와는 뱀의 유혹에 무기력해져 순식간에 이 경계선을 넘어서고 말았다.

뱀의 말을 듣고 하와가 동산 중앙에 있는 선악을 알게 하는 나무의 열매를 바라보았다. 과연 뱀의 말대로 먹음직스럽고 보기에 좋을 뿐 아니라 지혜롭게 할 만큼 탐스럽기도 했다. '탐스럽다'는 말은 히브리어로 '탐욕', '욕심', '정욕', '열망', '기쁨'이란 뜻을 가진 말이다. 영어 성경에서는 'desire'로 번역되었다. 하나님과 사람 사이의 경계를 상징하던 규율의 대상이 어느새 사람의 열망과 기쁨을 위한 탐욕의 대상으로 전락한 것이다. 하와는 결국 욕망을 이기지 못한 채 자신은 물론 남편의 신세까지 한꺼번에 망쳐 버리고 말았다.

금단의 열매였던 선악과는 어떤 과일이었을까? 이를 사과라고 믿은 사람들이 꽤 많았다. 잘 알려진 그림 속에도 선악과는 대부분 사과로 그려져 있다. 이는 라틴어로 '사과'와 '죄악'이 똑같이 '말룸'이라는 단어를 사용한 데서 유래했다. 토마토라고 믿은 사람들도 있었다. 사탄이 인간을 유혹하는 도구로 사용한 과일이라면 응당 열대의 푸른 잎사귀에 휘감겨 붉은색의 요염한 빛깔을 드러내며 성욕을 자극하는 음탕하기 이를 데 없는 열매일 거라고 생각했는데, 토마토는 이런 이미지에 딱 맞는 모양이었던 까닭이다. 15세기 이탈리아의 탐험가 콜럼버스가 자신이 발견한 신대륙에서 이 관능적인 과일을 유럽으로 가져왔을 때 이를 본 사람들은 토마토를 'love apple', 즉 '사랑의 사과'라고 부르기 시작했다.

땀 흘려 일해야만 먹고살게 된 인간

열매를 따먹은 아담과 하와에게 놀라운 변화가 생겼다. 눈이 밝아진 것이다. 갑자기 자신들의 벌거벗은 몸이 보였다. 수치심이었다. 급히 무화과나무 잎으로 치마를 만들어 입었다. 그 전에는 전혀 느끼지 못했던 감정이었다. 이때 바람이 불었다. 동산을 거니시는 하나님의 소리가 들렸다. 재빨리 숨었다. 두려움이었다. 그 전에는 한번도 하나님을 두려워해 본 일이 없었다. 이상한 일이었다. 마침내 악한 것, 나쁜 것, 추한 것이 전면에 등장한 것이다.

하나님으로부터 규율을 어긴 데 대한 벌이 주어졌다. 이 벌 또한 먹고사는 문제에 관한 것이었다. 뱀에게는 모든 가축과 들의 모든 짐승보다 더욱 저주를 받아 배로 다니고 살아 있는 동안 흙을 먹어야 하는 벌이 주어졌다. 여자에게는 임신과 출산의 고통이, 남자에게는 땀 흘려 노동을 해야만 겨우 먹고살 수 있는 벌이 주어졌다.

"땅은 너에게 가시덤불과 엉겅퀴를 낼 것이다. 너는 들에서 자라는 푸성귀를 먹을 것이다. 너는 흙에서 나왔으니, 흙으로 돌아갈 것이다. 그때까지, 너는 얼굴에 땀을 흘려야 낟알을 먹을 수 있을 것이다. 너는 흙이니, 흙으로 돌아갈 것이다." 창세기 3장 18절~19절

그리고 그 종말은 죽음이었다.

이후 지금까지 세상의 모든 남자들은 식구들을 먹여 살리느라 죽어라 일을 해야만 했다. 그럼에도 불구하고 인류 역사상 단 한 번도 인간이 먹고사는 문제로부터 완전히 자유로웠던 시대는 없었다. 인류는 늘 배고팠고, 먹고사는 문제로 고민해야 했으며, 좀 더 먹을 게 풍족한 땅을 찾아 끝없이 이동하며 때로는 전쟁까지도 치러야 했다. 하나님이 직접 먹을 것을 책임져 주시던 곳, 먹고사는 문제가 완벽하게 해결되던 곳, 에덴동산은 바로 그런 곳이었지만 인간은 하나님과 맺은 규율을 어김으로써 영원한 이상향인

에덴동산에서 추방되었다.

　죄를 짓고 쫓겨나는 아담과 하와를 위해 하나님은 가죽옷을 지어 입히셨다. 이 장면은 마치 잘못을 저지르고 아버지 몰래 집을 나서는 자식을 위해 옷가지와 먹을 것을 챙겨 주는 어머니를 연상시킨다. 신학자 매튜 폭스는 『새로운 종교개혁』이라는 책에서 "하나님은 어머니이며 아버지다."라고 말했다. 우주 만물을 창조하시는 엘로힘 하나님은 강한 아버지를 떠올리지만 손수 먹을 것을 챙겨 주시고 가죽옷을 지어 입혀 주시는 여호와 하나님은 자상한 어머니를 떠올리게 한다. 실락원 이후에도 하나님의 모성애는 눈물겹게 이어진다.

　사도 바울은 에베소서 2장 10절에서 이렇게 말했다.

　"우리는 하나님의 작품입니다. 선한 일을 하게 하시려고, 하나님께서 그리스도 예수안에서 우리를 만드셨습니다. 하나님께서 이렇게 미리 준비하신 것은, 우리가 선한 일을 하며 살아가게 하시려는 것입니다."

　하나님이 인간을 창조하신 이유는 우리로 인해 기쁨을 얻고 자기 형상대로 만든 피조물을 통해 사랑을 나누길 원하셨기 때문이다. 이런 관계를 단절시킨 것이 인간이다. '하나님의 작품'이라는 말의 헬라어는 '포이에마'다. 이 포이에마라는 단어에서 파생된 영어 단어가 'poem'이다. 인간은 하나님을 위해 만들어진 시 같은 작품이라는 뜻이다. 하나님은 우리를 시처럼 귀하고 아름다운 존재로 만드셨지만 우리는 식탐의 유혹을 견디지 못하고 죄악에 빠져 스스로 고단하고 힘겨운 노예의 삶을 선택한 것이다.

베첼리오 티치아노(1488~1576, 이탈리아), 〈원죄〉,
캔버스에 유화, 240×186cm, 프라도 국립박물관, 마드리드

티치아노는 조반니 벨리니의 뒤를 이어 '회화의 군주'로 불렸던 베네치아를 대표하는 화가로 명성에 걸맞게 선악을 알게 하는 나무를 사이에 두고 뱀과 아담과 하와의 삼각관계를 절묘하게 묘사하였다. 뱀은 아이의 모습을 하고 있지만 긴 꼬리를 감춘 사탄으로 하와를 유혹하면서도 아담을 노려보고 있다. 하와는 왼손으로 열매를 따고, 아담 역시 왼손으로 하와의 몸에 손을 대고 있다. 왼손은 그릇된 행동을 의미하는 것으로 이들이 하나님의 규율을 어기는 일에 동참하고 있음을 나타낸다. 하와 뒤쪽으로 간사함을 상징하는 여우와 허영을 뜻하는 붉은 꽃이 보인다. 인류 최초의 범죄는 이들의 헛된 식탐과 욕망에서 비롯되었다.

노아가 먹고 마신 고기와 포도주

02
쾌락의 도구가 되기
시작한 음식

홍수 심판 이후 노아에게 주신 하나님의 선물

지상 최고의 낙원이었던 에덴동산을 쫓겨난 아담과 하와는 인류 최초의 아버지 어머니로서 땀 흘려 일하고 아이를 낳아 기르며 열심히 살았다. 산다는 게 고행임을 비로소 깨닫게 된 이들은 아마 늘 에덴을 그리워했을지도 모른다. 그러나 에덴동산은 이미 하나님이 천사들과 두루 도는 불 칼을 두어 지키게 하셨기 때문에 다시 돌아갈 수 없었다.

아담의 후손들은 죄인의 후예답게 대를 이어 가며 온갖 죄악을 저질렀다. 가인이 질투심과 분노를 이기지 못해 아벨을 죽이고 나서 하나님 앞에 "내가 내 아우를 지키는 자입니까?"라고 적반하장으로 대든 것은 시작에 불과했다. 물론 아담의 후손들 중에 평생을 하나님과 동행하며 자녀들을 낳다가 죽음을 맛보지 않고 하나님 곁으로 승천한 에녹 같은 인물도 있었지만 이는 극히 예외적인 것이었다. 급속도로 번성하게 된 인류는 점차 자신들이 하나님의 피조물이라는 사실을 잊은 채 사람의 아들딸들이 되어 갔다.

마침내 하나님은 사람을 만드신 걸 한탄하며 근심하기에 이른다. 인간의 이해를 돕기 위해 인간의 언어로 쓰인 문장이긴 하지만 창조주이신 하나님이 처음으로 자신이 한 일에 대해 후회를 했다는 표현이 성경에 등장한 것이다. 결국 하나님은 자신의 손으로 빚어내고 복을 준 인간을 자신의 손으로 전부 없애버리려는 중대 결단을 내리게 된다.

"주님께서는, 사람의 죄악이 세상에 가득 차고, 마음에 생각하는 모든 계획이 언제나 악한 것뿐임을 보시고서, 땅 위에 사람 지으셨음을 후회하시며 마음 아파 하셨다. 주님께서는 탄식하셨다. 내가 창조한 것이지만, 사람을 이 땅 위에서 쓸어버리겠다. 사람뿐 아니라, 짐승과 땅 위를 기어 다니는 것과 공중의 새까지 그렇게 하겠다. 그것들을 만든 것이 후회되는구나." 창세기 6장 5절~7절

온 인류가 멸망을 당하게 될 이 일촉즉발의 위기 속에 노아라는 한 사람이 역사의 주인공으로 등장한다. 그는 의인이었고 하나님과 동행하는 당대에 완전한 사람이었다. 하나님은 노아에게 홍수로 인한 심판이 임박했음을 알리고 방주를 만들 것을 명령하였다. 고페르 나무로 만들어질 방주의 설계는 세미한 부분까지 하나님이 직접 지시하였다.

수많은 어려움과 사람들의 조롱을 감수하면서 노아는 오랜 세월 동안 묵묵히 방주를 만들었고 드디어 거대한 방주가 완성되었다. 하지만 사람

들은 아무도 방주 안으로 들어가지 않았고, 여전히 악을 행하며 부패하여 포악함이 땅에 가득할 지경이었다. 방주 안으로 들어간 사람은 노아와 아내, 세 아들과 며느리들이 전부였다. 이어서 땅에 있는 모든 생물들이 암수 한 쌍씩 방주로 들어갔으며, 배 안에서 먹을 양식과 물도 넉넉하게 실어 두었다.

하나님이 직접 방주 문을 닫으신 뒤 7일이 지나자 큰 깊음의 샘들이 터지고 하늘의 창문들이 열려 40일 동안 밤낮으로 엄청난 양의 비가 쏟아져 내렸다. 온 세상이 물에 잠겼고 인간을 포함한 모든 생물들은 전부 멸망하고 말았다. 비가 그치고 땅이 마른 뒤에 노아와 그의 가족들이 방주 문을 열고 밖으로 나왔다. 방주에 들어간 지 1년하고도 17일만이었다.

노아는 제2의 아담이었다. 홍수 심판 이후 그는 하나님이 새롭게 하신 세상에 등장한 최초의 사람, 두 번째 인류의 조상이 된 것이다. 노아는 맨 먼저 여호와께 제단을 쌓고 모든 정결한 짐승과 정결한 새 중에서 제물을 취해 번제로 제사를 드렸으며, 하나님은 그 향기를 기뻐 받으셨다. 그런 다음 하나님은 노아와 그 아들들에게 네 가지 일을 행하셨다.

첫째는 복을 주신 것이다. 천지창조 이후 에덴동산에서 최초의 인류에게 복을 주신 것처럼 홍수로 세상을 심판하시고 나서 두 번째 인류의 조상이 된 노아와 그 아들들에게 하나님이 제일 먼저 하신 일 역시 복을 주신 일이다.

둘째는 일을 주신 것이다. 아담 때와 마찬가지로 생육하고 번성하여 땅에 충만하라는 말씀을 주심으로써 새로운 세상 가운데 앞으로 사람이 무슨 일을 하며 살아가야 할지를 구체적으로 알려 주셨다.

셋째는 먹을 것을 주신 것이다. 에덴동산에서 최초의 인류에게 주신 먹을거리는 식물이었다. 온 지면의 씨 맺는 모든 채소와 씨 가진 모든 나무에서 열리는 열매는 다 사람의 먹을거리였다. 그런데 홍수 심판 이후 노아와 그 아들들에게 하나님이 주신 먹을거리는 이전에 먹던 것들과는 전혀 다른 새로운 것이었다. 그것은 바로 고기, 즉 육식이었다.

"모든 산 동물은 너희의 먹을 것이 될지라. 채소 같이 내가 이것을 다 너희에게 주노라." 창세기 9장 3절, 개역개정

이것은 하나님의 선물이었다. 에덴동산에서 아담과 하와에게 영의 양식인 복과 육의 양식인 식물을 주신 것이 인간에 대한 무한한 하나님의 사랑을 표현한 것이었다면, 홍수 심판 이후 제2의 인류의 조상이 된 노아와 그 아들들에게 영의 양식인 복과 육의 양식인 고기를 주신 것 역시 인간에 대한 무한한 하나님의 사랑을 표현한 선물이었던 것이다.

마지막으로 하나님은 다시는 땅 위의 모든 생물을 홍수로 멸하지 않을 것을 약속하면서 그 언약의 증거로 구름 사이에 무지개를 두어 볼 수 있게 하셨다. 이는 자신의 손으로 창조하신 세상의 모든 생물과 그 중 가장 큰 기쁨이었던 인간들을 홍수로 쓸어버리신 데 대한 안타까운 마음을 표현하신 거라고 할 수 있다. 하나님은 공의의 하나님이시면서 동시에 사랑의 하나님이심을 잘 알 수 있게 해주는 대목이다.

인류 최초의 술, 와인

고난 뒤엔 기쁨이, 기쁨 뒤엔 또 다른 고난이 숨겨져 있는 것은 인생의 공통 법칙과도 같다. 선물도 잘 쓰면 약이 되지만 잘못 쓰면 반드시 독이 된

다. 첫 번째 인류의 조상에게 주어진 선물, 즉 육의 양식인 먹을거리가 최초의 유혹이 되어 아담과 하와를 죄로 물들게 한 것과 같이 두 번째 인류의 조상이 된 노아도 하나님의 선물로 주어진 육의 양식인 먹을거리를 제어하고 절제하지 못함으로써 씻을 수 없는 아픔을 겪게 된다.

홍수 심판이 끝나고 평화의 시대가 이어지면서 노아는 육체적으로도 점점 늙게 되었고 정신적으로도 많이 쇠약해졌다. 그때는 이런저런 생각을 할 겨를조차 없었지만 하나님의 명령을 받아 방주를 짓던 시기나 홍수 심판이 있었던 당시를 회상하면 하루하루 만감이 교차하는 심정이었을 것이다. 그 옛날 친구도, 이웃도, 추억도 하나도 남아 있지 않았다. 세상이 온통 죄로 물들어 있을 때는 늘 하나님과 동행하며 살았지만 심판 이후 모든 것이 다시 시작된 세상에 죄라고 여길 만한 것도 없었기 때문에 늘 하나님과 동행하며 긴장 속에 살아갈 이유도 없었다. 자연스럽게 술과 고기를 친구삼아 먹고 마시는 일에 빠져들게 되었다.

노아가 마신 술은 포도주, 즉 와인이었다. 성경에 술이 등장하는 건 이때가 처음이다. 포도 농사를 짓다가 우연히 발효된 포도즙을 발견하게 되었고 이를 마셔보니 달콤하기도 하고 알딸딸하기도 해서 본격적으로 포도주를 담가 먹게 된 게 아닐까 추측할 뿐이다. 포도주는 옥토에 정착하여 농업을 개발한 결과 노아 시대에 처음 만들어진 이후 이스라엘 사회의 주요한 음료로 정착하였다. 뿐만 아니라 포도주의 등장은 식생활 전반에 걸쳐 일대 변화를 가져오게 되었다.

포도주는 약용으로도 쓰였고, 하나님께 드리는 예배에도 쓰였다. 알코올 농도가 세지 않은 포도주는 팔레스타인의 식탁에 흔히 올려졌다. 팔레스타인에서는 고기나 채소가 부족했기 때문에 포도주는 그것을 보충하는 요긴한 음식이었다. 바로 그런데서 우리에게 밥과 국이 주식의 상징이듯 빵과 포도주가 이들에게 주식의 의미로 쓰이게 된 것이다.

아무튼 노아는 말년에 포도주를 즐겨 마시게 되었는데, 어느 날 유난히 많이 마신 탓에 그만 인사불성으로 취해 장막 안에서 벌거벗은 채 깊은 잠에 빠져들고 말았다. 이때 노아의 손자 가나안이 장막에 들어와 벌거벗은 할아버지의 몸을 제일 먼저 목격하였다. 그런데 그는 아무런 조치도 취하지 않고 아버지 함에게 달려갔다. 함 역시 아버지의 허물을 가리거나 감추려 하기 보다는 형제들에게 이 사실을 알렸다.

가나안과 함은 노아의 벌거벗은 몸을 전부 다 구경하였으며, 이를 은근히 즐기고 희롱하기까지 한 것이다. 반면 이 소식을 들은 셈과 야벳은 옷을 가져다가 자기들의 어깨에 메고 아버지의 벗은 몸을 보지 않기 위해 뒷걸음쳐 들어가서 아버지의 하체를 덮어 주었다. 이들은 아버지의 허물이 드러나는 것을 원치 않았으며, 그 허물을 자신들의 눈으로 목격하게 되는 것도 큰 불효요 불경한 일이라고 생각했던 것이다. 노아는 이들에게 단순히 육적인 아버지만이 아니었다. 노아는 아담과 같은 두 번째 인류의 시조였으며, 하나님의 대리인으로서 막강한 영적 권위를 가진 존재였다. 셈과 야벳은 이를 잘 알고 있었던 것이다.

술에서 깨어난 노아는 취중에 벌어진 일에 대해 자세한 보고를 받았다. 그리고 그는 분노하였다. 이 일로 가나안은 그의 형제의 종들의 종이 되라는 저주를 받게 되었으며, 함은 히브리 족속의 원수이자 타락한 백성들의 조상이 되었다. 아버지의 허물을 덮어준 셈은 영적인 복을 받아 아브라함의 조상으로 오늘날 황인종의 시조가 되었고, 야벳은 바닷가 땅에 머무르며 창대하게 되는 복을 받아 지금의 백인종의 시조가 되었다.

노아가 누구인가? 그는 한때 하나님과 동행하며 당대에 완전한 사람이라 불리던 유일한 의인이었다. 그래서 온 세상이 물로 심판을 받을 때 홀로 구원을 받아 두 번째 인류의 조상이 된 사람이었다. 이랬던 그가 평화롭고 안정적인 환경이 이어지자 하나님을 의지하기 보다는 새로운 먹을거리로 등장한 고기와 포도주를 탐닉하며 식탐에 빠져 그저 평범한 노인으로 전락하고 만 것이다. 이후 노아는 350년을 더 살다가 허무하게 인생을 마감하였다.

육식이 좋은가, 채식이 좋은가?

|

여기서 우리는 한 가지 의문을 가지게 된다. 채식만 하던 노아 시대 이전의 인류가 육식을 즐기게 된 노아 시대 이후의 인류들보다 훨씬 더 착한 사람들이 아니었을까? 언뜻 생각하기에 채식을 좋아하는 사람은 육식을 좋아하는 사람보다 더 착하고 순할 것 같다. 토끼나 양처럼 채식만 하는 동물이 사자나 호랑이처럼 육식만 하는 동물보다 더 유순하고 해가 되지 않기 때문이다.

그렇다면 과연 육식이 좋은가, 채식이 좋은가? 인간의 몸에, 자연에, 인류 환경에 육식을 하는 것이 더 이로운가, 아니면 채식만 하는 것이 더 이로운가? 이 논쟁은 예전부터 지금까지 계속되고 있으며 아마 앞으로도 끊임없는 논쟁거리가 될 것이다. 미국의 문명비평가인 제러미 리프킨은 그의 저서 『육식의 종말』에서 이렇게 주장했다.

"수백만 명의 인간들이 곡식이 부족해 기아에 시달리는 와중에도 선진국에서는 사료로 사육된 육류, 특히 쇠고기 과잉 섭취로 인해 생긴 질병으로 그보다 더 많은 사람들이 목숨을 잃고 있다. 미국인, 유럽인, 일본인들은 곡물로 사육된 쇠고기를 탐식하고 있으며 그 때문에 '풍요의 질병', 즉 심장발작, 암, 당뇨병 등에 걸려 죽어가고 있다."

그는 만약 지구의 건강을 회복시키고 날로 증가하는 인구를 먹여 살리는 데 일말의 희망을 가질 수 있다면, 지구상에서 축산 단지들을 해체시키고 인류의 음식에서 육류를 제외하는 것이야말로 향후 수십 년 동안 우리가 이루어야 할 중요한 과업이라고 말했다. 자연주의자, 생태주의자로 평생을 살았던 헬렌 니어링 역시 이런 말을 남겼다.

"동물들은 우리의 형제들이다. 우리 곁에서 함께 성장하는 지구상의 다른 종족이다. 동물들은 열등하지 않으며 형태가 다른 자아들이다."

베스트셀러『무지개 원리』의 저자인 차동엽 신부는 20년 넘게 채식만 먹고 살아온 분이다. 그는 채식이 자신의 영성을 지탱해 주는 주춧돌이라고까지 주장한다.

"많은 청소년 범죄와 총기난사사건 같은 반인륜적인 사건의 주범이 육식이라는 것을 알게 되었다. 1970년대 미국 의회에서 청소년의 정서장애로 인한 범죄율 증가를 연구하는 과정에서 햄버거, 정제식품, 인스턴트, 설탕, 특히 고기 등이 문제라는 것이 보고된 바 있다. 이런 사실들을 공부하면서 채식과 거친 통곡식이 건강에 좋다는 것을 알게 되었고 나는 이를 실천하고 있다. 지금 내 머리는 새벽의 이슬과 같다. 내가 조금 탁하게 먹으면 머리에 안개가 낀다. 성품이 곧 음식이다. 영성과 음식은 밀접한 관계에 있다."

전문가들의 의견을 종합해 보면 인간을 위해서나 자연을 위해서나 육식을 많이 먹는 것보다 채식을 더 즐기는 것이 좋은 것 같다. 그러나 분명한 것은 육식도 하나님이 우리에게 주신 먹을거리이며 기쁨으로 즐겨야 할 소중한 선물이라는 것이다. 에덴동산에서 아담이 먹던 채식과 두 번째 인류의 조상 노아가 즐기던 육식을 건강하게 골고루 먹는 것이 하나님의 창조 질서와 원리에 부합하는 일이라는 의미이다. 그래서 다윗은 이렇게 노래했다.

"그가 가축을 위한 풀과 사람을 위한 채소를 자라게 하시며 땅에서 먹을 것이 나게하셔서 사람의 마음을 기쁘게 하는 포도주와 사람의 얼굴을 윤택하게 하는 기름과 사람의 마음을 힘 있게 하는 양식을 주셨도다." 시편 104편 14절~15절, 개역개정

하지만 이보다 더 중요한 것은 육의 양식과 영의 양식을 편식 없이 골고루 섭취하는 것만이 건강하고 올바른 인생을 위한 첫걸음이라는 사실이다.

조반니 벨리니(1430~1516, 이탈리아),
〈만취한 노아〉, 캔버스에 유화, 103×157cm,
보자르 미술관, 브장송

흰 수염을 늘어뜨린 노아가 술에 취해 깊이 잠들어 있다. 왼손 옆에는 잘 익은 포도 한 송이가 놓여 있고, 오른손 옆에는 술잔으로 쓰인 듯한 빈 그릇이 나뒹굴고 있다. 양쪽에 천으로 조심스레 노아의 몸을 가려주는 두 아들이 보인다. 이들은 심각한 표정으로 아버지의 몸을 보지 않으려 시선을 다른 데 두고 있다. 반면 가운데 있는 아들의 시선은 노아의 하체를 향하고 있으며 뭔가 발견한 것처럼 흥미로운 표정이다. "가만히 좀 있어 봐. 재미있잖아?"라고 말하는 것 같기도 하다. 베네치아를 르네상스 미술의 중심지로 만든 화가답게 벨리니는 엄격한 이상에서 벗어나 자연스러운 풍경을 강조하는 대담한 화풍을 선보였다.

03
하나님께 차려 드린
아브라함의 식탁

인류 최초의 요리는

누가 누구를 위해 만든 것일까?

|

채식에 이어 노아 시대 이후 육식을 하게 된 인간, 게다가 달콤한 와인까지 제조해 마실 수 있게 된 인간은 음식을 단순히 날것으로 먹는 단계를 지나 다양한 요리법을 개발해내게 되었다. 이것은 인류에게 큰 행운이면서 동시에 불행이기도 했다. 인간의 본성 속에 도사리고 있던 식탐이 하나님과 인간 사이의 영적 소통을 끝없이 방해하는 요소로 작용했기 때문이다. 육식과 요리의 발견은 과연 우리 삶에 어떤 영향을 미치게 되었을까?

인류의 식단에 육류가 도입되면서 인간의 뇌가 더 커지고 지능이 발달하게 되었다는 것은 새로울 것도 없는 학계의 정설이다. 홍수 심판 뒤 우리 조상들은 열량이 고도로 농축돼 있는 육류를 먹게 됨으로써 오직 채식만으로 필요한 열량을 유지하기 위해 많은 시간을 소비할 필요가 없게 되었다. 따라서 식량을 구하고 열량을 보충하기 위해 보내야 했던 많은 시간을 사회 구조를 변화시키고 발전시키는 데 사용할 수 있게 된 것이다.

몇 년 전 영국 BBC 방송 인터넷 판에서는 만약 인간이 음식을 요리하는 방법을 발견하지 못했더라면 여전히 원숭이 모습을 한 채 하루 대부분의 시간을 음식을 씹으며 보냈을 거라는 이론이 제기됐다고 보도했다. 이 방송은 전문가들의 말을 인용해 인간이 요리를 하지 않는다면 생존을 위한 열량을 얻기 위해 매일 약 5킬로그램의 날 음식을 씹어야 하는데, 이는 하루에 여섯 시간씩 씹기 마라톤을 해야 한다는 의미라고 전했다.

하버드 대학의 리처드 랭햄 교수는 "요리는 인간의 역사에 있어 가장 획기적으로 식품의 질을 향상시켰다. 우리 조상들은 아마도 우연히 불 속에 음식을 떨어뜨렸을 것이고 그것이 맛있다는 것을 알고 나서는 본격적으로 새로운 요리 방법들을 발견해냈을 것이다."라고 주장했다. 그는 또한 "요리를 하면서 내장이 클 필요가 없어졌다."면서 "내장이 작으면 에너지를 절약하고 자녀를 많이 낳을 수 있으며 생존하기가 더 쉽다."고 설명했다.

리버풀 존 무어 대학의 피터 휠러 교수와 동료인 레슬리 엘로 교수 역시 인류의 뇌가 커진 것은 인간의 소화 체계의 변화 때문이라고 분석했다. 식품을 요리 찬다는 것은 그것의 세포를 잘게 나누는 것을 의미하고, 이는 인간의 위장이 해야 할 일을 덜어 주는 역할을 하게 되어 남는 열량을 커진 뇌로 전달해 줄 수 있다는 것이다. 이처럼 인간의 식생활과 그에 따른 삶의 질은 노아 시대를 기점으로 엄청난 변화를 겪게 된다.

그렇다면 성경에 음식을 요리하는 장면이 처음 등장하는 건 언제일까?

바로 아브라함 때다. 아브라함은 누구를 먹이기 위해 요리를 했을까? 아버지인 데라에게 드리기 위해? 아내인 사라에게 주기 위해? 눈에 넣어도 아프지 않을 아들 이삭의 식사를 위해? 아니면 가장인 자기 자신이 먹기 위해? 아니다. 그는 하나님께 바치기 위해 요리를 했다. 인류 최초의 요리는 인간이 하나님께 드리기 위해 행해졌다. 이는 곧 제사와 같은 의미였던 것이다.

죄악이 가득하고 부패했던 사람들이 하나님의 홍수 심판으로 전부 멸망한 뒤 노아의 가족들에 의해 새로운 인류가 번성하게 되었으나 시간이 흐르면서 사람들은 또다시 지난날을 까마득히 잊은 채 타락의 늪으로 빠져들어 갔다. 시날 평지에서의 바벨탑 사건은 그 대표적인 사례다. 하나님은 교만에 빠진 사람들의 언어를 혼잡하게 만들어 그들이 서로 모여 죄를 도모하지 못하도록 온 지면에 흩으셨다.

이즈음 우르라는 지역에 데라 일가족이 살고 있었다. 데라의 맏아들이 후에 믿음의 조상으로 일컬어지는 아브람이다. 어느 날 하나님은 아브람에게 나타나 이렇게 말씀하신다.

"너는 너의 고향과 친척과 아버지의 집을 떠나 내가 네게 보여 줄 땅으로 가라. 내가 너로 큰 민족을 이루고 네게 복을 주어 네 이름을 창대하게 하리니 너는 복이 될지라. 너를 축복하는 자에게는 내가 복을 내리고 너를 저주하는 자에게는 내가 저주하리니 땅의 모든 족속이 너로 말미암아 복을 얻을 것이라." 창세기 12장 1절~3절, 개역개정

아브람은 이 말씀만 믿고 75세라는 적지 않은 나이에 아내 사래와 조카

롯을 데리고 고향을 떠나 가나안 땅으로 향한다. 그러나 그가 도착한 가나
안 땅에는 이미 많은 가나안 사람들이 살고 있었다. 하나님께서 주시겠다
고 약속하신 땅은 결코 거저 주어진 게 아니었다. 설상가상으로 그 땅에 기
근까지 들어 이집트로 피란을 가야만 했다. 거기서 그는 지레 겁을 집어먹
고 아내 사래를 누이라고 속이는 죄를 저지르게 된다.

　네게브로 다시 올라온 아브람은 롯과 헤어져 가나안 땅에 거주하게 되
고, 롯은 소돔과 고모라가 있는 요단 지역으로 떠난다. 이후 하나님은 아브
람에게 몇 차례 더 나타나셨다. 그리고 전에 말씀하셨던 것처럼 눈에 보이
는 땅 전부와 티끌 같이 많은 자손들을 다 아브람에게 주시겠다고 약속하
신다. 아브람은 이 약속을 철석같이 믿었다. 그러나 10년이 지나도록 약속
은 이루어지지 않았다. 땅과 재산은 늘었으나 자식이 없었던 것이다.

하나님을 위해 아브라함이
준비한 지상 최고의 식탁
|

　결국 이들은 하나님의 방법을 기다리지 못하고 인간적인 방법을 택하게
된다. 이집트에서 온 여종인 하갈을 아브람의 첩으로 들여 자식을 본 것이
다. 하갈이 낳은 아들은 후에 아랍 민족의 조상이 되는 이스마엘이다. 아브
람과 사래의 불순종과 인내심 부족은 그의 후손들을 불구대천의 원수지간
인 유대 민족과 아랍 민족으로 갈라놓고 만 것이다.

　하나님의 약속은 마침내 아브람이 99세가 되던 해에 이루어진다. 하나
님은 아브람의 이름을 '많은 무리의 아버지'라는 뜻의 아브라함으로, 사래
의 이름을 '여주인'이라는 뜻의 사라로 바꾸게 하신 후 모든 집안 남자들에

게 할례를 행할 것을 명하신다. 아브라함이 하나님의 말씀대로 다 행하자 하나님은 인간의 모습을 한 채 아브라함을 찾아오셨다. 영이신 하나님께서 인간의 육신을 입고 직접 걸어서 아브라함의 집을 방문하신 것이다.

때는 점심식사 시간 전후의 한낮이었다. 아브라함이 장막 문에 앉아 있다 눈을 들어 보니 뜨거운 태양 아래 마므레 상수리나무들 사이로 사람 셋이 서 있는 게 보였다. 그는 즉시 달려 나가 영접하며 땅에 엎드려 그들을 맞았다. 아브라함은 물을 가져다가 그들의 발을 씻기고 나무 아래서 편히 쉬게 한 뒤 급히 달려가 손님들이 드실 음식을 마련하였다.

그는 아내 사라를 시켜 고운 가루 세 스아를 가져다가 반죽하여 빵을 만들도록 했다. 한 스아는 약 7리터이므로 세 스아면 약 22리터에 해당한다. 때가 점심 식사 전후였으므로 아브라함 집에는 이미 만들어둔 빵이 있었을 것이다. 하지만 아브라함은 있는 빵을 그냥 내다 드린 게 아니라 제일 고운 밀가루를 골라 정성껏 새로 만들어 가장 맛있는 상태의 빵을 갖다 드렸다. 게다가 그 일을 하인들에게 시키지 않고 안방마님인 아내 사라가 맡아 하도록 지시했다. 최선을 다해 손님 대접을 한 것이다.

또 아브라함은 가축 떼 있는 곳으로 뛰어가 기름지고 좋은 송아지를 잡아 하인에게 주어 급히 요리를 만들도록 했다. 이 부분을 NIV 영어 성경은 이렇게 번역했다. 'selected a choice tender calf.' 이는 아브라함이 많은 송아지 중에 대충 한 마리를 고른 게 아니라 전문가의 시각으로 고르고 골라 가장 부드러운 육질을 가진 최상품의 송아지를 골랐다는 뜻이다. 송아지를 잡아 요리한 하인은 아마도 아브라함 집 안에서 요리사 역할을 맡고 있는 사람이었을 것이다. 최고의 요리사에게 최상의 재료를 건넨 셈이다.

바로 여기서 성경 최초로 '요리'라는 단어가 등장한다. 이전까지는 채식이든 육식이든 그저 먹을거리를 구해 먹고 마시는 수준의 표현만 나타나다가 이 장면에 이르러 비로소 '요리하다'라는 표현이 나타나기 시작한 것이다. NIV 영어 성경에서는 이 부분에 'cooking'이 아닌 'prepare'라는 단어가 사용되었다. 이 말 역시 '^{밥상}을 차리다, ^{음식을} 조리하다'라는 뜻이다.

이날 아브라함이 하나님과 두 천사에게 대접한 음식은 갓 구워낸 빵과 급히 만든 부드러운 송아지 요리, 그리고 엉긴 젖과 우유 등이었다. 손님들이 상수리나무 아래서 아브라함이 차려온 음식을 맛있게 먹는 동안 아브라함은 그들 옆에 계속 서서 시중을 들었다. 이 관습은 지금도 아랍인들 사이에서 지켜지고 있다. 손님에게 제대로 예의를 갖추는 일은 그들과 함께 앉아 음식을 먹는 게 아니라 그들 옆에 서서 시중을 드는 일이었다.

이때 아브라함이 하나님과 두 천사에게 대접한 음식이 과연 최상의 식탁이었을까?

고대 히브리인들이 먹던 음식은 보통 빵과 올리브, 기름, 버터, 우유, 치즈, 그리고 채소와 과일 등이었으며 가끔씩 고기를 먹었다고 한다. 빵은 밀과 보리로 만든 두 종류가 있었는데, 보리빵은 주로 가난한 사람들이 먹었고, 밀빵은 경제적으로 여유있게 사는 집에서 먹었다.

평생 팔레스타인 성지를 돌며 유대인들의 생활상을 깊이 연구해 온 프레드 와이트 박사는 자신의 연구서 『성지 이스라엘의 관습과 예의』에서 당시 상황을 이렇게 설명하고 있다.

"히브리인들은 소젖뿐 아니라 양젖, 염소젖 그리고 물론 낙타젖까지 먹었습니다. …… 현재 아랍인들이 흔히 사용하는 우유의 형태는 '리벤'이라 부르는 것으로 '희다'는 뜻입니다. 시큼한 응유 같은 것입니다. 이것은 그릇에 우유를 넣고 거기다 이스트를 넣어 발효시켜 만듭니다. 따뜻한 헝겊으로 덮어 씌워 하루쯤 삭힌 후 먹게 됩니다. 아랍인들은 이를 매우 좋아합니다. '병이 잘 낫는다.'고들 말합니다. 그래서 한 그릇만 살 돈이 있어도 그들은 이것을 청합니다. 아브라함이 손님들에게 대접한 것 그리고 또 야엘이 시스라에게 준 것도 아마 이 '응유'였을 것입니다."

고기도 아주 특별한 경우에만 먹던 음식이다. 귀한 손님이 오시거나 다른 나라 사람을 대접할 때 혹은 잔치가 벌어졌을 때 고기를 먹었다. 물론 부자들은 더 자주 고기를 먹을 수 있었다. 솔로몬의 식탁에는 매일 네 가지 고기, 즉 소고기, 양고기, 사슴고기, 닭고기가 올랐다고 한다. 많은 학자들은 당시 아브라함이 고기를 어떤 곡물과 채소 요리와 함께 차려내지 않았을까 추측한다. 이렇게 봤을 때 아브라함이 하나님과 두 천사에게 대접한 음식은 갑자기 맞이한 손님들에게 차려낼 수 있는 최상의 식탁이었다고 할 수 있다.

손님 대접하기를 잊지 말라

극진한 환대와 융숭한 대접을 받은 하나님은 아브라함에게 기쁜 소식을 전한다. 24년 전 아브라함에게 처음 말씀하셨던 그 약속이 드디어 이루어진다는 것이었다.

"다음 해 이맘때에, 내가 반드시 너를 다시 찾아오겠다. 그때에 너의 아내 사라에게 아들이 있을 것이다." 창세기 18장 10절

장막 문 뒤에서 이 말을 들은 사라는 속으로 웃음을 참지 못했다. 남편이

나 자기나 이미 다 늙어 생리적으로 임신과 출산이 불가능하다는 것을 잘 알고 있었기 때문이다. 이에 하나님은 아브라함을 꾸짖으신다. 그러자 사라가 나서 두려워 떨며 자신은 웃지 않았다고 부인한다. 웃지는 않았지만 아브라함도 사라와 똑같은 심정이었을 것이다. 그들은 이미 사라를 통해 자식 낳는 것을 포기하고 하갈에게서 낳은 이스마엘을 후계자로 생각하고 있었다.

아브라함의 장막을 나온 하나님은 두 천사를 소돔으로 향하게 하고 홀로 남아 아브라함과 대화를 나눈다. 하나님께서 인간의 몸으로 아브라함 집을 방문하신 것은 두가지 목적이 있으셨기 때문이다. 하나는 아브라함과 오래 전 맺은 약속의 성취를 직접 말씀해주시기 위함이고, 또 하나는 노아 홍수 심판 때보다 훨씬 심각한 죄악에 물들어 있던 소돔과 고모라를 더 이상 두고 볼 수 없게 되었다는 사실을 알려주시기 위함이었다. 이후 아브라함은 하나님께 소돔과 고모라에 대한 심판을 놓고 그 유명한 중보 기도를 드리게 된다.

저녁때 하나님이 보내신 두 천사가 소돔에 이르렀다. 마침 성문에 앉아 있던 롯이 그들을 보고 일어나 영접하고 땅에 엎드려 절하며 자신의 집에서 주무시고 갈 것을 요청했다. 이때 롯이 두 천사에게 대접한 음식을 보면 아브라함과 극명하게 대비된다. 그는 아브라함처럼 즐거운 마음으로 서두르지 않았다. 보통 손님들을 대할 때와 마찬가지로 그저 의무감에 식탁을 차린 것이다. 게다가 그가 내온 음식은 달랑 무교병뿐이었다. 무교병은 누룩을 넣지 않고 구운 빵으로 훗날 유월절 때 먹게 되는 거친 음식이었다. 아브라함과 롯의 식탁, 손님들을 대하는 태도와 자세에서 우리는 두 사람의 영적 깊이를 가늠해 볼 수 있다.

나그네와 손님을 대접하는 일은 고대 히브리인들로부터 이어져온 오랜 전통이다. 그들은 손님으로 온 사람들은 하나님께서 보내 주신 거라고 믿었다. 따라서 손님 접대는 누구나 지켜야 할 신성한 의무로 여겨졌다. 이런 전통은 신약 시대에도 이어져 히브리서 기자는

"손님 대접하기를 잊지 말라 이로써 부지중에 천사들을 대접한 이들이 있었느니라." 13장 2절

라고 기록했다. 이는 아브라함이 하나님과 천사들을 대접한 일을 두고 말한 것이다.

애즈버리 신학대학원 교수인 크리스틴 폴은 그의 책 『손 대접』에서 이렇게 이야기했다.

"많은 고대 문명권에서 손 대접은 모든 도덕을 떠받치는 기둥으로 여겨졌다. 고대 이스라엘 사람들은 하나님의 백성이 된다는 것은 곧 스스로가 나그네와 이방인이 되는 것으로, 그들 가운데 있는 연약한 나그네를 돌볼 책임도 갖게 되는 것이라고 이해했다. 이 땅에서 나그네로 살던 시절의 많은 시간을 다른 사람들의 손 대접에 의지하셨던 예수님은, 또한 말씀과 행동을 통해 자비로운 주인 역할을 하셨다. 예수님께 의지한 사람들은 환영받고 쉼을 누렸으며 하나님 나라에 들어가리라는 약속을 받았다. 예수님은 친절을 되갚을 수 있는 가족과 친구들 외의 다른 사람들에게 잔치를 베풀고 대접할 것과, 되갚을 것이 거의 없는 가난하고 병든 사람들을 관대하게 영접할 것을 인간 주인들에게 강력히 권하셨다."

그래서 지혜의 왕 솔로몬은 모든 후세 사람들에게 이런 권면을 남긴 듯

하다.

"너의 손에 선을 행할 힘이 있거든, 도움을 청하는 사람에게 주저하지 말고 선을 행하여라. 네가 가진 것이 있으면서도, 너의 이웃에게 '갔다 가 다시 오시오. 내일 주겠소.' 말하지 말아라." 잠언 3장 27절~28절

하르멘츠 반 레인 렘브란트(1606~1669, 네덜란드), 〈천사들을 대접하는 아브라함〉, 일본 종이 위에 에칭 및 드라이포인트, 15.9×13.1cm, 루브르 박물관, 파리

레오나르도 다 빈치와 함께 17세기 유럽 화단을 이끌었던 렘 브란트의 판화다. 예고도 없이 방문한 하나님과 두 천사를 식 탁 격인 깨끗한 양탄자 위로 모신 99세의 늙은 아브라함은 연 신 몸을 낮추면서 직접 시중을 든다. 하나님과 천사들은 아브 라함이 정성껏 차려온 맛있는 음식을 들며 휴식을 취한다. 가 운데 앉은 하나님은 아브라함에게 뭔가 말을 건네고 있다. 1년 후 아내 사라가 아들을 낳게 될 거라는 희소식이었다. 그러나 왼쪽 문 뒤에서 이들의 대화를 엿듣고 있던 사라는 이 말을 믿 지 않았다. 천사들 뒤쪽으로 활을 쏘며 놀고 있는 어린아이가 보인다. 아브라함이 이집트 여종 하갈에게서 86세 때 낳은 아 들 이스마엘이다.

주님, 주님께서 손수 만드신 것이

어찌 이리도 많습니까?

이 모든 것을 주님께서 지혜로 만드셨으니,

땅에는 주님이 지으신 것으로 가득합니다.

저 크고 넓은 바다에는,

크고 작은 고기들이 헤아릴 수 없이 우글거립니다.

물 위로는 배들도 오가며, 주님이 지으신 리워야단도 그 속에서 놉니다.

이 모든 피조물이 주님만 바라보며,

때를 따라서 먹이 주시기를 기다립니다.

주님께서 그들에게 먹이를 주시면, 그들은 받아먹고,

주님께서 손을 펴 먹을 것을 주시면 그들은 만족해합니다.

그러나 주님께서 얼굴을 숨기시면

그들은 떨면서 두려워하고,

주님께서 호흡을 거두어들이시면

그들은 죽어서 본래의 흙으로 돌아갑니다.

시편 104편 24절~29절

04
허기를 채우기 위해 야곱에게
장자의 명분을 판 에서

여호와 이레의 주인공이 된 이삭

|

하나님이 약속하신 대로 사라는 아들을 낳았다. 아브라함이 100세가 되던 해였다. 아브라함은 아들의 이름을 이삭이라고 지었다. 이삭이란 '웃는 자'라는 뜻이다. 이름 그대로 이삭은 아브라함과 사라에게 큰 기쁨의 웃음을 선사해 주었다. 아브라함의 기쁨은 두 가지였다. 백 살이라는 늙은 나이에 대를 이을 적자를 보게 되었다는 것이 첫 번째 기쁨이요, 25년 전 하나님께서 자신에게 주셨던 언약의 말씀이 한 치의 오차도 없이 성취되었다는 것이 두 번째 기쁨이었다. 이때가 바로 아브라함 인생에서 가장 행복한 순간이었다.

아브라함에게 이삭은 단순한 아들이 아니었다. 하나님과 자신이 맺은 언약이 마침내 이루어진 유일하면서도 명확한 증거였다. 이삭은 아브라함에게 자신의 생명보다 더 귀한 존재였다. 그는 이삭을 금이야 옥이야 애지중지 길렀다. 가장 좋은 옷을 만들어 입히고, 제일 귀한 음식들을 요리해서 먹였을 것이다. 이삭은 그야말로 황태자처럼 귀하게 자랐다. 아버지를 잘 만난 덕에 고생을 모르고 성장한 셈이다. 나중에 노년의 이삭이 지나치게 식탐에 집착하게 되는 것도 어릴 때부터 그렇게 길들여진 탓이 크다고 할 수 있다.

이삭에게 있어 인생 최대의 위기는 역설적이게도 자신의 가장 큰 보호막이었던 아버지로부터 다가온다. 어느 날 하나님께서 아브라함에게 나타나 이삭을 데리고 모리아 땅으로 가서 번제로 바치라고 말씀하신다. 번제란 짐승을 통째로 태워 제물로 바치는 제사를 의미한다. 백 살에 얻어 금지옥엽으로 키운 아들 이삭을 산으로 끌고 가 짐승을 잡듯 죽여서 불에 태워 제물로 바치라는 마른하늘에 날벼락 같은 말씀이었다. 하나님 스스로 자신의 언약을 깨는, 엄청난 배신감에 치를 떨 만한, 도저히 받아들일 수 없는 비이성적인 명령이었다.

그러나 아브라함은 이튿날 아침 일찍 일어나 번제에 쓸 나무를 챙겨 나귀 한 마리와 종 두 사람을 데리고 이삭과 함께 모리아 땅으로 향한다. 사흘이나 걸리는 먼 길이었다. 이 시간은 아브라함 인생에서 가장 힘들고 괴로운 순간이었다. 아브라함은 이삭에게 나무를 지우고 자신은 불과 칼을 든 채 산 위로 올라간다. 이때 아들이 묻는다.

"아버지?"

아브라함은 대답한다.

"그래 아들아, 나 여기 있다!"

"불과 나무는 있는데, 번제에 쓸 어린 양은 어디 있나요?"

"아들아, 번제에 쓸 어린 양은 하나님께서 자기를 위해 직접 준비하실 거야."

아브라함의 등 뒤에 식은땀이 흘렀을지도 모른다. 이것이 부자 사이의 마지막 대화였다. 하나님이 일러 주신 곳에 이르자 아브라함은 지체 없이 제단을 쌓고 그 위에 나무를 올린 뒤 이삭을 묶어 나무 위로 데려갔다. 이어 칼을 들어 이삭을 막 잡으려 할 때 하늘에서 하나님의 사자가 급히 그를 불러 세웠다.

"아브라함아, 아브라함아! 그 아이에게 네 손을 대지 마라. 그에게 아무 일도 하지 말거라. 네가 네 아들, 네 외아들까지도 내게 아끼지 아니하였으니, 내가 이제야 네가 하나님을 두려워하는 줄을 알게 되었다."

아브라함이 눈을 들어 보니 한 숫양이 수풀 사이에서 뿔이 걸린 채 바둥거리고 있는 게 보였다. 그는 이삭의 결박을 풀고 숫양을 잡아 번제를 드렸다. 아브라함은 그 땅 이름을 '여호와께서 준비하신다.'는 뜻으로 '여호와 이레'라 불렀다. 훗날 이곳에서 하나님은 다윗에게 나타나셨고, 솔로몬은 예루살렘 성전을 건축하였다. 이 일로 아브라함은 하나님으로부터 다시 한 번 큰 복을 받게 되고 후손들에게는 믿음의 조상으로 불리게 된다. 여기서 우리는 아브라함만큼이나 신실한 믿음을 가졌던 아들 이삭에게 주목할 필요가 있다.

여호와 이레의 주인공은 이삭이었다. 하나님은 아브라함이 백 살에 얻은 아들에게 푹 빠져 자신보다 이삭을 더 사랑하는 게 아닌지 시험해 보고자 하셨다. 결과적으로 하나님은 아브라함의 믿음을 확인하게 되었고, 아브라함 또한 온전한 신앙으로 시험을 통과하였다. 그렇지만 이삭이 낌새를 채고 도망을 갔거나 힘으로 아버지를 제압했더라면 여호와 이레는 성립될 수 없었다. 이삭은 그러고도 남을 만한 지혜와 완력이 있었다. 하지만 그는 아버지께 묵묵히 순종했다. 이삭은 아브라함의 독자로 손색이 없는 불굴의 신앙인이었던 것이다.

최고의 이윤을 남긴 야곱의 기막힌 팥죽 거래

사라가 127세로 세상을 떠난 후 아브라함은 자신이 죽기 전에 이삭을 혼인시키기 위해 충실한 종 엘리에셀을 고향으로 보내 리브가를 데려오게 한다. 순수한 신앙의 혈통을 가진 며느리를 얻기 위한 것으로 하나님께서 아들의 아내가 될 여자를 예비해 두고 계심을 믿었기 때문이다. 리브가는 아브라함의 동생 나홀의 아들인 브두엘의 딸이었다. 조카딸을 며느리로 맞은 것이다. 이삭이 혼례를 치른 다음 아브라함은 후처를 맞아 여러 서자들을 낳은 뒤 이삭에게 모든 소유를 물려주고 175세를 일기로 파란만장했던 삶을 마감한다.

하나님은 신앙의 명문가를 이어받은 이삭에게 아브라함에게 주셨던 것과 같은 풍성한 복을 내려 주셨다. 이삭에게는 리브가가 낳은 두 쌍둥이 아들이 있었다. 이들은 어머니 태에서부터 서로 싸울 정도로 앙숙이었다. 리브가가 해산할 때에 먼저 나온 아이는 피부가 붉고 몸에 털이 많아서 이름을 '털이 많은 자'라는 뜻으로 에서라 지었고, 나중에 나온 아이는 손으로 형의 발꿈치를 잡고 나왔다고 해서 이름을 '발꿈치를 잡았다.'는 뜻으로 야곱이라고 지었다. 아브라함과 달리 이삭은 일찍 두 아들을 얻었으니 별다른 근심거리가 없었다.

두 아들은 잘 자라나 형 에서는 날렵한 사냥꾼이 되었고, 동생 야곱은 얌전하게 살림을 돌보는 사람이 되었다. 이삭은 집 안에만 있는 조용한 성격의 야곱보다 들로 산으로 다니며 남자답게 사냥을 즐기는 에서를 더 사랑했다. 게다가 이삭은 별미를 좋아하는 미식가였다. 어려서부터 잘 먹고 자란데다 아버지 아브라함이 족장으로서 온갖 어려움을 무릅쓰고 가나안 지역에 삶의 터전을 든든히 다져 놓은 덕분에 골치 아픈 일도 없으니 자연스럽게 먹고 마시는 일을 즐기게 된 것이다. 그는 맏아들 에서가 사냥해 온 고기 요리를 좋아했다.

반면 어머니 리브가는 동생 야곱을 더 사랑했다. 집 안 일에 바쁜 자신을 도와주지도 않고 매일 집밖으로만 돌아다니는 에서보다 늘 자기 곁에서 세심하게 살림을 챙겨 주는 야곱에게 더 깊은 애정을 느낀 것이다. 에서가 사냥해 온 짐승을 잡아 요리를 만들고 가죽으로 옷을 해 입히는 등 모든 뒤치다꺼리는 사실상 리브가와 야곱의 몫이었음에도 불구하고 이삭은 사냥꾼인 에서만 편애하니 더 속이 상했을지도 모른다. 하지만 철저한 가부장 사회였던 당시로서는 이삭과 에서의 권위 앞에 리브가와 야곱은 영원한 약자일 수밖에 없었다.

그러던 어느 날 평소와 마찬가지로 에서는 들에 나가 온종일 사냥을 하다가 허기진 배를 움켜쥐고 집으로 돌아왔다. 때마침 어디선가 달콤한 음식 냄새가 풍겨 왔다. 야곱이 구수한 팥죽을 끓이고 있었던 것이다. 에서는 동생에게 몹시 배가 고프니 붉은 죽을 좀 달라고 했다. 야곱은 절호의 기회를 놓치지 않았다. 형에게 장자의 명분을 팔라고 한 것이다. 에서는 배가 고파 죽을 지경인데 장자의 명분 따위가 뭐가 중요하겠냐며 야곱에게 맹세하고 장자의 명분을 팔았다. 대신 그는 팥죽과 빵을 얻어 허겁지겁 주린 배를 채웠다.

에서가 먹었던 팥죽은 우리가 요즘 먹는 팥죽과 전혀 다르다. 우리 민족은 붉은 팥으로 죽을 쑤어 먹었는데, 주로 1년 중 밤이 가장 길다는 동지 冬至에 즐겨 먹었다. 옛날에는 동지가 큰 명절이었으나 지금은 팥죽을 쑤어 나눠 먹는 풍속만 남아 있다. 조선 순조 때의 학자 홍석모가 지은 세시풍속서인 『동국세시기 東國歲時記』에는 상원 上元, 대보름날 과 삼복 三伏, 여름철 가장 더울 때인 초복, 중복, 말복 과 동짓날에 팥죽을 쑤어 먹는다는 기록이 있다. 예로부터 붉은색은 귀신이 꺼리는 색이라 하여 악귀를 물리치는 효과가 있다고 믿었다.

NIV 영어 성경에서는 '죽을 쑤었다'는 구절을 'cooking some stew'로 번역하였다. 아울러 붉은 죽은 'red stew', '팥죽'은 'lentil stew'라고 표현하였다. 'lentil'은 렌즈콩을 말하는데, 콩과에 속하는 작은 1년생 식물로 근동 지역이 원산지이며 인도에서 가장 많이 재배된다. 렌즈콩은 다른 콩과 마찬가지로 단백질과 콜레스테롤을 낮춰 주는 섬유질이 풍부하고, 비타민 B, 철, 인 등이 많이 들어 있어 우리나라의 김치, 일본의 낫토, 스페인의 올리브유, 그리스의 요구르트와 더불어 세계 5대 건강식품으로 꼽히는 식재료다.

학자들은 야곱의 붉은 콩죽은 이집트산 렌즈콩으로 만들었을 거라고 추정하고 있다. 아무튼 이 일로 인해 에서의 별명은 '붉다'는 뜻의 에돔으로 불리게 되었고, 후대 사람들에게 '붉은 콩죽 매매'라는 말은 하찮은 것을 주고 값진 것을 바꿀 때 사용하는 은유어가 되었다. 그렇다면 야곱이 쑨 팥죽은 정말 에서가 장자의 권리를 포기하면서까지 먹고 싶었을 정도로 기가막힌 맛이었을까? 에서가 죽을 만큼 배가 고파 집에 돌아왔을 무렵 야곱이 정확하게 때를 맞춰 팥죽을 쑨 것은 과연 우연이었을까? 이는 야곱과 에서

만이 아는 일이다.

히브리서 기자는 이 한 편의 영화 같은 이야기를 이렇게 정리하였다.

"한 그릇 음식을 위하여 장자의 명분을 판 에서와 같이 망령된 자가 없도록 살피라. 너희가 아는 바와 같이 그가 그 후에 축복을 이어받으려고 눈물을 흘리며 구하되 버린 바가 되어 회개할 기회를 얻지 못하였느니라." 12장 16절~17절, 개역개정

식탐에 눈이 멀어 큰아들과 작은아들도 구분하지 못한 아버지

|

우리 속담에 '사흘 굶어 남의 집 담장을 넘지 않는 사람이 없다.'는 말이 있다. 배고픔을 참는다는 게 얼마나 힘든 일인지를 잘 드러내 주는 말이다. 허기진 배를 채우고자 하는 것은 지극히 당연한 인간의 본능이다. 그럼에도 불구하고 에서는 자신이 가진 장자의 명분을 너무나 가볍게 여겼다. 고대 씨족사회에서 장자가 가지는 특권이란 실로 대단한 것이었다. 장자는 부친의 가정에 대한 권위와 통솔권을 계승하고, 부친 사후 재산 상속에 대한 권리를 가지며, 가정의 제사장으로서 하나님이 주시는 영적인 복의 상속자가 되었다.

팥죽 사건 이후 세월이 흘러 이삭이 나이가 많아 눈이 어둡게 되었다. 그는 앞을 잘 보지 못하게 되자 자신이 곧 죽을 거라고 생각했다. 그는 에서를 불러 들에 나가 사냥을 해다가 평소 자신이 즐기던 별미를 만들어 오라고 했다. 그러면 죽기 전에 자신이 아버지로서 장자에게 줄 모든 복을 마음

껏 빌어 주겠노라고 말했다. 죽기 전에 해야 할 제일 중요한 일로 별미를 즐길 생각을 했으니 그가 얼마나 식탐에 빠져 있었는지를 알 수 있다. 그는 먹을 것밖에 모르는 욕심 많은 노인이었다. 이때 리브가는 밖에서 이 말을 다 엿듣고 있었다.

에서가 사냥하러 나가자 리브가는 야곱을 불러 이삭이 에서에게 한 말을 일러 주며 급히 좋은 염소 새끼 두 마리를 잡아 에서가 사냥해 온 고기 요리인 것처럼 이삭이 좋아하는 별미를 만들었다. 그리고 야곱에게 에서의 옷을 입히고 염소 새끼 가죽을 손과 목에 입혀 털이 많은 에서인 것처럼 위장을 시켰다. 야곱은 그저 어머니가 시키는 대로 변장한 다음 별미를 들고 이삭에게 나아갔다. 목소리는 야곱이지만 손은 에서임을 확인한 이삭은 별미를 맛있게 먹고 포도주를 마신 후 기분이 좋아져 야곱에게 마음껏 장자의 복을 빌어 주었다.

"나의 아들에게서 나는 냄새는 주님께 복 받은 밭의 냄새로구나. 하나님은 하늘에서 이슬을 내려 주시고, 땅을 기름지게 하시고, 곡식과 새 포도주가 너에게 넉넉하게 하실 것이다. 여러 민족이 너를 섬기고, 백성들이 너에게 무릎을 꿇을 것이다. 너는 너의 친척들을 다스리고, 너의 어머니의 자손들이 너에게 무릎을 꿇을 것이다. 너를 저주하는 사람마다 저주를 받고, 너를 축복하는 사람마다 복을 받을 것이다." 창세기 27장 27절~29절

야곱이 이삭에게 가져간 별미는 좋은 염소 새끼를 잡아 만든 요리였다. 사무엘상 16장 20절에 보면 사울 왕이 자신을 위해 수금 잘 타는 사람을

구했는데, 이때 다윗이 추천을 받아 뽑혀 가게 된다. 당시 사울 왕에게 나아가는 다윗에게 아버지 이새는 빵과 한 가죽부대의 포도주와 염소 새끼를 나귀에 실어 보낸다. 왕에게 드리는 예물에도 새끼 염소가 들어갈 정도로 어린 염소 고기는 고대 이스라엘 민족 사회에서 별미로 꼽혔다. 더군다나 염소 새끼 요리는 야생 동물의 고기 맛과 거의 같아서 이삭의 입맛을 속이는 데 안성맞춤이었다.

야곱이 이삭의 축복을 받고 나가자 곧바로 에서가 사냥을 마치고 돌아왔다. 그는 정성껏 별미를 만들어 아버지에게 들고 갔다. 그러나 아버지 이삭은 이미 별미를 잔뜩 먹고 배가 부른 상태였으며, 장자에게 줄 수 있는 모든 복도 다 빌어 준 상황이었다. 에서는 더 이상 빌어 줄 복이 없다는 아버지의 말을 듣고 하도 분하고 원통해서 소리를 내어 울고 말았다. 그는 기회가 오면 아버지와 자신을 감쪽같이 속인 동생 야곱을 잡아 죽이려 했으며 이를 눈치 챈 리브가는 재빨리 야곱을 자신의 오빠인 하란의 라반에게 보내 피신시켰다.

이것으로 이들 가족 관계는 파탄이 나고 말았다. 아브라함의 손자로 한 형제였던 에서와 야곱은 철천지원수가 되었으며, 리브가는 사랑하는 아들 야곱을 다시는 보지 못하고 세상을 떠났고, 이삭은 가장의 권위를 잃고 역사의 무대에서 쓸쓸히 퇴장하였다. 이 모두가 팥죽 한 그릇의 유혹을 이기지 못하고 장자의 명분을 판 에서와 식탐에 눈이 멀어 큰아들과 작은아들도 구분하지 못한 이삭, 그리고 형의 허기를 이용해 장자의 권리를 가로챈 야곱과 남편의 약점을 악용해 가장의 축복을 도둑질하게 만든 리브가가 함께 빚어낸 비극이었다.

이삭 가정의 문제는 각자의 취향에 따라 자식을 편애한 부모들에게서 비롯되었다. 여호와 이레의 주인공이었던 믿음의 사람 이삭은 안락하고 편안한 삶이 계속되자 식탐에 몰입하는 이기적인 노인으로 전락했다. 이삭은 정말 에서와 야곱을 구분하지 못했을까? 그가 온전한 신앙을 지키고 있었다면 이런 실수는 저지르지 않았을 것이다. 그는 코를 자극하는 별미의 냄새와 달콤한 포도주의 향취에 자극을 받아 앞에 있는 아들이 누구인지를 가려내는 일보다 식기 전에 음식을 먼저 먹는 일이 급했던 것이다. 이것이 그의 마지막 식사였다.

마티아스 스토머(1600~1650, 네덜란드),
〈야곱과 에서〉, 캔버스에 유화, 118×164cm,
에르미타주 미술관, 상트페테르부르크

포르투갈어 '바로크'란 '비뚤어진 진주'라는 뜻으로 17세기 유럽에서 유행한 미술양식을 말한다. 이탈리아의 카라바조에 의해 탄생한 바로크 미술은 격렬한 명암대비와 풍요로운 경향을 보이는 게 특징이다. 오른쪽에 서 있는 에서의 눈은 몹시 굶주린 듯 쑥 들어가 있고, 왼손에는 사냥한 토끼가 들려 있다. 그의 오른손이 팥죽 그릇을 움켜잡고 있는 것으로 보아 허기를 채울 수만 있다면 야곱의 어떤 부탁이라도 다 들어줄 것 같은 자세다. 가운데 노파는 어머니 리브가로 보이는데, 노회한 얼굴로 야곱의 협상을 지켜보고 있다. 이 모든 게 어두운 밀실에서 행해진 은밀한 거래임을 암시해 주는 전형적인 바로크 화풍의 그림이다.

내가 평생토록 주님을 찬양하며

내가 살아 있는 한, 내 하나님을 찬양하겠다.

너희는 힘 있는 고관을 의지하지 말며,

구원할 능력이 없는 사람을 의지하지 말아라.

사람은 숨 한 번 끊어지면 흙으로 돌아가니,

그가 세운 모든 계획이 바로 그 날로 다 사라지고 만다.

야곱의 하나님을 자기의 도움으로 삼고

자기의 하나님이신 주님께 희망을 거는 사람은, 복이 있다.

주님은, 하늘과 땅과 바다 속에 있는 모든 것을 지으시며,

영원히 신의를 지키시며,

억눌린 사람을 위해 공의로 재판하시며,

굶주린 사람에게 먹을 것을 주시며,

감옥에 갇힌 죄수를 석방시켜 주시며

눈먼 사람에게 눈을 뜨게 해주시고,

낮은 곳에 있는 사람을 일으켜 세우시는 분이시다.

주님은 의인을 사랑하시고, 나그네를 지켜 주시고,

고아와 과부를 도와주시지만 악인의 길은 멸망으로 이끄신다.

시편 146편 2절~9절

05
자신을 노예로 팔았던
형들과의 극적인 화해

증거의 돌무더기 옆에 마련된 언약의 만찬

에서를 피해 하란으로 도망가 외삼촌 라반의 집에 머물게 된 야곱은 라반의 두 딸 중 라헬을 더 사랑하게 되었다. 라헬이 언니인 레아보다 얼굴도 예쁘고 몸매도 좋았기 때문이다.

"네가 조카지만 그냥 일을 시킬 수는 없으니 보수를 어떻게 주면 좋을지 말해 보거라."

어느 날 라반은 야곱에게 이렇게 말했다. 야곱은 기다렸다는 듯 주저 없이 대답했다.

"제가 칠 년 동안 일을 해 드릴 테니 외삼촌의 작은 딸 라헬과 결혼하게 해주십시오."

당시 풍습으로는 결혼하려면 신랑이 신부의 아버지에게 결혼지참금을 지불해야 했다. 가진 게 없던 야곱은 자신의 노동력을 결혼지참금으로 대신 지불하려 했던 것이다. 야곱은 라헬을 아내로 맞게 되었다는 기대감에 7년을 며칠처럼 여기며 열심히 일에 몰두하였다.

7년이 지난 뒤 야곱의 혼례가 치러졌다. 그러나 라반은 신방으로 몰래 레아를 들여 보냈다. 일 잘하는 야곱이 라헬과 결혼해 자신을 떠나면 손해가 막심하리라 생각한 라반이 언니를 두고 동생이 앞서 혼례를 치르는 것은 법도가 아니라는 이유로 레아와 먼저 부부가 되어야 한다고 억지를 부린 것이다. 그러면서 7년을 다시 일해 준다면 라헬과의 결혼을 허락하겠다고 했다. 야곱은 하는 수 없이 또다시 7년 동안 라반의 집에서 일하게 되었다. 아버지와 형을 감쪽같이 속여 먹은 자신이 외삼촌에게 보기 좋게 사기를 당하고 만 것이다.

그런데 야곱의 사랑을 독차지한 라헬은 아이를 낳지 못했고, 언니인 레아는 아들 여섯을 계속해서 출산하였다. 레아 소생의 아들들은 르우벤, 시므온, 레위, 유다, 잇사갈, 스불론이었다. 이에 라헬은 자신의 몸종인 빌하를 남편에게 주어 대신 아들을 낳게 해 단과 납달리를 얻었으며, 레아도 자신의 몸종인 실바를 데려다가 야곱에게 주어 갓과 아셀, 두 아들을 얻었다. 열 명의 아들이 태어난 뒤에 하나님께서 비로소 라헬의 태를 열어 주어 야곱의 열한 번째 아들이 태어났으니 그가 바로 요셉이다.

야곱에게 있어 사랑하는 아내 라헬의 몸에서 태어난 요셉은 아들 중의 아들로 눈에 넣어도 아프지 않은 금지옥엽 같은 존재였다.

여기서 흥미로운 대목이 하나 나온다. 레아와 라헬이 야곱을 두고 사랑의 쟁탈전을 벌일 때 최음제가 사용되었다는 것이다. 개역한글과 개정개역 성경에서는 합환채 合歡菜 로, 공동번역과 새번역 성경에서는 자귀나무로 번역된 이 식물은 맨드레이크 mandrake 다. 지중해 연안에 널리 서식하는 다년생 식물로 3, 4월쯤 백록색 꽃이 피며, 5월쯤 오렌지색 또는 불그스름한 색의 향기로운 열매를 맺는다. 고대인들은 이것이 성욕을 촉진시키고, 불임 여성들에게 아이를 갖게 만들어주는 신비한 효능이 있다고 믿었다. 오늘날에도 중근동 사람들에게 이 식물은 사랑의 묘약으로 통한다. '사탄의 사과' 혹은 '악마의 과일'로 여겨졌던 맨드레이크는 뿌리가 둘로 나뉘며, 마치 사람의 하반신과 같은 모습을 하고 있다.

두 아내를 얻기 위해 14년, 이후 자식들을 낳으며 가세를 반석 위에 올려놓은 지 6년, 도합 스무 해를 라반의 집에서 일한 야곱은 아버지 이삭의 집으로 떠날 것을 결심한다.

하지만 외삼촌이자 장인인 라반이 문제였다. 야곱이 식솔과 종들을 데리고 자신의 재산을 다 챙겨 떠나는 것을 욕심꾸러기인 라반이 가만히 두고 볼 리 없었다. 라반과 그 아들들의 소유를 뺀 순수한 야곱의 재산만 해도 상당한 수준이었다. 이에 아내들과 의논한 야곱은 라반 몰래 도주하기에 이른다. 뒤늦게 이를 안 라반은 추격에 나섰다. 일촉즉발의 위기 속에 이들 사이를 중재한 것은 하나님이었다. 꿈속에서 여호와의 경고를 받은 라반은 야곱 일행을 따라잡았지만 이들을 해치거나 소유를 빼앗지 않고 돌무더기를 쌓은 다음 언약을 맺는다. 야곱은 그것을 갈르엣이라 불렀는데, 이는 '증거의 돌무더기'란 뜻이다. 갈르엣에서 라반과 야곱의 식구들은 성대한 잔치를 벌이며 함께 먹고 마셨다. 야곱은 자유와 평화를 허락하신 하나님께 제사를 드린 후 식탁에 둘러앉아 음식을 나누며 밤을 지새웠다. 라반은 다음날 아침 일찍 딸들과 손자 손녀들에게 입을 맞추고 축복한 뒤 길을 떠나 고향으로 돌아갔다.

극에서 극으로 롤러코스터 같은 인생을 산 요셉

|

20년 만에 고향으로 향하는 야곱의 심정은 착잡하기 이를 데 없었다. 자신을 원수로 여기고 보기만 하면 죽이려 했던 형 에서를 만나야 했기 때문이다. 에서는 장정 400명을 거느리고 야곱을 만나러 오고 있었다. 그는 두 여종과 그들의 소생들을 맨 앞에 세우고, 레아와 그 아이들을 그 뒤에 세운 다음, 라헬과 요셉은 맨 뒤에 세워 따라오게 하였다.

하지만 염려와 달리 형제간의 상봉은 눈물겨웠다. 야곱이 앞으로 나가 에서에게 일곱 번이나 땅에 엎드려 절하자 에서가 달려와 두 팔을 벌려 동생의 목을 끌어안고 입을 맞춘 것이다. 두 사람은 부둥켜안고 눈물을 흘리며 20년 동안 응어리졌던 원한을 풀어냈다.

"형님께서 저를 이렇게 너그럽게 맞아 주시니, 형님의 얼굴을 뵙는 것이 하나님의 얼굴을 뵙는 듯합니다." 창세기 33장 10절

에서와 화해한 야곱이 숙곳과 세겜을 지나 베델을 거쳐 에브랏에 이르렀을 무렵 라헬이 자신의 두 번째 아들이자 야곱의 열두 번째 아들을 낳았으나 심한 산통으로 인해 그만 숨을 거두고 말았다. 라헬은 죽어 가며 낳은 아들 이름을 '내 슬픔의 아들'이란 뜻의 베노니라고 불렀지만 야곱은 막내 아들 이름을 '오른손의 아들'이란 뜻의 베냐민으로 고쳐 불렀다.

아버지 이삭의 장례를 함께 치른 에서와 야곱은 각자의 터전을 따라 헤

어쳤다. 에서는 에돔 사람의 조상이 되었고, 야곱은 자기 아버지가 몸 붙여 살던 가나안 땅에 정착했다.

말년의 야곱은 여전히 요셉을 총애했다. 형들은 거친 들에 나가 양을 치게 하면서도 요셉에게는 화려한 옷을 입혀 집에 있게 했다. 요셉은 형들이 잘못한 걸 눈여겨 봤다가 아버지에게 일러바치곤 했다. 설상가상으로 이상한 꿈 이야기를 해서 형들의 속을 뒤집어 놓았다.

"우리가 밭에서 곡식 단을 묶고 있었어요. 그런데 갑자기 제가 묶은 단이 우뚝 일어서니까 형님들이 묶은 단이 제 단을 빙 둘러서더니 절을 하는 게 아니겠어요?"

"제가 또 꿈을 꾸었어요. 이번에는 해와 달과 열한 개의 별들이 저에게 절을 했어요."

그러던 어느 날 야곱은 요셉에게 심부름을 시켰다. 들에 나가 양을 치고 있는 형들에게 가서 안부를 살피고 오라는 것이었다. 요셉은 도단 근처에 있는 형들을 발견했다. 아버지가 안 계신 들판에서 요셉과 마주한 형들은 좋은 기회라 여기며 그를 죽여 버리기로 모의했다. 장남인 르우벤이 나서서 만류했지만 동생들은 요셉의 옷을 벗겨 구덩이 안으로 던져 넣었다. 르우벤이 자리를 비운 사이 낙타에 물건을 싣고 이집트로 내려가는 이스마엘 상인들이 곁을 지나갔다. 그대로 두었다간 요셉의 안전을 보장할 수 없다고 생각한 유다가 말했다.

"우리가 동생을 죽이고 그 아이의 피를 덮는다고 해서, 우리가 얻는 것이 무엇이냐? 자, 우리는 그 아이에게 손을 대지는 말고, 차라리 그 아이를 이스마엘 사람들에게 팔아넘기자. 아무래도 그 아이는 우리의 형

제요, 우리의 피붙이이다." 창세기 37장 26절~27절

　이렇게 해서 형제들은 은 스무 냥을 받고 요셉을 이스마엘 사람들에게 팔아넘겼다.

　형제들은 숫염소 한 마리를 죽여 요셉의 옷에 피를 묻힌 뒤 아버지에게 가지고 가서 들짐승에게 잡아먹힌 것 같다고 거짓말을 했다. 애지중지하던 요셉의 죽음을 확인한 야곱은 옷을 찢고 베옷을 걸친 후 눈물로 밤낮을 보냈지만 그런다고 해서 요셉이 살아 돌아올 리 만무했다.

　이집트로 요셉을 데려온 미디안 상인들은 그를 바로 왕의 경호대장인 보디발이라는 사람에게 팔아넘겼다. 지혜롭고 성실한 요셉을 눈여겨본 보디발은 그를 심복으로 삼아 집안 모든 일과 재산을 맡겨 관리하게 했다. 그러나 곧바로 위기가 닥친다. 용모가 준수하고 잘 생긴 미남이었던 요셉에게 보디발의 아내가 끊임없이 추파를 던진 것이다. 요셉은 완강히 이를 거부했지만 그녀가 파놓은 함정에 빠져 그만 감옥에 갇히고 말았다.

　요셉이 갇힌 곳은 왕의 죄수들을 가두는 곳이었다. 요셉은 그곳에서도 간수장의 눈에 들어 죄수들을 관리하면서 행정적인 일을 도맡아 처리하게 되었다. 그즈음 이집트 왕에게 술잔을 올리는 시종장과 빵을 구워 올리는 시종장이 잘못을 저질러 감옥에 들어왔다. 하루는 이 두 사람이 동시에 꿈을 꾸었는데, 무슨 의미인지를 몰라 얼굴에 수심이 가득했다. 요셉은 두 사람의 꿈을 정확히 풀어주었다. 요셉의 해몽대로 술잔을 올리는 시종장은 감옥에서 풀려나 신분이 회복되었고, 빵을 구워 올리는 시종장은 처형을 당했다. 그러나 술잔을 올리는 시종장은 감옥에서 나가면 자신을 기억해달라는 요셉의 부탁을 까마득히 잊고 있었다.

2년의 세월이 흐른 어느 날 바로 왕도 꿈을 꾸었다. 하지만 무슨 뜻인지를 몰라 전전긍긍했다. 그는 마술사와 현인들을 불러 해몽을 명했지만 소용이 없었다. 그때서야 술잔을 올리는 시종장은 요셉을 생각해냈다. 바로 왕에게 불려간 요셉은 명료하게 꿈을 풀이했다.

그것은 앞으로 7년 동안 이집트 온 땅에 유례없는 풍년이 든 후에 7년 동안 기근이 들어 가혹한 흉년이 이어진다는 내용이었다. 요셉은 왕에게 꿈을 통해 하나님이 알려 주신 대로 명철하고 슬기로운 사람을 책임자로 세워 나라를 다스리게 해 풍년이 계속되는 일곱 해 동안 곡식을 충분히 저장했다가 흉년이 드는 일곱 해 동안 백성들이 굶주리지 않고 먹을 수 있도록 대비해야 한다고 조언했다. 바로 왕은 그의 지혜와 혜안에 탄복하고 말았다.

"하나님이 너에게 이 모든 것을 알리셨는데, 너처럼 명철하고 슬기로운 사람이 어디에 또 있겠느냐? 네가 나의 집을 다스리는 책임자가 되어라. 나의 모든 백성은 너의 명령을 따를 것이다. 내가 너보다 높다는 것은, 내가 이 자리에 앉아 있다는 것 뿐이다." 창세기 41장 39절~40절

하루아침에 죄수에서 총리대신이 된 요셉은 난세를 극복하는 영웅으로 맹활약하게 된다.

화해의 또 다른 이름, 눈물의 식탁

요셉이 당시 세계 최강국이었던 이집트의 총리대신이 되었을 때 그의 나

이 불과 서른 살이었다. 열일곱 살에 노예로 팔려온 그는 보디발의 집에서 10년 동안 일했고, 감옥에서 3년을 갇혀 있었다. 일인지하 만인지상의 자리에 오른 그에게 바로 왕은 자신의 옥새 반지를 건네준 후 '은밀한 것을 열어 보이는 자'라는 의미를 가진 사브낫바네아라는 이집트 식 이름을 지어 준 다음 온이라는 고장의 제사장 보디베라의 딸 아스낫과 결혼을 시켜 주었다.

요셉은 이집트를 순찰하며 풍년이 든 7년 동안 착실하게 곡식을 모아 여러 성읍에 저장해 두었다. 이윽고 흉년이 시작되었다. 온 세상에 기근이 들지 않은 나라가 없었지만 이집트는 요셉 덕분에 식량 걱정을 하지 않아도 됐다. 이 소식을 들은 다른 나라 사람들이 곡식을 사기 위해 이집트로 모여들었다. 가나안 땅에도 기근이 들었기에 야곱은 요셉의 형들에게 이집트로 가서 곡식을 사오라고 명했다. 요셉을 만난 형들은 그가 자신들이 노예로 내다 판 동생임을 알아채지 못했다. 요셉은 그들을 첩자로 몰아붙여 시므온을 인질로 잡아둔 다음 베냐민을 데리고 오면 누명을 벗겨 주겠다고 제안했다. 돌아온 아들들에게 보고를 받은 야곱은 절대 베냐민을 보낼 수 없다며 버텼다. 하지만 기근이 계속되어 더 이상 버틸 수 없게 되자 야곱은 다시금 곡식을 구하러 떠나는 형들에게 베냐민을 딸려 보냈다. 얼마 후 자신의 형들이 베냐민과 함께 온 것을 본 요셉은 크게 기뻐하며 자기 집 관리인에게 말했다.

"이 사람들을 집으로 데리고 가시오. 짐승을 잡고, 밥상도 준비하시오. 이 사람들은 나와 함께 점심을 먹을 것이오." 창세기 43장 16절 요셉의 집으로 불려간 형들 앞에는 산해진미가 가득한 밥상이 차려졌지만 그들은 곧 자신들이 노예 신세가 되리라 판단하며 두려워 떨었다. 친동생인 베냐민을 만난 요셉은 방으로 들어가 한참 동안 눈물을 흘린 뒤 얼굴을 씻고 다시 나왔다. 요셉과 나이 순서대로 앉은 그의 형제들에게 따로 상이 차려졌다. 요셉은 자신의 상에서 음식을 날라다가 형제들에게 나눠 주었다. 사랑하는 베냐민에게는 형들보다 다섯 배나 많은 음식을 날라다 주었다. 당시 관습상 다섯이라는 숫자는 풍족함을 뜻하는 완전 수였다. 그만큼 요셉은 베냐민을 사랑했던 것이다. 22년의 세월이 흐른 뒤 극적으로 다시 만난 야곱의 열두 아들들은 풍성하고 화려한 식탁에 둘러앉아 기름진 음식을 배불리 먹고 취하도록 술을 마셨다. 화해의 식탁과 더불어 오랜 시간 이들을 억눌러 왔던 원한도 원망도 두려움도 눈 녹듯 녹아 내렸다.

요셉이 형제들에게 베푼 정찬을 NIV 영어 성경에서는 'dinner'라고 표현하였다. 'dinner'는 공식 만찬, 오찬, 정찬이라는 뜻으로 하루 중에서 가장 중요한 식사, 즉 제일 신경 써서 제대로 차려 먹는 식사를 가리킨다. 영미권에서는 'dinner'를 보통 저녁에 먹는데, 주일에는 낮에 먹는다. 낮에 'dinner'를 먹으면 저녁에는 간단한 'supper 저녁식사 혹은 야식'가 된다. 손님을 초대할 때는 'dinner'에 초대하는 것이 예의로 되어 있다.

고대서양문명을 연구한 안토니 F. 치폴로와 요리사이자 성경 철학자인 레이너 W. 헤세 주니어는 공동 집필한 『바이블 쿠킹』에서 요셉과 형제들의 식사에 대해 이렇게 설명했다.

"그런 중대한 잔치였으니 미리 계획을 세우고 준비도 했을 것이고 아마 아이디어도 냈을 것이다. 그렇다면 어떤 메뉴였을까? 단정 지을 수는 없지만 식탁에는 최상품 밀을 듬뿍 넣어 만든 음식이 나오지 않았을까 생각한다. 형제들이 고국에서 가져온 선물을 차려내지 않는 것도 예의에 어긋나는 일이었으리라. 여기서 길르앗의 향유는 히브리어로 '트조리', 즉 유향나무에서 추출한 피스타치오 기름의 일종이다. 꿀은 히브리어로 '데바쉬'로서 벌꿀이다. 진귀한 향료는 히브리어로 '노코흐'로 향긋하다. 피스타치오는 히브리어로 '보트님'이고 아몬드는 히브리어로 '샤케드'이다. 그들이 맘껏 먹고 마셨다면 분명히 어떤 종류의 포도주를 곁들였을 것이다. 이집트 최고 고관의 식사라면 나일강에서 잡은 생선, 무, 마늘, 오이, 멜론, 대추야자를 풍성하고 우아하게 차렸을 것이고 양치기와 궁정관리 모두에게 보기도 좋았고 맛도 좋았을 것이다."

다음날 형들에게 자신을 노예로 팔아넘긴 과거를 반추하며 회개할 수 있는 충분한 기회를 제공한 요셉은 드디어 형제들 앞에서 자신의 신분을 밝히고 나서 통곡한다. 그 울음소리가 어찌나 컸던지 바로 왕이 있는 궁에까지 들릴 정도였다고 한다.

"내가 요셉입니다! 이리 가까이 오십시오. 내가, 형님들이 이집트로 팔아넘긴 그 아우입니다. 그러나 이제는 걱정하지 마십시오. 자책하지도 마십시오. 형님들이 나를 이곳에 팔아넘기긴 하였습니다만, 그것은 하나님이, 형님들보다 앞서서 나를 여기에 보내셔서, 우리의 목숨을 살려 주시려고 그렇게 하신 것입니다." 창세기 45장 3절~5절

자신이 이집트에 노예로 팔려온 것은 기근으로 굶주리게 될 훗날을 대비해 하나님께서 세우신 계획이었음을 고백한 것이다. 이는 시편 기자의 고백에서도 동일하게 드러나고 있다.

"그가 또 그 땅에 기근이 들게 하사 그들이 의지하고 있는 양식을 다 끊으셨도다. 그가 한 사람을 앞서 보내셨음이여. 요셉이 종으로 팔렸도다." 시편 105편 16절~17절, 개역개정

정체를 드러낸 뒤 부둥켜안고 눈물을 흘리며 켜켜이 쌓였던 회포를 푼 것은 다음날이었지만 이미 전날의 오찬 식탁을 통해 요셉과 그의 형제들은 화해의 강을 건넌 셈이었다. 라반과 야곱이 갈르엣에서 앙금을 풀고 화평의 언약을 맺은 것도, 에서와 야곱이 에돔 들판에서 원한을 풀고 화해의 상봉을 이룬 것도 모두 눈물의 식탁이 있었기 때문이다. 야곱은 장인 라반과 함께 다시는 접할 수 없는 밧단아람의 향토 음식을 맛보며 상처 받은 마음을 추슬렀고, 형 에서가 마련한 어린 시절을 떠올리게 하는 밥상 앞에서 자신들이 한 부모에게서 태어난 피붙이임을 자각했을 것이다.

마찬가지로 요셉 또한 아버지가 형들에게 들려 보낸 고향 땅에서 난 아름다운 소산들을 음미하며 아버지 어머니 생각에 목이 메었을 것이다. 정성 가득 차려낸 추억의 밥상은 수십 년 묵은 마음의 응어리도 한순간에 녹아내리게 만든다.

남북한 사이에 화해 분위기가 조성되면 우선적으로 마련되는 자리가 이산가족 상봉이다. 어렸을 때 헤어진 고령의 노인들이 수많은 과정을 거쳐 천신만고 끝에 가족을 만나면 한 차례 폭풍 같은 오열이 지나간 뒤 맨 먼저 하는 것이 상대방의 입에 준비해온 맛있는 음식을 떠 넣어주는 일이다. 남편이 아내에게, 자식이 부모에게, 여동생이 오빠에게 떨리는 손으로 집어주는 음식은 단순한 먹을거리가 아니다. 그것은 지나간 세월의 모든 회한이며, 무게이며, 애환이며, 보상이다. 세상 그 무엇이 그 음식을 대신할 수

있으며, 세상 그 어떤 음식 맛이 그 맛을 뛰어넘을 수 있을 것인가. 눈물의 식탁, 그것은 화해의 또 다른 이름이다.

요셉은 형들의 죄를 용서했을 뿐 아니라 아버지 야곱과 그의 온 가족들을 이집트로 불러 풍족한 먹을거리를 제공하며 정착해 살 수 있게 하였다. 요셉의 두 아들인 므낫세와 에브라임을 포함한 야곱의 가족들은 모두 70명에 달했다. 무려 22년 만에 죽은 줄만 알았던 사랑하는 아들 요셉을 다시 만난 야곱은 하염없이 눈물을 흘리며 이렇게 고백했다.

"이제는 죽어도 한이 없다. 마침내 네 얼굴을 이렇게 보다니. 네가 살아 있었구나!" 창세기 46장 30절, 공동번역

페터 폰 코르넬리우스(1783~1867, 독일),
〈요셉과 형제들의 상봉〉, 로미기시 바르톨디의
프레스코화 연작, 236×290cm,
베를린 내셔널 갤러리, 베를린

독일 낭만주의 회화를 대표하는 코르넬리우스가 1816년경에 그린 작품이다. 이집트의 총리대신이 된 요셉과 먹을 것을 구하기 위해 찾아온 형제들의 극적인 만남을 표현했다. 노예로 팔아넘긴 동생이 가족들의 생사를 좌우할 수 있는 막강한 권력자가 된 사실을 알게 된 형들은 두 가지 반응을 보인다. 오른쪽처럼 깜짝 놀라 근심 어린 표정으로 고개를 숙이거나 팔로 턱을 괸 채 자포자기에 빠진 모습과 왼쪽처럼 얼른 무릎을 꿇고 굴복하며 선처를 호소하는 모습이다. 패닉 상태가 된 형들과는 상관없이 요셉은 동생 베냐민을 끌어안고 눈물을 흘리고 있다. 웅장한 요셉 저택의 위용은 형들의 가슴을 더욱 옥죄게 만들었을 것 같다.

고난 받는 사람에게는

모든 날이 다 불행한 날이지만,

마음이 즐거운 사람에게는

모든 날이 잔칫날이다.

재산이 적어도 주님을 경외하며 사는 것이,

재산이 많아서 다투며 사는 것보다 낫다.

서로 사랑하며 채소를 먹고 사는 것이,

서로 미워하며 기름진 쇠고기를 먹고 사는 것보다 낫다.

잠언 15장 15절~17절

06
이스라엘 민족을 향한
하나님의 해방과 구원의 언약

갈대상자와 모세

요셉으로 인해 이집트에 정착하게 된 이스라엘 자손은 단지 기근을 면한 정도가 아니라 어느 때보다 배불리 먹고 마시며 안락한 삶을 이어갈 수 있었다. 총리대신이던 요셉을 전적으로 신뢰했던 바로 왕은 이스라엘 자손들이 편안하게 목축에 종사하며 살 수 있도록 고센 땅을 내주었다. 한시도 잊은 적이 없던 아들 요셉을 다시 만난 야곱은 편안하고 행복하게 말년을 지내다가 자손들을 마음껏 축복하고 세상을 떠났다. 그리고 또 다시 세월이 흘러 요셉마저 110세를 일기로 수많은 자손들의 애도 속에 그의 조상들에게로 돌아갔다.

이윽고 상황은 급박하게 반전되기에 이른다. 야곱과 요셉이 없는 이집트 땅에서 이스라엘 백성들은 그야말로 끈 떨어진 신발처럼 처량한 신세가 되고 만 것이다. 요셉을 아끼고 신뢰했던 바로 왕이 나이 들어 죽게 되자 뒤를 이어 권좌에 오른 새로운 왕조의 바로 왕은 이스라엘 자손들을 학대하며 노예로 부리기 시작했다. 그는 야곱도 요셉도 알지 못했고 요셉으로부터 그 어떤 부채나 부담도 없었다. 그는 날이 갈수록 인구가 불어나면서 강성해지는 이스라엘 사람들이 혹시나 반역을 일으키지나 않을까 두려워했다.

바로 왕은 감독을 세워 이스라엘 백성들에게 무거운 짐을 지우고 전쟁 시에 군수기지로 사용되는 국고성 비돔과 이집트의 수도인 라암셋을 건축하게 하였다. 이처럼 가혹한 탄압에도 불구하고 이스라엘 자손들이 더욱 번성하자 바로 왕은 히브리 여인이 아이를 낳을 경우 딸이면 살려두고 아들이면 나일 강에 던져 다 죽이도록 명령을 내렸다. 이때 레위 지파 여인인 요게벳은 남편 아므람과의 사이에서 막내아들을 낳았지만 차마 버릴 수 없어 몰래 키우다가 더 이상 숨길 수가 없게 되자 아기를 갈대상자에 넣어 나일 강에 띄워 보낸다.

마침 목욕하러 나일 강가로 나온 바로 왕의 딸에게 발견된 아기는 공주의 양자로 입양되어 궁에서 왕자의 신분으로 자라게 된다. 이 아기가 바로 모세다. 죽을 수밖에 없는 운명을 타고난 노예로서 가까스로 목숨을 건진 것만 해도 놀라운 일인데, 당시 세계 최강의 제국이던 이집트의 왕자로 성장하게 되었다는 것은 영화 속에서나 볼 수 있는 기적 같은 일이었다. 이는 모세를 통해 이스라엘 민족을 해방시키려는 하나님의 섭리 가운데 이루어진 일로 이미 오래 전 그들의 조상인 아브라함에게 예언하셨던 일이기도 했다.

요게벳은 모세의 유모가 되어 아들에게 젖을 먹이며 그에게 히브리인으로서 갖춰야 할 신앙과 민족의식을 교육시켰다. 이후 모세는 최고의 엘리트 교육을 받은 이집트의 왕자인 동시에 핍박받는 동족에 대한 연민으로 가득 찬 히브리 민족의 지도자로 장성하였다.

그러던 어느 날 모세는 히브리 사람을 때리던 한 이집트 사람을 보고 분을 참지 못해 그를 몰래 쳐 죽여 모래 속에 감추게 된다. 나중에 이 일이 탄로나 바로 왕이 모세를 죽이려 하자 그는 이집트에서 급히 도망쳐 미디안 땅에 다다른다. 이때 그의 나이 마흔 살이었다.

모세의 전반기 인생 40년을 히브리서 기자는 이렇게 정리하였다.

"믿음으로 모세가 났을 때에 그 부모가 아름다운 아이임을 보고 석 달 동안 숨겨 왕의 명령을 무서워하지 아니하였으며 믿음으로 모세는 장성하여 바로의 공주의 아들이라 칭함 받기를 거절하고 도리어 하나님의 백성과 함께 고난 받기를 잠시 죄악의 낙을 누리는 것보다 더 좋아하고 그리스도를 위하여 받는 수모를 애굽의 모든 보화보다 더 큰 재물로 여겼으니 이는 상 주심을 바라봄이라." 히브리서 11장 23절~26절, 개역개정

이집트를 초토화시킨 열 가지 재앙

미디안 땅으로 잠시 도피했던 모세는 그곳에서 무려 40년 동안이나 생활하게 된다. 미디안의 제사장이었던 르우엘의 딸 십보라를 아내로 맞은 그는 자식을 낳고 열심히 일하며 처가살이에 잘 적응하였다. 비록 모세에게 다른 대안이 없었다 할지라도 미디안 광야에서 보낸 그의 중반기 40년 인

생은 참으로 고독하기 짝이 없었을 것이다. 부족한 게 없었던 대제국 왕자의 신분에서 오갈 데 없는 혈혈단신이 된 신세도 그러했고, 나름대로 가슴속에 품어왔던 자기 민족에 대한 뜨거운 동포애를 달리 실현시킬 방법 또한 전무했기 때문이다.

어느덧 모세는 여든 살의 노인이 되어 있었다. 이제 그에게는 화려했던 과거의 기억도 피 끓는 젊음의 혈기도 아스라이 사라진 뒤였다. 바로 그때 하나님은 그에게 나타나셨다. 양 떼를 몰고 호렙 산에 이른 모세 앞에 떨기나무 속의 불꽃으로 등장하신 하나님은 모세의 이름을 두 번이나 부르셨다. 그리고 "나는 아브라함의 하나님, 이삭의 하나님, 야곱의 하나님이니라." 말씀하시며 이집트에서 학대받고 있는 이스라엘 백성들을 건져내 예전에 조상들에게 약속한 젖과 꿀이 흐르는 땅으로 인도할 테니 당장 바로에게 가라고 명령하신다.

만감이 교차한 모세는 하나님께 속내를 드러내며 서운함을 표시하지만 결국 하나님의 명령에 순종하여 양떼를 몰던 지팡이 하나만 달랑 들고 형 아론과 함께 이집트의 바로 왕에게 나아간다. 이때의 바로 왕은 모세가 미디안으로 도망할 당시의 왕 투트모스 3세가 아니라 그의 아들인 아멘호텝 2세였다. 모세와 아론은 바로 앞에서 여호와의 말씀을 전하며 이스라엘 백성들을 보내달라고 요구했지만 일언지하에 거절당하고 만다. 오히려 바로는 이 일로 화가 나 이스라엘 백성들에게 더욱 가혹한 노역을 부과하며 핍박을 강화한다.

낙담한 모세에게 하나님은 바로와 이집트 사람들에게 큰 심판이 임할 것을 알려 주셨다. 이어 열 가지 재앙이 이집트 땅에 몰아닥친다. 첫 번째 재앙은 나일 강물이 피로 변한 것이었고, 두 번째 재앙은 개구리가 온 땅을 뒤덮은 것이었으며, 세 번째 재앙은 땅의 티끌이 모기로 변해 사람과 가축을 괴롭힌 것이었다. 네 번째 재앙은 무수한 파리 떼가 들이닥쳐 고통을 당한 것이었고, 다섯 번째 재앙은 돌림병으로 가축들이 떼죽음을 당한 것이었으며, 여섯 번째 재앙은 화덕의 재가 티끌이 되어 이집트 전역의 사람과 짐승에게 악성 종기가 생겨난 것이었다. 일곱 번째 재앙은 무거운 우박이 쏟아져 내려 농작물에 큰 피해를 준 것이었고, 여덟 번째 재앙은 메뚜기 떼가 몰려와 모든 채소와 나무를 다 먹어치운 것이었으며, 아홉 번째 재앙은 온 땅에 3일 동안 캄캄한 흑암이 임한 것이었다. 그러나 이처럼 엄청난 재앙이 계속되었음에도 불구하고 바로 왕은 이스라엘 백성들을 놓아 주지 않았다.

마침내 하나님은 열 번째 재앙을 내리신다. 그것은 이집트에 있는 모든 사람과 가축의 처음 난 것이 다 죽게 되는 무서운 심판이었다. 고대사회에서 장자의 지위는 대단한 것이었다. 이집트 사람들 집안에서 장자들이 다 횡사해 씨가 마르게 된다는 것은 이전에 당한 재앙과는 비교할 수 없는 대참사였다. 하나님은 그 카드를 꺼내신 것이다. 이집트 사람들은 자신들에게 생명을 주는 신을 '오시리스', 생명을 지켜주는 신을 '이시스'라 부르며 숭배했다. 하나님은 이들에게 생명의 근원과 주권은 하나님께 있음을 보여주려 하신 것이다.

이 열 번째 재앙으로부터 이스라엘 자손들을 보호하기 위해 하나님이 직접 제정하신 것이 바로 유월절이다. 하나님은 그 달을 해의 첫 달, 즉 아빕월로 정하시고 10일에 흠 없는 어린 양이나 염소 중 1년 된 수컷을 골라두었다가 4일 후 해가 질 때 이를 잡아 그 피를 집 좌우 문설주와 문짝의 위아래로 가로지른 나무 또는 돌에 바르게 하셨다. 그리고 잡은 고기를 불에 구워 무교병과 쓴 나물을 곁들여 먹으라고 명하셨다. 그날 밤 이스라엘 백성들의 집을 제외한 이집트 땅의 사람이나 짐승 가운데 처음 난 것은 다 죽음을 면치 못했다.

유월절에 이어 하나님이 정하신 절기는 무교절이다. 무교절은 유월절 다음날인 15일부터 21일까지 7일 동안 이어지는 절기로 누룩을 넣지 않고 구운 거친 빵, 즉 무교병 無酵餠, bread made without yeast 을 먹어야 했다. 만약 이때 누룩을 넣어 만든 빵을 먹는 사람은 누구든지 이스라엘에서 끊어지는 심판을 받아야 했다. 원래 어린 양 고기를 먹는 것은 유목적인 풍습이고, 누룩 없는 빵을 먹는 것은 농경적인 풍습이지만 이 두 절기가 자연스럽게 연결되면서 이스라엘을 향한 하나님의 해방과 구원의 언약이 비로소 성취되었음을 나타내는 민족 최대의 명절이 되었다.

불에 구운 어린 양 고기와 쓴 나물
그리고 고난의 빵

‘유월 逾越’이란 히브리어로는 ‘페사흐’, 고대 그리스어로는 ‘파스카’, 영어로는 'Passover'라는 말로 ‘지나치다’, ‘그냥 넘어가다’라는 뜻이다. 이스라엘 백성들이 이집트를 탈출하기 전날 밤 하나님이 열 번째 재앙을 내려 이집트 사람들과 짐승들의 처음 난 것이 전부 다 죽었을 때 문설주에 어린 양의 피를 발라둔 이스라엘 백성들의 집은 죽음의 기운이 임하지 않고 그냥 넘어갔다는 데서 유래한 말이다. 공동번역 성경에서는 이를 ‘과월절 過越節’로 번역하였다. 유대 종교력의 1월인 아빕월은 태양력으로는 3월 말이나 4월 초에 해당하며 보리를 추수하는 기간이다. 유대교와 가톨릭교회에서 전례로 지키는 파스카는 축제 자체를 지칭하기도 하며, 한편으로 파스카 축제 때 봉헌해서 먹는 희생 제물을 가리키기도 한다.

첫 번째 유월절 의식은 엄숙하고 진지한 분위기 속에 치러졌다. 사람들은 출애굽을 위해 외출복으로 갈아입고 허리에 띠를 띠고 발에 신을 신고 손에 지팡이를 잡은 채 식탁에 둘러서서 불에 구운 어린 양 고기와 무교병과 쓴 나물을 빠른 속도로 먹어야 했다. 팔레스타인 지역 사람들의 일반적인 식사 관습처럼 낮은 식탁 앞에 앉거나 바닥에 자리를 깔고 앉아 편안한 자세로 식사한 게 아니었다. 유월절 식사는 자신들을 죽음에서 구원하시고 이집트의 압제로부터 해방시키신 하나님의 은혜를 곱씹고 되새김질하는 성찰의 시간이었던 것이다.

고기는 날 것으로 먹거나 물에 삶아 먹으면 안 되고, 반드시 불에 구워 먹되 머리와 다리와 내장까지 다 먹어야 했다. 그리고 남은 것이 있으면 아침이 되기 전에 불살라 없애야 했다. 이는 예수님의 살을 먹는 것과 같은 거룩한 행위였기 때문이다. 누룩은 도덕적 타락과 악을 상징하며, 누룩을 넣지 않은 빵은 순수함과 분별됨 또는 거룩함을 상징한다. 그래서 무교절 이레 동안 사람들은 집 안에 있는 모든 누룩을 다 치워야 했다. 쓴 나물을 먹은 것은 이집트에서의 쓰라린 생활을 잊지 않고 기억하라는 의미였다. 성경에는 나와 있지 않지만 유대인 율법학자의 구전 해설을 모은 『미쉬나』에는 유월절에 먹었던 쓴 나물이 소개되어 있다. 치커리, 상추, 서양민들레, 후추풀, 스넥루드 등으로 하나같이 몹시 쓴 식물들이다.

그렇다면 하나님은 왜 10일에 골라둔 어린 양을 바로 잡지 않고 4일 동안이나 놔뒀다가 14일 저녁 때 잡으라고 하셨을까? 이 시간 동안 이스라엘 백성들은 자신들을 위해 대신 죽을 어린 양을 오며가며 쳐다보면서 하나님이 명하신 유월절의 의미를 다시 한 번 깊이 생각할 수 있었다. 즉시 의식을 치르지 않고 이렇게 자신들을 지키시고 보호하시는 하나님의 현존을 가슴 깊이 새길 수 있는 충분한 시간을 주신 것은 언제나 참고 기다리면서 인간을 배려하시는 하나님의 성품이 잘 드러난 일이라 할 수 있다.

유월절 어린 양은 인류를 죄에서 구하시고 참 자유를 주신 예수 그리스도의 모형이다. 예수님은 십자가에 달리시기 전날 밤 예루살렘 성내에서 제자들과 함께 유월절을 지켰고, 이것이 최후의 만찬이 되었다. 예수님을 '유월절 어린 양'이라고 하는 것은 이 때문이다. 아울러 어린 양의 피를 집 좌우 문설주와 문짝의 위아래로 가로지른 나무 또는 돌에 바른 것은 예수님이 십자가 위에서 물과 피를 다 흘리신 뒤 돌아가시는 장면을 떠오르게 한다. 유월절과 출애굽 사건은 예수 그리스도의 구속의 역사를 그대로 미리 보여 주신 것이다.

무교절 기간 동안 이스라엘 백성들은 첫째 날과 일곱째 날에 성회로 모여야 했다. 그리고 이 이틀 동안 그들은 아무 일도 하지 말고 각자 먹을 것만 갖추어야 했다. 무교절에 먹을 수 있는 유일한 음식은 무교병이었다. 무교병은 고난의 빵이다. 누룩을 넣지 않고 구운 맛도 없는 거친 빵을 일주일 내내 먹는 것은 무척 괴로운 일이 었을 것이다. 그러나 그것은 하나님이 베푸신 유월절의 은혜와 이집트에서 탈출한 해방의 기쁨을 결코 잊지 않게 하시려는 하나님의 선물이었다. 그들에게 자유과 구원을 주신 것을 축하하는 기념물이었던 것이다.

유월절 음식을 먹고 나서 아침이 되기를 기다리기도 전에 바로 왕이 모세와 아론을 급히 불렀다. 온 이집트 땅이 통곡으로 요동쳤기 때문이다. 바로 왕의 큰아들을 포함해 모든 신하들의 장자와 가축의 처음 난 것들이 하나도 남김없이 죽어 버린 것이다. 바로 왕은 모세와 아론에게 즉시 이스라엘 백성들을 데리고 이집트를 떠나 여호와를 섬기라고 말한다. 이집트 사람들은 이스라엘 백성들이 달라는 대로 물품들을 다 내주었다. 드디어 출애굽의 대역사가 시작된 것이다. 이스라엘 자손들이 이집트에 거주한 지 430년 만의 일이었다.

이후 이집트를 탈출한 이스라엘 백성들의 기나긴 광야 생활이 이어진다. 이 40년 동안의 방랑기는 말년의 모세에게 있어 환희와 감격, 절망과 분노가 매일 같이 반복되는 어려운 시기였다. 비로소 꿈에도 그리던 젖과 꿀이 흐르는 가나안 땅을 눈 앞에 두게 되었을 때 죽음이 임박한 모세는 이스라엘 백성들에게 다시 한 번 하나님과의 언약을 상기시키는 마지막 설교를 하면서 다음과 같이 신신당부를 한다. 그와 이스라엘 민족에게 있어 유월절과 무교절의 의미가 얼마나 크고 중요한 것인지를 새삼 일깨워 주는 애절한 장면이다.

"당신들은 아빕월을 지켜 주 당신들의 하나님께 유월절 제사를 드려야 합니다. 이는 아빕월 어느 날 밤에, 주 당신들의 하나님이 당신들을 이집트에서 건져 내셨기 때문입니다. 당신들은 주님께서 자기의 이름을 두려고 택하신 그 곳에서 양과 소를 잡아, 주 당신들의 하나님께 유월절 제물로 바쳐야 합니다. 누룩을 넣은 빵을 이 제물과 함께 먹으면 안 됩니다. 이레 동안은 누룩을 넣지 않은 빵 곧 고난의 빵을 먹어야 합니다. 이는 당신들이 이집트 땅에서 나올 때에 급히 나왔으므로, 이집트 땅에서 나올 때의 일을 당신들이 평생토록 기억하게 하려 함입니다." 신명기 16장 1절~3절

디르크 보우츠(1410~1475, 네덜란드), 〈유월절의 성립〉,
생 피에르 고딕 성당, 패널에 유채, 88×71cm, 루뱅

벨기에 루뱅에 있는 생 피에르 고딕 성당의 '거룩한 성찬식' 제단
화 중 왼쪽 날개 하단에 있는 그림이다. 사람들이 식탁을 가운데
두고 빙 둘러서서 무표정한 얼굴로 허겁지겁 음식을 먹고 있다.
어디론가 멀리 떠나는 것처럼 저마다 모자를 쓰고 허리띠를 동여
매고 신발을 신은 채 지팡이를 들고 있다. 이들이 먹는 음식은 석
쇠에 구운 어린 양 고기와 누룩 없는 빵과 쓰디쓴 나물이었다. 이
들의 심각한 표정 속에는 곧 다가올 대재앙에 대한 두려움과 공
포, 그리고 하나님의 해방과 구원의 언약에 대한 기대와 설렘이
뒤섞여 있다. 급히 도망갈 태세를 갖추고 서둘러 음식을 먹던 유
월절 당시의 긴박했던 상황을 잘 묘사한 작품이다.

그러나 나는,

너희가 이집트 땅에 살 때로부터 주 너희의 하나님이다.

그 때에 너희가 아는 하나님은 나밖에 없고,

나 말고는 다른 구원자가 없었다.

나는 저 광야에서,

그 메마른 땅에서,

너희를 먹이고 살렸다.

그들을 잘 먹였더니 먹는 대로 배가 불렀고,

배가 부를수록 마음이 교만해지더니,

마침내 나를 잊었다.

호세아 13장 4절~6절

07
이스라엘 백성들이 광야에서
40년 동안 먹었던 만나와 메추라기

출애굽 그리고 홍해

바로의 손아귀에서 벗어난 이스라엘 자손들은 한밤중에 서둘러 라암셋을 떠나 국경지대인 숙곳에 이르렀다. 이때 백성들의 숫자는 장정만 60만 명가량이었으니 여자와 어린이, 노인들까지 다 합치면 최소한 200만 명이 넘는 엄청난 인원이었다. 게다가 이집트 땅에 몰아닥친 열 가지 재앙을 목격한 뒤 하나님을 믿기로 결심하고 이스라엘 백성을 따라 나선 나일 강 삼각주 지역에 거주하던 다른 셈족들과 일부 이집트 사람들을 포함하여 양과 소와 심히 많은 가축들까지 있었으니 민족 대이동의 규모는 실로 방대하기 이를 데 없었다.

하나님은 낮에는 구름기둥으로 그들의 길을 인도하시고, 밤에는 불기둥으로 그들을 비추어 진행하게 하셨다. 이집트에서 가나안까지 가는 지름길은 블레셋을 지나는 경로였다. 그러나 그 길을 가려면 호전적인 블레셋 사람들과 한바탕 전쟁을 치러야만 했다. 그래서 하나님은 그 길로 인도하지 않고 홍해가 있는 광야 길로 인도하셨다. 이집트를 탈출하기는 했지만 아직 안심하기엔 이른 시기에 블레셋과 전쟁까지 치르게 된다면 이스라엘 사람들이 분명 이럴 바엔 그냥 이집트로 돌아가는 게 낫겠다며 불평을 늘어놓을 게 뻔했기 때문이었다.

드디어 홍해가 눈앞에 나타났다. 뒤에는 바로 왕이 이스라엘 백성들을 다시 잡아들이기 위해 보낸 병거와 군사들이 구름처럼 몰려오고 있었다. 앞으로 나가면 바다에 수장되어 죽는 길뿐이고, 뒤로 물러서면 다시 이집트에 노예로 끌려가게 될 판이며, 죽기를 각오하고 이집트 군대와 맞서 싸우자 한들 계란으로 바위를 치는 격이었다.

말 그대로 진퇴양난이었다. 이스라엘 백성들은 두려워 떨며 여호와께 부르짖고 모세를 향해 원망을 쏟아냈다.

"이집트에 묘 자리가 없어서 우리를 이 광야로 끌어내 죽이려는 겁니까? 우리를 이집트에서 끌어내어 여기서 이런 일을 당하게 하다니, 왜 우리를 이렇게 만든 겁니까? 이집트에 있을 때 우리가 이미 당신에게 말하지 않았습니까? 광야에 나가서 죽는 것보다 이집트 사람을 섬기는 게 더 나으니 우리가 이집트 사람을 섬기게 그냥 내버려두라고 하지 않았습니까?"

"여러분, 두려워하지 마십시오. 당신들은 가만히 서서, 여호와께서 오늘 당신들을 어떻게 구원하시는지 지켜보기만 하십시오. 당신들이 오늘 보는 이 이집트 사람을 다시는 볼 수 없을 겁니다. 여호와께서 당신들을 구하려고 싸우실 것이니, 당신들은 부디 진정하십시오."

모세는 백성들을 진정시키고 나서 하나님의 말씀을 따라 바다 위로 손을 내밀었다.

그때 큰 동풍이 밤새도록 불어 바닷물을 물러가게 하니 바다가 갈라져 마른 땅이 드러났다. 바다가 갈라지는 동안 하나님이 지키시던 구름기둥은 이스라엘 백성들의 진과 이집트 군사들의 진 사이에 서서 서로 오가지 못하게 함으로써 이스라엘을 보호하셨다. 바다가 다 갈라지자 이스라엘 자손들은 급히 걸어서 홍해를 건넜다. 구름 기둥이 걷히자 이집트 군사들도 마른 바닷길을 따라 이스라엘 백성들을 뒤따랐다.

바닷물이 그들 좌우의 벽이 되었다.

이집트 군대가 바다 가운데 이르렀을 때 하나님은 병거 바퀴를 벗겨 달리지 못하게 함으로써 그들을 혼란에 빠뜨리셨다. 그리고 이스라엘 자손들이 홍해를 다 건너자 모세가 하나님 말씀대로 다시 손을 바다 위로 내밀었다. 그러자 바다의 힘이 회복되어 벽처럼 갈라져 있던 바닷물이 합쳐졌다. 이집트 군대가 힘 한번 써보지 못하고 전부 바닷물에 수장된 것이다. 이스라엘 모든 백성들은 이 광경을 똑똑히 지켜 보았다. 그들은 언제 우리가 하나님과 모세를 원망했느냐는 듯 비로소 여호와를 경외하며 여호와와 그의 종 모세를 믿게 되었다.

끝없이 이어지는 백성들의 불평불만

|

홍해를 건넘으로써 이스라엘 자손들은 출애굽에 성공하였다. 이는 길고 긴 노예 생활에서 벗어나 완전한 해방을 맞이했음을 의미했다. 바로의 압제 밑에서 그저 주어진 삶에 순응하며 살아야만 했던 그들로서는 정말 꿈

같은 일이었다. 그러나 이스라엘 민족의 해방은 그들 스스로의 힘으로 얻어낸 것이 아니었다. 아브라함과 이삭과 야곱에게 약속하셨던 말씀을 이루고자 하나님께서 일방적으로 베푸신 은혜였다. 따라서 그들은 더 이상 이집트에서의 삶을 그리워하거나 되돌아가려고 해서는 안 됐다. 그것은 곧 죽음의 길이었기 때문이다.

하지만 430년 동안이나 이어진 노예 생활은 이스라엘 백성들에게 뼛속 깊이 노예 근성을 갖게 만들었다. 시키는 일이나 하면서 조금만 불편해도 불평불만을 터뜨리는 것이 이스라엘의 민족성이 되어 버린 것이다. 하나님의 진노로 임한 열 가지 재앙을 목격한 그들, 밤에는 불기둥으로 낮에는 구름기둥으로 자신들을 인도하시는 하나님을 체험한 그들, 꼼짝없이 죽게 된 백성들을 홍해를 갈라 구원해 내신 분이 하나님이심을 분명히 알고 있는 그들이었지만, 그들이 가진 믿음이란 고작 한 치 앞도 내다보지 못하는 이런 수준이었던 것이다.

민족 대이동의 행렬이 수르 광야에 이르렀을 때였다. 이집트를 떠나올 때 가지고 온 물은 이미 바닥이 났지만 사흘 길을 걸었어도 물을 발견하지 못한 상태였다. 엄청난 무더위에 지칠 대로 지친 그들은 폭발 직전이었다. 그 즈음 물이 있는 오아시스가 나타났다. 선봉에 선 사람들이 달려가 급히 목을 축였으나 이내 토해내고 말았다. 도저히 마실 수 없을 정도로 쓴 물이었기 때문이다. 나중에 그곳의 이름은 '쓰다'는 뜻을 가진 '마라'로 불리게 되었다. 그러자 겨우 참아왔던 군중들이 물을 달라며 모세에게 원망과 불평을 쏟아내기 시작했다.

모세가 여호와께 간절히 부르짖었더니 하나님께서 한 나무를 가리키셨다. 모세는 그 나무를 쓴 물이 있는 곳으로 던졌다. 그런 다음 다시 그 물을 마시게 하자 이번에는 전혀 쓰지 않은 단 물이 되어 있었다. 백성들은 환호성을 지르며 마음껏 물을 마실 수가 있었다. 폭발 직전이던 불만이 눈 녹듯 수그러들었음은 물론이다. 이 나무가 어떤 나무였는지는 기록되어 있지 않다. 이는 다만 이스라엘 백성들에게 마실 것과 먹을 것을 주어 그들 생명을 지키시는 분은 오직 여호와뿐임을 깨닫게 하시려는 하나님의 섭리 가운데 이루어진 일이었다. 거기서 하나님은 그들을 위해 법도와 율례를 정하시고 그들을 시험하셨다.

"너희가, 주 너희 하나님인 나의 말을 잘 듣고, 내가 보기에 옳은 일을 하며, 나의 명령에 순종하고, 나의 규례를 모두 지키면, 내가 이집트 사람에게 내린 어떤 질병도 너희에게는 내리지 않을 것이다. 나는 주 곧 너희를 치료하는 하나님이다." 출애굽기 15장 26절

하나님의 법도와 율례를 듣고 실컷 목을 축인 이스라엘 백성들은 이내 엘림에 이르렀다. 나무숲인 이곳은 물 샘 열두 개와 종려나무 일흔 그루가 있는 비옥한 땅이었다. 엘림에 장막을 친 이스라엘 자손들은 출애굽 이후 참으로 오랜만에 마음껏 편안한 휴식을 취할 수가 있었다. 충분히 휴식을 취한 이들은 다시 길을 떠나 엘림과 시내 산 사이에 있는 신 광야에 이르렀다. 이때가 둘째 달 15일이었으니 이집트를 떠나온 지 꼭 한 달째 되는 날이었다. 군중들은 또 다시 모세와 아론을 향해 불평 불만을 쏟아내기 시작했다.

"아니, 대체 이게 무슨 꼴이야. 이집트에 있을 때 고기 가마 곁에서 고기를 굽고 삶으면서 원 없이 실컷 먹던 시절이 그립구만. 그때 고기와 빵을

배불리 먹고 그냥 하나님 손에 죽었으면 좋았을 것을. 괜히 모세와 아론을 따라 나와서 이런 생고생을 할게 뭐람."

"아, 누가 아니래. 이 끝도 보이지 않는 광야에서 우리 모두 굶어 죽게 생겼다니까."

힘들고 지친 광야 생활이 이어지면서 이번에는 고기를 먹고 싶다며 원망을 늘어놓은 것이다. 이는 온갖 난관을 헤쳐 가며 바로의 압제로부터 자신들을 해방시키신 하나님의 은혜를 망각하고 오히려 이집트에서 종으로 살던 시절을 그리워하는 참담한 광경이었다.

만나와 메추라기

하나님은 이들의 원망을 들으시고 모세에게 이렇게 말씀하셨다.

"보라 내가 너희를 위하여 하늘에서 양식을 비 같이 내리리니 백성이 나가서 일용할 것을 날마다 거둘 것이라. 이같이 하여 그들이 나의 율법을 준행하나 아니하나 내가 시험하리라. 여섯째 날에는 그들이 그 거둔 것을 준비할지니 날마다 거두던 것의 갑절이 되리라." 출애굽기 16장 4절~5절, 개역개정

하나님은 이스라엘 백성들을 위해 하늘에서 날마다 먹을 것이 쏟아지게 하셨다. 아침에는 빵을 배불리 먹을 수 있도록 하늘에서 만나를 내려 주셨고, 저녁에는 고기를 마음껏 먹을 수 있도록 하늘에서 메추라기를 내려 주셨다. 저녁에 이스라엘 진영으로 날아든 메추라기는 몸길이가 20센티미터

내외인 작은 새다. 흰색을 띤 황갈색 바탕에 검정색 세로무늬가 있으며 배쪽은 등 쪽보다 연한 색을 띤다. 초원의 나무뿌리 부근 오목한 곳에 마른 풀을 깔고 한배에 7~12개의 알을 낳는다. 잡식성으로 가을에는 시리아, 아라비아, 겨울에는 아프리카 내륙으로 들어갔다가 봄에는 북쪽으로 돌아오는 철새인데, 살이 쪄서 둔하기 때문에 날지 못하는 것들을 손으로 대량 획득할 수 있다. 가을 메추라기는 그 맛이 좋기로 유명하다.

만나manna 는 아침 일찍 이스라엘 진영 안에 이슬이 내린 다음 이게 마르면서 작고 둥글며 서리 같이 맺히는 3밀리미터 크기의 싸락눈 비슷한 음식 재료였다. 이걸 거둬들여 맷돌에 갈거나 절구에 찧어 가루로 만들어 반죽한 뒤 구워서 빵을 만들거나 솥에 쪄서 케이크를 만들어 먹었다. 만나가 구체적으로 무엇인가에 대한 해답은 이루 헤아릴 수 없을 만큼 많다. 성경학자 보텐하이머에 따르면 만나는 광야 지역에 자생하는 에셀나무나 솔트 삼나무의 진액을 먹고사는 두 종류의 곤충이 분비하는 일종의 단물이라고 한다. 어떤 학자들은 마른 조류藻類, 하등 은화식물의 한 무리. 물속에 살면서 엽록소로 동화 작용을 한다 이거나 가뭄으로 말라 바람에 날리는 이끼류였을 거라고 추측한다. 또 어떤 사람들은 만나는 광야에서 자라는 식물의 즙을 빨아먹고 사는 '만'이라는 곤충의 분비물로 이 끈적끈적한 분비물은 곤충의 몸에서 나오자마자 광야의 더운 공기 때문에 굳어지는데, 이걸 개미들이 부지런히 한데 모아 쌓아두면 아침 일찍 사람들이 걷어다가 음식의 재료로 삼았다고 설명하기도 한다.

이스라엘 자손들은 맨 처음 만나를 보고 무엇인지 알지 못하여 서로 이게 뭐냐고 물었다. 히브리어로 '만후'란 '이것이 무엇이냐?'는 말이다. 생전 보지도 듣지도 못하던 하나님의 초자연적인 음식이었기 때문이다. 여기서

'만나'라는 이름이 유래되었다. 출애굽기 16장 31절에는 만나의 맛에 대한 묘사가 나온다. 깟씨 같이 희고 맛은 꿀 섞은 과자 같았다는 것이다. 깟씨란 고수씨를 말한다. 고수씨가 자란 여린 잎을 고수풀이라 하는데, 이는 중국 사람들이 가장 좋아하는 향채라고 불리는 향신료다.

베트남 음식점에 가서 쌀국수를 시켜 먹을 때 국수에 넣어 먹는 향신료로 잘 알려져 있다. 이 구절이 NIV 영어 성경에는 'tasted like wafers made with honey'라고 되어 있다. 여기서 'wafers'는 살짝 구운 얇은 과자를 말하며 가톨릭교회에서 성찬식 때 사용하는 성체를 가리킨다.

하나님은 일용할 양식을 먹는 법도를 알려 주셨다. 사람들은 매일 아침 만나를 하루 먹을 만큼의 분량만 거두어야 했다. 그 양은 한 사람당 한 오멜씩이었다. 한 오멜은 약 2리터였다. 각자 그릇이나 자루를 준비해서 자기 가족이 먹을 만큼만 만나를 거둬 그날 양식으로 먹으면 됐다. 내일 아침이면 또 신선한 만나가 하늘에서 내릴 것이기 때문에 더 거두어 저장할 필요가 없었다. 그런데 욕심 많은 사람이나 하나님을 믿지 못하는 사람은 몰래 만나를 저장해 두었다. 그러면 그 만나에는 여지 없이 벌레가 생기고 냄새가 나 먹을 수가 없었다.

여섯째 날 아침에는 각 사람이 만나를 평소 거두던 분량의 두 배로 거두어 들였다. 그 다음날이 거룩한 안식일이라 일하는 날이 아니었기 때문에 이틀 치를 거둬 안식일까지 두고 먹게 한 것이다. 신기하게 안식일에는 만나를 저장해 두어도 벌레가 생기거나 냄새가 나지 않았다. 이처럼 모든 것을 하나님께서 알아서 준비해 주셨음에도 불구하고 역시 욕심 많은 사람이나 의심 많은 사람들 중에는 안식일에도 만나를 거두기 위해 광야로 나가는 사람이 있었다. 물론 그들은 아무것도 얻지 못한 채 빈손으로 돌아와야만 했다.

만나는 이스라엘 백성들이 40년 동안 광야 생활을 하는 내내 매일 아침 하늘에서 내려온 생명의 양식이었다. 마침내 이스라엘 자손들이 젖과 꿀이 흐르는 가나안 땅에 들어가 농사를 지어 그 땅의 소산을 먹게 되었을 때 비로소 하늘에서 만나가 그치게 되었다. 수많은 기적과 증거를 보여 주었지만 매번 하나님을 의심하고 배반을 일삼던 이스라엘 백성들에게 변함없는 사랑과 은혜를 베푸시며 그들의 생명을 돌보시던 하나님. 만나는 아기를 품에 안고 젖을 먹이는 엄마의 모유처럼 인간에게 내려 주신 하나님의 사랑 그 자체였던 것이다. 모세는 말년에 만나에 대한 기억을 상기하며 자손들에게 이렇게 당부했다.

"당신들이 광야를 지나온 사십 년 동안, 주 당신들의 하나님이 당신들을 어떻게 인도하셨는지를 기억하십시오. 그렇게 오랫동안 당신들을 광야에 머물게 하신 것은, 당신들을 단련시키고 시험하셔서, 당신들이 하나님의 계명을 지키는지 안 지키는지, 당신들의 마음속을 알아보려는 것이었습니다. 주님께서 당신들을 낮추시고 굶기시다가, 당신들도 알지 못하고 당신들의 조상도 알지 못하는 만나를 먹이셨는데, 이것은, 사람이 먹는 것으로만 사는 것이 아니라 주님의 입에서 나오는 모든 말씀으로 산다는 것을, 당신들에게 알려 주시려는 것이었습니다." 신명기 8장 2절~3절

프랑스 근대음악의 아버지로 일컬어지는 세자르 프랑크는 시류에 영합하지 않고 바흐, 베토벤으로 이어지는 음악의 전통을 계승하려 애쓴 음악가다. 그가 작곡한 명곡으로 우리나라에도 잘 알려진 'Panis Angelicus'는

'천사의 빵'이라는 뜻이지만 의역을 통해 '생명의 양식'으로 불리고 있다. 1861년에 초연된 이 곡은 특히 크리스마스 때 많이 연주되는 곡이다. 하늘에서 내려온 만나를 천사의 빵으로 표현하며 오늘날 낮고 천한 우리에게도 이와 같은 생명의 양식을 내려 주실 것을 간절히 기도하는 애절한 곡조의 노래다.

생명의 양식을, 하늘의 만나를
맘이 빈 자에게 내리어 주소서.
낮고 천한 우리 긍휼히 보시사
주여, 주여, 먹이어 주소서.
주여, 주여, 먹이어 주소서.
주님이 해변서 떡을 떼심과 같이
하늘의 양식을 내리어 주소서.
낮고 천한 우리 긍휼히 보시사
주여, 주여, 먹이어 주소서.
주여, 주여, 먹이어 주소서.

에르콜레 데 로베르티 (1450~1496, 이탈리아),
〈만나를 모으는 사람들〉, 캔버스에 템페라,
목판에서 옮겨짐, 28.9×63.5cm,
영국 국립미술관, 런던

밤새 내린 눈처럼 광야에 하얗게 쌓인 만나를 거두기 위해 사람들이 분주히 오가고 있다. 남자들은 무릎을 꿇고 자루에 만나를 쓸어 담기 바쁘고, 여자들은 급한 대로 앞치마를 펴서 만나를 모으느라 정신이 없다. 이렇게 거둔 만나는 그날 하루만 먹을 수 있는 일용할 양식이었다. 가운데는 작은 그릇을 어깨에 맨 채 걸어가는 아이가 보이고, 그 옆으로 머리를 항아리에 처박고 있는 남자가 눈에 띈다. 만나가 얼마나 모아졌나를 살피려는 것인지 과연 어떤 맛인지를 가늠해 보려는 것인지 알 길이 없다. 이스라엘 백성들에게 만나는 생명의 양식이자 자신들의 삶을 하나님께서 직접 책임져 주시겠다는 언약의 가장 확실한 징표였다.

08
사람이 먹어도 될 것과
먹어서는 안 될 것을 나누심

시내 산에서 내려 주신 언약과 율법

이스라엘 백성들이 이집트를 탈출한 지 석 달 만에 시내 광야에 도달했다. 그들은 이곳에서 장막을 치고 머물렀으며, 모세는 시내 산에 올라 하나님과 대면하면서 말씀을 받았다.

"너는 야곱 가문에게 이렇게 말하여라. 이스라엘 자손에게 이렇게 일러주어라. '너희는 내가 이집트 사람에게 한 일을 보았고, 또 어미독수리가 그 날개로 새끼를 업어 나르듯이, 내가 너희를 인도하여 나에게로 데려온 것도 보았다. 이제 너희가 정말로 나의 말을 듣고, 내가 세워 준 언약을 지키면, 너희는 모든 민족 가운데서 나의 보물이 될 것이다. 온 세상이 다 나의 것이다. 그러므로 너희는 내가 선택한 백성이 되고, 너희의 나라는 나를 섬기는 제사장 나라가 되고, 너희는 거룩한 민족이 될 것이다.' 너는 이 말을 이스라엘 자손에게 일러주어라." 출애굽기 19장 3절~6절

하나님께서 이스라엘 자손을 선택해 보물처럼 소중히 여기며 장차 제사장 나라, 거룩한 민족으로 삼아 크게 복을 내리실 거라는 약속의 말씀이었다. 그러나 여기에는 전제 조건이 있었다. '너희가 정말로 나의 말을 듣고, 내가 세워 준 언약을 지키면' 이라는 것이었다.

이후 모세는 시내 산에서 하나님으로부터 언약의 말씀을 받는다. 직접 돌판에 십계명을 적어 주신 것은 물론, 앞으로 이스라엘 백성들이 하나님의 선민으로서, 제사장 나라와 거룩한 민족으로서 반드시 지켜야 할 율법들을 상세하게 일러주신 것이다. 이 율법에는 도덕적 규범을 포함해 민법과 형법에 관한 내용들이 두루 담겨 있다.

아울러 하나님은 친히 임재하시는 처소인 성막을 짓는 법과 여기에 필요한 기구를 만들고 배치하는 법까지 알려주셨다.

성막에서 수행되는 각종 제사를 비롯해 일상사에서 반드시 지켜야 할 성결한 삶에 대한 율법을 기록한 책이 바로 '레위기 Leviticus'다. 레위기라는 이름은 제사장 직분을 맡아 예배의 규칙을 시행하는 레위인의 이름에서 나왔다. 거룩하신 하나님과 인간의 죄가 만났을 때 이를 어떻게 해결하느냐에 대한 해답이 담겨 있는 책이 레위기라고 할 수 있다.

이스라엘 백성들이 40년 동안 광야에서 유랑할 때 거처로 삼았던 곳이 장막이고, 하나님께 제사를 드리던 곳이 성막이다. 모두 이동식 가건물이었지만 둘은 각기 어떻게 달랐을까?

장막 帳幕, tent 은 유목민들이나 목자, 군인, 대상 隊商, 낙타나 말에 짐을 싣고 무리를 지어 먼 곳을 이동하며 특산물을 교역하는 상인 집단 들이 사용하던 주거지였다. 동물 가죽이나 올이 굵고 거친 직물을 검은 염소 털을 꼬아 만든 실로 꿰어 만들었다. 사람들은 가족 단위로 장막 안에서 잠을 자고 생활하며 먹고 마실 것을 저장하고 요리를 만들어 먹었다.

반면 성막 聖幕, tabernacle 은 이스라엘 백성들이 하나님께 제사를 드리던 거룩한 장소였다. 하나님께서 자기 백성과 함께 거하시며 진정한 통치자가 되심을 상징하는 구별된 처소다. 이집트를 탈출한 지 2년째 되는 해에 시내 산 아래에서 세워진 후 줄곧 이스라엘 백성들 가운데 있었고, 그들이 행군할 때마다 항상 앞서서 움직였다. 가나안에 정착한 뒤 다윗은 이 성막을 예루살렘으로 옮겼으며, 솔로몬 성전의 완성과 함께 성전 건물로 대체되었다.

성막은 길이 45미터, 너비 22.5미터인 뜰 가운데 세워졌고, 사면은 광목 휘장으로 가려져 있었다. 뜰 안에 번제를 위한 큰 제단이 있었고, 제사장들이 자기 몸과 제물을 씻는 청동 물두멍이 있었다. 뜰 서쪽 끝에 세워진 성막은 길이 14미터, 너비 4.5미터의 목재 구조였으며, 두꺼운 휘장으로 성소와 지성소를 구별했다. 성소 안에는 진설병을 놓는 상과 금으로 만든 촛대, 분향할 수 있는 단이 있고, 지성소에는 언약궤가 있었다. 나무로 만들어 금박을 입힌 언약궤 안에는 십계명을 새긴 돌판, 만나 항아리, 아론의 싹 난 지팡이가 들어 있었다.

성소 북쪽의 상 위에는 '거룩한 빵'으로 불린 진설병 陳設餠, the bread of the Presence 이 연중 변함없이 놓여 있었다. 누룩 없는 고운 가루로 만든 진설병은 한 줄에 여섯 개씩 두 줄로 차려 놓았는데, 이는 이스라엘 열두 지파를 상징하는 것이었다. 빵 한 덩어리의 무게는 약 4.4리터가량으로 매번 안식일마다 갓 구워낸 새 빵을 가져와 교체했으며, 묵은 빵은 성소 안에서 제사장들만 먹을 수 있었다. 불결한 사람은 진설병을 먹는 것이 금지되었다.

말씀하신 대로 성막이 완성되자 하나님은 성막으로 모세를 불러 향후 이스라엘 민족이 하나님께 드려야 할 제사 의식에 대해 일일이 알려주신 다음 사람이 먹어도 될 것과 먹어서는 안 될 것에 대한 규례, 즉 음식에 대한 계명을 선포하셨다. 이후 이 말씀은 이스라엘 백성들의 식생활을 통제하는 절대적인 율법이 된다. 그렇다면 구약 시대에 행해진 각종 제사의 의미는 무엇이고, 제사 때 사용된 희생 제물을 제사가 끝난 뒤 함께 나눠 먹은 것은 무엇을 뜻하는가? 하나님께서는 왜 하필이면 이 시점에 매우 구체적이면서도 강력한 음식에 대한 계명을 주신 것일까? 하나님께서 먹어도 된다고 허락하신 음식은 어떤 것이고, 먹어서는 안 된다고 금하신 음식은 어떤 것일까? 그 이유와 근거는 대체 무엇일까?

제사, 내 생명을 하나님께 바치는 희생의 의식

레위기에 나오는 제사는 모두 다섯 가지다. 첫 번째는 번제燔祭, burnt offering다. 제단 위에서 제물을 불에 태워 그 향기로 하나님을 기쁘시게 해드리는 제사다. 희생된 가축은 가죽을 제외한 모든 것을 거룩한 불에 완전히 태워야 했다. 하나님과 바른 관계를 회복하고, 예배자의 전 인격이 하나님께 바쳐짐을 상징하는 제사였다.

제물로는 수송아지, 숫양, 숫염소 등 모두 흠 없는 수컷으로 드려져야 했다. 가난한 자들에게는 예외적으로 산비둘기와 집비둘기 새끼도 허용되었다. 제사장들은 희생 제물을 불사르고 피를 제단 둘레에 뿌렸다.

두 번째는 소제 素祭, grain offering 다. 가축 대신 곡물을 드리는 제사로 고운 가루에 기름을 붓고 유향을 얹어 불에 태웠다. 번제가 헌신을 의미하는 것에 비해 소제는 노동의 열매를 드린 데서 행위의 성별을 상징했다. 피를 흘리지 않고 드리는 유일한 제사로 번제나 속죄제, 속건제 등 다른 제사와 함께 드려졌다. 밀가루 대신 화덕에 구운 무교병 또는 무교전병을 드리거나 철판에 부쳐서 드리는 소제도 있었고, 솥에 삶아서 드리는 소제와 첫 이삭을 볶아서 찧은 것으로 드리는 소제도 있었다. 모두 누룩을 넣지 않고 소금을 넣었다.

세 번째는 화목제 和睦祭, peace offering 다. 하나님과 인간 사이의 분쟁을 종식하고 화평과 친교와 연합이 이루어졌음을 감사하며 드리는 제사다. 소나 양이나 염소 중 흠이 없는 것을 성막 문에서 잡아 피는 제단 사면에 뿌리고, 내장과 콩팥과 간등은 제단에서 불살랐다. 이를 화제라 하며 여호와 앞에서 향기로운 냄새라고 하였다. 국가적으로 큰 경사가 있거나 칠칠절, 그리고 제사장의 위임식과 나실인의 서원식 때 화목제를 드렸다. 신약 성경에서는 예수 그리스도를 하나님과 인간 사이를 회복시키기 위한 화목 제물로 묘사하고 있다.

네 번째는 속죄제 贖罪祭, sin offering 로 죄를 속하기 위해 하나님께 드린 제사다. 도덕적 허물뿐 아니라 해산이나 나병 같은 부정으로부터 정결함을 얻기 위해서도 행해졌다. 또 주요 절기와 제사장들의 위임식 때 잠재해 있는 죄의 오염을 없애는 의식으로 드려졌다. 제사장은 흠이 없는 수송아지, 숫염소, 암염소나 암양, 산비둘기나 집비둘기 새끼 등의 희생 제물 피를 제단에 뿌려 성별하고, 그 핏방울을 제물을 드리는 자의 오른쪽 귀와 엄지손가락과 엄지발가락에 발랐다. 가난한 자들에게는 소제처럼 고운 가루로 드리는 제사가 허용되었다.

다섯 번째는 속건제 贖愆祭, guilt offering 다. 하나님께 바쳐진 제물이나 성물에 대해 율법을 알지 못해서, 혹은 실수로 죄를 범했을 때와 인간관계에서 상대방에게 해를 끼쳤을 때 그 죄를 속하기 위해 드리는 제사다. 숫양을 제물로 드렸는데, 하나님께 바쳐진 물건이나 제물의 경우 5분의 1을 더하여 드렸고, 남의 물건을 보관하거나 전당잡았으나 돌려주지 않았을 때, 강도질이나 이웃을 협박하여 물건을 강탈했을 때, 잃은 물건을 줍고도 주인에게 돌려주지 않고 오히려 거짓 맹세했을 때는 그 물건에 5분의 1을 더하여 주인에게 배상했다.

이상 다섯 가지 제사에 대한 규례들이 레위기 1장부터 7장까지 이어진다. 하지만 우리는 이처럼 복잡한 제사를 통해 하나님과 인간 사이에 특별한 관계가 형성되었음을 알 수 있다.

첫째, 제사는 하나님께서 인간에게 일방적 복종을 요구하기 위해 만든 제도가 아니라 죄로부터 인간을 보호하고 성결한 삶을 살도록 인도하기 위한 사랑의 징표였다. 유혹에 약한 인간이 결국 죄를 지을 수밖에 없는 존재라면 그 대가로 가혹한 징벌보다는 제사를 통해 죄를 대속하고 하나님과 화해할 수 있는 길을 열어두신 것이다. 그러면서도 하나님은 인간을 배려해 희생 제물로 가축의 암컷 대신 수컷을 주로 사용하도록 하셨다. 소나 양이나 염소는 인간의 삶에 더없이 소중한 가축이었기에 계속 암컷을 제물로 바치면 더 이상 새끼를 낳을 수 없으니 손실이 막대할 수밖에 없었다. 게다가 형편이 여의치 않은 사람들에게는 산비둘기와 집비둘기 새끼를 희생 제물로 바치거나 곡물로 대신할 수 있는 길까지 열어두셨다.

둘째, 제사는 인간의 고귀한 생명을 하나님께 바치는 것이었다. 제사 드리는 당사자는 희생 제물인 가축을 직접 끌고 와 성막 마당에서 도살해야 했다. 가축의 피를 받아 제사장에게 건네면 제사장은 그 피를 제단에 뿌렸다. 그런 다음 가축을 벗긴 뒤 몸통은 각을 뜨고 기름덩이를 도려낸 후 내장을 깨끗이 씻는다. 각을 뜬 몸통과 내장과 기름덩이가 모두 제단 위에서 불살라짐으로써 하나님께 향기로운 냄새로 올라간다. 이 모든 절차를 진행하며 제사 드리는 사람은 피와 냄새로 범벅이 된 자신의 모습 속에서 죽음을 경험한다. 자신을 대신해 가축이 희생되는 광경을 목격하며 대속의 의미를 뼛속 깊이 새기는 것이다. 흠이 없고 순전한 제물이 죄 많고 타락한 인간을 대신해 죽는 것은 예수님의 희생과 대속을 의미했다.

셋째, 제사는 하나님과 사람들 사이에 먹을 것을 주고받는 성대한 잔치의 성격을 띤 것이기도 했다. 제사 드리는 사람은 정성껏 기른 가축이나 농사지은 곡물 중 가장 좋은 것으로 하나님께 드렸다. 바쳐진 제물은 레위기 3장 11절의 표현대로 여호와께 드리는 음식이었으며, 제물이 놓인 제단은 말라기 1장 7절의 기록처럼 여호와의 식탁이기도 했다. 이를 받으신 하나님은 제물 중 남은 것을 다시 사람에게 줘서 먹게 했다. 소제를 드리고 남은 곡물은 아론과 그 자손들의 몫이었다. 그들은 성막 뜰에서 음식을 먹을 수 있었다. 화목제를 드리고 남은 제물의 가슴과 오른쪽 뒷다리는 성막 뜰에서 제물을 드린 자가 제사장과 함께 나누어 먹었으며, 가난한 사람들에게도 나누어 주었다. 희생 고기는 남겨두지 않고 제사 당일에 다 먹었지만 서원이나 자원하여 드린 제사의 경우 다음날에도 먹었다. 하지만 사흘째까지 남은 것은 불에 태웠다. 속죄제나 속건제 때 사용하고 남은 제물도 제사장이 성막 뜰 거룩한 곳에서 먹었으며, 번제의 경우 도살하고 남은 가축의 가죽은 제사장의 몫으로 돌려졌다. 가장 질 좋은 고기와 곡물을 하나님께서 다 취하신 게 아니라 희생 제물을 통해 드려진 제사의 의미와 정성만 받으신 후에 다시 음식을 사람들이 먹을 수 있도록 되돌려주신 것이다.

넷째, 성막의 구조를 살펴보면 하나님께서는 먹을 것을 통해 이스라엘 백성들과 언약을 맺고, 하나님과 이스라엘 백성들 사이에 있었던 역사적 사건들을 기억하게 하셨음을 알 수 있다. 성막 안 제단에서는 수시로 가축과 곡물을 태워 제사를 드리고 남은 것을 나눠 먹었으며, 성소 안에는 사시사철 신선한 진설병이 놓여 있어 이스라엘 열두 지파를 향한 하나님의 무한한 사랑과 섭리를 드러냈다. 제사장들은 성소 안에서 이 거룩한 빵을 먹으며 레위기에 기록된 언약의 말씀을 곱씹었을 것이다.

또한 지성소 안에 있는 언약궤에는 한 오멜, 즉 2.2리터 분량의 만나가 담긴 항아리가 놓여 있었다. 하나님의 임재를 상징하는 언약궤 안에 하나님이 직접 써주신 십계명이 새겨진 돌판 두 개와 죽은 막대기에서 새 싹이 돋고 열매가 열리게 하심으로 하나님의 이적과 권위를 드러낸 아론의 싹 난 지팡이와 더불어 만나가 들어 있었다는 것은 그것이 얼마나 중요한 의미를 갖는지를 잘 나타내 준다. 만나는 출애굽을 통한 해방의 기적과 약속의 땅 가나안을 향한 언약의 메시지를 상징하는 동시에 하나님께서 이스라엘 백성들을 품고 돌보며 먹이신 것을 가장 확실하게 드러낸 증거였던 것이다.

금기 음식을 통해 성결한 삶으로 인도하심

레위기를 통해 제사의 규례를 말씀하신 하나님께서 먹지 말라고 명하신 것이 있었다.

"너희는 기름과 피를 먹지 말라. 이는 너희의 모든 처소에서 너희 대대로 지킬 영원한 규례니라." 레위기 3장 17절, 개역개정

고기의 기름은 하나님께 태워 드릴 향기였으며, 피는 모든 생명의 상징이었기 때문이다.

"생물의 생명이 바로 그 피 속에 있기 때문이다. 피는 너희 자신의 죄를 속하는 제물로 삼아 제단에 바치라고, 너희에게 준 것이다. 피가 바로 생명을 지니고 있기 때문에, 죄를 속하는 것이다." 레위기 17장 11절

그러고 나서 레위기 11장에 이르러 본격적으로 사람이 먹어도 되는 음식과 먹지 말아야 할 음식에 대한 계명을 선포하셨다. 바야흐로 금기 음식의 역사가 시작된 것이다. 짐승 중에 먹어도 되는 것은 굽이 갈라져 쪽발이 되고 새김질하는 짐승들이었다.

반면 새김질은 하되 굽이 갈라지지 않은 약대 낙타 와 사반 오소리, 바위너구리 과 토끼, 굽이 갈라져 쪽발이지만 새김질을 못하는 돼지는 부정한 것으로 먹으면 안되는 것들이었다. 하나님은 이런 짐승의 고기를 먹지 말라고 하셨을 뿐 아니라 그 주검도 만지지 말라고 명하셨다.

구약은 신약에 오실 예수님에 대한 비유가 많다. 예수님은 말씀이신 하나님이 육신을 입고 세상에 오신 분이다. 우리는 이 생명의 말씀을 먹어야 산다. 예수님께서 "내 살을 받아먹어라. 내 피를 받아 마셔라." 하신 것처

럼 생명의 말씀을 먹고 또 먹고, 씹고 또 씹어 소화를 시켜야 살 수 있는 존재다. 되새김질의 의미는 바로 여기에 있다. 항상 말씀을 따라 살아감으로써 말씀이 온전히 내 살과 피가 되는 것이다.

또한 굽이 갈라져 쪽발이 된 것은 세상과 구별된 삶을 살라는 의미다. 되새김질하면서 굽이 갈라져 쪽발이 된 짐승은 희생 제물로 드려지던 소나 양이나 염소처럼 풀만 먹고 온순하며 다른 짐승은 해치지 않는 평화로운 동물이다. 이는 하나님을 믿는 백성들이 어떤 삶을 살아야 하는지를 잘 보여주는 예이다.

물고기 중에서는 지느러미와 비늘이 있는 것은 먹을 수 있었으나 지느러미와 비늘이 없는 것, 즉 뱀장어, 미꾸라지, 메기, 갈치, 해삼, 멍게, 게, 오징어 등은 가증한 것으로 먹으면 안 되는 것들이었다. 하나님은 이것들을 혐오하고 주검조차 가증한 것으로 여기라고 명하셨다.

지느러미는 물고기들이 물속에서 균형을 유지하고 자유롭게 헤엄칠 수 있도록 도와주며 거센 물살에 휩쓸리지 않게 해준다. 비늘 역시 물고기들이 물살을 헤치면서 거슬러 올라갈 수 있는 힘을 주고 바다의 염분과 오염된 물로부터 몸을 보호해 준다. 노아 시대에 온 세상 사람들을 지면으로부터 쓸어버리는 데 사용된 물은 죄와 사망을 의미한다. 따라서 지느러미와 비늘이 없는 물고기란 죄와 사망으로 가득한 세상에서 역경과 풍파를 견뎌낼 힘도 없이 늘 죄에 빠져 살아가는 사람들을 가리킨다. 하나님은 음식에 대한 계명을 통해 하나님을 믿는 백성들이 지느러미와 비늘을 겸비한 물고기처럼 건강한 신앙을 갖추고 세상의 죄와 사망이 거세게 엄습해 온다해도 이에 휩쓸리지 말고 굳건히 견딜 수 있기를 바라신 것이다.

이밖에 새들 중에 부정한 것은 독수리, 솔개, 어웅 물수리, 말똥가리와 말똥

가리 종류, 까마귀, 타조, 다호마스 올빼미, 갈매기, 새매, 올빼미, 노자 가마우지, 부엉이, 따오기, 당아 백조, 올응 펠리컨, 학, 황새와 백로 종류, 대승 오디새, 후투티, 박쥐 등이었다.

곤충 중에서 날개가 있고 네 발로 기어 다니는 것은 먹어서는 안 되는 것들이었다. 다만 날개가 있고 네 발로 기어 다니는 곤충 중에도 발에 다리가 있어 땅에서 뛰는 것, 즉 메뚜기 종류와 베짱이 종류와 귀뚜라미 종류와 팥중이 종류는 먹을 수 있었다. 이외의 것들은 다 혐오스러운 것으로 그 주검을 만지거나 옮기는 자는 다 부정하게 된다고 알려 주셨다.

땅에 기는 것 중에 두더지와 쥐, 도마뱀 종류, 악어, 수궁 도마뱀붙이, 사막 도마뱀, 칠면석척 카멜레온 등은 부정한 것들이었다. 그 주검을 만지는 자도 부정하게 되며, 주검이 떨어진 그릇, 의복, 가죽, 자루 등도 부정하므로 물에 씻어야 했고, 주검이 떨어진 그릇에 담긴 음식이나 물도 먹을 수 없으므로 질그릇이나 화덕이나 화로나 모두 깨뜨려버려야 했다.

땅에 기어 다니는 것 중 뱀이나 지렁이처럼 배로 밀어 다니는 것이나 도마뱀처럼 네 발로 걷는 것, 또한 지네나 노래기 등 여러 발을 가진 것은 부정한 것으로 먹을 수 없었다.

음식에 대한 하나님의 계명은 정한 것과 부정한 것에 대한 구분이었다. '정淨'하다는 말은 히브리어 '다홀'로 하나님의 마음에 반대되지 않는 상태이며, '부정不淨'하다는 말은 히브리어 '다메'로 하나님의 마음에 반대되는 상태를 뜻한다. 하나님께서 정한 음식과 부정한 음식을 구체적으로 구분해 주신 것은 다음 세 가지 측면을 고려한 조치로 해석된다.

첫째는 건강과 위생적 측면이다. 먹지 말라고 금하신 것은 대부분 불결하거나 병균에 감염되기 쉬운 짐승들이었다. 더러운 환경에 살며 어둡고

습한 곳을 좋아하는 짐승들은 보기에도 좋지 않고 식용으로 쓰기에도 적당하지 않았다. 부족 단위나 이집트에서 생활할 때와 달리 거대한 민족을 이뤄 살게 된 상황 속에서는 건강과 위생이 더욱 강조되어야만 했다.

둘째는 종교적 측면이다. 대표적인 금기 음식인 돼지는 이미 하나님을 믿지 않는 이방 세계 사람들이 희생 제물로 사용하던 것이었다. 이방 사람들이 우상에게 제사할 때 사용하던 짐승이나 문란하게 즐기던 음식들을 금함으로써 이들과 구별된 삶을 살도록 하신 것이다.

셋째는 상징적 측면이다. 땅을 기어 다니는 짐승하면 맨 먼저 떠오르는 것이 뱀이다. 뱀은 사탄의 도구로서 하와와 아담으로 하여금 하나님이 금하신 선악과를 따먹게 만든 주범이었다. 이를 연상시키는 모든 짐승의 식용을 금하신 것은 당연한 조치였다고 볼 수 있다.

모든 종교에는 금기 음식이 있다. 먹는 것과 이에 따른 풍습은 인간의 삶에서 떼려야 뗄 수 없을 만큼 중요하기 때문이며, 인간의 심성과 영성에도 지대한 영향을 미치는 까닭이다.

불교와 힌두교, 자이나교에서는 일체의 육식을 금한다. 육식 자체를 다른 동물의 생명을 해치는 살생으로 보는 것이다. 히브리어로 '코셰르'는 '적절한', '적합한'이란 뜻이다. 레위기 11장에 나오는 음식에 관한 규례를 '코셰르 율법'이라고 한다. 유대교에서는 아직도 이 코셰르 율법을 그대로 따르고 있다. 이슬람교에서도 음식은 대단히 중요하게 다루어진다. 이들에게 허용된 음식은 '할랄'이고, 금지된 음식은 '하람'이며, 권장되지 않는 음식은 '마크루'다. 대표적인 할랄 음식은 알라의 이름으로 도살된 염소고기, 닭고기, 쇠고기와 과일, 채소, 곡류 등이며, 하람 음식은 돼지고기와 돼지의 부위로 만든 모든 음식, 동물의 피와 그 피로 만든 음식, 죽은 동물의 고기, 썩은 고기, 육식하는 야생 동물과 애완동물의 고기 등이다.

　미국의 문화인류학자인 마빈 해리스는 그의 문화인류학 3부작 중 하나인 『음식문화의 수수께끼』에서 돼지고기가 주요 종교의 대표적 금기 음식이 된 이유를 이렇게 설명한다.

　"중동지역에서 돼지를 기르는 것은 반추동물들을 기르는 것보다 훨씬 더 힘들다. 돼지에게는 인공적인 그늘을 만들어주어야 하고, 뒹굴 수 있도록 따로 물을 준비해주어야 하며, 인간 자신이 먹을 수 있는 곡식이나 다른 식물성식품을 먹여야하기 때문이다. 게다가 돼지가 사람에게 제공하는 것도 반추동물들보다 적다. 돼지는 쟁기를 끌지도 못하고 그 털로 옷감을 만들기에도 적당치 않고 젖을 짜기에도 적당치 않다. 이스라엘 민족과 같은 유목민족에게 있어서 그들이 농사에 적당한 땅을 찾아 헤매던 기간 동안에는 돼지를 친다는 것은 생각할 수도 없었다. 광야의 유목민들은 한 곳에서 다른 곳으로 먼 거리를 이동하는 동안 돼지를 더위와 태양으로부터 보호하는 것이 어렵고 물이 부족하다는 이유만으로도 아무도 돼지를 치지 않았다. 따라서 국가의 형성기 동안 고대 이스라엘인들은 설사 그들이 돼지고기를 먹고 싶었더라도 그다지 먹을 수가 없었다. 이러한 역사적 경험은 확실히 먹어 보지 못하던 익숙치 않은 음식으로서 돼지고기를 기피하는 전통이 정착하는 데 기여했을 것이다."

　역사적으로 지역과 민족, 환경과 기후 등의 차이에 따라 수많은 금기 음식들이 있어 왔다. 일례로 지금도 북유럽 민족과 게르만 민족은 문어나 오징어를 먹지 않는다. 특히 문어는 '악마의 물고기 devil fish'라 불릴 정도로 기피한다. 흉측한 모양과 빨판에서 연상되는 꺼림칙한 이미지 때문이다. 하지만 우리 민족에게 문어와 낙지는 상서로운 존재였다. 비늘 없는 생선은 제사상에 올라가지 못했지만 문어와 낙지만큼은 먹물을 가졌다 해서 특별히 허락되었다. 물고기 이름에 학문을 뜻하는 '글월 문 文' 자가 들어간 것도 문어가 유일하다.

제사와 음식에 대한 규례는 이스라엘 민족의 특수성을 유지하기 위한 것이었다. 하나님은 이스라엘 백성들의 육신과 영혼이 이방인들과 분리된 성결한 상태가 유지되기를 원하셨다. '성결'이란 단어의 본래 뜻은 '분리'다. 히브리어 '코레쉬'는 '거룩'이란 말로 '구별'을 뜻한다. 따라서 제사와 음식에 대한 계명은 세부적인 형식과 내용보다는

"나는 너희 하나님이 되려고, 너희를 이집트 땅에서 데리고 나온 주다. 내가 거룩하니, 너희도 거룩하게 되어야 한다." 레위기 11장 45절

라고 하신 말씀 속에 담긴 깊은 의미를 먼저 헤아리는 것이 중요하다.

모세는 신명기 14장 3절부터 21절까지의 말씀을 통해 레위기에 나오는 음식에 대한 규례를 다시 한 번 일깨워줌으로써 이것이 얼마나 중요한 하나님의 계명인지를 상기시켰다.

신약 시대에 이르러 예수님에 의해 코셰르 율법이 혁파되었고, 현대 기독교는 식생활을 전혀 규제하고 있지 않지만 제사와 음식에 대한 레위기 말씀의 취지와 의미는 여전히 유효하다. 하나님을 믿고 성결한 삶을 살기 원하는 크리스천이라면 자신의 몸과 마음과 영혼이 세상과 구별된 거룩한 상태를 유지할 수 있도록 스스로를 연단할 의무가 있기 때문이다.

하르멘츠 반 레인 렘브란트(1606~1669, 네덜란드),
〈십계명 돌판을 집어던지는 모세〉, 캔버스에 유화,
168.5×136.5cm, 베를린 국립회화관, 베를린

자신이 시내 산에 올라 40일 동안 금식하며 하나님께 계명을 받는 동안 밑에서 금송아지를 만들어 숭배하며 타락의 길을 걷고 있던 백성들을 향해 모세가 십계명이 새겨진 두 개의 돌판을 집어던지는 장면이다. 높이 쳐든 돌판 위에 하나님께서 친히 히브리어로 쓰신 글귀가 선명하다. 렘브란트는 화면의 중앙에 모세의 얼굴을 그려 넣었다. 하지만 그의 표정에서는 울분과 격노보다는 연민과 슬픔이 더 짙게 배어난다. 다소 멍해 보이는 눈과 굳게 다문 입술은 이스라엘 백성들을 향한 극도의 절망감을 표현하고 있다. 지극한 사랑과 계속되는 배신감, 이는 이스라엘 백성들을 바라보는 하나님과 모세의 동일한 시선이라고 할 수 있다.

09
상과 벌로 사용된
먹을거리

무엇을 먹고사는가는 내가 누구인가와 동의어

"당신이 먹은 것이 무엇인지 말해 달라. 그러면 당신이 어떤 사람인지 말해 주겠다."

프랑스의 법관이자 미식가로 『미식예찬』원제는 『미각의 생리학』을 쓴 장 앙텔름 브리야 사바랭이 남긴 말이다. 인간의 삶 속에서 음식이 차지하고 있는 비중을 강조한 말이다. 내 밥상의 정체성이 바로 나 자신의 정체성이라는 그의 선언은 파격적이지만 의미심장하다.

소설가 황석영은 그의 자전적 요리 에세이 『황석영의 맛과 추억』에서 이렇게 말했다.

"'끼니'를 잇는 일은 생명을 위해서도 그렇지만, 잠자는 시간 외에 깨어나 활동하는 사람들의 '시간'을 적절히 분할해 주고 매 단락을 맺어 준다. 아무 것도 먹지 않고 있으면 하루가 엄청나게 길고 모든 것이 갑자기 무의미해진다. 그리고 그중에서도 매우 소중한 발견은, 만남이나 헤어짐이나 대화나 목소리, 얼굴의 인상 따위와 같은 사람끼리의 관계가 빠져 버린다는 점이다. 천하가 적막하고 고요할 뿐이다. 남과의 소통은 당연히 끊기고 자기 자신마저도 살아 있는 것 같지 않다. 먹지 않는 시간은 시간이 아니다. 그래서 건강요법을 하는 이들이 단식을 일컬어 '칼을 대지 않는 수술'이라고 하는 모양이다. 그것은 육체에 대해서 뿐만 아니라 인생을 바라보는 태도에도 변화를 주는 행위이다."

식사는 단순히 생명 연장을 위한 행동만이 아니다. 그것은 관계이며 의미다. 누군가를 위해 정성껏 음식을 만들고, 나를 생각하며 만든 음식을 맛있게 먹는 것. 함께 식탁에 앉아 이런저런 대화를 하며 음식을 나누는 것. 가까운 지인이나 이웃끼리 식재료나 음식을 주고받으며 안부를 확인하는 것. 이것은 곧 삶 그 자체이며, 내가 살아 있다는 증거이기도 하다.

하나님은 이스라엘 백성들과 음식을 통해 이런 관계와 의미를 나누고자 했다. 비록 선악과로 첫 단추는 잘못 꿰어졌지만 채소와 과일을 먹을 때마다 아담과 맺은 언약을 떠올리길 바라셨고, 고기를 삼킬 때마다 노아에게 주신 새 언약을 기억하길 원하셨으며, 포도주를 마실 때마다 대속의 의미를 생각하길 바라셨고, 빵을 씹을 때마다 생명의 근원이 어디에 있는지를 헤아리기 원하셨다. 식탁 위에 놓인 무교병과 쓴 나물을 보며 이집트로부터 자신들을 구원해내신 하나님을, 만나와 메추라기를 보며 40년 광야 생활 동안 눈동자처럼 자신들을 지켜주신 하나님을 상기하고 추억을 곱씹으면서 자신들의 정체성을 유지하길 기대하셨다.

하지만 세상의 모든 자식들이 부모님의 순전하고 애틋한 마음을 미처 짐작조차 하지 못하듯이 이스라엘 백성들 역시 하나님의 지극하고 아련한 이런 심정을 전혀 가늠하지 못했다.

순종하는 삶에 따른 상,
꽉 찬 곳간과 푸짐한 식탁

|

레위기를 통해 모세와 아론에게 이스라엘 백성들이 하나님의 선민으로서 반드시 지켜야 할 규례와 계명을 상세히 일러주신 하나님은 26장 3절에서 33절까지의 말씀을 통해 이를 잘 지켰을 경우에 받게 될 상과 지키지 않았을 경우에 받게 될 벌에 대해서도 언급하셨다.

"너희가, 내가 세운 규례를 따르고, 내가 명한 계명을 그대로 받들어 지키면, 나는 철 따라 너희에게 비를 내리겠다. 땅은 소출을 내고, 들의 나무들은 열매를 맺을 것이다. 너희는, 거두어들인 곡식이 너무 많아서 포도를 딸 무렵에 가서야 타작을 겨우 끝낼 것이며, 포도도 너무 많이 달려서 씨앗을 뿌릴 때가 되어야 포도 따는 일을 겨우 끝낼 것이다. 너희는 배불리 먹고, 너희 땅에서 안전하게 살 것이다." 3절~5절

가나안, 즉 팔레스타인 지방은 우기와 건기가 뚜렷이 구분되어 대개 양력 10월과 11월에 집중적으로 비가 내린다. 이 비를 이른 비라 하는데, 이때 비가 적게 오면 다음 해에는 기근이 들게 마련이다. 비가 내리고 2~3주가 지나면 마른 땅이 촉촉해져 씨를 뿌리고 경작할 수 있게 된다. 늦은 비

는 3월이나 4월경에 내려 농작물이 알차게 결실하도록 도와주는 비다. 따라서 때에 맞는 이른 비와 늦은 비는 하나님의 은총이었으며, 때에 맞지 않는 비는 하나님의 저주로 생각되었다. 가뭄은 국가적 재난이었다. 팔레스타인 지역은 샘이나 강이 흔치 않아 가뭄이 한번 들면 사람이 살 수 없는 황무지가 되기 때문이다. 이처럼 이스라엘은 때를 따라 이른 비와 늦은 비가 내리느냐 그렇지 않느냐에 농사의 성패가 달려 있었다.

과실은 팔레스타인의 먹을거리 가운데 중요한 부분을 차지했기에 설령 전쟁이 일어났더라도 다른 나무들은 무기를 만들기 위해 벨 수 있었지만 과실을 맺는 나무들은 벨 수가 없었다. 전쟁 중에도 먹어야 했고, 전쟁이 끝난 뒤에도 양식 확보는 절대적으로 필요한 일이었던 까닭이다. 팔레스타인에서 가장 중요한 과실은 포도와 감람나무 열매와 무화과였다.

특히 포도는 경제적으로나 문화적으로 이스라엘 백성들의 삶에 있어 불가분의 관계에 있는 매우 긴요한 작물이었다. 포도 농사에는 많은 노동력이 필요했지만 일찍부터 재배 기술이 발달해온 덕에 성경에는 포도 재배와 관련된 농업기술적인 어휘들이 많이 등장한다. 포도 수확은 7월부터 10월까지 이어졌고, 이에 따른 축제는 가을에 행해지는 축제인 초막절의 일부를 이루이 노래와 춤이 곁들여지며 성대하게 치러졌다. 생산되는 많은 포도는 보관하기 어려워 포도원 가까운 곳에 땅을 파고 포도주를 담았다. 순수한 자연수를 구하기 어려웠던 이스라엘 백성들은 일상생활에서 포도주를 주된 음료수로 사용했으며, 하나님께 전제 奠祭, 포도주나 독주를 하나님의 제단에 부어 드리는 제사를 드릴 때도 이를 제물로 삼았다.

농사는 계절과 기후 변화에 민감하게 대응해야 한다. 이스라엘 사람들은 비가 내리는 이른 겨울에 곡식을 심고, 봄이 되면 보리를 추수하며, 여름에 밀과 포도와 무화과 등을 거둬들이고, 가을에 이르러 대추야자와 올리브 등을 수확했다. 그런데 하나님은 말씀에 순종하는 백성들에게 복을 내려 계절과 기후가 농사짓기에 가장 적합하도록 해주심으로써 곡식을 모두 거둔 뒤에 포도를 수확해야 하는데, 포도를 딸 때가 다 되어서야 겨우 타작이 끝날 정도로 곡식을 많이 거둘 수 있게 해주겠다고 약속하신 것이다. 포도역시 열매가 너무 많이 열려 이른 비가 내리고 땅에 씨앗을 뿌리는 시기가 될 때까지 포도 따는 일을 계속할 수 있게 해주겠다고 언약하셨다.

해마다 땅에서 풍년가가 그치지 않을 정도로 먹을거리가 넘쳐나게 만들어주시겠다는 것이었다. 한마디로 태평성대가 지속될 거라는 은총의 언약이었다. 게다가 "너희는 오래 두었던 묵은 곡식을 먹다가 새 곡식으로 말미암아 묵은 곡식을 치우게 될 것이며" 10절 라는 말씀까지 하셨다. 지난해에 곳간에 쌓아둔 곡식이 너무 많아 다 먹지 못한 채 또 새 곡식을 얻을 정도로 풍족한 생활을 하게 되리라는 말씀이었다. 팔레스타인 땅의 척박한 환경을 고려할 때 자연의 주관자이신 하나님만이 하실 수 있는 약속이었다.

우리 입으로 들어가는 밥 한 숟가락, 생선과 고기 한 점, 채소 한 접시, 우유나 주스 한 잔, 과일 한 조각이라도 우연히 생겨난 것이나 쉽사리 얻어진 것들이 아니다.

수많은 사람들의 땀과 수고를 거쳐야만 식탁 위에 놓일 수 있는 것들이다. 그러나 사람들이 아무리 수고하고 땀을 흘린다 하더라도 적당한 햇볕과 바람과 비가 있어야 하고, 작물이 잘 자랄 수 있는 비옥한 토양이 준비되어야 하며, 강과 바다와 육지에서 물고기나 가축들이 안심하고 살 수 있는 풍요로운 환경과 조건들이 갖춰져야만 한다. 이 모두가 결국 하나님의 창조 원칙과 섭리 아래 움직여지는 것이기에 하나님의 허락 없이는 결단코 우리 입에 밥풀 한 톨, 찬물 한 모금이라도 들어갈 수가 없는 법이다. 레위기 26장 말씀은 생명의 근원이 누구에게 있는지, 밥상 위의 정체성은 어디로부터 오는지를 다시 한 번 분명하게 일깨워주신 것이다.

순종하지 않는 삶에 따른 벌, 텅 빈 곳간과 빈궁한 식탁

|

말씀에 순종하는 삶에 따른 보상이 이토록 풍족한 데 반해 하나님께서 내려주신 규례와 계명을 따르지 않고 불순종하는 삶에 따른 징계는 말로 형언할 수 없을 만큼 혹독했다.

"그러나 너희가, 내가 하는 말을 듣지 않고, 이 모든 명령을 지키지 않거나, 내가 정하여 준 규례를 지키지 않고, 내가 세워 준 법도를 싫어하여, 나의 모든 계명을 그대로 실천하지 않고, 내가 세운 언약을 어기면, 나는 너희에게 다음과 같이 보복하겠다. 갑작스런 재앙 곧 폐병과 열병을 너희에게 보내서, 너희의 눈을 어둡게 하고, 기운이 쏙 빠지게 하겠다. 너희가 씨를 뿌려도, 너희의 원수들이 와서 먹어 버릴 것이다." 14절~16절

'기운이 쏙 빠지게 하겠다.'는 말씀을 개역개정 성경에서는 '생명이 쇠약하게 할 것이요.'로 번역했고, 공동번역 성경에서는 '맥은 빠지게 하리라.'로 번역하였다. 눈앞에 산해진미가 있다 하더라도 먹고 기운을 차릴 수 없을 정도로 육신을 쇠약하게 만들겠다는 말씀이었다.

아울러 아무리 땀 흘려 땅을 일구고 정성껏 씨앗을 뿌려 가꾸더라도 절

대로 결실한 곡식을 먹을 수 없게 될 거라고 경고하셨다. 원수들이 와서 남김없이 먹어 버릴 것이기 때문이다. 원수들이 침략해서 이스라엘 백성들이 농사지은 곡식들을 죄다 먹어 버린다는 것은 그들의 침략으로 가나안 땅이 정복되고 유린되었음을 의미한다.

원수들에게 짓밟혀 제 나라 땅을 빼앗기고 그 땅에서 난 소산물을 하나도 먹을 수 없게 된 처참한 지경에 이른 것이다. 그럼에도 불구하고 돌이키지 않으면 이보다 더한 보복이 뒤따를 것이라고 말씀하셨다.

"그러면 너희가 아무리 힘을 써도, 너희의 땅은 소출을 내지 못할 것이며, 땅에 심은 나무도 열매를 맺지 못할 것이다." 20절

"내가 먹거리를 끊어 버리면, 열 여인이 너희가 먹을 빵을 한 화덕에서 구울 것이며, 그 여인들은 빵을 저울에 달아 너희에게 줄 것이다. 그러면 너희는, 먹기는 먹어도 여전히 배가 고플 것이다." 26절

하나님께서 땅을 저주하심으로써 어디서든 곡식이나 열매를 수확할 수 없게 될 뿐만 아니라 어쩌다 먹을 것을 구하더라도 마치 열 명의 여인이 하나의 화덕에서 빵을 구워 저울에 달아 조금씩 먹여주는 것처럼 간신히 죽지 않을 만큼만 먹게 되는 참혹한 상황에 놓일 거라는 말씀이었다. 식량이나 연료가 절대적으로 부족한 기아 상태에 직면하게 되는 것이다. 이렇게까지 되었는데도 여전히 순종하지 않는다면 징계의 수위는 최고조에 달하게 된다.

"너희가 이같이 될찌라도 내게 청종치 아니하고 내게 대항할찐대 내가 진노로 너희에게 대항하되 너희 죄를 인하여 칠 배나 더 징책하리니 너희가 아들의 고기를 먹을 것이요 딸의 고기를 먹을 것이며" 27절~29절, 개역개정

너무 굶주린 나머지 이성과 윤리마저 상실한 채 자기 배를 채우기 위해 자식들을 잡아먹게 되리라는 경악을 금치 못할 예언이었다. 세상에 얼마나 배가 고프면 자기 아들과 딸을 잡아먹을 수 있을까? 인간으로서 어떻게 이런 일을 할 수 있을까? 믿기지 않겠지만 극한 상황에 다다르면 못할 일이 없는 존재가 바로 사람이다. 훗날 이 예언은 그대로 성취되었다.

"굶어 죽은 사람보다는 차라리, 칼에 죽은 사람이 낫겠다. 다쳐서 죽은 사람이, 먹거리가 없어서 서서히 굶어 죽어가는 사람보다 더 낫겠다. 내 백성의 도성이 망할 때에, 자애로운 어머니들이 제 손으로 자식들을 삶아서 먹었다." 예레미야애가 4장 9절~10절

오랜 기간에 걸쳐 하나님의 규례와 계명을 지키지 않고 타락과 부패의 길을 걸었던 유다 왕국은 예레미야 선지자 시대에 마침내 바벨론에 의해 처참하게 멸망당하기에 이른다. 더불어 하나님의 임재를 상징했던 예루살렘 성전마저 철저하게 파괴되었다.

그 무렵 거리에는 굶어 죽는 사람들로 넘쳐났고, 평상시 그토록 자애롭게 보였던 어머니들이 자기 손으로 자기 아들딸을 잡아먹는 전대미문의 참상이 벌어졌다. 하나님의 경고를 듣지 않은 결과였다.

오늘날 대한민국은 유사 이래 가장 높은 수준의 번영을 누리고 있지만 불과 50~60년 전만 해도 가난과 기근으로 굶어 죽는 사람들이 있었다. 온 국토가 적들에게 유린되어 레위기 26장 29절 말씀이나 예레미야애가 4장 10절 말씀과 똑같은 상황에 처했던 시절도 있었다.

"서울과 지방이 몹시 굶주렸고 또 군량 운반하기에 지쳐서 늙은이와 어린이는 도랑과 골짜기에 쓰러져 있었고, 건장한 사람은 도적이 되었으며, 역질이 겹쳐서 다 죽어 없어졌다. 심지어 부자와 부부가 서로 잡아먹었는데, 해골만 잡초처럼 드러나 있었다."

서애 유성룡이 임진왜란의 실상을 낱낱이 고찰해 피를 토하는 심정으로 집필한 『징비록懲毖錄』 제2권 11장에 나오는 구절이다. 길고도 잔혹했던 전란으로 우리 조상들이 얼마나 처참한 지경에 이르렀었는지를 여실히 보여주는 장면이다. '至父子夫婦相食'이라는 원문 앞에서는 차마 할 말을 잃게 만든다. 조선의 강토는 지옥이나 다름없었다. 요행히 살아남은 질긴 목숨의 주린 배는 최소한의 규범도, 윤리도, 상식도, 체면도 송두리째 집어삼켰다. 자식이 부모를 잡아먹고, 부모가 자식의 살덩이를 목구멍으로 넘기는 일이 비일비재했다.

레위기를 통해 경고하신 하나님의 말씀을 이스라엘 백성들이 제대로 순종했더라면 예레미야는 불타는 예루살렘을 바라보며 절규하는 심정으로 애가哀歌를 쓰지 않아도 됐을 것이다. 시대와 상황은 다르지만 유성룡의 마음이 예레미야의 마음과 별반 다르지 않았으리라. 그러나 레위기의 끝이 절망의 나락은 아니다. 하나님은 새로운 희망의 메시지를 전한다.

"비록 그들이 죗값을 치르고 있더라도, 그들이 원수의 땅에 잡혀가 있는 동안에, 나는 절대로 그들을 버리지 않겠다. 미워하지도 않고 멸망시키지도 않겠다. 그래서 그들과 세운 나의 언약을 깨뜨리지 않겠다. 내가 주 그들의 하나님이기 때문이다. 그들을 돌보려고, 나는, 내가 이집트 땅에서 이끌어 낸 그 첫 세대와 맺은 언약을 기억할 것이다. 나는 그들의 하나님이 되려고, 뭇 민족이 보는 앞에서 그들을 이끌어 내었다. 나는 주다." 44절~45절

하나님이 내리신 벌은 백성들을 비관에 빠뜨리기 위함이 아니었다. 벌은 비록 우리가 죄를 지었을 때라도 끝까지 포기하거나 버리지 않고 우리 삶에 개입해 돌이킬 기회를 주신다는 의미이며, 하나님이 자기 백성들과 맺은 약속을 어떻게 신실히 지키시는 분인지를 경험하게 하고, 인간이 얼마나 하나님을 필요로 하는 존재인지를 깨닫게 해주는 수단이었다.

니콜라 푸생(1594~1665, 프랑스),
〈약속된 땅으로부터 가져온 포도송이〉,
캔버스에 유화, 118×160cm,
루브르 박물관, 파리

'프랑스 회화의 아버지'로 불리는 푸생은 서양 미술의 지적 전통을 계승한 인물이다. 성경의 사건과 신화 이야기 그리고 풍경화를 많이 그렸다. 말년에 그린 사계절 연작 중 '가을'에 해당하는 이 작품은 마침내 약속의 땅 가나안에 들어간 이스라엘 백성들이 풍요롭게 살고 있는 모습을 표현했다. 두 남자가 엄청난 크기의 포도송이를 어깨에 나눠 메고 기분 좋게 걸어가는 광경이 눈에 띈다. 뒤쪽으로 사다리에 올라가 나무에서 열매를 수확하는 여인과 반대쪽으로 결실한 농작물을 바구니 한가득 이고 가는 여인이 보인다. 드넓은 자연과 푸르른 하늘 등이 조화와 균형을 이루며 넉넉하고 여유로운 목가적 풍경을 잘 드러내고 있다.

10
과도한 식탐이 부른
광야의 징계

광야의 의미, 소유냐 존재냐

시내 산에서 하나님으로부터 십계명을 비롯한 각종 율법을 받은 뒤 성막을 짓고 가나안 정복을 위해 군대 조직까지 갖춘 다음 출애굽 이후 첫 번째 유월절을 지킨 이스라엘 백성들은 1년여 만에 모세의 인도를 따라 가데스 바네아로 길을 떠난다. '거룩한 샘'이란 뜻을 가진 가데스 바네아는 바란 광야와 신 광야 사이에 위치한 곳으로 사막 지대임에도 물이 나왔기에 일찍부터 성읍이 발달하였다. 이후 이스라엘 백성들이 38년 동안 광야에서 방랑하다 요단 동편 모압 평지에 당도하기까지의 과정을 기록한 책이 '민수기 民數記, Numbers'다.

40년 동안의 광야 생활은 신비의 연속이었다. 이집트를 탈출할 때 급히 챙겨 왔던 물과 식량은 초반에 바닥이 났지만 이들은 목말라 죽거나 굶주림에 시달리지 않았다. 속옷, 겉옷, 신발, 이불 등 필수적인 물건들도 동나거나 떨어지지 않았다. 모세는 이렇게 고백했다.

"주께서 사십 년 동안 너희를 광야에서 인도하게 하셨거니와 너희 몸의 옷이 낡아지지 아니하였고 너희 발의 신이 해어지지 아니하였으며."

신명기 29장 5절, 개역개정

이들을 직접 먹이고 입히며 돌보신 이가 바로 하나님이다. 하나님은 이스라엘 백성들이 광야에서의 삶을 통해 진정한 무소유를 경험하면서 온전히 하나님께만 의지하고 순종하기를 바라셨다. 이집트에서 몸에 밴 노예근성을 완전히 벗어 버리고 젖과 꿀이 흐르는 약속의 땅으로 들어가기에 적합한 자격을 갖추기 위해 광야는 반드시 거쳐야 할 연단의 과정이었다.

사회심리학자이자 정신분석학자인 에리히 프롬은 대표작 중 하나인 『소유냐 존재냐』에서 광야의 의미를 소유와 존재의 개념으로 명쾌하게 풀이했다.

"구약성경의 주요 주제 중 하나는 '네가 가지고 있는 것을 떠나라, 모든 속박으로부터 너 자신을 풀어라, 존재하라!'이다. 히브리 민족의 역사는 히브리 최초의 영웅인 아브라함에게 내려진 고향 땅과 친족을 떠나라는 여호와의 명령으로 시작된다. …… 두 번째 영웅은 모세다. 그는 여호와로부터, 그의 백성을 해방시켜서 지금은 그들의 고향이 된 땅에서 데리고 나와 광야로 가서 '잔치를 벌이라'는 계시를 받는다. …… 광야는 이 해방에서 핵심적인 상징이다. 그것은 고향이 아니다. 도시도 부도 없는, 바로 유목민의 땅이다. 유목민은 그들이 최소한 필요로 하는 것만을, 다시 말하면 쌓아두는 재산이 아니라 생계를 위한 필수품만을 소유한다. …… 누룩 넣지 않은 빵은 훌쩍 떠나야 하는 사람들의 빵, 유랑민들의 빵이다. 수카 Suka, 장막 는 유랑민의 거주지로, 천막처럼 쉽게 세우고 허물 수 있는 집이다. 『탈무드』에서는 이것을 사람들이 소유하는 '고정 주거지'와 구별하여 '임시 주거지'라고 부른다."

하나님은 광야를 통해 이스라엘 백성들이 존재 지향적 삶을 살아가기 원하셨다. 하지만 한없이 무지하고 목이 곧았던 이스라엘 백성들은 틈만 나면 뒤를 돌아보면서 안정적인 주거지와 기름진 음식과 눈으로 볼 수 있는 우상을 그리워하며 소유 지향적 삶을 추구했다.

미국의 방송, 인쇄, 온라인 매체 등에서 활약하고 있는 베테랑 기자 조 코박스는 그의 책 『바이블 쇼크』에서 이스라엘 백성들의 광야 생활을 다음과 같이 정리하였다.

"광야에서 40년을 보내는 동안 이스라엘 사람들은 한 번도 혼자인 적이 없었으며 길을 잃지도 않았다. 이들에게는 역사상 가장 정확한 가이드가 있었다. 그들이 가진 GPS 시스템은 온 우주를 창조하신 바로 그 하나님이셨다. 한밤중에 오줌이 마려워 일어났더라도 플래시가 필요하지 않았다. 하나님이 역사상 가장 큰 플래시 역할을 하고 계셨으니까. 하루 중 어느 때라도 사람들은 그저 거대한 기둥만 보면 하나님이 항상 그들 곁에 계시고 위험에서 그들을 보호하며 최종 목적지까지 안전하게 인도하실 것을 알 수 있었다. 하지만 이렇게 하루 24시간 내내 영존하시는 하나님이 함께 계셨음에도, 사막에서 일용할 양식을 제공하셨음에도, 바위에서 물을 내셨음에도, 홍해를 가르고 이스라엘 사람들이 마른 땅을 건너게 하셨음에도 불구하고 사람들은 계속해서 불평했고 때때로 하나님께 대놓고 반항하기도 했다. 이들은 금송아지를 숭배했고, 음식 투정을 했으며, 모세에게 주신 하나님의 권위에 대항했다."

끝없이 밀려드는 건
오로지 먹을 것에 대한 욕망뿐

|

시내 광야를 떠난 이스라엘 백성들이 사흘째 행군을 이어갈 무렵이었다. 푹푹 찌는 더위에 발걸음이 점점 무거워지자 심하게 불평을 늘어놓기 시작했다. 그러자 하나님께서 진노해 그들 가운데 불을 놓아 진 언저리를 살라버리셨다. 소나기처럼 불덩이를 내려 진영 전체가 숯덩이가 되도록 태워버리지 않은 게 천만다행이었다.

백성들은 겁을 집어먹고 모세에게 달려가 언제 악담을 입에 담았냐는 듯 살려달라고 애원했다. 곧바로 모세가 하나님께 용서를 구하자 이내 불이 꺼졌다. 사람들은 그곳 이름을 '불타다'라는 뜻의 다베라라 불렀다.

그 정도 경험했으면 정신을 차릴 만도 한데, 행군이 얼마쯤 이어지자 또다시 불평이 터져 나왔다. 이스라엘 자손 가운데 섞여 살던 무리들에게서였다. 이집트를 탈출할 때 히브리인들을 따라 나섰던 나일 강 삼각주 지역에 거주하던 다른 셈족들과 일부 이집트 사람들은 자신들이 꿈꿨던 유토피아에 대한 환상이 자꾸만 미뤄지자 틈만 나면 불만을 토로하며 사람들을 선동하기 일쑤였다. 이번에도 식탐이 문제였다. 원래 유언비어나 불평불만은 파급력이 큰 법이다. 이들에게 동조한 이스라엘 자손들은 한술 더 떠서 울며불며 소란을 피웠다.

"아, 이제 누가 우리에게 고기를 먹게 해줄까?"

"이집트에 살 때 나일 강에서 막 잡은 생선을 공짜로 먹던 기억이 아직도 생생해."

"누가 아니래. 나는 싱싱한 오이와 수박과 부추와 파와 마늘이 눈에 선하다네."

"젖과 꿀이 흐르는 땅은 고사하고 여기서 눈에 보이는 거라곤 만나밖에 없지 않나?"

"만나 이야기 좀 그만하게. 정말 넌더리가 난다고. 게다가 입맛마저 떨어졌으니……."

그들은 이집트 시절을 그리워했다. 매일 같이 중노동에 시달리며 착취와 억압 속에 살았던 그때가 광야에서의 삶보다 나을 리 만무했다. 질 좋은 고기를 배불리 먹는 일도, 싱싱한 생선을 풍족히 먹는 일도, 영양가 있는 과일과 채소들을 마음껏 먹는 일도 드물었을 것이다. 그럼에도 불구하고 그들은 이집트에서 자신들이 마치 호강하며 살았던 것처럼 추억을 부풀렸다. 이들의 원망은 이전과는 차원이 다른 것이었다. 출애굽 초기에 있었던, 단지 생존만을 위해 물과 빵과 고기를 달라고 외치던 그런 성격의 원망이 아니었다. 하나님께서 하루도 빠짐없이 공급해 주시는 만나와 메추라기는 이제 질렸으니 좀 더 화려하고 색다르며 신선하고 맛있는, 뭔가 다른 특별한 것을 먹게 해 달라고 졸라대며 불평을 쏟아낸 것이다.

이스라엘 백성들이 이집트에서 노예 생활을 할 때 주로 먹었던 음식, 즉 이들이 광야에서 울며불며 그토록 먹고 싶다고 하나님께 떼를 썼던 음식은 과연 어떤 것이었을까? 안토니 F. 치폴로와 레이너 W. 헤세 주니어는 『바이블 쿠킹』에서 당시 상황을 이렇게 추론했다.

"복어, 테트라 잉어목에 속하는 소형 열대어, 메기, 민물돔, 잉어, 퍼치 농어류의 민물고기, 피라미, 스퀴커 메기의 일종으로 추정, 은상어 등 수십 종의 어류가 나일강에 넘쳐 났고 게다가 공짜였다. 비옥한 나일 강 유역에서 흘러나온 미사 토양에서 잘 자라는 풍부한 오이와 멜론은 이집트에서 널리 재배되었다. 여기서 말 하는 오이는 우리가 흔히 시장에서 보는 채소가 아니다. 여기서 말하는 것 은 아마도 달지 않은 종류의 머스크멜론 또는 참외일 것이고, 멜론은 칸탈 루프 껍질은 녹색에 과육은 오렌지색인 멜론, 카사바 머스크멜론의 일종 이거나 하니듀 연녹색 껍 질에 과육이 녹색인 감로 멜론 일 가능성이 높다. 수박 또한 이집트 초기부터 길렀고, 수박씨는 파라오의 여러 무덤에서 발견되기도 했다. 사람들은 또한 대파, 양파, 마늘을 알고 있었지만 이 히브리어 단어들이 성경에 다시 나타나지 않는 점으로 미루어 보아 그 후 오랫동안 이 채소들을 재배할 수 없는 환경 이었던 것 같다."

거친 사막을 행군하는 동안 만나로 만든 싱거운 맛의 과자와 케이크, 유 일하게 단백질을 공급받을 수 있는 메추라기만을 먹고 살던 이스라엘 사람 들로서는 강에서 막 잡아 올린 신선한 생선 요리와 한 입 베어 물면 싱싱한 과즙이 입 안 가득 퍼지는 시원하고 향긋한 맛의 과일, 원기를 보충해 주고 식욕을 돋워 주는 다양한 채소, 그리고 자극적인 풍미를 지닌 향신료와 양 념들이 간절히 먹고 싶었을 것이다. 메마른 영혼을 가진 지쳐 버린 육신에 끝없이 밀려드는 건 오로지 먹을 것에 대한 욕망 뿐이었다. 엄습하는 식탐 에는 한계조차 없었다.

무덤 속에 파묻히고 만 식탐

|

어리석은 백성들은 가족별로 제각기 자기 장막 어귀에 앉아 먹을 것을 달라며 소리 내어 울었다. 모세가 이들의 울음소리를 들었다. 이들을 어떻게 달랠지, 노하신 하나님께 이를 어떻게 아뢸지 걱정이 태산 같았다. 자포자기에 빠진 모세가 하나님께 나아가 입을 열었다.

"어찌하여 주님께서는 주님의 종을 이렇게도 괴롭게 하십니까? 어찌하여 저를 주님의 눈 밖에 벗어나게 하시어, 이 모든 백성을 저에게 짊어지우십니까? 이 모든 백성을 제가 배기라도 했습니까? 제가 그들을 낳기라도 했습니까? 어찌하여 저더러, 주님께서 그들의 조상에게 맹세하신 땅으로, 마치 유모가 젖먹이를 품듯이, 그들을 품에 품고 가라고 하십니까? 백성은 저를 보고 울면서 '우리가 먹을 수 있는 고기를 달라!' 하고 외치는데, 이 모든 백성에게 줄 고기를, 제가 어디서 구할 수 있습니까? 저 혼자서는 도저히 이 모든 백성을 짊어질 수 없습니다. 저에게는 너무 무겁습니다. 주님께서 저에게 정말로 이렇게 하셔야 하겠다면, 그리고 제가 주님의 눈 밖에 나지 않았다면, 제발 저를 죽이셔서, 제가 이 곤경을 당하지 않게 해주십시오." 민수기 11장 11절~15절

이쯤 되면 막가자는 것이었다. 모세는 하나님께 자신이 낳지도 않은 수많은 백성들을 언제까지 먹이고 입히면서 이 고난의 행군을 인솔해 가야 할지 너무 괴롭고 힘들다고 하소연하며 짐이 감당할 수 없을 정도로 버거우니 차라리 그냥 죽여 달라고 애원했다. 모세는 매일 매일이 고통과 고독

의 연속이었다. 백성들은 툭하면 악담을 쏟아내며 자신에게 대들었고, 하나님은 엄격한 율법을 내려 백성들을 제대로 다스리라고 명하셨기 때문이다. 하나님과 백성들 사이에 낀 중재자 모세로서는 처신하기가 여간 힘든 상황이 아니었던 것이다.

배 째라고 드러누운 모세를 하나님이 위로하며 다독이셨다. 모세가 얼마나 힘들고 괴로웠는지를 누구보다 잘 알고 계셨기 때문이다. 하나님은 모세로 하여금 70명의 장로를 세우게 하셨다. 나이 많고 덕망 높은 장로들을 통해 모세를 보필하게 함으로써 유일한 지도자인 모세의 어깨를 좀 가볍게 해주시기 위함이었다. 그런 다음 모세에게 다음과 같이 명하셨다.

"너는 또 백성에게 이렇게 말하여라. 내일을 맞이하여야 하니, 너희는 스스로를 거룩하게 하여라. 너희가 고기를 먹게 될 것이다. '누가 우리에게 고기를 먹이려나? 이집트에서는 우리가 참 좋았었는데' 하고 울며 한 말이 나 주에게 들렸다. 이제 나 주가 너희에게 고기를 줄 터이니, 너희가 먹게 될 것이다. 하루만 먹고 그치지는 아니할 것이다. 이틀만도 아니고, 닷새만도 아니고, 열흘만도 아니고, 스무 날 동안만도 아니다. 한 달 내내, 냄새만 맡아도 먹기 싫을 때까지, 줄곧 그것을 먹게 될 것이다. 너희가 너희 가운데 있는 나 주를 거절하고, 내 앞에서 울면서 '우리가 왜 이집트를 떠났던가?' 하고 후회하였기 때문이다." 민수기 11장 18절~20절

모세의 고충을 해결해 주시면서도 백성들의 배은망덕하고 후안무치한 원망에 대해서는 단호하게 대응할 것임을 천명하신 것이다. 눈에는 눈, 이에는 이였다. 먹을 것을 가지고 자신을 욕보인 데 대한 하나님의 응징은 냄

새만 맡아도 먹기 싫을 때까지, 줄곧 고기를 먹게 하는, 이를 테면 음식을 통한 고문 같은 것이었다. 내가 너희를 어머니의 마음으로 그토록 애지중지 먹이고 입히며 돌봤건만 사사건건 불평불만을 늘어놓으며 먹을 것을 달라 떼를 쓰니 그래 어디 한 번 배 터지게 실컷 먹어 봐라, 누가 이기나 해보자, 이렇게 작정하신 것이다.

여기서 모세가 그 급한 성미로 인해 또 한 번의 실수를 저지른다. 하나님의 단호한 대응에 그대로 순종하든가, 아니면 머리를 조아리며 읍소를 했어야 함에도 불구하고 모세는 어리석게도 말씀을 문자적으로만 해석해서 지극히 인간적인 대응을 하고야 말았던 것이다.

"저를 둘러싸고 있는 백성의 보행자가 육십만 명입니다. 그런데 주님께서는 '그들에게 내가 고기를 주어, 한 달 내내 먹게 하겠다' 하고 말씀하시나, 그들을 먹이려고 양 떼와 소 떼를 잡은들, 그들이 만족해 하겠습니까? 바다에 있는 고기를 모두 잡은들, 그들이 만족해 하겠습니까?"
민수기 11장 21절~22절

하나님은 당황하셨을 것이다. 우주를 창조하시고, 세상을 물로 심판하시며, 홍해를 가르신 하나님께 모세는 그 많은 고기를 어떻게 다 공급할 거냐고 어이없이 되물었기 때문이다.

"나의 손이 짧아지기라도 하였느냐? 이제 너는 내가 말한 것이 너에게 사실로 이루어지는지 그렇지 아니한지를 볼 것이다." 민수기 11장 23절

하나님은 곧바로 바람을 일으키셨다. 바다 쪽에서 메추라기를 몰아, 진을 빙 둘러 사방으로 하룻길 될 만한 지역에 떨어뜨려 땅 위로 두 규빗쯤 쌓이게 하셨다. 한 규빗이 대략 45센티미터 가량이니 지상에서 1미터 높이 가까이 메추라기가 쌓인 것이다. 백성들이 일어나 그날 낮과 밤, 그리고 이튿날까지 온종일 메추라기를 모았다. 적게 모은 사람도 열 호멜이 넘었다. 한 호멜이 약 220리터이니 1인당 2200리터나 되는 엄청난 양의 메추라기를 모은 것이다. 무게로 따지면 약 2.2톤에 달하는 양이다. 그들은 메추라기 떼를 진 주변에 펼쳐 널어놓았다. 그리고 조금씩 손질해 불에 구워 잘 익힌 다음 입에 넣어 씹기 시작했다.

그때였다. 고기가 아직 이 사이에서 씹히기도 전에, 하나님의 진노가 그들에게 임했다. 극심한 재앙이 닥치자 불평불만을 주도하던 백성들 중 일부가 순식간에 급사한 것이다. 메추라기를 펼쳐 놓은 그곳, 손질한 고기를 불에 굽던 그곳, 식탐을 해결하기 위해 혈안이 되었던 그곳이 바로 그들의 무덤이 되고 말았다. 화를 면한 나머지 백성들은 죽은 이들을 장사지낸 후에 그곳 이름을 기브롯 핫다아와라고 불렀다. '탐욕의 무덤'이란 뜻이었다.

이들에게 내린 극심한 재앙은 무엇이었을까? 영어 성경에서는 이를 'severe plague' NIV 또는 'very great plague' KJV 라고 표현하였다. 매우 심각한 전염병이란 의미다. 일부 학자들의 주장에 의하면 메추라기는 독성이 무척 강한 미나리과의 풀인 헴록의 씨앗을 먹었다고 한다. 이 씨앗의 독성이 메추라기에게는 전혀 해를 끼치지 않은 채 몸속에 남아 있다가 메추라기를 먹은 인간에게 치명적으로 작용해 죽음에 이르게 만들었다는 것이다. 이것이 바로 그 매우 심각한 전염병이었는지는 알 길이 없다.

하지만 이스라엘 백성들은 이 사건 이전에도 메추라기를 먹었고, 이후에도 변함없이 메추라기를 먹었다. 헴록의 씨앗을 먹은 메추라기 고기가 인간에게 치명적인 해를 끼쳤다면 이에 관한 기록이 다른 데도 있어야 하지만 그렇지가 않다. 그리고 그토록 인체에 해로운 고기를 하나님이 백성들에게 40년 동안이나 먹게 하셨을 리가 없다. 만약 하나님께서 평소에는 메추라기 몸속에 있던 헴록 씨앗의 독성을 알아서 제거해 주셨다가 이때만 유독 심하게 효력이 나타나도록 하셨다면 이 또한 하나님의 은총과 징계로밖에 해석할 수 없는 일이다.

하나님의 오묘한 섭리와 인도하심을 망각하고 식탐에 눈이 멀어 온갖 원망을 쏟아 내며 이집트에서 먹었던 생선과 과일과 채소, 그리고 향신료와 양념들을 먹게 해달라고 울며불며 졸라대던 사람들은 원하던 음식은 하나도 맛보지 못한 채 메추라기 고기가 이 사이에서 씹히기도 전에 원인 모를 극심한 재앙을 입어 탐욕의 무덤에 장사되고야 말았다.

이때의 상황을 시편 기자는 후세의 사람들이 기억하도록 다시 한 번 상기시켰다.

"그들은 계속하여 하나님께 죄를 짓고, 가장 높으신 분을 광야에서 거역하며, 마음 속으로 하나님을 시험하면서, 입맛대로 먹을 것을 요구하였다. 그들은 하나님을 거스르면서 '하나님이 무슨 능력으로 이 광야에서 먹거리를 공급할 수 있으랴? 그가 바위를 쳐서 물이 솟아나오게 하고, 그 물이 강물이 되게 하여 세차게 흐르게는 하였지만, 그가 어찌 자기 백성에게 밥을 줄 수 있으며, 고기를 먹일 수 있으랴?' 하고 말하였다. 주님께서 듣고 노하셔서, 야곱을 불길로 태우셨고, 이스라엘에게 진노하셨다. 그들이 하나님을 믿지 않고, 그의 구원을 신뢰하지 않았기 때문이다. 그런데도 하나님은 위의 하늘에게 명하셔서 하늘 문을 여시고, 만나를 비처럼 내리시어 하늘 양식을 그들에게 주셨으니, 사람이 천사의 음식을 먹었다. 하나님은 그들에게 풍족할 만큼 내려 주셨다. 그는 하늘에서 동풍을 일으키시고, 능력으로 남풍을 모으셔서, 고기를 먼지처럼 내려 주시고, 나는 새를 바다의 모래처럼 쏟아 주셨다. 새들은 진 한가운데로 떨어지면서, 그들이 사는 곳에 두루 떨어지니, 그들이 마음껏 먹고 배불렀다. 하나님은 그들이 원하는 대로 넉넉히 주셨다. 그러나 먹을 것이 아직도 입 속에 있는데도, 그들은 더 먹으려는 욕망을 버리지 않았다. 마침내 하나님이 그들에게 진노하셨다. 살진 사람들을 죽게 하시며, 이스라엘의 젊은이들을 거꾸러뜨리셨다. 이 모든 일을 보고서도, 그들은 여전히 죄를 지으며, 그가 보여 주신 기적을 믿지 않았다. 그래서 그들의 생애는 헛되이 끝났으며, 그들은 남은 날을 두려움 속에서 보냈다." 시편 78편 17절~33절

얀 하빅스 스테인(1626~1679, 네덜란드),
〈바위를 치는 모세〉, 캔버스에 유화,
95×98.5cm, 필라델피아 미술관,
펜실베이니아

기적이 일어난 순간을 얀 스테인 특유의 유머러스한 터치로 묘사한 그림이다. 바위에서 물이 솟아나오자 목이 말라 고통스러워하던 사람들이 물을 긷기 위해 모여들고 있다. 굽 달린 질그릇부터 커다란 구리 사발과 작은 잔까지 갖가지 종류의 그릇들이 등장한다. 말과 낙타와 개도 마음껏 갈증을 채울 수 있게 되었다. 일단 자기 목부터 축이는 사람도 있고, 아기에게 먼저 먹이는 부부도 있으며, 아내에게 물을 건네는 남편도 있다. 가운데 모세와 아론의 모습도 보인다. 왼손에 지팡이를 든 모세는 하늘을 향해 감사 기도를 드리고 있다. 사도 바울은 고린도전서 10장에서 이를 신령한 바위에서 나온 신령한 물이라고 표현했다.

11
음식을 불사르신
하나님

젖과 꿀이 흐르는 약속의 땅

파란만장했던 40년 동안의 광야 생활이 끝났다. 바야흐로 하나님께서 약속하신 땅, 가나안으로의 진입을 목전에 둔 것이다. 불평불만을 입에 달고 살며 불순종을 일삼았던 출애굽 세대 사람들은 이에 대한 응징으로 모두 광야에서 생을 마감해야 했다. 가나안에 들어가 새로운 시대를 열게 된 것은 출애굽 이후 광야에서 태어난 신세대 백성들이었다. 모세는 요단 강 동쪽 모압 땅에서 이들에게 세 차례에 걸쳐 긴 고별 설교를 행한다. 이집트에서 겪었던 처참한 노예 생활과 출애굽의 대역사가 이루어지기 전에 내려졌던 열 가지 재앙, 그리고 바다가 갈라지면서 두 발로 홍해를 건넜던 경이로운 체험 등이 없던 이스라엘 젊은이들을 향한 모세의 마지막 메시지는 결연하면서도 눈물겨운 것이었다. 이 설교를 담은 책이 바로 구약의 정수로 불리는 '계명을 밝히 설명하는 책'이란 뜻의 '신명기 申命記, Deuteronomy'다.

"당신들은 주 당신들의 하나님의 명령을 잘 지키고, 그의 길을 따라가며, 그를 경외하십시오. 주 당신들의 하나님이 당신들을 데리고 가시는 땅은 좋은 땅입니다. 골짜기와 산에서 지하수가 흐르고 샘물이 나고 시냇물이 흐르는 땅이며, 밀과 보리가 자라고 포도와 무화과와 석류가 나는 땅이며, 올리브 기름과 꿀이 생산되는 땅이며, 먹을 것이 모자라지 않고 아무것도 부족함이 없는 땅이며, 돌에서는 쇠를 얻고 산에서는 구리를 캐낼 수 있는 땅입니다. 주 당신들의 하나님이 당신들에게 주신 옥토에서, 당신들은 배불리 먹고 주님을 찬양할 것입니다." 신명기 8장 6절~10절

이스라엘 백성들이 들어가 살게 될 약속의 땅은 젖과 꿀이 흐르는 땅이었다. '젖과 꿀이 흐르는 땅 a land flowing with milk and honey'은 가나안을 일컫는 관용적 표현이다. '젖'은 우유 곧 풍부한 목축을, '꿀'은 풍성한 식물 곧 농업을 의미한다. 따라서 '젖과 꿀이 흐르는 땅'이란 표현은 드넓은 목초지 위에서 수많은 소 떼와 양 떼가 자라며 젖을 내고, 오곡백과와 화초가 만발하여 벌들이 꿀을 넘치도록 생산할 수 있는 풍요로움을 상징한다.

고별 설교를 마친 모세는 느보 산에 올라 후손들이 대대손손 터를 잡고 살아갈 가나안 땅을 처연한 눈길로 굽어본 뒤 모압 땅 어느 골짜기에서 숨을 거두었다. 이때 그의 나이 120세였다. 불세출의 지도자 모세의 뒤를 이어 이스라엘 백성들을 이끈 사람은 여호수아였다.

여호수아는 모세가 가나안 땅에 정탐꾼을 보낼 당시 대다수 정탐꾼들이

강력한 방어 시설을 갖춘 가나안의 도시를 보고 겁을 집어먹어 망설일 때 갈렙과 함께 긍정적인 주장을 펼치면서 가나안 정복에 적극 나서도록 백성들을 독려함으로써 출애굽 세대로서는 유일하게 갈렙과 더불어 가나안 땅에 들어가는 것이 허락되었다. 모세가 죽기 전 후계자로 지명된 그는 강력한 리더십으로 이스라엘 백성들을 인솔하고 요단 강을 건너가 수많은 전쟁을 지휘하며 가나안을 정복한 뒤 하나님께서 주신 영토를 열두 지파 백성들에게 골고루 분배하였다.

광야 생활 40년 동안 만나를 내려 이스라엘 백성들을 먹이셨던 하나님은 그들이 가나안에 들어가 첫 번째 유월절을 지키고 그 땅의 소산물을 먹게 되자 만나를 그치게 하셨다.

"또 이스라엘 자손들이 길갈에 진 쳤고 그 달 십사일 저녁에는 여리고 평지에서 유월절을 지켰으며 유월절 이튿날에 그 땅의 소산물을 먹되 그 날에 무교병과 볶은 곡식을 먹었더라. 또 그 땅의 소산물을 먹은 다음 날에 만나가 그쳤으니 이스라엘 사람들이 다시는 만나를 얻지 못하였고 그 해에 가나안 땅의 소출을 먹었더라." 여호수아 5장 10절~12절, 개역개정

여호수아 역시 110세로 세상을 떠나기 전 백성들을 모아 놓고 마지막 당부를 남겼다.

"여러분 가운데 있는 이방 신들을 내버리고, 이스라엘의 하나님께 마음을 바치십시오."

그러자 이스라엘 백성들이 여호수아에게 대답하였다.

"우리가 주 우리의 하나님을 섬기며, 그분의 말씀을 따르겠습니다."

그러나 이 약속은 지켜지지 않았다. 위대한 지도자 모세와 여호수아가 세상을 떠난 후 이스라엘 민족은 그토록 간절한 유언에도 불구하고 하나님을 잊어버렸으며, 하나님의 뜻과 말씀을 좇아 살지 않고, 자신들의 소견에 옳은 대로 행동해 하나님 앞에 죄를 범하였다. 그들은 이방의 우상들을 만들어 섬겼으며, 이방인과 언약을 세우지 말라는 하나님 말씀을 무시한 채 이방인들과 동맹을 맺고 언약을 세웠다. 아울러 이방인들과 혼인하여 민족의 순수성을 훼손했으며, 이집트에서 그들을 해방시켜 홍해를 건너고 광야를 지나 마침내 젖과 꿀이 흐르는 땅으로 인도하신 하나님의 오묘한 역사와 섭리를 자손들에게 가르치지 않았다.

이스라엘 민족이 가나안을 정복한 뒤 사울을 왕으로 세우고 국가 조직을 정비하기 전까지 하나님에 의해 세워진 사사들이 백성들을 다스리던 시대를 사사 시대라 부른다. 당시 역사를 기록한 책이 바로 '사사기 士師記, Judges'다. 히브리어 제목 '쇼페팀'은 '지도자들', '재판관들'이란 뜻인데, 중국어로 번역되는 과정에서 고대 주나라에서 형벌을 관장하던 관리를 일컫는 '사사'라는 용어를 사용함으로써 한글판 개역 성경에서도 '사사기'로 번역하였다. 사사는 이스라엘의 군사, 정치, 사법을 총괄하는 지도자인 동시에 제사장 역할까지도 겸하였다.

사사기에 기록된 사사는 열두 명이다. 하나님은 걷잡을 수 없이 타락의 길로 접어드는 이스라엘 백성들을 이방 민족의 손에 붙여 핍박과 고통 속에 빠지게 하셨다.

기원전 1367년부터 1025년까지 약 342년 동안이나 계속된 사사 시대는 이스라엘 역사에 있어 가장 참담했던 암흑 시기라고 할 수 있다. 그러나 그 와중에도 하나님은 사사를 세워 그들이 회개하고 다스리던 시절만은 평화가 깃들게 하셨다. 사사들 가운데 하나님의 사자로부터 직접 부름을 받아 희생 제물로 음식을 차려 드린 후 이적을 통해 언약과 징표를 받은 다음 민족을 위해 활약한 대표적인 사사는 다섯번째 사사인 기드온과 열두 번째 사사인 삼손이었다.

여호와의 사자에게 정성껏 음식을 차려 드린 기드온

|

이스라엘 자손이 또다시 악한 일을 저지르자 하나님께서 이들을 7년 동안 미디안 사람들의 손에 넘겨주었다. 미디안 사람들의 압제 속에 시달리며 이스라엘 백성들은 신음하였다.

"이스라엘 자손이 씨앗을 심어 놓으면, 미디안 사람과 아말렉 사람과 동방 사람들이 쳐올라오는 것이었다. 그들은 이스라엘을 마주보고 진을 쳐놓고는, 가사에 이르기까지 온 땅의 소산물을 망쳐 놓았다. 그리고 이스라엘에 먹을 것을 하나도 남기지 않았으며, 양이나 소나 나귀까지도 남기지 않았다." 사사기 6장 3절~4절

견디다 못한 이스라엘 백성들은 결국 하나님께 울부짖었다. 그러자 하나님께서는 이들을 위해 한 예언자를 보내주셨다. 그가 '베어 쓰러뜨리다'라는 뜻으로 용감한 장군을 가리키는 이름을 가진 기드온이었다. 아비에셀에 살던 므낫세 족속 요아스의 아들인 그는 평범한 농사꾼에 지나지 않았다. 이런 그를 하나님께서는 이스라엘 민족의 지도자로 부르신 것이다.

하루는 기드온이 조심스럽게 포도주 틀에서 밀 이삭을 타작하고 있었다. 본래 밀은 넓은 마당에서 타작용 마차나 황소를 이용해 타작하는 것이 원칙이었지만 미디안 사람들의 약탈이 너무 심했기 때문에 드러내놓고 타작을 할 수 없어 바위나 땅에 구멍을 내어 만든 포도주를 짜는 틀에서 밀을 타작한 것이다. 이때 여호와의 사자가 상수리나무 아래에 와서 앉았다. 손에 지팡이를 든 사람의 모습으로 나타난 여호와의 사자는 하나님 자신을 가리킨다. 아브라함에게 나타나셨을 때처럼 여호와의 사자는 상수리나무 아래 임하신 것이다. 참나무과의 다년생 낙엽송인 상수리나무는 크고 웅장한 외형 때문에 강한 힘과 능력을 상징했다. 아브라함이 가나안으로 이주하여 장막을 치고 하나님께 예배를 드린 곳도, 사울이 사무엘로부터 왕으로 부름을 받고 하나님의 영의 감동을 입은 곳도 상수리나무가 있는 곳이었다.

"큰 용사여, 여호와께서 너와 함께 계시도다."

여호와의 사자가 말을 건네자 기드온은 깜짝 놀랐다. 자신을 큰 용사라고 했기 때문이다.

"여호와께서 우리와 함께 계시다면 어찌하여 이 모든 일이 우리에게 일어난 겁니까? 또 우리 조상들이 일찍이 우리에게 이르기를 여호와께서 우리를 이집트에서 올라오게 하신 것이 아니냐고 한 그 모든 이적이 어디에 있는 겁니까? 이제 여호와께서 우리를 버리기까지 하셔서 미디안의 손에 우리를 넘겨주셨습니다."

기드온이 반문하자 여호와의 사자가 다시 그에게 일렀다.

"너는 너에게 있는 그 힘을 가지고 가서 이스라엘을 미디안의 손에서 구원해 내거라. 내가 너를 친히 보낸 것이 아니냐?"

"제가 무엇으로 이스라엘을 구원해 내겠습니까? 보시는 바와 같이 저의 가문은 므낫세 지파 중에서도 극히 약하고, 또 저는 제 아버지 집에서도 가장 작은 자입니다."

기드온은 아무런 힘도 세력도 없이 미약하기만 한 자신을 미디안으로부터 이스라엘 민족을 구원해낼 큰 용사로 부르셨다는 여호와의 사자의 말을 도무지 믿을 수가 없었다.

"내가 반드시 너와 함께 하리니 네가 미디안 사람 치기를 마치 한 사람을 치듯 하리라."

여호와의 사자 역시 결코 물러설 기색이 없었다. 이에 기드온은 확실한 증거를 요구한다.

"만일 제가 주께 은혜를 얻은 게 맞는다면 저와 말씀하신 분이 주님이라는 표징을 제게 보여주십시오. 제가 예물을 가지고 다시 주님께로 와서 그것을 주님 앞에 드리기까지 이곳을 떠나지 마시기 바랍니다."

기드온은 재빨리 집으로 돌아가 염소 새끼 한 마리로 요리를 만들고, 밀가루 한 에바로 누룩을 넣지 않은 빵을 만든 다음 고기는 바구니에 담고, 국물은 그릇에 담아, 상수리나무 아래로 가서 여호와의 사자 앞에 펼쳐놓았다. 미디안 사람들로부터 먹을거리를 수시로 약탈당하는 빈궁한 상황 속에서 급히 마련한 식탁치고는 최선을 다한 화려한 식탁이었다. 밀가루 한 에바는 약 22리터이므로 아브라함이 하나님 일행에게 대접한 빵을 만드는 데 쓰인 밀가루 세 스아와 같은 양이었다. 아브라함은 좋은 송아지를 잡아 요리를 만들었으나 기드온은 염소 새끼를 잡아 요리를 만들었다. 좋은 송아지보다는 못하지만 염소 새끼 요리는 리브가가 야곱을 에서처럼 위장시켜 이삭에게 별미를 바칠 때 만들었던 요리였다. 국 또는 국물로 번역된 음식은 'broth'로 묽게 쑨 수프를 가리킨다. 닭고기 수프는 'chicken broth', 쇠고기 수프는 'beef broth'다. 영어 성경에서는 아브라함 때와 마찬가지로 '요리하다'라는 표현으로 '밥상을 차리다, 음식을 조리하다'라는 뜻을 가진 단어 'prepare'를 사용하였다.

정성을 다해 차린 밥상을 받은 여호와의 사자는 기드온에게 고기와 빵을 가져다가 지시한 바위 위에 놓고, 국물을 그 위에 부으라고 말한 후 손에 든 지팡이 끝을 내밀어 고기와 빵에 갖다 댔다. 그러자 갑자기 바위에서 불이 나와 고기와 빵을 살라 버렸다. 음식이 모두 불에 타 버린 것이다. 그러는 사이 여호와의 사자는 어디로 갔는지 사라져 보이지 않았다.

기드온이 드린 음식을 하나님이 불사른 것은 예물을 열납悅納, acceptance, '기쁘게 여기고 받아들임', '만족하며 기꺼이 받아들임' 하셨다는 의미다. 엘리야가 갈멜 산에서 바알 선지자들과 대결할 때도 하나님은 불로 제물을 태우셨다. 기드온은 자신에게 나타난 사람이 정말 하나님의 사자라면 음식을 먹지 않을 거라고 생각했다. 천사는 인간의 음식을 먹고 마시지 않는다는 것이 일반적인 상식이었던 까닭이다. 그의 예상대로 하나님의 사자는 음식을 먹지 않았을 뿐만 아니라 불로 음식을 태워 버림으로써 자신이 하나님의 사자임을 증명하였다.

기드온은 비로소 그가 여호와의 사자라고 확신했다. 그러나 그는 곧 탄식에 빠져들었다.

"아 슬프고 슬픕니다. 주 여호와여, 내가 여호와의 사자를 대면하여 보았습니다."

기드온은 자신이 살아서 여호와를 보았기 때문에 죽을지도 모른다고 생각했다. 그는 사람이 여호와를 볼 수 없고, 보면 죽게 된다는 것을 알았다.

그때 하나님의 음성이 들려왔다.

"안심해라. 두려워하지 마라. 너는 죽지 않는다."

기드온이 하나님을 보고서도 죽지 않은 것은 그가 하나님의 본체를 보지 않았기 때문이다. 하나님은 죄인인 인간이 하나님을 직접 볼 수 없기 때문에 인간의 형상을 입고 '여호와의 사자'로 나타나셨다. 이에 기드온은 하나님으로부터 소명을 받은 요단 강 서편의 오브라에 단을 쌓고 '여호와 샬롬'이라 이름 붙였다. 이는 '여호와는 평강이시다'라는 뜻이었다.

큰 용사로서 헌신하게 된 그는 하나님의 말씀을 따라 맨 먼저 자신의 아버지 집에 있는 우상, 즉 바알 제단과 에세라 목상을 허물어 산성 꼭대기로 가져가 이에 불을 지핀 다음 준비해온 수소를 잡아 번제를 드림으로써 사역을 시작했다. 이 일로 인해 그는 '바알과 다투다' 또는 '바알과 논쟁한 자'라는 뜻을 가진 '여룹바알'이라는 이름으로 불리게 되었다.

그즈음 미디안 사람과 아말렉 사람과 사막 부족이 함께 모여 요단 강을 건너와 이스르엘 평지에 진을 치자 기드온은 나팔을 불어 아비에셀 족을 비롯한 이스라엘 용사들을 모아 자신을 따르게 한 후 일전을 앞두고 다시 한 번 하나님께 보다 분명한 징표를 요구한다.

"참으로 주님께서는 말씀하신 대로 나를 시켜서 이스라엘을 구하시려고 하십니까? 그러시다면, 내가 양털 한 뭉치를 타작마당에 놓아두겠습니다. 이슬이 이 양털 뭉치에만 내리고 다른 땅은 모두 말라 있으면, 주님께서 말씀하신 대로, 저를 시켜서 이스라엘을 구하시려는 것으로 알겠습니다." 사사기 6장 36절~37절

기드온이 다음날 아침 일찍 일어나 양털 뭉치를 짜 보니 양털 뭉치에 내린 이슬이 쏟아져 그릇에 물이 가득 찼다. 그럼에도 불구하고 기드온은 한 번 더 하나님께 기도를 드렸다.

"주님, 저에게 노하지 마십시오. 제가 한 번 더 말씀드리고자 합니다. 양털 뭉치로 한 번만 더 시험하여 보게 하여 주십시오. 이번에는 양털은 마르고, 사방의 모든 땅에는 이슬이 내리게 하여 주십시오." 사사기 6장 39절

이번에도 기드온이 요구한 대로 되었다. 지난번과 반대로 양털은 말라 있었고, 사방의 모든 땅만 이슬로 젖어 있었던 것이다. 하나님은 거듭된 기드온의 요구에 응답하셨고, 하나님께서 자기와 함께하심을 확신한 기드온은 하나님의 지시에 따라 선발된 용맹하고 지혜로운 300명의 군사를 거느리고 전쟁에 나아가 미디안의 대군을 격파한 뒤 그들의 왕인 세바와 살문나를 붙잡아 처형하였다. 이후 미디안 사람들은 이스라엘 백성들에게 복종하였으며, 기드온이 살아 있는 40년 동안 이스라엘 땅에는 전쟁이 일어나지 않고 평화가 지속되었다.

삼손의 아버지 마노아의 음식을 불사르신 하나님

기독교인이 아니더라도 대부분 알고 있을 정도로 잘 알려져 있는 사사는 유례를 찾기 어려울 만큼 힘이 장사였던 삼손이다. 삼손과 그가 사랑했던 여인 들릴라에 관한 이야기는 수많은 영화와 오페라, 드라마와 애니메이

션, 그리고 책으로 만들어져 세간의 주목을 받았다.

사사 시대 말기에 이르러 이스라엘 자손이 다시금 하나님 앞에서 온갖 악한 일을 저질렀다. 그러자 하나님께서 이번에는 블레셋 사람들 손에 이들을 40년 동안이나 넘겨주었다.

그 무렵 소라 땅에 단 지파에 속한 마노아라는 사람이 살고 있었는데, 그의 아내는 임신할 수가 없어 자식을 낳지 못하였다. 그러던 어느 날 여호와의 사자가 마노아의 아내에게 나타나 그녀가 머지않아 임신을 하게 되어 아들을 낳을 거라는 기쁜 소식을 전해준다.

"그러므로 이제부터 조심하여, 포도주나 독한 술을 마시지 말아라. 부정한 것은 어떤 것도 먹어서는 안 된다. 네가 임신하여 아들을 낳을 것인데, 그 아이의 머리에 면도칼을 대어서는 안 된다. 그 아이는 모태에서부터 이미 하나님께 바쳐진 나실인이기 때문이다. 바로 그가 블레셋 사람의 손에서 이스라엘을 구하는 일을 시작할 것이다."

오랫동안 간절히 소원하던 아들을 낳게 되는 것만으로도 뛸 듯이 기쁜 일이었는데, 그 아들이 블레셋으로부터 자신의 민족을 구원해낼 지도자가 될 거라는 놀라운 소식이었다.

여호와의 사자는 마노아의 아내에게 포도주나 독한 술을 마시지 말고, 부정한 것은 어떤 것도 먹어서는 안 된다고 일러주었다. 사사로서의 역할을 제대로 감당하기 위해서는 어머니 뱃속에서부터 구별된 삶을 살아야 했는데, 그 출발점이 바로 음식에 대한 절제였던 것이다. 독하고 잔인하고 부정한 것은 입에 대지 않고, 순하고 아름답고 정결한 것을 먹는 것은 예나 지금이나 임신, 출산, 육아 과정에서 여성이 반드시 지켜야 할 덕목임을 알 수 있다.

삼손은 나실인으로 지목되었다. 나실인이란 히브리어로 '구별된 자', '구별하여 하나님께 바쳐진 자'라는 뜻이다. 나실인이 되기 위해서는 스스로 서원하거나 부모가 서원해야 했다. 나실인으로 서원한 사람은 자기 몸과 마음을 거룩하게 구별하여 포도주와 독주를 마시지 않고, 머리를 깎지 말며, 시체를 가까이 해 몸을 더럽히지 않아야 했다. 일정 기간만 나실인으로 지낸 사람도 있지만 삼손이나 세례 요한처럼 평생을 나실인으로 지낸 사람도 있다.

마노아의 아내는 자신이 여호와의 사자에게 들은 소식을 남편에게 전했다. 마노아는 좀처럼 아내 말을 믿기 힘들었다. 그는 하나님께 여호와의 사자를 다시 한 번 보내주셔서 장차 태어날 소중한 아들을 우리가 어떻게 키워야 할지 구체적으로 가르쳐 달라고 애원했다.

하나님이 그의 기도를 들으셔서 다시 한 번 천사를 보내셨다. 여호와의 사자를 만나게 된 마노아는 직접 자신의 두 눈으로 천사를 보고 귀로 그가 들려준 기쁨의 소식을 들었다.

그는 가만히 있을 수가 없었다. 귀한 손님에게 맛있는 음식을 대접해야 했기 때문이다.

"제가 금방 새끼 염소를 한 마리 잡아 대접할 테니, 잠시만 기다려 주십시오."

"기다리라면 기다릴 수는 있으나 음식은 먹지 않겠소. 만약 당신이 번제를 준비한다면, 그것은 마땅히 여호와께 드려야 할 것이오."

마노아는 자신에게 이렇게 말한 사람이 여호와의 사자라는 걸 전혀 알지 못했다.

"이름만이라도 알려 주시면, 말한 바가 이루어질 때에 그에게 영광을 돌리고 싶습니다.”

“어찌하여 내 이름을 묻는 거요? 내 이름은 비밀이오.”

하나님은 자신의 이름을 묻는 마노아에게 내 이름은 비밀이라고 말했다. 새번역 성경에서 ‘비밀’이라고 번역한 이 단어를 개역개정 성경에서는 ‘기묘자’로 번역하였다.

영어 성경에서는 ‘beyond understanding 인간의 이해를 넘어선’, ‘wonderful 놀라운’, ‘secret 비밀’ 등으로 번역하였다. 기묘자奇妙者 란 히브리어로 ‘펠레’인데, ‘경이로운 일’, ‘불가사의한 것’을 뜻한다. 인간의 이성과 지혜, 상상과 감각으로는 도저히 받아들일 수 없는 분, 초월적인 능력과 성품으로 오묘한 섭리를 수행하시는 분으로서 하나님에 대한 별칭으로 사용된다.

마노아 역시 부리나케 달려가 새끼 염소 한 마리를 잡아 요리를 만들고, 질 좋은 곡식으로 정성껏 예물을 만들어 가져다가 바위 위에 펼쳐놓고 여호와의 사자에게 대접해 드렸다.

이때 마노아와 그의 아내가 보는 자리에서 이적이 일어났다. 불꽃이 제단에서부터 하늘로 치솟자 여호와의 사자가 그 불꽃에 휩싸여 하늘로 올라간 것이다. 마노아와 그의 아내는 생전 처음 보는 엄청난 광경에 깜짝 놀라며 얼굴을 땅에 대고 엎드렸다. 불길을 타고 하늘로 올라간 천사는 다시 나타나지 않았다. 그때서야 마노아는 그가 여호와의 사자인 줄 알았다.

하나님은 기드온이 여호와의 사자에게 차려 드린 음식을 불살라 열납하셨듯이, 마노아가 여호와의 사자에게 대접한 음식을 불사름으로써 희생 제물을 열납하셨다. 그렇지만 하나님을 두 눈으로 직접 본 마노아는 기드온이 그랬던 것처럼 죽음을 두려워하며 떨고 있었다.

"만일 주님께서 우리를 죽이려 하셨다면 우리의 손에서 번제물과 곡식예물을 받지 않으셨을 것이며, 또 우리에게 이런 모든 일을 보이거나 이런 말씀을 하시지도 않으셨을 겁니다." 사사기 13장 23절

마노아의 아내는 남편을 향해 이렇게 말했다. 그녀의 말이 맞았다. 마노아와 그의 아내를 두 번씩이나 찾아가 직접 일러주신 그대로 마노아의 아내는 곧 임신을 했고, 음식을 절제하며 조심스레 태교에 힘쓴 결과 건강한 아들을 출산했다. 그가 바로 그 유명한 삼손이었다.

기드온과 삼손을 이방인들의 압제로부터 이스라엘 백성들을 구원해낼 사사로 부르실 때 하나님은 직접 인간의 모습으로 사람들 앞에 나타나 음식을 대접받으셨지만 아브라함이나 모세에게 하셨던 것처럼 이들과 한자리에서 더불어 먹고 마시지 않으셨다. 사사 시대의 이스라엘 백성들은 아브라함이나 모세 때와 달리 죄악과 불순종이 극에 달했기 때문이었다.

'태양의 사람', '작은 태양'이란 뜻의 삼손은 맨손으로 사자를 찢어 죽일 만큼 놀라운 괴력의 사나이였다. 하지만 그는 자신이 가진 힘의 원천이 하나님께 있음을 잊은 채 방탕하게 생활했다. 블레셋 여자를 아내로 맞았고, 만용을 부려 가며 블레셋 사람들을 때려죽였다. 그러자 블레셋 사람들은 그가 사랑한 여인 들릴라를 이용해 그가 가진 힘의 비밀을 알아냈다. 결국 들릴라로 인해 머리털을 잘린 그는 힘을 잃고 블레셋 사람들에게 붙잡혀 두 눈을 뽑힌 채 방아를 돌리는 노예 신세로 전락했다.

그들은 삼손을 다곤 신전으로 끌고 가 조롱을 퍼부었다. 그러나 잘린 머리털이 자라면서 힘을 되찾은 삼손은 기둥을 뽑아 거대한 신전을 무너뜨렸다. 그는 신전 돌더미에 깔려 숨을 거뒀지만 마지막 순간 3천 명에 달하는

블레셋 사람들을 죽임으로써 자신이 살았을 때 죽인 사람보다 더 많은 사람들에게 복수하였다.

비록 삼손의 이야기는 비극으로 끝나지만 그는 최후의 순간에 하나님께 회개하고 자신을 돌이켜 하나님의 영광을 드러냄으로써 이스라엘의 위대한 사사이자 믿음의 용사로 평가받기에 이른다. 히브리서 기자는 기드온과 삼손 등 대표적인 사사들에 대해 이렇게 기록했다.

"내가 무슨 말을 더 하겠습니까? 기드온, 바락, 삼손, 입다, 다윗, 사무엘, 그리고 예언자들의 일을 말하려면, 시간이 모자랄 것입니다." 히브리서 11장 32절

니콜라 디프르(1495~1531, 프랑스), 〈기드온의 양털〉, 캔버스에 유화, 129×103cm, 아비뇽 프티팔레 미술관, 아비뇽

1320년대에 건설된 궁전으로 교황이 임시 거처로 사용하기도 했던 아비뇽 프티팔레 미술관에는 아비뇽 교황청 시기의 이탈리아 및 프랑스 종교화가 많이 소장되어 있다. 이 작품은 사사로 부름 받은 기드온이 여호와의 사자와 언약을 맺는 장면이다. 갑옷을 입고 오른손에 창을 든 기드온이 무릎을 꿇은 채 고개를 들어 여호와의 사자를 우러러보고 있다. 그의 시선이 머문 곳에 흰옷을 입은 날개 달린 천사가 오른쪽 검지로 하늘을 가리키고 있다. 기드온의 발 앞에는 양 한 마리 분량의 털 뭉치가 수북이 쌓여 있다. 기드온은 음식을 불사르고 양털과 땅에 번갈아 이슬이 내리는 이적을 보며 하나님께서 주신 소명을 확신하게 되었다.

12
룻과 보아스의 사랑을
이어준 음식

끼니를 찾아 나선 대장정

말씀에 대한 불순종과 우상 숭배, 극심한 부패와 타락, 이에 대한 하나님의 징계, 이스라엘 백성들의 울부짖음과 회개, 사사의 등장과 활약으로 인한 일시적 평화의 도래. 사사기의 역사는 이 일정한 패턴의 반복이다. 부패와 타락과 전쟁에 대한 구체적인 묘사는 상상하기조차 싫을 만큼 처참하고 잔혹하다. 암흑과도 같았던 이런 사사 시대에 보석처럼 빛나는 아름다운 사랑 이야기 한 편이 전해온다. 사사 시대에 있었던 일이라고는 믿기지 않을 정도로 지고지순한 두 남녀의 사랑을 다룬 성경이 바로 룻의 이야기를 기록한 '룻기 Ruth'다.

사사 시대에 극심한 흉년이 들었다. 이때 유다 베들레헴에 살던 엘리멜렉이라는 사람이 아내와 두 아들을 데리고 먹을 것을 찾아 모압 지방으로 이주하였다. 아내의 이름은 나오미였고, 두 아들의 이름은 말론과 기룐이었다. 그들은 다행히 정착에 성공해 끼니를 거르지 않고 생활하게 되었으나 가장인 엘리멜렉이 오래 살지 못하고 세상을 떠나게 된다. 하는 수 없이 두 아들은 대를 잇기 위해 이방인인 모압 지방 여인들과 혼례를 치른다. 맏며느리는 오르바였고, 둘째며느리는 룻이었다. 그런데 10여 년쯤 지난 뒤 두 아들마저도 맥없이 세상을 등지게 된다. 졸지에 한 집안에 시어머니와 두 며느리, 세 여자들만 남게 된 것이다.

기근 때문에 고향을 떠나 타지로 나와 사는 것도 고생스러운 일인데, 집안의 모든 남자들이 갑자기 객사해 여인들만 모여 살게 되었으니 심난한 노릇이었다. 그즈음 고향 소식이 들려온다. 흉년이 끝나고 풍년이 들었다는 반가운 소식이었다. 그렇다면 더 이상 모압 지방에서 타향살이를 할 필요가 없었다. 나오미는 두 며느리와 함께 모압 지방을 떠날 채비를 차렸다. 유다 땅으로 돌아가는 길에 나오미가 두 며느리를 쳐다보며 이렇게 이야기했다.

"너희는 제각기 친정으로 돌아가거라. 너희가, 죽은 너희의 남편들과 나를 한결같이 사랑하여 주었으니, 주님께서도 너희에게 그렇게 해주시기를 빈다. 너희가 각각 새 남편을 만나 행복한 가정을 이루도록, 주님께서 돌보아 주시기를 바란다." 룻기 1장 8절~9절

남편들이 세상을 떠난 마당에 고향으로 돌아가는 시어머니를 따라나선 두 청상과부의 발걸음은 한없이 처량했을 것이다. 이들을 불쌍하고 안쓰럽

게 생각한 시어머니의 배려였다. 나오미가 두 며느리에게 입을 맞추자 며느리들이 크게 소리 내어 울었다. 두 며느리는 함께 가겠다고 고집을 피웠지만 시어머니는 극구 만류했다. 결국 큰며느리 오르바는 작별 인사를 하고 친정을 향해 떠났다. 그러나 룻은 나오미와 함께 가겠다며 완강하게 고집을 부렸다.

"나더러, 어머님 곁을 떠나라거나, 어머님을 뒤따르지 말고 돌아가라고는 강요하지 마십시오. 어머님이 가시는 곳에 나도 가고, 어머님이 머무르시는 곳에 나도 머무르겠습니다. 어머님의 겨레가 내 겨레이고, 어머님의 하나님이 내 하나님입니다. 어머님이 숨을 거두시는 곳에서 나도 죽고, 그곳에 나도 묻히겠습니다. 죽음이 어머님과 나를 떼어놓기 전에 내가 어머님을 떠난다면, 주님께서 나에게 벌을 내리시고 또 더 내리신다 하여도 달게 받겠습니다." 룻기 1장 16절~17절

룻이 끝까지 나오미와 함께 가나안 땅으로 가겠다고 나선 것은 홀로 된 시어머니에 대한 연민이나 죽은 남편에 대한 의리 때문만은 아니었다. 시댁 사람들과 함께 살면서 그녀에게는 하나님에 대한 신앙이 생겨났고, 약속의 땅 가나안에 대한 소망이 싹튼 것이다. 나오미는 며느리 룻에게서 그것을 보았다. 마침내 나오미와 룻은 함께 베들레헴으로 향하게 된다.

두 여인이 고향 땅에 이르렀을 때, 마을 사람들이 나오미를 알아보고 반갑게 맞아 주었다. 하지만 남편과 두 아들 모두를 객지에 묻고 쓸쓸하게 귀향하는 그녀의 심정은 처참했다.

"나를 나오미라고 부르지들 마십시오. 전능하신 분께서 나를 몹시도 괴롭게 하셨으니, 이제는 나를 마라라고 부르십시오. 나는 가득 찬 채로 이곳을 떠났습니다. 그러나 주님께서는 나를 텅 비어서 돌아오게 하셨습니다. 주님께서 나를 치시고, 전능하신 분께서 나를 불행하게 하셨는데, 이제 나를 나오미라고 부를 까닭이 어디에 있겠습니까?" 룻기 1장 20절~21절

나오미라는 이름의 뜻은 '즐거움', '행복'이었다. 끼니를 잇기 위한 대장정 끝에 과부 신세가 되어 혈혈단신으로 돌아온 그녀는 자신을 더 이상 나오미라 부르지 말고, '괴로움', '쓰다'라는 뜻을 가진 마라라고 불러 달라 요청한 것이다. 이집트를 탈출한 이스라엘 백성들이 수르 광야에서 사흘 길을 걸어가다 오아시스를 발견했으나 소금기가 있어 마실 수 없게 되자 그 물을 '쓰다'는 뜻의 마라라고 이름 붙인 적이 있었다. 그 단어가 다시 등장한 것이다. 모압 지방으로 이주해 사는 동안 나오미가 얼마나 마음고생이 심했는지를 잘 알 수 있다. 나오미와 룻이 베들레헴으로 돌아왔을 무렵 들녘에서는 보리 추수가 막 시작되고 있었다.

식사 자리에서 움튼 룻과 보아스의 사랑

나오미는 고향으로 돌아왔지만 먹고살 일이 막막했다. 타지에 와서 낯선 사람들 속에 섞여 살게 된 룻은 더 막막했을 것이다. 룻은 마침 추수철이니 밭에 나가서 떨어진 이삭이라도 주워 와 시어머니를 공양하려고 했다. 그때 룻이 이삭을 주우러 나간 곳은 엘리멜렉의 친족 중에 재력이 넉넉한 지주였던 보아스의 밭이었다. 보아스 역시 직접 밭에 나가 열심히 추수하고

있는 일꾼들을 격려하다가 그 속에서 부지런히 이삭을 줍고 있는 한 낯선 여인을 발견했다. 보아스는 첫눈에 룻에게 호감을 갖게 되었다. 일꾼들을 감독하는 젊은이를 통해 그녀가 누구인지 자세히 알게 된 보아스는 룻에게 가만히 다가가 나지막이 일러주었다.

"여보시오, 새댁, 내가 하는 말을 잘 들으시오. 이삭을 주우려고 다른 밭으로 가지 마시오. 여기를 떠나지 말고, 우리 밭에서 일하는 여자들을 바싹 따라다니도록 하시오. 우리 일꾼들이 곡식을 거두는 밭에서 눈길을 돌리지 말고, 여자들의 뒤를 따라 다니면서 이삭을 줍도록 하시오. 젊은 남자 일꾼들에게는 댁을 건드리지 말라고 단단히 일러두겠소. 목이 마르거든 주저하지 말고 물 단지에 가서, 젊은 남자 일꾼들이 길어다가 둔 물을 마시도록 하시오." 룻기 2장 8절~9절

룻이 자존심이 상하지 않도록 정중하게 편의를 제공하면서도 원하는 만큼 충분한 양의 이삭을 가져갈 수 있게 배려한 것이다. 아울러 보아스는 번거롭게 다른 밭으로 가지 말고 자신의 밭에서만 이삭을 줍도록 함으로써 룻을 자기 시야 안에 머물게끔 붙잡아두었다.

그러자 룻은 엎드려 이마를 땅에 대고 절을 하면서 보아스에게 감사를 표했다.

"어른께서 이토록 잘 보살펴 주시니, 몸 둘 바를 모르겠습니다. 어른께서 거느리고 계신 여종들 축에도 끼지 못할 이 종을 이처럼 위로하여 주시니, 보잘것없는 이 몸이 큰 용기를 얻습니다." 룻기 2장 13절

두 사람은 밭에서 대화를 주고받으며 서로의 마음을 나누었다. 그러다 보니 밥 먹을 시간이 되었다. 일꾼들이 자리를 잡고 준비해온 음식들을 차려냈다. 보아스는 룻에게도 가까이 와서 함께 식사를 하자고 권했다. 보아스와 룻이 나눠 먹은 음식은 초에 찍은 빵과 볶은 곡식이었다. 개역개정 성경과 새번역 성경에서 '초'와 '볶은 곡식'으로 번역된 음식을 공동번역 성경에서는 '시큼한 술'과 '밀청대 아직 익지 않은 밀의 줄기'로 번역하였다. 초 혹은 시큼한 술은 NIV 영어 성경에서는 'wine vinegar 포도주로 만든 식초'로 KJV 영어 성경에서는 'vinegar 식초'로 번역했고, 볶음 곡식 혹은 밀청대는 NIV 영어 성경에서는 'roasted grain 볶은 곡물'으로 KJV 영어 성경에서는 'parched corn 볶은 옥수수'으로 번역하였다.

성경에 자주 등장하는 볶은 곡식은 콩이나 이삭 등의 곡물을 볶거나 구운 것으로 소제를 드릴 때 사용되었으며, 가난한 사람에서부터 신분 높은 왕에 이르기까지 모든 이스라엘 백성들이 즐겨 먹던 음식이었다. 특히 나그네들에게는 한 끼 식사로 간편하면서도 요긴한 식품이었다. 볶은 곡식에는 인체에 꼭 필요한 미네랄이 많이 들어 있어 몸에 활력을 주며, 수분이 없는 상태로 만들어 놓았기 때문에 섭취할 때 불필요한 소화효소의 사용을 줄일 수 있어 건강한 먹을거리를 즐겨 찾는 현대인들에 의해 다시 한 번 각광받는 음식이 되었다.

룻이 마을 사람들과 더불어 점심식사를 한 것은 매우 이례적인 일이었다. 이스라엘 백성들은 이방인들과 어울려 식사하지 않는 것이 관례였으며, 더군다나 남자들이 이방 여인과 같이 식사한다는 건 있을 수 없는 일이었다. 그만큼 보아스의 배려는 섬세하고 남달랐다.

이날 룻은 오랜만에 향토 음식을 배불리 먹을 수 있었다. 한자리에서 넉넉한 음식을 서로 나눠 먹으며 룻과 보아스 사이에 더욱 내밀한 교감이 오 갔음은 두말할 필요가 없을 것이다. 룻이 다시 이삭을 주우러 일어서자 보 아스가 젊은 남자 일꾼들에게 단단히 타일렀다.

"저 여인이 이삭을 주울 때에는 곡식 단 사이에서도 줍도록 하게. 자 네들은 저 여인을 괴롭히지 말게. 그를 나무라지 말고, 오히려 단에서 조금씩 이삭을 뽑아 흘려서, 그 여인이 줍도록 해주게." 룻기 2장 15절~16절

아예 노골적으로 룻이 이삭을 많이 주울 수 있도록 협조하라고 지시한 것이다. 룻은 일꾼들의 도움을 받으며 저녁때까지 이삭을 주웠다. 이날 그 녀가 주운 이삭의 양은 한 에바, 즉 22리터쯤 되었다. 상당한 분량이었다. 룻은 주워 온 곡식을 시어머니에게 내보였다. 낮에 보아스가 슬그머니 건 네준 먹다 남은 볶은 곡식도 잡수시도록 꺼내 드렸다. 나오미는 반색을 하 며 룻에게 어느 밭에서 누구의 도움을 받아 이삭을 주웠는지를 물었다. 자 초지종을 전해들은 나오미는 남편의 친척으로 자신의 집안에 늘 자비를 베 풀던 보아스가 룻을 예사롭지 않게 생각하고 있음을 직감했다.

룻은 이후로도 보리 추수가 끝나고 밀을 추수할 때까지 보아스의 밭에서 이삭을 주워 다가 음식을 만들어 먹으며 시어머니를 봉양하면서 지냈다.

하나님은 일찍이 이스라엘 백성들에게 다음과 같이 말씀하신 바 있다.

"밭에서 난 곡식을 거두어들일 때에는, 밭 구석구석까지 다 거두어들 여서는 안 된다. 거두어들인 다음에, 떨어진 이삭을 주워서도 안 된다. 포도를 딸 때에도 모조리 따서는 안 된다. 포도밭에 떨어진 포도도 주워

서는 안 된다. 가난한 사람들과 나그네 신세인 외국 사람들이 줍게, 그 것들을 남겨 두어야 한다. 내가 주 너희의 하나님이다." 레위기 19장 9절~10절

모세 역시 마지막 설교를 통해 이스라엘 자손들에게 이렇게 당부했다.

"당신들은 반드시 손을 뻗어, 당신들의 땅에서 사는 가난하고 궁핍한 동족을 도와주십시오. 그렇다고 하여, 당신들이 사는 땅에서 가난한 사람이 없어지지는 않겠지만, 이것은 내가 당신들에게 내리는 명령입니다." 신명기 15장 11절

자연 환경과 기후를 다스려 곡식이 잘 자라도록 복을 주시는 분은 하나님이시지만 이로 인해 얻어진 소산을 나만의 소유로 여겨 독식하는 것이 아니라 이웃과 민족 나아가 나그네와 이방 사람들을 위해 골고루 나누고 손을 펴는 것은 인간이 마땅히 지켜야 할 도리요 의무였다. 이는 하나님의 계명이자 모세의 명령이기도 했다. 베들레헴의 유력자인 보아스는 하나님의 계명과 모세의 명령을 온전히 순종하며 실천하는 참 믿음의 사람이었던 것이다.

로맨스는 달콤한 식탁을 필요로 한다

나오미는 룻과 보아스를 맺어주기 위한 묘책을 생각해낸다. 그런 다음 보리타작을 하는 어느 날 밤 룻에게 목욕을 하고 향수를 바르고 고운 옷으로 단장한 뒤 타작마당에서 일꾼들과 함께 먹고 마시기를 마친 보아스가

누울 만한 자리를 잘 봐뒀다가 그가 누우면 가만히 이불 발치를 들추고 누우라고 일러준다. 나오미가 시킨 대로 한 룻은 보아스가 자려고 낟가리 옆으로 가서 눕자 살그머니 다가가 그의 발치 곁에 누웠다. 한밤중에 한기를 느끼고 돌아눕던 보아스는 발치께에 웬 여인이 누워 있는 것을 보고 깜짝 놀라 누구냐고 물었다.

"놀라지 마십시오. 저는…… 어른의 종 룻입니다. 어른의 품에 이 종을 안아 주십시오. 어른이야말로 집안 어른으로서 저의 기업을 무를 분이십니다."

룻이었다. 진작부터 마음에 두고는 있었지만 이렇게 먼저 자신을 찾아오리라고는 생각지도 못한 일이었다. 보아스는 룻을 축복하고 안심시킨 후 앞날을 약속하기에 이른다.

"이봐요, 룻, 그대는 주님께 복 받을 여인이오. 가난하든 부유하든 젊은 남자를 따라감직한데, 그렇게 하지 않으니, 지금 그대가 보여준 갸륵한 마음씨는, 이제까지 보여준 것보다 더욱더 값진 것이오. 이제부터는 걱정하지 마시오, 룻. 그대가 바라는 것이라면 무엇이든지 다 들어주겠소. 그대가 정숙한 여인이라는 것은 온 마을 사람들이 다 알고 있소." ^{룻기}
3장 10절~11절

룻은 그의 곁에 누워 있다가 아직 어두운 이른 새벽에 일어났다. 사람들 눈에 띄면 안 되기 때문이었다. 룻이 자리를 떠날 때 보아스는 그녀의 겉옷에 보리 여섯 되를 담아주었다.

이때 성경에는 '기업 무를 자 Kinsman Redeemer'라는 생소한 표현이 등장한다. 여기서 '기업'이란 회사를 일컫는 기업 企業 이 아니라 대대로 내려오는 한 집안의 재산이나 사업을 일컫는 기업 基業 이다. '무르다'는 동사 역시 내가 산 물건을 되돌려 주고, 값으로 치렀던 돈을 되찾는 게 아니라 내가 판 물건 사람 혹은 재산 을 도로 찾고, 값으로 받았던 돈을 샀던 사람에게 되돌려 주는 것을 뜻한다. 이를 히브리어로는 '고엘'이라 칭했다. 이 고엘 제도를 통해 이스라엘 각 지파는 자신들이 분배받은 기업 땅 을 영구히 보존하고, 각 혈족을 유지하며, 또 이스라엘 공동체 내에서 억울한 일이 발생했을 때 정당한 보상을 해주게 되었다.

다시 말해서 '기업 무를 자'란 '친족으로서의 책임을 수행하는 자'를 가리킨다. 형제가 자손 없이 죽으면 가장 가까운 형제가 죽은 형제의 아내와 결혼해 아들을 낳아 죽은 형제의 대를 잇게 하거나, 가까운 친척이 가난해 팔아 버린 땅을 되찾아 주거나, 자신의 몸을 팔아 종이 되었을 때 주인에게 몸값을 주고 그 친족을 데려와 자유인이 되게 하거나, 친족이 억울하게 죽었을 경우 그 가해자를 찾아 피의 복수를 해주어야 하는 의무와 권리를 지닌 사람을 일컫는 말이다. 이는 상실한 것을 회복시켜 주시는 예수 그리스도를 상징하기도 한다.

보아스는 룻의 간청대로 기업 무를 사람의 역할을 성실히 맡아 주었다. 성읍의 원로들이 모인 자리에 가장 가까운 친척을 불러 나오미 집안의 기업을 무를 것인지 물은 다음 그의 양보를 받아 자신이 엘리멜렉과 기룐과 말론이 가지고 있던 모든 것을 나오미의 손에서 사기로 한 것이다. 원로들과 마을 사람들은 이 일의 증인이 되어 그를 마음껏 축복해 주었다.

마침내 보아스는 사랑하는 여인 룻을 아내로 맞이하였다. 그들은 더 이상 밭에서 새참을 먹거나 사람들 눈치를 살피며 낟가리 옆에 누울 필요가 없었다. 당당하게 한 집에서 한 이불을 덮고 자며 삼시세끼 한솥밥을 먹게 된 것이다. 사랑의 결실은 달콤하고 아름다웠다.

미국 작가 로버트 제임스 월러의 세계적인 베스트셀러 소설 『매디슨 카운티의 다리』는 하나의 잘 차려진 식탁이 어떻게 로맨스와 엮어지는가를 생생하게 보여주는 작품이다.

사진작가 로버트 킨케이드는 낡아빠진 픽업트럭에 촬영 도구들을 잔뜩 싣고 한적한 마을 매디슨 카운티로 촬영을 떠난다. 그리고 길을 묻기 위해 잠깐 들른 외딴 집에서 '내가 이 혹성에 존재하는 이유는 바로 당신을 사랑하기 위해서'라고 고백한 여인, 프란체스카를 만난다. 이 두 사람을 로맨스로 몰고 간 것은 프란체스카가 불쑥 초대한 그날 만찬이었다.

프란체스카는 각종 채소를 손질해 요리를 하고, 로버트는 능숙한 솜씨로 그녀를 돕는다.

"부엌에 정갈한 다정함이 내려앉았다. 어쩌면 그런 다정한 느낌은 함께 요리를 하는데서 왔는지도 몰랐다. 모르는 사람을 위해 저녁식사를 준비하고, 그와 함께 순무를 다지고, 그러다보니 낯선 느낌이 스러져버렸다. 낯선 느낌이 없어지니, 친밀함이 들어설 공간이 생겼다."

로버트는 스튜를 두 그릇이나 먹어치웠다. 그러면서 묻지도 않았는데 두 번씩이나 음식이 너무 맛있다고 말했다. 수박과 맥주를 곁들인 낯선 남녀의 만찬은 점점 더 깊어만 갔다.

이튿날 촬영을 위해 다시 로즈먼 다리를 찾은 로버트는 다리에서 프란체스카가 쓴 쪽지를 발견한다. 그녀가 어젯밤 혼자 여기까지 와서 붙여놓고 간 메모지였다.

"흰 나방이 날갯짓할 때 다시 저녁식사를 하고 싶으시면, 오늘 밤 일이 끝난 후 들르세요. 언제라도 좋아요."

두 번째 만찬 식탁에서 두 사람은 일생 처음 맛보는 사랑과 행복에 도취된다.

"그녀는 다시 여자가 되었다. 다시 춤출 여유가 생긴 것이다. 느릿느릿, 끈기 있게, 그녀는 집으로 돌아가고 있었다. 한 번도 가본 적이 없는 고향으로 향하고 있었다."

이후 로버트와 프란체스카는 사흘 동안 함께 지내며 평생을 간직할 사랑을 나눈다.

그것은 애매함으로 둘러싸인 이 우주에서 단 한 번만 찾아오는 확실한 감정으로 두 사람이 세상을 떠날 때까지 다시는 만나지 못했지만 항상 가슴 깊이 간직했던 추억의 포만감이었다.

이렇듯 음식은 사랑을 이어주는 매개체 역할을 한다. 로맨스에는 거기에 어울리는 달콤한 식탁이 있어야 한다. 부드러운 음악과 은은한 조명까지 갖추어진다면 그야말로 금상첨화다.

음식을 나누는 것은 마음을 나누는 것이고, 추억을 나누는 것이며, 나아가 생명을 나누는 것이다. '쌀독에서 인심 난다'는 우리 속담은 한 끼 밥상 위에서 사람끼리의 인정도 생겨나고, 남녀 사이의 사랑도 싹트게 마련이라는 삶의 이치를 적절하게 잘 표현해 주고 있다.

룻과 보아스는 출신과 신분이 전혀 다른, 당시로서는 도저히 어울릴 수 없는 관계였음에도 불구하고 서로 먹을 것을 나누고, 음식을 주고받으며 조금씩 마음을 열어감으로써 사랑을 키워 급기야 모두가 부러워할 정도로 화목하고 아름다운 한 가정을 이루게 되었다.

얼마 후 룻은 건강한 사내아이를 낳았다. 그러자 이웃 여인들이 나오미를 향해 말했다.

"주님께 찬양을 드립니다. 주님께서는 오늘 이 집에 자손을 주셔서, 대가 끊어지지 않게 하셨습니다. 그의 이름이 이스라엘에서 늘 기리어지기를 바랍니다. 시어머니를 사랑하는 며느리, 아들 일곱보다도 더 나은 며느리가 아기를 낳아 주었으니, 그 아기가 그대에게 생기를 되찾아 줄 것이며, 늘그막에 그대를 돌보아 줄 것입니다." 룻기 4장 14절~15절

이 사내아이 이름이 오벳이다. 훗날 오벳에게서 이새가 태어났고, 이새에게서 다윗이 태어났다. 이스라엘의 가장 위대한 임금이었던 다윗의 증조할머니가 바로 룻이고, 증조할아버지가 보아스다. 밭에서 보리 이삭을 주우며 키운 사랑이 다윗의 가문을 이루게 된 것이다.

룻이 속했던 모압 족속은 소돔성이 하나님의 심판을 받을 때 구사일생으로 탈출한 아브라함의 조카 롯이 산속에서 두 딸과 동침해서 태어난 아들의 후예들이었다. 이처럼 불륜으로 출생한 족속이었기에 모세는 이들을 영원히 여호와의 총회에 들어오지 못하도록 했다. 이런 모압 여인이었던 룻이 약속의 땅 가나안에 들어와 하나님의 백성이 되었을 뿐만 아니라 그의 자손을 통해 다윗은 물론 예수 그리스도까지 탄생하는 영광을 누리게 된 것은 대단한 사건이 아닐 수 없다. 룻은 '친구'라는 뜻이다. 그녀는 시어머니 나오미의 친구가 되었고, 남편 보아스의 친구가 되었으며, 이스라엘의 친구가 되었다. 나아가 온 인류의 친구가 되었다.

밀 수확의 첫 열매를 하나님께 드리던 감사와 기쁨의 절기인 칠칠절 축제 때 이방 여인에 관한 기록인 '룻기'를 낭독하는 전통이 이어져 온 것은

하나님의 말씀, 즉 복음은 이스라엘 백성들만 독식하기 위한 것이 아니라 온 인류를 위한 양식임을 만천하에 드러낸 일이었다.

장 프랑수아 밀레(1814~1875, 프랑스),
〈추수 중의 휴식〉, 캔버스에 유화,
67.3×119.7cm, 보스턴 미술관, 보스턴

고흐와 박수근이 모델로 삼았던 화가 밀레는 일하는 농부들을 많이 그려 '농부의 화가'로 불린다. 예전 동네 이발소에 가면 저녁놀을 배경으로 젊은 농사꾼 부부가 일과를 마치고 손을 모아 기도하는 그림 '만종'이 걸려 있었다. 그의 대표작 '키질하는 사람', '씨 뿌리는 사람', '이삭 줍는 여인들'은 전 세계인들로부터 사랑받는 그림들이다. '추수 중의 휴식'은 '룻과 보아스'라는 부제가 붙어 있다. 왼쪽에 푸른색 옷을 입고 곡식 단을 든 채 서 있는 여자가 룻이고, 부끄러워하는 여자에게 사람들과 어울려 휴식도 취하고 음식도 먹을 것을 권하는 남자가 보아스다. 모두가 이 두 남녀의 풋풋한 사랑을 따뜻한 시선으로 바라보고 있다.

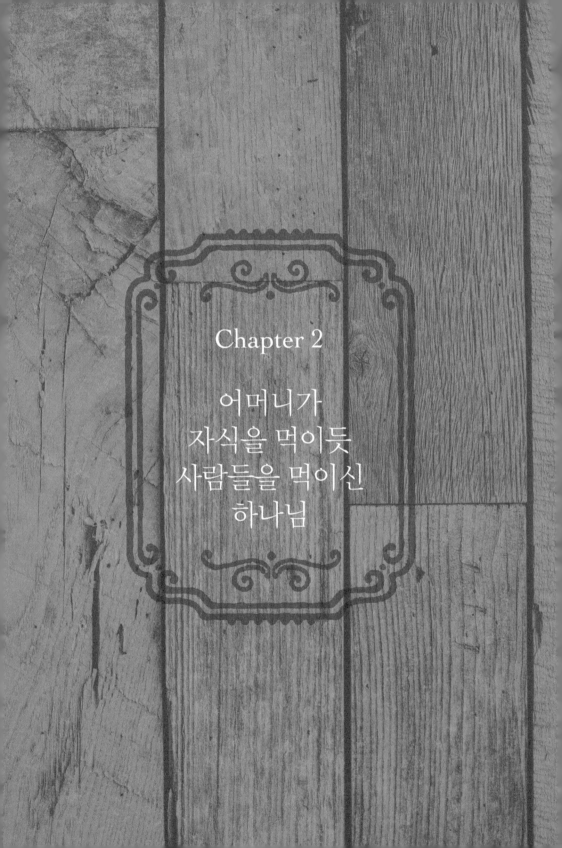

Chapter 2

어머니가
자식을 먹이듯
사람들을 먹이신
하나님

13
사무엘과 사울의
역사적 만남

제사 음식을 어지럽힌 엘리의
두 아들에 대한 징계

|

중고등학생 시절 버스를 타고 학교를 오가다 보면 보기 싫어도 보게 되는 그림이 있었다. 운전기사 좌석 앞에 붙어 있는 '오늘도 무사히'라는 제목이 달린 기도하는 소년의 그림이었다. 금발머리에 하얀 피부를 가진 이 미소년은 고개를 들고 눈을 뜬 채 하늘을 응시하고 있었고, 시선이 머문 왼쪽 하늘에서는 구름 속에서 광채가 쏟아져 내리고 있었다. 무릎을 꿇고 두 손을 모아 기도하는 이 소년의 그림은 힘겹고 버거운 하루하루의 일상 속에서 그저 오늘도 별 탈 없이 무사히 지나가기를 기원하는 서민들의 바람을 고스란히 간직하고 있었다. 그 그림 속 소년이 바로 사무엘이다. 사무엘

은 사사 시대와 왕정 시대를 연결하는 과도기에 이스라엘 백성들로부터 존경과 사랑을 한 몸에 받았던 지도자이자 대선지자였다.

에브라임의 산간 지방에 있는 라마다임에 엘가나라는 사람이 살고 있었다. 그에게는 한나와 브닌나라는 두 아내가 있었는데, 브닌나에게는 자녀들이 있었지만 한나에게는 자녀가 없었다. 엘가나는 매년 한 번씩 실로로 올라가 하나님께 제사를 드렸다. 그는 제사를 드리고 나서 아내 브닌나와 그가 낳은 자식들에게 제물을 한 몫씩 나눠줬지만 한나에게는 두 몫을 주었다. 비록 아이를 낳지 못했지만 엘가나는 한나를 무척 아끼고 사랑했다. 하지만 아무리 남편이 자신을 사랑하더라도 자녀가 없는 여인의 허전한 마음을 다 채워줄 수는 없었다.

대제사장 엘리가 성전 문설주 곁에 있는 의자에 앉아 있을 때 한나가 울면서 기도하였다.

"주님께서 주님의 종의 이 비천한 모습을 참으로 불쌍히 보시고, 저를 기억하셔서, 주님의 종을 잊지 않으시고, 이 종에게 아들을 하나 허락하여 주시면, 저는 그 아이의 한평생을 주님께 바치고, 삭도를 그의 머리에 대지 않도록 하겠습니다." 사무엘상 1장 11절

하나님께서 한나의 간절한 기도를 들어주셨다. 드디어 임신을 한 한나가 정성들여 태교를 한 끝에 아들을 낳은 것이다. 그녀는 주님께 구하여 얻은 아들이라고 해서 아이의 이름을 사무엘이라고 지었다. 한나는 엘가나와 의논하여 사무엘을 나실인으로 바치기로 했다. 아이가 젖을 떼자 한나는 아이와 함께 3년 된 수소 한 마리를 끌고, 밀가루 한 에바와 포도주가 든 가죽

부대 하나를 가지고 실로로 올라갔다. 그리고 엘리 대제사장을 만나 아이를 맡겼다.

사무엘은 엘리 대제사장 곁에서 하나님을 섬기는 사람으로 자라났다. 엘리 대제사장에게는 홉니와 비느하스라는 두 아들이 있었는데, 모두 제사장 직분을 수행하고 있었다. 아들들은 행실이 나빴고, 제사장임에도 제사를 소홀히 하며 하나님을 무시하는 언행을 일삼았다.

"누군가가 제사를 드리고 그 고기를 삶고 있으면, 그 제사장의 종이 살이 세 개 달린 갈고리를 들고 와서, 냄비나 솥이나 큰 솥이나 가마솥에 갈고리를 찔러 넣어서, 그 갈고리에 걸려 나오는 것은 무엇이든지 제사장의 몫으로 가져갔다. 실로에 와서 주님께 제물을 바치는 이스라엘 사람이 모두 이런 일을 당하였다. 그뿐 아니라, 사람들이 아직 기름을 떼내어 태우지도 않았는데, 제사장의 종이 와서, 제물을 바치는 사람에게 '제사장님께 구워 드릴 살코기를 내놓으시오. 그분이 원하는 것은 삶은 고기가 아니라 날고기요!' 하고 말하곤 하였다." 사무엘상 2장 13절~15절

레위기를 통해 하나님께서 알려주신 제사의 규례와 법도를 제대로 지키지 않고, 자신의 사욕을 채우기 위해 하나님의 제단을 어지럽힌 것이다. 잔칫날 아버지께 드리기 위해 정성껏 차려낸 밥상을 아들들이 먼저 맛보며 잔치 분위기에 찬물을 끼얹는 패륜을 저지른 셈이다. 게다가 두 아들은 성막 어귀에서 일하는 여인들과 동침하는 일까지 서슴지 않고 저질렀다. 엘리 대제사장이 소문을 듣고 아들들을 꾸짖었으나 이들은 아버지 말조차 듣지 않았다.

어느 날 하나님의 사람이 엘리 대제사장을 찾아와 경고의 메시지를 전했다.

"너희는 어찌하여, 나의 처소에서 나에게 바치라고 명한 나의 제물과 예물을 멸시하느냐? 어찌하여 너는 나보다 네 자식들을 더 소중하게 여기어, 나의 백성 이스라엘이 나에게 바친 모든 제물 가운데서 가장 좋은 것들만 골라다가, 스스로 살찌도록 하느냐? 그러므로 나 주 이스라엘의 하나님이 말한다. 지난 날 나는, 너의 집과 너의 조상의 집이 제사장 가문을 이루어 언제까지나 나를 섬길 것이라고 분명하게 약속하였지만, 이제는 더 이상 그렇게 하지 않겠다. 이제는 내가 나를 존중하는 사람들만 존중하고, 나를 경멸하는 자들은 수치를 당하게 할 것이다. 나 주의 말이다. 내가 네 자손과 네 족속의 자손의 대를 끊어서, 너의 집안에 오래 살아 나이를 많이 먹는 노인이 없게 할 날이 올 것이다. 너는 고통을 받으면서, 내가 이스라엘의 모든 백성에게 베푸는 복을 시샘하며 바라볼 것이다. 네 가문에서는 어느 누구도 오래 살지 못할 것이다. 그러나 나는 네 자손 가운데서 하나만은 끊어 버리지 않고 살려 둘 터인데, 그가 제사장이 되어 나를 섬길 것이다. 그러나 그는 맹인이 되고, 희망을 다 잃고, 그의 자손들은 모두 젊은 나이에 변사를 당할 것이다. 네 두 아들 홉니와 비느하스도 한 날에 죽을 것이며, 이것은 내가 말한 모든 것이 반드시 이루어진다는 표징이 될 것이다. 나는 나의 마음과 나의 생각을 따라서 행동하는 충실한 제사장을 세우겠다. 내가 그에게 자손을 주고, 그들이 언제나 내가 기름 부어 세운 왕 앞에서 제사장 일을 보게 하겠다. 그때에 너의 집에서 살아남는 자들은, 돈 몇 푼과 빵 한 덩이를 얻어먹으려고, 그에게 엎드려서 '제사장 자리나 하나 맡겨 주셔서, 밥이나 굶지 않고 살게 하여 주십시오.' 하고 간청할 것이다." _{사무엘상 2장 29절~36절}

그 무렵 블레셋 사람들이 이스라엘을 치려고 몰려왔다. 이스라엘은 처절하게 패배했다. 벌판에서 죽은 이스라엘 사람이 4천 명에 이르렀다. 그러자 장로들은 실로에 가서 언약궤를 가져다가 다시 싸우자고 말했다. 하나님의 임재를 나타내는 언약궤를 메고 전쟁에 나갔을 때 하나님의 도우심으로 승리했던 전례가 많았기 때문이다.

언약궤를 가져올 때 제사장인 홉니와 비느하스도 동행했다. 그러나 결과는 이들의 바람과 달랐다. 언약궤를 메고 전쟁에 임했음에도 불구하고 이스라엘이 대패한 것이다. 보병 3만 명이 전사한 이 전투에서 이스라엘은 블레셋에 언약궤마저 빼앗기는 씻을 수 없는 치욕까지 당해야 했다. 엘리 대제사장의 두 아들은 하나님의 경고대로 전쟁터에서 목숨을 잃었다. 이 소식을 전해들은 엘리 대제사장은 의자에서 뒤로 넘어져 목이 부러져서 죽었다. 이때 그의 나이 아흔여덟 살이었다.

성경 최초로 요리사가 등장하다

블레셋 사람들은 하나님의 궤를 빼앗아 아스돗으로 가져가서 신전의 다곤 신상 곁에 세워 놓았다. 그러자 하나님께서 아스돗 사람들을 무섭게 내리쳐 악성 종양으로 사람들이 망하게 되었다. 두려움에 빠진 사람들은 언약궤를 가드로, 다시 에그론으로 자꾸 옮겨다 놓았지만 그때마다 해당 성읍에 악성 종양이 창궐하며 큰 혼란에 빠져 비명소리가 하늘에 사무쳤다.

견디다 못한 블레셋 사람들은 결국 언약궤를 돌려보냈다. 언약궤는 벳세메스를 거쳐 기럇여아림에 있는 아비나답의 집까지 이르렀다. 그의 아들 엘리아살이 언약궤를 지키던 20년 동안 이스라엘 족속은 비로소 하나님을 사모하였다. 사무엘이 이스라엘 백성들에게 말했다.

"여러분이 온전한 마음으로 주님께 돌아오려거든, 이방의 신들과 아스다롯 여신상들을 없애 버리고, 주님께만 마음을 두고 그분만을 섬기십시오. 그러면 주님께서 여러분을 블레셋 사람의 손에서 건져 주실 것입니다." 사무엘상 7장 3절

이 말을 들은 이스라엘 자손이 신상들을 없애 버리고 주님만을 섬겼다. 사무엘은 이스라엘 사람들을 모두 미스바로 모이게 한 뒤 금식하면서 죄를 회개하도록 했다. 이때 블레셋 사람들이 다시 이들을 치려고 올라왔다. 이에 사무엘이 어린 양 한 마리를 가져다가 하나님께 번제물로 바치며 이스라엘을 구원해 달라고 부르짖었다.

하나님께서 그의 기도를 들으시고 큰 천둥소리를 일으켜 블레셋 사람들을 당황하게 함으로 그들이 이스라엘에게 패하였다. 사무엘이 돌을 가져다가 미스바와 센 사이에 놓고 하나님께 감사드리며, '여호와께서 여기까지 우리를 도우셨다'는 뜻으로 그 돌의 이름을 에벤에셀이라고 지었다. 이후 블레셋 사람들이 다시는 이스라엘에 들어오지 않음으로써 사무엘이 살아 있는 동안 평화가 이어졌다.

세월이 흘러 사무엘이 늙게 되자 자기 아들들을 사사로 세웠다. 맏아들 요엘과 둘째아들 아비야는 브엘세바에서 사사로 일했다. 하지만 이들은 엘

리 대제사장의 아들들처럼 아버지 사무엘의 길을 따라 살지 않고, 돈벌이에만 정신이 팔려 뇌물을 받고 형평에 어긋난 재판을 했다. 그러자 이스라엘의 장로들이 모두 모여 사무엘을 찾아가 한목소리로 간청했다.

"보십시오, 어른께서는 늙으셨고, 아드님들은 어른께서 걸어오신 그 길을 따라 살지 않습니다. 그러므로 이제 모든 이방 나라들처럼, 우리에게 왕을 세워 주셔서, 왕이 우리를 다스리게 하여 주십시오." 사무엘상 8장 5절

사무엘은 이들의 말에 마음이 상했다. 이스라엘은 하나님의 선택을 받은 민족으로서 하나님께서 직접 다스리시는 나라였기에 왕이 필요치 않다고 믿었던 까닭이다.

모세도, 여호수아도, 기드온도, 삼손도, 그리고 사무엘 자신도 왕이 되지 않은 이유가 바로 여기에 있었다. 사람을 왕으로 세운다는 것은 이스라엘 스스로 하나님께서 직접 다스리시는 나라를 원치 않는다는 것을 천명하는 일이었다. 사무엘은 이 문제를 놓고 하나님께 간절히 기도를 드렸다.

"백성이 너에게 한 말을 다 들어 주어라. 그들이 너를 버린 것이 아니라, 나를 버려서 자기들의 왕이 되지 못하게 한 것이다. 그들은 내가 이집트에서 데리고 올라온 날부터 오늘까지, 하는 일마다 그렇게 하여, 나를 버리고 다른 신들을 섬기더니, 너에게도 그렇게 하고 있다. 그러니 너는 이제 그들의 말을 들어 주되, 엄히 경고하여, 그들을 다스릴 왕의 권한이 어떠한 것인지를 알려 주어라." 사무엘상 8장 7절~9절

하나님의 응답은 단호했다. 원하는 대로 해주라는 것이었다. 사무엘은 백성들에게 하나님께서 당신들의 요구대로 왕을 세우도록 허락하셨다고 일러주면서 엄중한 경고를 덧붙였다.

"당신들을 다스릴 왕의 권한은 이러합니다. 그는 당신들의 아들들을 데려다가 그의 병거와 말을 다루는 일을 시키고, 병거 앞에서 달리게 할 것입니다. 그는 당신들의 아들들을 천부장과 오십부장으로 임명하기도 하고, 왕의 밭을 갈게도 하고, 곡식을 거두어들이게도 하고, 무기와 병거의 장비도 만들게 할 것입니다. 그는 당신들의 딸들을 데려다가, 향유도 만들게 하고 요리도 시키고 빵도 굽게 할 것입니다. 그는 당신들의 밭과 포도원과 올리브 밭에서 가장 좋은 것을 가져다가 왕의 신하들에게 줄 것이며, 당신들이 둔 곡식과 포도에서도 열에 하나를 거두어 왕의 관리들과 신하들에게 줄 것입니다. 그는 당신들의 남종들과 여종들과 가장 뛰어난 젊은이들과 나귀들을 끌어다가 왕의 일을 시킬 것입니다. 그는 또 당신들의 양 떼 가운데서 열에 하나를 거두어 갈 것이며, 마침내 당신들까지 왕의 종이 될 것입니다. 그때에야 당신들이 스스로 택한 왕 때문에 울부짖을 터이지만, 그때에 주님께서는 당신들의 기도에 응답하지 않으실 것입니다." 사무엘상 8장 11절~18절

이 같은 경고에도 불구하고 백성들은 끝내 자신들을 다스릴 왕을 세워달라고 요구했다.

베냐민 지파에 속한 기스에게 사울이라고 하는 잘생긴 아들이 있었다. 이스라엘 사람들 가운데 그보다 더 잘생긴 사람이 없었고, 키도 보통 사람

들보다 어깨 위만큼은 더 컸다. 하루는 기스가 암나귀 몇 마리를 잃어버렸다면서 사울에게 종을 데리고 가 찾아보도록 시켰다. 사울은 여러 지역을 두루 다녔으나 암나귀들을 찾지 못했다. 숩 지방까지 둘러본 뒤에 그는 아버지께서 걱정하실 테니 그만 돌아가자고 했다. 그러자 함께 갔던 종이 대답했다.

"이 성읍에는 하나님의 사람이 한 분 계시는데, 존경받는 분이십니다. 그가 말하는 것은 모두 틀림없이 이루어진다고 합니다. 그러니 이제 그리로 가 보시는 것이 어떨는지요? 혹시 그가 우리에게, 우리가 가야 할 길을 알려 줄지도 모릅니다." 사무엘상 9장 6절

사울은 좋은 생각이라며 종과 함께 은전 한 푼을 예물로 준비해 가지고 사무엘을 찾아갔다. 사울이 사무엘을 찾아오기 하루 전 하나님은 사무엘에게 나타나 이렇게 일러주셨다.

"내일 이맘때에 내가 베냐민 땅에서 온 한 사람을 너에게 보낼 것이니, 너는 그에게 기름을 부어 나의 백성, 이스라엘의 영도자로 세워라. 그가 나의 백성을 블레셋 사람의 손에서 구해 낼 것이다. 나의 백성이 겪는 고난을 내가 보았고, 나의 백성이 살려 달라고 울부짖는 소리를 내가 들었다." 사무엘상 9장 16절

사무엘은 사울이 자기를 찾아올 것을 미리 알고 있었던 것이다. 잠시 후 사울 일행이 사무엘 앞에 모습을 드러내자 하나님께서는 이 사람이 어제

내가 일러준 그 사람이라고 가르쳐주셨다. 사무엘은 사울을 반갑게 맞이한 다음 산당으로 올라가 같이 저녁식사를 하자고 제안했다. 식사 후 여기서 하룻밤 자고 나면 내일 아침에 사울이 궁금해 하는 것도 다 알려주고, 잃어버린 암나귀들도 가지고 갈 수 있게 해주겠다는 것이었다. 그러면서 지금 온 이스라엘 사람들의 기대가 사울과 사울 아버지의 집안에 걸려 있다고 말했다. 무슨 뜻인지를 직감한 사울은 깜짝 놀라지 않을 수 없었다. 사무엘이 사울을 데리고 들어간 방에는 이미 30여 명의 사람들이 자리를 잡고 앉아 있었다. 사무엘은 나이 많은 원로들이 있음에도 불구하고 젊은 사울을 인도해 좌중의 가장 상석에 그를 앉힌 다음 요리사를 불러 지시했다.

"내가 자네에게 잘 간수하라고 부탁하며 맡겨 두었던 부분을 가져 오게."

요리사는 넓적다리와 거기에 붙어 있는 것을 접시에 담아다가 사울 앞에 내놓았다.

"보십시오, 제가 미리 준비해 두었던 것입니다. 앞에 놓고 혼자 드십시오. 제가 사람들을 초청할 때부터, 지금 이렇게 드리려고 보관해 둔 양고기 넓적다리 요리입니다."

대선지자 사무엘과 상차 왕이 될 청년 사울의 역사적인 첫 만남. 바로 이 자리에서 성경에서는 처음으로 요리사라는 단어가 등장한다. 개역한글 성경과 개역개정 성경에서는 '요리인'으로, 새번역 성경과 공동번역 성경에서는 '요리사'로 번역된 이 단어를 영어 성경에서는 'cook'이라고 표현하였다. 여기서 요리사란 '동물이나 사람을 죽이다'라는 히브리어 동사 '타바흐'에서 파생된 단어로써 희생 제물을 처리하는 레위인을 가리키는 것으로 추정된다.

요즘 한국에서는 요리 열풍이 불고 있다. 텔레비전과 인터넷에 요리와 관련된 프로그램이 넘쳐나고, 요리사들이 '셰프'로 불리며 연예인 못지않은 인기를 누리는 중이다. 그렇다 보니 셰프라는 용어가 너무 남발되고 있다. 셰프는 요리사를 일컫는 정확한 용어가 아니다. 셰프 chef 는 프랑스어로 한 조직의 우두머리나 책임자를 가리키는 말이다. 본래 식당의 주방장을 '셰프 드 뀌진 chef de cuisine', 영어로는 'chief of kitchen'이라고 불렀다. 음식의 주문과 장소의 관리, 메뉴 개발 등을 포함하는 주방의 모든 운영에 대한 책임을 지는 사람을 일컫는다. 이 말이 편의상 간략하게 줄어들면서 셰프로 불리게 된 것이다. 한식이든 중식, 일식, 양식이든 상관없이 전문적으로 요리를 만드는 사람은 요리사 혹은 조리사로 불리는 게 맞고, 주방을 책임지는 요리사들의 장長은 주방장이라는 용어가 보다 적절하다.

아브라함이 인간의 모습으로 찾아오신 하나님께 부드러운 송아지 요리를 만들어 드릴 때 이 일을 맡았던 사람은 집에서 일하던 하인 servant 이었다. 집 안에 있던 하인들 중 가장 솜씨가 좋았으니 그렇게 중요한 일을 망설임 없이 바로 시켰겠지만 전문적으로 요리를 맡아 하는 요리사라는 직책으로 불리지는 않았다.

사무엘이 성경 최초로 요리사라 불리는 사람에게 미리 준비시켜 사울에게 대접할 음식을 만들도록 한 것은 그만큼 사울과의 첫 만남, 사울과 함께할 만찬 식탁을 중요하게 생각했다는 의미다. 사울이 왕위에 오른 것이 기원전 11세기 초반이니 이 요리사가 활동하던 시기는 지금으로부터 약 3,100년 전이다. 한반도에 고조선이 세워졌던 당시에 팔레스타인의 가나안 땅에 살던 이 요리사는 어떤 재료를 가지고 무슨 요리를 즐겨 만들었을까? 요리의 맛은 어땠을까? 알 수 없기에 더 궁금하기만 하다.

가장 귀한 재료로 준비한 최고의 식탁

|

사무엘이 사울을 위해 준비한 융숭한 만찬 식탁에 올라온 특별 요리는 양의 넓적다리 요리였다. 개역한글, 개역개정, 새번역 성경에서는 이 부분은 공히 '넓적다리와 거기에 붙어 있는 것'으로 번역했지만 공동번역 성경에서는 '제물의 다리와 꼬리'라고 번역하였다. 제사 음식임을 분명히 밝힌 것이다. 넓적다리는 양고기 중 오른쪽 뒷다리 부분을 말하는 것으로 일반적으로 화목제를 드린 다음 제사장을 위해 남겨 놓은 몫이었다. 따라서 사무엘이 자신만 먹을 수 있는 넓적다리를 사울을 위해 남겨 두었다가 대접한 것은 당시로서는 가장 귀한 음식으로 최고의 대접을 한 것이라 할 수 있다. '그것에 붙은 것'이란 '꼬리'라기 보다는 고기와 뼈에 붙어 있는 '기름'을 가리킨다. 양고기 오른쪽 뒷다리는 기름기가 많은 부위였다.

사울을 상석에 앉게 한 것은 높은 사람을 예우하는 고대 이스라엘의 일반적인 관습이었다. 산당에서 제사를 드린 다음 모여서 식사를 할 때 가장 상석에 앉는 제사장은 오른쪽 넓적다리를, 그 다음 높은 좌석에 앉는 사람은 왼쪽 넓적다리를 먹을 수 있었다. 그런데 사무엘은 사울을 상석에 앉혀 놓고 오른쪽 넓적다리를 먹게 했다. 이는 자신이 있어야 할 자리와 먹어야 할 음식을 사울에게 넘겨준다는 의중을 명백히 드러낸 것이라고 할 수 있다.

그날 사울은 소문으로만 듣던 대선지자 사무엘과 함께 앉아 요리를 먹으며 많은 이야기를 나누었다. 식사가 끝나자 두 사람은 산당에서 내려와 성읍으로 들어가 옥상에 마련된 침실로 들어갔다. 잠자리에 들기 전 둘은 못다한 이야기를 마저 나누었다. 두 사람은 무슨 이야기를 그토록 오랫동안 나누었을까? 산전수전 다 겪은 노년의 사무엘은 경험이 일천한 청년 사울에게 하나님의 말씀을 전하며, 장차 그가 왕이 될 것과 왕이 된 후에 해야할 일, 그리고 왕으로서 갖추어야 할 자질과 덕목에 대해 상세하게 알려주었을 것이다. 일종의 제왕 교육을 실시한 셈이다. 사울로서도 당대 이스라엘 최고 지도자인 사무엘로부터 뼈가 되고 살이 되는 교훈을 얻음으로써 그 누구에게서도 받을 수 없는 특별 과외를 받게 되었다.

다음날 아침 동이 트자 사무엘은 사울을 집으로 돌려보낸다. 이때도 사무엘은 한참 동안 사울과 동행했다. 그런 다음 성읍 끝에 이르렀을 무렵 사울의 종을 먼저 보내게 한 후 사울을 불러 세워 기름병을 가져다가 머리에 붓고, 그에게 입을 맞춘 다음 이렇게 말했다.

"주님께서 그대에게 기름을 부으시어, 주님의 소유이신 이 백성을 다스릴 영도자로 세우셨습니다." 사무엘상 10장 1절

하나님께서 사울을 이스라엘의 초대 왕으로 세우셨고, 자신은 하나님의 말씀에 따라 사울에게 기름 부은 것임을 밝힌 것이다. 이어서 그는 사울에게 집으로 가는 동안에 벌어질 일들과 그에 대한 대처 방법을 소상하게 설명하였다. 그것은 하나님께서 사울과 함께 계신다는 증거였으며, 사울에게 왕으로서 갖추어야 할 능력과 권위를 내려주시기 위한 조처였다. 사울이 사무엘에게서 떠나려고 몸을 돌이켰을 때 하나님께서 사울에게 새 마음을 주셨다.

잃어버린 암나귀를 찾아오라는 아버지 명령을 받고 여기저기 헤매다 우연히 들른 성읍에서 대선지자 사무엘과 조우하게 된 사울은 제사장만 먹을 수 있는 양 넓적다리 요리를 맛보는 극진한 대접을 받으며 사무엘로부터

기름 부음을 받아 이스라엘의 첫 번째 임금 자리에 오르는 행운을 거머쥐게 된다. 그때까지만 해도 그는 젊고 총명하며 용맹한 데다 외모까지 준수한 흠 잡을 데 없는 왕의 재목이었다. 사무엘이 미스바로 백성들을 모이게 한 뒤 그를 이스라엘을 다스릴 왕이라고 소개하자 백성들은 환호성을 지르며 "임금님 만세!"를 외쳤다.

하르멘츠 반 레인 렘브란트(1606~1669, 네덜란드), 〈사울과 다윗〉, 캔버스에 유화, 130.5×164cm, 마우리츠호이스 왕립미술관, 헤이그

사울과 다윗의 갈등과 대립을 팽팽한 긴장감으로 풀어낸 작품이다. 사무엘에게 기름 부음을 받고 이스라엘 초대 임금 자리에 오른 사울은 용맹하고 겸손하며 준수한 용모를 가진 왕이었다. 하지만 말년의 사울은 백성들로부터 칭송을 한 몸에 받는 사위 다윗에 대한 시기와 질투에 눈이 먼다. 멍하니 다윗을 바라보고 있는 두 눈은 초점이 흐리고 불안하다. 창을 든 오른손에도 힘이 없다. 앉아서 수금을 켜는 다윗도 입을 굳게 다문 채 시선을 고정하고 있다. 둘 사이에는 무거운 침묵이 흐르고 배경도 어둡기 그지없다. 아름다운 음악이 연주되는 공간과는 전혀 어울리지 않는 두 사람의 모습 속에서 예고된 비극적 결말을 엿볼 수 있다.

내가 주님의 법을 얼마나 사랑하는지,

온종일 그것만을 깊이 생각합니다.

주님의 계명이 언제나 나와 함께 있으므로,

그 계명으로 주님께서는 나를 내 원수들보다 더 지혜롭게 해주십니다.

내가 주님의 증거를 늘 생각하므로,

내가 내 스승들보다도 더 지혜롭게 되었습니다.

내가 주님의 법도를 따르므로,

노인들보다도 더 슬기로워졌습니다.

주님의 말씀을 지키려고,

나쁜 길에서 내 발길을 돌렸습니다.

주님께서 나를 가르치셨으므로,

나는 주님의 규례들에서 어긋나지 않았습니다.

주님의 말씀의 맛이 내게 어찌 그리도 단지요?

내 입에는 꿀보다 더 답니다.

시편 119편 97절~103절

14
다윗에게 음식을
대접한 아비가일

사울의 불순종과 하나님의 후회

사울은 '희망'이라는 뜻이다. 사무엘에게 기름 부음 받았을 때 사울은 민족의 희망이었다.

어느 날 암몬 왕 나하스가 길르앗의 야베스를 포위한 채 백성들의 오른쪽 눈을 모조리 빼겠다며 으름장을 놓는 일이 벌어졌다. 이에 야베스 장로들이 사울이 살고 있는 기브아에 전령을 보내 이 사실을 알리자 백성들이 큰소리로 울었다. 소식을 들은 사울이 이스라엘 전 지역으로 전령을 보내 사람들을 모았다. 모인 사람들은 전부 33만 명이었다. 사울은 이들을 이끌고 가서 불과 반나절 만에 암몬 사람들을 모조리 무찔렀다. 살아남은 사람들은 다 흩어져 두 사람도 함께 있는 일이 없었다. 그러자 사울을 바라보는 백성들의 시각이 달라졌다.

사울이 왕으로서 적합한 인물인지 의구심을 품고 있던 사람들마저 그에 대해 칭송을 아끼지 않게 된 것이다. 이스라엘 백성들은 사무엘의 인도를 따라 길갈로 가서 사울을 왕으로 세우고 짐승을 잡아 하나님께 화목 제물로 바쳤다. 하나님과 사무엘 대선지자, 그리고 이스라엘 사람들 앞에서 사울은 당당하게 임금으로 추대되었다.

새번역 성경에 따르면 사울이 왕위에 올랐을 때 그의 나이 서른 살이었으며, 이후 42년 동안 이스라엘을 다스리게 된다.

얼마 후 다시 블레셋과 전쟁이 벌어지자 사울은 히브리 사람들에게 소집령을 내렸다. 이스라엘 백성들은 길갈로 모여 사울을 따랐다. 하지만 백성들은 병거가 3만에 기마가 6천이나 되고, 보병은 바닷가의 모래알처럼 많아 셀 수조차 없던 블레셋 군대의 위용을 보고는 겁을 집어먹어 뿔뿔이 달아났으며, 그를 따르는 나머지 군인들마저 무서워 떨고 있었다.

사울은 기다리던 사무엘이 오지 않자 사람들을 시켜 번제물과 화목제물을 가져 오게 한 다음 자신이 직접 번제를 올렸다. 제사가 끝나고 뒤늦게 도착한 사무엘은 그를 꾸짖었다.

"해서는 안 될 일을 하셨습니다. 주 하나님이 명하신 것을 임금님이 지키지 않으셨습니다. 명령을 어기지 않으셨더라면, 임금님과 임금님의 자손이 언제까지나 이스라엘을 다스리도록 주님께서 영원토록 굳게 세워 주셨을 것입니다. 그러나 이제는 임금님의 왕조가 더 이상 계속되지 못할 것입니다. 주님께서 임금님께 명하신 것을 임금님이 지키지 않으셨기 때문에, 주님께서는 달리 마음에 맞는 사람을 찾아서, 그를, 당신

의 백성을 다스릴 영도자로 세우셨습니다.” _{사무엘상 13장 13절~14절}

　청천벽력 같은 말이었다. 그로서는 백성들은 도망치고, 블레셋 군대는 포위망을 점점 좁혀 오는데, 아무리 기다려도 사무엘이 오지 않자 다급한 마음에 먼저 제사를 드린 것이었지만 그것은 제사에 관한 하나님의 계명을 어긴 불법적인 일인 동시에 명백한 불순종이었다.

　사무엘은 다시 기브아로 돌아갔다. 사울이 함께 있는 백성들을 세어 보니 약 600명 쯤 되었다. 그러나 사울과 그의 아들 요나단 외에는 손에 칼이나 창을 든 사람이 없었다. 당시 블레셋 사람들은 히브리 사람이 칼과 창 만드는 것을 허용하지 않았기 때문에 이스라엘 땅에는 대장장이가 한 명도 없었던 까닭이다. 이 같은 악조건 속에서도 왕자인 요나단이 몰래 블레셋 군대의 전초부대로 침입해 이들을 교란시켜 물리침으로써 블레셋 군인들이 공포에 휩싸이게 되었다. 하나님이 보내신 크나큰 공포가 그들을 휘감았기 때문이다. 사울과 백성들이 함성을 지르며 싸움터로 달려가 보니 블레셋 군인들이 칼을 뽑아 자기들끼리 죽이고 있었다. 이렇듯 하나님께서 이스라엘을 구원하심으로 사울은 큰 승리를 쟁취하게 되었다.

　사울은 이스라엘을 다스릴 왕권을 얻은 뒤부터 사방에 있는 원수들과 전쟁을 치렀다. 모압과 암몬 자손과 에돔과 소바 왕들과 블레셋 사람들과 아말렉에 맞서 싸웠는데, 어느 쪽으로 가서 싸우든지 늘 이겼다. 그는 침략자들에게서 이스라엘을 건져 냈다. 온 세상에 용맹을 떨치게 된 그는 용감한 사람이나 힘 센 사람은 눈에 보이는 대로 자기 밑에 불러 모았다.

　하나님께서 사무엘을 통해 사울에게 이스라엘 백성들이 이집트에서 탈출할 때 길을 막고 대적했던 아말렉을 쳐서 진멸하도록 명하셨다. 사울은 군인들을 데리고 아말렉에 쳐들어가 아각 왕을 사로잡고 나머지 백성은 모조리 칼로 쳐서 없애 버렸다.

그런데 사울과 그의 군대는 양 떼와 소 떼 가운데 가장 좋은 것들은 아깝게 여겨 살려둔 채 쓸모없고 값없는 것들만 진멸하였다. 명령대로 따르지 않은 사울을 보고 하나님께서 사무엘에게 말씀하셨다.

"사울을 왕으로 세운 것이 후회된다. 그가 나에게서 등을 돌리고, 나의 명령을 따르지 않는다." 사무엘상 15장 11절

사무엘은 괴로운 심정으로 사울을 찾아가 꾸짖었다. 그렇지만 사울은 잘못을 뉘우치기는커녕 자신은 말씀대로 순종했다는 궤변을 늘어놓았다. 사무엘은 단호하게 그를 나무랐다.

"주님께서 어느 것을 더 좋아하시겠습니까? 주님의 말씀에 순종하는 것이겠습니까? 아니면, 번제나 화목제를 드리는 것이겠습니까? 잘 들으십시오. 순종이 제사보다 낫고, 말씀을 따르는 것이 숫양의 기름보다 낫습니다. 거역하는 것은 점을 치는 죄와 같고, 고집을 부리는 것은 우상을 섬기는 죄와 같습니다. 임금님이 주님의 말씀을 버리셨기 때문에, 주님께서도 임금님을 버려 왕이 되지 못하게 하셨습니다." 사무엘상 15장 22절~23절

사무엘은 성소 앞에서 붙잡아온 아각을 처형한 다음 라마로 돌아갔다. 이후 사무엘은 죽는 날까지 사울을 만나지 않았고, 하나님께서도 사울을 왕으로 세우신 것을 후회하셨다.

다윗의 도피와 사무엘의 죽음

|

이즈음 하나님께서 사무엘에게 다음 왕으로 세울 사람을 정해 두었으니 베들레헴 사람 이새에게 가라고 말씀하신다. 사무엘은 암송아지 한 마리 끌고 가서 희생 제물을 바치러 왔다고 말했다. 그런 다음 이새와 그의 아들들을 제사에 초청하였다.

이새의 일곱 아들들을 다 만나본 후 사무엘은 양 떼를 치러 나간 막내아들 다윗을 불러오도록 했다. 하나님께서 일곱 아들 중 누구도 왕이 될 사람으로 뽑지 않으셨기 때문이다. 다윗은 눈이 아름답고 외모도 준수한 홍안의 소년이었다. 사무엘은 하나님의 지시에 따라 다윗에게 기름을 부었다.

사울에게서 하나님의 영이 떠나자 악한 영이 그를 괴롭혔다. 그는 수금 잘 타는 사람을 구해 악한 영이 덮칠 때마다 수금을 타도록 했다. 수금은 히브리인들이 최초로 사용했던 현악기로 오늘날 하프에 해당한다. 한 신하의 추천으로 다윗이 수금 타는 사람으로 뽑혔다. 이새는 나귀에 빵과 포도주 한 자루와 염소 새끼 한 마리를 실려 보내 다윗으로 하여금 사울에게 바치도록 했다. 사울은 다윗을 사랑해 그에게 자기 무기를 들고 다니게 했다. 사울에게 악한 영이 내리면 다윗이 달려와 수금을 연주했고, 그제야 사울은 정신을 차렸다.

이 무렵 블레셋 사람들이 또 전쟁을 일으켰다. 블레셋에는 골리앗이라는 장수가 있었다. 그는 키가 여섯 규빗 하고도 한 뼘이나 더 되었다. 2미터 70센티미터가 넘는 거인이었다는 말이다. 이스라엘 군인 중 누구도 그의 상대가 되지 못했다. 온 이스라엘이 그의 이름 앞에서 벌벌 떨고만 있었다. 이새는 전쟁터에 나가 있는 아들 셋을 위해 다윗에게 먹을 것을 들려 보냈다.

엘라 평지에 도착한 다윗은 이스라엘 군인들이 떨면서 하는 말을 들었다.

"저기 올라온 저 자를 좀 보게. 또 올라와서 이스라엘을 모욕하고 있어. 임금님은, 누구든지 저 자를 죽이면 많은 상을 내리실 뿐 아니라, 임금님의 사위로 삼으시고, 그의 집안에는 모든 세금을 면제해 주시겠다고 하셨네." 사무엘상 17장 25절

다윗은 골리앗을 바라보았다. 과연 어마어마한 거구였다. 하지만 그는 주눅 들지 않았다. 다윗은 사울 왕에게 자신이 나가 골리앗을 무찌르겠다고 말했다. 그런 다음 시냇가에서 돌 다섯 개를 골라 메고 다니던 주머니에 집어넣고 골리앗 앞으로 나아갔다. 다윗은 자신을 싸움 상대로 여기지도 않으며 조롱을 늘어놓고 있는 골리앗을 향해 담대하게 외쳤다.

"너는 칼을 차고 창을 메고 투창을 들고 나에게로 나왔으나, 나는 네가 모욕하는 이스라엘 군대의 하나님 곧 만군의 주님의 이름을 의지하고 너에게로 나왔다. 주님께서 너를 나의 손에 넘겨 주실 터이니, 내가 오늘 너를 쳐서 네 머리를 베고, 블레셋 사람의 주검을 모조리 공중의 새와 땅의 들짐승에게 밥으로 주어서, 온 세상이 이스라엘의 하나님을 알게 하겠다." 사무엘상 17장 45절~46절

다윗은 재빠르게 달려가면서 주머니에서 돌을 하나 꺼내 무릿매로 던져 골리앗의 이마를 맞혔다. 골리앗이 이마에 돌을 맞고 땅바닥에 쓰러졌다. 다윗은 무릿매와 돌 하나로 난공불락이던 골리앗을 무찔렀다. 다윗이 뛰어

가 골리앗을 밟고 그의 칼집에서 칼을 빼 목을 잘라 죽였다. 그러자 블레셋 군인들은 자기들의 장수가 처참하게 죽는 것을 보고 모두 달아났다.

사울은 그날부터 다윗을 자기와 함께 머무르게 했다. 요나단도 마치 제 목숨을 아끼듯 다윗을 아끼는 마음이 생겨 두 사람은 친구로 지내기로 굳게 언약을 맺었다. 사울은 큰 전공을 세운 다윗을 장군으로 임명했다. 다윗이 블레셋 사람을 죽이고 군인들과 함께 돌아올 즈음 이스라엘의 모든 성읍에서 여인들이 나와 환호성을 지르면서 사울 왕을 환영하였다.

이때 여인들이 춤을 추면서 "사울은 수천 명을 죽이고, 다윗은 수만 명을 죽였다."고 노래했다. 이에 사울은 몹시 언짢았다. 백성들이 왕인 자신보다 신하인 다윗을 더 높이는 게 못마땅했기 때문이다. 그날 이후 사울은 사사건건 다윗을 시기하고 의심하기 시작했다.

사울은 자기 옆에서 수금을 타고 있는 다윗을 향해 창을 던지기도 했다. 다윗은 사울 앞에서 두 번이나 몸을 피했다. 사울은 다윗을 죽이기 위해 전쟁터로 내몰았지만 다윗은 어디를 가든 항상 승전가를 부르며 돌아왔다. 이스라엘 백성들은 늘 앞장서서 싸움터로 나가는 다윗을 보고 모두 그를 좋아하였다. 시간이 흐를수록 다윗의 명성은 점점 더 높아만 갔다.

사울의 딸 미갈이 다윗을 사랑했다. 이를 안 사울은 딸을 다윗에게 주어 올무가 되게 하려고 그를 사위로 삼았다. 다윗이 사위가 되었음에도 불구하고 사울은 요나단과 신하들이 있는 자리에서 다윗을 죽이겠다고 말했다. 요나단은 이를 알려주며 다윗을 피신시켰다. 그 뒤로 다윗은 자신을 죽이려는 사울을 피해 여기저기 떠돌며 살아야 하는 신세가 되었다.

다윗이 제사장 아히멜렉에게 이르렀을 때였다. 다윗은 그에게 먹을 게 있으면 좀 달라고 요청했다. 그러자 아히멜렉은 거룩한 빵, 즉 성막의 성소 안에 두었던 진설병밖에 없다며 이를 내주었다. 제사장만 먹을 수 있는 진설병을 내줄 만큼 아히멜렉으로서도 가진 게 없었고, 다윗 일행 역시 거룩한 빵이라도 먹지 않으면 안 될 정도로 배가 고팠다. 부하들과 함께 허기를 채운 다윗은 아히멜렉에게 무기를 가진게 있냐고 물었다. 아히멜렉은 마침 다윗이 골리앗을 무찌를 때 사용했던 칼을 보관하고 있었다며 이를 건네주었다. 훗날 이 사실을 알게 된 사울은 아히멜렉은 물론 그의 집안 제사장들까지 몰살시킨 다음 제사장들이 살던 성읍인 놉으로 쳐들어가 주민과 가축들을 닥치는 대로 살해하는 끔찍한 만행을 저질렀다.

이리저리 피해 다니던 다윗이 가드 왕 아기스에게로 도망가 있을 무렵이었다. 아기스의 신하들이 왕에게 그가 이스라엘의 왕 다윗이라고 알려주었다. 다윗은 가드 왕 아기스가 자신에 대한 경계심을 풀고 안심할 수 있도록 일부러 그들이 보는 앞에서 미친 척했다. 성문 문짝 위에 아무렇게나 글자를 긁적거리기도 하고, 수염에 침을 질질 흘리기도 한 것이다.

다윗 주변에는 그를 따르는 부하들 외에도 그의 형들과 집안사람들, 그리고 압제받는 사람들과 빚에 시달리는 사람들과 원통하고 억울한 일을 당한 사람들까지 모여 들었다. 다윗은 호시탐탐 자신의 목숨을 노리는 사울 왕 일행을 피해 다니는 것도 고역스러운 일이었지만 부하들과 백성들을 데리고 다니며 먹이고 재우고 입히는 일도 보통 어려운 일이 아니었다.

다윗이 사울의 눈에 띄지 않기 위해 도망자로 살아가던 시절, 자신의 머리에 기름을 부었던, 이스라엘의 정신적 지주였던 하나님의 사람 사무엘이 세상을 떠났다. 온 이스라엘 백성이 모여 그의 죽음을 슬퍼하며 울었다. 그는 고향 라마에 장사되었다. 그의 죽음은 다윗에게도 크나큰 비극이었다. 이로써 사울을 통제할 수 있는 유일한 존재가 사라진 셈이었다.

음식을 싸들고 다윗에게 달려간 아비가일

그즈음 마온 땅에 나발이라는 사람이 살고 있었다. 그는 대단한 부자였다. 그가 가진 가축은 양 떼가 3천 마리, 염소 떼가 1천 마리에 달했다. 그가 갈멜에 와서 양털을 깎는다는 소식을 들은 다윗이 부하들을 보내 정중하게 안부를 전하고 다윗의 부하들과 일행이 먹을 양식을 좀 달라고 청했다. 나발의 목자들이 들에서 가축을 돌볼 때 다윗과 그 부하들이 블레셋 사람들로부터 이들을 무사히 지켜준 데 대해 성의를 좀 베풀어 달라는 것이기도 했다. 목축하는 사람들에게 있어 털 깎는 날이란 잔치를 벌이는 기쁜 날이었다. 농사짓는 사람들에게 있어 추수하는 날과도 같았다. 이런 경사스런 날에는 음식도 넉넉히 만들고 포도주도 여유 있게 준비해 잔치를 베풀면서 지나가는 나그네까지 불러 함께 식사를 하는 법이었다.

그런데 나발은 그렇지가 않았다. 자신을 찾아온 다윗의 부하들을 나무라듯이 말했다.

"도대체 다윗이란 자가 누구며, 이새의 아들이 누구냐? 요즈음은 종들이 모두 저마다 주인에게서 뛰쳐나가는 세상이 되었다. 그런데 내가 어찌, 빵이나 물이나, 양털 깎는 일꾼들에게 주려고 잡은 짐승의 고기를 가져다가, 어디서 왔는지도 모르는 자들에게 주겠느냐?"사무엘상 25장 10절~11절

나발은 '어리석다'는 뜻이다. 그는 이름대로 사려 깊지 못하고 고집이 세며 행실이 포악한 사람이었다. 사무엘로부터 기름 부음을 받아 장차 이스라엘을 다스릴 왕이 될 다윗을 알아보지 못하고 거친 말로 모욕을 준 것이

다. 그는 여호수아와 더불어 하나님으로부터 믿음의 사람으로 인정받았던 갈렙의 후손이었다. 훌륭한 조상을 두어 풍요롭게 살 수 있었으나 조상의 신앙을 이어받지 못한 그는 영적으로 무지하고 둔감하여 큰 실수를 저지르고 말았다. 빈손으로 돌아온 부하들에게 보고를 받은 다윗은 몹시 분개하였다. 그는 칼을 차고 무장한 부하 400여 명과 함께 나발에게 향했다. 자신을 무시한 나발을 혼내 주기 위해서였다.

일촉즉발의 위기를 감지한 나발의 일꾼 중 한 사람이 급히 달려가 나발의 아내 아비가일에게 이 소식을 알렸다. 나발의 아내 이름은 '기쁨의 근원', '나의 아버지는 기쁘다'는 뜻의 아비가일이었다. 그녀는 남편과 달리 지혜롭고 이해심이 많으며 용모 또한 아름다웠다. 일꾼의 말을 전해들은 그녀는 상황이 심각하다는 걸 대번 알아차렸다. 잘못하다가는 그녀와 가족들이 모두 목숨을 잃고 재산까지 다 빼앗긴 채 멸문지화를 당할지도 모를 일이었다.

아비가일은 서둘러 빵 200덩이와 포도주 두 가죽부대와 요리해 놓은 양 다섯 마리와 볶은 곡식 다섯 세아와 건포도 뭉치 100개와 무화과 뭉치 200개를 가져다가 나귀 여러 마리에 실었다. 그런 다음 일꾼들에게 먼저 앞장서서 떠나도록 이른 후 자신은 일꾼들의 뒤를 따랐다. 남편이 알면 일이 틀어질 수 있기에 이 모든 걸 남편에게는 전혀 알리지 않았다.

나발에게로 향하던 다윗은 단단히 벼르고 있었다.

"그는 나에게 선을 악으로 갚았다. 내가 내일 아침까지, 그에게 속한 모든 사람들 가운데서, 남자들을 하나라도 남겨 둔다면, 나 다윗은 하나님께 무슨 벌이라도 받겠다." 사무엘상 25장 21절~22절 다윗이 부하들을 거느리고 내려올 무렵 맞은편에서 오던 아비가일 일행과 마주쳤다. 그녀는 다윗을 보자마자 허겁지겁 나귀에서 내린 뒤 다윗 앞에 엎드려 얼굴을 땅에 대고 절을 올렸다. 그런 다음 남편의 죄를 용서해 달라고 애원하면서 장차 임금이 될 다윗과 하나님의 이름을 한껏 드높였다. 그러고는 가지고 온 푸짐한 음식들을 다윗과 부하들에게 내놓았다.

"이 종의 허물을 용서해 주시기 바랍니다. 장군께서는 언제나 주님의 전쟁만을 하셨으니, 주님께서 틀림없이 장군님의 집안을 영구히 세워 주시고, 장군께서 사시는 동안, 평생토록 아무런 재난도 일어나지 않도록 도와주실 것입니다. 그러므로 어느 누가 일어나서 장군님을 죽이려고 쫓아다니는 일이 있더라도, 장군님의 생명은 장군께서 섬기시는 주 하나님이 생명 보자기에 싸서 보존하실 것이지만, 장군님을 거역하는 원수들의 생명은, 주님께서, 돌팔매로 던지듯이 팽개쳐 버리실 것입니다. 이제 곧 주님께서 장군께 약속하신 대로, 온갖 좋은 일을 모두 베푸셔서, 장군님을 이스라엘의 영도자로 세워 주실 터인데, 지금 공연히 사람을 죽이신다든지, 몸소 원수를 갚으신다든지 하여, 왕이 되실 때에 후회하시거나 마음에 걸리는 일이 없도록 하시기 바랍니다. 주님께서 그처럼 좋은 일을 장군께 베풀어 주시는 날, 이 종을 기억해 주시기 바랍니다." 사무엘상 25장 28절~31절

그녀가 나긋나긋 말을 이어가는 동안 다윗의 분노는 눈 녹듯 사라졌다. 아비가일의 부드럽고 온화한 말투와 아름답기 그지없는 자태에 매료된 것이다. 게다가 그녀가 일꾼들을 시켜 가져온 소담스러운 음식에서 풍겨나는

냄새들이 허기진 사내들의 코를 마구 자극했다.

"내가 오늘 사람을 죽이거나 나의 손으로 직접 원수를 갚지 않도록, 그대가 나를 지켜 주었으니, 슬기롭게 권면하여 준 그대에게도 감사하오. 하나님이 그대에게 복을 베풀어 주시기를 바라오. 그대에게 아무런 해도 입히지 못하도록 나를 막아 주신 주 이스라엘의 하나님이 확실히 살아 계심을 두고 분명하게 말하지만, 그대가 급히 와서 이렇게 나를 맞이하지 않았더라면, 나발의 집안에는 내일 아침이 밝을 때까지 남자는 하나도 살아남지 못할 뻔하였소." 사무엘상 25장 33절~34절

다윗의 대답은 한없이 너그러웠다. 당장이라도 나발의 집과 목장을 쑥대밭으로 만들어 놓을 것처럼 분기탱천했던 그가 언제 그랬냐는 듯 얼굴 가득 미소를 머금은 것이다. 그는 아비가일을 안심시킨 후 무사히 돌려보냈다. 그날 다윗의 부하들은 푸짐한 음식과 포도주로 배를 채웠겠지만 다윗은 아름다운 아비가일에 대한 연정으로 마음을 가득 채웠을 것이다.

이날 아비가일이 준비한 음식은 시간에 쫓겨 닥치는 대로 마련한 듯 보이지만 그렇지가 않았다. 총명한 아비가일은 그처럼 급박한 상황 속에서도 침착함을 잃지 않고 치밀한 계산 아래 다윗의 마음을 누그러뜨릴 수 있는 음식 메뉴를 작성한 것이다.

먼저 다윗의 화를 돋우었던 나발이 거절한 음식, 즉 빵과 포도주와 다섯 마리 분량의 양고기 요리부터 챙겼다. 이렇게 많은 양의 음식을 짧은 시간 안에 준비할 수 있었던 것은 그때가 마침 양털을 깎는 축제 기간이라 일꾼들과 손님들에게 제공하기 위해 만들어둔 음식들이 있었기 때문이다.

아비가일은 이에 그치지 않았다. 나발이 거절했던 음식을 통해 속죄의 뜻을 충분히 나타낸 다음 자신이 마련한 더 풍성한 음식을 통해 다윗의 이해와 은혜를 촉구한 것이다. 그것은 그 땅에서 나는 가장 귀한 산물인 곡식 볶은 것과 건포도와 말린 무화과였다. 빵과 포도주와 고기가 허기를 달래줄 주식이었다면 볶은 곡식과 건포도와 말린 무화과는 고소하고 달콤한 맛으로 미각을 채워줄 부식이었다. 맛있는 주식으로 배를 채우고 달콤한 부식으로 미각까지 자극을 받았다면 다윗과 그의 부하들에게 더 이상 노기는 남아 있지 않을 터였다.

아비가일이 준비한 음식은 단순한 먹을거리를 넘어서는 것이었다. 그녀는 음식을 마련하면서 단위를 200, 100, 5, 2로 맞추었다. 고대 히브리인들에게 200은 '처음에'라는 뜻이고, 100은 '거룩함'을 의미하며, 5는 '강함과 엄격함' 혹은 '평화와 온전함'을, 2는 '반복하다' 또는 '풍성하다'는 의미를 갖는다. 아비가일은 굶주림에 지친 다윗에게 먹을 것을 가져가 화를 면하고자 하는 단순한 차원을 넘어 만백성의 임금인 다윗에게 거룩함과 평화를 상징하는 예물을 바침으로써 주인에 대한 종의 의무를 다하고자 했던 것이다. 그녀의 정성스런 예물을 접한 뒤 그 속에 담긴 의미까지 충분히 간파한 다윗은 비로소 자신의 마음을 누그러뜨렸다.

위기를 넘긴 아비가일이 돌아와 보니 남편 나발은 아무것도 모른 채 왕이나 차릴 법한 술잔치를 베풀어 놓고 취할 대로 취해 있었다. 다음날 아침 나발이 술에서 깨자 아비가일은 어제 있었던 일을 모두 말해 주었다. 그러자 나발은 놀라서 심장이 멎고 몸이 돌처럼 굳어졌다. 그러고는 열흘쯤 지났을 즈음 숨이 끊어지고 말았다.

하나님께서 나발을 치신 것이다.

나발의 죽음을 접한 다윗은 아비가일에게 사람을 보냈다. 홀몸이 된 그녀를 아내로 맞이하기 위해서였다. 다윗은 그녀가 진심으로 자기를 존경하며, 장차 자신이 왕위에 오를 것을 추호도 의심치 않는 것을 알고 있었다. 청혼을 받은 아비가일이 다윗의 종들에게 대답했다.

"이 몸은 기꺼이 그분의 종이 되어, 그를 섬기는 종들의 발을 씻겠습니다." 사무엘상 25장 41절

아비가일은 자신이 왕비가 되는 영광은 감당할 수 없으니 다른 종들의 발을 씻어주는 것만으로도 족하다고 말했다. 지극히 겸손한 자세로 청혼을 수락한 것이다. 그녀는 나귀를 타고 몸종 다섯 명과 함께 다윗의 종들을 따라나섰다. 이렇게 해서 아비가일은 다윗의 아내가 되었다. 교만하며 탐욕에 사로잡힌 나발의 아내가 아니라 슬기롭고 용맹하며 하나님께서 인정하신 다윗 왕의 아내이자 백성들로부터 존경받는 국모의 자리에 오른 것이다. 본래 다윗의 아내는 사울의 딸 미갈이었으나 사울이 다윗을 미워해 미갈을 갈림 사람 라이스의 아들 발디와 결혼시키는 바람에 다윗은 졸지에 아내를 빼앗기고 말았다. 이후 그는 이스르엘 여인 아히노암을 아내로 맞았기에 아비가일은 두 번째 아내가 된 것이다. 남다른 지혜와 미모로 이스라엘 최고의 왕 다윗의 아내가 된 아비가일은 다윗의 둘째아들 길르압을 낳았다.

미련한 말 한 마디로 나발은 죽음에 이르게 되었고, 현명한 말 한 마디로 아비가일은 임금의 아내가 되는 영예를 누렸다. 그래서 다윗의 아들인 솔로몬은 훗날 이런 말을 남겼다.

"미련한 자는 교만하여 입으로 매를 자청하고 지혜로운 자는 입술로 스스로 보전하느니라." 잠언 14장 3절, 개역개정

페테르 파울 루벤스(1577~1640, 벨기에),
〈다윗과 아비가일의 만남〉, 캔버스에 유화,
46.4×68cm, 워싱턴 국립미술관, 워싱턴 D.C.

1617년경 서양인으로서는 처음으로 한국 남자의 전신상 드로잉화를 그렸던 바로크 미술의 거장 루벤스의 작품이다. 루벤스 특유의 감각적이고 관능적이며 밝게 타오르는 색채와 웅대한 구도가 잘 드러나 있다. 오른쪽에는 중무장한 군사들이 창을 든 채 서 있고, 백마에서 내린 다윗이 애처로운 표정으로 아비가일을 맞이하고 있다. 무릎을 꿇고 금방이라도 눈물을 쏟을 것처럼 다윗의 눈을 응시하며 선처를 호소하는 여인이 훗날 그의 아내가 되는 지혜와 아름다운 용모를 두루 갖춘 아비가일이다. 왼쪽에는 그녀가 데려온 여인들과 하인들이 나귀에 싣고 온 빵, 포도주, 양고기 요리, 건포도, 말린 무화과 등 푸짐한 음식들이 보인다.

15
관능적인
빵의 유혹

사울의 자결과 다윗 왕의 등극

사울이 하나님 말씀에 순종하며 다윗을 곁에 두고 중용했더라면 역사에 길이 남을 성군이 되었을 것이다. 그러나 초심을 잃고 하나님께 불순종하면서 왕에 대한 경외심이 남다른 다윗을 죽이지 못해 안달하는 사이 국력은 쇠하고 민심은 이반되었다.

노욕에 사로잡힌 사울은 예전의 용맹스런 사울이 아니었다. 또 다시 블레셋 사람이 싸움을 걸어 왔을 때 이스라엘 사람들은 제대로 싸워 보지도 못한 채 도망하다 길보아 산에서 죽임을 당했다. 사울의 세 아들 요나단과 아비나답과 말기수아도 블레셋 군인들의 발아래 무참히 쓰러져 전사했다. 사울 왕 역시 화살에 맞아 중상을 입었다. 그는 자기의 무기 담당 병사에게 명령했다.

"네 칼을 뽑아서 나를 찔러라. 저 할례 받지 못한 이방인들이 와서 나를 찌르고 능욕하지 못하도록 하여라." 사무엘상 31장 4절

이것이 성경에 기록된 그의 마지막 말이었다. 적군에게 포로로 잡혀 치욕을 당하느니 차라리 자기 병사의 손에 죽으려 한 것이다. 하지만 무기를 담당한 병사는 겁이 나서 찌르려 하지 않았다. 그러자 사울이 자기 칼을 뽑아서 스스로 그 위에 엎어졌다. 자결한 것이다. 옆에 있던 무기 담당 병사 또한 사울이 죽는 것을 보고 자기도 똑같은 방법으로 목숨을 끊었다. 이스라엘의 초대 왕 사울의 최후는 이처럼 비참하기 그지없었다. 사울 왕과 그 아들들이 죽고, 군사들이 대패했다는 소식을 들은 이스라엘 사람들은 성읍을 버리고 도망쳤다.

자신을 그토록 미워했던 사울과 친형제 이상의 우정을 나누었던 요나단이 세상을 떠났다는 소식을 접한 다윗은 슬픔을 억누르지 못해 옷을 찢고 통곡하며 해가 질 때까지 금식했다. 그리고 사울과 요나단의 죽음을 애도하는 조가 '활의 노래'를 지어 부르며 유다 사람들에게 가르치라고 명령했다. 그는 하나님의 말씀을 따라 조상들이 거주하던 헤브론으로 올라갔다. 그때 유다 사람들이 찾아와 다윗에게 기름을 부어 유다 사람들의 왕으로 삼았다.

한편 사울의 군대 사령관이던 아브넬은 유일하게 살아남은 사울 왕의 넷째아들 이스보셋을 데리고 마하나임으로 건너가 그를 왕으로 삼고 이스라엘을 다스리게 하였다. 이스보셋이 왕이 되었을 때 그의 나이 마흔 살이었

다. 이로써 남쪽 유다 지방을 다스리는 왕 다윗과 북쪽 이스라엘 지방을 다스리는 왕 이스보셋 사이의 치열한 경쟁이 시작되었다.

어느 날 이스보셋의 장수인 아브넬과 다윗의 장수인 요압이 군사들을 이끌고 기브온에서 전투를 벌였다. 치열한 싸움 끝에 아브넬이 거느린 군대가 요압이 이끈 군대에게 패배했다. 그 뒤로도 사울 집안과 다윗 집안 사이에는 오랫동안 싸움이 이어졌으나 전쟁이 계속 될수록 다윗 집안은 점점 더 강해졌고 사울 집안은 점점 더 약해졌다. 그러는 동안 사울 집안에서는 군권을 쥔 아브넬이 많은 세력을 거느리게 되었다. 급기야 그는 사울 왕의 후궁 중 한 명인 리스바를 범하기까지 했다. 이를 알게 된 이스보셋이 아브넬을 나무라자 그는 적반하장으로 이스보셋에게 화를 내며 대들었다. 그러고는 다윗에게 투항 의사를 전했다. 다윗은 그에게 사울의 딸 미갈을 데리고 오도록 했다. 다윗은 아브넬을 맞아 크게 잔치를 베풀어 주었지만 그에게 앙심을 품고 있던 요압은 동생의 원수를 갚기 위해 그를 몰래 살해했다.

이스보셋과 이스라엘 백성들은 아브넬이 죽었다는 소식을 듣고 두려움에 사로잡혔다. 대세가 다윗에게 기울었음을 간파한 이스보셋의 신하 바아나와 레갑은 몰래 궁궐로 들어가 이스보셋을 죽이고 머리를 잘라 다윗에게 가지고 갔다. 그들은 후한 포상을 바랐겠지만 다윗은 임금을 죽인 그들을 처형시킨 다음 이스보셋의 머리를 아브넬의 무덤에 고이 묻어주었다. 사울 왕과 그의 아들들이 모두 죽고 아브넬 장군마저 세상을 떠나자 이스라엘의 모든 지파가 합심하여 헤브론으로 다윗을 찾아가 자신들의 임금이 되어 달라고 요청했다. 이에 다윗이 그들과 언약을 세웠고, 그들은 다윗에게 기름을 부어 이스라엘의 왕으로 삼았다. 다윗이 사울에 이어 통일 이스라엘 왕국의 두 번째 왕이 되었을 때 그의 나이 서른 살이었다.

왕권이 안정되자 다윗은 블레셋 사람들이 빼앗아갔다가 돌려준 언약궤를 다윗 성으로 옮겨다 놓았다. 언약궤는 20년 동안이나 유다 지파 아비나답의 집에 보관되어 있었다. 다윗은 너무 기쁜 나머지 춤을 덩실덩실 추면서 언약궤를 맞이한 후 장막 안 지성소에 모셔 놓고 하나님 앞에 번제와 화목제를 드렸다. 그는 만군의 하나님 이름으로 온 백성에게 복을 빌어 주고 나서 백성들에게 빵 한 덩이와 고기 한 점과 건포도 과자 한 개씩을 나누어 주었다.

다윗은 사울의 집안에 살아남은 사람이 있는지를 살폈다. 그랬더니 요나단의 아들 므비보셋이 살아 있다고 했다. 그는 두 다리를 저는 장애를 가지고 있었다. 사울과 요나단이 죽었다는 소식이 이스르엘에 전해졌을 때 그는 겨우 다섯 살이었다. 유모가 그를 업고 서둘러 도망하다가 떨어지는 바람에 그만 발을 절게 된 것이다. 다윗은 그를 불러 이야기했다.

"겁낼 것 없다. 내가 너의 아버지 요나단을 생각해서 네게 은총을 베풀어 주고 싶다. 너의 할아버지 사울 임금께서 가지고 계시던 토지를 너에게 모두 돌려주겠다. 그리고 너는 언제나 나의 식탁에서 함께 먹도록 하여라." 사무엘하 9장 7절

그날부터 므비보셋은 다른 왕자들과 똑같이 다윗 왕과 함께 한 식탁에서 밥을 먹었다.

다윗 왕은 헤브론에서 7년, 예루살렘에서 33년 동안 온 이스라엘과 유다를 다스렸다. 만군의 주 하나님이 언제나 다윗과 함께 계시므로 이스라엘은 갈수록 더 강대해졌다. 다윗의 군대는 전쟁에서 연전연승하며 영토를

넓혀 나갔고, 모두를 공평하고 의로운 법으로 다스렸기에 백성들은 그를 진심으로 따랐으며, 그의 왕권은 반석처럼 확고하게 다져지고 있었다.

다윗 왕의 아킬레스건,
여색에 대한 끝없는 욕망

동서고금을 통틀어 걸출한 왕들은 대부분 미녀에게 약했다. 그들이 쓰러진 것은 강력한 적군에 의해서가 아니라 힘으로 보자면 나약하기 짝이 없는 여자에 의해서였다. 영웅호색이란 이런 역사적 사실이 반영된 말이다. 성경에 나타난 대표적 영웅호색은 다윗 왕이었다.

그가 헤브론에 있을 때 낳은 아들은 아히노암에게서 낳은 암논, 아비가일에게서 낳은 길르압, 그술 왕 달매의 딸 마아가에게서 낳은 압살롬, 학깃에게서 낳은 아도니야, 아비달에게서 낳은 스바댜, 그리고 에글라에게서 낳은 이드르암까지 모두 여섯 명이었다. 다윗은 헤브론을 떠나 예루살렘으로 온 뒤로 더 많은 아내를 맞아들여 자녀를 낳았다. 그가 예루살렘에서 낳은 아들은 삼무아와 소밥과 나단과 솔로몬과 입할과 엘리수아와 노가와 네벡과 야비아와 엘리사마와 엘리아다와 엘랴다와 엘리벨렛에 이르기까지 전부 열세 명이었다. 성경에 공식적으로 기록된 아들만 열아홉 명이다. 여기에 이름이 기록되지 않은 첩의 아들에 딸까지 합치면 그의 자식들은 족히 수십 명에 이를 것이다. 이름이 거명된 아내는 여덟 명이지만 신원 미상의 왕비와 후궁까지 합하면 그의 여자들 또한 수십 명에 달했으리라 추정된다.

하나님의 창조 질서는 엄연히 일부일처제였지만 이스라엘 지도자들은 그들의 영향력을 등에 업고 공공연하게 일부다처제를 누리고 있었다. 왕정 시대가 개막되면서 절대왕권을 손에 쥐게 된 임금들은 툭하면 새로 아내를 들여 수많은 왕비와 후궁을 거느리며 살았다. 아내와 자식의 수는 강력한 왕권을 만천하에 드러내는 상징처럼 여겨졌다. 하지만 다수의 왕비와 후궁으로 인해 궁궐 안팎에서는 여인들 간에 치열한 암투가 벌어져 각종 비리와 부패 그리고 우상 숭배가 만연하게 되었으며, 배다른 자식들 사이에 왕권 계승을 두고 피비린내 나는 음모와 싸움이 벌어지기에 이른다. 이는 결국 부메랑이 되어 원인을 제공한 임금 자신에게 천추의 한을 남기게 됨은 물론, 민족과 국가의 분열과 패망으로까지 이어지게 되는 것이다.

다윗의 여색에 대한 끝없는 욕망이 절정에 달한 것은 버젓이 남편이 있는 유부녀였던 우리야의 아내 밧세바를 범했을 때였다. 어느 날 저녁 왕궁 옥상을 거닐던 다윗의 눈에 목욕하는 한 여인의 모습이 들어왔다. 그녀는 매우 아름다웠다. 다윗은 신하를 보내 그 여인을 데려다가 정을 통했다. 그 여인은 바로 자신의 충성스런 신하 우리야의 아내 밧세바였다.

전쟁터에 나가 목숨 걸고 싸우고 있는 부하의 아내를 권력의 힘을 이용해 몰래 꾀어 순간적인 자기 욕망을 채운 다윗도 천인공노할 잘못을 저지른 것이지만, 남편이 조국을 위해 적과 싸우러 나간 사이 아무리 임금일망정 외간남자가 부른다고 해서 밤중에 다른 남자 침실로 들어가 잠자리를 같이 한 밧세바 역시 도저히 용서받을 수 없는 죽을죄를 지은 것이다.

그 일로 밧세바는 다윗의 아이를 가지게 된다. 이를 알게 된 다윗은 사실이 알려질까 두려워 알리바이를 조작하려고 했다. 전쟁터에 나가 있는 우리야를 불러들여 밧세바와 동침하게 만든 것이다. 밧세바가 임신한 아이가 우리야의 아이인 것처럼 만들려는 속셈이었다.

그러나 우직한 신하였던 우리야는 벌판에서 전쟁 중인 동료들을 생각해서 집으로 가지 않고 궁궐 문간에 누워 잠을 청했다. 그러자 다윗은 요압 장군에게 편지를 써 우리야를 전투가 가장 치열한 전선으로 보내 적군에게 맞아 죽게 만들라는 지시를 내린다. 임금으로서는 물론이고 사내로서도 참으로 치졸하기 이를 데 없었다. 결국 그의 농간에 의해 용맹스러운 우리야는 싸움터에서 전사하고 말았다. 우리야에 대한 장례가 끝나자 다윗은 기다렸다는 듯 과부가 된 밧세바를 왕궁으로 데려왔다.

그리고 자신의 공식적인 여덟 번째 아내로 삼았다.

그즈음 하나님께서 예언자 나단을 다윗에게 보내셨다. 나단은 다윗을 꾸짖으며 말했다.

"너는, 어찌하여 나 주의 말을 가볍게 여기고, 내가 악하게 여기는 일을 하였느냐? 너는 헷 사람 우리야를 전쟁터에서 죽이고 그의 아내를 빼앗아 네 아내로 삼았다. 너는 그를 암몬 사람의 칼에 맞아서 죽게 하였다. 너는 이렇게 나를 무시하여 헷 사람 우리야의 아내를 빼앗아다가 네 아내로 삼았으므로, 이제부터는 영영 네 집안에서 칼부림이 떠나지 않을 것이다. 내가 너의 집안에 재앙을 일으키고, 네가 보는 앞에서 내가 너의 아내들도 빼앗아 너와 가까운 사람에게 주어서, 그가 대낮에 너의 아내들을 욕보이게 하겠다. 너는 비록 몰래 그러한 일을 하였지만, 나는 대낮에 온 이스라엘이 바라보는 앞에서 이 일을 하겠다." 사무엘하 12장 9절~12절

실로 무시무시한 형벌이었다. 하나님께서 그토록 사랑하던 다윗에게 이

처럼 엄청난 징벌을 내리기로 결정하신 것은 죄질이 너무나도 악랄했기 때문이다. 나단을 통해 말씀하신 하나님의 심판은 그대로 이루어졌다. 물론 다윗이 나단의 지적을 받자마자 즉각적으로 자신의 죄를 회개하고 뉘우쳤지만 그런다고 해서 지은 죄에 대한 벌이 면제되는 것은 아니었다.

하나님께서 다윗과 밧세바 사이에서 태어난 아이를 치시니 그 아이가 몹시 앓았다. 다윗이 금식하며 하나님께 간절히 기도를 드렸지만 결국 아이는 세상을 떠나고 말았다. 그 뒤 다윗이 밧세바를 위로하고 동침해 낳은 아들이 솔로몬이다. 하나님께서 그 아이를 사랑하셔서 예언자 나단을 보내 주님께서 사랑하신다는 뜻으로 이름을 여디디야라고 부르게 하셨다.

다윗 가문에 끊임없이 이어질 피비린내 나는 재앙의 전주곡은 큰아들 암논을 통해 일어났다. 암논이 이복동생인 압살롬의 여동생 다말을 짝사랑한 것이다. 다말은 혼인하지 않은 아름다운 처녀였다. 압살롬의 여동생이면 자신에게도 여동생이었는데, 이런 천륜을 어기고 연정을 품은 것이다. 단순히 짝사랑한 정도가 아니라 너무 사랑한 나머지 병이 날 지경이었다. 하지만 그것은 순정을 다 바친 사랑이 아니라 육체적 관계만을 갈망하는 탐욕이었다.

유혹의 도구로 사용된 맛있는 빵

|

암논에게는 요나답이라는 친구가 있었다. 그는 다윗의 형 시므아의 아들이었다. 그러니까 요나답은 다윗에게는 친조카였으며, 암논과는 사촌형제 사이였다. 그는 매우 교활한 사람이었다. 하루는 그가 암논을 보고 얼굴이 수척하다며 무슨 고민이 있느냐고 물었다. 그러자 암논은 자신이 다말을 사

랑하고 있지만 이복동생이라 어떻게 할 수가 없어 속만 끓이고 있을 뿐이라고 털어놓았다. 그러자 요나답이 암논에게 한 가지 묘책을 알려주었다.

"왕자님은 침상에 누워서, 병이 든 체하십시오. 부왕께서 문병하러 오시면, 누이 다말을 보내 달라고 하십시오. 누이 다말이 와서 왕자님이 드실 음식을 요리하게 하면 좋겠다고 말씀하십시오. 다말이 왕자님 앞에서 음식을 요리하면, 왕자님이 그것을 보면서, 그의 손에서 직접 받아 먹고 싶다고 말씀드리십시오." 사무엘하 13장 5절

꾀병을 부린 다음 아버지 다윗을 이용해 다말을 자신의 침실로 끌어들인 후 욕정을 채우면 되지 않겠느냐는 제안을 한 것이다. 탐욕에 눈이 먼 암논에게는 그럴듯한 방법이었다. 요나답의 조언을 따라 암논이 꾀병을 부리며 자리에 누워 있자 얼마 후 다윗이 문병을 왔다. 암논은 몹시 아픈 척 연기를 하면서 아버지 다윗에게 간절한 표정으로 요청했다.

"누이 다말을 보내 주십시오. 제가 보는 앞에서, 누이가 맛있는 빵 몇 개라도 만들어서, 그것을 저에게 직접 먹여 주게 하여 주십시오." 사무엘하 13장 6절

암논은 자신의 욕정을 채우기 위해 임금인 아버지까지 끌어들였다. 하나님은 밧세바와 더불어 지은 죄에 대한 응징으로 다윗을 아들의 반인륜적 범죄에 개입하도록 만드신 것이다.

다윗은 암논이 요구한 대로 다말에게 몸져누운 암논을 찾아가 음식을 만

들어 주도록 지시했다. 이에 다말은 암논을 문병하고 그가 보는 앞에서 밀가루를 반죽해 맛있는 빵 몇 개를 구워 그릇에 담아 주었다. 그런데 암논은 그토록 원하던 빵을 본체만체하면서 사람들을 다 밖으로 내보낸 뒤 다말에게 침실로 들어와 손수 먹여 달라고 부탁했다. 다말은 별다른 의심 없이 빵을 들고 암논의 침실로 들어갔다. 그러자 암논은 아픈 오빠를 위해 직접 빵을 먹여 주려던 다말을 강제로 끌어안고는 함께 눕자고 말했다. 잠자리를 같이 하자는 말이었다.

"이렇게 하지 마십시오, 오라버니! 이스라엘에는 이러한 법이 없습니다. 제발 나에게 욕을 보이지 마십시오. 제발 이런 악한 일을 저지르지 말아 주십시오. 오라버니가 나에게 이렇게 하시면, 내가 이런 수치를 당하고서, 어디로 갈 수 있겠습니까? 오라버니도 또한 이스라엘에서 아주 정신 빠진 사람들 가운데 하나와 똑같이 되고 말 것입니다. 그러니 이제라도 제발 임금님께 말씀을 드려 보십시오. 나를 오라버니에게 주기를 거절하지 않으실 것입니다." 사무엘하 13장 12절~13절

다말은 단호했다. 비록 어머니가 다를망정 한 아버지에게서 태어난 자녀들 사이에 잠자리를 같이 한다는 건 있을 수 없는 패륜이라는 말이었다. 그러면서도 다말은 이성을 잃고 욕정만 남아 있는 암논의 광기가 무슨 일을 저지를지 몰랐기에 아버지 다윗에게 한 번 요청해 보라고 타일렀다. 고대 사회에서는 종종 친형제나 이복형제들 사이에 혼인이 이루어지기도 했다. 그러나 모세 이후 하나님께서는 율법을 통해 이를 철저히 금하셨다. 따라서 암논이 아무리 다윗에게 눈물로 읍소를 하더라도 암논과 다말이 정식

으로 혼인하는 것은 불가능한 일이었다. 그럼에도 불구하고 다말은 흥분한 암논을 달래기 위해 이런 제안을 한 것이다.

하지만 암논은 이미 이성을 상실한 상태였다. 다말이 울면서 호소도 해보고 거칠게 저항도 해보았지만 암논의 완력을 당해낼 수는 없었다. 그는 힘으로 억눌러 기어코 다말을 욕보이고야 말았다. 이날 벌어진 근친상간은 다윗 집안에 불어 닥칠 피바람의 예고편이었다.

누구를 원망하겠는가? 암논의 이 같은 패륜적 행위는 어릴 때부터 아버지 다윗으로부터 자연스럽게 배우고 익힌 거라고 할 수 있다. 많은 여인을 거느리고 다수의 자녀를 낳았으면서도 욕망을 억제하지 못해 유부녀인 밧세바를 얻기 위해 온갖 만행을 저지르다 결국 살인까지 서슴지 않는 아버지를 보면서 도덕과 윤리에 대한 가이드라인이 무너져 버린 것이다.

암논이 다말을 자기 침실로 끌어들이기 위해 미끼로 사용한 것은 '맛있는 빵'이었다. 이를 개역한글과 개역개정 성경에서는 '과자'로, 공동번역 성경에서는 '떡'으로 번역했다. NIV 영어 성경에는 'some special bread'로, KJV 영어 성경에는 'a couple of cakes'로 표현되어 있다. 빵이든 과자든 떡이든 혹은 케이크든 여기서는 음식 그 자체보다 음식에 대한 묘사, 즉 음식이 주는 메시지가 한층 중요하다. 그것은 바로 '맛있는' 또는 '뭔가 특별한' 등으로 강조된 좀 더 색다르고 자극적인 맛이다. 배고플 때 먹는 빵이나 병든 육체를 회복시키기 위해 먹는 과자가 아니라 여자를 유혹하기 위한 관능의 상징으로 음식이 사용된 것이다.

시인이자 사진작가로 왕성하게 활동하고 있는 신현림 씨는 자신의 책 『빵은 유쾌하다』에서 김이 모락모락 나는 막 구워낸 빵의 아름다운 자태를 이렇게 표현한 바 있다.

"누룩을 넣어 빵이 부푸는 모습은 꿈이 부푼 아이의 모습을 닮았습니다. 어쩌면 여인네의 하얀 젖가슴을 닮기도 했구요. 고대 이집트인들이 기원전 2600년경에 최초로 누룩을 넣어 만든 이후로 빵은 지치지 않고 식사의 주 손님으로 등장했죠. 입 안 가득 퍼지는 온기……."

암논이 다말을 시켜 만든 빵은 이스라엘 백성들이 광야에서 먹었던 만나의 맛과는 확연히 달랐다. 그것은 누룩을 넣지 않고 만든 거친 빵이 아니라 누룩을 넣어 한껏 부풀린 부드럽고 감미로운 빵이었다. 자기가 누워 있는 동안 눈앞에서 달콤한 빵을 만들고 있는 다말의 아리따운 모습을 감상하며, 빵이 익어가는 향기로운 냄새와 다말에게서 풍겨오는 젊은 여인네의 도발적인 암내를 맡으며, 암논은 부드럽고 감미로운 다말의 육체를 맛보듯 가슴속에 오랫동안 품어왔던 욕정을 최고조로 끌어올렸을 것이다. 그가 진정으로 원했던 맛있는 빵은 밀가루를 반죽해 만든 음식이 아니라 자신의 침실로 들어와 안길 다말의 뜨거운 육체였다.

중국 전국시대 제齊 나라의 사상가였던 고자告子 는 "먹고 섹스하는 것이 인간의 본성이다 食色性也."라고 말했다. 식욕과 성욕은 가장 본능적인 것이고, 밑 빠진 독처럼 아무리 채워도 채워질 수 없는 것이며, 동전의 양면 같이 불가분의 관계에 있다는 의미다. 오늘 아무리 화려한 산해진미로 배를 불렸다 하더라도 내일이면 또 허기가 찾아오기 마련이고, 어제 세상에 둘도 없는 천하절색과 황홀한 사랑을 나누었다 하더라도 오늘이면 또 고독이 밀려들기 마련이다. 따라서 만족할 줄 모르는 본능을 따라 살지 말고 하나님 말씀에 순종해 절제하고 자족하면서 구별된 삶을 살라는 것이 인간을 향한 하나님의 일관된 뜻이었다. 그럼에도 불구하고 좀 더 색다르고 자극적인 것을 찾아 끝없이 식욕을 채우고 성욕을 충족시키려 한다면 결국에 남는 것은 깊고 깊은 좌절과 허망함, 그리고 비참한 자기 파멸뿐인 것이다.

욕정을 채우고 난 암논에게도 이 같은 결과가 나타났다. 더 이상 다말이 아름답게 보이지가 않았다. 목표를 달성하고 보니 다른 여자들과 별반 다르지 않게 느껴진 것이다. 그동안 자신을 그토록 애태웠던 다말이 한없이 밉기만 했다. 뜨거운 욕망이 순식간에 차디찬 냉소로 변했다. 그는 소리를 지르며 야멸차게 다말을 내쫓은 뒤 대문을 닫고 빗장을 질렀다.

이복오라비에게 능욕을 당한 후 가차 없이 내쫓기기까지 한 다말은 머리에 재를 끼얹었고, 입고 있던 색동 소매 긴 옷을 찢으며, 손으로 얼굴을 감싼 채 목을 놓아 울면서 떠나갔다. 이는 그녀가 얼마나 수치스럽고 비참하며 고통스러운 상태였는지를 잘 드러내주는 장면이다. 남편이 죽었을 때 홀로 남은 아내가 극도의 슬픔을 표현할 때와 똑같은 방식이었다.

은밀한 침실에서 벌어진 일이었지만 소문은 암암리에 퍼져 다윗의 귀에까지 들어갔다. 다윗은 몹시 분개했다. 하지만 그뿐이었다. 암논을 따끔하게 혼내주거나 상응한 벌을 내리지 않았다. 자기 자신이 저지른 죄가 있으니 아들에게 훈계할 입장이 되지 못한 것이다. 게다가 암논은 그냥 아들이 아니었다. 장차 왕위를 이어받을 맏아들이었다. 자신의 장자가 자기처럼 평생 주홍글씨를 새긴 채 고통스럽게 살아가게 만들 수는 없었다. 그는 분노를 삭이며 입을 닫았다. 소문이 새나가지 않게 쉬쉬했다. 이것은 돌이킬 수 없는 그의 실책이었다.

다말의 친오빠인 압살롬은 복수의 칼을 갈고 있었다. 그렇지만 암논이 눈치채지 못하게끔 다말을 위로하며 아무 말도 하지 말고 자기 집에서 조용히 지내도록 보살폈다. 적당한 기회를 엿보던 압살롬에게 마침내 때가 왔다. 암논이 다말을 욕보인 지 2년이 지난 어느 날이었다. 자신의 근거지인 에브라임 근처의 바알하솔에서 양털을 깎게 된 압살롬은 왕자들을 모두 초대해 잔치를 벌였다. 압살롬은 만반의 준비를 갖춘 뒤 부하들에게 명령을 내렸다.

"암논이 술에 취해 거나해지면 내가 치라고 할 터이니, 그때 암논을 쳐죽여라. 내 명령이니 두려워하지 마라. 마음을 단단히 먹고 거침없이 해치워라. " 사무엘하 13장 28절, 공동번역

색욕에 눈이 멀어 여동생 다말을 범했던 암논은 이렇게 비참한 최후를 맞았다. 통일 이스라엘 왕국의 최고 권력자인 다윗 왕의 맏아들로서 남부러울 게 없었던 그는 아버지의 뒤를 이어 왕좌에 오르기는커녕 이복동생인 압살롬의 부하들 칼에 처참하게 난도질당한 것이다.

압살롬은 암논을 살해한 다음 어머니 마아가의 처가인 그술 왕 달매에게로 피신했다. 달매 왕은 압살롬의 외할아버지였다. 그날 이후 다윗은 죽은 암논을 생각하며 슬픔 속에 하루하루를 보내야만 했다. 그러나 다윗 집안의 비극은 여기서 끝이 아니었다. 얼마 뒤 압살롬은 아버지 다윗에게 반기를 들고 군사를 일으켰다. 급기야 다윗은 아들에게 쫓겨 왕궁을 빠져나와 처량하게 도망 다니는 신세로 전락한다. 이윽고 왕궁을 차지한 압살롬은 궁에 남아 있던 다윗 왕의 후궁들, 즉 아버지의 여자들을 차례로 유린하는 패륜을 저지른다. 이로써 다윗은 하나님께서 말씀하셨던 징계를 고스란히 받게 되는 참담한 지경에 처하게 된다.

"아히도벨이 압살롬에게 말하였다. '부왕이 왕궁을 지키라고 남겨 둔

후궁들과 동침하십시오. 이렇게 임금님께서 부왕에게 미움 받을 일을 하였다는 소문을 온 이스라엘이 들으면, 임금님을 따르는 모든 사람이 더욱 힘을 낼 것입니다.' 그리하여 사람들이 옥상 위에 압살롬이 들어갈 장막을 차려 주니, 온 이스라엘이 보는 앞에서, 압살롬이 자기 아버지의 후궁들과 동침하였다." 사무엘하 16장 21절~22절

얀 하빅스 스테인(1626~1679, 네덜란드),
〈암논과 다말〉, 오크 패널에 유채,
67×83cm, 발라프 리하르츠 미술관, 쾰른

소소한 풍경을 그렸던 화가 얀 반 호이엔의 사위인 얀 하빅스 스테인은 장인보다 뛰어난 필치로 17세기 농민과 소시민들의 생활상을 익살스럽게 그려냈다. 그의 대표작 '굴을 먹는 소녀', '유쾌한 가족', '가족의 식사' 등을 보면 약 100년 뒤 조선에서 활약한 풍속화가 신윤복이 떠오른다. 그림 오른쪽에는 붉은색 휘장으로 둘러쳐진 침실에서 옷을 반쯤 벗고 누운 암논이 요염한 눈빛과 손짓으로 다말을 유혹하고 있다. 왼쪽에는 암논의 은밀한 제안에 당황해서 항변하는 다말과 그림에도 불구하고 그녀를 계속 침실로 들어가도록 부추기는 요나답이 보인다. 아래쪽에는 다말이 만든 맛있는 빵들이 깨진 밥상처럼 여기저기 흩어져 있다.

16
기름진 식탁에서
울려 퍼진 태평가

지혜의 왕 솔로몬

|

아버지 다윗과 일전을 벌이던 압살롬은 결국 다윗의 심복인 요압 장군에게 죽임을 당했다. 압살롬만은 너그럽게 대해 달라고 신신당부했던 다윗은 이 소식을 듣고 대성통곡했다.

"내 아들 압살롬아, 내 아들아, 내 아들 압살롬아, 너 대신에 차라리 내가 죽을 것을, 압살롬아, 내 아들아, 내 아들아!" 사무엘하 18장 33절

이복형을 죽이고, 자기 목에 칼을 들이대며, 어머니나 다름없는 후궁들을 백주에 겁탈하고, 왕권을 찬탈하기 위해 쿠데타를 일으킨 불효막심한

아들이었지만 그는 압살롬의 죽음 앞에서 괴로움에 몸부림치며 울부짖었다. 이 모든 고통과 불행이 자신으로부터 시작된 것임을 충분히 자각하고 있었기 때문이다. 하지만 아무리 가슴을 치며 후회하고 탄식을 해봐도 지나간 과거는 돌이킬 수 없었고, 먼저 세상을 떠난 자식들은 살아 돌아올 리 만무했다. 말년의 다윗 왕의 행적과 뒤를 이은 솔로몬 왕의 태평성대, 그리고 이스라엘이 남과 북으로 분열된 후 타락의 길을 걷다가 멸망하기까지의 기록을 담은 성경이 '왕들의 행적을 기록한 책'이란 뜻의 '열왕기서 列王記書, Kings'다. 상권은 다윗 왕의 죽음에서부터 왕국 분열을 거쳐 북이스라엘 왕 아합의 죽음에 이르기까지 120여 년의 역사를, 하권은 북이스라엘 왕 아하시야의 통치에서부터 남북 왕국의 멸망과 포로기까지 300여 년의 역사를 다루고 있다. 장남 암논이 죽고, 권력 의지가 강했던 압살롬마저 세상을 떠나자 나머지 왕자들 사이에서는 이렇다 할 분쟁이 일어나지 않았다. 오직 학깃에게서 낳은 아도니야만이 자신이 왕이 될 줄 알고 후계자 행세를 하면서 사람을 모으고 다녔지만 이 또한 예언자 나단과 솔로몬의 어머니 밧세바에 의해 어렵지 않게 제압되었다. 다윗은 밧세바에게 "그대의 아들 솔로몬이 임금이 될 것이며, 그가 나를 이어서 임금의 자리에 앉을 것이다." 라고 맹세한 바 있었다. 다윗 왕은 제사장 사독과 예언자 나단과 여호야다의 아들 브나야를 불러다가 명령했다.

"그대들은 나의 신하들을 거느리고, 내가 타던 노새에 나의 아들 솔로몬을 태워서, 기혼으로 내려가도록 하십시오. 사독 제사장과 나단 예언자는 거기에서 그에게 기름을 부어 이스라엘의 왕으로 삼고, 그런 다음에 뿔나팔을 불며 '솔로몬 왕 만세!' 하고 외치십시오. 그리고 그를 따라 올라와, 그를 모시고 들어가서, 나를 대신하여 임금의 자리에 앉히십시오. 그러면 그가 나의 뒤를 이어서 왕이 될 것입니다. 그를 내가 이스라엘과 유다의 통치자로 임명하였습니다." 열왕기상 1장 33절~35절

이로써 솔로몬은 통일 이스라엘 왕국의 제3대 왕으로 등극하였다. 다윗은 솔로몬에게 유언을 남긴 뒤 죽어 그의 조상과 함께 다윗 성에 안장되었다. 다윗은 여러 아들 중 왜 하필 솔로몬에게 왕위를 넘겨주었을까? 서열로 보자면 지혜로운 여인인 아비가일에게서 낳은 길르압이 왕이 되어야 맞았다. 그런데 한참 동생인 솔로몬을 선택한 이유가 뭘까? 일단 능력이나 자질 면에서 길르압은 솔로몬의 상대가 되지 못한 듯하다. 성경을 통틀어 지혜로운 왕 하면 솔로몬을 먼저 꼽을 정도로 그의 지혜는 뛰어났다. 이런 그의 천재성은 어렸을 때부터 아버지 다윗의 눈에 띄었을 것이다. 아비가일과 밧세바를 향한 다윗의 정서도 많은 영향을 미쳤을 게 틀림없다.

다윗은 아비가일에게는 아무런 마음의 짐이 없었지만 밧세바에게는 상당한 정도의 부채감이 있었다. 아비가일에게는 자신이 은혜를 베푼 격이었으나 밧세바에게는 워낙 못할 짓을 많이 했기에 뭔가를 보상해줘야 한다는 부담감이 있었다는 이야기다. 왕위에 오른 솔로몬이 하루는 하나님께 제사를 드리기 위해 기브온에 있는 산당을 방문했다. 바로 그날 밤 하나님께서 솔로몬의 꿈속에 나타나 "내가 너에게 무엇을 주기를 바라느냐? 나에게 구하여라."하고 말씀하셨다. 그러자 솔로몬이 망설임 없이 이렇게 대답했다.

"나는 아직 나가고 들어오고 하는 처신을 제대로 할 줄 모릅니다. 주님의 종은, 주님께서 선택하신 백성, 곧 그 수를 셀 수도 없고 계산을 할

수도 없을 만큼 큰 백성 가운데 하나일 뿐입니다. 그러므로 주님의 종에게 지혜로운 마음을 주셔서, 주님의 백성을 재판하고, 선과 악을 분별할 수 있게 해주시기를 바랍니다. 이렇게 많은 주님의 백성을 누가 재판할 수 있겠습니까?" 열왕기상 3장 7절~9절

그의 대답이 하나님의 마음에 들었다. 하나님께서 솔로몬에게 말씀하셨다.

"네가 스스로를 생각하여 오래 사는 것이나 부유한 것이나 원수 갚는 것을 요구하지 아니하고, 다만 재판하는 데에, 듣고서 무엇이 옳은지 분별하는 능력을 요구하였으므로, 이제 나는 네 말대로, 네게 지혜롭고 총명한 마음을 준다. 너와 같은 사람이 너보다 앞에도 없었고, 네 뒤에도 없을 것이다. 나는 또한, 네가 달라고 하지 아니한 부귀와 영화도 모두 너에게 주겠다. 네 일생 동안, 왕 가운데서 너와 견줄 만한 사람이 없을 것이다. 그리고 네 아버지 다윗이 한 것과 같이, 네가 나의 길을 걸으며, 내 법도와 명령을 지키면, 네가 오래 살도록 해주겠다." 열왕기상 3장 11절~14절

꿈에서 깨어난 솔로몬은 예루살렘에 있는 하나님의 언약궤 앞에서 번제와 화목제를 드린 다음 신하들에게 잔치를 베풀어주었다. 이후 그는 왕권을 더욱 튼튼히 다지면서 하나님이 주신 지혜와 공의로 나라를 다스려 백성들로부터 사랑과 존경을 한 몸에 받았다. 모든 이스라엘 사람들이 그가 행한 지혜로운 판결 소식을 듣고 탄복하며 그를 두려워하였다. 그는 아버지 다윗이 이루지 못한 성전 건축의 꿈을 이루고, 예루살렘에 새 왕궁도 화

려하게 지었을 뿐 아니라 제도와 문물을 정비하고, 국방과 외교를 든든히 함으로써 이스라엘 왕국 최고의 번영기를 구가하게 된다. 바야흐로 이스라엘은 그 누구도 넘보지 못하는 강대국으로 우뚝 서게 되었다. 하나님께서 다윗에게 약속하셨던 복이 모두 솔로몬에게 쏟아졌기 때문이다.

먹고사는 걱정 따위는
까마득한 옛일이 되어 버린 시절

아담과 하와가 에덴동산에서 쫓겨난 이후 가축을 키우고 척박한 땅을 일구면서 아무리 땀 흘려 노동을 해도 늘 먹고사는 일에 허덕이기만 했던 사람들이 솔로몬 왕 시대에 들어 비로소 먹고사는 걱정으로부터 해방될 수 있었다. 유다와 이스라엘에는 인구가 늘어나 바닷가의 모래알처럼 사람이 많아졌지만 먹고 마시는 것에 전혀 모자람이 없었다. 유다와 이스라엘의 모든 사람은 저마다 자기의 포도나무와 무화과나무 아래에서 평화를 누리며 살았다. 솔로몬은 유프라테스 강에서부터 블레셋 영토와 이집트 국경에 이르기까지 모든 왕국을 다스렸고, 그 왕국들은 솔로몬이 살아 있는 동안 조공을 바치면서 솔로몬 앞에 머리를 조아렸다.

열왕기상 4장의 기록을 보면 솔로몬 왕이 얼마나 풍요롭게 살았는지를 짐작해 볼 수 있다. 우선 솔로몬이 하루에 소비한 식량은 잘 빻은 밀가루 30섬과 거친 밀가루 60섬과 살진 소 10마리와 목장 소 20마리와 양 100마리에다가 수사슴, 노루, 암사슴, 살진 새들이 추가되었다. 어마어마한 분량이다. 이걸 혼자서 다 먹었을 리 없으니 그와 수많은 아내와 자식들이 먹었을 테고, 신하들과 손님들 그리고 여러 외교 사절들을 접대하며 수시로 연회를 베풀어 먹었을 것이다. 그걸 다 감안하더라도 가늠조차 되지 않을 만큼 많은 양이다. 오늘날 어느 나라 대통령이든 매일 이 정도로 먹어댄다면 아마 십중팔구 탄핵을 당하고 말 것이다.

또한 솔로몬은 최고의 운송 수단이자 전쟁 병기인 군마 1만2천 필을 가지고 있었고, 전차를 끄는 말을 두는 마구간도 4만 칸이나 확보하고 있었다. 그의 관리들은 각자 자기가 책임진 달에 왕과 왕의 식탁에 참석하는 사람들이 먹을 수 있도록 먹거리를 조달했으며, 군마와 역마에게 먹일 보리와 보리 짚도 각각 맡은 할당량을 따라 말이 있는 곳으로 가지고 왔다.

솔로몬은 성전을 건축하기 위해 절친한 관계인 두로의 히람 왕에게 레바논의 백향목과 함께 기술자들을 보내줄 것을 요청했다. 백향목 栢香木, cedar 은 구약 성경에 70번이나 등장할 정도로 수목의 왕 대접을 받았던 귀한 나무다. 레바논 산맥 눈 덮인 산에서 자라며 높이가 40미터에 줄기의 지름이 3미터에 달한다. 향기가 진하고 내구력이 뛰어나며 아름답게 광을 낼 수 있어 최고급 건축재로 쓰였다. 나무와 기술자를 보내준 대가로 솔로몬이 히람 왕에게 해마다 보내준 식량은 밀 2만 섬과 짜낸 기름 20섬이었다. 솔로몬은 전국에서 3만 명에 달하는 노무자들을 불러 모아 한 달에 1만 명씩 번갈아 레바논으로 보내 한 달은 레바논에서 일하게 하고, 두 달은 본국에서 일하게 했다. 짐을 운반하는 사람만 7만 명이었고, 산에서 채석하는 사람은 8만 명이었으며, 작업을 감독하는 책임자는 모두 3,300명이었다.

솔로몬은 이스라엘 자손이 이집트에서 탈출한 지 480년이 되는 해, 즉 왕위에 오른 지 4년째 되는 해 둘째 달에 성전을 짓기 시작해서 11년째 되는 해 여덟째 달에 성전을 완공했다. 꼬박 7년이 걸린 것이다. 마침내 웅장하고 화려한 성전이 완공되자 그는 제사장들과 레위 사람들을 시켜 다윗

성에 있던 언약궤와 성막 안에 있는 거룩한 기구를 모두 성전으로 옮겨 왔다. 그런 다음 온 이스라엘 회중을 모아 언약궤 앞에서 하나님께 제사를 드렸다. 이때 번제로 드린 양과 소는 셀 수도 없고 기록할 수도 없을 만큼 많았다. 화목제를 드릴 때는 소 2만2천 마리, 양 12만 마리를 제물로 드렸다. 상상이 가지 않는 엄청난 양이었다. 그는 성대한 성전 봉헌식을 통해 온 세상에 하나님과 이스라엘의 이름을 한껏 드높였다.

성전을 건축한 솔로몬은 이어서 자기 궁전을 건설했다. 궁전을 짓기까지는 13년이 걸렸다. 해마다 솔로몬에게 들어오는 금은 그 무게가 666달란트였다. 달란트는 무게 단위로 시대와 나라마다 조금씩 가치가 달랐지만 구약 시대에는 약 34킬로그램, 다른 단위인 세겔로는 3,000세겔에 달했다. 그러니까 666달란트면 2만2천644킬로그램이라는 이야기다. 1킬로그램 골드바의 가격이 대략 5천만 원 선이라고 했을 때 금 666달란트면 우리 돈으로 1조 1,322억 원이 넘는 천문학적인 금액이다. 이만한 양의 막대한 금이 해마다 솔로몬의 재산으로 들어왔다는 것이다. 그는 금을 두드려 펴서 입힌 큰 방패를 200개 만들었는데, 방패 하나에 들어간 금만 600세겔이나 되었다. 1세겔이 11.4그램이니까 600세겔이면 6.8킬로그램인 셈이다. 방패 하나 가격이 우리 돈으로 무려 3억4천만 원이었다. 그는 또 금을 두드려 펴서 입힌 작은 방패를 300개 만들었는데, 방패 하나에 들어간 금은 3마네였다. 1마네는 570그램이었으므로 3마네면 1.7킬로그램, 우리 돈으로 대략 8천500만 원이었다. 그는 계산하기도 벅찬 이 어마어마한 금으로 된 물건들을 자신의 궁인 '레바논 수풀 궁'에 두었다.

먹을 것과 입을 것이 넘쳐나고 온갖 금은보화가 도처에 가득하니 도무지 무엇이 소중하고 값어치 있는 것인지 분간하기가 어려울 정도였다. 솔로몬이 앉는 의자, 밥 먹는 식탁, 먹고 마시는 데 필요한 그릇과 잔, 여러 문양의 각종 장신구 등이 모두 금으로 된 것들이었다. 은으로 된 것은 하나도 없었다. 솔로몬 시대에 은은 귀금속 축에 들지도 못했다. 예루살렘에는 은이 돌처럼 흔했고, 최고급의 백향목은 세펠라 평원지대의 뽕나무만큼이나 많았다. 솔로몬 왕과 이스라엘 백성들이 누린 이 같은 풍요와 번영은 역사상 전무후무한 것이었다.

게다가 솔로몬은 세상 그 누구도 따라올 수 없는 비범한 지혜를 소유한 왕이었다. 하나님께서 그에게 지혜와 총명과 넓은 마음을 바닷가의 모래알처럼 한없이 많이 주시니 그의 지혜는 동양의 어느 누구보다, 이집트의 어느 누구보다 훨씬 더 뛰어났다. 그는 3천 가지의 잠언을 말하였고, 1천 편이 넘는 노래를 지었다. 그리고 레바논에 있는 백향목으로부터 벽에 붙어서 사는 우슬초에 이르기까지 모든 초목을 놓고 논할 수 있었고, 짐승과 새와 기어 다니는 것과 물고기를 두고서도 가릴 것 없이 논할 수 있었다. 그래서 온 세계 사람은 모두 솔로몬을 직접 만나 하나님께서 그의 마음에 넣어 주신 지혜의 말을 듣고 싶어 했다. 그들은 각각 은그릇과 금그릇과 옷과 갑옷과 향료와 말과 노새를 예물로 가지고 솔로몬 왕을 만나기 위해 예루살렘을 찾아왔다. 해가 갈수록 이런 사람들의 방문은 점점 더 늘어만 갔다.

스바의 여왕과 함께한 황홀한 식탁

어느 날 스바의 여왕이 명성을 듣고 여러 가지 어려운 질문으로 시험해 보려고 솔로몬 왕을 찾아왔다. 여왕은 수많은 수행원과 더불어 온갖 종류의 향료와 금과 보석들을 낙타에 잔뜩 싣고 예루살렘에 도착했다. 그녀는 솔로몬을 만나 평소 마음에 품고 있던 궁금한 것들에 대해 질문 공세를 퍼부었다. 그러나 솔로몬은 그녀의 물음을 미리 알고 있었다는 듯 단 한 번의 망설임도 없이 능수능란하게 대답했다. 아무리 난해하고 곤란한 질문을 던져도 솔로몬의 대답은 청산유수와 같았다. 여왕은 솔로몬의 박학다식함에 두 손 두 발 다 들고 말았다.

그녀는 소문대로 솔로몬이 지식과 지혜를 완벽하게 갖춘 인물임을 확인한 다음 그가 공들여 건축한 궁전을 두루 살펴봤다. 그리고 왕이 초대한 식사 자리에서 갖가지 진귀한 식재료를 동원해 차려낸 산해진미를 맛보았다. 미각의 절정을 느끼게 해주는 맛의 향연이었다. 이어 신하들이 회의하는 모습, 관리들이 일하는 광경, 시종들이 술잔을 받들어 올리는 장면, 그들이 갖춰 입은 눈부신 의복과 품격 있는 언행, 그리고 새로 지은 성전의 위용과 제사에 사용되는 엄청난 양의 번제물을 목격한 여왕은 그 휘황찬란함에 넋을 잃을 지경이었다. 여왕이 솔로몬 왕에게 말했다.

"임금님께서 이루신 업적과 임금님의 지혜에 관한 소문을, 내가 나의 나라에서 이미 들었지만, 와서 보니, 과연 들은 소문이 모두 사실입니다. 내가 여기 오기 전까지는 그 소문을 믿지 않았는데, 내 눈으로 직접 확인하고 보니, 오히려 내가 들은 소문은 사실의 절반도 안 되는 것 같습니다. 임금님께서는, 내가 들은 소문보다, 지혜와 복이 훨씬 더 많습니다. 임금님의 백성은 참으로 행복한 사람들입니다. 임금님 앞에 서서, 늘 임금님의 지혜를 배우는 임금님의 신하들 또한 참으로 행복하다고 하지 아니할 수 없습니다. 임금님의 주 하나님께 찬양을 돌립니다. 하나님께서는 임금님을 좋아하셔서, 임금님을 이스라엘을 다스리는 왕좌에 앉히셨습니다. 주님께서는 이스라엘을 영원히 사랑하셔서, 임금님을 왕으로 삼으시고, 공평과 정의로 다스리게 하셨습니다." 열왕기상 10장 6절~9절

최고의 찬사가 아닐 수 없었다. 그녀 또한 한 나라를 다스리는 왕임에도 불구하고 자신은 도저히 솔로몬의 상대가 되지 못한다는 것을 고백한 것이다. 여왕은 금 120달란트와 아주 많은 향료와 보석을 솔로몬에게 선물했다. 그는 이때 스바 여왕에게서 받은 것처럼 많은 향료를 어느 누구에게서도 다시 받아 본 일이 없었다. 솔로몬은 이에 대한 답례로 다른 나라 왕들이 방문했을 때 기본적으로 제공하는 선물 외에 그녀가 요구하는 것과 갖고 싶어 하는 것을 전부 다 내주었다. 두 사람 사이가 단순한 정치적, 외교적 관계에만 머물지 않았음을 암시하는 대목이다. 여왕은 얼마 간 솔로몬과 함께한 뒤 신하들과 자기 나라로 돌아갔다.

스위스 방송 DRS의 편집인이자 작가인 한스 페터 폰 페슈케와 베르너 펠트만이 공동 저술한 『식도락 여행』이라는 책에는 솔로몬 왕이 스바의 여왕을 데리고 한적한 교외로 나가 퇴역한 어떤 노부부 집에서 오붓하게 둘만의 식사를 즐기는 모습이 나온다.

"우리는 지난 삼백 년간 거의 변한 것이 없습니다. 우리는 이 나라에서 나는 산물들을 풍족하게 누려왔지만, 요리에 관해서는 지금까지도 유목민입니다. 내 아버지 다윗을 섬겼던 이 퇴역병 농가를 보십시오. 이 사람의 아내는 곡식을 아직도 손절구로 찧고, 빵을 만들 때는 옛날식대로 밀가루 반죽을 돌 위에 놓고 그 위에 점토 빵틀을 얹어 바깥쪽에서 사방으로 불을 지펴 구워냅니다……."

"하지만 여기 오는 길에 나귀의 힘으로 돌아가는 방앗간이 있지 않았습

니까? 또 궁전에 있던 거대한 화덕은……."

"그것은 내가 이집트 출신의 경험 많은 제빵사를 시켜서 만든 것이오. 물론 내 시종들은 지금까지 이룩된 성과에 자부심을 느끼고 있고, 이스라엘이 위대한 문명국의 하나라는 것, 그리고 우리의 영광과 우리 하나님의 영광이 먼 나라까지 알려져 있는 것을 자랑스럽게 생각합니다."

"그 점은 스바에까지 알려져 있지요."

"그러나 우리들 대부분은 새로운 고급 음식 외에 우리가 젊었을 적에 먹었던 옛날 음식도 좋아합니다. 아버지와 함께 군영에서 지낼 때 갓 구워낸 빵에 마늘, 양파, 오이, 멜론 조각을 곁들여 먹던 기억이 납니다. 또 여기 이것처럼 마늘을 넣고 몇 가지 신선한 향초로 양념을 한 양고기 넓적다리도 먹었지요……."

퇴역병은 왕에게 술잔을 건넸다. 솔로몬은 한 모금 마시고 여왕에게 술잔을 주었다.

"야생 벌꿀을 섞은 적포도주입니다. 우리의 우정을 위해 마시세요."

"양국의 우정을 위해서인가요, 아니면 우리 두 사람의 우정을 위해서인가요?"

여왕은 눈을 치켜뜨며 물었다. 솔로몬은 한숨을 내쉬었다.

"그대여, 당신은 내 마음을 빼앗았소. 그대는 단 한 번의 눈길로 내 마음을 빼앗아 버렸소."

"천 명의 여자들로도 만족하지 못하십니까?"

"이곳 낙원에서는 우리가 누구인지 잠시 잊고 지냅시다."

솔로몬이 다시 포도주를 따르는 동안 나이 든 여인이 갓 구워낸 향기로운 케이크를 가지고 왔다.

"대추 케이크로군! 나는 단 것을 좋아하오. 포도 케이크, 무화과 케이크, 야생 벌꿀을 넣은 대추 케이크, 달콤한 포도주보다는 이런 것들이 나를 더 자극하지요. 마치 젊은 처녀의 입술과도 같소."

솔로몬은 케이크 한 조각을 여왕의 입에 넣어준 뒤 그녀의 손을 잡고 과실수가 만발한 곳으로 갔다. 과실수에서 나오는 향기가 계곡 위에 진하게 퍼져 있었다.

"이 계곡과 그대는 비길 곳이 없구려. 그대의 젖가슴은 포도송이 같고, 그대의 숨결은 싱싱한 사과 향기 같으며, 그대의 입은 맛 좋은 포도주 같고, 그대의 혀는 젖과 꿀이로다. 그대의 훤칠한 키는 종려나무 같구나. 그대의 가지를 잡으리라."

물론 창작해낸 장면이긴 하지만 성경 내용을 토대로 상상의 나래를 펼친 것이기에 실제로 두 사람과 식탁에 마주앉아 음식을 즐기는 것처럼 말 한 마디 동작 하나하나가 생생하다. 솔로몬 왕과 스바 여왕에 관한 이야기는 역대하 9장에도 동일하게 기록되어 있다. 그만큼 두 사람의 만남은 많은 이들로부터 주목을 받았다. 그렇다면 스바라는 나라는 도대체 어디에 있으며, 이름도 없는 여왕은 과연 누구일까? 성서학자들은 스바가 남아프리카에 있던 향료와 사치품으로 유명한 나라였을 것으로 추측한다. 스바는 홍해의 양쪽 연안으로 넓은 영토를 가지고 있었고 수도는 에티오피아 고원의 악숨이었다고 한다. 스바 사람들은 이 일대에서 대상隊商을 하며 살았는데, 금, 유향, 향료, 몰약 등 인도나 아프리카의 진귀한 물품을 가지고 다니며 교역을 해서 큰 부를 축적했다. 예수님은 마태복음 12장 42절에서 스바 여왕을 '남방 여왕'이라고 불렀다. 히브리인들은 그곳을 최남단의 땅으로 이해한 것 같다.

20세기 들어 에티오피아의 황제들은 자신들이 솔로몬 왕과 스바 여왕의 후손이라고 자칭했다. 성경에는 여왕의 이름이 나오지 않지만 전설에 따르면 그녀의 이름은 벨키스 혹은 마케바였다고 한다. 이슬람 경전인 『코란』에는 발키스로 나온다. 솔로몬은 스바의 여왕과 사랑에 빠져 하룻밤을 보내게 되는데, 이때 태어난 아이가 에티오피아를 건국한 초대 황제인 메넬리크 1세라는 것이다. 어른이 된 메넬리크는 솔로몬을 만나 법률과 신학을 배웠으며 그로부터 언약궤를 받아왔다고 전해진다. 솔로몬이 수많은 처첩을 거느렸던 걸 감안하면 스바의 여왕이 그의 아이를 낳았다는 게 무리는 아니다. 하지만 역사적 근거는 미약하다.

콘라드 비츠(1395~1447, 독일),
〈솔로몬 왕과 스바의 여왕〉,
하일스슈피겔 제단화, 패널에 유채,
85×79cm, 베를린 국립회화관, 베를린

　　솔로몬 왕과 스바 여왕의 역사적인 만남은 많은 예술가들로부터 흥미를 유발시키기에 충분한 주제였다. 이들의 이야기는 부풀려지고 각색되어 소설로, 음악으로, 오페라로, 영화로 만들어졌다. 다수의 화가들 또한 이들의 이야기를 화폭에 담았다. 그중에서도 콘라드 비츠의 작품은 주변 환경을 간소화한 채 두 사람에게만 집중함으로써 몰입을 배가시킨다. 르네상스 화풍답게 두 사람 사이에는 격식의 화려함 속에서도 남녀 간의 묘한 긴장과 설렘이 잘 드러나 있다. 스바의 여왕이 대단히 진귀해 보이는 향로를 양손으로 선물하자 솔로몬 왕이 이를 한손으로 받는다. 균형의 저울추가 어느 쪽으로 기울어져 있는지를 알 수 있게 해준다.

17
고독에 몸부림치는
엘리야를 먹이신 하나님

솔로몬의 일탈과 왕국의 분열

솔로몬은 모든 것을 다 가진 사람이었다. 엄청난 부와 막강한 권력에다가 그 누구에게도 뒤지지 않는 지식과 지혜까지 두루 갖춘 그는 요즘 말로 하자면 지상 최고의 뇌섹남이었다. 당연히 그의 주변에는 여자들이 끊이지 않았다. 하지만 본인 스스로도 태생적으로 여자를 좋아했다. 그의 여성 편력은 아버지 다윗을 훨씬 뛰어넘었다. 그의 명성이 국제적이었던 것처럼 그의 여성 편력 또한 국제적이었다. 그는 외국 여자들을 좋아했다. 이집트왕 바로의 딸을 아내로 맞은 이후 모압 사람과 암몬 사람과 에돔 사람과 시돈 사람과 헷 사람에게서 닥치는 대로 후궁을 맞아들였다.

그는 자그마치 700명의 후궁과 300명의 첩을 거느리고 살았다. 경제는 부흥했고, 국방은 튼튼했으며, 백성들은 태평성대를 구가하고 있었으니 무엇 하나 근심할 게 없었다. 그는 매일 주지육림에 빠져 먹고 마시며 여자들에 취해 살았다.

936년 삼한을 통일한 고려의 왕건에게는 많은 아내와 자식들이 있었다. 그는 세력 기반이 약했기에 정략결혼을 통해 호족들을 연합시켜야만 했다. 피치 못하게 많은 아내를 둬야 했다는 말이다. 그는 29명의 아내에게서 34명의 자식을 두었다. 조선의 3대 왕인 태종 역시 다수의 아내를 거느린 것으로 유명하다. 그는 개국 초기 왕권을 튼실하게 다지기 위해 외척들의 힘을 분산시켜야 했기 때문에 어쩔 수 없이 여러 아내를 맞아야만 했다. 그래봐야 그는 고작 12명의 아내에게서 27명의 자식을 낳았을 뿐이다. 이것이 우리나라 역사상 가장 많은 아내를 거느렸던 왕들에 대한 기록이다. 사가들이나 후세 사람들은 이런 사실을 알고 깜짝 놀랐겠지만 이 정도는 솔로몬 왕 앞에서 감히 명함조차 내밀 수 없는 수준이었다.

다윗과 밧세바가 저지른 불륜에 의해 탄생한 솔로몬은 여자 문제를 가장 경계하고 조심했어야 했다. 그로 인해 자기 부모들이 얼마나 많은 대가를 치러야 했고, 얼마나 많은 고통을 겪어야 했는지를 누구보다 잘 알고 있었을 테니 말이다. 그런데 그는 부족함 없이 모든 것이 차고 넘치자 이를 까맣게 잊어버렸다. 수많은 외국인 아내와 자식들은 각자 자기들 나라에서 섬기던 우상을 가져와 섬겼고 신전을 만들었다. 이는 하나님께서 솔로몬의 조상들 때부터 누누이 강조해 금하신 일로 이를 어겼을 경우 받게 될 징벌에 대해 강력하게 경고하신 바 있었다. 솔로몬은 누구보다 이 사실을 잘 알고 있었지만 영안이 흐려져 자신의 집안을 통제할 수가 없었다. 오히려 아내들이 그의 마음을 사로잡았다. 솔로몬이 시돈 사람의 여신 아스다롯과 암몬 사람의 우상 밀곰을 따라가 하나님 앞에서 악을 행했으며, 예루살렘 동쪽 산에 모압의 혐오스러운 우상 그모스를 섬기는 산당과 암몬 자손의 혐오스러운 우상 몰렉을 섬기는 산당을 지어 아내들이 하자는 대로 그들의 신들에게 향을 피우며 제사를 지냈다.

진노한 하나님께서 두 번씩이나 솔로몬에게 나타나 다른 신들을 따라가지 말라고 당부하셨지만 솔로몬은 하나님 말씀에 순종하지 않았다. 결국 하나님의 무서운 심판이 뒤따랐다.

"네가 이러한 일을 하였고, 내 언약과 내가 너에게 명령한 내 법규를 지키지 아니하였으니, 내가 반드시 네게서 왕국을 떼어서, 네 신하에게 주겠다. 다만 네가 사는 날 동안에는, 네 아버지 다윗을 보아서 그렇게 하지 않겠지만, 네 아들 대에 이르러서는, 내가 이 나라를 갈라놓겠다. 그러나 이 나라를 갈라서, 다 남에게 내주지는 않고, 나의 종 다윗과 내가 선택한 예루살렘을 생각해서, 한 지파만은 네 아들에게 주겠다." 열왕기상 11장 11절~13절

말씀은 그대로 성취되었다. 사방에서 이스라엘의 대적이 일어나 기승을 부렸다. 솔로몬은 수많은 불씨를 고스란히 남긴 채 이스라엘을 다스린 지 40년 만에 죽어 그의 아버지가 묻혀 있는 다윗 성에 안장되었다. 솔로몬의 아들 르호보암이 뒤를 이어 왕의 자리에 올랐다.

솔로몬의 신하였던 여로보암을 중심으로 한 백성들이 르호보암에게 요청하였다. 솔로몬 왕 시절 성전과 왕궁 건축 그리고 각종 성벽 수축 등을 위해 많은 인력이 동원되고 세금을 거두어들이는 바람에 힘들었으니 이제

부터 짐을 좀 가볍게 해달라는 것이었다. 원로들의 충고도 백성들의 탄원과 다르지 않았다. 그런데도 르호보암은 이들의 목소리에 귀를 기울이지 않고 측근들의 감언이설을 따라 백성들의 노역과 세금을 더욱 무겁게 하겠다고 선포했다.

그러자 북쪽 이스라엘 지역의 10개 지파들이 일제히 그에게 등을 돌려 여로보암을 왕으로 세웠다. 결국 르호보암은 여로보암에게 이스라엘 지역을 빼앗긴 채 남쪽 유다 지역만을 다스리는 왕으로 전락하고 말았다. 이로써 강성했던 통일 이스라엘 왕국은 남과 북으로 갈라져 틈만 나면 전쟁을 치르는 원수 사이가 되었고, 양국의 임금들은 마치 경쟁이라도 하듯이 사사기에서처럼 하나님을 배반하고 온갖 이방신들을 섬기는 데 혈안이 되기에 이른다.

이 모든 비극은 솔로몬이 제공한 것이었다. 그는 뒤늦게 과오를 깨달았지만 되돌리기엔 너무 늦은 시간이었다. 온갖 지혜와 아름다운 시들로 가득한 '잠언 箴言, Proverbs', '전도서 傳道書, Ecclesiastes', '아가 雅歌, Song of Songs', '시편 詩篇, Psalms' 등의 전부 혹은 일부를 썼을 만큼 총명했던 솔로몬이었지만 말년에 남은 것은 뼈에 사무치는 회한뿐이었다.

"사람이 먹고 마시며 수고하는 것보다 그의 마음을 더 기쁘게 하는 것은 없나니 내가 이것도 본즉 하나님의 손에서 나오는 것이로다. 아, 먹고 즐기는 일을 누가 나보다 더 해 보았으랴. 하나님은 그가 기뻐하시는 자에게는 지혜와 지식과 희락을 주시나 죄인에게는 노고를 주시고 그가 모아 쌓게 하사 하나님을 기뻐하는 자에게 그가 주게 하시지만 이것도 헛되어 바람을 잡는 것이로다." 전도서 2장 24절~26절, 개역개정 유다 왕국의 패망 이후 제3차 바벨론 포로 귀환 시에 느헤미야가 백성들을 살펴보니 이방 여인과 결혼한 유다 남자들이 많았다. 이에 느헤미야는 그 아버지들을 나무라고 야단치며 몇몇 사람에게는 머리털을 뽑고 손찌검까지 하면서 하나님을 두고 맹세하게 하였다.

"당신들은 당신들의 딸들을 이방 사람의 아들에게 주지 마시오. 당신들과 당신들의 아들들도 이방 사람의 딸을 아내로 데려와서는 안 되오. 이스라엘 왕 솔로몬이 죄를 지은 것도, 바로 이방 여자와 결혼한 일이 아니오? 어느 민족에도 그만한 왕이 없었소. 그는 하나님의 사랑을 한 몸에 받았으며, 하나님은 그를 온 이스라엘의 왕으로 삼으셨소. 그러나 그마저 죄를 짓게 된 것은 이방 아내들 때문이오. 이제 당신들이 이방 여자들을 아내로 데려와서, 이렇게 큰 잘못을 저지르며 하나님을 거역하고 있는데, 우리가 어찌 보고만 있을 수 있소?" 느헤미야 13장 25절~27절

도망자 엘리야와 까마귀
그리고 사르밧 과부
|

북이스라엘 왕국은 여로보암, 나답, 바아사, 엘라, 시므리, 오므리를 거쳐 아합까지 왕위가 계승되었고, 남유다 왕국은 르호보암, 아비야, 아사를 거쳐 여호사밧으로 왕위가 이어졌다. 북이스라엘을 다스리는 왕들은 하나 같이 우상을 숭배하고 악한 일을 행하며 하나님의 길에서 벗어났다. 그러나 남유다를 통치하던 아사는 그의 조상 다윗과 같이 하나님 보시기에 정직하게 행하였다. 그는 나라 안에 있는 모든 우상을 없애 버리고 일평생 하나님

을 사모하며 정성껏 섬겼다. 그의 아들인 여호사밧 역시 아사 왕을 본받아 하나님 말씀을 좇아 살았다.

아사 왕이 유다를 다스린 지 38년째 되던 해에 아합이 이스라엘 왕위에 올라 사마리아에서 22년 동안 나라를 통치했다. 아합은 이전 왕들보다 더 심하게 하나님 보시기에 악한 일을 행하였다. 그는 여로보암의 죄를 따라 가는 정도가 아니라 오히려 앞질렀다. 그는 시돈 왕 엣바알의 딸인 이세벨을 아내로 맞아 바알을 섬기고 예배하였다. 사마리아에 세운 바알의 신전에 바알을 섬기는 제단을 세우고, 아세라 목상도 만들어 세웠다. 바알 Baal 은 '주 혹은 소유자'라는 뜻으로 가나안 및 수리아에서 섬김을 받은 남성의 신이다. 토지의 생산력과 가축의 번식력을 주관하는 신이며 농경인들 사이에 널리 섬겨졌다. 아세라 Asherah 는 '행운'이란 뜻으로 모든 신들의 모신 母神 으로서 바알을 포함한 70여 신들의 어머니로 여겨졌다. 페니키아와 수리아에서 가나안으로 유입된 후 토착화되어 다산과 풍요와 성 性 의 여신으로 숭배되었으며, 그 형상이 주로 나무 기둥으로 세워졌기에 목상 木像 으로 불려졌다.

유대의 역사가 요세푸스에 따르면 엣바알은 바알과 아스다롯의 제사장을 겸한 자로 딸 이세벨을 통해 바알 신앙을 이스라엘에 보급시킴으로써 히브리인들이 믿는 야훼 신앙을 말살하려는 계략을 품었다고 한다. 이에 따라 이세벨은 시집올 때 바알 신상과 아세라 목상을 가지고 와서 아합으로 하여금 경배케 했으며 신하와 온 백성들에게까지 신봉을 강요했다.

이 무렵 길르앗의 디셉에 엘리야라는 사람이 살고 있었다. 길르앗은 야곱이 외삼촌 라반과 화평의 언약을 맺고 증거의 돌무더기를 쌓은 다음 성대한 잔치를 벌이며 함께 먹고 마셨던 곳이다. 야곱이 이름 붙인 갈르엣에서 길르앗이라는 지명이 유래하였다. 엘리야는 하나님이 인정하시는 예언자였다. 그가 담대하게 아합 왕에게 나가 경고의 메시지를 전했다.

"내가 섬기는 주 이스라엘의 하나님께서 살아 계심을 두고 맹세합니다. 내가 다시 입을 열기까지 앞으로 몇 해 동안은, 비는커녕 이슬 한 방울도 내리지 않을 것입니다." 열왕기상 17장 1절

아합 왕이 엘리야에게 어떤 해코지를 할지 몰랐다. 하나님께서 엘리야에게 말씀하셨다.

"이곳을 떠나서, 동쪽으로 가거라. 그리고 거기 요단 강 동쪽에 있는 그릿 시냇가에 숨어서 지내며, 그 시냇물을 마셔라. 내가 까마귀에게 명하여서, 네게 먹을 것을 날라다 주게 하겠다." 열왕기상 17장 3절~4절

엘리야는 말씀을 따라 요단 강 앞에 있는 그릿 시냇가로 피신했다. 동행한 사람도 가져온 음식도 없었다. 말 그대로 혈혈단신이었다. 이때 어디선가 날아온 까마귀들이 입에 물고 온 것들을 그에게 주고 갔다. 빵과 고기였다. 아침에도 저녁에도 까마귀들은 계속해서 먹을 것을 실어 날랐다. 마실 물은 시냇가에 얼마든지 있었다. 그는 그렇게 끼니를 이어갔다. 어떤 빵과 무슨 고기였는지는 알 수 없다. 까마귀들이 어디서 음식을 날라 왔는지도 알 수 없다. 하지만 확실히 알 수 있는 건 하나님께서 홀로 있는 엘리야를 직접 먹이셨다는 사실이다.

엘리야가 예언한 대로 오랫동안 비가 오지 않자 가뭄이 극심했다. 그릿

시냇가의 물도 다 말라 버렸다. 그러자 하나님께서 엘리야에게 다른 곳으로 옮겨가 있으라고 말씀하셨다.

"이제 너는, 시돈에 있는 사르밧으로 가서, 거기에서 지내도록 하여라. 내가 그곳에 있는 한 과부에게 명하여서, 네게 먹을 것을 주도록 일러두었다." 열왕기상 17장 9절

이번에도 엘리야는 말씀을 따라 사르밧으로 향했다. 사르밧은 아합 왕의 장인인 엣바알이 다스리는 이방 지역이었다. 위험을 무릅쓰고 그가 성문 안으로 들어섰을 때 마침 한 과부가 땔감을 줍고 있었다. 엘리야는 여인에게 다가가 마실 물과 먹을 것을 좀 달라고 청했다. 기근이 심해 마실 것과 먹을 것이 태부족인 상황에서 일면식도 없는 낯선 남자에게 선뜻 음식을 내줄 리가 만무했다. 여인은 어이없기도 하고 난감하기도 하다는 듯 이렇게 대답했다.

"어른께서 섬기시는 주 하나님께서 살아 계심을 두고 맹세합니다. 저에게는 빵 한 조각도 없습니다. 다만, 뒤주에 밀가루가 한 줌 정도, 그리고 병에 기름이 몇 방울 남아 있을 뿐입니다. 보시다시피, 저는 지금 땔감을 줍고 있습니다. 이것을 가지고 가서, 저와 제 아들이 죽기 전에 마지막으로, 남아 있는 것을 모두 먹으려고 합니다." 열왕기상 17장 12절

그녀는 생애 마지막 식사를 준비하는 중이었다. 오랫동안 가뭄이 계속되다 보니 과부의 몸으로 매일 먹을 것과 마실 것을 구해 아들과 함께 생계를

이어가기가 너무 힘겨워 남은 식량으로 허기를 채운 뒤 세상과 하직할 각오를 했던 것이다. 결론은 거절이었다. 설마 이런 한 많은 사연을 가진 인생 최후의 음식을 자기한테 달라고 하진 않겠지 생각한 것이다.

"두려워하지 말고 가서, 방금 말한 대로 하십시오. 그러나 음식을 만들어서, 우선 나에게 먼저 가지고 오십시오. 그 뒤에 그대와, 아들이 먹을 음식을 만들도록 하십시오. 주님께서 이 땅에 다시 비를 내려 주실 때까지, 그 뒤주의 밀가루가 떨어지지 않을 것이며, 병의 기름이 마르지 않을 것이라고, 주 이스라엘의 하나님께서 말씀하셨습니다." 열왕기상 17장 13절~14절

엘리야의 황당한 제안에 과부는 어안이 벙벙했다. 아마 자신의 귀를 의심했을 것이다. 아들과 함께 먹고 죽을 각오를 하고 있는 마지막 남은 음식을 자신에게 먼저 갖다 달라는 말을 들은 어미의 심정이 어땠을까? 엘리야가 미쳤다고 생각했을 것이다. 욕을 하고 돌아서거나 아무런 대꾸도 하지 않고 뒤돌아 섰을 수 있다. 보통 사람이라면 그랬을 게 틀림없다.

하지만 여인은 그러지 않았다. 숙고한 끝에 엘리야의 말을 따르기로 했다. 어차피 죽을 거 한 끼 더 먹고 죽으나 덜 먹고 죽으나 마찬가지니 그냥 믿어 보기로 한 것이다. 정말 그의 말대로 된다면 앞으로 식량 걱정 없이 살 게 될 것이니 좋은 일이고, 그의 말이 허튼소리였다면 삶의 마지막 순간에 착한 일 한번 하고 가는 것이니 좋은 일이라고 생각했다.

그런데 이게 웬일인가? 음식을 만들어 엘리야를 먼저 먹였더니 그때부터 뒤주에 밀가루가 떨어지지 않고, 병에 기름이 마르지 않게 되었다. 믿을

수 없는 기적이었다. 과부 집안의 식량난이 일거에 해결되었다. 죽을 각오로 한 모험이 생을 위한 출구가 된 것이다. 이후 엘리야는 여인의 집에 머물며 숙식을 해결하게 되었다. 엘리야에게는 그럴 만한 자격이 있었다.

기쁨도 잠시, 하늘이 무너지는 비극이 벌어졌다. 과부의 아들이 병에 걸려 세상을 떠난 것이다. 비로소 아들에게 마음껏 밥상을 차려줄 수 있게 되었건만 어미의 밥을 맛있게 먹어줄 아들이 사라져 버렸으니 여인에게는 견딜 수 없는 고통이었다. 그녀는 엘리야에게 원망을 쏟아냈다. 당시 사람들은 질병이나 재난이 죄 때문에 발생한다고 믿었기에 그녀는 엘리야로 인해 자신의 죄가 드러나 아들이 죽었다고 생각한 것이다. 엘리야는 아이를 안고 자신이 머물던 다락으로 올라가 침대에 뉘인 뒤 아이의 몸 위에 세 번이나 엎드려 몸과 몸을 맞춘 다음 호흡이 돌아오게 해달라고 하나님께 간절히 기도를 드렸다. 하나님께서 엘리야의 기도를 들으셨다. 죽은 아이의 호흡이 돌아온 것이다. 엘리야가 아이를 안고 내려왔다.

"이것 좀 보십시오. 하나님의 은총으로 댁의 아들이 다시 살아났습니다!"

또 한 번의 기적에 여인은 기뻐서 어쩔 줄 모르며 한없이 하나님을 찬양했다.

"이제야 저는, 어른이 바로 하나님의 사람이시라는 것과, 어른이 하시는 말씀은 참으로 주님의 말씀이라는 것을 알았습니다." 열왕기상 17장 24절

아합 왕이 우상을 섬기며 악을 행함으로 온 이스라엘 백성들이 징계를 받아 가뭄의 재앙으로 신음하고 있을 때 하나님께서는 엘리야를 적진인 시돈의 사르밧으로 보내 굶주림에 지친 한 이방 여인의 가정을 구원해 주셨

다. 과부의 집안은 기근과 관계 없이 영과 육의 양식으로 가득 넘치게 되었다. 그것은 마지막 남은 밀가루와 기름으로 만든 음식, 곧 최후의 보루와도 같았던 자신의 모든 것을 하나님의 사람에게 바친 믿음과 헌신으로부터 비롯되었다.

음식을 가지고 절망과 고독에 빠진
엘리야를 찾아간 천사

3년의 시간이 흐른 뒤 하나님께서 엘리야에게 아합 왕을 만나라고 말씀하셨다. 땅 위에 비를 내리시겠다는 것이었다. 엘리야는 궁내내신인 오바댜를 통해 아합 왕을 만났다. 오바댜는 하나님을 깊이 경외하는 사람으로 이세벨이 주님의 예언자들을 학살할 때 예언자 100명을 50명씩 동굴에 숨겨주고 먹을 것과 물을 대준 사람이었다. 아합 왕 앞으로 나아간 엘리야는 그에게 온 이스라엘 백성을 갈멜 산으로 모이게 하고, 이세벨에게 녹을 얻어먹는 바알의 예언자 450명과 아세라의 예언자 400명도 함께 불러 달라고 요청했다. 아합 왕은 이 모두를 갈멜 산에 모이게 했다. 그러자 엘리야가 운집한 백성들을 향해 이렇게 제안했다.

"이제, 소 두 마리를 우리에게 가져다주십시오. 바알 예언자들이 소한 마리를 선택하여 각을 떠서, 나뭇단 위에 올려놓되, 불을 지피지는 않게 하십시오. 나도 나머지 한 마리의 소를 잡아서, 나뭇단 위에 올려놓고, 불은 지피지 않겠습니다. 그런 다음에, 바알의 예언자들은 바알 신의 이름을 부르십시오. 나는 주님의 이름을 부르겠습니다. 그때에, 불

을 보내셔서 응답하는 신이 있으면, 바로 그분이 하나님이십니다." 열왕기
상 18장 23절~24절

엘리야의 말을 들은 백성들은 그렇게 하는 것이 좋겠다고 대답했다.

엘리야는 바알의 예언자들에게 먼저 자신들의 신을 부르도록 했다. 바알의 예언자 450명은 나뭇단 위에 소 한 마리를 준비해 놓은 뒤 아침부터 한낮이 될 때까지 바알을 향해 응답해 달라고 온 힘을 다해 부르짖었다. 그러나 응답은커녕 아무런 조짐도 보이지 않았고, 어떠한 소리도 들리지 않았다. 다급해진 바알의 예언자들은 제단 주위를 돌며 춤까지 추었다.

"더 큰소리로 불러보시오. 바알은 신이니까, 다른 볼일을 보고 있을지, 아니면 용변을 보고 있을지, 아니면 멀리 여행을 떠났을지, 그것도 아니면 자고 있으므로 깨워야 할지, 모르지 않소!" 열왕기상 18장 27절

엘리야가 그들을 마음껏 조롱했다. 그러자 그들은 분을 삭이지 못하고 더 큰소리로 부르짖으면서 그들의 예배 관습에 따라 칼과 창으로 피가 흐르도록 자신들의 몸을 찔렀다. 한낮이 지나 저녁이 될 때까지 그들은 미친 듯이 날뛰었지만 그 어떤 일도 일어나지 않았다.

드디어 엘리야 차례가 되었다. 그는 이스라엘 열두 지파를 상징하는 열두 개의 돌을 모아 제단을 다시 쌓은 뒤 제단 둘레에 넓은도랑을 팠다. 그리고는 제단 위에 나뭇단을 쌓고 각을 뜬 소를 올린 뒤 물통 네 개에 물을 가득 채워다가 제물과 나뭇단 위에 쏟으라고 명했다. 그는 세 번이나 그렇게 하도록 시켰다. 제단 위로 물이 흘러넘쳐 도랑에 가득 찼다. 제단을 도저히 불

이 붙을 수 없게 만들어 놓은 엘리야가 앞으로 나가 기도를 시작했다.

"아브라함과 이삭과 이스라엘을 돌보신 주 하나님, 주님께서 이스라엘의 하나님이시고, 나는 주님의 종이며, 내가 오직 주님의 말씀대로만 이 모든 일을 하고 있다는 것을, 오늘 저들이 알게 하여 주십시오. 주님, 응답하여 주십시오. 응답하여 주십시오. 이 백성으로 하여금, 주님이 주 하나님이시며, 그들의 마음을 돌이키게 하시는 주님이심을 알게 하여 주십시오." 열왕기상 18장 36절~37절

그러자 하늘에서 주님의 불이 떨어졌다. 한순간에 제물과 나뭇단과 돌들과 흙이 불에 탔고, 도랑 안에 있는 물까지 모두 말려 버렸다. 백성들이 두려워하며 전부 땅에 엎드렸다.

"그가 주 하나님이시다! 그가 주 하나님이시다!"

엘리야는 백성들을 시켜 바알의 거짓 예언자들을 모두 사로잡은 뒤 그들을 기손 강가로 데리고 가서 몰살시켜 버렸다. 엘리야의 통쾌한 승리였다. 그는 아합 왕에게 빗소리가 크게 들리니 이제 올라가서 음식을 먹으라고 말했다. 이윽고 사람의 손바닥만 한 작은 구름이 바다에서부터 올라오더니 이내 짙은 구름으로 하늘이 캄캄해지고 큰 비가 퍼붓기 시작했다.

아합 왕으로부터 이야기를 전해들은 이세벨은 분노에 치를 떨었다. 아끼던 예언자 450명을 모두 잃은 데다 최고의 신으로 추앙해온 바알이 백성들로부터 치욕을 당했으니 자신의 위상과 체면이 땅에 곤두박질친 것이다. 그녀는 당장 엘리야를 잡아 죽이려 혈안이 되었다.

엘리야는 황급히 도망하여 가나안 최남단인 유다의 브엘세바로 갔다. 그

곳에 시종을 남겨둔 엘리야는 혼자 광야로 들어가 하룻길을 걸어갔다. 배도 고프고 목도 마르고 다리도 아팠다. 하지만 무엇보다 가슴이 저몄다. 이미 3년 반이나 동가식서가숙해왔건만 또다시 기약 없는 떠돌이 생활을 해야 했으니 신세가 한없이 처량했다.

게다가 이세벨의 눈과 귀가 도처에 있어 언제 붙잡혀 죽게 될지 알 수 없는 일이었다. 세상에 홀로 남겨진 듯 깊은 고독이 밀려왔다. 그는 한 로뎀나무 아래에 앉아 하나님께 차라리 자신을 죽여 달라고 기도했다.

"주님, 이제는 더 바랄 것이 없습니다. 나의 목숨을 거두어 주십시오. 나는 내 조상보다 조금도 나을 것이 없습니다." 열왕기상 19장 4절

자포자기에 빠진 그는 심신이 피곤해 잠이 들었다. 이때 한 천사가 와서 그를 깨웠다. 일어나 보니 머리맡에 뜨겁게 달군 돌에다 구워 낸 과자와 물한 병이 놓여 있었다. 개역한글과 개역개정 성경에는 엘리야가 먹은 음식이 '숯불에 구운 떡과 한 병 물'이라고 되어 있으며, NIV 영어 성경에는 'a cake of bread baked over hot coals, and a jar of water'라고 표현되어 있다. 천사가 직접 석탄 혹은 목탄 위에서 빵이나 케이크를 구워 뜨끈뜨끈한 상태로 먹을 수 있게 만들어준 것이다. 몹시도 피곤하고 허기진 상태에서 먹는 따끈한 빵과 시원한 물은 엘리야의 몸과 마음을 녹이고 다시 일으켜 세우는 위로의 음식이 되었다.

그는 음식을 먹고 다시 잠이 들었다. 천사가 또 깨운 뒤 음식을 주었다. 그러면서 갈 길이 멀다고 알려주었다. 엘리야는 거듭 먹고 마신 다음 힘을 얻어 밤낮으로 40일을 걸어 호렙 산에 도착했다. 호렙 산은 시내 산의 다른 이

름으로 모세가 하나님의 음성을 듣고 소명을 받았던 곳이며, 하나님께서 출애굽한 이스라엘 백성들에게 십계명과 율법을 내리신 신성한 산이었다. 거기서 엘리야는 하나님의 음성을 듣고 선지자로서의 사명을 받기에 이른다.

초대교회의 지도자였던 예수님의 동생 야고보는 그리스도인들에 대한 박해가 극에 달했을 때 다음과 같은 편지를 써서 어떻게 믿음을 지키며 살아야 할지를 가르쳐준 바 있다.

"의인이 간절히 비는 기도는 큰 효력을 냅니다. 엘리야는 우리와 같은 본성을 가진 사람이었지만, 비가 오지 않도록 해 달라고 간절히 기도하니, 삼 년 육 개월 동안이나 땅에 비가 내리지 않았으며, 다시 기도하니, 하늘이 비를 내리고, 땅은 그 열매를 맺었습니다." 야고보서 5장 16절~18절

디르크 보우츠(1410~1475, 네덜란드), 〈광야의 엘리야〉,
생 피에르 고딕성당, 패널에 유채, 88×71cm, 루뱅

벨기에 루뱅에 있는 생 피에르 고딕 성당의 '거룩한 성찬식' 제단화 중 오른쪽 날개 하단에 있는 그림이다. 바알의 예언자들을 몰살시킨 뒤 이세벨을 피해 광야로 도망 간 엘리야는 로템나무 아래서 하나님께 죽기를 간청하다가 지쳐 잠이 들었다. 하나님은 천사를 보내 갓 구운 빵과 물을 주시며 그를 위로했다. 맨발의 엘리야가 오른쪽 팔을 괸 채 깊은 잠에 빠져 있는 모습이 인상적이다. 머리맡에는 빵과 물 잔이 놓여 있고, 흰옷을 입은 날개 달린 천사가 길을 재촉하기 위해 엘리야를 깨우고 있다. 오른쪽 뒤편에는 음식을 먹고 기운을 차린 엘리야가 지팡이를 잡고 하나님의 산 호렙을 향해 열심히 걸어가고 있는 광경이 보인다.

18
굶주린 백성들을 먹이는 일에
헌신한 엘리사

엘 리 야 와 제 자 엘 리 사 의 만 남

호렙 산에서 세미한 음성으로 나타난 하나님은 엘리야에게 그가 할 일을
가르쳐주셨다.

"너는 돌이켜, 광야 길로 해서 다마스쿠스로 가거라. 거기에 이르거
든, 하사엘에게 기름을 부어서, 시리아의 왕으로 세우고, 또 님시의 아
들 예후에게 기름을 부어서, 이스라엘의 왕으로 세워라. 그리고 아벨므
홀라 출신인 사밧의 아들 엘리사에게 기름을 부어서, 네 뒤를 이을 예언
자로 세워라. 하사엘의 칼을 피해서 도망하는 사람은 예후가 죽일 것이
고, 예후의 칼을 피해서 도망하는 사람은 엘리사가 죽일 것이다. 그러나

나는 이스라엘에 칠천 명을 남겨 놓을 터인데, 그들은 모두 바알에게 무
릎을 꿇지도 아니하고, 입을 맞추지도 아니한 사람이다." 열왕기상 19장 15절
~18절

　세상에 홀로 남겨졌다 여기며 고독에 빠져 있던 엘리야에게 하나님은 장
차 이스라엘의 역사를 좌우할 인물을 지명해 기름 부어 왕으로 삼을 것을
명하시면서 그의 제자가 될 사람까지 일러주셨다. 아울러 이스라엘에는 바
알을 섬기지 않고 하나님을 따르는 백성들이 엘리야 외에도 무려 7천 명이
나 숨어 있음을 알려주셨다. 혼자 남았다고 외로워하며 근심할 게 아니라
이 같은 동지들과 더불어 힘을 내서 맡겨진 사명을 감당해 내라고 힘을 주
신 것이다.
　엘리야는 호렙 산을 내려와 길을 가다 엘리사와 마주쳤다. 엘리사는 열
두 겨릿소를 앞세우고 밭을 갈고 있었다. 엘리야가 자기 외투를 그에게 던
져 주었다. 히브리인들에게 겉옷이 갖는 의미는 남다르다. 낮과 밤의 온도
차가 큰 중동에서 겉옷은 밤에 덮고 자는 이불로 쓰였다. 또한 겉옷은 그
사람의 신분과 권위를 나타냈으며, 겉옷 네 귀에 달린 술의 매듭은 지금의
인감도장처럼 쓰이기도 했다. 겉옷은 엘리야가 선지자임을 나타내는 표시
이자 정체성이었다. 영적인 차원에서 엘리야의 겉옷은 성령의 능력을 상징
한다. 그런 겉옷을 엘리사를 향해 던졌다는 것은 그를 제자로 지명했다는
표식이었다. 바로 여기서 위대한 사람이 자신의 능력과 과제를 다른 사람
에게 넘긴다는 뜻을 가진 '엘리사의 외투'라는 말이 생겨났다.
　엘리야의 겉옷을 받은 엘리사는 소가 메던 멍에를 불사르고 겨릿소를 잡
아 그 고기를 삶아 백성들에게 나눠줘 먹게 하였다. 그는 부유한 농부였다.

열두 겨릿소로 밭을 갈았다는 것이 이를 증명한다. 평생 농부로 살며 부를 일군 그가 엘리야의 겉옷을 받은 후 멍에를 불사른 것은 이제 농사일을 그만두고 엘리야를 따르기로 했다는 결단을 나타낸다. 농사짓는 사람에게 가장 소중한 존재인 겨릿소를 잡아 허기진 백성들을 먹인 것은 그가 앞으로 헐벗고 굶주린 백성들을 먹이고 입히는 일에 충실한 선지자가 될 것임을 예고해준다. 그런 다음 그는 지체 없이 엘리야를 따라가 그의 제자가 되었다. 그는 대머리였다고 한다. 하지만 원래 대머리였는지 일부 선지자들이 그랬듯이 머리털을 면도한 것인지는 알 수가 없다.

유다 왕 여호사밧과 이스라엘 왕 아합은 길르앗에 있는 라못을 되찾기 위해 힘을 모아 시리아와 전쟁을 벌였다. 그러나 격렬한 전투가 벌어지던 중에 아합 왕이 화살에 맞아 전사하고 말았다. 사마리아의 연못에서 아합 왕의 병거와 갑옷을 씻을 때 개들이 그 피를 핥았고, 창녀들이 그곳에서 목욕을 했다. 하나님께서 말씀하신대로 이루어진 것이다. 이어 아합의 아들 아하시야가 이스라엘의 왕이 되었고, 여호사밧의 아들 여호람이 유다의 왕이 되었다.

하나님께서 엘리야를 회오리바람에 실어 하늘로 데려가실 때가 되었다. 엘리야가 엘리사와 함께 길갈을 떠나 요단 강가에 다다랐다. 엘리야가 자기 겉옷을 말아서 강물을 치니 물이 좌우로 갈라졌다. 모세가 갈라진 홍해를 건넌 것처럼, 여호수아가 갈라진 요단 강을 건넌 것처럼, 두 사람 역시 마른 강바닥을 밟고 강을 건너갔다.

엘리야가 엘리사에게 말했다.

"주님께서 나를 하늘로 데려가시기 전에 내가 너에게 어떻게 해줬으면 좋겠느냐?"

"네, 스승님께서 가지고 계신 능력을 저에게 갑절로 주셨으면 좋겠습니다."

엘리사의 대답은 거침이 없었다. 그는 진실로 스승을 닮고 싶었다. 둘이 이야기를 나누는 중에 갑자기 불이 붙은 병거와 말이 나타나 두 사람을 갈라놓더니 엘리야만 회오리바람에 싣고는 하늘로 올라가 버렸다. 엘리사는 이 급작스러운 광경을 보면서 크게 소리쳤다.

"나의 아버지! 나의 아버지! 이스라엘의 병거이시며 마병이시여!" 열왕기하 2장 12절

순식간에 벌어진 일이었다. 엘리야가 에녹처럼 승천한 것이다. 아담의 7대손으로 므두셀라의 아버지였던 에녹은 365년 동안 믿음으로 하나님과 동행하며 살다가 죽음을 경험하지 않고 하늘나라로 옮겨간 바 있었다. 이것이 스승과 제자의 마지막 이별이었다. 엘리사는 스승 엘리야를 다시는 볼 수 없게 되었다는 생각에 한없는 슬픔이 밀려왔다. 그는 자리에 털썩 주저앉아 눈물을 흘리면서 자기 겉옷을 힘껏 잡아당겨 두 조각으로 찢었다. 그에게 남은 건 엘리야가 승천하면서 떨어뜨리고 간 겉옷뿐이었다. 스승의 유품이자 자신이 엘리야의 제자임을 증명하는 징표이기도 했다. 그는 엘리야가 그랬던 것처럼 엘리야의 겉옷으로 강물을 쳐서 갈라지게 한 후 다시 강을 건너왔다. 강 건너편에 있던 예언자 수련생들이 이 광경을 보고 "엘리야의 능력이 엘리사 위에 내렸다."면서 일제히 엘리사 앞에 엎드려 절을 했다.

엘리야를 싣고 하늘로 올라간 불타는 병거와 말은 하나님의 임재와 동행

과 보호, 그리고 긴급한 역사적 개입을 상징한다. NIV와 KJV 영어 성경에는 'a chariot of fire and horses of fire'라고 기록되어 있다.

1981년 휴 허드슨 감독이 메가폰을 잡고 벤 크로스와 이안 찰슨이 열연해 제54회 아카데미시상식에서 작품, 각본, 음악, 의상의 4개 부문에서 오스카를 수상했던 영화가 바로 「Chariots of Fire」였다. 국내에는 「불의 전차」라는 이름으로 개봉되었다. 1924년 파리올림픽 당시 영국 육상 대표 선수로 발탁된 에릭 리들은 주 종목인 100미터 경기가 일요일에 열린다는 걸 알고 "저는 주일에는 달리지 않습니다!"라는 유명한 말을 남긴 채 예배를 드리기 위해 출전을 포기한다. 영국 언론과 국민들은 조국의 명예를 더럽힌 배신자라고 맹비난했지만 그는 꿈쩍도 하지 않았다. 우여곡절 끝에 그는 평일에 열리는 400미터 경기에 대신 출전한다. 주 종목이 아니라서 메달을 딸 가능성은 희박했다. 하지만 그는 모두의 예상을 뒤엎고 초인적인 힘을 발휘해 금메달을 목에 걸었다.

에릭 리들은 "처음 200미터는 힘껏, 저의 최선을 다해 빨리 달렸고, 나머지 200미터는 하나님의 도우심으로 '더 빨리' 달릴 수 있었습니다."라고 고백했다. 그가 그처럼 빨리 달릴 수 있었던 것은 그의 순수한 믿음을 보신 하나님께서 엘리야를 불의 전차에 태워 데려가신 것처럼 그를 보이지 않는 전차로 끌어주신 게 아닐까. 올림픽 이후 영국의 영웅으로 부상한 그는 모든 영광의 자리를 버리고 중국으로 건너가 선교사로 활동하다 1945년 일본 패망 직전 포로수용소에서 순교하였다. 실화를 바탕으로 만들어진 이 영화는 맨발로 해변을 달리는 선수들의 모습과 함께 들려주는 그리스 음악가 반젤리스의 장엄한 테마 음악으로도 유명하다.

지치고 고단한 사람들의 친구가 된 엘리사

|

엘리야의 겉옷을 입게 된 엘리사는 하루하루 힘겹게 살아가고 있는 백성들을 살피고 돌보는 일을 먼저 시작했다. 엘리사가 여리고에 머물고 있을 때 성읍 사람들이 그를 찾아왔다.

"보십시오, 선생님께서도 보시는 바와 같이, 이 성읍이 차지하고 있는 자리는 좋지만, 물이 좋지 않아서, 이 땅에서는 사람들이 아이를 유산합니다." 열왕기하 2장 19절

새번역과 공동번역 성경에서는 물이 나빠 아이가 자꾸 유산됨으로써 자식을 낳을 수 없다고 했고, 개역한글과 개역개정 성경에서는 물이 나빠 토산이 익지 못하고 떨어져 농사를 짓기 어렵다고 했다. 좋지 않은 물을 마시기 때문에 사람이나 농작물 모두 부실해져 마땅한 열매를 맺지 못한다는 것이었다. 그들의 탄식을 들은 엘리사는 새 대접에 소금을 조금 담아 오라고 말했다. 그런 다음 대접을 가지고 물의 근원이 있는 곳으로 가서 소금을 뿌렸다.

"여호와의 말씀이 내가 이 물을 고쳤으니 이로부터 다시는 죽음이나 열매 맺지 못함이 없을지니라 하셨느니라." 열왕기하 2장 21절, 개역개정

엘리사가 그렇게 말한 뒤로 돌연 물이 맑고 깨끗해졌다. 사람들은 맑은 물을 마음껏 마시면서 그 물로 음식을 만들어 먹게 되어 유산 걱정에서 벗

어났으며, 깨끗한 물로 농사를 짓게 되면서 농작물들이 잘 자라 풍성한 결실을 거둠으로 걱정근심에서 해방될 수 있었다. 엘리야와 마찬가지로 엘리사도 사무엘 때부터 이어오던 예언자 공동체를 운영하며 제자들을 양성하고 있었다. 제자들은 배려를 아끼지 않는 엘리사를 아버지라고 부르며 따랐다. 하루는 예언자 수련생의 아내 가운데 남편을 잃은 여인이 엘리사를 찾아와 호소하였다.

"예언자님의 종인 저의 남편이 죽었습니다. 예언자님께서도 아시다시피 그는 주님을 경외하는 사람이었습니다. 그런데 빚을 준 사람이 와서, 저의 두 아들을 자기의 노예로 삼으려고 데려가려 합니다." 열왕기하 4장 1절

딱한 사정을 들은 엘리사가 도움을 주고자 집 안에 남아 있는 게 무엇인지 물었다. 그녀는 기름 한 병밖에 없다고 대답했다. 그러자 엘리사는 이웃 사람들에게 가능한한 빈 그릇을 많이 빌려다가 문을 닫고 두 아들과 함께 그릇마다 기름을 부어 채워지는 대로 옆으로 옮겨 놓으라고 말했다. 그녀은 그릇을 빌려다 기름을 채웠다. 그런데 희한한 일이 일어났다. 덜렁 하나뿐인 기름병에서 기름이 끊임없이 쏟아져 빌려온 그릇들을 가득 채운 것이다. 모든 그릇에 기름을 채우자 그때서야 병에서 기름이 나오지 않았다. 그녀는 한달음에 달려가 엘리사에게 기적이 일어난 사실을 낱낱이 보고하였다. 엘리사는 흥분한 그녀와 달리 온화한 얼굴에 미소를 띠며 이렇게 일러 주었다.

"가서 그 기름을 팔아 빚을 갚고, 그 나머지는 모자의 생활비로 쓰도

록 하시오." _{열왕기하 4장 7절}

　남편이 죽은 것도 모자라 빚 독촉에 시달리며 두 아들을 노예로 내줄 수밖에 없는 절체절명의 위기에 처한 과부의 경제적인 문제를 엘리사가 일거에 해결해 준 것이다. 그녀는 모든 문제를 한꺼번에 처리한 데다 세 식구가 먹고살 수 있는 생활비까지 마련할 수 있었다.

　어느 날 엘리사가 수넴 마을을 지나가게 되었는데, 그곳에 한 부유한 여인이 있었다. 그녀는 거룩한 하나님의 사람인 엘리사 선지자에게 음식을 대접하고 싶다며 초청했다. 그 뒤로 엘리사는 그곳을 지나칠 때마다 그 여인의 집에 들러 음식을 먹곤 했다. 그녀는 남편과 의논하여 옥상에 작은 다락방을 하나 만들어 침대와 탁자와 의자와 등잔을 갖추어 놓은 다음 엘리사가 식사하러 올 때마다 쉬다 갈 수 있는 장소로 제공하였다. 엘리사는 여인의 배려가 고마워 그녀를 불러 뭔가 도와줄 게 없냐고 물었지만 그녀는 별다른 어려움 없이 백성들과 어울려 잘 지내고 있다며 정중히 사양하였다. 시종인 게하시는 엘리사에게 여인에게 아들이 없으며 남편은 너무 늙었다고 알려주었다. 엘리사는 여인을 다시 불러 이야기했다.

"내년 이맘때가 되면, 부인께서는 품에 한 아들을 안고 있을 것이오."
_{열왕기하 4장 16절}

　여인에게 가장 절실한 것이 아들일 거라 생각한 엘리사는 꿈같은 예언을 들려준 것이다. 그러나 그녀는 엘리사가 농담을 한 거라고 여겼다. 자신의 처지를 생각할 때 있을 수 없는 일이라 생각한 것이다. 하지만 엘리사의

예언은 이루어졌다. 여인이 아기를 가진 것이다. 그녀는 엘리사가 말한 때에 아들을 낳았다. 이후 무럭무럭 자라던 아이가 아버지가 곡식을 거두는 곳에 갔다가 머리가 아프다며 비명을 지르고 쓰러졌다. 학자들은 아이가 추수철에 팔레스타인에서 자주 일어나는 일사병에 걸렸을 것으로 추측한다. 아이는 어머니 무릎에 누워 있다가 일어나지 못하고 세상을 떠나고 말았다. 여인은 일꾼 한 사람과 함께 암나귀를 타고 엘리사를 향해 내달렸다. 엘리사는 엘리야가 기적을 행했던 갈멜 산에 머물고 있었다.

수넴 여인은 엘리사를 보자마자 엎드려져 그의 발을 꼭 껴안았다. 당황한 게하시가 여인을 엘리사에게서 떼어 놓으려고 다가갔으나 엘리사가 이를 만류했다. 아무래도 그녀에게 뭔가 심상치 않은 일이 벌어졌음을 직감한 것이다. 이내 여인이 엘리사를 향해 울부짖었다.

"예언자님, 제가 언제 아들을 달라고 하였습니까? 저는 오히려 저 같은 사람에게 농담을 하지 마시라고 말씀드리지 않았습니까?"열왕기하 4장 28절

여인의 아들에게 사달이 난 게 분명했다. 엘리사는 게하시에게 먼저 가서 자신의 지팡이를 죽은 아이의 얼굴 위에 놓으라고 명했다. 그런 다음 수넴 여인을 따라 그녀의 집으로 향했다. 게하시가 앞서 가서 아이의 얼굴에 지팡이를 올려놓았으나 아무런 소용이 없었다. 수넴 여인의 집에 도착한 엘리사는 자신이 묵던 다락방 침대에 누워 있는 아이를 위해 하나님께 간절히 기도를 드린 후 스승 엘리야가 사르밧 과부의 죽은 아들을 살렸을 때처럼 아이 위에 몸을 포개어 엎드렸다. 자기 입을 그 아이의 입 위에 두고,

자기 눈을 그 아이의 눈 위에 두고, 자기의 손을 그 아이의 손 위에 놓고, 그 아이 위에 엎드렸더니 아이의 몸이 서서히 따뜻해지기 시작했다. 엘리사가 다시 한 번 아이 몸 위에 자기 몸을 포개자 마침내 아이가 재채기를 일곱 번이나 한 다음 눈을 떴다. 엘리사는 수넴 여인을 불러 이야기했다.

"부인의 아들이 다시 살아났으니 어서 데리고 나가시오."

"오, 세상에 이럴 수가…… 감사합니다. 감사합니다. 하나님 감사합니다!"

그녀는 엘리사의 발에 얼굴을 대고, 땅에 엎드려 큰 절을 한 다음 아들을 데리고 나갔다.

자비의 마음으로 배고픈 사람들을 먹이다

|

엘리사가 예언자 수련생들을 데리고 사는 길갈로 돌아왔을 때 마침 그 땅에 흉년이 들었다. 엘리사가 한 종에게 큰 솥을 걸어 놓고 다 같이 먹을 국을 끓이라고 말했다. 식량이 부족하다 보니 멀건 국으로라도 끼니를 때워야 했다. 이때 어떤 사람이 푸성귀라도 캐먹을 심산으로 들에 나갔다가 야생 포도덩굴을 발견하고 그것을 뜯어다가 국솥에 썰어 넣었다. 먹을 수 있는 식물인지 아닌지 잘 알지도 못하면서 급한 마음에 그렇게 한 것이다. 국이 끓자 예언자 수련생들은 각자 국을 떠다가 맛을 봤다. 그런데 한 사람이 갑자기 소리를 질렀다.

"앗, 국에 독이 들어 있다! 여러분, 먹지 마시오. 빨리 스승님을 불러오시오!"

다들 깜짝 놀라 국그릇을 놓고 멀찍이 떨어져 앉았다. 제자들이 황급히 달려가 스승 엘리사를 모셔왔다. 엘리사가 보니 국 안에 사람에게 치명적인 독이 들어 있는 게 분명했다.

"가서 밀가루를 좀 가져오너라."

제자들이 밀가루를 가져오자 엘리사는 솥 안에 밀가루를 넣고 국을 휘휘 저은 다음 이제 먹어도 되니까 다시 국을 떠다 주라고 명했다. 제자들이 밀가루 넣은 국을 입에 넣고 삼켰지만 아무런 이상이 없었다. 독이 모두 사라지고 맛있는 국이 된 것이다. 신기한 일이었다.

한글 성경에 모두 '국'이라고 번역된 단어는 NIV 영어 성경에 따르면 'stew'이고, KJV 영어 성경에 따르면 'pottage'다. 고기나 채소 등을 썰어 넣고 간을 한 다음 뭉근히 끓인 수프나 스튜를 가리킨다. 에서가 장자의 권리를 넘기고 야곱에게 얻어먹었던 붉은 죽도 'stew'나 'pottage'였으며, 기드온이 여호와의 사자를 대접할 때 끓여 드린 국도 'broth', 즉 묽게 쑨 수프였다. 음식물의 점도로 따지자면 수프나 스튜는 죽이라 하는 게 맞는 것 같지만 다른 식재료가 많이 들어간다는 측면에서 보자면 국에 더 가깝다. 한국인들이 쉽게 이해할 수 있도록 번역자들이 죽보다는 국에 더 많은 점수를 준 것 같다. 음식에서 국물이 상당한 비중을 차지하는 한식에서는 아무래도 죽보다 국이 더 주식으로서 무게감을 갖기 때문이다.

제자 중 한 명이 솥 안에 넣었던 야생 포도덩굴은 어떤 식물일까? 히브리어로 '파쿠오트'라 불리는 이 식물을 개역한글 성경에서는 '들 외'로, 개역개정 성경에서는 '들호박'으로, 영어 성경에서는 'wild gourds', 즉 '야생 박'으로 번역하였다. 이것은 사해 부근에서 볼 수 있는 야생 수박을 닮은 '콜로신스 colocynth'라는 식물이다. 포도덩굴과 같은 줄기에 모양과 크기가 오렌지만한 노란색 열매가 열리는데, 강한 독성을 지니고 있어 많이 먹으면 죽는 경우도 있다고 한다. 엘리사가 국에 밀가루를 넣어 독을 없앤 것은 어떤 과학적, 의학적 당위성을 가진 처방이라기보다는 고난에 처한 주의 백성들을 구하시고 돌보시는 하나님의 은총이었다. 밀가루를 넣은 국은 해독도 되고 점도도 높아져 더욱 맛있는 국으로 바뀌었다.

얼마 후 어떤 사람이 바알살리사에서 엘리사를 찾아왔다. 그는 빈손으로 오지 않고 맨 먼저 거둔 보리로 만든 보리빵 스무 덩이와 자루에 가득 담은 햇곡식을 가지고 왔다. 흉년으로 식량이 부족하던 때라 너무도 요긴한 먹을거리였다. 엘리사는 그것을 사람들에게 주고 골고루 나눠먹도록 했다. 그러나 식량의 양을 대략 헤아려본 시종이 푸념을 늘어놓았다.

"여기 있는 사람들이 100명가량 되는데, 어떻게 이 작은 양을 내놓겠습니까?"

이 말을 들은 엘리사가 아무렇지도 않다는 듯 시종에게 대답했다.

"괘념치 말고 어서 사람들에게 나눠줘 배불리 먹게 해라. 주님께서 내게 말씀하시기를, 먹고도 남을 거라고 하셨다. 모자람이 없을 것이니 걱정하지 말거라."

시종은 반신반의하며 사람들에게 음식을 나눠주었다. 그런데 주고 또 줘도 빵과 곡식이 떨어지지를 않았다. 빵 광주리와 곡식 그릇에서는 쉬지 않고 빵과 곡식이 쏟아져 나왔다. 엘리사의 말처럼 100명이나 되는 사람들이 배불리 먹고도 빵과 곡식이 남을 정도였다. 눈앞에서 벌어진 생생한 현실이었지만 시종과 제자들은 믿기지가 않았다. 하나님께서 은혜를 내리셔서 먼 훗날 예수님이 베푸셨던 오병이어의 기적이 엘리사 시대에도 일어난 것이다.

유재덕 교수는 그의 책 『맛있는 성경 이야기』에서 이 부분을 이렇게 설명한다.

  "『개역개정 성경』은 사내가 갓 수확한 보리로 만든 빵 스무 개와 자루에 담은 채소를 가져왔다고 번역한다. 『공동번역』은 채소 대신에 햇곡식의 이삭이라고 옮겼다.

  리젠트 칼리지의 유진 피터슨이 현대적인 용어로 번역한 성경 『The Message』 은 과수원에서 딴 사과, 그리고 『흠정역 KJV 성경』은 '껍질에 싸인 여러 개의 옥수수 full ears of corn in the husk thereof'라고 번역했다. 어느 쪽 번역이 옳은 것일까? 결론부터 말하자면, 위에서 거론된 번역들은 모두 사실과 다르다. 채소나 사과, 옥수수는 잘못된 번역이다. 성경시대 농부들은 사과와 옥수수를 재배하지 않았다. 옥수수는 16세기 이후에 전 세계로 퍼졌고, 사과나무가 이스라엘에 전해진 것은 역사적으로 그리 오래되지 않은 일이다. 이처럼 사과나무의 전래가 늦어진 것은 기후와 관계가 있다. 사과는 일정 기간 낮은 온도를 거쳐야 결실하는 습성이 있기 때문에 팔레스타인의 기후나 환경에 적합한 과실수가 아니다. 그래서 식물학자나 성경학자들은 사과보다 아브라함 시대에 중국으로부터 도입된 살구를 가장 유력한 후보로 꼽는다. 실제로 성경에 기록된 사과는 모두 살구로 추정된다."

  한 번은 시리아 왕 벤하닷이 또다시 전군을 이끌고 이스라엘을 침공해 사마리아를 포위했다. 성 안에 갇힌 이스라엘 백성들은 심각한 식량난에 빠져 많은 돈을 주고도 먹을 것을 구하기가 어렵게 되었다. 심지어 굶주림에 지친 나머지 어미가 자식을 잡아먹는 일까지 벌어졌다. 이는 레위기에서 하나님께서 강력하게 경고하셨던 말씀이 그대로 이루어진 것이다.

  "너희가 이같이 될찌라도 내게 청종치 아니하고 내게 대항할찐대 내

가 진노로 너희에게 대항하되 너희 죄를 인하여 칠 배나 더 징책하리니 너희가 아들의 고기를 먹을 것이요 딸의 고기를 먹을 것이며" 26장 27절~29절, 개역개정

그러나 하나님께서는 엘리사가 예언한 대로 시리아 진영의 군인들에게 병거 소리와 군마 소리와 큰 군대가 쳐들어오는 소리를 듣게 하셔서 시리아 군인들이 이스라엘 왕이 헷 족속의 왕들과 이집트의 왕들을 고용하여 자기들에게 쳐들어온다고 생각하고 장막과 군마와 나귀들을 그대로 남겨둔 채 도망하게 만드심으로써 아무런 무력을 쓰지 않고도 시리아 군대를 물리쳐주셨다. 이로써 이스라엘 백성들은 오랜 굶주림으로부터 벗어날 수 있게 되었다.

엘리사는 '하나님은 구원이시다'라는 뜻을 가진 그의 이름처럼 백성들을 깊이 사랑하고 불쌍히 여기는 마음, 즉 자비심으로 충만했던 인물이다. 그의 행적은 왕들의 분순종과 악행으로 도탄의 위기에 빠진 백성들을 돌보고 위로하며 먹이고 입히는데 집중되어 있었다. 이런 까닭에 그는 약 900년 후에 오실 예수 그리스도를 떠올리게 하는 모형으로 여겨진다. 그는 스승 엘리야에게 소원했던 대로 갑절이나 되는 성령의 은사를 받은 사람이었다. 엘리사는 예후를 이스라엘의 왕으로 옹립했고, 예후는 아합 왕가를 모조리 죽이고 사악한 왕비 이세벨을 처치함으로써 하나님께서 엘리야에게 말씀하셨던 예언을 실현했다. 그는 북이스라엘의 9대 왕 여호람부터 예후, 여호아하스를 거쳐 12대 왕 요아스까지 50여 년 동안이나 백성들에게 존경받는 영적 지도자로 활동했다. 그는 엘리야처럼 불이 붙은 병거와 말을 타고 하늘로 올라가지 않고 평범하게 죽음을 맞았다. 하지만 그의 죽음에도

기적이 있었다.

"그런 다음에 엘리사가 죽으니, 거기에 장사하였다. 그 뒤에 모압의 도적 떼가 해마다 이스라엘 땅을 침범하였다. 한 번은 장사지내는 사람들이 어떤 사람의 주검을 묻고 있다가, 이 도적 떼를 보게 되었다. 그러자 그들은 놀라서 그 주검을 엘리사의 무덤에 내던지고 달아났는데, 그때에 그 사람의 뼈가 엘리사의 뼈에 닿자, 그 사람이 살아나서 제 발로 일어섰다." 열왕기하 13장 20절~21절

헤르브란트 반 덴 데크하우트(1621~1674, 네덜란드), 〈선지자 엘리사와 수넴 여인〉, 캔버스에 유화, 110×155cm, 부다페스트 미술관, 부다페스트

1906년 에스테르하지 가家 의 컬렉션을 바탕으로 개관한 헝가리 부다페스트 미술관에 소장된 작품이다. 헝가리 후작 가문인 에스테르하지 가는 교향곡의 아버지로 불리는 하이든을 궁정악단 악장에 임명해 30년 넘게 후원한 것으로 유명하다. 렘브란트의 문하생이자 친구였던 데크하우트는 성서화, 풍속화, 초상화를 많이 그렸다. 갈멜 산에 오른 수넴 여인이 땅에 엎드려 엘리사의 발목을 붙잡고 있다. 그를 바라보는 눈길이 애처롭다. 게하시가 여인을 떼어내려 하자 엘리사가 손으로 제지한다. 머리숱이 없는 대신 수염을 길게 기른 엘리사의 모습이 인상적이다. 오른쪽 아래는 지팡이가 보이고 뒤편 바위 위에는 율법서가 펼쳐져 있다.

19
백성들과 함께 먹고 마신
지도자 느헤미야

이스라엘과 유다의 패망, 그리고 포로가 된 백성들

북이스라엘은 기원전 722년 앗수르 Assyria 에 패망하기까지 아홉 왕조에 걸쳐 19명의 왕이 통치하는 동안 하나님에게서 완전히 떠나 타락한 백성으로 살게 되었고, 패망 이후에는 선민으로서의 민족적 정체성마저 상실하게 되었다. 대제국으로 성장한 앗수르의 살만에셀 5세가 사마리아를 포위할 당시 그의 동생 사르곤 2세가 왕위를 빼앗아 새로운 왕으로 등극해 마침내 사마리아 성을 함락시킴으로써 북이스라엘을 역사의 무대에서 퇴장시켜 버렸다.

"앗시리아의 살만에셀 왕이 그를 치러 올라오니, 호세아 왕은 그에게 항복하고 조공을 바쳤다. 그러나 앗시리아 왕은, 호세아가 이집트의 소왕에게 사절들을 보내어 반역을 기도하고, 해마다 하던 것과는 달리, 앗시리아 왕에게 조공을 내지 않는 것을 알고 나서는, 호세아를 잡아 감옥에 가두었다. 그리고 난 뒤에 앗시리아의 왕이 이스라엘 전역으로 밀고 들어와서, 사마리아로 올라와 세 해 동안이나 도성을 포위하였다. 드디어 호세아 제 구년에 앗시리아 왕은 사마리아를 점령하고, 이스라엘 사람들을 앗시리아로 끌고 가서, 할라와 고산 강 가에 있는 하볼과 메대의 여러 성읍에 이주시켰다." 열왕기하 17장 3절~6절

이스라엘이 패망한 것은 전적으로 그들 자신의 죄 때문임을 성경은 분명히 밝히고 있다.

"이렇게 된 것은, 이스라엘 자손이 자기들을 이집트 땅에서 이끌어 내어 이집트 왕 바로의 손아귀로부터 구원하여 주신 주 하나님을 거역하여, 죄를 짓고 다른 신들을 섬겼기 때문이며, 또 주님께서 이스라엘 자손의 면전에서 내쫓으신 이방 나라들의 관습과, 이스라엘의 역대 왕들이 잘못한 것을, 그들이 그대로 따랐기 때문이다." 열왕기하 17장 7절~8절

앗수르 왕은 사마리아를 함락시킨 후 그곳 주민들을 메소보다미아와 메대에 강제로 이주시켜서 민족 혼합 정책을 폈다. 아울러 바빌론과 구다와 아와와 하맛과 스발와임으로부터 사람들을 데려와 이스라엘 자손을 대신해 사마리아 성읍에서 살도록 만들었다. 그러자 그들은 사마리아를 자기들의 소유로 삼았으며, 이스라엘 성읍들 안에 정착해서 살게 되었다.

한편 유다 지파와 베냐민 지파를 주축으로 형성된 남유다는 예루살렘 성전을 중심으로 다윗 왕조를 계속 유지해갔다. 그러나 유다 역시 거듭된 타락과 우상 숭배로 인해 하나님의 심판을 면할 수 없게 되었고, 결국 기원전 586년 시드기야 왕 때 바벨론 Babylon 의 느부갓네살 왕에 의해 멸망하기에 이른다. 유다는 패망할 때까지 모두 20명의 왕이 통치했는데, 그중에는 여호사밧, 요아스, 히스기야, 요시야처럼 하나님을 잘 섬기고 순종한 왕들도 있었지만 대부분의 왕들이 우상 숭배와 타락을 조장함으로써 나라를 위기 속으로 빠뜨렸다.

"시드기야 왕 제 구년 열째 달 십일에 바빌로니아 느부갓네살 왕이 그의 모든 군대를 거느리고 예루살렘을 치러 올라와서 도성을 포위하고, 도성 안을 공격하려고 성벽 바깥 사방에 흙 언덕을 쌓았다. 그리하여 이 도성은 시드기야 왕 제 십일년까지 포위되어 있었다. 그해 넷째 달 구일이 되었을 때에, 도성 안에 기근이 심해져서, 그 땅 백성의 먹을 양식이 다 떨어지고 말았다. 드디어 성벽이 뚫리니, 이것을 본 왕은, 바빌로니아 군대가 도성을 포위하고 있는데도, 밤을 틈타서 모든 군사를 거느리고 왕의 정원 근처, 두 성벽을 잇는 통로를 빠져 나와 아라바 쪽으로 도망하였다. 그러나 바빌로니아 군대가 시드기야 왕을 추격하여, 여리고 평원에서 그를 사로잡으니, 시드기야의 군사들은 모두 그를 버리고 흩어졌다. 바빌로니아 군대가 시드기야 왕을 체포해서, 리블라에 있는 바빌로니아 왕에게로 끌고 가니, 그가 시드기야를 심문하고, 시드기야가 보는 앞에서 그의 아들들을 처형하고, 시드기야의 두 눈을 뺀 다음에, 쇠사슬로 묶어서 바빌론으로 끌고 갔다." 열왕기하 25장 1절~7절

유다의 패망 역시 그들 스스로 저지른 죄 때문이라는 것을 성경은 정확하게 밝히고 있다.

"시드기야가 왕이 되었을 때에, 그는 스물한 살이었다. 그는 예루살렘에서 열한 해 동안 다스렸다. 그의 어머니 하무달은 리블라 출신으로 예레미야의 딸이다. 그는 여호야김이 하였던 것과 똑같이, 주님께서 보시기에 악한 일을 하였다. 예루살렘과 유다가 주님을 그토록 진노하시게하였기 때문에, 주님께서는 마침내 그들을 주님 앞에서 쫓아내셨다." 열왕기하 24장 18절~20절

바벨론의 근위대장 느부사라단은 예루살렘 성전과 솔로몬이 지은 왕궁과 예루살렘의 모든 건물들을 불태워 버렸다. 또한 예루살렘 사면의 성벽을 전부 헐어 버렸으며, 성전에 있는 놋쇠 기둥과 받침대, 솥과 부삽과 부집게와 향 접시와 제사드릴 때 쓰는 놋쇠 기구를 모두 가져갔다. 그리고 수많은 백성들을 포로로 잡아갔다. 가장 가난한 백성 가운데 일부만 남겨 포도원을 가꾸고 농사를 짓게 했을 뿐이다. 느부갓네살 왕은 포로로 잡아온 유다 백성들을 노예로 삼았는데, 이때부터 히브리인을 유다 사람들이라는 뜻의 유대인이라 부르게 되었다.

다윗과 맺은 언약을 중심으로 이를 기억하며 하나님께 순종한 나라와 백성은 대대로 형통한 길을 걷게 되지만, 이를 망각하고 하나님께 불순종한 나라와 백성은 대대로 고난의 길을 걷게 된다는 사실을 생생한 역사적 사건을 토대로 다시 한 번 기술하고 있는 책이 '역대기 歷代記, Chronicles'다. 하지만 책 속에는 연단의 기간을 거쳐 백성들이 하나님에 대한 신앙과 예배를

회복했을 때 하나님께서는 다시 그들을 자신의 백성으로 품으신다는 희망의 메시지도 담겨 있다. 이는 유다 백성들이 패망 이후 바벨론에 포로로 끌려갔음에도 불구하고 얼마간의 시간이 흐른 뒤 그들을 다시 본토로 회복시켜 주시는 데서도 잘 드러나고 있다.

동시대의 역사를 선지자적 관점에서 왕을 중심으로 다루고 있는 사무엘서나 열왕기서와 달리 학자이자 서기관이며 제사장인 에스라에 의해 기록된 것으로 여겨지는 역대기는 제사장적 관점에서 예루살렘 성전을 중심으로 다루고 있다. 따라서 역대기에서는 멸망한 이스라엘에 대해서는 거의 언급하지 않으면서도 개혁 성향이 뛰어났던 유다의 왕들에 대해서는 상세하게 기록하고 있다. 역대기는 다윗의 계보에서부터 다윗의 통치 전반을 이야기하는 '역대상'과 솔로몬의 통치와 왕국 분열 후 남유다 왕국의 역사를 다루는 '역대하'로 구분된다.

역대기에서는 유다 왕국의 패망 당시 처참했던 상황을 다음과 같이 기록하고 있다.

"하나님께서 바빌로니아의 왕을 불러다가, 자신의 백성을 치게 하셨다. 그래서 그 왕은 유다의 젊은이들을 닥치는 대로 칼로 쳐죽였다. 심지어는 성전 안에서도 그러한 살육을 삼가지 않았다. 그 왕은 잔인하였다. 젊은이나 늙은이, 여자나 남자, 병약한 사람이나 건강한 사람을 가리지 않았다. 하나님은 이렇게 자신의 백성을 그 왕의 손에 넘기셨다. 바빌로니아 왕은 하나님의 성전 안에 있는 크고 작은 기구와, 주님의 성전 안에 있는 보물과, 왕과 신하들이 가지고 있는 보물을 모두 도성 바빌론으로 가져갔다. 그 왕은 또 하나님의 성전을 불사르고, 예루살렘 성벽을 헐고, 궁궐들을 다 불사르고, 값진 그릇들을 다 부수어 버렸다. 그는 또 칼에 맞아 죽지 않고 살아남은 자들은, 바빌로니아로 데리고 가서, 왕과 왕자들의 노예로 삼았다. 그들은 페르시아 제국이 일어서기까지 거기서 노예 생활을 하였다." 역대하 36장 17절~20절

바벨론에서 포로 생활을 하는 동안 유다 백성들은 노예 신분이기는 했지만 비교적 자유롭게 살 수 있었다. 그들은 여러 곳에서 공동체를 이뤄 생활할 수 있었고, 성전과 제사 제도는 잃어버렸으나 회당이라는 새로운 종교 중심체를 만들어 예배를 드릴 수 있었으며, 율법서와 시가서 등을 집대성해 하나님에 대한 신앙을 회복하게 되었다. 그러는 동안 대제국 바벨론은 점점 쇠퇴해갔고, 대신 고레스 왕이 이끄는 바사 Persia, 즉 페르시아가 메대와 리디아를 정복하고 마침내 바벨론까지 점령하기에 이른다. 고레스 왕은 정복지에 대한 관용 정책을 펼쳐 포로들을 해방시켰고, 각 민족의 고유한 종교와 문화를 인정해주었다. 그리하여 바벨론에 잡혀갔던 유다 백성들은 고레스 칙령에 따라 예루살렘으로 귀환하여 성전을 재건하고 에스라와 느헤미야에 의한 종교개혁과 새로운 이스라엘의 부흥을 꾀할 수 있었다.

"페르시아 왕 고레스가 왕위에 오른 첫 해이다. 주님께서는, 예레미야를 시켜서 하신 말씀을 이루시려고, 페르시아 왕 고레스의 마음을 감동시키셨다. 고레스는 온 나라에 명령을 내리고, 그것을 다음과 같이 조서로 써서 돌렸다. '페르시아 왕 고레스는 다음과 같이 선포한다. 하늘의 주 하나님이 나에게 이 땅에 있는 모든 나라를 주셔서 다스리게 하셨다. 또 유다에 있는 예루살렘에 그의 성전을 지으라고 명하셨다. 이 나라 사

람 가운데서, 하나님을 섬기는 모든 사람은 유다에 있는 예루살렘으로 올라가서, 그곳에 계시는 하나님 곧 주 이스라엘의 하나님의 성전을 지어라. 그 백성에게 하나님이 함께 계시기를 빈다. 잡혀 온 하나님의 백성 가운데서, 누구든지 귀국할 때에 도움이 필요한 사람이 있으면, 그 이웃에 사는 사람은 그를 도와주어라. 은과 금과 세간과 가축을 주고, 예루살렘에 세울 하나님의 성전에 바칠 자원예물도 들려서 보내도록 하여라.' 그때에 유다와 베냐민 가문의 우두머리들과 제사장들과 레위 사람들과, 하나님께 감동을 받고 예루살렘으로 올라가서 주님의 성전을 지으려고 하는 모든 사람이, 길을 떠날 채비를 하였다." ^{에스라 1장 1절~5절}

총독이 되어 고향 예루살렘으로 돌아온 느헤미야

고레스 2세의 칙령에 의해 시작된 바벨론 포로 귀환은 모두 세 차례에 걸려 진행되었다. 제1차 귀환은 기원전 537년 고레스 2세 때 이루어졌고, 인도자는 유다 왕 여호야긴의 손자로 왕위 계승자였던 스룹바벨이었다. 이때 귀환한 사람들은 전부 49,897명이었다. 스룹바벨은 대제사장의 아들인 예수아와 함께 예루살렘으로 돌아와 번제단을 세우고 새 성전의 기초를 놓았다. 스룹바벨의 성전 재건 사역은 대적들의 모함으로 일시 중단되었으나 다리오 1세 2년에 재개되어 4년 뒤 완공되었다. 제2차 귀환은 기원전 458년 아닥사스다 1세 때 이루어졌으며, 인도자는 당대의 석학 에스라였다. 당시 귀환한 사람들은 여자와 어린이를 제외하고 1,754명이었다. 이때 에스라는 신앙의 순수성을 회복하기 위한 대개혁을 단행하였다.

제3차 귀환은 기원전 444년 아닥사스다 1세 때 이루어졌는데, 유다 총독으로 임명되어 백성들을 이끌며 불과 52일 만에 무너졌던 예루살렘 성벽을 재건한 지도자가 바로 느헤미야다. 그즈음 유다 사람들이 얼마나 귀환했는지에 관한 정확한 통계는 나와 있지 않다.

느헤미야가 바사, 즉 페르시아의 도성인 수산에 있을 때 동생 하나니가 다른 사람들과 함께 유다로부터 건너왔다. 느헤미야는 하나니에게 고향 예루살렘의 형편은 어떤지, 그리고 남아 있는 백성들이 어떻게 살고 있는지 등을 물었다. 그들은 이구동성으로 대답했다.

"사로잡혀 오지 않고 그 지방에 남은 사람들은, 거기에서 고생이 아주 심합니다. 업신여김을 받습니다. 예루살렘 성벽은 허물어지고, 성문들은 다 불에 탔습니다." 느헤미야 1장 3절

1차 귀환 때 어렵사리 성전은 재건했으나 2차 귀환 이후에도 성벽은 아직 재건되지 못한 상태였다. 주변에 반대 세력이 많았기 때문이다. 성벽은 백성들을 위험으로부터 보호하는 안전장치일 뿐 아니라 상대국들에 대해 자주권을 과시하는 최소한의 상징이었다. 유다 백성들은 꿈에도 그리던 고향으로 돌아왔지만 성벽이 없었던 *까닭에* 적들의 침략으로부터 무방비로 노출되어 있었으며, 주변 국가 사람들에게 온갖 멸시와 천대를 받으며 살아야 했다. 느헤미야는 너무 슬프고 애가 타서 주저앉아 울었다. 그는 하나님께 금식하며 기도했다.

"우리가 주님께 매우 큰 잘못을 저질렀습니다. 주님의 종 모세를 시키시어, 우리에게 내리신 계명과 율례와 규례를 우리가 지키지 않았습니

다. 주님의 종 모세를 시키시어 하신 말씀을 기억하여 주십시오. 우리가 죄를 지으면, 주님께서 우리를 여러 나라에 흩어 버리겠지만, 우리가 주님께로 돌아와서, 주님의 계명을 지키고 실천하면, 쫓겨난 우리가 하늘 끝에 가 있을지라도, 주님께서 거기에서 우리를 한데 모아서, 주님의 이름을 두려고 택한 곳으로 돌아가게 하겠다고 하신 그 말씀을, 이제 기억하여 주십시오." 느헤미야 1장 7절~9절

느헤미야는 아닥사스다 왕에게 술잔을 받들어 올리는 일을 맡고 있었다. 왕의 술을 따르는 관원은 낮은 신분이 아니었다. 이집트에 노예로 팔려간 요셉이 누명을 쓰고 갇혔을 때 만났던 사람 중 하나가 왕에게 술잔을 올리는 시종장이었다. 그의 꿈을 잘 풀이한 덕분에 훗날 요셉은 바로에게 불려가 왕의 꿈을 명쾌하게 해석하고 그 대책까지 제시함으로써 대제국의 총리대신 자리에 오르게 된다. 옥에 갇힌 죄인에게 왕과 대면할 수 있는 기회를 줄 수 있을 만큼 막강한 권한을 행사할 수 있는 요직이 바로 술을 따르는 관원이었던 것이다.

한홍 목사는 느헤미야의 리더십을 분석한 책 『세상 중심에 서다』에서 이렇게 말했다.

"페르시아 같은 세계 대제국의 제왕들은 항상 암살의 위험이 있었기 때문에 술관원이 왕에게 드리는 모든 음식과 음료를 사전에 검사하고 맛을 보았는데, 공식 석상이나 사적인 자리에도 늘 동행해야 했기에, 출중한 외모와 해박한 지식, 세련된 매너, 탁월한 순발력과 무예를 지녀야 했다. 요즘 같으면 국정원에서 수십 번 신원조회를 해도 아무 걸리는 것이 없어야 했다. 게다가 왕과 늘 대화했고, 왕이 중요한 일의 조언을 구하는 일도 많

앗기에, 박식하며 지혜로워야 했고, 과묵하고, 정직한 인격을 가져야 했던 어려운 자리였다. 아닥사스다 왕 같은 불같은 성미를 가진 대제국의 왕이 믿고 이 자리를 맡길 정도면 느헤미야는 실로 보통 인물이 아니었음을 알 수 있으며, 권력의 핵심부에 들어 있었다고 해도 된다. 히브리계 이민 2세로서 느헤미야 정도 출세하기도 어려웠을 것이다."

그는 왕이 신임하는 높은 지위에 올랐으나 혼자만 호의호식하지 않았다. 늘 자기 민족과 백성들의 안위를 걱정하며, 유다와 예루살렘이 하나님 앞에서 바르게 회복되기를 고대했다. 약 4개월 후 어느 날 아닥사스다 왕이 술을 따르는 느헤미야의 안색이 좋지 않은 것을 보고 몸이 아픈지, 아니면 무슨 걱정거리라도 있는지 물었다. 그러자 느헤미야가 대답했다.

"임금님, 만수무강 하시기를 빕니다. 소신의 조상이 묻힌 성읍이 폐허가 되고 성문들이 모두 불에 탔다는 소식을 듣고서, 울적한 마음을 가누지 못한 탓입니다." 느헤미야 2장 3절

이 말을 들은 왕이 바라는 것이 뭐냐고 다시 물었다. 이때 느헤미야는 먼저 하나님께 기도하고 나서 입을 열었다. 모든 게 세 치 혀끝에 달려 있었다. 에스라가 진행하던 성벽 재건 공사를 중단하도록 명령한 왕이 아닥사스다였기에 잘못하면 반역죄로 몰릴 수도 있었다.

"임금님께서 좋으시면, 임금님께서 소신을 좋게 여기시면, 소신의 조상이 묻혀 있는 유다의 그 성읍으로 저를 보내 주셔서, 그 성읍을 다시 세우게 하여 주시기를 바랍니다." 느헤미야 2장 5절

뜻밖에도 아닥사스다 왕은 기꺼이 허락을 해주었다. 그동안 쌓은 신임을 바탕으로 기회를 엿보던 느헤미야가 드디어 왕의 재가를 받아 유다를 재건하는 총독으로 임명받게 된 것이다. 아닥사스다 왕은 느헤미야의 청을 받아들여 친서와 함께 왕실의 숲에서 성전을 짓고, 성벽을 쌓고, 집을 건축할 수 있는 나무까지 제공해주었다. 아울러 왕은 장교들과 기병대를 딸려 보내 느헤미야와 함께 가도록 했다. 이 모두가 하나님의 선하신 손길 덕분이었다. 예루살렘에 도착한 느헤미야는 밤에 수행원과 함께 순찰에 나섰다. 과연 예루살렘 성벽은 다 허물어지고, 문들도 모두 불에 탄 채로 버려져 있었다. 그는 관리들을 불러 말했다.

"여러분이 아는 바와 같이, 우리는 지금 어려움에 빠져 있습니다. 예루살렘은 폐허가 되고, 성문들은 불탔습니다. 이제 예루살렘 성벽을 다시 쌓읍시다. 남에게 이런 수모를 받는 일이 다시는 없어야 할 것입니다." 느헤미야 2장 17절

그는 백성들과 힘을 모아 예루살렘을 재건하는 일을 시작했다. 밤낮 없이 공사가 진행되어 성과가 나타나자 사마리아 총독으로 있던 산발랏과 암몬 사람 도비야 등이 느헤미야를 비방하며 훼방을 놓았다. 바벨론 포로기 당시 예루살렘은 사마리아도에 편성되어 그 영향력 아래 놓여 있었다. 유다 백성들은 한 손으로 짐을 나르면서 다른 한 손으로는 무기를 잡았다. 밤에는 경계를 서고 낮에는 칼을 차고 일했다. 백성들의 단결로 방해 공작이 실패하자 산발랏은 느헤미야와의 회담을 빌미로 암살음모를 꾸몄으나 이 또한 실패하고 말았다.

함께 먹고 마시며 솔선수범한 진정한 리더

|

그즈음 백성 중 일부 유다인 동족에게 불평이 생겨 여자들까지 아우성치는 일이 생겼다.

"살아 보겠다고, 목에 풀칠이라도 해야겠다고, 우리는 아들딸을 저당 잡혔다!"

"배가 너무 고파 곡식을 얻느라고, 우리는 벌써 밭도 포도원도 집도 다 저당 잡혔다네!"

"우리는 왕에게 세금을 낼 돈이 없어서, 밭과 포도원을 잡히고 돈을 꾸어야만 했다니까!"

"다 같이 한 겨레인데, 저희 살이나 우리 살이나 무엇이 다르냐? 제 자식이 아까우면 남의 자식 아까운 줄도 알아야 할 것이 아닌가? 우리 꼴을 좀 보시오. 우리는 제 아들딸을 종으로 팔아먹는 신세가 되었소. 딸들이 짓밟히는데도 우리는 어떻게 손을 쓸 힘조차 없소. 우리 밭이나 포도원은 이미 남의 손에 들어가고 말았단 말이오!"

느헤미야가 그들의 울부짖음과 탄식을 듣고 치밀어 오르는 분노를 참을 수 없어 그들이 호소하는 내용을 신중하게 살핀 다음 귀족들과 관리들을 불러 호되게 나무랐다.

"우리는, 이방 사람들에게 팔려서 종이 된 유다인 동포를, 애써 몸값을 치르고 데려왔소. 그런데 지금 당신들은 동포를 또 팔고 있소. 이제 우리더러 그들을 다시 사오라는 말이오? …… 당신들이 한 처사는 옳지 않습니다. 이방인 원수들에게 웃음거리가 되지 않으려거든, 하나님을 두려워하면서 살아야 합니다. 나도, 나의 친족도, 그리고 내 아랫사람들도, 백성에게 돈과 곡식을 꾸어 주고 있습니다. 제발, 이제부터는 백성에게서 이자 받는 것을 그만둡시다. 그러니 당신들도 밭과 포도원과 올리브 밭과 집을 오늘 당장 다 돌려주십시오. 돈과 곡식과 새 포도주와 올리브기름을 꾸어 주고서 받는 비싼 이자도, 당장 돌려주십시오." 느헤미야 5장 8절~11절

묵묵부답으로 듣고만 있던 귀족들과 관리들이 대답했다.

"모두 돌려주겠습니다. 그들에게 아무것도 받지 않겠습니다. 말씀하신 대로 하겠습니다."

느헤미야는 제사장들을 불러 모아 귀족들과 관리들에게 자기들이 약속한 것을 서약하게 했다. 그런 다음 자신의 주머니를 털어 보이면서 말했다.

"이 서약을 지키지 않는 사람이 있다면, 하나님께서 그 집과 재산을 이렇게 다 털어버리실 겁니다. 그런 사람은 털리고 또 털려서, 마침내 빈털터리가 되고 말 것입니다."

그러자 모든 사람이 "아멘!" 하며 하나님을 찬양했고, 백성들은 그 약속을 지켰다.

느헤미야 이전에 부임한 총독들은 백성에게 힘겨운 세금을 물리고, 양식과 포도주를 거둬들이고, 하루에 은 40세겔씩을 바치도록 했다. 총독 밑에 있는 사람들도 앞다투어 백성을 착취했다. 그러나 느헤미야는 아닥사스다 왕 20년에 유다 총독으로 임명받아 아닥사스다 왕 32년까지 12년 동안 총독으로 있었지만 그와 친척들 모두 녹을 받지 않았다. 그와 신하들은 오직 성벽 쌓는 일에만 힘을 기울였다. 그가 두려워한 것은 하나님 한 분

뿐이었다.

그의 식탁에서는 주변 여러 나라에서 온 사람들과 유다 사람들과 관리들 150명이 함께 밥을 먹어야 했기에 하루에 황소 한 마리와 기름진 양 여섯 마리, 그리고 날짐승도 여러 마리를 잡아야 했다. 또 열흘에 한 차례씩 여러 가지 포도주도 모자라지 않게 마련해야 했다. 고된 일을 하는 사람들이니만큼 잘 먹여야 했기 때문이다.

여기에 들어가는 비용은 느헤미야 자신이 부담했다. 그는 유다와 백성들을 위해 틈날 때마다 하나님께 기도를 드렸다.

"나의 하나님, 내가 이 백성을 위하여 하는 모든 일을 기억하시고, 은혜를 베풀어 주십시오." 느헤미야 5장 19절

느헤미야의 식탁에 올랐던 '날짐승'을 개역한글과 개역개정 성경에서는 '닭'으로, 공동번역 성경에서는 '새고기'로 번역했으며, NIV 영어 성경에서는 'poultry 가금'로, KJV 영어 성경에서는 'fowls 날짐승'로 표현했다. 약 2,500여 년 전에 차려졌던 느헤미야의 식탁에 대해 안토니 F. 치폴로와 레이너 W. 헤세 주니어는 『바이블 쿠킹』에서 이런 설명을 덧붙였다.

"히브리어 구절에 따르면 지방관 느헤미야 앞으로 고기, 가금, 그리고 포도주가 하루에 5백 명 분이나 비축되어 있었다고 한다. 느헤미야는 이 양식을 손님 접대에 쓰지 않았다. 그는 손님을 초대한 정찬을 위해 자비를 들여 공들인 음식을 내놓았고, 손님들은 그 정성에 깜짝 놀랐다. 이 정도 비축된 양식은 그의 위치에 있는 사람에게는 관례적인 수준이었다. 예를 들면 19세기 튀니스의 군주 느헤미야의 위치에 필적할 만한 지도자급 인사는 하루 양식으로

양 열두 마리, 생선, 가금, 고깃국, 오렌지, 달걀, 양파, 쌀밥 따위를 받았다고 전한다. 그 군주가 정찬을 할 때 귀족들도 함께 식사했다. 이들이 식사를 마친 후 하인들이 앉아서 남은 음식으로 식사했다. 하인들이 식사를 마치면 가난한 사람들이 남은 음식을 가져갔다. 이 두 가지 예에서 미루어볼 때 우리는 지방관의 성에서 식사를 하는 것이 어떠했는지 추측할 수 있다. 18절에 언급된 닭은 상상의 나래를 펼친 것일지도 모른다. 닭의 사육은 서력 기원 즈음에 이스라엘에서 널리 성행했지만, 느헤미야가 손님에게 대접했던 가금은 당시 이스라엘과 그 주변 지역에 많이 볼 수 있었던 메추라기 훌륭한 음식으로 널리 인정받았음 나 **자고** 아시아와 아프리카에 서식하는 꿩 비슷한 자고새, 비둘기, 참새였어도 괜찮았다.”

52일 만에 성벽 공사가 끝나자 유다의 원수들과 주변 여러 민족이 소식을 듣고 이 공사가 하나님의 도움으로 이루어진 것임을 깨달아 기가 꺾이고 말았다. 하나님의 손길을 경험한 백성들은 수문 앞 광장에 모여 학자 에스라로 하여금 모세의 율법을 읽게 했다. 백성들은 율법의 말씀을 들으면서 모두 한마음으로 울었다. 느헤미야와 에스라와 레위 사람들이 나서서 이 날은 주 하나님의 거룩한 날이니 슬퍼하지도 울지도 말라고 백성들을 타일렀다.

“돌아들 가십시오. 살진 짐승들을 잡아 푸짐하게 차려서, 먹고 마시도록 하십시오. 아무것도 차리지 못한 사람들에게는, 먹을 몫을 보내 주십시오. 오늘은 우리 주님의 거룩한 날입니다. 주님 앞에서 **기뻐**하면 힘이 생기는 법이니, 슬퍼하지들 마십시오.” 느헤미야 8장 10절

느헤미야가 이렇게 말하자 모든 백성은 배운 바를 밝히 깨달았으므로 돌아가서 먹고 마시며 크게 기뻐했다. 가난한 사람들에게는 서로 먹을 것을 건네주면서 함께 기쁨을 나눴다.

이들은 모세의 율법을 따라 그동안 잊고 있던 초막절을 지켰다. 초막절은 출애굽 당시 40년에 걸친 광야 생활 동안 지켜주신 하나님의 은혜를 기념하기 위해 만든 절기로 초막을 짓고 일주일 간 온 가족이 살면서 조상들의 고난을 묵상하며 되새겼다. 이스라엘 자손이 다 모여 금식하면서 굵은 베 옷을 입고, 먼지를 뒤집어썼다. 그리고 이방 사람과 관계를 끊고, 자리에 선 채로 자신들의 허물과 조상의 죄를 자백했다. 자리에서 일어나 낮의 사분의 일은 율법 책을 읽고, 또 낮의 사분의 일은 자기들의 죄를 자백하고, 하나님께 경배를 올렸다.

느헤미야는 왕의 총애를 받아 유다 백성 가운데 가장 높은 지위에 올랐으면서도 특권을 누리지 않고 낮은 자세로 사람들과 더불어 먹고 마시며 궂은일에 앞장서 황폐화된 조국을 재건하고 잃어버린 신앙을 회복하며 흐트러진 민심을 한데 모으는 일에 솔선수범하였다. 그는 절망밖에 보이지 않는 모진 환경 속에서도 희망을 발견해 낼 줄 아는 위대한 지도자였다.

외젠 들라크루아(1798~1863, 프랑스),
〈부르봉 궁전 '신학의 둥근 천장'에 그려진
그림 바벨론 유수〉, 캔버스에 유화,
292×221cm, 부르봉 궁전 도서관, 파리

'민중을 이끄는 자유의 여신'으로 유명한 프랑스 낭만주의 화가 들라크루아의 작품이다. 오른쪽 남자
는 먼 하늘을 바라보고 있고, 가운데 여인은 가슴을 드러낸 채 보채는 아이를 외면하고 넋 나간 듯 강물
을 응시하고 있다. 왼쪽에 있는 여인은 턱을 괴고 드러누워 먼 산을 쳐다보고 있다. 뭔가를 상실한 것처
럼 망연자실한 표정들이다. 고향산천을 떠나온 사람들의 착잡한 심정이 잘 드러나 있다. 바벨론의 느
부갓네살 왕은 유다를 약탈하고 예루살렘 성전을 파괴한 후 많은 유대인들을 잡아갔는데, 이 시기를
'바벨론 유수 幽囚, 잡아 가둠'라고 부른다. 그림의 강렬한 색채와 드라마틱한 구조가 원시를 꿈꾼 화가 고
갱을 연상시킨다.

20
그들이 즐겁게 잔치를 벌이면서
음식을 나누어 먹은 까닭

180일 동안의 잔치, 그리고 와스디 왕후의 폐위

|

다리오 1세의 뒤를 이어 기원전 486년부터 464년까지 페르시아 제국을 다스렸던 아하수에로 왕은 전쟁과 잔치를 좋아하던 호방한 기질의 사내였다. 헬라 식으로 크세르크세스라고 불리는 그는 동쪽으로는 인도, 서쪽으로는 헬라의 이오니아와 아프리카의 에티오피아, 남쪽으로는 페르시아 만, 북쪽으로는 메대 왕국에 이르는 광활한 영토를 통치했던 인물이다.

'에스더서 Esther'는 스룹바벨이 주도한 1차 포로 귀환과 학사 에스라가 주도한 2차 포로 귀환 사이에 페르시아 제국의 수도인 수산에서 발생했던 유다 백성들의 구원 사건을 다루고 있다. 성경 66권 가운데 하나님의 이름이 한 번도 나오지 않는 유일한 책이지만 유다 백성들이 전멸을 당할 수도 있는 일촉즉발의 위기 속에서 극적으로 민족 전체를 구원해 주신 하나님의 위대한 섭리와 은총이 오롯이 드러나 있는 보석 같은 책이 바로 에스더서다.

아하수에로가 왕위에 오른 지 3년째 되던 어느 날이었다. 그는 자신의 궁으로 페르시아는 물론 메대의 총독들과 장수들과 귀족들을 모두 불러다 놓고 성대한 잔치를 베풀었다. 자기 왕국이 지닌 영화로운 부요와 찬란한 위엄을 과시하기 위함이었다. 잔치는 하루나 이틀만 열린 게 아니었다. 무려 180일, 즉 6개월 동안이나 계속되었다. 그 규모가 어느 정도였을지는 가히 짐작조차 되지 않는다. 각종 술과 음식은 또 얼마나 많이 소비되었을 것인가? 하지만 아하수에로 왕의 여흥은 그칠 줄을 몰랐다. 1년의 반을 잔치로 소일했으면서도 그는 도성 안에 있는 백성들을 왕궁 정원 안뜰로 불러들여 다시 1주일 동안 잔치를 벌였다.

"정원에는, 흰 실과 붉은 빛 털실로 짠 휘장을 쳤는데, 그 휘장은, 대리석 기둥의 은고리에 흰 실과 보랏빛 실로 꼰 끈으로 매달았다. 화반석과 백석과 운모석과 흑석으로 덮인 바닥에는, 금과 은으로 입힌 의자들이 놓여 있었다. 술잔은 모두 금잔이었는데, 모양이 저마다 달랐다. 왕이 내리는 술은 풍성하였다. 그날은 어전 음주법을 따르지 않았으므로, 많이 마시고 싶은 사람은 많이, 적게 마시고 싶은 사람은 적게 마셨다. 그것은, 왕이 모든 술 심부름꾼에게, 마실 이들이 원하는 만큼 따라 주라고 지시하였기 때문이다." 에스더 1장 6절~8절

당시 분위기가 어땠는지를 다소 가늠해 볼 수 있는 구절이다. 그야말로

휘황찬란한 왕실의 흥청망청한 잔치였다. 이 자리에는 남자들만 있었던 게 아니다. 남편들과 함께 온 부인들도 많았다. 아하수에로 왕의 아내인 와스디 왕후는 이들과 함께 잔치를 즐기고 있었다.

드디어 잔치 마지막 날, 기분이 최고조에 달한 아하수에로 왕은 내시들에게 일러와스디 왕후로 하여금 관을 쓰고 자기 앞으로 나오라는 명령을 내렸다. 왕후가 상당한 미인이었기 때문에 백성들과 신하들이 모인 자리에서 그녀의 아름다움을 한껏 자랑하고 싶었던 것이다. 그러나 왕후는 명령에 따르지 않았다. 왕 앞으로 나가 많은 사람들에게 자신의 아름다움을 드러내기를 거절한 것이다. 아하수에로 왕은 몹시 화가 났다. 마음속에서 분노가 불같이 치밀어 올랐다. 백성들과 신하들 앞에서 왕후로부터 치욕스런 망신을 당했다고 생각했다.

그는 법에 밝은 측근들과 이 일에 관해 의논했다. 신하 중 한 사람인 므무간이 왕에게 해결 방법을 제시했다. 그것은 와스디 왕후의 잘못을 용서할 경우 나라 안의 모든 여인들에게 이 사실이 알려져 자신들의 남편을 업신여기게 될 것이므로 왕의 명령을 어긴 와스디 왕후를 엄히 다스려 다시는 임금 앞에 나오지 못하도록 해야 한다는 것이었다. 즉 왕후를 폐위시켜야 한다는 말이었다. 그런 다음 다른 훌륭한 여인에게 왕후 자리를 물려주는 게 마땅하다는 의견이었다. 왕이 이 같은 내용의 칙령을 내리면 낮은 사람이고 높은 사람이고 할 것 없이 모든 여인이 자기 남편을 정중하게 대할 거라고 했다. 아하수에로 왕은 자신의 마음에 쏙 드는 이 제안을 받아들여 모든 지방에 조서를 내렸다. 조서의 내용은 '남편이 자기 집을 주관해야 하며, 남편이 쓰는 말이 그 가정에서 쓰는 일상 언어가 되어야 한다'는 것이었다.

와스디 왕후는 잔치 마지막 날 날벼락을 맞고 말았다. 왕의 명령을 거역한 죄로 왕후의 자리에서 쫓겨난 것이다. 그 이유에 대해 역사가 요세푸스는 남에게 아내의 얼굴을 보여주지 않는 페르시아의 관습 때문이라고 했으며, 구약성경의 아람어 번역본인 『탈굼』은 "나체로 나오라는 왕의 요구 때문이었다"라고 기록하고 있다. 만약 그녀가 왕의 명령에 순종해 곱게 단장하고 백성들과 신하들이 모인 곳으로 나가 자신의 아름다움을 마음껏 뽐내며 교태를 부렸다면 어떻게 되었을까? 아마 잔치가 끝난 뒤 왕으로부터 술에 취한 뭇 사내들 앞에서 국모로서의 위엄과 체통을 땅에 떨어뜨린 천박한 여자라는 책망을 받았을지도 모른다. 왕의 명령을 따르든 어기든 비난과 수모를 면할 길이 없는 진퇴양난의 처지였던 것이다.

잔치가 끝난 뒤 일상으로 복귀한 아하수에로 왕은 평정심을 회복하자 자신이 와스디 왕후에게 저질렀던 일이 후회스러웠다. 왕의 울적한 심기를 파악한 신하들이 왕에게 제안했다.

"임금님을 모실 아리땁고 젊은 처녀들을 찾아보게 하시는 것이 좋겠습니다. 임금님께서 다스리시는 각 지방에 관리를 임명하시고, 아리땁고 젊은 처녀들을 뽑아서, 도성 수산으로 데려오게 하시고, 후궁에 불러다가, 궁녀를 돌보는 내시 헤개에게 맡기시고, 그들이 몸을 가꿀 화장품을 내리십시오. 그리 하신 뒤에, 임금님 마음에 드는 처녀를 와스디 대신에 왕후로 삼으심이 좋을 듯합니다." 에스더 2장 2절~4절

이렇게 해서 왕후의 자리에 오를 아리따운 처녀를 간택하는 일이 시작되었다.

그 무렵 수산에는 모르드개라는 유다 남자가 살고 있었다. 그에게는 에스더라는 양녀가 있었다. 본래는 사촌 누이동생이었지만 그녀의 부모가 일찍 세상을 떠나자 자신의 딸로 삼아 기른 것이다. 에스더는 '별' 또는 '소녀'라는 뜻이다. 히브리 이름은 상록 관목이자 화석류 나무인 '도금양'을 뜻하는 '하닷사'였다. 그녀는 몸매도 아름답고 얼굴도 예쁜 미인이었다. 왕이 새로운 왕후를 간택하기 위한 명령과 조서를 공포하자 관리들은 여러 고을에서 처녀를 많이 뽑아 도성 수산으로 보냈다. 출중한 미모를 가진 에스더 역시 이들 중 한 명으로 뽑혀 왕궁으로 들어가게 되었다. 궁녀를 맡아 보는 헤개는 에스더를 좋게 보고, 남다른 대우를 하며, 화장품과 특별한 음식을 제공해 주었다. 또 궁궐에서 시녀 일곱 명을 골라 에스더의 시중을 들게 하고, 그녀를 후궁에서 가장 좋은 곳에서 지내게 했다. 에스더는 누구에게도 자신이 포로로 잡혀온 유다 민족이라는 사실을 드러내지 않았다. 이는 양아버지인 모르드개가 그녀가 궁으로 들어오기 전 절대로 밝히지 말라고 단단히 일러두었기 때문이다.

하루아침에 포로에서 왕후로 신분이 바뀐 에스더

궁으로 들어간 처녀들은 왕 앞에 나아갈 때까지 정해진 미용법에 따라 1년 동안이나 몸을 가꾸었다. 처녀가 왕 앞에 나아갈 때에는 원하는 것은 무엇이든지 다 주어 후궁에서 대궐로 가지고 가게 했다. 저녁에 대궐로 들어간 처녀가 이튿날 아침에 나오면 후궁들을 맡아 보는 왕의 내시가 별궁으로 데리고 갔다. 왕이 그를 좋아해서 특별히 지명하여 부르지 않으면 다시는 왕 앞에 나아갈 수 없었다. 오랜 시간 기다린 끝에 드디어 에스더가 왕에게 나아갈 차례가 되었다. 에스더는 요란하게 꾸미지 않았지만 누가 봐도 아리땁기 그지없었다.

그녀가 왕의 침전으로 불려 들어간 것은 아하수에로가 나라를 다스린 지 7년째 되는 해 열째 달이었다. 왕은 에스더를 다른 궁녀들보다도 더 사랑했다. 에스더는 모든 처녀들을 제치고 왕의 귀여움과 사랑을 독차지했다. 그 결과 마침내 아하수에로 왕은 에스더의 머리에 관을 씌우고 와스디를 대신하여 왕후로 삼았다. 왕은 에스더를 위하여 큰 잔치를 베풀고, 전국 각 지방에 세금을 면제해 줬으며, 왕의 이름으로 여러 가지 상을 푸짐하게 내렸다.

에스더를 궁으로 들여보낸 후 모르드개는 대궐에서 일을 맡아 보고 있었다. 모르드개가 대궐 문에서 근무하고 있을 때 문을 지키는 왕의 두 내시가 원한을 품고 왕을 죽이려는 음모를 꾸몄다. 이를 알게 된 모르드개는 에스더 왕후에게 이 사실을 알렸고, 에스더는 즉시 이 소식을 왕에게 일러주었다. 음모가 밝혀진 뒤 두 내시는 나무에 매달려 처형되었다.

이런 일이 있은 지 얼마 후 아하수에로 왕은 아각 사람 하만을 등용하여 큰 벼슬을 주고 다른 대신들보다 더 높은 자리에 앉혔다. 대궐 문에서 근무하는 신하들은 하만이 드나들 때마다 모두 꿇어 엎드려 절을 했다. 그러나 모르드개는 무릎을 꿇지도 않고, 절을 하지도 않았다. 이를 본 다른 신하들이 모르드개를 나무랐지만 그는 자신의 소신을 굽히지 않았다.

왜 모르드개는 하만에게 무릎 꿇고 절하지 않았던 걸까? 하만은 아각 사람이었다. 아각은 아말렉 족속 통치자를 일컫는 칭호다. 아말렉은 역사적으로 이스라엘과 철천지원수였다. 따라서 모세는 자신의 유언을 통해 아말렉 사람들을 모조리 무찔러야 한다고 거듭 역설했다.

"너희가 이집트에서 나오는 도중에 아말렉에게 당한 일을 잊지 마라. 그는 너희가 도중에 지칠 대로 지쳐 있을 때 뒤에 처진 사람들에게 달려들어 하느님 두려운 줄 모르고 쳐죽였었다. 그러므로 너희 하느님 야훼께서 너희 주변에 있는 원수들을 물리쳐주시어, 너희 하느님 야훼께 유산으로 받을 땅에서 평안을 누리게 되거든 너희는 하늘 아래에서 아말렉을 흔적도 남지 않게 없애버려야 한다. 명심하여라." 신명기 25장 17절~19절, 공동번역

훗날 하나님은 사무엘을 통해 사울에게 아말렉을 진멸하도록 명하셨다. 사울은 아말렉에 쳐들어가 아각 왕을 사로잡고 백성들을 모조리 칼로 쳐서 없애 버렸다. 그렇지만 하나님의 말씀을 어기고 양 떼와 소 떼 가운데 가장 좋은 것들을 아깝게 여겨 살려둔 채 쓸모없고 값없는 것들만 진멸한 까닭에 하나님께 버림을 받고 비극적인 최후를 맞기에 이른다. 사울 왕은 베냐민 지파로 모르드개의 직계 조상이었다. 그러니 하만에게 무릎 꿇고 절한다는 것은 하나님 말씀을 어기는 것이며, 민족을 배반하는 일이요, 조상들을 욕되게 하는 행위였다.

시간이 지나 결국 이 일이 하만에게까지 알려졌다. 하만은 유다 사람 모르드개가 자신에게 무릎 꿇고 절하지 않았다는 사실을 알고 화가 치밀어 올랐다. 그는 모르드개 한 사람만 죽이는 건 너무 가볍다고 생각했다. 차제에 자기 민족의 원수인 유다 사람 전체를 모조리 진멸해야겠다고 결심했다. 그는 그럴 만한 위치에 있었고, 그럴 만한 힘을 가지고 있었다.

아하수에로 왕이 즉위한 지 12년째 되던 해 첫째 달이 밝았다. 사람들은 유다 사람들을 언제 죽이는 게 좋을지 정하려고 하만이 보는 앞에서 주사

위의 일종인 '부르'를 던졌다. 주사위가 열두째 달 13일에 떨어졌다. '부르 pur'는 '제비 lot'라는 뜻이다. 셈족 계통의 언어인 아카드어 '푸루 puru'에서 유래된 말로 제비를 뽑는 기구 혹은 제비를 뽑는 행위를 가리킨다. 복수형은 '푸림 purim'이다. 페르시아 제국에서는 어떤 일을 판단하거나 택일할 때 육면체로 된 주사위를 사용했다고 한다. 날짜가 정해지자 하만은 왕에게 나아가 아뢰었다.

"임금님께서 다스리시는 왕국의 여러 지방에 널리 흩어져 사는 민족이 하나 있는데, 그들은 자기들끼리만 모여서 삽니다. 그들의 법은 다른 어떤 백성들의 법과도 다릅니다. 더욱이, 그들은 임금님의 법도 지키지 않습니다. 임금님께서 그들을 그냥 두시는 것은 유익하지 못한 일이라고 생각합니다. 임금님께서만 좋으시다면, 그들을 모두 없애도록, 조서를 내려 주시기를 바랍니다. 그러면 저는, 은화 만 달란트를 임금님의 금고출납을 맡은 관리들에게 주어서 입금시키도록 하겠습니다." 에스더 3장 8절~9절

아하수에로 왕은 하만의 말만 믿고 자신에게 별로 해로울 게 없는 그의 제안을 흔쾌히 수용했다. 그는 자기 손가락에 끼고 있던 왕의 상징인 인장 반지를 빼서 하만에게 맡겼다. 그러면서 은화 만 달란트까지 하만에게 줄 테니 알아서 처리하라고 했다. 하만은 쾌재를 불렀다. 그는 서기관들을 소집해서 각 지방의 글과 각 민족의 말로 조서를 만들어 대신들과 각 지방의 총독들과 각 민족의 귀족들에게 보냈다.

왕의 인장이 찍힌 조서에는 열두째 달 13일 하루 동안 유다 사람들을 남

녀노소 할 것 없이 모두 죽이고 그들의 재산을 빼앗으라는 내용이 적혀 있었다. 바야흐로 유다 민족의 씨가 마를 날이 하루하루 다가오고 있었던 것이다.

이 모든 일을 알게 된 모르드개는 옷을 찢고, 굵은 베옷을 걸치고, 재를 뒤집어쓴 채 성 안으로 들어가서 대성통곡했다. 왕이 내린 명령과 조서가 전달된 지방마다 유다 사람들은 온통 탄식하고 금식하면서 슬프게 울부짖었다. 모르드개는 내시 하닥을 통해 에스더에게 이 소식을 전하면서 에스더가 직접 어전에 나아가 왕에게 자비를 구하고, 최선을 다해 자기 겨레를 살려 달라고 탄원하도록 부탁했다. 그러자 에스더는 하닥을 통해 이렇게 대답했다.

"임금님이 부르시지 않는데, 안뜰로 들어가서 왕에게 다가가는 자는, 남자든지 여자든지 모두 사형으로 다스리도록 되어 있습니다. 이러한 법은 모든 신하들과 왕이 다스리는 모든 지방 백성들이 다 알고 있습니다. 다만 임금님이 금으로 만든 규를 내밀어서, 목숨을 살려 주실 수는 있습니다. 그런데 임금님이 나를 부르지 않으신지가 벌써 삼십 일이나 되었습니다." 에스더 4장 11절

'규圭, scepter'는 왕의 통치와 권위를 상징하는 물건으로 손에 잡고 있는 단장 또는 패를 가리킨다. 난감했지만 믿을 구석은 에스더밖에 없었다. 모르드개는 다시금 독촉했다.

"왕후께서는 궁궐에 계시다고 하여, 모든 유다 사람이 겪는 재난을 피

할 수 있다고 생각하십니까? 이런 때에 왕후께서 입을 다물고 계시면, 유다 사람들은 다른 곳에서라도 도움을 얻어서, 마침내는 구원을 받고 살아날 것이지만, 왕후와 왕후의 집안은 멸망할 것입니다. 왕후께서 이처럼 왕후의 자리에 오르신 것이 바로 이런 일 때문인지를 누가 압니까?" 에스더 4장 13절~14절

그러자 에스더는 마음을 돌이켰다. 유다 민족이 몰살당한 뒤 홀로 궁에 남아 호의호식한들 무슨 의미가 있겠는가? 산목숨이 아닐 것이다. 에스더는 모르드개에게 수산에 있는 유다 사람들을 한 곳에 모아 자신을 위해 사흘 동안 금식하며 밤낮으로 기도해 달라고 부탁했다.

"후에 규례를 어기고 왕에게 나아가리니 죽으면 죽으리이다." 에스더 4장 16절, 개역한글

그녀는 자기 민족을 살리기 위해 죽을 각오로 왕 앞에 나아가고자 마음 먹었다. 금식한 지 사흘째 되는 날, 에스더는 왕후의 예복을 입고 대궐 안 뜰로 들어가 대궐을 마주 보고 섰다. 왕은 어전 안의 왕좌에서 문 쪽을 바라보고 앉아 있었다. 왕이 왕후가 뜰에 서 있는 것을 보고 쥐고 있던 금으로 된 규를 내밀자 에스더가 다가가 규의 끝에 손을 대었다. 위기의 순간을 넘긴 것이다. 그만큼 아하수에로 왕은 에스더 왕후를 사랑하고 있었다.

무슨 일로 왔느냐는 왕의 물음에 에스더는 오늘 잔치를 차릴 테니 하만과 함께 와달라고 간청했다. 왕은 이를 수락하고 하만에게 궁으로 들어오도록 명했다. 에스더는 왕과 하만을 위해 정성껏 잔칫상을 차려 대접한 다

음 내일 또 잔치를 열 테니 두 사람이 다시 와달라고 요청했다. 하만은 왕후가 베푼 잔치에 왕과 자신만 연거푸 초대된 것이 감격스러웠다. 집으로 돌아온 그는 아내와 친구들에게 이를 자랑했다. 하지만 여전히 자신에게 절하지 않는 모르드개 때문에 골치 아프다며 푸념을 늘어놓았다. 사람들은 곧바로 그를 거들며 아첨했다.

"높이 쉰 자짜리 장대를 세우고 내일 아침에, 그자를 거기에 달도록 임금님께 말씀을 드리십시오. 그런 다음에, 임금님을 모시고 잔치에 가서 즐기십시오." 에스더 5장 14절

그날 밤, 잠이 오지 않아 궁중실록을 가져다 소리 내어 읽게 하던 왕은 예전에 모르드개가 자신을 살해하려던 두 내시의 음모를 미리 알고 고발했다는 기록을 듣게 되었다. 그러고는 자신이 모르드개 덕분에 목숨을 구하게 되었음에도 아무런 상을 내리지 않았다는 사실을 알게 되었다. 그는 장대를 세우기 위해 궁궐 뜰에 머물러 있던 하만을 불러다가 물었다.

"내가 특별히 대우하고 싶은 사람이 있는데, 그에게 어떻게 하면 좋을지 말해 보시오."

그러자 하만은 자기에게 특별한 상을 내리려는 줄 지레짐작하고 왕에게 이렇게 건의했다.

"임금님께서 입으시는 옷과 타시는 말을 내오게 해서 말의 머리를 관으로 꾸민 뒤에, 그 옷과 말을 대신 가운데 가장 높은 이의 손에 맡겨, 임금님께서 높이시려는 사람에게 옷을 입히고 말에 태워 성 안 거리를 지나가게 하는 게 좋겠습니다. 말을 모는 신하에게는 '임금님께서는 높이고 싶은 사

람을 이렇게까지 대우하신다!' 하고 외치게 하심이 좋겠습니다."

이 말을 들은 왕은 하만에게 당장 대궐 문을 지키는 유다 사람 모르드개에게 자신의 옷과 말을 가지고 가서 방금 하만이 말한 그대로 해주라고 명령을 내렸다. 모르드개를 죽이려는 계략을 세우던 하만이 모르드개를 높이는 일에 앞장서게 되고 만것이다. 황당한 일이었지만 왕명을 거역할 수는 없었다. 하만은 자신이 그토록 미워하던 모르드개에게 왕의 옷을 입히고 왕의 말에 태운 후 거리를 돌면서 "임금님께서는 높이고 싶어 하시는 사람에게 이렇게까지 대우하신다!" 하고 외쳐야 했다. 그런 다음 하만은 근심이 가득한 얼굴로 달아났다.

유다 민족을 구한 에스더,
'하만의 주머니'를 먹는 부림절의 탄생
|

에스더는 왕과 하만을 위해 두 번째 잔칫상을 차렸다. 술잔을 든 왕이 왕후에게 물었다.

"도대체 당신의 간청이 뭐요? 내가 다 들어주겠소. 나라의 절반이라도 떼어 주리다."

마침내 때가 되었다. 에스더 왕후는 비장한 얼굴로 왕에게 대답했다.

"임금님, 내가 임금님께 은혜를 입었고, 임금님께서 나를 어여삐 여기시면, 나의 목숨을 살려 주십시오. 이것이 나의 간청입니다. 나의 겨레를 살려 주십시오. 이것이 나의 소청입니다. 나와 내 겨레가 팔려서, 망하게 되었습니다. 살육 당하게 되었습니다. 다 죽게 되었습니다. 우리가 남종이나 여종으로 팔려 가기만 하여도, 내가 이런 말씀을 드리지 않을 것입니다. 그만한 일로 임금님께 걱정을 끼쳐 드리지는 않을 것입니다."

에스더 7장 3절~4절

자신이 그토록 사랑하는 에스더 왕후와 그녀의 민족 전체를 살육하려는 자가 있다는 말에 왕이 화들짝 놀랐다. 그런 일을 하려는 자가 누구냐는 물음에 에스더는 이렇게 대답했다.

"그 대적, 그 원수는 바로 이 흉악한 하만입니다." 에스더 7장 6절

에스더의 대답이 떨어지자마자 하만은 사색이 되었다. 화가 머리끝까지 난 왕은 자리를 박차고 일어나 왕궁 안뜰로 나갔다. 하만은 에스더 왕후에게 목숨만 살려 달라고 애걸했다. 왕이 열을 식히고 술자리로 돌아와 보니 하만이 에스더의 침상에 엎드려 있었다. 이를 본 왕은 그가 왕후를 범하려 한다며 소리를 질렀고, 내시들이 달려들어 하만의 얼굴을 가렸다.

분이 풀리지 않은 왕은 하만이 모르드개를 매달아 죽이려고 장대를 만들었다는 사실을 알고는 그 장대에 하만을 매달도록 명령했다. 하만은 모르드개 대신 자신이 만든 장대에 매달렸다. 이어서 왕은 하만의 재산을 모두 빼앗아 에스더에게 주었다. 에스더가 모르드개와의 관계를 밝히자 왕은 하만에게서 되찾은 인장 반지를 모르드개에게 넘겼다. 에스더 역시 하만의 재산을 전부 모르드개에게 맡겼다. 졸지에 하만과 모르드개의 처지가 뒤바뀐 것이다.

에스더는 다시 한 번 왕의 발 앞에 엎드려 울면서 애원하였다. 하만이 유

다 사람들을 치려고 꾸민 악한 음모를 막아 달라는 간청이었다. 그러자 왕은 모르드개에게 하만의 흉계를 저지하고 유다 사람들을 구할 수 있도록 새로운 조서를 만들어 자신의 인장 도장을 찍은 후 각 지방에 내려 보내도록 지시했다. 모르드개는 즉각 왕의 서기관들을 소집해 조서를 만든 다음 날랜 말을 탄 보발꾼들로 하여금 127개 지방에 있는 유다 사람들과 대신들과 총독들과 귀족들에게 급히 조서를 전달하도록 했다. 왕의 조서 내용은 열두째 달 13일 하루 동안 각 성에 사는 유다 사람들이 함께 모여 목숨을 지킬 수 있도록 한 것이다. 어느 성읍에서든지 다른 민족들이 유다 사람들을 공격하면 거기에 맞서 공격해 오는 자들뿐 아니라 그들의 자식과 아내까지 모두 죽이고 도륙하고 진멸하며 재산까지 빼앗을 수 있게 한 것이었다.

마침내 열두째 달인 아달월 13일이 되었다. 이날은 본래 유다 사람의 원수들이 유다 사람을 없애려고 한 날인데, 오히려 유다 사람이 자기들을 미워하는 자들을 없애는 날로 바뀌었다. 아하수에로 왕이 다스리는 모든 지방의 각 성읍에 사는 유다 사람들은 성읍별로 모여서 자기들을 해치려고 한 자들을 공격하였다. 모든 민족이 그들을 두려워하였으므로 아무도 이들을 막을 수가 없었다. 각 지방의 대신들과 제후들과 총독들과 왕의 행정관리들은 모르드개가 무서워서 유다 사람들을 도왔다.

당시 모르드개는 왕궁에서 실권을 잡고 있었고, 그의 세력은 날로 더하여 갔으며, 그의 명성은 전국 방방곡곡에 퍼졌다. 유다 사람들은 그들의 원수를 다 칼로 쳐 죽여 없앴으며, 자기들을 미워하는 자들에게 하고 싶은 대로 다하였다.

이튿날인 14일에는 쉬면서 기쁨의 잔치를 베풀었다. 수산에 사는 유다 사람들은 13일과 14일에 모여 일을 벌였으므로 15일에 잔칫상을 차렸고,

성벽이 없는 여러 마을에 사는 유다 사람들은 14일에 즐겁게 잔치를 벌였다. 모르드개는 결코 이 날을 잊지 않기 위해 모든 사건을 다 기록해 두었으며, 각 지방에 사는 유다 사람들에게 글을 보내 해마다 아달월 14일과 15일을 명절로 지키도록 지시하였다. 그날에 유다 사람이 원수들의 손에서 벗어났으며, 그날에 유다 사람의 슬픔이 기쁨으로 바뀌었고, 초상날이 잔칫날로 바뀌었으므로 모르드개는 그 이틀 동안을 잔치를 벌이면서 기뻐하는 명절로 정하고, 서로 음식을 나누어 먹고, 가난한 사람들에게 선물을 주는 날로 지키도록 했다. 이것이 바로 부림절의 시작이다.

"아비하일의 딸 에스더 왕후는, 유다 사람 모르드개와 함께, 전권을 가지고 두 번째로 편지를 써서, 부림절을 확정하였다. 위로와 격려의 말이 담긴 그 편지는, 아하수에로 왕국 백스물일곱 지방에 사는 모든 유다 사람들에게 발송되었다. 이 편지는 이틀 동안 계속되는 부림절을 확정 짓는 것이다. 이것은 유다 사람 모르드개와 에스더 왕후가 지시한 것일 뿐만 아니라, 유다 사람들 스스로도 기꺼이 부림절을 명절로 확정하고, 그 자손들도 그때가 되면, 금식하며, 슬피 울면서 지키도록 하였다." 에스더 9장 29절~31절

하만이 '부르'를 던져 유다 사람들을 학살할 날짜를 정한 데서 부림절이라는 말이 생겼다. 유대력 아달월 14일과 15일은 태양력으로 2월 말이나 3월 초에 해당한다. 부림절이 되면 유대인들은 에스더서를 읽어야 한다. 에스더서를 읽을 때 꼭 지켜야 할 규칙이 있는데, 그것은 모르드개에 관한 네 구절, 즉 2장 5절과 8장 15절~16절과 10장 3절은 큰소리로 읽어야 한다는

것이다. 또한 하만의 이름이 나오면 소리를 지르면서 부림절을 위해 특별히 고안된 '그래거'라는 기구로 시끄러운 소리를 내야하고, 9장 7절~10절에 나오는 하만의 열 아들 이름은 쉬지 않고 읽어야 한다. 그들이 한꺼번에 처형되었다는 사실을 기억하기 위해서다.

유대인들은 부림절 전날인 13일에는 금식을 하며, 14일 저녁에는 회당에 모여 에스더서를 낭독하고, 15일 아침 회당에 다시 모여 에스더서를 낭독한 후 오후에는 가난한 사람들에게 선물과 음식을 베풀며 기쁨을 나눈다. 이날은 먹고 마시며 술에 취하는 것이 얼마든지 용인된다. 탈무드에는 부림절에 포도주를 마실 때 '바루흐 모르드개 모르드개에게 축복을'라는 말과 '아루르 하만 하만에게 저주를'이라는 말을 구분하지 못할 때까지 마셔야 한다고 기록되어 있다. 동서고금을 막론하고 잔치에서 가장 중요한 것은 음식이다. 잔치에 음식이 빠지면 잔치가 아니다. 14세기에 쓰인 책 『마세켓 푸림』에는 부림절에 먹는 고기 요리가 무려 27가지에 달했다고 적혀 있다. 유대인들은 부림절에 주로 어떤 요리를 즐겨 먹을까?

첫째는 호박씨, 해바라기 씨, 호두 등 견과류와 강낭콩이다. 견과류를 먹는 것은 에스더가 수산 궁에 살면서 율법을 지키기 위해 견과류를 먹은 걸 기념하기 위함이다. 강낭콩은 전통적으로 장례식 때 먹던 음식으로 고향에 돌아가지 못하고 떠도는 삶을 애도하는 풍습이다.

둘째는 양귀비 씨, 치즈, 과일 등을 넣어 만든 삼각형 모양의 과자, 즉 '하만타셴'을 먹는다. 흔히 후식으로 먹는 이 음식을 '하만의 주머니' 또는 '하만의 귀'라고 부른다. 하만이 즐겨 썼던 모자가 삼각형인 데서 유래했다는 설과 하만의 귀 모양이 삼각형인 데서 유래했다는 설이 있다. 양귀비 씨앗 '몬'의 발음이 하만의 '만'과 비슷했기에 양귀비 씨를 주재료로 삼았다고 한다. 하만의 주머니가 항상 뇌물로 가득했던 것을 빗대어 만든 것이기도 하다.

셋째는 우리나라 만두와 비슷한 '크레플라흐'를 만들어 먹는다. 밀가루 반죽을 빚어 고기와 으깬 감자, 양파 등으로 소를 채운 뒤 닭 육수에 끓여 먹는 음식이다. 크레플라흐를 만들기 위해 재료를 잘게 썰거나 자르는 동작이 에스더서를 낭독하며 발을 구르거나 그래거를 돌리는 것과 비슷해 먹기 시작했다고 한다. 피 안에 소를 숨기는 것이 마치 에스더서에 여호와의 이름이 한 번도 나오지 않지만 그 안에 신이 숨어 있는 것을 상징하는 것과 같다.

넷째는 지역 공동체마다 다양하게 만들어 먹는 빵이다. 헝가리나 루마니아에 거주하던 유대인들의 후손은 바닐라 커스터드를 채운 도넛 볼을 만들고, 모로코에 사는 유대인들은 하만의 머리 모양을 흉내 낸 빵을 굽는다. 폴란드의 유대인들은 하만을 장대에 매달 때 사용했던 밧줄 모양처럼 비비 꽈서 만든 재미있는 꽈배기 빵 '할라'를 먹으며 축제를 즐긴다.

에스더서는 히브리어 판본과 그리스어 판본 두 가지가 있다. 그 이유는 수수께끼다. 부림절은 술을 마시고 실컷 노는 날이다. 학자들은 히브리어 판본에 신이 없는 이유는 저자가 신의 이름을 떠들썩한 부림절 축제와 연관 짓지 않으려 했기 때문이라고 본다. 그렇다면 그리스어 판본에 종교적인 내용이 추가된 것은 부림절을 경건하게 보내려는 의도일 것이다.

민족 구원의 대역사에서 맹활약했던 왕후 에스더는 매우 아름답고, 신앙심이 깊으며, 누구보다 용감했기 때문에 그녀의 이름은 유대인들에게 인기가 많다. 유대인들의 전설에 따르면 에스더의 미모는 나이를 초월해 평생토록 유지되었다고 한다. 한편 그녀의 든든한 후원자였던 아하수에로 왕은 기원전 480년에 치러진 살라미스 해전과 기원전 479년에 치러진 플라티아 전투에서 헬라 군에게 연거푸 패하고 귀국한 뒤 방탕한 생활을 하다 암살되었다.

장 프랑수아 드 트루아(1679~1752, 프랑스),
〈에스더와 아하수에로의 식사: 벽걸이 천 초안〉,
캔버스에 유화, 329×469cm,
루브르 박물관, 파리

에스더서는 페르시아 황제들의 궁정을 상세하게 소개하고 있어 화가들이 즐겨 그리는 소재다. 장 프랑수아 드 트루아는 '에스더의 기절', '에스더의 화장', '에스더의 왕관' 등 에스더를 소재로 한 여러 작품을 남겼다. 음식에도 관심이 많아 '굴이 있는 점심식사', '사냥터의 식사' 등을 그렸다. '에스더와 아하수에로의 식사'는 로코코 미술의 대가답게 그의 화려하고 세련되며 감각적인 터치가 잘 드러나 있는 그림이다. 식탁 오른쪽에 앉은 아하수에로 왕과 에스더 왕후는 서로 눈을 바라보며 긴밀한 이야기를 나누고 있다. 반면 왼쪽에 멀찍이 떨어져 앉은 하만은 둘이 무슨 말을 주고 받는지 궁금해서 턱을 괸 채 안절부절 못하고 있다.

복되어라,

야훼를 경외하며 그의 길을 걷는 자.

네 손으로 일하여 그것을 먹으니,

그것이 네 복이며 너의 행복이다.

너의 집 안방의 네 아내는 포도 알 푸짐한 포도나무 같고

밥상에 둘러앉은 네 자식들은 올리브 나무의 햇순과 같구나.

보아라, 야훼를 경외하는 자는 이렇게 복을 받으리라.

시편 128편 1절~4절, 공동번역

21
식탁 위에서 발견한
인생의 진리

욥이 맞이한 첫 번째 밥상 '행복한' 식탁

율법서와 역사서 다음에 나오는 첫 번째 책은 '욥기Job'다. 욥기가 '시편', '잠언', '전도서', '아가'를 제치고 지혜문학의 맨 앞자리를 차지한 것은 이 책의 시대적 배경이 아브라함의 활동 시기와 비슷한 족장 시대로 추정되기 때문이다. 욥기는 걸작 중의 걸작으로 평가받지만 저자가 누군지 밝혀지지 않았다. 당대의 뛰어난 지성인이었을 것으로 짐작할 뿐이다.

『프랑스 혁명』을 썼던 영국의 유명한 사상가 토머스 칼라일은 욥기를 이렇게 평했다.

"모든 시대의 언어로 된 작품 가운데 가장 훌륭한 시이다. 결코 결말이 나지 않는 문제, 곧 인간의 운명과 이 땅 여기에서 하나님이 인간을 다루시는 방법의 문제를 최초로 다룬 가장 오래된 시이다. …… 성경 안에서나 성경 밖에서나 이와 비견할만한 문학적 업적을 남긴 작품은 하나도 없다."

이 책의 무대는 욥의 고향인 우스 땅이다. 이곳은 팔레스타인 남동쪽 혹은 에돔 국경 지대의 성읍으로 사막에 둘러싸인 비옥한 초원 지대였다. 욥은 하나님께서 인정한 의인이었지만 동방 사람, 즉 요단 강 동편에 살던 아람과 에돔, 모압과 암몬 족속 중의 한 부류였다.

성경 중에서도 가장 민감하고 어려운 주제를 다루고 있는 욥기는 동방의 의인인 욥이 사탄의 시험을 받아 인간으로서는 도저히 감당하기 어려운 고난을 당하면서 인생의 근본 문제들에 대해 논쟁하는 중에 하나님의 크고 놀라운 은혜와 섭리를 깨닫게 된다는 내용이다. 하지만 욥기에서 다루고 있는 주제들, 즉 '인간은 어떤 존재인가?', '왜 착한 사람들이 이유를 알 수 없는 고난을 당해야 하는가?', '하나님께서 하시는 일은 모두가 다 선하고 의로운 일인가', '도대체 하나님은 어떤 분이신가?', '인간의 운명이란 무엇인가?' 하는 질문들은 욥 이후 4천 년이 지난 오늘날도 여전히 질문 상태로 남아 있는 인생의 수수께끼들이다.

욥기를 비교적 쉽게 이해하는 방법 중 하나는 그의 식탁을 살펴보는 일이다. 실마리는 항상 가까운 곳에 있는 법이다. 욥은 그의 인생에서 매우 중요한 세 번의 밥상을 맞이한다.

욥이 맞이한 첫 번째 밥상은 '행복한' 식탁이었다. 모든 것이 완벽했고, 무엇 하나 부러울 게 없으며, 부족한 것이라곤 눈에 띄지 않는 풍족한 식탁이었다. 그는 온전하고 정직하여 하나님을 경외하며 악에서 떠난 사람이었기에 하나님께서는 그에게 셀 수 없이 많은 복을 내려 주셨다. 그에게는 아름답고 현명한 아내와 잘 생기고 똑똑한 아들 일곱과 어디 내놔도 빠지지 않는 어여쁜 딸 셋이 있었으며, 양이 7천마리, 낙타가 3천 마리, 소가 500 겨리, 암나귀가 500마리에 많은 종들까지 소유하고 있었다. 한마디로 그는 대단한 부자였다. 또한 그는 학식이 높고, 정의로우며, 인품이 고결하고, 정이 많아 사람들로부터 존경을 받았다. 감히 누구도 그를 비난하거나 그에게서 어떤 티끌만한 도덕적 결함도 발견할 수가 없었다.

그의 아들들은 자기 생일이 되면 집에서 크게 잔치를 베풀고, 그의 누이들도 모두 불러 함께 먹고 마시며 즐거운 시간을 보냈다. 모든 것이 넉넉했으니 제철에 난 싱싱한 식재료를 이용해 상다리가 부러질 정도로 산해진미를 차려냈을 것이다. 생선도 가장 물 좋은 것으로 골라 조리하고, 소나 양 등 고기도 제일 맛있고 부드러운 부위를 골라 요리했을 터이다. 아들들 생일잔치가 이 정도였다면 가장인 욥과 그의 아내 생일잔치는 얼마나 화려하고 근사했을지 짐작이 가고도 남는다. 누구나 부러워할 만한 완벽한 가족의 행복한 식탁이었다.

그러나 욥은 뭔가 알 수 없는 불안을 느끼고 있었다. 이토록 완벽하고 행복하기 만한 그의 식탁에서 그가 느낀 불안의 정체는 '이런 행복이 과연 언제까지 유지될 수 있을까?' 하는 것이었다. 그의 식탁은 한없이 행복했지만 뭔가 알 수 없이 '불안한' 그런 식탁이었다. 언젠가 이 완벽한 조화와 균형이 깨질지도 모른다는 원인 모를 어두운 그림자 때문에 그는 완벽한 사람답게 철저한 안전장치까지 마련해 둔다. 과연 그는 동방의 의인다웠다.

아들들 집에서 잔치가 있을 때면 욥은 잔치가 끝난 후 아들들을 불러다가 성결하게 한 다음 아침에 일어나 그들의 명수대로 하나님께 번제를 드렸다. 이것은 혹시라도 그의 아들들이 죄를 범하여 마음으로 하나님을 욕되게 하지나 않았을까 염려하여 예방을 한 것이다. 부자의 자녀들은 유혹에 빠지기가 쉽다. 부족한 게 없이 원하는 것을 다 누리며 살다 보면 교만해지고, 달콤한 죄의 유혹에 넘어지기 십상이다. 욥은 이를 걱정하고 있었던 것이다.

욥은 자신을 둘러싼 이 모든 행복의 조건과 완벽한 환경들이 자신이 하나님 뜻대로 의롭게 산 결과로 주어진 당연한 보상이라고 생각했다. 너무나 완벽한 행복이었기 때문에 한편으로 불안한 마음을 감추지 못하기는 했지만, 자신이 살아온 인생을 되돌아봤을 때 지금 자기가 누리고 있는 것은 마땅히 누릴 만한 것을 누리고 있는 거라는 자신감을 가지고 있었던 것이다. 그는 부자였지만 겸손했고, 나그네들과 거지, 고아와 과부들을 돌보며 그들에게 선행을 베푸는 일에도 누구보다 열심이었다. 자신의 말과 행동, 인격과 교양에 그 어떤 흠도 없었던 그는 스스로 자신을 의인이라고 확신하고 있었다. 그의 결함은 바로 이것이었다.

오늘날 많은 크리스천들은 이런 욥의 첫 번째 식탁 같은 행복을 누리기를 원한다. 열심히 교회에 나가고, 성경을 읽고, 기도를 하고, 봉사도 많이 하면서 헌금도 하고, 가난한 사람들을 위한 기부에도 남 하는 만큼은 한다. 그러면서 은근히 '자, 내가 이 만큼 했으니, 이 정도로 신앙생활을 잘하고 있으니, 하나님 이제 저에게 이에 대한 보상으로 많은 복을 내려 주십시오!' 하고 바란다. 자신의 의와 하나님의 복을 물물교환 하듯이 거래하려고 덤벼드는 것이다. 그리고 자신이 누리고 있는 행복의 조건들이 자신이 살아온 의로운 삶의 결과라고 믿으며 보상 심리에 안주한다. 그렇기 때문에 어느 날 갑자기 자신을 둘러싼 행복의 조건들이 날아가 버리면 자신이 하나님께 드렸던 담보물인 의로운 삶도 거두어들이게 되는 것이다. 욥기에서 가르치고 있는 진리는 하나님은 결코 이런 거래의 대상이 아니며, 인간이 만들어 놓은 삶의 법칙 안에서 인과응보에 따라서만 반응하시는 하나님이 아니라는 것이다.

욥이 맞이한 두 번째 밥상 '고난의' 식탁

욥이 맞이한 두 번째 밥상은 '고난의' 식탁이었다. 하루는 하나님의 아들들이 와서 주님 앞에 섰는데, 사탄도 그들과 함께 서 있었다. '하나님의 아들들'을 공동번역 성경에서는 '하늘의 영들'로 NIV 영어 성경에서는 'angels 천사들'로 번역하였다. 이 자리에서 하나님은 사탄에게 욥에 대해 잘 살펴봤냐고 물으시면서 세상에 그렇게 흠 없고 정직한 사람, 그렇게 나를 경외하며 악을 멀리하는 사람은 없다고 자랑하셨다. 그러자 사탄이 이렇게 대답했다.

"욥이, 아무것도 바라는 것이 없이 하나님을 경외하겠습니까? 주님께서, 그와 그의 집과 그가 가진 모든 것을 울타리로 감싸 주시고, 그가 하는 일이면 무엇에나 복을 주셔서, 그의 소유를 온 땅에 넘치게 하지 않으셨습니까? 이제라도 주님께서 손을 드셔서, 그가 가진 모든 것을 치시면, 그는 주님 앞에서 주님을 저주할 것입니다." 욥기 1장 9절~11절

하나님께서 수많은 복을 내려주시니까 그가 하나님을 잘 섬기는 것이지 지금이라도 그가 가진 모든 소유를 거두어들이면 분명히 하나님을 원망하고 저주할 거라는 말이었다. 이에 욥을 굳게 믿었던 하나님은 사탄에게 그렇다면 욥을 한번 시험해 봐도 좋다고 허락하셨다. 단, 그의 몸에는 손을

대지 말라는 조건 하에서였다. 이때부터 사탄은 욥을 넘어뜨려 그의 의로움이 하나님이 주신 복에 대한 보상 차원의 행위였음을 증명하고자 철저하게 욥을 파괴한다. 처절한 환란은 아이러니컬하게도 행복의 상징이었던 욥의 식탁에서부터 시작되었다.

욥의 자녀들이 맏아들 집에 모여 여느 때처럼 음식을 먹고 포도주를 마시며 즐거운 시간을 보내고 있을 때였다. 갑자기 스바 사람들이 밭에서 일하고 있던 욥의 종들을 습격하여 모두 죽이고 소와 나귀를 빼앗아갔으며, 동시에 하늘에서 불이 떨어져 들에 있던 양떼와 종들을 불살랐고, 갈대아 사람들이 세 무리를 지어 나타나 낙타들을 다 빼앗고 나머지 종들을 죽여 없앴다. 이 모든 재앙이 숨 돌릴 틈도 없이 순식간에, 한꺼번에 일어난 것이다.

마지막 재앙은 식탁 위로 들이닥쳤다. 종들의 연이은 보고를 접하고 망연자실해 있던 욥에게 또 다른 종 한 사람이 헐레벌떡 달려와 다급한 목소리로 대참사 소식을 전했다.

"주인어른의 아드님과 따님들이 큰 아드님 댁에서 한창 음식을 먹으며, 포도주를 마시는데, 갑자기 광야에서 강풍이 불어와서, 그 집 네 모퉁이를 내리쳤고, 집이 무너졌습니다. 그 때에 젊은 사람들이 그 속에 깔려서, 모두 죽었습니다. 저 혼자만 겨우 살아남아서, 주인어른께 이렇게 소식을 전해 드립니다." 욥기 1장 18절~19절

잔치를 벌이던 맏아들 집에서 아들 일곱과 딸 셋이 모두 즉사했다는 보고였다. 성경에는 기록되어 있지 않지만 당시 욥의 나이 이미 연로한 상태

였으니 아들딸들이 다 자기 가정을 이루었을 테고, 그렇다면 손자손녀들도 만만치 않게 있었을 것이다. 만약 욥의 자식들이 각자 자기 아이들을 데리고 있었다면 엄청난 수의 일가족이 몰살을 당한 것이다. 어떻게 한 사람에게 이렇게 집중적으로 융단폭격 같은 고난이 몰아닥칠 수 있을까? 믿을 수 없는 참담한 광경 앞에서 욥이 체험했던 그 깊은 슬픔과 아픔을 우리는 가히 짐작하기조차 어렵다.

욥은 일어나 슬퍼하며 겉옷을 찢고 머리털을 민 다음 머리를 땅에 대고 엎드려졌다. 그는 괴로움에 치를 떨었지만 그럼에도 불구하고 결코 하나님을 원망하거나 비판하지는 않았다.

"모태에서 빈손으로 태어났으니, 죽을 때에도 빈손으로 돌아갈 것입니다. 주신 분도 주님이시요, 가져가신 분도 주님이시니, 주의 이름을 찬양할 뿐입니다." 욥기 1장 21절

어떻게 형언할 수 없는 처참한 고난 앞에서 이와 같은 고백이 가능할까? 과연 욥은 하나님께서 자랑하실 만한 의인이었다. 작은 일에 일희일비하는 보통 사람이 아니었던 것이다.

사탄은 약이 올랐다. 그래서 하나님을 설득하여 욥의 **뼈**와 살을 칠 수 있도록 허락을 받아낸다. 이번에도 그의 생명만은 건드리지 말라는 조건 하에서였다. 사탄은 곧바로 욥을 쳐서 그의 몸에 발바닥부터 정수리까지 악성 종기가 나서 고생하게 만들었다. 자신의 육체가 괴로우면 더 이상 견디지 못하고 하나님을 향해 욕설을 퍼부을 거라고 믿었기 때문이다.

"나 참 기가 막혀서…… 아니, 이 지경이 됐는데도 당신은 여전히 하나님

에 대해 신실한 체 하실 건가요? 차라리 하나님을 향해 실컷 욕을 퍼붓고 나서 속 시원히 죽어버리세요!"

욕을 퍼부은 건 그의 아내였다. 욥의 아내는 잿더미에 앉아 그릇 조각으로 몸을 긁고 있는 욥을 향해 독설을 퍼부었다. 하지만 욥은 결코 하나님을 향해 욕설을 내뱉지 않았다.

"당신까지도 어리석은 여자들처럼 말하는구려. 우리가 누리는 복도 하나님께로부터 받았는데, 어찌 재앙이라고 해서 못 받는다 하겠소?" 욥기 2장 10절

그러나 한순간에 그 많았던 재산을 모두 잃고, 열 명이나 되던 생떼 같은 자식들을 다 먼저 보내고, 아내와 친구들도 전부 떠나간 자리에 홀로 남겨진 욥은 '고독한' 밥상 앞에서 처절한 외로움에 몸부림친다. 그는 진실로 고독했다. 아무도 진정으로 그를 위로해 주는 사람이 없었으며, 그의 눈물을 닦아주는 사람이 없었다. 하나님마저 그를 철저하게 외면했다.

"어찌하여 하나님은, 고난당하는 자들을 태어나게 하셔서 빛을 보게 하시고, 이렇게 쓰디쓴 인생을 살아가는 자들에게 생명을 주시는가? 이런 사람들은 죽기를 기다려도 죽음이 찾아와 주지 않는다. 그들은 보물을 찾기보다는 죽기를 더 바라다가 무덤이라도 찾으면 기뻐서 어쩔 줄 모르는데, 어찌하여 하나님은 길 잃은 사람을 붙잡아 놓으시고, 사방으로 그 길을 막으시는가? 밥을 앞에 놓고서도, 나오느니 탄식이요, 신음 소리 그칠 날이 없다." 욥기 3장 20절~24절

욥은 자신이 세상에 태어난 것을 저주하며 이렇게 탄식했다.

그 무렵 욥의 친구 세 사람, 곧 데만 사람 엘리바스와 수아 사람 빌닷과 나아마 사람 소발이 욥을 달래고 위로하려고 찾아왔다. 그들은 멀리서 욥을 발견했지만 알아 보지 못했다. 그만큼 욥의 몰골은 비참했다. 한참 뒤 그가 욥인 줄 알아본 친구들은 슬픔을 이기지 못하고 소리 내어 울면서 겉옷을 찢고, 공중에 티끌을 날려 머리에 뒤집어썼다. 그들은 밤낮 이레 동안을 욥과 함께 땅바닥에 앉아 있으면서도 욥이 겪는 고통이 너무도 처참하여 누구도 입을 열어 먼저 말을 건넬 수 없었다. 하지만 고난에 대한 공감과 위로는 여기까지였다.

이후 욥은 자신을 찾아온 세 친구와 더불어 길고도 치열한 논쟁에 돌입한다. 성경 전체를 통틀어 이토록 격렬하게 한 가지 주제를 놓고 토론을 벌인 예는 찾아보기 어렵다. 나중에 이 논쟁에 가세한 부스 사람 엘리후까지 포함하면 욥은 사 대 일로 논쟁을 벌인 셈이다.

논쟁은 끝이 없었지만 구도는 단순했다. 욥의 세 친구들의 논점은 욥이 당한 고난은 욥이 지은 죄 때문이며, 하나님은 의로우셔서 정의롭지 않은 일은 하시는 분이 아니므로 고난 앞에서 욥이 철저하게 자신의 죄를 회개해야 한다는 것이었다. 모든 고난에는 그럴 만한 충분한 이유가 있다고 하는 인과응보, 사필귀정의 사고방식이 었다. 엘리후는 하나님의 초월성과 고난이 갖는 교육적 목적을 강조하면서 하나님이 이루신 일에 대해서는 오직 하나님을 경외해야 할 뿐 결코 불평할 수 없음을 역설했지만 세 친구들의 입장과 별반 다르지 않았다.

데만 사람 엘리바스가 절망에 빠진 욥에게 다가가 이렇게 타일렀다.

"생각해 보아라. 너도 전에 많은 사람을 가르치기도 하고, 힘없는 자들의 두 팔을 굳세게 붙들어 주기도 했으며, 쓰러지는 이들을 격려하여 일어나게도 하고, 힘이 빠진 이들의 무릎을 굳게 붙들어 주기도 했다. 이제 이 일을 정작 네가 당하니까 너는 짜증스러워하고, 이 일이 정작 네게 닥치니까 낙담하는구나! 하나님을 경외하는 것이 네 믿음이고, 온전한 길을 걷는 것이 네 희망이 아니냐? 잘 생각해 보아라. 죄 없는 사람이 망한 일이 있더냐? 정직한 사람이 멸망한 일이 있더냐?" 욥기 4장 3절~7절

수아 사람 빌닷이 바통을 이어 욥을 넌지시 나무랐다.

"언제까지 네가 그런 투로 말을 계속할 테냐? 네 입에서 나오는 말 거센 바람과도 같아서 걷잡을 수 없구나. 너는, 하나님이 심판을 잘못하신다고 생각하느냐? 전능하신 분께서 공의를 거짓으로 판단하신다고 생각하느냐? 네 자식들이 주님께 죄를 지으면, 주님께서 그들을 벌하시는 것은 당연한 일이 아니냐? 그러나 네가 하나님을 간절히 찾으며 전능하신 분께 자비를 구하면, 또 네가 정말 깨끗하고 정직하기만 하면, 주님께서는 너를 살리시려고 떨치고 일어나셔서, 네 경건한 가정을 회복시켜 주실 것이다." 욥기 8장 2절~6절

나아마 사람 소발도 두 친구들 편에 서서 욥을 다그쳤다.

"네가 혼자서 큰소리로 떠든다고 해서, 우리가 대답도 하지 못할 것이라고 생각하느냐? 네가 우리를 비웃는데도, 너를 책망할 사람이 없을

줄 아느냐? 너는 네 생각이 옳다고 주장하고 주님 보시기에 네가 흠이 없다고 우기지만, 이제 하나님이 입을 여셔서 네게 말씀하시고, 지혜의 비밀을 네게 드러내어 주시기를 바란다. 지혜란 우리가 이해하기에는 너무나도 어려운 것이다. 너는, 하나님이 네게 내리시는 벌이 네 죄보다 가볍다는 것을 알아야 한다. 네가 하나님의 깊은 뜻을 다 알아낼 수 있느냐? 전능하신 분의 무한하심을 다 측량할 수 있느냐?" 욥기 11장 3절~7절

옆에 서서 듣기만 하던 엘리후가 더 이상 분을 참지 못하고 화를 내면서 말했다.

"하나님이 악한 일을 하실 수 있습니까? 전능하신 분께서 옳지 않은 일을 하실 수 있습니까? 오히려 하나님은 사람에게, 사람이 한 일을 따라서 갚아 주시고, 사람이 걸어온 길에 따라서 거두게 하시는 분입니다. 전능하신 하나님은 악한 일이나, 정의를 그르치는 일은, 하지 않으십니다." 욥기 34장 10절~12절

욥은 이 네 사람의 생각에 동의할 수 없었다. 자신은 죄가 없으며, 아무리 생각에 생각을 거듭해 봐도 내가 왜 이런 고난을 당해야 하는지 그 이유를 알 수 없다고 반박한다.

"내가 너희더러 이거 내놓아라 저거 내놓아라 한 적이 있느냐? 너희의 재산을 떼어서라도, 내 목숨 살려 달라고 말한 적이 있느냐? 아니면, 원수의 손에서 나를 건져 달라고 하길 했느냐, 폭군의 세력으로부터 나

를 속량해 달라고 부탁하기라도 했느냐? 어디, 알아듣게 말 좀 해 보아라. 내가 귀 기울여 듣겠다. 내 잘못이 무엇인지 말해 보아라. 바른 말은 힘이 있는 법이다. 그런데 너희는 정말 무엇을 책망하는 것이냐? 너희는 남의 말꼬투리나 잡으려는 것이 아니냐? 절망에 빠진 사람의 말이란, 바람과 같을 뿐이 아니냐? 너희는, 고아라도 제비를 뽑아 노예로 넘기고, 이익을 챙길 일이라면 친구라도 서슴지 않고 팔아넘길 자들이다."
욥기 6장 22절~27절

욥에 의하면 자신을 고난에 빠뜨린 하나님이 정의롭지 못하다는 것이다. 논쟁이 이어지며 욥은 자아도취에 빠진다. 고독은 절망을 낳고, 절망은 죽음에 이르는 병이 되게 마련이다.

"언제까지 내게서 눈을 떼지 않으시렵니까? 침 꼴깍 삼키는 동안만이라도, 나를 좀 내버려 두실 수 없습니까? 사람을 살피시는 주님, 내가 죄를 지었다고 하여 주님께서 무슨 해라도 입으십니까? 어찌하여 나를 주님의 과녁으로 삼으십니까? 어찌하여 나를 주님의 짐으로 생각하십니까?" 욥기 7장 19절~20절

"그분께서 머리털 한 오라기만한 하찮은 일로도 나를 이렇게 짓눌러 부수시고, 나도 모를 이유로 나에게 많은 상처를 입히시는데, 숨 돌릴 틈도 주시지 않고 쓰라림만 안겨 주시는데, 그분께서 내 간구를 들어 주실까? 강한 쪽이 그분이신데, 힘으로 겨룬다고 한들 어떻게 이기겠으며, 재판에 붙인다고 한들 누가 그분을 재판정으로 불러올 수 있겠느냐? 비

록 내가 옳다고 하더라도, 그분께서 내 입을 시켜서 나를 정죄하실 것이며, 비록 내가 흠이 없다고 하더라도, 그분께서 나를 틀렸다고 하실 것이다." 욥기 9장 17절~20절

"나는 결코 너희가 옳다고 말할 수 없다. 나는 죽기까지 내 결백을 주장하겠다. 내가 의롭다고 주장하면서 끝까지 굽히지 않아도, 내 평생에 양심에 꺼림칙한 날은 없을 것이다. 내 원수들은 악한 자가 받는 대가를 받아라. 나를 대적하는 자는 악인이 받을 벌을 받아라." 욥기 27장 5절~7절

"내 소문을 들은 사람들은 내가 한 일을 칭찬하고, 나를 직접 본 사람들은 내가 한 일을 기꺼이 자랑하고 다녔다. 내게 도움을 청한 가난한 사람들을 내가 어떻게 구해 주었는지, 의지할 데가 없는 고아를 내가 어떻게 잘 보살펴 주었는지를 자랑하고 다녔다. 비참하게 죽어 가는 사람들도, 내가 베푼 자선을 기억하고 나를 축복해 주었다. 과부들의 마음도 즐겁게 해주었다. 나는 늘 정의를 실천하고, 매사를 공평하게 처리하였다." 욥기 29장 11절~14절

욥은 하나님을 향해 '나의 정당함을 물리치신 하나님, 나의 영혼을 괴롭게 하신 전능자'라고 부르면서 나를 고발할 사람이 있다면 누구든지 고소장을 쓰라고 말한다. 논쟁이 여기까지 이어지자 하나님께서 직접 욥에게 나타나 말씀하시기에 이른다.

"네가 누구이기에 무지하고 헛된 말로 내 지혜를 의심하느냐? 이제

허리를 동이고 대장부답게 일어서서, 묻는 말에 대답해 보아라. 내가 땅의 기초를 놓을 때에, 네가 거기에 있기라도 하였느냐? 네가 그처럼 많이 알면, 내 물음에 대답해 보아라. 누가 이 땅을 설계하였는지, 너는 아느냐? 누가 그 위에 측량줄을 띄웠는지, 너는 아느냐?" 욥기 38장 2절~5절

하나님께서 한 사람을 향해 한꺼번에 이토록 많은 질문을 퍼부은 것도 욥기가 유일하다. 이것은 질문이라기보다는 하나님이 어떤 분이신지, 인간의 지혜가 얼마나 보잘 것 없는 것인지, 이 세상이 운행되는 법칙이 무엇인지를 알게 하시려는 하나님의 일대 선언이었다.

욥은 비로소 자신의 모든 것을 내려놓는다. 일 대 일로 하나님과 독대한 자리에서 욥은 자신의 의, 자의식, 교만, 위선, 과시욕을 다 내려놓고 하나님 앞에 철저하게 회개한다.

"주님께서는 못하시는 일이 없으시다는 것을, 이제 저는 알았습니다. 주님의 계획은 어김없이 이루어진다는 것도, 저는 깨달았습니다. 잘 알지도 못하면서, 감히 주님의 뜻을 흐려 놓으려 한 자가 바로 저입니다. 깨닫지도 못하면서, 함부로 말을 하였습니다. 제가 알기에는, 너무나 신기한 일들이었습니다. 주님께서 말씀하셨습니다. '들어라. 내가 말하겠다. 내가 물을 터이니, 내게 대답하여라' 하셨습니다. 주님이 어떤 분이시라는 것을, 지금까지는 제가 귀로만 들었습니다. 그러나 이제는 제가 제 눈으로 주님을 뵙습니다. 그러므로 저는 제 주장을 거두어들이고, 티끌과 잿더미 위에 앉아서 회개합니다." 욥기 42장 2절~6절

고난 속에서 하나님과의 대화를 통해 욥이 진정으로 깨달은 것은 무엇이었을까? 욥은 왜 그토록 견고하던 자신의 의를 내려놓고 하나님께 무조건 투항하며 회개한 것일까?

자연은 자연의 법칙에 의해 운행되고, 인간은 자유 의지에 따라 생각하고 행동하며, 하나님은 하나님의 계획과 섭리에 따라 일하시기 때문에 피조물인 인간이 창조주이신 하나님의 계획과 섭리를 알 도리가 없다. 하나님은 세상의 모든 동식물에게 공평한 자연의 법칙을 주신 것처럼 악한 사람이나 선한 사람 모두에게 똑같이 비를 내리시고 햇볕을 주시는 분이다. 착한 사람에게는 복을 주시고, 악한 사람에게는 벌을 주시는 식으로 단순하게 기계적으로 반응하시는 분이 아니다. 인간이 누리는 행복은 자신의 노동이나 의로운 행동의 결과 주어지는 보상이 아니라 오로지 하나님의 은혜일뿐이다. 욥이 깨달은 사실은 바로 이것이었다. 하나님의 의와 구원에 대해 이사야 선지자는 다음과 같이 선포한 바 있다.

"너희가 어림도 없는 짓을 하는구나. 옹기 흙이 어찌 옹기장이와 같은 대접을 받겠느냐? 작품이 제작자를 두고 '그가 나를 만들지 않았다'고 말할 수 있느냐? 옹기그릇이 옹기장이를 두고 '그의 재주는 형편없다'고 말할 수 있느냐?" 이사야 29장 16절, 공동번역

사도 바울 역시 같은 논리로 하나님의 전능하심과 인간의 한계를 지적하였다.

"오, 사람아, 그대가 무엇이기에 하나님께 감히 말대답을 합니까? 만

들어진 것이 만드신 분에게 '어찌하여 나를 이렇게 만들었습니까?' 하고 말할 수 있습니까? 토기장이에게, 흙 한 덩이를 둘로 나누어서, 하나는 귀한 데 쓸 그릇을 만들고, 하나는 천한 데 쓸 그릇을 만들 권리가 없겠습니까?" 로마서 9장 20절~21절

욥이 맞이한 세 번째 밥상 '은혜의' 식탁

|

하나님께서 욥에게 말씀을 마치신 다음, 데만 사람 엘리바스에게 이렇게 말씀하셨다.

"내가 너와 네 두 친구에게 분노한 것은, 너희가 나를 두고 말을 할 때에, 내 종 욥처럼 옳게 말하지 못하였기 때문이다. 그러므로 이제 너희는, 수송아지 일곱 마리와 숫양 일곱 마리를 마련하여, 내 종 욥에게 가지고 가서, 너희가 용서받을 수 있도록 번제를 드려라. 내 종 욥이 너희를 용서하여 달라고 빌면, 내가 그의 기도를 들어줄 것이다. 너희가 나를 두고 말을 할 때에, 내 종 욥처럼 옳게 말하지 않고, 어리석게 말하였지만, 내가 그대로 갚지는 않을 것이다." 욥기 42상 7절~8절

하나님은 욥의 세 친구를 책망하셨다. 욥처럼 의롭게 살지도 못했으면서 일방적으로 욥을 비난한 점, 그리고 하나님에 대한 표현이 욥처럼 성숙하지 못하고 어리석었던 점을 지적한 것이다. 욥의 친구들은 하나님 말씀을 따라 희생 제물을 가져와 번제를 준비했다. 욥은 기꺼이 자신을 손가락질했던 친구들의 죄를 용서해 달라고 하나님께 간구하며 번제를 드렸다.

그 후 하나님께서는 잃어버린 욥의 재산을 회복시켜 주셨다. 이때 회복된 욥의 재산은 모든 것을 상실하기 이전보다 갑절이나 되었다. 욥의 재산은 무려 양 1만4천마리, 낙타 6천 마리, 소 1천 겨리, 나귀 1천 마리에 달했다. 재산만 회복시켜 주신게 아니었다. 끊어졌던 인간관계도 모두 복구되었다. 졸지에 날벼락을 맞았던 욥을 멀리했던 그의 형제와 자매와 전부터 그를 아는 친구들이 다 욥을 찾아와 그의 집에서 함께 기뻐하면서 먹고 마셨다.

마침내 욥이 마지막 세 번째 밥상을 받게 된 것이다. 그가 맞이한 세 번째 식탁은 풍성한 '은혜의' 식탁이었다. 그것은 '회복의' 식탁이자 '자족의' 식탁이기도 했다. 이전에 있었던 두 번의 식탁, 즉 행복했지만 뭔가 불안하기만 한 식탁이나, 견딜 수 없는 슬픔과 절망으로 뒤범벅된 고난의 식탁과는 본질적으로 다른 의미의 식탁이었다. 은혜의 식탁 위에서 그들은 하나님께서 욥에게 내리신 그 모든 재앙을 생각하면서 그를 동정하기도 하고, 또 위로하기도 했다. 그러면서 그들은 저마다 그에게 돈을 주기도 하고, 금반지를 끼워 주기도 했다.

자식들 또한 회복되었다. 욥이 아들 일곱과 딸 셋을 낳은 것이다. 욥에게 저주를 퍼붓고 집을 나갔던 아내가 다시 돌아와 아이들을 낳은 것 같지는 않다. 기록되어 있지는 않지만 아마도 젊은 새 아내를 얻어 자식들을 두게 된 듯하다. 첫째 딸은 '작은 비둘기'라는 뜻의 여미마로 정숙함의 상징이었고, 둘째 딸은 '계피' 또는 '육계화'를 뜻하는 굿시아로 향기로움을 나타냈으며, 셋째 딸은 '아름다운 뿔'을 가리키는 게렌합북으로 아름다움의 상징이었다. 땅 위의 그 어디에서도 욥의 딸들처럼 아리따운 여자를 찾아볼 수 없었다고 한다. 욥은 딸들에게도 아들들에게 준 것과 똑같이 유산을 골고루 물려주었다. 이들 욥 가족은 예전처럼 틈날 때마다 한자리에 둘러앉아 맛있는 음식을 먹고 마시며 행복한 시간을 보내곤 했다. 그 뒤 욥은 아들과 손자까지 4대에 걸쳐 후손을 보며 140년을 살다가 세상을 떠났다.

헤롤드 S. 쿠스너는 미국 보스턴에서 많은 교인들을 이끌며 성실하게 목회하던 유대교 랍비였다. 그런데 어느 날 그의 세 살 된 아들 아론에게 조로증이라는 몹쓸 병마가 찾아온다. 나이에 걸맞지 않게 급격하게 늙어 가다가 세상을 떠나는 희귀병이었다. 그는 하나님께 간절히 기도도 해보고, 항의도 해보고, 회개도 해보았지만 소용이 없었다. 하나님의 침묵 속에 아론은 15년을 앓다가 세상을 떠났다. 그는 누구보다 절실하게 고통의 문제에 직면했던 성직자로서, 그리고 한 아이의 아버지로서 자신의 체험을 담은 책을 썼다. 『착한 사람이 왜 고통을 받습니까?』라는 도전적인 제목의 책이다. 책 속에서 그는 이렇게 고백하고 있다.

"하나님은 우리에게 불행을 가져다주시지 않습니다. 어떤 불행은 불운으로 인해 생기고, 어떤 불행은 나쁜 사람들로 인해 생기고, 어떤 불행은 우리가 인간이고 죽음을 지닌 존재로서 융통성이 없는 자연법칙들이 작용하는 세계에서 살고 있는 데서 오는 불가피한 결과일 뿐입니다. 우리에게 일어나는 고통스러운 일들은 우리의 잘못된 행동에 대한 벌이 아닙니다. 또 이 고통스러운 일들은 하나님 쪽에서 세운 어떤 원대한 계획의 일환인 것도 아닙니다. ……우리가 물어야 할 질문은 '왜 이런 일이 내게 일어났는가? 내가 이런 일을 당할 만한 짓을 한 것이 무엇이 있는가?' 하는 질문이 아닙니다. '이런 일이 내게 일어난 지금, 나는 이에 대해 어떻게 대처할 것인가' 하는 질문이 보다 나은 질문이 되리라 생각합니다. ……우리 중 어떤 사람도 왜 불행한 일들이 선량한 사람들에게 일어나는가 하는 문제를 피할 수 없습니다. 조만간 우리는 모두 자신이 욥의 이야기 중에서 하나의 역할, 비극의 희생자의 역할이든지, 욥의 가족의 역할이든지, 욥을 위로하는 친구의 역할을 담당하는 것을 알게 됩니다. 질문은 결코 변하지 않습니다. 만족할 만한 대답을 찾는 노력은 계속됩니다."

우리는 우리가 당하는 혹은 겪게 될 수많은 고난과 고통의 원인과 이유를 알지 못한다. 설령 알 수 있다 해도 완전히 이해하거나 이를 해결할 능력이 우리에게는 없다. 우리는 다만 고난과 고통 앞에서 하나님의 섭리를 헤아리고 은총을 누릴 수 있기를 기도할 뿐이다. 모세의 기도를 보면 그가 얼마나 진지하게 인생의 의미를 깨달았는지를 잘 알 수있다.

"주님은 대대로 우리의 거처이셨습니다. 산들이 생기기 전에, 땅과 세계가 생기기 전에, 영원부터 영원까지, 주님은 하나님이십니다. 주님께서는 사람을 티끌로 돌아가게 하시고 '죽을 인생들아, 돌아가거라' 하고 말씀하십니다. 주님 앞에서는 천년도 지나간 어제와 같고, 밤의 한 순간과도 같습니다. 주님께서 생명을 거두어 가시면, 인생은 한 순간의 꿈일 뿐, 아침에 돋아난 한 포기 풀과 같이 사라져 갑니다. 풀은 아침에는 돋아나서 꽃을 피우다가도, 저녁에는 시들어서 말라 버립니다. 주님께서 노하시면 우리는 사라지고, 주님께서 노하시면 우리는 소스라치게 놀랍니다. 주님께서 우리 죄를 주님 앞에 들추어 내놓으시니, 우리의 숨은 죄가 주님 앞에 환히 드러납니다. 주님께서 노하시면, 우리의 일생은 사그라지고, 우리의 한평생은 한숨처럼 스러지고 맙니다. 우리의 연수가 칠십이요 강건하면 팔십이라도, 그 연수의 자랑은 수고와 슬픔뿐이요, 빠르게 지나가니, 마치 날아가는 것 같습니다. 주님의 분노의 위력을 누

가 알 수 있겠으며, 주님의 진노의 위세를 누가 알 수 있겠습니까? 우리
에게 우리의 날을 세는 법을 가르쳐 주셔서 지혜의 마음을 얻게 해주십
시오." _{시편 90편 1절~12절}

조르주 드 라 투르(1593~1652, 프랑스),
〈아내에게 조롱당하는 욥〉, 캔버스에 유화, 145×97cm,
에피날 고대현대 미술관, 로렌 보주

거짓이 만연한 세상을 풍자한 풍속화와 차분하고 경건하게 명상
에 잠기게 하는 종교화를 주로 그린 라 투르는 '촛불의 화가'로 불
릴 정도로 회화에서 빛과 어둠의 조화나 대비를 통해 대상에 입체
감을 부여하는 기법인 키아로스쿠로의 대가였다. 어둠 속에서 잿
더미에 앉아 그릇 조각으로 깡마른 몸을 긁고 있는 욥은 속옷 외
에는 아무것도 걸치지 않았다. 한순간 모든 것을 잃어버린 그의
현실을 적나라하게 보여주고 있다. 아내를 올려다보는 그의 눈매
가 처연하다. 반면 그의 아내는 정갈한 차림새에 장신구까지 갖추
고 있다. 오른손에 촛불을 든 채 '하나님을 욕하고 죽어버리라'고
말하는 그녀의 눈빛에는 욥에 대한 경멸이 가득하다.

악한 자가 잘된다고 불평하지 말며

불의한 자가 잘산다고 부러워 마라.

풀처럼 삽시간에 그들은 시들고 푸성귀처럼 금방 스러지리니

야훼만 믿고 살아라.

땅 위에서 네가 걱정 없이 먹고살리라.

네 즐거움을 야훼에게서 찾아라.

네 마음의 소원을 들어주시리라.

그에게 앞날을 맡기고 그를 믿어라,

몸소 당신께서 행해 주시리라.

햇빛처럼 너의 옳음을 빛나게 하시고

대낮처럼 네 권리를 당당하게 해주시리라.

시편 37편 1절~6절, 공동번역

이리와 어린 양이 함께 먹는 세상

22
새 하늘과 새 땅에서의
풍성한 잔치

엇나가는 자식을 향한 어머니의 애타는 마음

이사야는 유다의 웃시야, 요담, 아하스, 히스기야, 므낫세 등 다섯 명의
왕이 통치하던 시기에 선지자로 일했던 인물이다. 이 기간 동안 이스라엘
에서는 일곱 명의 왕이 교체되면서 호세아 왕 때 끝내 앗수르에게 멸망당
하게 된다. 그는 스무 살 약관의 나이에 선지자로 부르심을 받아 50년 동안
예루살렘을 중심으로 활동하다가 사악한 왕 므낫세의 치세에 몸이 둘로 잘
려 순교했다고 전해진다. 이때가 대략 기원전 680년경이다. 그는 선지자
아모스, 호세아, 미가와 동시대 사람으로 대선지서 가운데 첫 번째에 위치
한 '이사야서 Isaiah'를 기록했다. 이사야서는 66장으로 선지서 중 분량이 가
장 길고, 신약성경에 인용된 횟수도 56차례로 제일 많다. 하나님의 '의와

구원'을 다루고 있는 이사야서는 '신구약성경의 축소판' 또는 '작은 성경'으로 불릴 만큼 그 중요성을 인정받고 있다. 이사야는 '여호와는 구원이시다'라는 뜻으로 구약의 또 다른 지도자인 여호수아와 신약의 주인공인 예수와 같은 의미다.

웃시야 왕이 죽던 해에 이사야는 예루살렘 성전에서 하나님을 만나 선지자가 되라는 명을 받는다. 남북 왕국을 통틀어 가장 긴 52년 동안 왕위에 있었던 웃시야는 하나님 보시기에 정직히 행하며 탁월한 업적을 남겼다. 그러나 말년에 교만에 빠져 제사장만 할 수 있는 분향을 하려다 징계를 받아 나병에 걸려 별궁에서 홀로 지내다가 세상을 떠나고 말았다. 웃시야를 따르며 흠모하던 청년 이사야가 절망에 빠져 있을 때 하나님께서 그를 부르신 것이다.

"주께서 이르시되 내가 누구를 보내며 누가 우리를 위하여 갈꼬 하시니 그때에 내가 이르되 내가 여기 있나이다 나를 보내소서 하였더니." 이사야 6장 8절, 개역개정

이사야는 첫 장의 시작부터 유다 백성들을 향한 하나님의 분노의 메시지를 전하고있다.

"내가 자식이라고 기르고 키웠는데, 그들이 나를 거역하였다. 소도 제 임자를 알고, 나귀도 주인이 저를 어떻게 먹여 키우는지 알건마는, 이스라엘은 알지 못하고, 나의 백성은 깨닫지 못하는구나." 이사야 1장 2절~3절

이사야 역시 자신의 조국과 민족을 향해 주저 없이 신랄한 독설을 내뱉는다.

"아! 탈선한 민족, 불의로 가득 찬 백성, 사악한 종자, 부패한 자식들. 야훼를 떠나고 이스라엘의 거룩하신 분을 업신여기고 그를 배반하여 돌아섰구나. 아직도 덜 맞아서 엇나가기만 하는가? 머리는 상처투성이고 속은 온통 병이 들었으며 발바닥에서 정수리까지 성한 데가 없이 상하고 멍들고 맞아 터졌는데도 짜내고 싸매고 약을 발라주는 이도 없구나. 너희의 땅은 쑥밭이 되었고 도시들은 잿더미가 되었으며 애써 농사지은 것을 남이 약탈해 가도 보고만 있어야 하니 아, 허물어진 소돔처럼 쑥밭이 되고 말았구나." 이사야 1장 4절~7절, 공동번역

곧이어 하나님은 타락한 백성들이 바치는 제물을 더는 받지 않겠다고 말씀하셨다. 그들이 바치는 제물이 지겹고 역겨워 견딜 수 없다고까지 하셨다. 제사는 하나님과 백성들 사이의 화해이며 잔치였다. 신뢰가 깨지고 불화만 남은 상태에서 잔치는 의미가 없어진 것이다.

"무엇하러 나에게 이 많은 제물을 바치느냐? 나는 이제 숫양의 번제물과 살진 짐승의 기름기가 지겹고, 나는 이제 수송아지와 어린 양과 숫염소의 피도 싫다. 너희가 나의 앞에 보이러 오지만, 누가 너희에게 그것을 요구하였느냐? 나의 뜰만 밟을 뿐이다! 다시는 헛된 제물을 가져오지 말아라. 다 쓸모없는 것들이다. 분향하는 것도 나에게는 역겹고, 초하루와 안식일과 대회로 모이는 것도 참을 수 없으며, 거룩한 집회를

열어 놓고 못된 짓도 함께 하는 것을, 내가 더 이상 견딜 수 없다." 이사야 1
장 11절~13절

그러면서도 하나님은 마지막 퇴로, 즉 실낱같은 희망의 여지를 남겨두
셨다.

"오라, 와서 나와 시비를 가리자. 너희 죄가 진홍같이 붉어도 눈과 같
이 희어지며 너희 죄가 다홍같이 붉어도 양털같이 되리라. 너희가 기꺼
이 순종하면 땅에서 나는 좋은 것을 먹게 되리라. 그러나 너희가 기어이
거역하면 칼에 맞아 죽으리라." 이사야 1장 18절~20절, 공동번역

여기서 '시비'로 번역된 말은 히브리어 '야카흐'로 변론, 판결, 논증, 심
판, 징계 등으로 번역할 수 있다. '시비를 가리자', '변론하자', '논증하자'는
것은 너희들이 왜 그렇게 죄를 짓고 고난을 자초하는지 나와 진솔하게 이
야기를 나눠 문제를 해결해 보자는 의미다. 그렇게 해서 너희들이 죄를 깨
닫고 회개한 후 돌이키면 너희 죄가 아무리 붉게 물들었다 할지라도 눈이
나 양털처럼 하얗게 만들어주겠다는 것이다. 그렇게 죄 씻음을 받고 순결
하게 된 뒤 순종하는 삶을 살면 땅에서 나는 좋은 것을 먹게 된다고 하셨
다. 잔치가 회복된다는 말씀이다. 그러나 기어코 회개하지 않고 돌이키지
않으며 죄 가운데 산다면 죽음뿐이라는 경고다.
그렇게 타이르고 징계를 내려도 그때뿐이고 조금만 시간이 지나면 다시
죄의 길로 들어서 패역한 삶을 살아가는 이스라엘 백성들, 곧 멸망을 당해
나라를 잃고 이방 민족의 노예가 되어 고난의 가시밭길로 들어서게 될 이

스라엘 민족을 바라보시는 하나님의 애끓는 심정이 이사야서 도입부를 통해 구구절절 드러나고 있다. 이는 불효막심한 자식이 부모 말을 안 듣고 자기 멋대로 방탕하게 살다가 굶어 죽어가는 모습을 바라보며 눈물 흘리는 어머니의 심정과도 같다. 하지만 아무리 막돼먹은 자식일망정 세상 그 어떤 어머니가 자기 뱃속으로 낳은 자식을 내버린 채 완전히 잊고 살 수 있겠는가? 끝까지 포기하지 않고 자식을 위해 회초리를 들며 눈시울을 적시는 어머니, 벼랑 끝에 선 자식을 위해 마침내 그를 구원할 메시아를 보낼 계획을 세우시는 어머니, 장차 새 하늘과 새 땅에서 자기 자식들을 위해 베풀 잔치를 차곡차곡 준비하시는 어머니, 이사야가 본 하나님은 이런 어머니 같은 하나님이었다.

"어머니가 어찌 제 젖먹이를 잊겠으며, 제 태에서 낳은 아들을 어찌 긍휼히 여기지 않겠느냐! 비록 어머니가 자식을 잊는다 하여도, 나는 절대로 너를 잊지 않겠다." 이사야 49장 15절

유다와 이스라엘, 잔치는 끝났다

하나님은 장차 히브리 민족에게 임하게 될 엄청난 환란을 예고하셨다. 예루살렘과 유다에서 백성들이 의지하는 것을 모두 없앨 거라고 말씀하셨다. 모든 빵과 모든 물을 없애시며, 용사와 군인과 재판관과 예언자, 점쟁이와 장로, 오십부장과 귀족과 군 고문관, 능숙한 마술사와 능란한 요술쟁이를 모두 없애시기로 한 것이다. 징계에 대한 이유는 자명하다.

"드디어 예루살렘이 넘어지고 유다는 쓰러진다. 그들이 말과 행동으로 주님께 대항하며, 하나님의 영광스러운 현존을 모독하였기 때문이다." 이사야 3장 8절

하나님께서 법정에 앉아 백성의 장로들과 지도자들을 세워 놓고 재판을 시작하신다.

"나의 포도원을 망쳐 놓은 자들이 바로 너희다. 가난한 사람들을 약탈해서, 너희 집을 가득 채웠다. 어찌하여 너희는 나의 백성을 짓밟으며, 어찌하여 너희는 가난한 사람들의 얼굴을 마치 맷돌질하듯 짓뭉갰느냐?" 이사야 3장 14절~15절

포도원은 이스라엘 백성의 삶과 떼려야 뗄 수 없는 밀접한 관계에 있었다. 그래서 포도원은 '이스라엘 땅', '하나님의 백성', '하나님의 나라'와 관련된 비유나 상징에 자주 언급된다. 이사야는 왜 하나님께서 애지중지하던 자신의 포도원을 황무지로 만들려하는지 설명한다.

"나는 내가 사랑하는 자를 위하여 노래하되 내가 사랑하는 자의 포도원을 노래하리라. 내가 사랑하는 자에게 포도원이 있음이여 심히 기름진 산에로다. 땅을 파서 돌을 제하고 극상품 포도나무를 심었도다. 그 중에 망대를 세웠고 또 그 안에 술틀을 팠도다. 좋은 포도 맺기를 바랐더니 들 포도를 맺었도다. 예루살렘 주민과 유다 사람들아 구하노니 이제 나와 내 포도원 사이에서 사리를 판단하라. 내가 내 포도원을 위하여

행한 것 외에 무엇을 더할 것이 있으랴. 내가 좋은 포도 맺기를 기다렸거늘 들 포도를 맺음은 어찌 됨인고. 이제 내가 내 포도원에 어떻게 행할지를 너희에게 이르리라. 내가 그 울타리를 걷어 먹힘을 당하게 하며 그 담을 헐어 짓밟히게 할 것이요. 내가 그것을 황폐하게 하리니 다시는 가지를 자름이나 북을 돋우지 못하여 찔레와 가시가 날 것이며, 내가 또 구름에게 명하여 그 위에 비를 내리지 못하게 하리라 하셨으니, 무릇 만군의 여호와의 포도원은 이스라엘 족속이요, 그가 기뻐하시는 나무는 유다 사람이라. 그들에게 정의를 바라셨더니 도리어 포학이요, 그들에게 공의를 바라셨더니 도리어 부르짖음이었도다." 이사야 5장 1절~7절, 개역개정

이것이 유명한 이사야의 '포도원의 노래'다. 좋은 포도 good grapes 를 기대하며 힘든 줄 모르고 고된 농사를 지었건만 매번 들 포도 wild grapes 만 맺는 백성들을 향한 탄식이다. 이어서 하나님은 우상 숭배와 사치와 향락에 빠진 여인들을 책망하신다.

"시온의 딸들이 교만하여 목을 길게 빼고 다니며, 호리는 눈짓을 하고 다니며, 꼬리를 치고 걸으며, 발목에서 잘랑잘랑 소리를 내는구나. 그러므로 나 주가 시온의 딸들 정수리에 딱지가 생기게 하며, 나 주가 그들의 하체를 드러낼 것이다." 이사야 3장 16절~17절

'시온 Zion'은 예루살렘 성지의 언덕을 가리킨다. 다윗 왕이 이곳을 수도로 삼고, 법궤를 옮겨옴으로써 이스라엘의 정치적, 종교적 중심지로 삼았다. 이후 솔로몬 왕이 여호와의 성전을 건축하고, 거대한 궁전을 지어 유대

민족의 생활과 신앙의 중심지로 번영을 누렸다. 시간이 흐르며 시온은 예루살렘뿐 아니라 온 이스라엘을 상징하는 존재가 되었다. 신약성경에서는 하늘에 계신 하나님의 도성을 상징하는 용어로 시온이라는 말이 사용되었다. '시온의 딸'이란 예루살렘에 거주하는 백성을 가리키는 말이지만 하나님께서 특별히 선택한 성읍이라는 의미에서 아름다운 예루살렘 성읍을 강조한 시적인 표현이기도 하다. '딸'이란 꼭 여인만을 의미하는 것이 아니라 도성이나 나라를 뜻하기도 한다. '처녀 딸 시온'은 '한 번도 이방인의 발에 짓밟혀 본 일이 없는 거룩한 도성 예루살렘'을 가리킬 때 쓰는 말이다.

이사야는 그 날이 오면 일곱 여자가 한 남자를 붙잡고 애원할 것이라고 말했다.

"우리가 먹을 것은 우리가 챙기고, 우리가 입을 옷도 우리가 마련할 터이니, 다만 우리가 당신을 우리의 남편이라고 부르게만 해주세요. 시집도 못 갔다는 부끄러움을 당하지 않게 해주세요." 이사야 4장 1절

이는 곧 이어질 바벨론의 침략에 의해 수많은 남자들이 희생당할 것임을 암시한 것이다. 이로 인해 성 윤리가 파괴되고 가족관계도 허물어질 것이라는 무섭고도 암울한 예고였다.

이사야가 경험했던 커다란 사건 중 하나는 아하스 왕 때 발생했던 아람과 에브라임, 즉 시리아와 북이스라엘 연합군과의 전쟁과 히스기야 왕 때 일어났던 앗수르의 유다 침공이었다. 이사야는 시리아와 북이스라엘 간의 전쟁으로 극심한 재난이 벌어졌음에도 불구하고 그보다 더 큰 재난인 앗수르의 침공을 예시하며 현실의 재난을 대수롭지 않게 언급하고 있다. 그가

예견한 앗수르의 유다 침공은 지체 없이 실현되었다. 동시에 이사야는 앗수르보다 더 큰 세력인 바벨론이 유다를 향해 다가오고 있다는 사실을 밝히면서 바벨론의 멸망까지를 예언하고 있다. 바야흐로 하나님에 의해 유다와 이스라엘에 잔치가 끝났음이 선포된 셈이다.

다시 시작될, 새 하늘과 새 땅에서의 풍성한 잔치

이처럼 이사야는 유다에 임박한 하나님의 심판을 경고하면서도 한편으로는 메시야 도래의 소망을 예시하고 있다. '메시야 Messiah'란 '기름 부음 받은 자'라는 뜻으로 구약 시대에는 하나님의 선한 뜻을 수행하도록 하나님이 선택해 기름 부어 세운 사람들, 즉 제사장과 선지자와 왕을 지칭하는 용어였다. 그런데 다윗 시대를 거치면서 이상적인 왕이자 인류가 대망하는 유일한 구세주로서의 메시야 개념이 나타나기 시작했다. 이후 신약 시대에 이르러서는 예수를 가리키는 말로 쓰이면서 메시야, 곧 그리스도 예수라는 고유명사로 정착되었다.

"그러므로 주께서 친히 징조를 너희에게 주실 것이라. 보라 처녀가 잉태하여 아들을 낳을 것이요 그의 이름을 임마누엘이라 하리라. 그가 악을 버리며 선을 택할 줄 알때가 되면 엉긴 젖과 꿀을 먹을 것이라." 이사야
7장 14절~15절, 개역개정

'임마누엘 Immanuel'이란 '하나님이 우리와 같이 계신다'는 뜻으로 예수 그리스도를 의미한다. 메시야로 오신 예수는 인간의 몸으로 오시기에 악을

버리며 선을 택할 수 있을 만큼 장성하면 우리와 똑같이 보통 사람들이 먹는 엉긴 젖, 즉 버터와 꿀을 먹을 거라는 말이다.

"이는 한 아기가 우리에게 났고 한 아들을 우리에게 주신 바 되었는데, 그의 어깨에는 정사를 메었고 그의 이름은 기묘자라, 모사라, 전능하신 하나님이라, 영존하시는 아버지라, 평강의 왕이라 할 것임이라. 그 정사와 평강의 더함이 무궁하며 또 다윗의 왕좌와 그의 나라에 군림하여 그 나라를 굳게 세우고 지금 이후로 영원히 정의와 공의로 그것을 보존하실 것이라 만군의 여호와의 열심이 이를 이루시리라." 이사야 9장 6절~7절, 개역개정

'정사政事, government'란 '통치권'이나 '권세' 또는 '주권'을 의미하고, '기묘자奇妙者, Wonderful'란 인간의 이성과 지혜, 상상과 감각으로는 도저히 받아들일 수 없는 분 혹은 초월적인 능력과 성품으로 오묘하신 섭리를 수행하시는 분을 가리키며, '모사謀士, counselor'란 지략이 뛰어난 왕의 상담자 내지는 조언자를 일컫는데, 최고의 모사는 바로 하나님이다. 이사야는 보다 구체적으로 메시야 탄생에 관한 예언을 이어간다.

"이새의 줄기에서 한 싹이 나며 그 뿌리에서 한 가지가 나서 결실할 것이요. 그의 위에 여호와의 영 곧 지혜와 총명의 영이요 모략과 재능의 영이요 지식과 여호와를 경외하는 영이 강림하시리니 그가 여호와를 경외함으로 즐거움을 삼을 것이며 그의 눈에 보이는 대로 심판하지 아니하며 그의 귀에 들리는 대로 판단하지 아니하며 공의로 가난한 자를 심판

하며 정직으로 세상의 겸손한 자를 판단할 것이며 그의 입의 막대기로 세상을 치며 그의 입술의 기운으로 악인을 죽일 것이며 공의로 그의 허리 띠를 삼으며 성실로 그의 몸의 띠를 삼으리라." 이사야 11장 1절~5절, 개역개정

이사야는 메시야의 탄생에 이어 그가 이 땅에서 받게 될 온갖 고초와 수난도 예고하였다.

"그는 실로 우리의 질고를 지고 우리의 슬픔을 당하였거늘 우리는 생각하기를 그는 징벌을 받아서 하나님에게 맞으며 고난을 당한다 하였노라. 그가 찔림은 우리의 허물을 인함이요 그가 상함은 우리의 죄악을 인함이라. 그가 징계를 받음으로 우리가 평화를 누리고 그가 채찍에 맞음으로 우리가 나음을 입었도다. 우리는 다 양 같아서 그릇 행하여 각기 제 길로 갔거늘 여호와께서는 우리 무리의 죄악을 그에게 담당시키셨도다." 이사야 53장 4절~6절, 개역한글

하지만 때가 되면, 즉 사망 권세를 이기고 부활해 승천한 메시야가 다시 오셔서 공의로 세상을 심판하는 날이 오면 하나님의 거룩한 산에서 동물들이 어린 양처럼, 사람들이 어린아이처럼 되어 함께 먹고 눕고 어울려도 위험이나 해로움이 없는 세상이 되리라 예언한다.

"그때에는, 이리가 어린 양과 함께 살며, 표범이 새끼 염소와 함께 누우며, 송아지와 새끼 사자와 살진 짐승이 함께 풀을 뜯고, 어린 아이가 그것들을 이끌고 다닌다. 암소와 곰이 서로 벗이 되며, 그것들의 새끼가

함께 눕고, 사자가 소처럼 풀을 먹는다. 젖 먹는 아이가 독사의 구멍 곁에서 장난하고, 젖 뗀 아이가 살무사의 굴에 손을 넣는다. 나의 거룩한 산 모든 곳에서, 서로 해치거나 파괴하는 일이 없다. 물이 바다를 채우듯, 주님을 아는 지식이 땅에 가득하기 때문이다." 이사야 11장 6절~9절

사자가 풀을 뜯어먹고, 젖 먹는 아이가 독사 곁에서 장난하는 세상이란 잃어버린 에덴동산이 회복되었음을 의미한다. 주님을 아는 지식이 가득한 땅에서 새로운 잔치가 시작된다.

"만군의 주님께서 이 세상 모든 민족을 여기 시온 산으로 부르셔서, 풍성한 잔치를 베푸실 것이다. 기름진 것들과 오래된 포도주, 제일 좋은 살코기와 잘 익은 포도주로 잔치를 베푸실 것이다. 또 주님께서 이 산에서 모든 백성이 걸친 수의를 찢어서 벗기시고, 모든 민족이 입은 수의를 벗겨서 없애실 것이다. 주님께서 죽음을 영원히 멸하신다. 주 하나님께서 모든 사람의 얼굴에서 눈물을 말끔히 닦아 주신다. 그의 백성이 온 세상에서 당한 수치를 없애 주신다. 이것은 주님께서 하신 말씀이다. 그 날이 오면, 사람들은 이런 말을 할 것이다. 바로 이분이 우리의 하나님이시다. 우리가 하나님을 의지하였으니, 하나님께서 우리를 구원하신다. 바로 이분이 주님이시다. 우리가 주님을 의지한다. 우리를 구원하여 주셨으니 기뻐하며 즐거워하자." 이사야 25장 6절~9절

하나님께서 온 세상 백성들을 구원하시는 장면이다. 이사야는 이를 여호와의 산에서 벌어지는 잔치로 묘사했다. 산은 통치 권력의 상징으로 메시

야가 머물며 세상을 다스리실 예루살렘을 가리킨다. 그날이 오면, 즉 종말의 때가 되면 이방인들이 복음을 듣고 하나님께 돌아와 구원받은 백성이 될 것임을 보여준다. 이는 예수 그리스도의 재림으로 펼쳐지게 될 새 하늘과 새 땅에서 구원받은 백성들을 위해 하나님께서 베푸실 천국 잔치를 보여준 것이다.

"'보아라, 내가 새 하늘과 새 땅을 창조할 것이니, 이전 것들은 기억되거나 마음에 떠오르거나 하지 않을 것이다. 그러니 너희는 내가 창조하는 것을 길이길이 기뻐하고 즐거워하여라. 보아라, 내가 예루살렘을 기쁨이 가득 찬 도성으로 창조하고, 그 주민을 행복을 누리는 백성으로 창조하겠다. 예루살렘은 나의 기쁨이 되고, 거기에 사는 백성은 나의 즐거움이 될 것이니, 그 안에서 다시는 울음소리와 울부짖는 소리가 들리지 않을 것이다.' 거기에는 몇 날 살지 못하고 죽는 아이가 없을 것이며, 수명을 다 채우지 못하는 노인도 없을 것이다. 백 살에 죽는 사람을 젊은이라고 할 것이며, 백 살을 채우지 못하는 사람을 저주받은 자로 여길 것이다. 집을 지은 사람들이 자기가 지은 집에 들어가 살 것이며, 포도나무를 심은 사람들이 자기가 기른 나무의 열매를 먹을 것이다. 자기가 지은 집에 다른 사람이 들어가 살지 않을 것이며, 자기가 심은 것을 다른 사람이 먹지 않을 것이다. '나의 백성은 나무처럼 오래 살겠고, 그들이 수고하여 번 것을 오래오래 누릴 것이다.' 그들은 헛되이 수고하지 않으며, 그들이 낳은 자식은 재난을 당하지 않을 것이다. 그들은 주님께 복 받은 자손이며, 그들의 자손도 그들과 같이 복을 받을 것이다. '그들이 부르기 전에 내가 응답하며, 그들이 말을 마치기도 전에 내가 들어주겠다. 이리와 어린 양이 함께 풀을 먹으며, 사자가 소처럼 여물을 먹으며, 뱀이 흙을 먹이로 삼을 것이다. 나의 거룩한 산에서는 서로 해치거나 상하게 하는 일이 전혀 없을 것이다.' 주님의 말씀이시다." 이사야 65장 17절~25절

'새 하늘과 새 땅'은 하나님에 의해 창조되어 하나님의 주권에 의해 새로운 질서 아래 다스려지는 죄와 악이 없는 온전한 세상이다. 새 하늘과 새 땅은 예수 그리스도의 재림으로 성취되며, 현재 우리가 살아가는 타락하고 부패한 세상은 소멸되거나 하나님의 창조 목적대로 회복된다. 구원받은 백성들이 살게 될 하나님의 나라가 바로 새 하늘과 새 땅이다.

'백 살에 죽는 사람', '백 살을 채우지 못하는 사람'이라는 말씀은 노아 이래 수명이 점점 단축된 데다 숱한 전쟁과 기근과 노동으로 평균 수명이 30~40세 밖에 되지 않던 당시 사람들에게 그만큼 오래 살게 되리라는 메시지를 전달한 것이다. '죽음'에 방점이 찍힌 게 아니라 '삶'에 방점이 찍혔기에 25장 8절 '죽음을 영원히 멸하신다'는 말씀과 같은 의미다.

새 하늘과 새 땅은 인류 최초의 터전인 에덴동산과 마찬가지로 하나님과 인간 사이에 온전한 교제와 소통이 이루어짐과 동시에 풍성한 잔치가 베풀어지는 세상이다.

에덴동산을 창조하실 때 하나님이 기대한 것은 자신의 형상대로 만든 사람과의 흥겨운 잔치였다. 그 잔칫상을 발로 차버린 건 인간이었다. 새 하늘과 새 땅에서 하나님은 그 잃어버린 잔칫상, 훼손된 밥상을 회복시킨다고 선언하셨다. 그 잔치에서는 에덴동산에서 그랬던 것처럼 이리와 어린 양이 함께 풀을 먹고, 사자가 소처럼 여물을 먹는다. 피를 흘리며 살을 뜯어먹는

일이 없다. 탐욕과 욕망이 사라진다. 식탐도 존재하지 않는다. 내가 더 먹으려고, 보다 좋은 것을 먹으려고, 나중에 먹으려고 다투거나 쌓아둘 필요가 없다. 진정한 평화와 자족과 안식이 이루어지는 나라다. 아담과 하와의 식탐으로 상실했던 낙원이 완벽하게 재현되는 세상이다.

이사야는 지금으로부터 약 2,800년 전에 이미 세상의 종말과 다시 오실 예수 그리스도께서 다스리실 새 하늘과 새 땅을 내다보고 예언했다. 그가 북이스라엘과 남유다가 멸망당하게 될 극심한 혼란기에 권력자들과 백성들을 향해 오직 여호와 하나님만 바라보고 의지해야 한다고 담대하게 외칠 수 있었던 것은 장차 도래할 새 하늘과 새 땅을 바라봤기 때문이다.

"너희 모든 목마른 사람들아, 어서 물로 나오너라. 돈이 없는 사람도 오너라. 너희는 와서 사서 먹되, 돈도 내지 말고 값도 지불하지 말고 포도주와 젖을 사거라. 어찌하여 너희는 양식을 얻지도 못하면서 돈을 지불하며, 배부르게 하여 주지도 못하는데, 그것 때문에 수고하느냐? 들어라, 내가 하는 말을 들어라. 그리하면 너희가 좋은 것을 먹으며, 기름진 것으로 너희 마음이 즐거울 것이다." 이사야 55장 1절~2절

이사야 선지자의 피 끓는 호소는 2,800여 년이 흐른 오늘날까지도 계속되고 있다.

"주님께서 이렇게 말씀하신다. '내가 예루살렘에 평화가 강물처럼 넘치게 하며, 뭇나라의 부귀영화가 시냇물처럼 넘쳐서 흘러오게 하겠다.' 너희는 예루살렘의 젖을 빨며, 그 팔에 안기고, 그 무릎 위에서 귀여움

을 받을 것이다. '어머니가 그 자식을 위로하듯이, 내가 너희를 위로할 것이니, 너희가 예루살렘에서 위로를 받을 것이다.'" 이사야 66장 12절~13절

미켈란젤로 부오나로티(1475~1564, 이탈리아),
〈선지자 이사야〉, 시스티나 성당 천장 프레스코화, 바티칸시국

시스티나 성당은 1473년부터 1481년까지 교황 식스투스 4세를 위해 건설되었다. 오늘날 이 성당은 교황의 개인 성당이자 새로운 교황을 선출하기 위한 비밀회의, 즉 콘클라베가 열리는 장소다. 하지만 이 성당이 유명한 것은 미켈란젤로의 천장 그림 때문이다. 교황 율리우스 2세의 명을 받아 1508년에 시작해 1512년에 완성한 그의 프레스코화에는 무려 343명의 인물들이 등장한다. 짧은 기간 방대한 양의 인물을 그렸음에도 누구 하나 소홀함이 없이 모두가 주인공처럼 역동적인 스타일로 그려냈다. '천지창조' 중 '선지자 이사야'는 하나님의 준엄한 말씀과 타락한 유다 백성들 사이에서 고뇌하는 예언자의 모습을 잘 표현했다.

그러므로 즐겁게 사는 것이 좋은 것이다.

하늘 아래서 먹고 마시며 즐기는 일밖에

사람에게 무슨 좋은 일이 있겠는가?

그것이 없다면 하늘 아래서 하느님께 허락받은 짧은 인생을

무슨 맛으로 수고하며 살 것인가?

나는 지혜를 통해 사람들이 땅 위에서 밤낮 눈도 못 붙이고

수고하는 까닭을 알려고 무던히 애를 써보았지만,

하느님께서 하늘 아래서 하시는 일은 아무도 알 수 없음을 깨달았다.

아무리 찾아도 그것을 알 사람은 없다.

이런 일을 안다고 장담할 현자가 있을지는 몰라도

그것을 참으로 아는 사람은 아무도 없다.

전도서 8장 15절~17절, 공동번역

23
두루마리를
받아먹은 에스겔

바벨론의 그발 강가에서 본 환상

에스겔은 요시야 왕 때 태어나 바벨론의 유다 2차 침공 당시 여호야긴 왕과 더불어 바벨론에 끌려갔다가 포로 생활 5년째에 접어들었을 무렵 선지자로서 소명을 받았다. 이때 그의 나이 서른 살 전후였다. 일명 고니야, 여고니야, 여고냐 등으로 불리기도 하는 유다 제19대 왕 여호야긴은 부친을 본받아 하나님 앞에서 악행을 저지르다 바벨론 왕 느부갓네살의 공격을 받고 패해 모친과 아내들과 신하들을 데리고 포로로 잡혀감으로써 불과 3개월 밖에 왕좌에 앉아 있지 못한 비운의 임금이었다.

에스겔은 바벨론 포로지에서 22년 동안 활동하며 풍전등화의 위기에 처한 유다 백성들을 향해 본토 회복에 대한 소망을 선포하고 위로와 용기를 북돋운 선지자다. '에스겔서 Ezekiel'의 저자인 그는 선지자 예레미야 사역 후반기부터 다니엘 사역 초반기까지 일하다가 기원전 560년경에 세상을 떠난 것으로 알려져 있다.

에스겔서에는 그가 체험했던 여러 가지 환상과 비유, 묵시와 상징들이 그대로 기록되어 있어 성경 중에서도 이해하기가 쉽지 않은 난해한 책으로 꼽힌다. 에스겔이 처음으로 환상을 본 것은 바벨론의 그발 강가에서였다. 그발 강은 유브라데 강에서 갈라져 나온 지류로서 대운하가 있었고, 강 주변에는 에스겔과 함께 끌려온 유다 포로들이 정착해 살고 있었다.

"그때에 내가 바라보니, 북쪽에서 폭풍이 불어오는데, 큰 구름이 밀려오고, 불빛이 계속 번쩍이며, 그 구름 둘레에는 광채가 나고, 그 광채 한가운데서는 불 속에서 빛나는 금붙이의 광채와 같은 것이 반짝였다. 그러더니 그 광채 한가운데서 네 생물의 형상이 나타나는데, 그들의 모습은 사람의 형상과 같았다. 얼굴이 각각 넷이요, 날개도 각각 넷이었다. 그들의 다리는 모두 곧고, 그 발바닥은 송아지의 발바닥과 같고, 광낸 놋과 같이 반짝거렸다. 그 생물의 사면에 달린 날개 밑에는 사람의 손이 있으며, 네 생물에게는 얼굴과 날개가 있었다. 그들의 날개 끝은 서로 닿아 있으며, 앞으로 나아갈 때에는 몸을 돌리지 않고, 각각 앞으로 곧게 나아갔다. 그 네 생물의 얼굴 모양은, 제각기, 앞쪽은 사람의 얼굴이요, 오른쪽은 사자의 얼굴이요, 왼쪽은 황소의 얼굴이요, 뒤쪽은 독수리의 얼굴이었다. 이것이 그들의 얼굴 모양이었다. 그들의 날개는 위로 펼쳐져 있는데, 두 날개로는 서로 끝을 맞대고 있고, 또 두 날개로는 그들의 몸을 가리고 있었다." 에스겔 1장 4절~11절

하나님이 하늘을 열어 그에게 환상을 보여주셨다. 에스겔은 하나님의 말씀을 듣고 그 권능에 사로잡혔다. 르네상스의 고전적 예술을 완성한 이탈리아 천재 화가 라파엘로는 이 말씀을 토대로 하나님의 모습을 그리기 시작해 〈에스겔의 환상〉이라는 작품을 완성했다. 하나님을 의인화한 그림 속에서 사람과 사자와 황소와 독수리는 각각 마태, 마가, 누가, 요한, 즉 신약성경의 사복음서 저자를 상징한다. 마태복음은 처음부터 예수님의 혈통을 나열하면서 인간으로서의 예수에 초점을 맞춰 기술했으며, 마가복음은 세례요한이 예수를 영접하라고 외치는 장면부터 시작해 왕으로서의 예수님을 강조했다. 사자는 왕을 상징하며, '광야에서 외치는 자의 소리'는 사자의 포효를 연상시킨다. 누가복음은 세례요한의 아버지인 제사장 사가랴의 이야기로부터 시작된다. 누가가 주목한 것은 인류의 속죄를 위해 바쳐진 제물로서 예수, 즉 메시야의 희생이었다. 황소는 대표적인 희생 제물이다. 끝으로 요한복음은 예수님의 신성을 부각시켜 그가 하늘에서 왔고 부활하여 승천한 뒤에는 하늘에 계심을 강조하고 있다. 요한은 첫 구절에서부터 말씀과 하나님과 예수님이 동일한 분이라고 주장했다.

하나님을 목격한 에스겔은 얼굴을 땅에 대고 엎드렸다. 이때 하나님의 음성이 들려 왔다.

"사람아, 내가 너를 이스라엘 자손에게, 곧 나에게 반역만 해 온 한 반역 민족에게 보낸다. 그들은 그들의 조상처럼 이 날까지 나에게 죄만 지었다. 얼굴이 뻔뻔하고 마음이 굳을 대로 굳어진 바로 그 자손에게, 내가 너를 보낸다. 너는 그들에게 '주 하나님께서 이와 같이 말씀하신다' 하고 말하여라. 그들은 반역하는 족속이다. 듣든지 말든지, 자기들 가운데 예언자가 있다는 것만은 알게 될 것이다. 너 사람아, 비록 네가 가시와 찔레 속에서 살고, 전갈 떼 가운데서 살고 있더라도, 너는 그들을 두려워하지 말고, 그들이 하는 말도 두려워하지 말아라. 그들이 하는 말을 너는 두려워하지 말고, 그들의 얼굴 앞에서 너는 떨지 말아라. 그들은 반역하는 족속이다. 그들이 듣든지 말든지 오직 너는 그들에게 나의 말을 전하여라. 그들은 반역하는 족속이다." 에스겔 2장 3절~7절

하나님은 이스라엘 자손을 조상 때부터 끊임없이 죄만 지은 반역 민족이라고 부르셨다. 에스겔을 자신의 메시지를 대신 전할 선지자로 세워 그들에게 보낼 테니 가서 '주 하나님께서 이와 같이 말씀하신다.'라고 전하라는 것이었다. 그들이 하나님의 말씀을 잘 듣든지 듣지 않든지 상관하지 말고 일단 가서 전하기만 하라는 것이다.

하나님은 처음부터 이스라엘 자손들이 에스겔이 전할 자신의 말을 듣고 회개하며 돌이키리라 기대하지도 않으신 듯하다. 그렇더라도 최소한 자기들 가운데 예언자가 있다는 것만은 알게 될 거라고 말씀하셨다. 이어 하나님은 에스겔에게 이제껏 한 번도 들어본 적 없는 기상천외한 명령을 내리신다.

"너 사람아, 내가 하는 말을 들어라. 너만은 저 반항하는 일밖에 모르는 족속처럼 나에게 반항하는 자가 되지 말고 입을 벌려 내가 주는 것을 받아먹어라." 에스겔 2장 8절, 공동번역

직접 먹을 것을 줄 테니 입을 벌려 받아먹으라는 말씀이었다. 에스겔이

고개를 들어 하늘을 바라봤더니 손 하나가 자신을 향해 뻗쳐 있는데, 그 손에 두루마리 책이 들려 있었다. 하나님이 두루마리를 펼쳐서 보여주셨다. 두루마리 앞뒤에 글이 적혀 있었다. 온갖 조가 ^{弔歌} 와 탄식과 재앙의 글이었다. 이를 보고 있는 중에 하나님의 다음 말씀이 들려왔다.

"사람아, 너에게 보여 주는 것을 받아먹어라. 너는 이 두루마리를 먹고 가서, 이스라엘 족속에게 알려 주어라." 에스겔 3장 1절

에스겔은 말씀을 따라 입을 벌렸다. 그랬더니 하나님께서 손수 두루마리를 먹여주셨다.

"사람아, 내가 너에게 주는 이 두루마리를 먹고, 너의 배를 불리며, 너의 속을 그것으로 가득히 채워라." 에스겔 3장 3절

에스겔은 주시는 대로 두루마리를 받아먹었다. 그런데 희한했다. 아무 맛도 없을 것 같았던 두루마리가 입에 들어가자 마치 꿀처럼 달콤했다. 그는 너무 맛있게 두루마리를 먹었다.

꿀처럼 달콤한 맛의 두루마리

두루마리 scroll 는 가죽이나 종이 혹은 비단 등을 길게 이어 붙여 글씨를 쓰거나 그림을 그린 다음 돌돌 말아 보관하던 물건이다. 양쪽 끝에 두 개의 막대를 만들어 두루마리를 말고 풀 때 용이하게 했다. 필사본이 나오기 전

까지 책으로 사용되었다.

이집트에서는 기원전 2천 년경부터 파피루스 두루마리를 사용하기 시작했으며, 히브리 민족은 모세오경 등 하나님의 말씀을 긴 가죽 두루마리에 기록해서 보관했다. 대개는 한쪽 면만 사용했으나 드물게 양쪽 면을 다 사용하는 경우도 있었다. 신약성경에서는 '두루마리 책'이란 표현을 구약성경을 일컫는 용어로 사용하기도 했다.

히브리인들은 성경을 분류하면서 '5축', 일명 '다섯 두루마리'를 따로 구분했다. 이는 룻기, 에스더, 전도서, 아가, 예레미야애가를 가리킨다. '5축'은 절기 때 사용되었다. 룻기는 칠칠절에, 에스더서는 부림절에, 전도서는 초막절에, 아가서는 유월절에, 그리고 예레미야애가는 성전 파괴 회상일인 금식일에 각각 낭독되었다.

두루마리를 받아먹어라, 즉 말씀을 먹으라는 메시지는 '말씀'을 듣기만 하거나, 보기만 하는 것이 아니라 내 몸으로 직접 먹어 영양분이 되고, 피와 살이 됨으로써 우리의 육체와 영혼이 말씀의 속성대로 완전히 변화되는 것을 의미한다. 하나님께서 에스겔을 선지자로 세워 이스라엘 백성들에게 보내실 때 그냥 보낸 게 아니라 입을 벌리게 한 다음 말씀을 먹여서 배를 불리고, 속을 가득 채운 뒤에 보내셨다. 또한 하나님은 에스겔을 '사람아'라고 부르셨다. 이때 사람은 '인자 人子, a Son of Man'로 표현되는데, 이것은 후에 예수님을 지칭하는 단어로 사용되지만 여기서는 전능하신 하나님과 대비되는 나약한 인간을 가리킨다. 하나님이 보내신 것은 나약한 인간 에스겔이 아니라 하나님께서 말씀으로 속을 가득 채우신 두루마리 에스겔이었다. 사람이 일하는 게 아니라 하나님의 말씀이 역사하도록 만드신 것이다.

에스겔이 먹고 배를 채운 두루마리에는 앞뒤로 온갖 조가와 탄식과 재앙의 글이 적혀 있었다. 뻔뻔하고 마음이 굳을 대로 굳은 이스라엘 백성들을 책망하는 쓰디쓴 내용이었다. 그런데 맛은 꿀처럼 달았다. 시편 기자 역시 말씀의 맛이 꿀보다 더 달다고 고백한 바 있다.

"주의 말씀의 맛이 내게 어찌 그리 단지요. 내 입에 꿀보다 더 다니이다." 시편 119편 103절, 개역개정

하나님은 인간을 먹고사는 존재로 창조하셨다. 우리는 육체의 양식인 음식과 영혼의 양식인 말씀을 먹어야만 온전히 살아갈 수 있는 존재다. 하지만 사람들은 오로지 육체를 살찌우는 음식에만 관심을 둘 뿐, 영혼을 풍성하게 만드는 말씀에는 관심이 없다. 왜 우리는 이토록 말씀을 먹지 않는 걸까? 말씀을 먹지 않아 빈곤에 빠지는 경우에는 두 가지가 있다.

첫 번째는 말씀이 없어서 못 먹는 경우다. 아직도 지구상에는 자기 모국어로 말씀을 듣지 못하는 사람이 약 25퍼센트에 달하며, 문자가 없어 성경을 읽지 못하는 사람이 3천여 부족 약 4억 4천만 명에 달한다. 육체의 양식뿐 아니라 영혼의 양식도 시급히 나누지 않으면 안 될 상황인 것이다. 1885년 4월 5일 언더우드와 아펜젤러가 최초의 개신교 선교사로 조선 땅을 밟기 전 이미 1882년 중국 만주 지역에서 로스 목사와 매킨타이어 목사, 그리고 이응찬, 서상륜, 백홍준 등 조선인들에 의해 누가복음과 요한복음이 우리말로 번역되어 조선 백성들 사이에서 두루 읽혀지고 있었다는 것은 아무리 생각해도 놀라운 일이 아닐 수 없다.

두 번째는 말씀은 많은 데 사람들이 먹지 않는 경우다. 오늘날 다수의 기독교 국가에서 수많은 사람들이 예수를 믿고 자유롭게 성경을 읽지만 여전

히 사회와 학교, 직장과 교회는 변화되지 않고 있다. 왜 그럴까? 말씀을 받아먹지 않기 때문이다. 맛만 보거나, 냄새만 맡거나, 보고 읽기만 할 뿐 내 몸속에 살아 있는 영양분으로 먹어 흡수시키지 않는 까닭이다.

2004년에 개봉된 테리 조지 감독의 영화 「호텔 르완다」는 르완다 내전으로 엄청난 사람들이 학살당한 실화를 다루고 있다. 벨기에의 식민지배에서 벗어난 르완다는 다수족인 후투족과 소수족인 투치족 사이에 끝없는 분쟁이 이어졌다. 내전이 절정에 달한 것은 1994년 후투족 출신 대통령이 암살되면서부터였다. 피의 보복으로 50여만 명에 달하는 투치족이 살해되었다. 곧이어 투치족의 반격으로 수도인 키갈리가 함락되면서 후투족들의 필사적인 탈출이 시작되었다. 이로 인해 300여만 명에 이르는 난민이 발생했고, 극심한 식량 부족과 전염병으로 수많은 난민들이 목숨을 잃었다. 희대의 참극이 벌어진 르완다는 지구상에서 가장 크리스천이 많은 나라다.

인구의 80퍼센트 이상이 기독교인이다. 하지만 그런 나라에서 가장 잔인하고 가슴 아픈 동족상잔의 비극이 일어났다. 케냐 역시 인구의 80퍼센트인 1,300만 명이 크리스천인 나라지만 전 세계에서 부정부패가 가장 심한 나라로 알려져 있다.

에스겔은 두루마리 말씀으로 배를 불리고, 속을 가득 채운 후에 누구보다 강한 사람이 되었다. 에스겔은 히브리어로는 '예헤즈켈'로 '강하게 하다'는 뜻의 '하자크'와 '하나님'을 뜻하는 '엘'이 합쳐진 말이다. 따라서 이 이름은 '하나님께서 강하게 하신다'라는 의미가 된다.

사도 바울은 두 번째로 로마 감옥에 수감되어 순교하기 직전 사랑하는 후계자 디모데에게 보낸 마지막 편지에서 마치 유언을 남기듯 성경의 중요성을 거듭해서 강조하고 있다.

"그대도 기억하다시피 그대는 어려서부터 성경을 잘 익혀왔습니다. 성경은 그리스도 예수를 믿음으로써 구원을 얻는 지혜를 그대에게 줄 수 있는 것입니다. 성경은 전부가 하느님의 계시로 이루어진 책으로서 진리를 가르치고 잘못을 책망하고 허물을 고쳐주고 올바르게 사는 훈련을 시키는 데 유익한 책입니다. 이 책으로 하느님의 일꾼은 모든 선한 일을 할 수 있는 자격과 준비를 갖추게 됩니다." 디모데후서 3장 15절~17절, 공동번역

마지막 때, 즉 환란과 박해가 닥쳐올 때에 하나님만 바라보고 진리의 길에서 벗어나지 않기 위해서는 말씀을 붙잡아야 한다는 걸 강조한 것이다. 말씀을 먹고 강한 용사가 되었을 때만이 하나님의 일꾼으로서 제대로 일할 수 있는 자격과 준비를 갖추게 된다는 말이다.

사도 요한 역시 에스겔처럼 천사로부터 두루마리, 곧 말씀을 받아먹었다고 기록한 바 있다. 말씀은 꿀처럼 달았으나 먹고 나니 뱃속이 쓰라렸다고 한다. 말세에 임할 하나님의 심판과 진노를 전하는 일은 그만큼 힘들고 어려운 것임을 보여준다. 에스겔이나 사도 바울이나 사도 요한은 꿀 같은 말씀을 먹고 주님의 용사로 무장하는 일보다 그 이후에 담대하게 세상에 나가 말씀을 전하고 실천하고 행하는 일이 쓰디 쓴 맛이라는 것을 잘 알고 있었다.

"하늘로부터 들려 온 그 음성이 다시 내게 말하였습니다. '너는 가서, 바다와 땅을 밟고 서 있는 그 천사의 손에 펴 있는 작은 두루마리를 받아라.' 그래서 내가 그 천사에게로 가서, 그 작은 두루마리를 달라고 하니, 그는 나에게 말하기를 '이것을 받아먹어라. 이것은 너의 배에는 쓰

겠지만, 너의 입에는 꿀같이 달 것이다' 하였습니다. 나는 그 천사의 손에서 그 작은 두루마리를 받아서 삼켰습니다. 그것이 내 입에 는 꿀같이 달았으나, 먹고 나니, 뱃속은 쓰라렸습니다." 요한계시록 10장 8절~10절

430일 동안 옆으로 누워
쇠똥에 구운 빵만 먹고 산 에스겔
|
하나님은 에스겔에게 이스라엘에 임박한 심판을 구체적으로 예고해 주셨다.

"너는 또 왼쪽으로 누워서, 이스라엘 족속의 죄악을 네 몸에 지고 있거라. 옆으로 누워 있는 날 수만큼, 너는 그들의 죄악을 떠맡아라. 나는 그들이 범죄한 햇수대로 네 날 수를 정하였다. 그러니 네가 삼백구십 일 동안 이스라엘 족속의 죄악을 떠맡아야 할 것이다. 이 기간을 다 채운 다음에는, 네가 다시 오른쪽으로 누워서, 유다 족속의 죄악을 사십 일 동안 떠맡고 있거라. 나는 너에게 일 년을 하루씩 계산하여 주었다. 너는 이제 예루살렘의 포위망을 응시하면서, 네 팔을 걷어붙이고, 그 성읍을 심판하는 예언을 하여라. 내가 너를 줄로 묶어서, 네가 갇혀 있는 기한이 다 찰 때까지, 네가 몸을 이쪽 저쪽으로 돌려 눕지 못하도록 하겠다." 에스겔 4장 4절~8절

여기서 하루는 1년에 해당한다. 에스겔은 390일 동안 왼쪽으로 누워 북이스라엘의 죄악을 짊어져야 했고, 곧바로 오른쪽으로 누워 40일을 지내

며 남유다의 죄악을 담당해야 했다. 390년은 북이스라엘이 분열되어 나라를 세운 후 멸망해 바벨론에 포로로 잡혀 있다 돌아오기까지의 기간, 즉 기원전 930년부터 1차 귀환 때인 537년까지를 가리킨다. 아울러 40년은 남유다가 멸망한 때부터 바벨론에서 본국으로 돌아오는 때까지의 기간, 즉 기원전 586년부터 537년까지를 나타낸다. 상대적으로 북이스라엘의 죄악이 훨씬 더 무겁고 심각했다.

그런 다음 하나님께서는 심판과 환란의 때에 먹고 마셔야 할 음식에 대해 일러주셨다.

"너는 밀과 보리와 콩과 팥과 조와 귀리를 준비하여 한 그릇에 담고, 그것으로 빵을 만들어 네가 옆으로 누워 있는 삼백구십 일 동안 내내 먹어라. 너는 음식을 하루에 이십 세겔씩 달아서, 시간을 정해 놓고 먹어라. 물도 되어서 하루에 육분의 일 힌씩, 시간을 정해 놓고 따라 마셔라. 너는 그것을 보리빵처럼 구워서 먹되, 그들이 보는 앞에서, 인분으로 불을 피워서 빵을 구워라." 에스겔 4장 9절~12절

여기서 '팥'으로 번역된 곡물은 먼 옛날 야곱이 팥죽을 쑬 때 사용했던 '렌즈콩'이다. 1세겔은 대략 11.4그램으로 추정되므로 20세겔이면 228그램이 된다. 여러 곡물을 섞어 만든 빵 228그램을 몇 차례 나눠서 하루 동안 먹어야 했다. 물도 하루에 육분의 일 힌씩만 마셔야 했다. 1힌은 3.6리터가량이므로 육분의 일 힌이면 0.6리터였다. 이는 성인 남자가 하루에 먹는 식량의 절반도 안 되는 적은 양이었다. 게다가 곡물 빵을 보리빵처럼 굽되 사람들이 다 보는 앞에서 인분, 즉 사람의 배설물에 불을 지펴 빵을 구워 먹

으라고 말씀하셨다.

예루살렘 성이 대적들에게 포위당하고, 나라의 운명이 백척간두에 선 위급한 상황이기는 하지만 아무리 고난의 음식이라 해도 이건 너무 가혹한 듯하다. 인분으로 구워낸 맛없고 더러운 빵을 적은 양의 물과 함께 1년 넘게 누워서 먹어야 한다는 것은 식사라기보다는 고문에 가까운 일이었다. 한쪽으로 누워 꾸역꾸역 먹는 빵이 제대로 소화가 될지도 의문이었다. 하나님께서 이렇게 명하신 것은 에스겔을 괴롭히기 위함이 아니었다. 이미 죄악의 길을 걷고 있는 이스라엘 백성들이 기근과 환란 속에 더욱 더 부정하게 될 것을 보여주는 것이다. 에스겔은 하나님께 선택받은 선지자로서 민족의 고난을 온몸으로 체험하며 견뎌내야 했다.

『맛있는 성경 이야기』라는 흥미로운 책에서 유재덕 교수는 이런 설명을 덧붙였다.

"에스겔의 빵은 당시 흔하던 보리빵과 달리 영양성분이 높았다. 에스겔 빵은 여러가지 종류의 곡물과 콩으로 만든 완전한 단백질 식품이었다. 콩류는 다량의 비타민C, 그리고 칼륨과 철 성분을 함유하고 있을 뿐 아니라 다른 곡물에 비해 두 배나 단백질이 많아서 예로부터 가난한 이들을 위한 소고기라는 별명을 가지고 있을 징도이다. 하나님이 에스겔에게 육체적으로 힘든 자세를 요구한 게 사실이지만, 그렇다고 해서 그의 건강까지 외면하지는 않았다는 것을 알 수 있다."

분노에 찬 하나님의 음성은 계속해서 이어진다.

"내가 이스라엘 자손을 다른 민족들 속으로 내쫓으면, 그들이 거기에서 이와 같이 더러운 빵을 먹을 것이다." 에스겔 4장 13절

하나님께서 이렇게 말씀하시자 에스겔이 입을 열어 간곡하게 선처를 호소했다.

"주 하나님, 저는 이제까지 저 자신을 더럽힌 일이 없습니다. 어려서부터 지금까지 저절로 죽거나 물려 죽은 짐승의 고기를 먹은 적이 없고, 부정한 고기를 제 입에 넣은 적도 없습니다." 에스겔 4장 14절

모세의 율법에 따라 정직한 식생활을 해왔다는 말을 듣고 하나님께서 한 발 물러서셨다.

"좋다! 그렇다면, 인분 대신에 쇠똥을 쓰도록 허락해 준다. 너는 쇠똥으로 불을 피워 빵을 구워라." 에스겔 4장 15절

인분이 쇠똥으로 바뀌었지만 이스라엘과 유다에 내려질 징계는 결코 가벼워지지 않았다.

"사람아, 내가 예루살렘에서 사람들이 의지하는 빵을 끊어 버리겠다. 그들이 빵을 달아서 걱정에 싸인 채 먹고, 물을 되어서 벌벌 떨며 마실 것이다. 그들은 빵과 물이 부족하여 누구나 절망에 빠질 것이며, 마침내 자기들의 죄악 속에서 말라 죽을 것이다." 에스겔 4장 16절~17절

하나님이 주신 말씀은 먹지 않고, 육체의 정욕을 좇아 달콤한 음식만 탐하던 백성들에게 내려진 형벌은 그들이 의지하던 먹을 것을 끊어 버리는

것이었다. 먹을 것이 끊어진 백성들에게 남은 것은 인간이기를 포기한 원초적 본능과 멸망을 향한 날개 없는 추락뿐이었다.

"너희 가운데서 아버지가 자식을 잡아먹고, 자식이 아버지를 잡아먹을 것이다. 나는 너희 가운데 벌을 내리고, 너희에게 남은 사람들을 사방으로 흩어 버리겠다." 에스겔 5장 10절

"내가 멸망하게 하는 기근의 독한 화살을 너희에게 보내되 기근을 더하여 너희가 의뢰하는 양식을 끊을 것이라." 에스겔 5장 16절, 개역개정

백성들을 향한 진노가 얼마나 심했는지 하나님은 에스겔을 향해 이런 말씀까지 하셨다.

"사람아, 만약 어떤 나라가 가장 불성실하여 나에게 죄를 지으므로, 내가 그 나라 위에 손을 펴서 그들이 의지하는 양식을 끊어 버리고, 그 나라에 기근을 보내며, 그 나라에서 사람과 짐승을 사라지게 한다고 하자. 비록 그 나라 가운데 노아와 다니엘과 욥, 이 세 사람이 있다 하더라도, 그 세 사람은 자신의 의로 말미암아 자신의 목숨만 겨우 건질 것이다. 나 주 하나님의 말이다." 에스겔 14장 13절~14절

하나님께서 손을 펴서 양식을 끊어 버리면 비록 노아와 다니엘과 욥이 있다 하더라도 결코 이 문제를 해결할 수 없으며 간신히 자기 목숨이나 건질 수 있을 뿐이라는 것이다. 하나님께서 의로운 사람 셋을 예로 들면서 모

세나 엘리야나 이사야를 거명하지 않고 왜 노아와 다니엘과 욥을 언급하셨을까? 모세, 엘리야, 이사야는 위대한 민족 지도자였지만 죽을 고비를 넘겨 가며 자신의 의로 목숨을 유지한 사람이라고 보기는 어렵다. 이에 보다 적합한 인물은 노아, 다니엘, 욥 세 사람이다. 노아는 온 인류가 홍수로 심판을 받을 때 구원받은 의로운 사람이고, 다니엘은 믿음을 지키다 사자 굴에 던져졌으나 전혀 해를 입지 않은 의로운 사람이며, 욥은 순식간에 자신이 가진 모든 것을 잃었지만 결단코 하나님을 배반하지 않은 의로운 사람이다. 세 사람 모두 고난의 식탁에서 눈물 젖은 빵을 먹어본 사람들이라는 것도 공통점이다.

그 결과 환란의 시간이 지난 후 노아는 마음껏 고기와 포도주를 즐길 수 있게 되었고, 다니엘은 여러 왕이 거쳐 가는 동안에도 영화를 누리면서 잘 살 수 있었으며, 욥은 회복된 은혜의 식탁에서 친구나 가족들과 더불어 즐겁게 음식을 나눌 수 있게 되었다.

하나님께서 에스겔에게 각종 환상과 더불어 무서운 경고와 심판의 메시지를 주신 목적은 망국의 설움을 안고 이역만리에 포로로 끌려온 이스라엘과 유다 백성들에게 하나님이 어떤 분이신지를 정확하게 알려 주시기 위함이었다. 그들이 나라를 잃고 포로가 된 것은 하나님이 어떤 분이신지 알지 못했기 때문이다. 백성들은 하나님께서 선택하신 민족으로서 자신들은 무슨 짓을 해도 결코 이방인들에게 멸망당하지 않을 것이며, 또 하나님께서 임재하시는 거룩한 성 예루살렘은 단연코 적들의 말발굽에 짓밟히지 않을 거라고 확신했다. 이 같은 하나님에 대한 무지가 결국 이스라엘과 유다 백성들로 하여금 나라를 잃고 포로가 되게 했던 것이다. 에스겔은 세상 그 어떤 나라와 민족이라도 하나님께 범죄하고 회개치 않으면 심판과 멸망을 피할 수 없다는 사실을 분명하게 전하고 있다. 하지만 심판과 멸망만이 종착지는 아니다.

하나님은 자신의 백성들이 타락의 길에서 돌이켜 진리의 길을 걸으며, 당신의 말씀을 먹고 신앙의 정절을 지키면서 살아가기를 간절히 원하신다. 하나님께서는 이들을 위해 새 예루살렘을 예비하시고 에스겔에게 환상을 보여주시면서 거룩한 백성으로서 합당한 자격을 갖추도록 권면하고 계신다. 하나님을 바로 알고, 제대로 인식하며, 명료하게 이해할 수 있는 유일한 길은 매순간 꿀처럼 단 말씀의 두루마리를 먹고 든든히 배를 채우는 것이다.

라파엘로 산치오(1483~1520, 이탈리아), 〈에스겔의 환상〉, 패널에 유채, 40×30cm, 팔라티나 미술관, 피렌체

궁정화가의 아들로 태어나 많은 문화적 혜택을 받고 자란 라파엘로는 피렌체에 머물며 미켈란젤로로부터 인체 해부학에 대한 지식을 배웠고, 레오나르도로부터 빛의 사용과 색조 변화 기법 등을 익혔다. 대표작 '아테네 학당'은 그의 짙은 호소력과 이야기 구성 능력이 돋보인 작품이다. 그는 에스겔이 환상 속에 목격한 하나님의 모습을 화폭에 담아냈다. 광채와 불꽃으로 묘사된 하나님이 그림 속에서는 금발에 수염을 휘날리는 건장한 육체의 남자로 표현되었다. 양팔을 두 천사가 붙잡고 있고, 그 밑을 날개 달린 사람과 사자와 수소와 독수리가 떠받치고 있다. 이는 각각 마태, 마가, 누가, 요한, 즉 신약 사복음서의 저자를 상징한다.

네가 높은 사람과 함께 앉아 음식을 먹게 되거든,

너의 앞에 누가 앉았는지를 잘 살펴라.

식욕이 마구 동하거든,

목에 칼을 대고서라도 억제하여라.

그가 차린 맛난 음식에 욕심을 내지 말아라.

그것은 너를 꾀려는 음식이다.

부자가 되려고 애쓰지 말고,

그런 생각을 끊어 버릴 슬기를 가져라.

한순간에 없어질 재물을 주목하지 말아라.

재물은 날개를 달고, 독수리처럼 하늘로 날아가 버린다.

너는 인색한 사람의 상에서 먹지 말고,

그가 즐기는 맛난 음식을 탐내지 말아라.

무릇 그 마음의 생각이 어떠하면 그의 사람됨도 그러하니,

그가 말로는 '먹고 마셔라' 하여도, 그 속마음은 너를 떠나 있다.

네가 조금 먹은 것조차 토하겠고,

너의 아첨도 헛된 데로 돌아갈 것이다.

잠언 23장 1절~8절

24
채소만 먹고도 얼굴이 윤택해진
다니엘과 세 친구들

용감무쌍한 젊은이의 상징 다니엘

나의 사랑하는 책 비록 해어졌으나 어머님의 무릎 위에 앉아서 재미있게 듣던 말 그때 일을 지금도 내가 잊지 않고 기억합니다.

'나의 사랑하는 책'이라는 제목의 찬송가 첫 구절이다. 영어 제목이 'My Mother's Bible'인 걸 보면 알 수 있듯 어린 시절 어머님에게서 들었던 성경 말씀을 생각하며 부르는 찬송이다. 어렸을 적 주일학교에서도 참 많이 불렀지만 어른이 된 지금도 이 찬송가만 부르면 언제나 콧등이 시큰해진다. 구약성경을 한 문장으로 정리한 2절 가사는 이렇게 이어진다.

옛날 용맹스럽던 다니엘의 경험과 유대 임금 다윗 왕의 역사와 주의 선지 엘리야 병거 타고 하늘에 올라가던 일을 기억합니다.

구약성경에 나오는 수많은 영웅호걸 가운데 다니엘, 다윗, 엘리야 단 세 명만 등장하는 것도 흥미롭지만 이 중 다니엘이 가장 먼저 거명되는 것도 특이하다. 살았던 시대로 보나 지위로 보나 이스라엘 역사에서 차지하는 비중으로 보나 다윗, 엘리야, 다니엘이 맞는 순서인 것 같은데, 작사자인 윌리엄스는 다니엘을 맨 앞자리에 갖다 놓았다. 게다가 다윗은 그냥 왕이라는 사실만 드러나 있고, 엘리야는 병거 타고 하늘에 올라갔다는 사실만 기록한 반면 다니엘은 용맹스러운 인물이었다며 칭송하고 있다. 작사자는 왜 이렇게 가사를 썼을까?

　어머니가 어린 자녀를 무릎에 앉혀 놓고 재미있는 성경 이야기를 들려준다면 아이 입장에서 어떤 이야기가 가장 흥미로울까? 전쟁터를 누비며 잔뼈가 굵은 다윗 왕의 영웅담일까? 아니면 이세벨에 대항해 승리한 뒤 죽지 않고 승천한 엘리야 선지자의 모험담일까? 아마 채식만 하고도 육식을 한 사람들보다 더 혈색이 좋고 건강했으며, 믿음을 지키다 사자 굴에 던져졌음에도 털끝 하나 상하지 않고 구원받은 청년 다니엘의 이야기를 더 좋아하지 않을까? 어머니 입장에서도 몸에 좋은 채소를 잘 먹고, 누구 앞에서도 당당하며, 성실하고 똑똑하고 신앙심이 투철해 총리 자리에까지 오른 다니엘 이야기를 더 들려주고 싶을 것이다.

　용감무쌍한 젊은이의 상징인 다니엘은 바벨론의 1차 침공 때 포로로 끌려가 페르시아 제국의 고레스 왕 때까지, 즉 기원전 605년부터 530년까지 무려 70여 년 동안이나 공직에 있으면서 하나님의 뜻을 전하는 선지자로 활동했던 입지전적인 인물이다. '다니엘서 Daniel'는 다니엘이 자신의 개인적 신앙 체험과 하나님으로부터 받은 환상들을 기록한 책이다. 특히 이 책은 구약성경의 유일한 묵시문학서로 '구약의 계시록'이라고 불리기도 한다. 묵시문학이란 사람들이 잘 알지 못하는 하나님의 뜻을 밝히 보여주고, 사람들이 겪는 고난과 환란의 의미를 상징과 은유로 해설하며, 미래에 대한 소망이나 종말에 나타날 하늘나라에 대한 확신을 심어주는 문학의 한 양식이다. 성경의 묵시문학은 다니엘서와 요한계시록이다.

유다 제18대 왕 여호야김은 이집트에 조공을 바치기 위해 백성들에게 과중한 세금을 부과했고, 심판을 경고하는 우리야 선지자를 살해했으며, 예레미야의 두루마리를 불태우는 등 하나님 앞에서 주저 없이 악을 행했다. 그는 이집트를 제압한 뒤 유다를 지배하고 있던 바벨론에 무모하게 대항하여 느부갓네살 왕의 유다 침공을 불러 일으켰으며, 그 결과 쇠사슬에 결박된 채 바벨론에 잡혀가기에 이른다. 이때 많은 유다 백성들도 함께 포로로 끌려갔다. 느부갓네살 왕은 이스라엘에서 데리고 온 백성들 가운데 왕과 귀족의 자손으로 몸에 흠이 없고, 용모가 잘생기고, 모든 일을 지혜롭게 처리할 수 있으며, 지식이 있고, 통찰력이 있고, 왕궁에서 왕을 모실만한 능력이 있는 소년들을 데려다가 바벨론의 언어와 문학을 가르치도록 환관장인 아스부나스에게 명령을 내렸다. 포로라고 해서 노예처럼 막일만 시키는 게 아니라 자질 있고 실력을 갖춘 인재를 가려 뽑아 자신을 돕는 관리로 사용하고자 함이었다.

환관장은 환관 ^{宦官, eunuch} 들의 우두머리를 가리킨다. 환관을 뜻하는 히브리어 '사리스'는 '거세하다'는 말에서 파생된 단어로 궁중에서 왕비나 후궁의 시중을 들거나 침실을 경비하던 거세된 남자를 일컫는다. 그러나 후대로 가면서 거세 유무와 상관없이 궁중에서 일하는 관리 또는 왕의 심복을 지칭하는 말로 의미가 확대되었다. 성경에서는 '관리', '시종', '내시' 등으로 다양하게 언급된다. 왕의 최측근이었기에 상당한 영향력을 행사할 수 있었다.

 엄선을 거쳐 뽑힌 유다의 젊은이들 중에는 다니엘과 하나냐, 미사엘, 아사랴가 있었다. 환관장은 그들에게 바벨론 식으로 새 이름을 지어 주었다. 다니엘은 '바벨론 최고의 신인 벨이여 그의 생명을 지켜 주소서'라는 뜻의 벨드사살로, 하나냐는 '달 신의 명령'이라는 뜻의 사드락으로, 미사엘은 '수메르의 신인 아쿠 같은 이가 누구인가'라는 뜻의 메삭으로, 아사랴는 '바벨론 지혜의 신인 느고의 종'이라는 뜻의 아벳느고로 바꾼 것이다. 이들은 하루아침에 부모님이 지어 주신 여호와 신앙이 반영된 히브리 식 이름을 빼앗긴 채 바벨론이 섬기는 이방 신을 추앙하는 이름을 갖게 되었다. 이름이 바뀐 유다의 네 젊은이들 심정은 비통하기 이를 데 없었다. 이름이 바뀐다는 건 자신의 뿌리와 정체성이 바뀌는 걸 의미했다. 예루살렘이 함락되고 적국에 포로로 끌려온 것만 해도 치욕스러운 일인데, 이름까지 바벨론 식으로 바뀌었으니 억장이 무너지는 심정이었다. 일제강점기 때 우리 조상들이 일제에 의해 창씨개명을 강요받았을 때 목숨을 걸고 이에 저항했던 분들 심정이 아마 이와 같았을 것이다.

 느부갓네살 왕은 이들을 왕궁에서 3년 동안 교육시킨 뒤 숙련된 환관이 되면 자신을 모실 수 있도록 했다. 환관이 되기 위해 무슨 교육을 어떻게 받았는지 정확히 알 수는 없지만 대제국 왕실의 법도와 의전 등을 모두 익히려면 꽤 강도 높은 교육을 받아야 했을 것이다.

 조선의 궁궐에는 왕의 여자들인 내명부와 왕의 남자들인 내시부가 있었다. 고려 때는 비정상적으로 권력을 차지한 내시들이 많았으나 조선의 내시들은 궐내의 음식물 감독, 왕명 전달, 궐문 수직, 청소 등의 잡무를 수행하는 일만을 담당했다. 내시부에서 오를 수 있는 최고의 벼슬은 왕의 식사를 담당하고 수행비서 역할을 하는 종2품 '상선'이었다. 내시들은 관리로서의 자질 향상을 위해 『논어』, 『맹자』, 『중용』, 『대학』 등 사서 四書 는 물론 『소학』, 『삼강행실』 등으로 교육을 받고, 매달 고강 考講, 시험 을 치러야 했다. 고강에서는 통 通, 약통 略通, 조통 粗通, 불통 不通 등으로 평가를 받았는데, 이 것은 특별 근무일수로 환산되어 정상 근무일수와 함께 고과의 기준이 되었다. 내시들은 고과법에 따라 1년에 네 번씩 엄격하게 근무평가를 받았다. 왕의 남자로 살아간다는 게 녹록치 않았던 것이다.

다니엘과 그의 친구들이 교육을 받는 동안 이들에게는 날마다 일정한 양의 음식과 포도주가 제공되었다. 대제국 바벨론의 화려한 왕궁에서 왕이 내린 음식, 즉 궁중요리를 맛보며 살 수 있게 된 것이다. 호의호식은 물론 출세가 보장된 셈이었다. 조선 왕실에서도 그랬지만 임금님이 드시는 음식은 그 나라에서 나는 식재료 중 가장 좋은 것만 골라 요리한 최고급 밥상이었다. 임금님 진상품이란 최고의 식재료란 말과 동의어였다. 얼마 전 한국은 물론 세계적으로 큰 인기를 끌었던 텔레비전 드라마 「대장금」을 보면 임금님이 드시는 밥상 하나를 차리기 위해 얼마나 많은 사람들이 동원되고, 얼마나 많은 땀과 수고가 있어야 하는지를 잘 알 수 있다. 바벨론 왕궁의 궁중음식은 이에 못지않은 화려한 식탁이었을 것이다.

중요무형문화재 제38호 조선왕조 궁중음식 보유자인 한복려 궁중음식 연구원장은 「대장금」을 자문하며 엮은 책 『집에서 만드는 궁중음식』에서 왕의 밥상을 이렇게 설명했다.

"임금님을 위해 만든 밥, 그것을 특별히 '수라'라 한다. 그리고 그 상차림을 '수라상'이라고 한다. 수라상에 오르는 찬들은 내소주방 內燒廚房 에서 만드는데, 내소주방은 내전에서 멀찌감치 떨어져 있었다. 그래서 음식을 합에 담아 들것에 실어 퇴선간으로 옮기고, 거기에서 다시 수라 그릇에 담아 상차림을 해서 올렸다. 진상품으로 올라온 좋은 쌀로 퇴선간에서 밥을 지으면, 그 고소한 냄새가 궁 안에 가득했다고 한다. 수라상에는 열두 가지 찬이 오르는데, 실제 음식 수는 더 많았다. 열두 가지 찬은 각기 조리법을 다르게 하여 쟁첩 작은 찬기 에 담고 밥 두 가지 흰밥, 팥밥, 김치 세 가지 젓국지, 송송이, 국물김치, 조치 두 가지 토장조치, 젓국조치, 장 세 가지 간장, 초장, 초고추장, 찜 한 가지가 더 올라간다. 수라상의 찬은 조리법과 재료가 겹치지 않는 것을 원칙으로 하여 나물, 생채 찬, 구이, 조림, 장아찌, 마른 찬, 젓갈, 전유화 전유어, 편육 등 아홉 가지에다 별찬으로 수란, 회, 더운 구이 세 가지가 합쳐져 12첩 반상을 이룬다. 음식 재료는 고기를 제외하고는 제철에 나는 것을 주로 쓴다."

왕이 내린 음식과 포도주를 거절하고
채소만 먹은 다니엘과 친구들

이렇듯 잘 먹고 잘살 수 있는 길이 열렸음에도 불구하고 다니엘은 환관 장에게 왕이 내린 음식과 포도주를 먹고 마시지 않도록 해달라고 간청했다. 가축의 피를 흘려 만든 고기와 우상에게 바쳐진 고기를 먹는 것은 모세의 율법을 어기는 일로 하나님 앞에 죄를 짓는 것이었으며 자신의 몸과 마음을 더럽히는 일이었기 때문이다. 아울러 비록 바벨론 왕궁에 머물며 환관 교육을 받고 있다 하더라도 조국과 민족이 처절한 고통에 신음하고 있는 때에 자신들만 기름진 음식을 먹고 질 좋은 포도주를 마시는 것은 양심에 거리끼는 일이었던 까닭이다.

왕이 내린 '음식과 포도주'를 개역한글 성경에서는 '진미와 포도주'로,

공동번역 성경에서는 '궁중요리와 술'로 번역했으며, NIV 영어 성경에서는 'the royal food and wine ^{왕실 음식과 포도주}'으로, KJV 영어 성경에서는 'the king's meat ^{왕의 고기}'와 'wine ^{포도주}'으로 각각 번역했다. 어떤 메뉴인지는 불분명하지만 고기 위주의 화려한 궁중음식이었음은 분명하다. 왕이 내린 음식을 거절한다는 건 자칫 항명으로 비칠 수도 있는 위험한 일이었다. 이것만 봐도 다니엘과 세 친구들의 신앙심과 애국심이 어느 정도였는지를 가늠할 수 있다. 곤란해진 건 환관장 아스부나스였다. 그는 난처하다는 표정으로 다니엘에게 말했다.

"너희가 먹고 마실 것을 정해 주신 분은 나의 상전이신 임금님이시다. 임금님께서, 너희의 얼굴이 너희와 같은 나이의 젊은이들보다 더 상해 있는 것을 보시게 될까 두렵다. 그렇게 되면, 너희 때문에 내 목숨이 임금님 앞에서 위태롭게 될 것이다." 다니엘 1장 10절

왕이 내린 음식과 포도주를 먹고 마시지 않겠다는 다니엘의 청을 들어줬다가 나중에 이들의 얼굴이 다른 젊은이들과 달리 많이 상하게 되면 혹시라도 이 사실을 왕이 알게 되었을 경우 왕명을 거역한 죄로 임금님 앞에서 환관장인 자신의 목숨이 위태로워질 거라는 말이었다. 자신의 안위가 달린 중차대한 문제이기 때문에 결코 들어줄 수 없다고 거절한 것이다.

그러자 다니엘은 이번에는 감독관에게로 갔다. 그는 환관장이 임명한 하급 관리로 다니엘과 세 친구들을 감독하는 일을 맡고 있었다. 다니엘이 그 감독관에게 정중하게 요청했다.

"부디 이 종들을 열흘 동안만 시험하여 보시기 바랍니다. 우리에게 채소를 주어 먹게 하고, 물을 주어 마시게 하여 보시기 바랍니다. 그런 다음에, 우리의 얼굴빛과 왕이 내린 음식을 먹는 젊은이들의 얼굴빛을 비교하여 보시고, 이 종들의 요청을 처리하여 주시기 바랍니다." 다니엘 1장 12절~13절

자기들을 한번 시험해 보라는 것이었다. 열흘 동안 다니엘과 세 친구들은 채소를 먹고 물을 마시며 지내고, 다른 젊은이들은 왕이 내린 음식을 먹고 포도주를 마시며 지낸 다음 어느 쪽이 얼굴빛을 더 좋은지 비교해 보자는 제안이었다. 그 결과 환관장의 염려대로 자신들의 얼굴빛이 좋지 않으면 앞으로 왕이 내린 음식과 포도주를 군소리 없이 받아먹을 것이고, 환관장의 염려와 달리 자신들의 얼굴빛이 좋으면 앞으로 왕이 내린 음식과 포도주를 받아먹지 않아도 되게끔 허락해 달라는 이야기였다. 자신이 없으면 할 수 없는 과감한 제의였다.

감독관은 다니엘의 제안을 받아들였다. 다니엘과 세 친구들은 열흘 동안 채소를 먹고 물만 마시면서 교육에 임했다. 드디어 열흘이 지났다. 감독관이 살펴보니 다니엘과 세 친구들의 얼굴빛이 상하기는커녕 다른 젊은이들 보다 더 좋고 건강해 보였다. 감독관은 다니엘의 요구를 들어주지 않을 수 없었다. 그는 다니엘과 세 친구들이 왕이 내린 음식과 포도주를 받아먹지 않고 계속 채소를 먹고 물을 마시며 지낼 수 있게 허락해 주었다.

그들은 교육을 받는 3년 내내 채식을 하며 생활했다. 하지만 기름진 궁중 음식을 먹으며 지낸 다른 젊은이들 보다 얼굴빛이 더 좋았고 훨씬 건강했다. 다니엘과 세 친구들은 한창 성장기에 있는 혈기 넘치는 젊은이들이었

다. 식욕 또한 그 어느 때보다 왕성할 나이였다. 그런데도 참을 수 없는 식탐의 유혹을 3년 동안이나 견뎌냈다는 것은 정말 대단한 일이 아닐 수 없다. 인간이 가진 많은 욕망 가운데 가장 견디기 힘든 욕망이 바로 먹을 것에 대한 욕망, 즉 식탐이다. 성경에 숱한 위인들이 등장하지만 태어나서 죽을 때까지 이 식탐의 유혹을 온전히 이겨낸 사람은 극히 드물다. 하와도 아담도 노아도 이삭도 에서도 이집트를 탈출한 이스라엘 백성들도 다윗도 솔로몬도 하나 같이 식탐의 유혹 앞에서 무너지고 말았다. 공생애를 앞두고 홀로 광야에서 금식하며 기도에 힘쓴 예수님에게 사탄이 가장 먼저 미끼를 던진 것도 다름 아닌 먹을 것에 대한 시험이었다. 배고픔을 견디는 것, 더 좋은 음식을 앞에 두고도 먹지 않고 참는 것은 삶과 죽음의 경계선에 서는 것처럼 고통스러운 일이다.

유재덕 교수는 『맛있는 성경 이야기』에서 다음과 같은 해석을 곁들인다. "다니엘과 친구들이 열흘 동안 먹은 채식은 콩 종류로 알려져 있다. 그들은 채소와 밀, 보리, 귀리 등과 여러 가지 콩으로 음식을 만들어 먹었다. 레위기에 기록된 정결법에는 채소에 관한 별다른 규정이 없다. 이스라엘 사람들은 채소만큼은 무엇이든 특별한 제한 없이 마음껏 먹을 수 있었다. …… 3년 동안 고기와 술을 일체 입에 대지 않고 채식을 한 네 명이 마침내 왕의 앞에서 시험을 치렀다. 그 시험은 그들의 지혜만 평가하는 자리가 아니었다. 성경 본문에는 구체적으로 드러나 있지 않지만, 채식의 효능을 평가받는 순간이기도 했다. …… 사실 채소를 매일 일정량 이상 먹으면 섬유소 때문에 콜레스테롤이 줄어들어 피가 맑아지고, 채소에 들어 있는 풍부한 비타민 등 항산화 물질이 몸의 노화를 막아준다. …… 다니엘과 친구들이 고기와 술을 먹지 않으면서도 지혜나 두뇌의 능력이 조금도 뒤떨어지지 않은 것도 바로 그 덕분이었다."

채소를 먹고 물만 마시며 교육에 임한 다니엘과 세 친구들에게 하나님은 풍성한 복을 내리셨다. 신앙의 지조를 지킨 주의 백성에 대한 응답이었다. 하나님은 이 네 젊은이들로 하여금 지식을 얻게 하시고, 문학과 학문에 능통하게 하셨다. 특별히 다니엘에게는 환상과 온갖 꿈을 해석하는 능력까지 주셨다. 드디어 3년 동안의 교육을 모두 마치는 날, 환관장은 교육받은 젊은이들을 모두 느부갓네살 왕 앞으로 데리고 갔다. 왕이 직접 그들과 대화를 나누면서 그동안 교육받으며 익힌 실력을 판가름했다. 결과는 자명했다. 다니엘과 하나냐와 미사엘과 아사랴가 실력이 가장 뛰어났다.

그 뒤 다니엘과 세 친구들은 왕궁에서 느부갓네살 왕을 모시는 관리로 일하게 되었다. 왕은 틈날 때마다 그들에게 온갖 지혜나 지식에 관한 문제를 물어보았다. 그들의 대답을 들은 왕은 그들이 바벨론에 있는 어떤 마술사나 주술가보다도 열 배는 더 낫다는 것을 깨달았다. 다니엘은 바벨론이 페르시아 제국에 의해 멸망당한 이후까지 무려 일곱 명이 왕들이 거쳐 가는 동안 왕궁의 관리로 오랫동안 자리를 지켰다. 어느 왕조, 어떤 왕이 들어서건 간에 다니엘만한 인재를 찾아볼 수 없었기 때문이다.

불타는 화덕 속에 던져진 세 친구와
사자 굴속에 던져진 다니엘

어느 날 느부갓네살 왕이 꿈을 꾸었는데, 어떤 의미인지는 물론 무슨 꿈인지조차 생각이 나지 않아 너무 답답했다. 이에 나라 안에 있는 마술사와 주술가와 점쟁이와 점성가들을 불러들여 자신이 꾼 꿈의 내용을 말하고 이를 해몽하도록 명했다.

하지만 그 누구도 왕이 어떤 꿈을 꾸었는지 그리고 그 뜻이 무엇인지를 알려줄 수 없었다. 크게 화가 난 느부갓네살 왕은 바벨론의 모든 지혜자들을 죽이라는 명령을 내렸다. 다니엘과 세 친구들 목숨도 위태롭게 되었다. 그러자 다니엘은 왕에게 나아가 시간을 좀 달라고 한 뒤 친구들과 더불어 꿈의 비밀을 알게 해달라고 하나님께 간절히 기도를 드렸다. 그날 밤 하나님은 다니엘에게 환상을 통해 꿈의 내용과 의미를 알게 해주셨다. 다니엘은 다시 왕 앞에 서서 하나님의 이름으로 그가 어떤 꿈을 꾸었는지 그리고 그 꿈의 의미가 무엇인지를 명확하게 해석해 주었다.

하나님의 권능과 다니엘의 지혜에 탄복한 느부갓네살 왕은 한낮 젊은 환관 신분인 유다인 다니엘에게 엎드려 절을 한 다음 약속했던 예물과 향품을 그에게 주도록 명령을 내렸다.

"그대들의 하나님은 참으로 모든 신 가운데서 으뜸가는 신이시요, 모든 왕 가운데서 으뜸가는 군주이시다. 그대가 이 비밀을 드러낼 수 있었으니, 과연 그대의 하나님은 비밀을 드러내는 분이시다." 다니엘 2장 47절

느부갓네살 왕은 다니엘의 지위를 높이고, 귀한 선물을 많이 주며, 그를 바벨론 지역의 통치자와 바벨론 모든 지혜자의 어른으로 삼았다. 또 왕은 다니엘의 요구를 받아들여 그의 친구들인 하나냐와 미사엘과 아사랴를 바벨론 지방의 일을 맡아 다스리는 관리로 임명했다. 이후 느부갓네살 왕은 금으로 거대한 신상을 만들어 바벨론 두라 평지에 세워 놓고 나라의 주요 인사들과 관리들을 제막식에 참석토록 한 뒤 자신의 명령을 전했다.

"민족과 언어가 다른 뭇 백성들은 들으시오. 뭇 백성에게 하달되는 명령이오. 나팔과 피리와 거문고와 사현금과 칠현금과 풍수 등 갖가지 악기 소리가 나면, 느부갓네살 왕이 세운 금 신상 앞에 엎드려서 절을 하시오. 누구든지, 엎드려서 절을 하지 않는 사람은, 그 즉시 불타는 화덕 속에 던져 넣을 것이오." 다니엘 3장 4절~6절

'불타는 화덕'을 개역한글 성경에서는 '극렬히 타는 풀무'로, 개역개정 성경에서는 '맹렬히 타는 풀무불'로, 공동번역 성경에서는 '활활 타는 화덕'으로 번역했고, NIV 영어 성경에서는 'blazing furnace 활활 타는 용광로'로, KJV 영어 성경에서는 'burning fiery furnace 불타는 용광로'로 번역했다. '풀무'는 대장간에서 쇠를 달구거나 녹이기 위해 화덕에 뜨거운 공기를 불어 넣는 기구를 말하며, '용광로'는 높은 온도로 광석을 녹여서 쇠붙이를 뽑아내는 가마를 일컫는다. 쇠 또는 광석을 녹이기 위해 만든 커다란 화덕에 풀무를 이용해 불을 붙인 다음 한창 활활 타오를 때 금 신상에 엎드려 절하지 않은 사람들을 던져 넣겠다는 것이었다. 쇠도 녹이는 화덕 속에 사람이 던져진다면 순식간에 뼈 한 조각 남지 않고 타버릴 게 뻔했다.

이처럼 무시무시한 왕명을 어길 사람은 아무도 없었다. 사람들은 지위고하를 막론하고 모두 신상 앞에 엎드려 절을 했다. 하지만 다니엘의 세 친구인 하나냐와 미사엘과 아사랴는 금 신상에 절하지 않았다. 죽음이 두려워 하나님을 배반하고 우상을 숭배할 수는 없었기 때문이다. 충분히 그럴만한 믿음의 용사들이었다. 이를 알게 된 어떤 점성가가 왕에게 이들을 고발했다. 그러자 느부갓네살 왕이 몹시 화를 내며 당장 이들을 붙잡아 오도록 지시했다. 왕은 이들을 크게 꾸짖고 나서 지금이라도 신상 앞에 절을 하면 살

려주겠다고 타일렀다.

"굽어 살펴 주십시오. 이 일을 두고서는, 우리가 임금님께 대답할 필요가 없는 줄 압니다. 불 속에 던져져도, 임금님, 우리를 지키시는 우리 하나님이 우리를 활활 타는 화덕 속에서 구해 주시고, 임금님의 손에서도 구해 주실 것입니다. 비록 그렇게 되지 않더라도, 우리는 임금님의 신들은 섬기지도 않고, 임금님이 세우신 금 신상에게 절을 하지도 않을 것입니다. 굽어 살펴 주십시오." 다니엘 3장 16절~18절

이 말을 들은 왕은 더욱 화가 나서 화덕을 보통 때보다 일곱 배나 더 뜨겁게 하라고 지시한 다음 하나냐와 미사엘과 아사랴를 묶어 불타는 화덕 속에 던져 넣으라는 명령을 내렸다. 왕명은 급박하게 시행되었다. 군인들은 세 친구들을 옷을 입고 관을 쓴 채로 묶어서 불타는 화덕 속에 내던졌다. 화덕이 얼마나 뜨거웠던지 이들을 묶어 내던지던 군인들도 그 불꽃에 타서 죽을 정도였다. 던진 사람이 타 죽는 마당에 던져진 사람들이야 오죽했겠는가? 이들의 죽음을 의심할 사람은 아무도 없었다. 맹렬히 타오르는 불길은 이들을 집어삼켰다. 그런데 화덕을 바라보던 느부갓네살 왕이 깜짝 놀라며 신하들에게 되물었다.

"우리가 묶어서 화덕 불 속에 던진 사람은, 셋이 아니더냐? 보아라, 내가 보기에는 네 사람이다. 모두 결박이 풀린 채로 화덕 안에서 걷고 있고, 그들에게 아무런 상처도 없다! 더욱이 넷째 사람의 모습은 신의 아들과 같다!" 다니엘 3장 24절~25절

느부갓네살 왕이 활활 타는 화덕 어귀로 가까이 가서 다니엘의 세 친구 이름을 부르면서 나오라고 소리쳤다. 이윽고 세 젊은이들이 뜨거운 불 속에서 걸어 나왔다. 믿을 수 없는 광경 앞에서 사람들은 자신들의 눈을 의심하며 세 사람을 살펴봤지만 몸의 어느 한 곳도 상하지 않았고, 머리털도 그을리지 않았으며, 바지 색깔도 변하지 않았을 뿐 아니라 불에 탄 냄새조차 나지 않았다. 이에 느부갓네살 왕이 신하들과 온 백성 앞에 공포하였다.

"사드락과 메삭과 아벳느고를 돌보신 하나님을 찬송하여라. 그는 천사를 보내서 그의 종들을 구하셨다. 이 종들은 저희의 하나님을 의뢰하여, 저희의 몸을 바치면서까지 왕의 명령을 거역하고, 저희의 하나님 말고는, 다른 어떤 신도 절하여 섬기지 않았다. 그러므로 내가 이제 조서를 내린다. 민족과 언어가 다른 뭇 백성은, 사드락과 메삭과 아벳느고의 하나님을 두고서 경솔히 말하는 일이 없도록 하여라. 이 명령을 어겼다가는 그 몸이 조각날 것이며, 집이 쓰레기 더미가 될 것이다. 이와 같이 자기를 믿는 사람을 구원할 수 있는 신은 다시 없을 것이다." 다니엘 3장 28절~29절

하나냐와 미사엘과 아사랴는 죽음을 겁내지 않는 불굴의 신앙으로 오직 하나님만 섬김으로써 쇠도 녹여 버리는 불타는 화덕 속에서 털끝 하나 상하지 않고 살아나올 수 있었으며, 이를 통해 온 바벨론에 하나님의 전능하심을 분명하게 드러낼 수 있었다. 이들의 참된 믿음을 인정한 느부갓네살 왕은 이들이 바벨론 지방에서 번영을 누리며 살도록 배려해 주었다.

느부갓네살 왕의 뒤를 이어 왕위에 오른 벨사살 왕 역시 하나님을 두려워하지 않고 우상을 숭배하는 일에 열심이었다. 그는 손님 1천 명을 불러

큰 잔치를 베풀면서 느부갓네살 왕이 예루살렘 성전에서 가져 온 금과 은으로 된 그릇을 가져다가 그것으로 술을 마신 뒤 금과 은과 동과 철과 나무와 돌로 만든 신들을 찬양했다. 바로 그때 갑자기 사람의 손이 나타나더니 촛대 앞에 있는 왕궁 석고 벽 위에다가 글을 쓰기 시작했다. 벨사살 왕은 그 광경을 보고는 얼굴빛이 창백해지며 공포에 사로잡혔다. 그는 주술가들과 점성술가들과 점성가들을 불러와 글자를 읽고 그 뜻을 알려주면 자색 옷을 입히고, 금 목걸이를 목에 걸어 주며, 이 나라에서 셋째 가는 통치자로 삼겠다고 약속했다. 그러나 누구도 글자를 읽고 풀이하는 사람이 없었다. 낙심한 벨사살 왕에게 그의 어머니가 다가와 다니엘에 관해 이야기해 주었다. 벨사살 왕은 다니엘을 불러 자신이 본 글자의 의미가 무엇인지 물었다. 다니엘은 왕이 본 글자가 '메네 메네 데겔 우바르신'이라고 알려 준 다음 그 뜻을 명료하게 풀이해 주었다.

"그 글자를 해석하면, 이러합니다. '메네'는 하나님이 이미 임금님의 나라의 시대를 계산하셔서, 그것이 끝나게 하셨다는 것이고, '데겔'은, 임금님이 저울에 달리셨는데, 무게가 부족함이 드러났다는 것이고, '바르신'은 임금님의 왕국이 둘로 나뉘어서 메대와 페르시아 사람에게 넘어갔다는 뜻입니다." 다니엘 5장 26절~28절

글자에 대한 해석을 들은 벨사살 왕은 다니엘에게 자색 옷을 입히고, 목에 금 목걸이를 걸어 주며, 그를 나라에서 셋째 가는 통치자로 삼았지만 정작 자신은 그날 밤 무참히 살해당하고 말았다. 패망한 바벨론 제국은 메대 사람 다리우스에 의해 다스려졌다. 그는 바벨론을 멸망시킨 페르시아 제국

의 고레스 왕이 바벨론 통치를 위해 파견한 총독으로 추정되는 인물이다. 당시 그의 나이 예순두 살이었다. 그는 지방장관 120명을 세워 나라를 다스리게 했으며, 그들 위로 총리 세 사람을 세워 감독하게 했는데, 다니엘도 그중 한 사람이었다. 그런데 다니엘의 능력이 뛰어나다 보니 다른 총리들이나 지방장관들보다 모든 면에서 더 우수한 결과를 나타냈다. 이를 본 다리우스 왕은 그를 나라의 통치자로 임명하고자 했다. 그러자 다른 총리들과 지방장관들이 다니엘의 잘못을 찾아내 그를 쓰러뜨리고자 모의했다. 하지만 아무리 샅샅이 훑어봐도 그에게서 어떠한 실책이나 허물을 발견하지 못했다. 이에 그들은 다니엘을 넘어뜨릴 수 있는 묘책을 만들어 다리우스 왕에게 건의하기에 이른다.

"임금님이 법을 한 가지 만드셔서, 금령으로 내려 주시도록 요청하기로 하였습니다. 그 법은, 앞으로 삼십 일 동안에, 임금님 말고, 다른 신이나 사람에게 무엇을 간구하는 사람은, 누구든지 사자 굴에 집어넣기로 한다는 것입니다. 바라옵기는, 임금님이 이제 금령을 세우시고, 그 문서에 임금님의 도장을 찍으셔서, 메대와 페르시아의 고치지 못하는 법을 따라서, 그것을 다시 고치지 못하게 하시기를 바랍니다." 다니엘 6장 7절~8절

신하들의 건의를 받고 다리우스 왕은 별 생각 없이 금령의 문서에 도장을 찍었다. 다니엘은 이런 사실을 뻔히 알고도 자기 집으로 돌아가 평소처럼 다락방으로 올라가서 예루살렘 쪽으로 나 있는 창문 앞에 무릎을 꿇고 패망한 조국과 포로로 살고 있는 유다 백성들을 위해 간절히 기도했다. 그는 늘 이렇게 하루에 세 번씩 하나님께 기도하며 감사를 드렸다.

바로 그때 그를 모함하는 사람들이 다락방에 들이닥쳐 다니엘이 왕의 금령을 어기고 하나님께 기도하는 장면을 똑똑히 목격했다. 그들은 곧바로 왕에게 나아가 다니엘을 고발했다. 자신이 내린 금령의 덫에 갇힌 다리우스 왕은 몹시 괴로워하며 어떻게든 총애하는 다니엘을 구해 보려고 해가 질 때까지 온갖 노력을 다 해봤지만 그를 살릴 별다른 도리가 없었다. 하는 수 없이 그는 다니엘을 끌어다가 사자 굴속에 던져 넣으라는 명령을 내리고야 말았다. 다니엘은 즉각 사자 굴속에 던져졌다. 사람들은 돌 하나를 굴려다가 다니엘이 나오지 못하도록 어귀를 막은 후 그 위에 왕의 도장과 귀인들의 도장을 찍어서 단단히 봉했다. 다니엘은 여지없이 굶주린 사자들의 밥이 될 처지였다. 다리우스 왕은 궁전으로 돌아가 그날 밤을 뜬 눈으로 지새우며, 먹지도 마시지도 않고, 즐거운 일은 아무것도 하지 못하게 했다. 이튿날 동이 트기가 무섭게 다리우스 왕은 다니엘이 던져진 사자 굴로 달려갔다.

"살아 계신 하나님의 종 다니엘은 들으시오, 그대가 늘 섬기는 그대의 하나님이 그대를 사자들로부터 구해 주셨소?" 다니엘 6장 20절

왕은 사자 굴을 향해 슬픈 목소리로 외쳤다. 다니엘의 대답을 기대한 건 아니었다. 그저 괴롭고 허망한 마음을 달래려는 자조의 울부짖음이었다. 그런데 뜻밖의 대답이 들려왔다.

"임금님의 만수무강을 빕니다. 나의 하나님이 천사를 보내셔서 사자들의 입을 막으셨으므로, 사자들이 나를 해치지 못하였습니다. 그것은,

하나님 앞에서 나에게는 죄가 없다는 사실이 드러났기 때문입니다. 임금님, 나는 임금님께도 죄를 짓지 않았습니다." 다니엘 6장 21절~22절

　다리우스 왕은 뛸 듯이 기뻤다. 그는 즉시 다니엘을 사자 굴에서 구해내도록 명령했다. 사람들이 다니엘을 굴에서 끌어올렸다. 다니엘의 몸에서는 아무런 상처도 찾을 수 없었다. 왕은 다시 명령을 내렸다. 다니엘을 헐뜯은 사람들을 데려오게 해서 그들과 자식들과 아내들을 사자 굴속에 던져 넣은 것이다. 굶주린 사자들은 그들의 몸이 굴 밑바닥에 닿기도 전에 그들을 움켜서 뼈까지 부서뜨렸다. 다리우스 왕은 온 백성들에게 조서를 내렸다.

　"내 백성에게 평화가 넘치기를 바란다. 내가 다음과 같이 법령을 공포한다. 내 나라에서 나의 통치를 받는 모든 백성은 반드시 다니엘이 섬기는 하나님을 공경하고, 두려워하여야 한다. 살아 계신 하나님이 영원히 다스리신다. 그 나라는 멸망하지 않으며, 그의 권세 무궁하다. 그는 구원하기도 하시고 건져내기도 하시며, 하늘과 땅에서 표적과 기적을 행하시는 분, 다니엘을 사자의 입에서 구하여 주셨다." 다니엘 6장 25절~27절

　다니엘은 세 친구들과 마찬가지로 어떤 환란이나 불이익에도 굴하지 않고 하나님을 경외함으로써 굶주린 사자들이 득실거리는 굴속에서도 상처 하나 없이 살아 돌아올 수 있었다. 이후 그는 페르시아 제국의 고레스 왕이 다스릴 때까지 평안을 누리며 하나님과 동행했다.
　우리는 다니엘과 그 친구들의 삶을 통해 아무리 세속의 권력이 막강하다 하더라도 그것은 결국 하나님의 절대 주권 아래 놓여 있다는 사실을 깨달

게 된다. 뿐만 아니라 믿음을 지키는 사람들이 현실 세계에서는 고난을 받는 것처럼 보이지만 끝까지 믿음을 지켰을 때 하나님께서는 반드시 은혜를 베풀어 영화롭고 존귀한 인물로 만들어 주신다는 사실을 알게 된다. 나아가 하나님께서는 믿음의 용사들을 세상에서 뿐만 아니라 장차 도래할 영원한 하나님의 나라에서도 영광스러운 자리에 오르게 하신다는 사실을 다니엘의 환상을 통해 예시해 주셨다. 이 같은 하나님의 약속은 약 2600년이 지난 오늘날에도 여전히 유효한 메시지다.

페테르 파울 루벤스(1577~1640, 벨기에),
〈사자 굴속의 다니엘〉, 캔버스에 유화,
224×330cm, 워싱턴 국립미술관, 워싱턴 D.C.

루벤스답게 빛나는 색채와 생동하는 에너지가 돋보이는 작품이다. 굶주린 사자들이 다양한 자세로 다니엘 주변에 포진해 있다. 하지만 좋은 먹잇감이 눈앞에 있는데도 다들 본체만체한다. 알 수 없는 힘에 의해 그의 존재를 망각한 듯하다. 옷이 벗겨진 다니엘은 두 손을 모아 빛이 들어오는 입구를 보며 기도하고 있다. 표정과 눈빛에서 그의 절박함을 읽을 수 있다. 앞쪽 바닥에는 뼈와 해골들이 나뒹군다. 다니엘 오른쪽과 발아래 있는 사자는 배가 고픈 듯 한껏 포효한다. 날카로운 이빨이 금방이라도 다니엘을 덮칠 것처럼 무시무시하다. 다니엘은 이런 공포 분위기 속에 밤을 지새운 뒤 이튿날 상처 하나 없는 몸으로 풀려났다.

IOEL PROFETA

FATE EXVLTAZIONE A TVTTI VOI
E QVALI DI ZIDERATE LAGVZTIA
CCHECERTO CIRALLEGRIAMO ANCHORNOI
CHANTANDO CHONLANGELICHA MILIZIA
E DI ZION FIGLA NEGLI ZPIRITI TVOI
EXVLTINO ILZIGNOR ZANZA PIGRIEZA E
PERCHE MANDERA ANNOI CHONZOMONMOR
DIGRAN GVZTIZIA EGRAN BONTA PAZTORE

25
곡식이 떨어지고
새 포도주가 마르는 징벌

셀 수 없이 많고 강한 메뚜기 군대

요엘은 유다 요아스 왕 당시 기원전 835년~796년 에 활동한 선지자로 추정될 뿐 그의 생애에 대해서는 거의 알려진 바가 없다. 요아스는 한 살 때 아버지 아하시야가 북이스라엘의 예후에게 살해되고, 할머니 아달랴가 다윗 왕가에 속한 일족들을 모조리 학살하는 참변을 겪었다. 이때 고모인 여호세바와 고모부인 대제사장 여호야다의 도움으로 화를 면한 채 성전에서 몰래 양육되다 아달랴의 폭정에 반기를 든 대제사장 여호야다에게 기름 부음을 받고 일곱 살 때 유다의 제8대 왕으로 즉위해 40년 동안 나라를 다스렸다. 초기에는 여호야다의 조언에 귀를 기울이며 여호와를 섬겼으나 여호야다가 죽자 곧장 우상 숭배에 앞장섰다. 요엘은 '여호와는 하나님이시라'는 뜻이다. 그는 예루살렘 출신으로 브두엘의 아들이었다. 단 세 장으로만 구성된 '요엘서 Joel'는 첫 장 시작부터 여호와의 심판을 경고하고 있다.

"나이 많은 사람들아, 들어라! 유다 땅에 사는 사람들아, 모두 귀를 기울여라! 너희가 살고 있는 지금이나 너희 조상이 살던 지난날에, 이런 일이 일어난 적이 있느냐? 너희는 이것을 자녀들에게 말하고, 자녀들은 또 그들의 자녀들에게 말하게 하고, 그들은 또 그 다음 세대에 말하게 하여라. 풀무치가 남긴 것은 메뚜기가 갉아 먹고, 메뚜기가 남긴 것은 누리가 썰어 먹고, 누리가 남긴 것은 황충이 말끔히 먹어 버렸다. 술을 즐기는 자들아, 깨어나서 울어라. 포도주를 좋아하는 자들아, 모두 다 통곡하여라. 포도 농사가 망하였으니, 새 술을 만들 포도가 없다. 셀 수 없이 많고 강한 메뚜기 군대가 우리의 땅을 공격하였다. 그들의 이빨은 사자의 이빨과 같고, 날카롭기가 암사자의 송곳니와 같다. 그들이 우리의 포도나무를 망쳐 놓았고, 우리의 무화과나무도 그루터기만 남겨 놓았다. 나무껍질을 다 벗겨서 그 줄기가 모두 하얗게 말랐다. 백성아, 울어라! 약혼자를 잃고 슬퍼하는 처녀처럼, 굵은 베옷을 걸치고 울어라."
요엘 1장 2절~8절

새번역과 공동번역 성경에서 각각 풀무치, 메뚜기, 누리, 황충으로 번역된 곤충들은 개역한글 성경에서는 팟종이, 메뚜기, 늣, 황충으로, 개역개정 성경에서는 팥중이, 메뚜기, 느치, 황충으로 번역되었다. KJV 영어 성경에서는 palmerworm 나방의 유충, locust 메뚜기, cankerworm 자벌레, caterpiller 애벌레 로, NIV 영어 성경에서는 단순하게 locust 메뚜기, great locusts 큰 메뚜기,

young locusts 어린 메뚜기, other locusts 다른 메뚜기 로만 번역했다. 우리말에 곤충 이름이 더 다양한 걸 알 수 있다. 팟종이는 팥중이의 옛날식 표현으로 메뚜기의 일종이며, 늣은 느치와 같은 말로 곡식 등에 붙어사는 메뚜기 유충을 가리킨다.

메뚜기는 열대 지방을 중심으로 전 세계에 2만여 종이 분포해 있으며, 이름도 제각각이라 여간해서 잘 구분하기가 어렵다. 몰려다니면서 벼, 채소, 과일 등을 갉아먹어 작물에 막대한 피해를 입히기도 한다. 메뚜기는 떼를 지어 곧장 앞으로만 날아가는 습성이 있고, 아무것도 먹거나 쉬지 않고 3일 동안 날 수 있으며, 사막메뚜기의 경우 최고 2,000여 킬로미터까지 이동할 수 있다고 한다. 땅강아지 채소, 보리, 벼메뚜기 벼, 쌕쌔기 벼, 풀무치 각종 작물 등이 대표적인 해충으로 꼽힌다. 메뚜기 떼 피해가 가장 심한 지역은 아프리카다. 1784년 남아프리카에서 약 3천억 마리의 메뚜기가 3천 제곱킬로미터에 달하는 농토에 해를 입힌 것이 역대 최악의 기록이다. 우리나라에서도 메뚜기 떼의 피해가 있었는데, 『삼국사기』에는 고구려에 여덟 번, 백제에 다섯 번, 신라에 열아홉 번이나 대규모 피해가 있었다고 기록되어 있다. 농작물에 피해를 입히는 메뚜기를 순우리말로 '누리'라고 칭하기도 했다. 풀무치는 '황충蝗蟲'이라고도 부르는데, 벼과 식물을 주된 먹이로 하고, 식성이 매우 좋은 편이다.

이스라엘 백성들이 이집트를 탈출해 노예에서 해방되기 직전 하나님께서 모세를 통해 온 이집트 땅에 재앙을 내리실 때 여덟 번째로 임했던 재앙이 바로 메뚜기 떼의 습격이었다.

"모세가 지팡이를 이집트 땅 위로 내미니, 주님께서 그날 온종일, 그리고 밤이 새도록, 그 땅에 동풍이 불게 하셨다. 그 동풍은 아침녘에 메뚜기 떼를 몰고 왔다. 메뚜기 떼가 이집트 온 땅 위로 몰려와서, 곳곳마다 내려앉았다. 그렇게 많은 메뚜기 떼는 전에도 본 적이 없고, 앞으로도 결코 볼 수 없을 만한 것이었다. 그것들이 땅의 표면을 다 덮어서, 땅이 새까맣게 되었다. 그것들이, 우박의 피해를 입지 않고 남아 있는 나무의 열매와 땅의 푸성귀를 모두 먹어 치워서, 이집트 온 땅에 있는 들의 나무와 푸른 푸성귀는 하나도 남지 않았다." 출애굽기 10장 13절~15절

메뚜기 떼는 하나님께 순종하지 않는 자들에 대한 심판과 그들이 살아가는 땅에 대한 재앙을 상징했다. 모세는 고별 설교를 담은 신명기 28장에서 후손들에게 이렇게 당부했다.

"그러나 당신들이 주 당신들의 하나님의 말씀을 듣지 않고, 또 내가 오늘 당신들에게 명한 모든 명령과 규례를 지키지 않으면, 다음과 같은 온갖 저주가 당신들에게 닥쳐올 것입니다. …… 당신들이 밭에 많은 씨앗을 뿌려도, 메뚜기가 먹어 버려서 거둘 것이 적을 것이며, 당신들이 포도를 심고 가꾸어도, 벌레가 갉아먹어서 포도도 따지 못하고 포도주도 마시지 못할 것이며 …… 당신들의 모든 나무와 땅의 곡식을 메뚜기가 먹을 것입니다."

모세의 눈물어린 호소를 까맣게 잊고 살던 유다 백성들에게 모세가 예고했던 바로 그 재앙이 임한 것이다. 요엘은 셀 수 없이 많고 강한 메뚜기 군대가 유다 땅을 공격해 모든 농작물을 망쳐놓고, 포도나무와 무화과나무를

다 갉아먹었으니 온 백성들이 굵은 베옷을 입고 통곡하며 슬피 울면서 여호와 하나님 앞에 지은 죄를 회개할 것을 강력하게 촉구하였다.

식용 가능한 곤충인 메뚜기

그러나 메뚜기는 식용 가능한 곤충이기도 했다. 이스라엘 백성들이 시내 광야에 머무는 동안 하나님께서 모세를 시내 산으로 불러 여러 가지 율법과 계명을 내리실 때 음식에 대한 계명, 즉 사람이 먹어도 되는 음식과 먹지 말아야 할 음식, 다시 말해 정결한 음식과 부정한 음식을 구분해 주실 적에 곤충 중 이례적으로 메뚜기는 먹어도 된다고 일러 주셨다.

"네 발로 걷는 날개 달린 벌레는, 모두 너희가 피해야 할 것이다. 그러나 네 발로 걷는 날개 달린 곤충 가운데서도, 발과 다리가 있어서, 땅 위에서 뛸 수 있는 것은, 모두 너희가 먹어도 된다. 너희가 먹을 수 있는 것은 여러 가지 메뚜기와 방아깨비와 누리와 귀뚜라미 같은 것이다." 레위기 11장 20절~22절

예수 그리스도의 앞길을 예비하는 역할을 맡았던 세례 요한은 광야에서 수도사처럼 경건한 생활을 하며 기름진 음식을 입에 대지 않고 메뚜기와 석청만 먹고산 것으로 유명하다.

"요한은 낙타 털 옷을 입고, 허리에는 가죽 띠를 띠었다. 그의 식물은 메뚜기와 들꿀이었다." 마태복음 3장 4절

'석청 石淸, wild honey'은 헬라어로 '멜리 아그리오스'인데, '들판에 있는 꿀'이란 뜻이다. 야산이나 들판에 있는 나무와 바위틈 등에서 석벌이 모아 놓은 야생 벌꿀을 채집한 것이다. 석밀 石蜜 이라고도 하며, 한방에서 약재로 쓸 정도로 질이 좋고 맛있는 꿀로 알려져 있다.

고대 근동 지역에서는 메뚜기를 잡아 말려서 먹었다. 이슬람 사람들도 메뚜기를 먹는데, 전승에 의하면 이슬람교의 창시자인 마호메트도 메뚜기를 즐겨 먹었다고 전해진다. 중동과 아프리카에서는 케이크나 스튜나 튀김 등 메뚜기를 이용한 다채로운 요리들이 발달해 왔으며, 중국과 일본과 태국 등 아시아 국가들에서도 여러 가지 메뚜기 요리가 꾸준히 이어져 왔다. 오늘날도 아프리카의 다수 부족들은 단백질을 보충하기 위해 메뚜기를 잡아먹는다.

문화인류학자 마빈 해리스는 『음식문화의 수수께끼 』에서 메뚜기를 비롯한 곤충들이 동서고금을 막론하고 많은 사람들에게 유용한 먹을거리로 제공되어 왔음을 증명하고 있다. 그런데도 영양과 위생 면에서 전혀 문제될 게 없는 곤충들이 유독 유럽인들과 미국인들 사이에서 극도로 혐오감을 주는 식품으로 취급받아 온 데 대해 다음과 같이 설명하고 있다.

"왜 사람들은 사람과 멀리 떨어져서 풀과 나뭇잎과 나무를 먹으며 드넓은 야외에서 깨끗하게 살고 있는 메뚜기나 딱정벌레 유충, 누에, 흰개미, 나방의 유충, 기타 수백 종의 곤충들과 더러움을 연관시키는 것일까? 대부분의 곤충은 밭과 뜰에서 나오는 것들만큼 깨끗하다. 유럽의 농산물은 역사적으로 소나 말, 돼지 그리고 다른 동물들의 배설물을 거름으로 해서 곡물을 기르지 않았던가? 음식 종류의 명성을 떨어뜨리는 것이 더러움과 관련된 것이라면 인간은 오래전에 굶어죽었을 것이다. …… 구약성서와 신약

성서의 허락과 장려에도 불구하고 유럽인들은 메뚜기에 맛을 들인 적이 없었다. 그저 마음이 내키지 않아서였을까? 그런 것 같지 않다. 사막메뚜기가 침략한 지역을 보여주는 지도를 살펴보면 이베리아 반도의 남쪽 변방을 제외하고는 서유럽 전체가 실제로 이 메뚜기 떼의 북쪽 한계선 바깥에 놓여 있다. 유럽의 농부들이 다른 종류의 메뚜기로부터 완전히 자유로웠던 것은 아니지만 유럽의 메뚜기 종자들은 굶어죽지 않기 위해서는 메뚜기를 먹을 수밖에 없는 지역들에서처럼 곡물과 초지를 광범위하게 파괴하는 일이 거의 없었다."

유년 시절 기억을 더듬어 보면 메뚜기는 어린아이들에게 둘도 없는 간식거리였다. 가을철 햇곡식이 익어갈 때면 논밭과 들녘에 메뚜기나 개구리가 지천이었다. 시골은 물론 서울도 사대문 밖 변두리는 도처에 논과 밭이 있었다. 풀숲을 조금만 휘저어도 개구리와 메뚜기가 펄쩍 뛰어올랐다. 그러면 준비해 간 매미채로 재빨리 낚아챘다. 한 시간 남짓 휘젓고 다니면 메뚜기와 개구리 수확량이 제법이었다. 노련한 아이들은 긴 강아지풀을 꺾어 메뚜기와 개구리를 줄줄이 엮어 가지고 다녔다. 잡아 온 메뚜기와 개구리는 한자리에 모여 모닥불에 구워 먹었다. 머리와 다리와 날개를 떼어낸 메뚜기와 뒷다리만 골라낸 개구리를 쇠꼬챙이에 가지런히 꿰어 불에 구우면 노릇노릇 익어가며 나는 냄새가 뱃속을 자극했다. 구운 메뚜기 맛은 바삭거리며 고소하기 이를 데 없었고, 잘 익은 개구리 뒷다리 맛은 쇠고기에 비할 바가 아니었다.

먹을 게 귀하던 그 시절 메뚜기는 더할 나위 없는 고단백 영양 간식이었다. 이런 추억을 가진 사람들이 많아서일까? 전라남도 강진군에서는 몇 년 전부터 작천면 금강로 일대 황금들녘에서 메뚜기 축제를 개최하고 있다.

직접 메뚜기를 잡아 다양한 요리를 만들어 먹는 행사다. 메뚜기로 이렇게 많은 음식을 만들 수 있을까 싶을 만큼 풍성한 식탁이 차려진다고 한다. 친환경 농법이 확산되면서 메뚜기가 눈에 띄게 늘어난 것도 원인이다.

세계적으로도 식용곤충산업이 크게 각광받고 있는 추세다. 한국농촌경제연구원에 따르면 국내 식용곤충 시장은 2015년 60억 원 규모였으나 2020년이면 1,000억 원 규모로 성장할 거라고 한다. 그때쯤이면 전 세계 식용곤충산업이 약 38조 원 대까지 확대될 것으로 보는 전망도 있다. 이에 따라 관련 기업들도 식용곤충을 이용한 식품 개발에 적극적으로 뛰어들고 있는 상황이다. 머지않아 우리 밥상 위에 애벌레, 장수풍뎅이, 귀뚜라미 요리 등이 오르고, 고급 레스토랑에 가서 스테이크나 피자 대신 메뚜기 요리를 주문하게 될지도 모른다.

여호와의 날과 구원의 날

유다 백성들을 향한 요엘 선지자의 엄중한 비판과 경고는 계속해서 이어진다.

"성전에 날마다 바치는 곡식제물도 동나고 부어 드리는 제물도 떨어지니, 주님을 모시는 제사장들이 탄식한다. 밭이 황폐하구나. 곡식이 다 죽고, 포도송이가 말라 쪼그라들고, 올리브 열매가 말라비틀어지니, 땅이 통곡하는구나. 농부들아, 슬퍼하여라. 포도원 일꾼들아, 통곡하여라. 밀과 보리가 다 죽고, 밭곡식이 모두 죽었다. 포도나무가 마르고, 무화과나무도 시들었다. 석류나무, 종려나무, 사과나무 할 것 없이, 밭에 있는 나무가 모두 말라 죽었다. 백성의 기쁨이 모두 사라졌다. 제사장들아, 굵은 베 옷을 입고 슬피 울어라. 제단 앞에서 섬기는 자들아, 통곡하여라. 하나님을 섬기는 제사장들아, 굵은 베 옷을 입고 성전으로 가서, 밤을 새워 통곡하여라. 너희가 날마다 아침저녁으로 하나님의 성전에 바칠 곡식제물과 부어 드릴 제물이 떨어졌다." 요엘 1장 9절~13절

그는 백성들에게 거룩한 금식을 선포하고, 성회를 열 것을 호소했다. 장로들과 유다 땅에 사는 모든 백성을 하나님의 성전으로 불러 모은 다음 전심전력으로 하나님께 부르짖으라고 촉구했다. 주님께서 심판하실 날, 파멸의 날, 곧 여호와의 날이 가까이 다가왔기 때문이다.

"시온에서 나팔을 불며 나의 거룩한 산에서 경고의 소리를 질러 이 땅 주민들로 다 떨게 할지니 이는 여호와의 날이 이르게 됨이니라. 이제 임박하였으니 곧 어둡고 캄캄한 날이요 짙은 구름이 덮인 날이라. 새벽빛이 산꼭대기에 덮인 것과 같으니 이는 많고 강한 백성이 이르렀음이라. 이와 같은 것이 옛날에도 없었고 이후에도 대대에 없으리로다." 요엘 2장 1절~2절, 개역개정

그러나 유다 백성들이 금식하고 통곡하고 슬퍼하면서 진심으로 회개하고, 옷을 찢지 말고 마음을 찢으며 하나님께 돌아오면 뜻을 돌이켜 재앙을 거두겠다고 말씀하셨다. 주님은 은혜롭고 자비로우시며, 오래 참으시고, 한결같은 사랑을 베푸시며, 불쌍히 여기는 마음이 많으신 까닭이다. 그렇게 되면 여호와의 날, 즉 심판의 날이 기쁨 가득한 구원의 날로 바뀐다.

"내가 너희에게 곡식과 포도주와 올리브기름을 주어서 아쉬움이 없도록 하겠다. 다시는 다른 나라가 너희를 조롱거리로 만들지 못하게 하겠다. 북쪽에서 온 메뚜기 군대를 멀리 쫓아 버리겠다. 메마르고 황량한 땅으로 몰아내겠다. 전위부대는 사해에 몰아넣고 후위부대는 지중해에 몰아넣겠다. 시체 썩는 냄새, 그 악취가 코를 찌를 것이다." 요엘 2장 19절~20절

그날이 오면 언제 고난과 시련이 있었나 싶을 정도로 하나님의 복이 풍성히 임하게 된다. 메뚜기 떼의 습격으로 입었던 손해를 당한 기한만큼 충분히 보상해 주겠다고 약속하셨다.

"메뚜기와 누리가 썰어 먹고 황충과 풀무치가 삼켜 버린 그 여러 해의 손해를, 내가 너희에게 보상해 주겠다. 그 엄청난 메뚜기 군대를 너희에게 보내어 공격하게 한 것은 바로 나다. 이제 너희가 마음껏 먹고, 배부를 것이다. 너희에게 놀라운 일을 한 주 너희의 하나님의 이름을 너희가 찬양할 것이다. 나의 백성이 다시는 수치를 당하지 않을 것이다. 이스라엘아, 이제 너희는 알게 될 것이다. 내가 너희 가운데 있다는 것과, 내가 주 너희의 하나님이라는 것과, 나 말고는 다른 신이 없다는 것을 깨닫게 될 것이다. 나의 백성이 다시는 수치를 당하지 않을 것이다." 요엘 2장 25절~27절

여호와의 날은 심판과 재앙을 넘어 신실하고 의로운 주의 백성들에게 마침내 구원의 날로 선포된다. 하나님과 함께하는 삶과 그렇지 않은 삶, 하나님께 순종하는 삶과 그렇지 않은 삶, 하나님의 잔치에 참여하는 삶과 그렇지 않은 삶은 너무나도 극명하게 대비된다. 아울러 그날에는, 하나님의 영,

즉 성령이 임하셔서 참으로 크고 놀라운 일을 경험하게 하신다.

"그 후에 내가 내 영을 만민에게 부어 주리니 너희 자녀들이 장래 일을 말할 것이며 너희 늙은이는 꿈을 꾸며 너희 젊은이는 이상을 볼 것이며 그때에 내가 또 내 영을 남종과 여종에게 부어 줄 것이며 내가 이적을 하늘과 땅에 베풀리니 곧 피와 불과 연기 기둥이라. 여호와의 크고 두려운 날이 이르기 전에 해가 어두워지고 달이 핏빛 같이 변하려니와 누구든지 여호와의 이름을 부르는 자는 구원을 얻으리니 이는 나 여호와의 말대로 시온 산과 예루살렘에서 피할 자가 있을 것임이요 남은 자 중에 나 여호와의 부름을 받을 자가 있을 것임이니라." 요엘 2장 28절~32절, 개역개정

예수 그리스도께서 부활 이후 사역을 마치고 승천하신 뒤 제자들이 모여 있던 곳에 성령이 강림하셨다. 그때는 오순절이었다. 신약에 처음 등장하는 용어인 오순절은 구약에서 칠칠절, 맥추절이라 불리며 지켜오던 절기다. 무교절이 지난 후 50일 만에 맞이하는 절기로 첫 곡식을 거둬 하나님께 드리는 감사절이다. 성령의 임재를 경험한 제자들은 성령이 시키시는 대로 각각 방언으로 말하기 시작했다. 그러자 예루살렘에 살고 있던 세계 각국에서 모여든 경건한 유대 사람들이 깜짝 놀라며 당황해 소동을 일으켰다. 이때 베드로가 나아가 요엘서 2장 28절부터 32절까지의 말씀을 인용하며 예수 그리스도의 복음을 전파했다. 그의 설교는 엄청난 능력을 발휘했다. 이날 하루 신도의 수가 무려 3천 명이나 불어난 것이다.

초대교회 최고 지도자였던 베드로가 오순절 성령이 강림하신 현장에서 수많은 성경 가운데 유일하게 요엘서를 인용함으로써 이 책의 신학적 가

치는 한층 더 높아졌다. 이로써 요엘이 선포한 여호와의 날에 대한 예언이 부분적으로 성취되었다. 영적으로 신령한 첫 곡식을 거두어들였기 때문이다. 하지만 구원의 날이 완성된 것은 아니다. 나머지 부분은 예수 그리스도께서 구름 가운데 영광스러운 모습으로 재림하실 때 비로소 완전히 성취될 것이다.

"그날이 오면, 산마다 새 포도주가 넘쳐흐를 것이다. 언덕마다 젖이 흐를 것이다. 유다 개울마다 물이 가득 차고 주의 성전에서 샘물이 흘러나와, 싯딤 골짜기에 물을 대어 줄 것이다." 요엘 3장 18절

바치오 바르톨로메오 발디니(15세기, 이탈리아),
〈선지자들 요엘〉, 판화, 17.7×10.6cm, 루브르 박물관, 파리

바치오 발디니는 르네상스기인 15세기 후반 피렌체에서 활약한 판화가다. 이탈리아에서 처음으로 동판화를 시도했으며, '비너스의 탄생'으로 유명한 보티첼리의 디자인에 바탕을 둔 판화를 제작한 것으로 알려져 있다. 다른 화가들이 잘 그리지 않는 성경 속 선지자들을 판화로 많이 남겼다. 그가 상상한 요엘의 모습은 매우 지적이고 경건하다. 화려한 관을 쓰고 우아한 복장을 한 채 오른손으로 성경책을 들고 앉아 있지만 잔뜩 긴장한 얼굴과 움푹 들어간 눈에는 수심이 가득하다. 유다에 메뚜기 재앙이 임해 곡식이 떨어지고 새 포도주가 마르는 징벌, 즉 심판의 날이 다가왔음을 백성들에게 선포하며 회개를 촉구해야 했기 때문이다.

너희는 먹어도 배가 부르지 않을 것이며,

먹어도 허기만 질 것이며,

너희가 안전하게 감추어 두어도 하나도 남지 않을 것이며,

남은 것이 있다 하여도 내가 그것을 칼에 붙일 것이며,

너희가 씨를 뿌려도,

거두어들이지 못할 것이며,

올리브 열매로 기름을 짜도,

그 기름을 몸에 바르지 못할 것이며,

포도를 밟아 술을 빚어도,

너희가 그것을 마시지 못할 것이다.

미가 6장 14절~15절

26
가난한 이웃을 착취하는
사람들에 대한 심판

양 치는 목자에서 정의의 선지자로

아모스는 유다 웃시야 왕 기원전 791년~739년 때에 활동하던 선지자다. 그는 본래 드고아 고원 지대에서 목축을 하며 돌무화과를 재배하던 목자이자 농부였다. 양 떼를 몰고 이리저리 떠돌면서 꼴을 먹이며 지내던 그에게 어느 날 하나님께서 막중한 사명을 주셨다. 북이스라엘로 가서 하나님의 말씀을 선포하라는 것이었다. 그것은 듣기 좋은 말이 아니었다. 권력과 재물을 가진 자들을 향한 신랄한 심판의 메시지였다. 그의 이름은 '무거운 짐을 짊어진 사람'이라는 뜻이다. 그는 제대로 된 선지자 교육을 받지 못한 사람이었지만 하나님께 순종해서 무거운 짐을 진 채 혈혈단신 북이스라엘로 건너가 당당하게 하나님의 공의를 선포했다.

당시 북이스라엘은 자신들을 위협하던 아람이 앗수르에 패하면서 평화가 찾아오자 다메섹 북방 하맛까지 영토를 확장하며 통일 왕국이던 솔로몬 왕 이후 최고의 황금기를 누리고 있었다. 하지만 여로보암 2세는 이 모든 공을 하나님이 아닌 자신에게 돌리며 무분별한 사치와 향락과 우상 숭배에 취해 버렸고, 권력을 쥔 자들과 부자들과 종교 지도자들 또한 심각한 도덕적 타락 속으로 빠져들었다. 아모스는 사마리아의 무절제한 생활과 브엘세바와 길갈의 성소에서 드려지는 외식적인 종교 의식과 부자들의 부도덕한 행위들을 격렬하게 꾸짖었다. 그는 하나님께서 모든 나라에 도덕적으로 간섭하시는 분이라는 사실을 상기시켰다. 특히 그는 가난한 사람들을 착취하는 부자들을 맹렬히 비판하면서 사회적 불평등을 바로잡지 않으면 임박한 심판을 피할 수 없음을 경고했다. 때문에 그를 '정의의 선지자'라고 부른다.

"나 주가 선고한다. 이스라엘이 지은 서너 가지 죄를, 내가 용서하지 않겠다. 그들이 돈을 받고 의로운 사람을 팔고, 신 한 켤레 값에 빈민을 팔았기 때문이다. 그들은 힘없는 사람들의 머리를 흙먼지 속에 처넣어서 짓밟고, 힘 약한 사람들의 길을 굽게 하였다. 아버지와 아들이 같은 여자에게 드나들며, 나의 거룩한 이름을 더럽혔다. 그들은 전당으로 잡은 옷을 모든 제단 옆에 펴 놓고는, 그 위에 눕고, 저희가 섬기는 하나님의 성전에서 벌금으로 거두어들인 포도주를 마시곤 하였다. 그런데도 나는 그들이 보는 앞에서 아모리 사람들을 멸하였다. 아모리 사람들이 비록 백향목처럼 키가 크고 상수리나무처럼 강하였지만, 내가 위로는 그 열매를 없애고 아래로는 그 뿌리를 잘라 버렸다." 아모스 2장 6절~9절

아모리는 가나안의 후손 중 한 족속으로 가나안 땅의 원주민이다. 그들은 팔레스타인을 비롯한 인근 지역에 산재해 있었다. 신장이 크고, 많은 우상을 섬겼으며, 악한 일을 행한 사람들이다. 출애굽 당시 이스라엘 백성들은 가나안에 진입하기 위해 그들의 땅을 통과해야 했는데, 그들은 이스라엘의 요청을 거절한 바 있다. 가나안 정착 이후 이스라엘은 이들을 완전히 근절시키지 못하고 오히려 이들과 통혼하여 악습을 받아들이는 어리석은 일을 저질렀다. 그럼에도 불구하고 하나님께서는 매번 이들로부터 이스라엘을 지켜주셨으나 이스라엘은 은혜도 모른 채 우상을 섬기며 함부로 의로운 사람들을 팔고 힘없는 사람들을 짓밟았다.

"그러므로 나 주 하나님이 선고한다. 적군이 이 나라를 포위하고, 너의 방어벽을 허물고, 너의 요새들을 약탈할 것이다. 나 주가 선고한다. 목자가 사자 입에서 양의 두 다리나 귀 조각 하나를 건져내듯이, 사마리아에 사는 이스라엘 자손도 구출되기는 하지만 침대 모서리와 안락의자의 다리 조각만 겨우 남는 것과 같을 것이다. 이 말을 듣고서, 야곱 가문에 전하여라. 나 주 하나님, 만군의 하나님이 하는 말이다. 내가 이스라엘의 죄를 징벌하는 날, 베델의 제단들도 징벌하겠다. 그때에 제단의 뿔들을 꺾어, 땅에 떨어뜨리겠다. 또 내가 겨울 별장과 여름 별장을 짓부수겠다. 그러면 상아로 꾸민 집들이 부서지며, 많은 저택들이 사라질 것이다." 아모스 3장 11절~15절

베델은 구약 시대 족장들이 제단을 쌓고 하나님을 경배했던 곳으로 야곱이 돌에 머리를 베고 자다가 꿈속에서 천국의 계단을 봤던 곳이다. 이스라

엘이 남과 북으로 분열된 후 이스라엘 왕 여로보암은 베델에 따로 예배 처소를 세웠다. 백성들이 유다에 있는 예루살렘 성전으로 예배를 드리러 갔다가 자신을 배반하고 유다 왕 르호보암을 섬길지 모른다는 우려에서였다. 하지만 여로보암은 베델에 금송아지를 세워 하나님의 거룩한 이름을 더럽히고 범죄의 온상으로 만들어 버렸다. 베델의 제단들을 징벌하겠다는 하나님의 진노는 이에 기인한다. 겨울 별장과 여름 별장, 상아로 꾸민 집들과 많은 저택이라는 표현에서 당시 권력자들과 부자들과 종교 지도자들의 사치와 향락이 어느 정도였는지를 일부나마 짐작해 볼 수 있다.

서울대 종교학과 배철현 교수는 최근 한 잡지에 기고한 글을 통해 예언자 아모스 시대에 이스라엘에서 가난한 이들을 배려하는 사회 정의가 붕괴된 것은 고아와 과부와 가난한 자들의 하나님을 섬기던 자신들의 존재 이유를 뒤흔드는 정신적 재난이었다고 평가했다.

"고대 이스라엘의 경제 구조는 '나할라'라는 특별한 체계를 통해 지탱됐다. '나할라'는 보통 '유산遺産'이라고 번역되는 히브리어다. 히브리인들은 가나안에 정착하여 이스라엘 공동체를 세운 후, 모든 부동산을 이스라엘 12지파에 배분했다. 이 부동산은 다시 각 지파에 속한 친족들에게 나뉘어졌고, 친족들 밑에 아버지를 중심으로 한 가족인 '베이트'에게 할당됐다. 이 직계 가족에 속한 양도 불가한 부동산이 바로 '나할라'다. 그래서 모든 이스라엘 사람들은 자신들의 땅을 청지기처럼 가꾼다. 이들은 야훼가 '나할라'의 주인이라고 생각했다. 토지는 몇몇 귀족들이 아니라 모든 사람들에게 이익을 가져다주었다. 이들에게는 자신들이 사는 성문 앞에 모든 마을 주민들이 참여하는 법정이 있었다. 이 법정은 사회의 약자들을 보호하는 장치로 주민들이 선출한 10여 명의 원로가 약자들의 고충을 직접 듣고 결정을 내리는 구조였다.

아모스는 이 '나할라' 제도가 왕족, 그리고 왕족과 결탁한 귀족들, 또 이들의 편의를 위해 존재하는 사제들과 예언자들을 위해 존재한다고 봤다. 그리고 가난과 곤경에 빠져 있는 '히브리인들'을 목격했다. '나할라'의 주도권은 모든 이스라엘 사람들에게 있는 것이 아니라 히브리인들을 경제적으로 억압하는 몇몇 탐욕스러운 중앙 관리들에게 넘어간 상태였다. 이집트에서 종살이할 때 선택한 그들의 신은 이스라엘을 지탱하는 버팀목이 가난한 이들에 대한 배려와 사회 정의라고 가르쳤다. 자꾸 늘어가는 불의는 이스라엘의 존재 이유, 그 기반 자체를 흔드는 정신적 재난이었다."

공의가 물처럼 정의가 마르지 않는 강처럼 흐르게 하라

|

"사마리아 언덕에 사는 너희 바산의 암소들아, 이 말을 들어라. 가난한 사람들을 억압하고, 빈궁한 사람들을 짓밟는 자들아, 저희 남편들에게 마실 술을 가져 오라고 조르는 자들아, 주 하나님이 당신의 거룩하심을 두고 맹세하신다. '두고 보아라. 너희에게 때가 온다. 사람들이 너희를 갈고리로 꿰어 끌고 갈 날, 너희 남은 사람들까지도 낚시로 꿰어 잡아갈 때가 온다. 너희는 무너진 성 틈으로 하나씩 끌려 나가서 하르몬에 내동댕이쳐질 것이다.' 주님께서 하신 말씀이다." 아모스 4장 1절~3절

바산은 요단 동북쪽에 위치한 비옥한 고원 평야 지대다. 초목이 무성해 가축을 기르기 좋고, 곡식도 잘 자라 농사에 적합한 곳이다. 따라서 여기서

난 가축들은 최고의 품질을 자랑했다. 사마리아 언덕에 사는 바산의 암소들이란 사치와 향락에 빠져 주변의 가난한 이웃에 대해서는 전혀 관심을 갖지 않고 살아가던 이스라엘 고위 관리의 아내와 딸들을 가리킨다.

"너희는 베델을 찾지 말고, 길갈로 들어가지 말고, 브엘세바로 넘어가지 말아라. 길갈 주민들은 반드시 사로잡혀 가고, 베델은 폐허가 될 것이다. 너희는 주님을 찾아라. 그러면 산다. 그렇지 않으면, 주님께서 요셉의 집에 불같이 달려드시어 베델을 살라버리실 것이니, 그 때에는 아무도 그 불을 끄지 못할 것이다. 너희는 공의를 쓰디쓴 소태처럼 만들며, 정의를 땅바닥에 팽개치는 자들이다." 아모스 5장 5절~7절

요셉은 하나님의 섭리와 은총으로 이집트와 중근동 지역에 심한 기근이 닥쳤을 때 이집트 백성들을 편안하게 먹여 살렸고, 기아에 시달릴 수밖에 없었던 아버지 야곱과 자신의 형제들을 비롯한 가족들을 굶주림으로부터 해방시킨 사람이다. 그의 희생과 순종과 인내의 삶은 예수 그리스도의 모형이 되었다. 그의 두 아들 에브라임과 므낫세는 이스라엘의 열두 지파 중 두 지파를 이루었다. 여기서 요셉의 집은 그의 후손들인 북이스라엘 전체를 가리킨다.

하나님의 공의는 무엇이고 정의는 무엇일까? 새번역 성경에서 '공의'와 '정의'로 번역된 단어는 개역한글 성경에서는 '공법'과 '정의'로, 개역개정 성경에서는 '정의'와 '공의'로, 공동번역 성경에서는 '공평'과 '정의'로 각각 번역되었다. 아울러 NIV 영어 성경에서는 'justice'와 'righteousness'로, KJV 영어 성경에서는 'judgment'와 'righteousness'로 번역되었다.

공의 公義, right 란 히브리어 '체다카'로 선과 악을 정확하게 분별하고 공평하게 제재하는 하나님의 거룩한 성품을 의미한다. 즉 하나님의 완전하고 의로운 법을 기준으로 잘못된 것이나 잘된 것을 가감 없이 판단하고 심판하는 행위를 일컫는다. 하나님께서 자신이 선택한 백성들이 마땅히 따르며 살도록 규정한 의로운 법은 공법 公法, justice 이다. 개역한글 성경 중 아모스서에만 등장하는 표현이다. 정의 正義, righteousness 란 히브리어 '미슈파트'로 하나님 앞에서 사람이 도덕적, 윤리적 기준에 따라 응당 지켜야 할 도리를 가리킨다. 성경에서는 오직 하나님만이 정의의 기준이다. 정의는 하나님의 성품이며 속성이기 때문이다.

하지만 실제로 우리의 신앙과 삶과 사회 속에서 공의와 공법과 정의를 분명하게 이해하고 판단해 행동하기는 쉽지 않다. 단순하게 말하자면 하나님의 공의는 억압받고 소외당하고 굶주림에 시달리는 사람들에 대한 뜨거운 동정과 연민을 바탕으로 한다. 따라서 하나님은 스스로를 과부와 고아와 가난한 사람들의 하나님이라고 부르고 있는 것이다. 하나님의 공의는 자비하심과 긍휼하심으로 표현된다. 이를 바로 알고 우리도 우리 이웃을 돌아보고 억압과 소외와 굶주림이 없는 세상을 만들어가는 것이 정의다. 정의는 인간에 대한 사랑을 바탕으로 한다. 정의의 이름으로 자행되는 온갖 살인과 폭력과 파괴는 정의가 아니다. 인간이 규정하고 이해하는 모든 정의 그 너머에 하나님의 자비와 긍휼, 즉 무한한 사랑이 존재한다. 이에 시편 기자는 89편 13절과 14절에서 이와 같이 하나님을 찬양했다.

"주님의 팔에 능력이 있으며 주님의 손에는 힘이 있으며, 주님의 오른손은 높이 들렸습니다. 정의와 공정이 주님의 보좌를 받들고, 사랑과 신실이 주님을 시중들며 앞장서 갑니다."

　미국 하버드대학교 철학과 교수로 평생을 치열하게 정의에 대한 연구에
만 몰두했던 존 롤즈는 생전에 그의 역작 『사회 정의론』에서 정의의 역할
을 이렇게 설명한 바 있다.
　"정의는 타인들이 갖게 될 보다 큰 선을 위하여 소수의 자유를 뺏는 것
이 정당화됨을 거부한다. 다수가 누릴 보다 큰 이득을 위해서 소수에게 희
생을 강요해도 좋다는 것을 정의는 용납할 수 없다. 그러므로 정의로운 사
회에서는 동등한 시민적 자유란 이미 보장된 것으로 간주하며, 따라서 정
의에 의해 보장된 권리들은 어떠한 정치적 거래나 사회적 이익의 계산에도
좌우되지 않는 것이다."
　이스라엘의 권력자들과 부자들과 종교 지도자들이 심판의 대상이 된 것
은 성경을 통해 수없이 강조된 하나님의 공의를 짓밟고 정의를 내팽개쳤기
때문이다. 증거는 이들이 과부와 고아와 가난한 사람들의 것을 빼앗고 억
압하며 굶주림에 시달리게 한 것만으로도 충분하다.

　"너희가 힘없는 자를 마구 짓밟으며 그들이 지은 곡식을 거둬가는구
나. 너희는 돌을 다듬어 집을 지어도 거기에서 살지 못하고 포도원을 탐
스럽게 가꾸고도 거기에서 난 포도주를 마시지 못하리라. 너희가 나를
거슬러 얼마나 엄청난 죄를 지었는지, 나는 죄다 알고 있다. 죄 없는 사
람을 학대하며 뇌물을 받고 성문 앞에서 가난한 사람을 물리치는 자들
아!" 아모스 5장 11절~12절, 공동번역

하나님이 원하시는 것은 거창한 행사나 집회, 요란한 예배나 찬양이 아니다. 하나님이 원하시는 세상은 자신의 공의가 바로 세워지고, 사람들 사이에 정의가 공기처럼 살아 있는 세상이다. 오직 공의가 물처럼 흐르고, 정의가 마르지 않는 강처럼 흐르는, 그런 세상이다.

"나는, 너희가 벌이는 절기 행사들이 싫다. 역겹다. 너희가 성회로 모여도 도무지 기쁘지 않다. 너희가 나에게 번제물이나 곡식제물을 바친다 해도, 내가 그 제물을 받지 않겠다. 너희가 화목제로 바치는 살진 짐승도 거들떠보지 않겠다. 시끄러운 너의 노랫소리를 나의 앞에서 집어치워라! 너의 거문고 소리도 나는 듣지 않겠다. 너희는, 다만 공의가 물처럼 흐르게 하고, 정의가 마르지 않는 강처럼 흐르게 하여라." 아모스 5장 21절~24절

정의의 문제는 곧 빵의 문제다

가톨릭교회에서 중요하게 다루어지는 라틴어 '미세리코르디아'는 자비, 동정, 연민, 측은히 여기는 마음을 뜻한다. 즉 가난한 사람, 고통 받는 사람, 불쌍한 사람에게 마음을 준다는 의미다. 내 마음이 먼저 움직이면 그 다음은 행동이 뒤따르게 마련이다. 이는 맹자가 말한 '측은지심'과도 일맥상통한다. 『맹자 孟子』 '공손추편 公孫丑篇'에는 이런 글귀가 나온다.

"불쌍히 여기는 마음이 없으면 사람이 아니고, 부끄러운 마음이 없으면 사람이 아니며, 사양하는 마음이 없으면 사람이 아니고, 옳고 그름을 아는 마음이 없으면 사람이 아니다. 불쌍히 여기는 마음은 어짊의 극치이고, 부

끄러움을 아는 마음은 옳음의 극치이며, 사양하는 마음은 예절의 극치이고, 옳고 그름을 아는 마음은 지혜의 극치이다 無惻隱之心 非人也 無羞惡之心 非人也 無辭讓之心 非人也 無是非之心 非人也. 惻隱之心 仁之端也 羞惡之心 義之端也 辭讓之心 禮之端也 是非之心 智之端也."

가난한 사람, 고통 받는 사람, 불쌍한 사람을 보면 측은히 여기는 마음이 들어 눈물이 나오는 것, 이것이 정의의 출발점이다. 정의란 이론이나 추상의 세계가 아니다. 가난한 사람에게 먹을 것을 주고, 고통 받는 사람에게 손을 내밀며, 불쌍한 사람과 함께 울어주는 것이 정의다. 가난한 사람의 밥그릇을 빼앗고, 고통 받는 사람을 억압하며, 불쌍한 사람을 외면하는 것은 불의다. 이런 차원에서 보자면 정의란 곧 빵, 한 끼 밥의 문제라고도 할 수 있다.

아마 우리 시대에 가장 치열하게 빵의 문제를 고민했던 사람은 마더 테레사 수녀일 것이다. 그녀는 가난하고 굶주린 사람들의 진정한 이웃이자 친구이자 어머니였다. 그녀는 많은 사람들에게 빵을 건넸을 뿐이지만 그 사이 그녀는 하나님의 정의를 바로 세우고 있었다.

브라이언 콜로제이축 신부가 엮은 『먼저 먹이라』는 마더 테레사 수녀가 생전에 남긴 말과 글을 모은 책이다. 이 책 속에서 마더 테레사는 자신의 경험을 진솔하게 털어놓았다.

"얼마 전 한 여인이 아이를 데리고 저를 찾아와서 말했습니다. '마더 테레사 수녀님, 우리는 사흘 동안 아무것도 먹지 못했습니다. 먹을 것을 구걸하러 두세 곳을 찾아 가보았지만, 사람들은 제가 젊으니까 일해서 먹어야 한다고 하더군요. 저에게 그 누구도, 그 무엇도 주지 않았습니다.' 제가 음식을 가지러 자리를 떴다가 돌아올 때쯤 여인이 안고 있던 아기는 굶주림으로 죽어 있었습니다. 그녀를 거절했던 사람들이 우리 수녀원 사람이 아니었기를 바랍니다."

사흘 굶은 아기와 엄마에게 가장 필요한 건 빨리 먹을 것을 주는 일이다. 어쩌다 그렇게 되었느냐, 저기 가면 빵이 있을지도 모른다, 젊은 데 일해서 먹고 살아야지 왜 그렇게 사느냐, 따위의 말들은 하등 필요치 않다. 그 사이 아기와 엄마의 생명은 단축되고 있을 뿐이다. 정의란 굶주린 사람들에게 아무 말도 하지 않고 빨리 먹을 것을 가져다주는 것이다.

"얼마 전 캘커타에서 한 여자아이를 데려왔습니다. 아이의 검은 눈에서 저는 그 아이의 굶주림을 읽었습니다. 아이에게 빵을 조금 주었으나, 아이는 부스러기만 조금씩 먹을 뿐이었습니다. 제가 말했습니다. '편히 먹으렴. 배고프잖니.' 아이에게 왜 그렇게 천천히 먹는지 물었더니 이렇게 대답하더군요. '빨리 먹는 게 두려워요. 이 빵을 다 먹어 버리면 전 또 배가 고플 테니까요.' 제가 말했습니다. '다 먹고 나면 빵을 더 주마.' 그 작은 아이는 이미 굶주림의 고통을 알고 있는 것입니다. '두려워요.' 그런데 우리는 모릅니다."

소망과 호기심으로 반짝거려야 할 소녀의 눈망울에 절망과 두려움만 가득하다면 그 사회는 이미 정의가 무너진 사회다. 불의가 강물처럼 넘실거리는 세상이다. 배고픈 사람에게 측은한 마음을 가지고 빵을 건네는 것이 개인의 정의라면, 이런 사람들이 아무런 경계나 차별 없이 배고픔과 굶주림을 해결할 수 있는 제도와 장치를 만들어 내는 것이 사회의 정의다. 아모스 선지자 시대에 북이스라엘에는 개인의 정의도 사회의 정의도 모두 실종된 상태였다.

"너희는 망한다! 상아 침상에 누우며 안락의자에서 기지개 켜며 양

떼에서 골라잡은 어린 양 요리를 먹고, 우리에서 송아지를 골라 잡아먹는 자들, 거문고 소리에 맞추어서 헛된 노래를 흥얼대며, 다윗이나 된 것처럼 악기들을 만들어 내는 자들, 대접으로 포도주를 퍼마시며, 가장 좋은 향유를 몸에 바르면서도 요셉의 집이 망하는 것은 걱정도 하지 않는 자들, 이제는 그들이 그 맨 먼저 사로잡혀서 끌려갈 것이다. 마음껏 흥청대던 잔치는 끝장나고 말 것이다." 아모스 6장 4절~7절

하나님은 가난한 자들을 돌아보지 않고, 힘없는 자들을 억압하면서 사치와 향락을 일삼으며, 산해진미와 값진 포도주로 배를 불리고 취해 사는 권력자들과 부자들과 종교 지도자들을 향해 너희는 망한다고, 흥청망청 화려했던 잔치는 끝장나고 말았다고 선포하고 있다. 아모스의 거침없는 비판을 듣다 못한 베델의 제사장 아마샤는 여로보암 2세에게 사람을 보내 아모스가 반란을 선동하고 있다고 고발한 다음 아모스에게 다가가 입을 열었다.

"이 선견자야, 당장 여기를 떠나 유다 나라로 사라져라. 거기 가서나 예언자 노릇을 하며 밥을 벌어먹어라. 다시는 하느님을 팔아 베델에서 입을 열지 마라. 여기는 왕의 성소요 왕실 성전이다." 아모스 7장 12절~13절, 공동번역

그의 말에서 당시 종교 지도자들의 생각을 읽을 수 있다. 그들에게 종교 지도자란 권력자에게 빌붙어 적당히 입에 발린 소리를 하면서 밥을 벌어먹는 존재였다. 하나님의 임재를 상징하는 성전과 성소는 왕의 소유물에 지나지 않았다. 그런 곳에서 드려지는 예배를 하나님께서 기쁘게 받으실 리

만무했다. 가당치 않은 그의 말을 듣고 나서 아모스가 대답했다.

"나는 예언자도 아니고, 예언자의 제자도 아니오. 나는 집짐승을 먹이며, 돌무화과를 가꾸는 사람이오. 그러나 주님께서 나를 양 떼를 몰던 곳에서 붙잡아 내셔서, 주님의 백성 이스라엘에게로 가서 예언하라고 명하셨소. 이제 그대는, 주님께서 하시는 말씀을 들으시오. 그대는 나더러 '이스라엘을 치는 예언을 하지 말고, 이삭의 집을 치는 설교를 하지 말라'고 말하였소. 그대가 바로 그런 말을 하였기 때문에, 주님께서 이렇게 말씀하시오. '네 아내는 이 도성에서 창녀가 되고, 네 아들딸은 칼에 찔려 죽고, 네 땅은 남들이 측량하여 나누어 차지하고, 너는 사로잡혀 간 그 더러운 땅에서 죽을 것이다. 이스라엘 백성은 꼼짝없이 사로잡혀 제가 살던 땅에서 떠날 것이다.'" 아모스 7장 14절~17절

하나님의 심판이 임하게 되면 기근으로 굶주리고 목마르겠지만 진정한 고통은 육신의 양식이 없어서가 아니라 영의 양식인 말씀이 없어서 당하는 고통이다. 육신의 빵과 영혼의 빵은 어느 것 하나만 먹고 배부르다고 해서 온전히 살아갈 수 없다. 둘 다 골고루 먹어야 한다. 그러나 정의가 무너진 세상에서는 육신의 빵은 물론 영혼의 빵도 구할 수 없게 된다.

"그날이 온다. 나 주 하나님이 하는 말이다. 내가 이 땅에 기근을 보내겠다. 사람들이 배고파하겠지만, 그것은 밥이 없어서 겪는 배고픔이 아니다. 사람들이 목말라하겠지만, 그것은 물이 없어서 겪는 목마름이 아니다. 주의 말씀을 듣지 못하여서, 사람들이 굶주리고 목말라 할 것이

다." 아모스 8장 11절

그렇다면 영영 희망이 없는 것인가? 그렇지 않다. 하나님의 공의는 다시 이스라엘을 일으켜 세우고, 밭에서 곡식이 나게 하며, 포도원에서 포도를 수확하게 하는 것이다. 가난한 사람, 힘없는 사람, 소외된 사람들이 다시 영과 육의 음식을 먹고 마시며 회생하는 것이다.

"그때가 되면, 농부는 곡식을 거두고서, 곧바로 땅을 갈아야 하고, 씨를 뿌리고서, 곧바로 포도를 밟아야 할 것이다. 산마다 단 포도주가 흘러 나와서 모든 언덕에 흘러넘칠 것이다. 내가, 사로잡힌 내 백성 이스라엘을 데려오겠다. 그들이 허물어진 성읍들을 다시 세워, 그 안에서 살면서 포도원을 가꾸어서 그들이 짠 포도주를 마시며, 과수원을 만들어서 그들이 가꾼 과일을 먹을 것이다. 내가 이 백성을 그들이 살아갈 땅에 심어서, 내가 그들에게 준 이 땅에서 다시는 뿌리가 뽑히지 않게 하겠다. 주 너의 하나님이 말씀하신다." 아모스 9장 13절~15절

끝없이 불의를 저지르며 하나님을 외면하고 죄악의 길을 걸어가는 이스라엘 백성들을 여전히 측은히 여기시며 다시 손을 내밀어 일으켜 세우시는 하나님, 정의를 짓밟고 하나님의 거룩한 이름을 더럽힌 권력자들과 부자들과 종교 지도자들을 단호히 응징하면서도 이들에게 눌려 배를 곯고 살았던 가난하고 불쌍하고 소외된 이스라엘 자손들을 품에 안고 먹이고 입히며 재우시는 하나님, 이것이 바로 우리가 이해하거나 측량할 수 없는 하나님의 공의다.

하나님의 공의 아래, 정의로운 세상을 만들기 위해 우리가 할 수 있는 일은 우선 당장 내 이웃을 살펴 굶주린 사람, 배고픈 사람, 헐벗은 사람이 있으면 내 밥그릇에서 밥 한 숟가락 퍼서 아무 말 없이 그의 입에 넣어 주는 일이다. 정의로운 세상은 여기서부터 만들어진다.

피테르 브뢰헬(1525~1569, 네덜란드),
〈거지들〉, 패널에 유채, 18×21cm,
루브르 박물관, 파리

역사는 인간의 뜻대로 되지 않는다. 그리고 반복된다. 아모스가 심각한 사회적 불평 등을 비판하며 정의를 외쳤지만 세상은 바뀌지 않았다. 그로부터 2천 년이 훨씬 더 지나 유럽에는 종교개혁의 폭풍이 밀어닥쳤다. 곳곳에서 피의 살육이 이어졌다. 무고한 양민들이 죽거나 다쳤다. 브뢰헬은 이런 부조리한 현실들을 화폭에 담아냈다. 이 그림은 다리가 잘린 장애인들이 목발을 짚고 거리에서 구걸하는 처참한 장면이다. 전쟁과 가난은 사회적 약자들은 지옥 속으로 몰아넣는다. 그는 하루하루 소박하게 살아가는 농민들과 소시민들을 자신만의 비판적 시각으로 관찰해 표현함으로써 풍경화를 역사화와 종교화의 경지로 끌어올렸다.

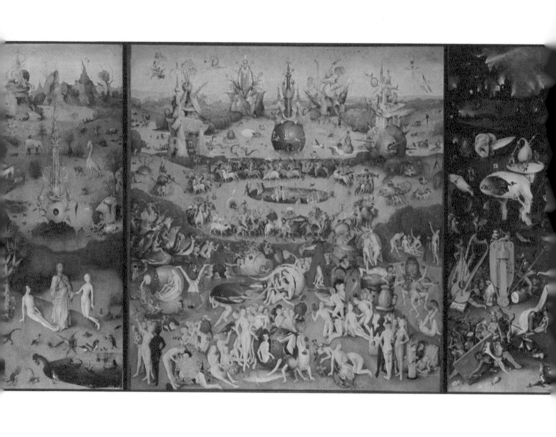

27
여호와의 식탁을 더럽히지 말고
나의 집에 양식이 있게 하라

하박국 선지자의 무소유의 즐거움

"살려 달라고 부르짖어도 듣지 않으시고, '폭력이다!' 하고 외쳐도 구해 주지 않으시니, 주님, 언제까지 그러실 겁니까? 어찌하여 나로 불의를 보게 하십니까? 어찌하여 악을 그대로 보기만 하십니까? 약탈과 폭력이 제 앞에서 벌어지고, 다툼과 시비가 그칠 사이가 없습니다. 율법이해이하고, 공의가 아주 시행되지 못합니다. 악인이 의인을 협박하니, 공의가 왜곡되고 말았습니다."

'하박국서 Habakkuk'는 이와 같은 절규로부터 시작된다. 어찌 보면 불경스러울 만큼 하박국 선지자는 피를 토하는 심정으로 하나님을 향해 항변하고 있다. 그가 단도직입적으로 던지고 있는 본질적 질문은 '하나님은 과연 우리 삶 속에서 구체적으로 역사하고 계시는가? 그렇다면 세상에서 악인이 잘되고 의인이 고통을 당하는 이유는 무엇인가?' 하는 것이다.

하박국은 유다의 예레미야와 바벨론의 다니엘이 활동하던 시기인 요시야 왕 통치 말기부터 여호야김 왕 통치 초기까지 유다에서 활약했다. 하박국이라는 이름은 '껴안다', '포용하다'라는 뜻이다. 이외에 그에 대해 알려진 것은 거의 없다. 다만 3장에 음악 용어들이 언급되는 것으로 보아 성전에서 예배와 찬양을 드리는 일에 종사했던 인물로 추정할 뿐이다.

바벨론은 기원전 605년 이집트의 느고를 갈그미스에서 격파하고 중근동 지역의 신흥 강대국으로 부상했다. 이때 남유다는 종교개혁을 통해 무너진 신앙을 회복시키며 당대 최고의 선왕으로 추앙받던 요시야가 므깃도에서 느고와 싸우다 안타깝게 전사한 뒤 여호아하스와 여호야김 왕이 외세에 의해 옹립되는 등 국운이 기울면서 극도의 혼란 속으로 빠져들고 있었다. 율법이 무너지고 불의가 만연한 세상에서 백성들의 삶은 이루 말할 수 없이 어렵고 고달팠다. 하박국은 혼란스러웠다. 민족의 고난 앞에 애통해하면서도 어째서 하나님을 믿는 의인들이 불행에 빠지고, 하나님을 외면하는 악인들이 승승장구하는지 알 수가 없었다.

하박국 선지자의 첫 번째 질문에 대한 하나님의 답변은 다음과 같았다.

"이제 내가 바빌로니아 사람을 일으키겠다. 그들은 사납고 성급한 민족이어서, 천하를 주름 잡고 돌아다니며, 남들이 사는 곳을 제 것처럼 차지할 것이다. ······ 그들은 왕들을 업신여기고, 통치자들을 비웃을 것이다. 견고한 성도 모두 우습게 여기고, 흙 언덕을 쌓아서 그 성들을 점령

할 것이다. 그러나 제 힘이 곧 하나님이라고 여기는 이 죄인들도 마침내 바람처럼 사라져서 없어질 것이다." 하박국 1장 6절~11절

바벨론이 유다를 멸망에 이르게 할 것이지만 결국엔 그들도 역사의 뒤안길로 사라지고 말 거라는 예언이었다. 유다가 당하는 고통은 자신들이 저지른 악행에 따른 것이며, 이를 응징하는 도구로 사용된 바벨론 역시 제 힘이 곧 하나님이라고 여기는 죄인들이기에 징계를 받게 된다는 것이다. 하나님의 공의는 결코 사라진 것도, 왜곡된 것도 아니라는 말씀이었다.
그러자 하박국 선지자의 두 번째 질문이 이어진다.

"주님께서는 눈이 맑으시므로, 악을 보시고 참지 못하시며, 패역을 보고 그냥 계시지 못하시는 분입니다. 그런데 어찌하여 배신자들을 보고만 계십니까? 악한 민족이 착한 백성을 삼키어도, 조용히만 계십니까? 주님께서 백성들을 바다의 고기처럼 만드시고 다스리는 자가 없는 바다 피조물처럼 만드시니, 악한 대적이 낚시로 백성을 모두 낚아 올리며, 그물로 백성을 사로잡아 올리며, 쨍이로 끌어 모으고는, 좋아서 날뜁니다. 그러므로 그는 그 그물 덕분에 넉넉하게 살게 되고 기름진 것을 먹게 되었다고 하면서, 그물에다가 고사를 지내고, 쨍이에다가 향을 살라 바칩니다. 그가 그물을 떨고 나서, 곧 이어 무자비하게 뭇 백성을 죽이는데, 그가 이렇게 해도 되는 것입니까?" 하박국 1장 13절~17절

유다가 아무리 하나님 앞에서 악을 행했더라도 이방 신을 섬기는 바벨론보다 더 악하다고 할 수는 없는데, 어째서 이방 나라인 바벨론의 손을 들어

하나님을 섬기는 유다를 치게 하실 수 있느냐는 항의성 질문이다. 유다의 지도자들과 권력자들이 부패했기로서니 죄 없는 백성들을 무자비하게 멸망시키는 것은 공의의 하나님으로서 너무 한 것 아니냐는 것이다.

두 번째 질문을 받은 하나님께서 다시 하박국에게 답변하셨다.

"마음이 한껏 부푼 교만한 자를 보아라. 그는 정직하지 못하다. 그러나 의인은 믿음으로 산다. 부유한 재산은 사람을 속일 뿐이다. 탐욕스러운 사람은 거만하고, 탐욕을 채우느라고 쉴 날이 없다. 그러나 탐욕은 무덤과도 같아서, 그들이 스올처럼 목구멍을 넓게 벌려도, 죽음처럼 성이 차지 않을 것이다." 하박국 2장 4절~5절

하나님은 환난과 고난의 때에 의인은 그의 믿음으로 말미암아 산다고 말씀하셨다. 진실로 선하고 마음이 정직한 자는 하나님의 약속을 고귀하게 여기며 자신의 전부를 하나님께 맡길 것이다. 또한 그 약속이 참되다는 사실을 확신하기에 아무리 어려운 시험이 닥친다 해도 믿음을 저버리지 않을 것이다. 오직 믿음으로 의로워진다는 이신득의 以信得義 의 교리는 신약 시대에 이르러 교회의 핵심 사상으로 자리 잡았다. 사도 바울은 이 말씀에 근거해 하나님의 구원의 원리를 가르쳤고, 마틴 루터는 이 말씀에 의지해 종교개혁의 기치를 높이 들었다.

"네가 백성들을 잡아다가 부렸지만, 그들이 애써 한 일이 다 헛수고가 되고, 그들이 세운 것이 다 불타 없어질 것이니, 이것이 바로 나 만군의 주가 하는 일이 아니겠느냐? 바다에 물이 가득하듯이, 주의 영광을 아

는 지식이 땅 위에 가득할 것이다." ^{하박국 2장 13절~14절}

신앙과 현실 사이에서 번민과 고뇌를 거듭하던 하박국 선지자는 하나님으로부터 궁극적으로 악인은 심판을 면치 못하게 되고, 의인은 그 믿음으로 말미암아 구원을 얻게 되리라는 놀라운 해답을 얻게 되었다. 이와 동시에 하나님께서는 악의 세력이 뿌리 뽑히고 여호와를 아는 지식이 흘러넘치게 될 영광스러운 메시야 왕국에 대한 소망까지도 나타내 주셨다. 이에 하박국은 본인의 장기를 살려 열광적인 시가로 하나님을 찬양하였다.

"여호와여 내가 주께 대한 소문을 듣고 놀랐나이다. 여호와여 주는 주의 일을 이 수년 내에 부흥하게 하옵소서. 이 수년 내에 나타내시옵소서. 진노 중에라도 긍휼을 잊지 마옵소서." ^{하박국 3장 2절, 개역개정}

하박국은 하나님의 뜻을 충분히 이해할 수는 없었지만 그것이 최선이라는 것과 하나님의 공의와 정의는 흔들림 없이 영원하시며, 당신의 나라와 백성들을 향한 무한한 사랑 또한 변함이 없으시다는 것을 알고 이에 만족하였다. 하박국은 한 발 더 나아가 현실 세계에서 당하는 가난과 빈곤에 연연하지 않고 오직 하나님만을 바라면서 즐거워하리라고 다짐한다.

"무화과나무에 과일이 없고 포도나무에 열매가 없을지라도, 올리브나무에서 딸 것이 없고 밭에서 거두어들일 것이 없을지라도, 우리에 양이 없고 외양간에 소가 없을지라도, 나는 주님 안에서 즐거워하련다. 나를 구원하신 하나님 안에서 기뻐하련다. 주 하나님은 나의 힘이시다. 나

의 발을 사슴의 발과 같게 하셔서, 산등성이를 마구 치닫게 하신다." 하박
국 3장 17절~19절

　　하나님과의 대화를 통해 하박국 선지자는 참된 진리를 깨달았다. 인생
의 진정한 가치는 소유에 있는 게 아니라 존재 자체에 있음을 인식한 것이
다. 믿음은 사유가 아니라 생활이며, 하나님을 전적으로 의뢰하는 것이며,
매순간 하나님과 동행하는 것이다. 따라서 기쁠 때나 슬플 때나, 행복할 때
나 고통스러울 때나, 먹을 때나 주릴 때나, 곳간에 곡식이 가득할 때나 텅
텅 비었을 때나 동일하게 하나님만으로 자족하는 삶을 살 수 있어야 한다
는 것이다.

　　하박국을 이야기할 때 빼놓을 수 없는 일화가 있다. 그것은 다니엘과의
인연이다. 우리가 읽는 성경의 다니엘서는 12장으로 구성되어 있다. 하지
만 후대에 헬라어로 첨가된 성경에는 13장과 14장이 추가되어 있다. 여기
서 다니엘은 6장에서처럼 한 번 더 사자 굴속에 던져진다. 이때 하나님의
천사가 하박국에게 나타나 다니엘에게 음식을 갖다 주게 한다. 유다에 머
물던 하박국은 순식간에 바벨론 사자 굴속으로 이동해 다니엘에게 먹을 것
을 건네준다.

　　"그들은 다니엘을 사자 굴속에 던졌다. 그리고 육 일이 지났다. 굴속에
는 사자 일곱 마리가 있었다. 사자들에게 매일 두 사람과 두 마리 양을
주었다. 그런데 사자들이 다니엘을 먹게 하려고 아무것도 주지 않았다.
하박국 선지자가 유대에 있었다. 그는 그릇에 죽과 빵 조각을 끓이게 했
다. 그리고 추수하는 일꾼들에게 그것을 날라 주기 위해 시골로 떠났다.

주님의 천사가 하박국에게 말했다. '음식을 갖고 바빌론으로 가서 사자 굴 속에 있는 다니엘에게 주어라.' 하박국이 말했다. '주님! 저는 바빌론을 본 적도 없고 사자 굴을 알지도 못합니다.' 하나님의 천사가 그의 머리 꼭대기를 붙들고 머리카락을 잡아 강렬한 입김으로 하박국을 바빌론의 사자 굴에 내려놓았다. 하박국은 '다니엘, 다니엘! 하나님이 당신에게 보내신 음식을 받으시오'라고 소리쳐 말했다. 다니엘이 말했다. '오 하나님! 당신께서 나를 기억하셨군요. 당신은 당신을 사랑하는 자들을 버리시지 않았군요.' 다니엘이 일어나서 먹었다. 하나님의 천사는 즉시로 하박국을 그의 집으로 다시 데려갔다. 칠 일이 되자 왕은 슬퍼하며 다니엘에게 갔다. 왕은 사자 굴로 가서 쳐다보았다. 그런데 다니엘이 앉아 있었다. 큰 소리로 울면서 왕은 이렇게 말했다. '주님, 다니엘의 하나님, 당신은 위대하십니다. 당신 외에 다른 이는 없습니다.' 왕은 그곳으로부터 물러났다. 왕은 책임자들을 사자 굴속에 던지도록 했고 그들은 왕이 보는 앞에서 즉시로 먹이가 되었다." 다니엘 14장 31절~42절, 헬라어 번역본

하나님은 고통 속에 신음하는 다니엘에게 왜 하박국을 보내신 걸까? 그의 굶주린 배를 채워주기 위해 예레미야나 스바냐를 보내지 않으신 이유는 뭘까? 이는 전적으로 하나님의 주권이기는 하지만 선지자들의 특성을 살펴보면 그 의미를 대략 유추할 수 있다. 다니엘에게 가장 필요한 건 허기를 달래줄 음식보다 하나님이 자신과 함께한다는 위로였다. 비록 참혹한 죽음의 공포에 내몰린 상태였지만 하나님은 변함없이 곁에서 나를 먹이고 입히고 감싸 안으시는 분이라는 안위의 메시지가 필요했다. 그 역할에 가장 합당한 인물은 눈물의 선지자 예레미야나 구원의 선지자 스바냐보다는 위로의

선지자 하박국이었다. 위기에 빠진 나라와 민족을 위해 통렬한 목소리로 외쳤던 예레미야나 스바냐에 비해 고난에 처한 백성과 민중을 위해 온몸으로 울부짖었던 하박국이 다니엘을 위로하기에 더 적합했을 거라는 말이다.

하나님의 식탁에 더러운 빵을 차려내는 사람들

구약성경의 마지막 권이자 구약 최후의 선지자인 말라기의 예언을 담고 있는 책이 바로 '말라기서 Malachi'다. 그는 3차에 걸친 바벨론 포로 귀환 이후 파괴되었던 성전이 재건되고, 학사 에스라와 총독 느헤미야에 의해 종교개혁이 취해지던 시기에 활동한 것으로 추정된다. 그가 말한 개혁 조치들이 에스라나 느헤미야가 언급된 내용들과 유사하기 때문이다. 일부 학자는 느헤미야가 잠시 페르시아 왕궁으로 갔다가 예루살렘으로 되돌아오기까지의 기간, 즉 기원전 433년부터 425년까지 말라기 선지자가 활동했던 것으로 추측하기도 한다.

이미 여러 선지자들이 나타나 이스라엘과 유다에 임할 하나님의 심판을 예언하고, 우상 숭배와 타락에 빠진 임금과 권력자들에게 닥칠 재앙을 선포하며, 하나님의 공의와 정의를 짓밟는 종교 지도자들과 부자들의 일탈과 부패를 강력하게 비판하고 경고했음에도 불구하고 이들은 잠깐 회개하고 돌이키는 듯했다가 다시 제자리로 돌아가 구습과 악행을 반복했다. 더욱이 무너졌던 예루살렘 성전을 다시 건축한 뒤 시온의 영광이 재현되길 바라던 백성들은 1세기가 지나도록 고대하던 메시야 왕국이 도래하지 않자 실망과 낙담에 빠져 신앙생활을 게을리 하며 패배 의식에 사로잡혀 있었다. 이러한 때에 말라기 선지자가 나타난 것이다.

"아들은 아버지를 공경하고 종은 제 주인을 두려워하는 법인데, 내가 너희 아버지라고 해서 너희가 나를 공경하기라도 하였느냐? 내가 너희 주인이라고 해서 너희가 나를 두려워하기라도 하였느냐? 나 만군의 주가 말한다. 제사장들아, 너희가 바로 내 이름을 멸시하는 자들이다. 그러나 너희는, '우리가 언제 주님의 이름을 멸시하였습니까?' 하고 되묻는다." 말라기 1장 6절

말라기의 준엄한 질책은 먼저 제사장들을 향한다. 하나님의 이름을 멸시하고 조롱하는 일에 가장 먼저 앞장선 사람들이 바로 종교 지도자들이라는 것이다. 증거는 차고도 넘친다.

"너희는 내 제단에 더러운 빵을 바치고 있다. 그러면서도 너희는, '우리가 언제 제단을 더럽혔습니까?' 하고 되묻는다. 너희는 나 주에게 아무렇게나 상을 차려 주어도 된다고 생각한다. 눈먼 짐승을 제물로 바치면서도 괜찮다는 거냐? 절뚝거리거나 병든 짐승을 제물로 바치면서도 괜찮다는 거냐? 그런 것들을 너희 총독에게 바쳐 보아라. 그가 너희를 반가워하겠느냐? 너희를 좋게 보겠느냐?" 말라기 1장 7절~8절

왕과 권력자들이 하나님을 두려워하지 않는 것도, 백성들이 신앙생활을 게을리 하며 실의와 절망 속에 빠져 있는 것도 모두 자기 역할을 다하지 않는 종교 지도자들 때문이라는 것이다. 그들이 말씀을 두려워하지 않고, 말씀을 제대로 전하지 않으며, 말씀을 따라 살지 않으니 누가 하나님을 공경하고 두려워하겠는가? 말라기 선지자가 예로 든 것은 제사였다. 그들은

끝없이 사리사욕을 취하며 자기들 식탁은 화려한 것으로 채우면서도 하나님의 식탁은 더러운 것들로 아무렇게나 차려냈다. 하나님이 원하시는 것은 조물주와 인간의 진정한 화해의 식탁, 사랑과 정성이 가득한 훈훈한 식탁, 섬김과 사귐이 온전히 이루어지는 교제의 식탁이다. 하나님은 늘 자기 백성들을 위해 가장 좋은 것으로, 가장 적절한 것으로 식탁을 차려주시는데 반해 사람들이 하나님을 위해 차려내는 식탁은 더럽고 빈약하기 짝이 없다.

우리말 성경에 나오는 '더러운 빵'을 NIV 영어 성경에서는 'defiled food 더럽혀진 음식'으로 KJV 영어 성경에서는 'polluted bread 오염된 빵'로 번역하였다. 사랑은 말이 아닌 행동이며 실천이다. 사랑의 확실한 물리적 증거 중 하나는 밥상이다. 자기는 고기반찬 가득한 상을 차려 밥을 먹으면서 남편에게는 보리밥에 간장만 덜렁 놓인 상을 내민다면 두 사람 사이에 사랑과 신뢰가 가득하다고 말하기 어렵다. 본인은 하루 세 끼 진수성찬으로 차려 먹으면서 아들에게는 도시락도 싸주지 않고 조금 늦게 들어왔다고 해서 굶고 자라고 한다면 제 뱃속으로 아들을 낳은 어머니라고 할 수 없다. 정말로 상대방을 사랑하고 아낀다면 형편이 닿는 한 가장 정성스럽고 따뜻하고 푸짐한 밥상을 차려주고 싶은 게 인지상정인 것이다.

"여호와는 나의 목자시니 내가 부족함이 없으리로다. 그가 나를 푸른 초장에 누이시며 쉴만한 물 가으로 인도하시는도다. 내 영혼을 소생시키시고 자기 이름을 위하여 의의 길로 인도하시는도다. 내가 사망의 음침한 골짜기로 다닐찌라도 해를 두려워하지 않을 것은 주께서 나와 함께 하심이라. 주의 지팡이와 막대기가 나를 안위하시나이다. 주께서 내 원수의 목전에서 내게 상을 베푸시고 기름으로 내 머리에 바르셨으니 내 잔이 넘치나이다. 나의 평생에 선하심과 인자하심이 정녕 나를 따르리니 내가 여호와의 집에 영원히 거하리로다.”

시편 23편에 나오는 너무도 유명한 다윗의 시다. 자신의 실제적 경험을 토대로 한 이 시에서 그는 하나님을 항상 부족함 없이 채워주시는 나의 목자라고 노래하고 있다. 그 하나님은 내가 비록 원수에게 쫓겨 다닐 때, 눈앞에서 나를 죽이려는 적수가 두 눈 똑바로 뜨고 나를 노려보고 있을 때, 내가 절체절명의 죽음과 마주하고 있을 때, 바로 그 순간에도 인자한 미소를 가득 머금은 어머니처럼 내게 정성을 다해 따뜻한 밥상을 차려주시는 분이다. 이 구절을 새번역 성경에서는 ‘내 원수들이 보는 앞에서 내게 잔칫상을 차려 주시고’라고 번역했고, 공동번역 성경에서는 ‘원수들 보라는 듯 상을 차려주시고’라고 번역했다. 인간에 대한 하나님의 무한한 사랑을 이보다 더 애절하고 실감나게 표현하기는 어려울 것이다.

그런 하나님께 그들은 더러운 빵을 바치고, 아무렇게나 상을 차려냈다. 이는 레위기에 나오는 제사에 관한 규정을 어겼다는 책망만이 아니다. 사랑과 정성이 결여된 채 형식과 절차만 남은 제사에 대한 꾸짖음이다. 제사는 내 생명을 하나님께 바치는 희생의 의식이다. 하나님과 바른 관계를 회복하고, 예배자의 전 인격이 하나님께 바쳐짐을 상징하는 것이 제사다. 따라서 흠 없고 정결한 제물을 준비해 제사를 드리는 것이 예배자의 바른 자세다. 하지만 그들은 총독에게도 바치지 않을 눈먼 짐승과 절뚝거리거나 병든 짐승을 제물로 바쳤다.

"나의 이름은 해 뜨는 데서 해 지는 데까지 뭇 민족 사이에 크게 떨쳐, 사람들은 내 이름을 부르며 향기롭게 제물을 살라 바치고 깨끗한 곡식 예물을 바치고 있다. 만군의 야훼가 말한다. 내 이름은 뭇 민족 사이에 크게 떨치고 있다. 그런데 너희는 '주께 차려 올리는 제사 상, 더러우면 어떠냐? 아무 음식이나 차려드렸으면 됐지.' 하면서, 나의 이름을 욕되게 하고 있다. '에이 귀찮아.' 이렇게 투덜거리면서 바치고는 나를 우습게 보지 않는다고 하는구나. 만군의 야훼가 말한다. 너희는 남의 짐승을 훔쳐다가 바치고, 절뚝거리거나 병든 짐승을 바친다. 그러는데 그 제물을 달갑게 받을 것 같으냐? 나의 말이 그르냐?" 말라기 1장 11절~13절, 공동번역

하나님은 투덜대면서 더러운 빵을 바치고 성의 없이 아무렇게나 상을 차려내는 유다 민족의 제사를 더 이상 받지 않고, 앞으로는 향기롭게 제물을 사르고 깨끗한 곡식 예물을 바치는 다른 민족의 제사를 받겠다고 선언하셨다. 여호와의 이름은 해 뜨는 데서 해 지는 데까지 뭇 민족 사이에 크게 떨치게 될 것이다. 제사장들에 대한 경고의 수위는 한층 높아진다.

"제사장들아, 이제 이것은 너희에게 주는 훈계의 말이다. 너희가 나의 말을 명심하여 듣지 않고서, 내 이름을 존귀하게 여기지 않으면, 내가 너희에게 저주를 내려서, 너희가 누리는 복을 저주로 바꾸겠다. 나 만군의 주가 말한다. 너희가 받은 복을 내가 이미 저주로 바꾸었으니, 이것은 너희가 내 말을 명심하지 않았기 때문이다. 나는, 너희 때문에 너희 자손을 꾸짖겠다. 너희 얼굴에 똥칠을 하겠다. 너희가 바친 희생제물의 똥을 너희 얼굴에 칠할 것이니, 너희가 똥 무더기 위에 버려지게 될 것

이다." 말라기 2장 1절~3절

나의 집에 양식이 있게 하라

|

"내가 나의 특사를 보내겠다. 그가 나의 갈 길을 닦을 것이다. 너희가 오랫동안 기다린 주가, 문득 자기의 궁궐에 이를 것이다. 너희가 오랫동안 기다린, 그 언약의 특사가 이를 것이다. 나 만군의 주가 말한다." 말라기 3장 1절

하나님은 머지않아 세상에 메시야를 보낼 것이며, 이를 위해 언약의 특사, 즉 세례 요한을 먼저 보낼 거라는 메시지를 선포하셨다. 메시야의 강림을 준비할 하나님의 사자가 출현하리라는 예언은 그만큼 메시야의 등장이 임박했음을 예고하는 것이었다. 곧 오실 메시야는 금과 은을 연단하는 불과 같을 것이며, 표백하는 잿물과 같을 거라고 말씀하셨다. 그가 레위 자손을 깨끗하게 하면 하나님께 올바른 제물을 드리게 될 것이고, 유다와 예루살렘의 제물이 옛날처럼 여호와를 기쁘게 하는 제물이 될 거라고 하셨다. 오매불망 기다려왔던 메시야의 강림과 이를 준비할 선지자의 출현 소식은 유다 백성들에게 큰 위로와 소망이 되었다.

"나 만군의 주가 말한다. 용광로의 불길같이, 모든 것을 살라 버릴 날이 온다. 모든 교만한 자와 악한 일을 하는 자가 지푸라기같이 타 버릴 것이다. 그날이 오면, 불이 그들을 살라서, 그 뿌리와 가지를 남김없이 태울 것이다. 그러나 내 이름을 경외하는 너희에게는, 의로운 해가 떠올

라서 치료하는 광선을 발할 것이니 너희는 외양간에서 풀려 난 송아지처럼 뛰어다닐 것이다." 말라기 4장 1절~2절

마지막 때에 나타날 치료하는 광선을 발하는 의로운 해란 메시야, 즉 예수 그리스도를 가리킨다. 교만한 자와 악한 일을 하는 자에게는 무서운 심판이 임하겠지만, 하나님의 이름을 경외하는 자들은 외양간에서 풀려 난 송아지가 뛰어다니는 것처럼 참 자유를 누릴 것이다.

"주의 크고 두려운 날이 이르기 전에, 내가 너희에게 엘리야 예언자를 보내겠다. 그가 아버지의 마음을 자녀에게로 돌이키고, 자녀의 마음을 아버지에게로 돌이킬 것이다. 돌이키지 아니하면, 내가 가서 이 땅에 저주를 내리겠다." 말라기 4장 5절~6절

메시야 강림 전에 나타날 엘리야 선지자란 세례 요한을 의미한다. 하나님은 나라를 빼앗기고 약속의 땅을 상실한 채 다시 유리걸식하는 노예로 전락한 이스라엘 백성들이 아직도 정신을 차리지 못하고 영적으로 황폐해져 껍데기만 남은 신앙생활을 하고 있는 데 대해 개탄을 금치 못하셨다. 이에 하나님은 말라기 선지자를 통해 준엄하게 최후의 경고를 선포하시면서도 한편으로 백성들이 첫 신앙의 순수성을 회복하면서 메시야의 강림에 대한 소망을 가지고 살아갈 수 있게끔 위로하고 권면하는 배려를 잊지 않으셨다. 하나님께서는 백성들이 자신을 향해 다시 돌이키는 일에 관해서도 상세히 알려주셨다.

"그런즉 내게로 돌아오라. 그리하면 나도 너희에게로 돌아가리라 하였더니 너희가 이르기를 우리가 어떻게 하여야 돌아가리이까 하는도다. 사람이 어찌 하나님의 것을 도둑질하겠느냐. 그러나 너희는 나의 것을 도둑질하고도 말하기를 우리가 어떻게 주의 것을 도둑질하였나이까 하는도다. 이는 곧 십일조와 봉헌물이라. 너희 곧 온 나라가 나의 것을 도둑질하였으므로 너희가 저주를 받았느니라. 만군의 여호와가 이르노라. 너희의 온전한 십일조를 창고에 들여 나의 집에 양식이 있게 하고 그것으로 나를 시험하여 내가 하늘 문을 열고 너희에게 복을 쌓을 곳이 없도록 붓지 아니하나 보라." 말라기 3장 7절~10절, 개역개정

앞서 더러운 빵으로 여호와의 식탁을 아무렇게나 차려낸다고 질책하신 것과 나의 것을 도둑질하지 말고 나의 집에 양식이 있게 하라고 권면하신 말씀은 일맥상통한다. 당시 제사장들은 백성들이 바친 십일조와 봉헌물을 성전의 여러 창고에 쌓아두었다. 레위 자손은 이 중 일부를 자신들의 생활을 위해 검소하게 사용하고 나머지는 고아와 과부와 가난한 사람들을 위해 정의롭게 사용해야 했다. 그러나 그들은 이를 사사로이 빼돌려 자신들의 탐욕을 위해 사용했다. 하나님께서는 이것이 여호와의 식탁을 더러운 빵으로 차려내는 것이라 질타하셨다. 백성들 또한 마음과 정성을 다해 하나님께 십일조와 봉헌물을 드린 게 아니라 율법을 지키기 위해 마지못해 투덜대면서 드렸다. 하나님께서는 이것 역시 여호와의 식탁을 대충 아무렇게나 차려내는 일이라 꾸짖으셨다. 이 모두가 하나님의 것을 도둑질하는 행위였다. 소득의 십분의 일을 드리는 십일조는 인간과 하나님 사이에 맺어진 언약의 열매였다.

"그때에 살렘 왕 멜기세덱은 빵과 포도주를 가지고 나왔다. 그는 가장 높으신 하나님의 제사장이다. 그는 아브람에게 복을 빌어 주었다. '천지의 주재, 가장 높으신 하나님, 아브람에게 복을 내려 주십시오. 아브람은 들으시오. 그대는, 원수들을 그대의 손에 넘겨주신 가장 높으신 하나님을 찬양하시오.' 아브람은 가지고 있는 모든 것에서 열의 하나를 멜기세덱에게 주었다." 창세기 14장 18절~20절

살렘은 멜기세덱이 제사장과 왕으로 있던 도성이다. 그는 아브라함이 조카 롯을 사로잡아 간 그돌라오멜과 그와 같이 한 북방의 왕들을 쳐서 이기고 돌아올 때 아브라함을 영접하고 축복하였다. 이때부터 십일조가 시작되었다. 멜기세덱은 예수 그리스도의 예표로 여겨진다.

"땅의 십분의 일 곧 땅에서 난 것의 십분의 일은, 밭에서 난 곡식이든지, 나무에 달린 열매이든지, 모두 주에게 속한 것으로서, 주에게 바쳐야 할 거룩한 것이다." 레위기 27장 30절

하나님의 제단에 십일조를 바치는 것은 내 소유가 실은 내 것이 아니요 전적으로 하나님의 것임을 고백하는 의식이었다. 내가 먹고 마시며 누리는 모든 것들이 하나님의 은혜로 말미암아 생겨난 소산이라는 사실을 인정하고 감사하는 행위였다. 하나님께서 이를 바치도록 한 것은 그분이 물질이 없어서도 아니고 욕심이 있어서도 아니다. 사람들이 자신의 생명과 소유의 주인이 하나님이라는 것을 분명히 인식하고 있는지, 하나님을 향해 얼마나 감사하는 마음을 담아 진정으로 예물을 드리는지를 시험해 보기 위함이다.

하나님께서 내 원수들이 보는 앞에서 주저 없이 내게 잔칫상을 차려 주신 것처럼 우리도 온갖 욕망과 탐심이 지켜보는 가운데 하나님께 흔들림 없이 내 소유를 털어 잔칫상을 차려 주기를 원하신 것이다.

그런데 당시 제사장들과 백성들은 이런 하나님의 마음을 알지 못했다. 그래서 십일조나 봉헌물의 내용과 규모에만 신경을 썼다. 보다 못한 하나님께서 너희의 온전한 십일조를 창고에 들여 나의 집에 양식이 있게 하라고 말씀하신 것이다. 온전한 십일조란 올바른 제물, 의로운 제물과 같은 의미다. 정당한 방법으로 땀 흘려 일해서 수확한 소산물을 말한다. 부정한 방법으로 번 돈이나 다른 사람을 착취해서 축적한 재물이 온전한 십일조나 의로운 제물이 될 수 없다. 이렇게 의로운 제물로 정성을 다해 잔칫상을 차리듯 십일조를 드리면 하나님께서 기쁘게 받으시고 하늘 문을 열어 복을 쌓을 곳이 없도록 부어 주시겠다고 하셨다. 이 또한 온갖 부정한 제물로 더러운 식탁을 차려내는 사람들을 향한 경고의 메시지였다.

하지만 사람들은 이 구절을 변질시켜 주술적 의미로 사용했다. 십일조를 드리면 쌓을 곳이 없을 정도로 다시 돌려받는다는 생각을 하고 일종의 투자 심리로 십일조를 낸 것이다. 말라기 선지자를 통해 하나님께서 말씀하시는 것은 너희가 얼마를 내면 내가 복을 더해 그 몇 배로 튀겨서 되돌려 주겠다는 투자에 대한 담보 선언이 결단코 아니다. 내가 가진 소유에 대한 욕망과 탐심을 다 내려놓고 욥처럼 모든 것이 주님의 것이니 주님의 뜻대로 하시라고 고백하며 맡겨 드리는 믿음, 무소유의 신앙을 가지라는 것이다. 이를 통해 하나님의 창고가 가득 차면 그것이 고아와 과부와 가난한 사람들이 함께 먹고 마실 양식이 될 것이다.

하나님께 드려진 구별된 예물이 봉헌물이다. 평생 하나님의 전을 섬기면서 봉사하도록 택함을 받은 레위인들 역시 하나님께 드려진 봉헌물이며, 세계 만민들의 구원을 위해 하나님께 드려진 이스라엘 민족 또한 천하만국 가운데 유일하게 선택된 봉헌물이라 할 수 있다.

　이스라엘 열두 지파는 땅을 유산으로 받았다. 그러나 레위 지파에게는 유산이 없었다. 하나님께서는 당신 자신이 그들의 유산이며 몫이라고 말씀 하셨다. 땅이나 재물보다 하나님을 유산으로 받은 레위 지파야 말로 가장 큰 복을 받은 자손이었다. 하지만 그들은 눈에 보이지 않는 하나님보다 눈에 보이는 땅과 재물을 더 좋아했다. 당연히 그들은 성전 창고에 쌓인 하나님의 양식으로 자신들의 배를 불렸고, 고아와 과부와 가난한 사람들을 외면했다.

"너희 바리새파 사람들에게 화가 있다! 너희는 박하와 운향과 온갖 채소의 십일조는 바치면서, 정의와 하나님께 대한 사랑은 소홀히 한다! 그런 것들도 반드시 행해야 하지만, 이런 것들도 소홀히 하지 않았어야 하였다." 누가복음 11장 42절

　예수님께서 바리새파 사람들을 강하게 책망하신 말씀이다. 율법에 의해 정확하게 십일조를 바치던 바리새인들의 예물에는 가장 중요한 하나님의 정의와 사랑이 결여되어 있었다. 소유욕과 끝없는 탐심은 생명을 갉아먹어 결국 죽음에 이르게 하는 병이다. 하나님의 정의를 실현하고 하나님에 대한 사랑이 충만한 예물을 드릴 때 하나님은 이렇게 응답하신다.

"나는 너희 땅의 소산물을 해로운 벌레가 먹어 없애지 못하게 하며,

너희 포도밭의 열매가 채 익기 전에 떨어지지 않게 하겠다. 나 만군의 주가 말한다. 너희 땅이 이처럼 비옥하여지므로, 모든 민족이 너희를 복되다고 할 것이다." 말라기 3장 11절~12절

명저 『소유냐 존재냐』에서 에리히 프롬은 구약성경의 예언자들이 제시한 소유에 얽매이지 않는 삶을 메시야적 비전에 바탕을 둔 새로운 광야라는 개념을 들어 설명하고 있다.

"이들 혁명적 사상가들, 특히 히브리 예언자들은 인간의 자유에 대한 비전을 혁신했다. 그들이 제시한 새로운 비전은 곧 소유에 얽매이지 않는 삶이었다. 따라서 그들은 인간의 손으로 만든 우상에 굴종하는 것에 반대했다. 그들은 냉철한 인물들로서, 만약 히브리 백성이 병적으로 땅에 집착하느라고 그 땅 안에서 자유롭게 살 수 없다면, 다시 말해서 그것에 정신없이 매달리지 않고는 땅을 사랑할 수 없다면, 그 땅으로부터 또다시 추방당하게 되리라는 예언을 했다. 히브리 백성이 그 땅으로부터 추방당하는 사건은 엄연한 비극이기는 하되, 궁극적으로는 해방에 이르는 유일한 길이었다. 새로운 광야는 비단 한 세대에 그치지 않고 수많은 세대에 걸쳐서 지속될 거점을 제공하는 것임을 예언자들은 투시했던 것이다. 새로운 광야에 대한 이들의 예언은 유대인 신앙은 물론 결국 전 인류의 신앙을 위한 버팀목이라고 할 수 있다. 새로운 광야란 다름 아니라 땅의 원주민을 쫓아내거나 멸절시키지 않고서 평화와 풍요를 약속하는 메시야적 비전에 바탕을 둔 땅인 것이다."

하박국과 말라기 선지자를 통해 하나님께서 선포하신 말씀은 욕망과 탐심으로 더이상 여호와의 식탁을 더럽히지 말고, 무소유의 즐거움을 깨달아

여호와의 식탁을 온전히 회복하며, 나의 집에 양식이 있게 하라는 것이었다. 이것이 구약성경에 나오는 마지막 메시지다. 그러나 유다 백성들은 끝끝내 욕망과 탐심을 버리지 못했으며, 결국 여호와의 식탁도 온전히 회복하지 못했다. 페르시아 제국의 지배를 받던 유다 민족은 기원전 332년 알렉산더 대왕이 페르시아 제국을 정복함으로써 그리스 제국의 영향 아래 놓여 있다가 기원전 63년 로마 제국의 폼페이우스 장군에 의해 예루살렘이 점령됨으로써 다시 로마 제국의 한 주로 편입되기에 이른다. 그 기나긴 세월이 흐르는 동안 그들은 여전히 여호와의 식탁을 더럽히면서 오로지 새로운 광야, 즉 자신들을 구원할 메시야가 출현하기만을 갈망하고 있었다.

히에로니무스 반 에켄(1450~1516, 네덜란드), 〈쾌락의 정원〉, 패널에 유채, 195×220cm, 프라도 국립미술관, 마드리드

끝없는 인간의 욕망과 탐심, 그 종착지에는 과연 무엇이 있을까? 본명보다 '히에로니무스 보스'라는 필명으로 더 잘 알려진 그는 주로 상상 속의 풍경을 화폭에 담았다. 대표작인 '쾌락의 정원'은 세 폭짜리 제단화다. 왼쪽 그림은 에덴동산에서 하나님이 아담에게 하와를 소개시켜 주는 장면이다. 주변에 정체를 알 수 없는 기이한 생명체들이 등장한다. 가운데 그림은 쾌락, 즉 성행위에 몰두하고 있는 벌거벗은 인간들이 묘사되어 있다. 오른쪽 그림은 지옥의 모습이다. 수많은 피조물들이 찔리고 잘리고 떨어지는 고통을 당하고 있다. 죄악의 탄생과 인간의 타락 그리고 종말에 이르기까지를 섬뜩하게 보여주는 초현실적인 작품이다.

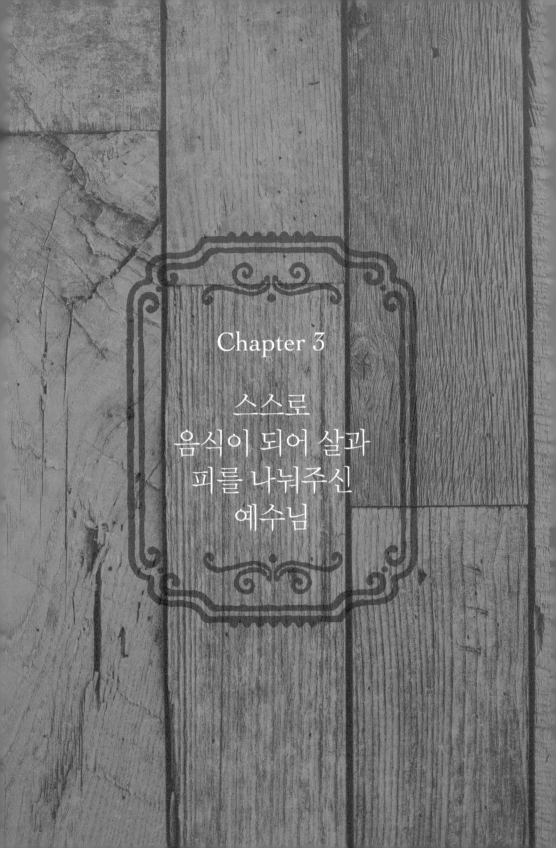

Chapter 3

스스로
음식이 되어 살과
피를 나눠주신
예수님

28
광야에서 40일 동안
금식하신 예수님

예수는 사람이었다

말라기를 마지막으로 구약성경이 끝을 맺고, 신약성경에서 세례 요한이 출현할 때까지 약 400여 년에 이르는 기간을 '침묵의 시대' 혹은 '암흑의 시대'라고 부른다. 이 오랜 시간 동안 구약의 예언서에서처럼 신랄하게 백성들을 꾸짖고 심판을 예고하는 어떤 선지자도 나타나지 않았다. 하나님의 깊은 침묵은 자신의 백성들을 완전히 버렸거나 망각한 듯 보였다.

하지만 그 옛날 이집트의 압제 속에 신음하던 이스라엘 백성들을 위해 400여 년간의 침묵 뒤에 비로소 해방의 깃발을 높이 들어 올리신 것 같이 하나님은 구약에서 신약에 이르는 400여 년의 침묵 속에도 백성들이 그토록 고대하던 메시야의 강림을 준비하고 계셨다. 그러나 기원전 4년에 인간의 몸으로 출생한 예수는 그들이 갈망하던 정치적 메시야가 아니었다. 어머니 뱃속에서 열 달 동안 탯줄에 의지해 살다가 출생 후 어머니의 모유를 먹고 자라나 다른 아이들과 마찬가지로 동무들과 어울려 뛰놀며 성장한 평범한 인간의 모습이었다.

"예수 그리스도의 태어나심은 이러하다. 그의 어머니 마리아가 요셉과 약혼하고 나서, 같이 살기 전에, 마리아가 성령으로 잉태한 사실이 드러났다. 마리아의 남편 요셉은 의로운 사람이라서 약혼자에게 부끄러움을 주지 않으려고, 가만히 파혼하려 하였다. 요셉이 이렇게 생각하고 있는데, 주님의 천사가 꿈에 그에게 나타나서 말하였다. '다윗의 자손 요셉아, 두려워하지 말고, 마리아를 네 아내로 맞아 들여라. 그 태중에 있는 아기는 성령으로 말미암은 것이다. 마리아가 아들을 낳을 것이니, 너는 그 이름을 예수라고 하여라. 그가 자기 백성을 그들의 죄에서 구원하실 것이다.' …… 요셉은 잠에서 깨어 일어나서, 주님의 천사가 말한 대로, 마리아를 아내로 맞아들였다. 그러나 아들을 낳을 때까지는 아내와 잠자리를 같이하지 않았다. 아들이 태어나니, 요셉은 그 이름을 예수라고 하였다." 마태복음 1장 18절~25절

예수의 열두 제자 중 한 명인 세리 마태가 기록한 '마태복음 Matthew'에서는 예수의 탄생에 관해 이렇게 기록하고 있다. 예수는 히브리 이름 '여호수아'의 헬라 식 발음으로 '하나님은 구원이시다'라는 뜻이며, 그리스도는 히브리어 '메시야'의 헬라어 번역으로 '기름 부음을 받은 자'라는 의미다. 유대인의 왕으로 오신 예수가 바로 그토록 기다리고 기다리던 메시야, 즉 하

나님의 아들이며 온 인류를 죄로부터 구원할 만왕의 왕임을 드러내고 있다. 이에 반해 시리아의 안디옥 출신으로 사도 바울의 동역자이자 의사였던 누가가 쓴 '누가복음 Luke '에는 사람의 아들인 예수가 당시 유대인들이 배척하던 이방인과 소외된 자, 가난한 자, 어린이, 여자 등 비주류 계층 사람들에게 얼마나 많은 관심과 애정을 가지고 있었는지가 잘 나타나 있다. 예수의 어린 시절에 관한 유일한 묘사도 누가복음에만 등장한다.

"아기는 자라나면서 튼튼해지고, 지혜로 가득 차게 되었고, 또 하나님의 은혜가 그와 함께 하였다. 예수의 부모는 해마다 유월절에 예루살렘으로 갔다. 예수가 열두 살이 되는 해에도, 그들은 절기 관습을 따라 유월절을 지키러 예루살렘에 올라갔다. 그런데 그들이 절기를 마치고 돌아올 때에, 소년 예수는 예루살렘에 그대로 머물러 있었다. 그의 부모는 이것을 모르고, 일행 가운데 있으려니 생각하고, 하룻길을 갔다. 그 뒤에 비로소 그들의 친척들과 친지들 가운데서 그를 찾았으나, 찾지 못하여, 예루살렘으로 되돌아가서 찾아다녔다. 사흘 뒤에야 그들은 성전에서 예수를 찾아냈는데, 그는 선생들 가운데 앉아서, 그들의 말을 듣기도 하고, 그들에게 묻기도 하고 있었다. 그의 말을 듣고 있던 사람들은 모두 그의 슬기와 대답에 경탄하였다. 그 부모는 예수를 보고 놀라서, 어머니가 예수에게 말하였다. '얘야, 이게 무슨 일이냐? 네 아버지와 내가 너를 찾느라고 얼마나 애를 태웠는지 모른다.' 예수가 부모에게 말하였다. '어찌하여 나를 찾으셨습니까? 내가 내 아버지의 집에 있어야 할 줄을 알지 못하셨습니까?' 그러나 부모는 예수가 자기들에게 한 그 말이 무슨 뜻인지를 깨닫지 못하였다. 예수는 부모와 함께 내려가 나사렛으로 돌아가서, 그들에게 순종하면서 지냈다. 예수의 어머니는 이 모든 일을 마음에 간직하였다. 예수는 지혜와 키가 자라고, 하나님과 사람에게 더욱 사랑을 받았다." 누가복음 2장 40절~52절

　예수가 태어난 베들레헴은 예루살렘에서 남서쪽으로 약 8킬로미터 떨어진 지점에 위치해 있다. 해발 약 600미터의 고지대인 이곳은 높은 산들이 둘러 있으며, 토지가 비옥해서 주변 여러 곳에 감람나무, 포도나무, 무화과나무 등의 과수원들이 펼쳐져 있었다. 다윗의 고향이자 룻의 시어머니인 나오미와 시아버지인 엘리멜렉, 그리고 룻의 남편인 보아스의 고향이기도 했다. 의미심장한 것은 베들레헴이라는 지명의 뜻이 '빵집 house of bread'이라는 사실이다. 온 인류를 먹일 생명의 빵으로 오신 예수가 태어난 곳이 다름 아닌 빵집이었던 것이다.

　예수의 탄생을 기준으로 B.C. Before Christ, 기원전 와 A.D. Anno Domini, 기원후 가 생겨났다면 왜 예수의 출생 연도가 A.D. 1년이 아니고 B.C. 4년일까? 이는 순전히 계산상 착오로 인함이다. 525년 교황 요한 1세가 매년 바뀌는 부활절 날짜를 간단히 계산하기 위해 로마의 주교 디오니시우스 엑시구우스에게 교회력을 만들도록 지시했다. 이에 따라 디오니시우스 엑시구우스는 당시 월력체계였던 로마력 754년을 A.D. 1년으로 삼아 예수 그리스도께서 로마력 754년에 태어났다고 발표해 교회력이 시작되었다. 그러나 세월이 흐른 뒤 예수의 탄생 시점에 유대 왕이었던 헤롯 대왕이 로마력 750년에 죽었음이 밝혀졌다. 따라서 4년의 차이가 발생했지만 되돌리기는 너무 늦었기에 예수의 탄생 연도가 B.C. 4년이 된 것이다.

　예수 그리스도의 공생애는 요단 강에서 요한에게 세례를 받고 나서 성령

에 이끌려 광야로 나가 40일 동안 금식기도를 한 후 사탄에게 시험을 당한 일로부터 시작된다. 이 일은 예수란 누구인가를 알 수 있게 해주는 대단히 중요한 사건이다. 창조주 하나님인 예수는 나약한 인간인 요한에게 물로 세례를 받았다. 요한이 아무리 존경받는 당대 최고의 선지자라 해도 그는 인간일 뿐이다. 인간이 어떻게 하나님에게 세례를 줄 수 있는가? 이는 예수가 인간의 몸으로 세상에 태어난 이상 철저하게 인간으로 살아가고자 했음을 보여주는 장면이다. 세례를 받은 직후 하늘이 열리고 성령이 비둘기 같이 내려 예수 위에 임하셨다.

"이는 내 사랑하는 아들이요 내 기뻐하는 자라." 마태복음 3장 17절, 개역개정

그리고 하늘로부터 이와 같은 말씀이 들려왔다. 세례를 받은 예수를 하나님과 성령께서 축하해 주신 것이다. 성부와 성자와 성령이 함께한 현장, 그것이 예수의 세례식이었다. 이로써 예수는 더 이상 영적으로만 존재하는 예수이거나 구약성경에 등장하는 하나님으로서의 예수가 아니라 아버지인 하나님과 영이신 성령의 인도하심을 따라 공적 생애를 살아가게 될 인간 예수임을 분명히 선포한 것이다.

예수는 성령에 이끌려 광야로 나갔다. 연단을 위해서였다. 광야는 유대 산지 동쪽의 경사진 지역으로 메마른 바위밖에 없는 곳이다. 강우량이 적어 사람이 거주하기 어렵기 때문에 소수의 유목민만이 살고 있던 땅이다. 그 옛날 모세는 이스라엘 백성들을 이끌고 거친 광야를 헤매며 40년 동안이나 살았다. 그런 광야로 예수가 나갔다. 이처럼 척박한 광야에 홀로 선 인간 예수가 맞닥뜨린 것은 처절한 고독이었을 것이다. 고독은 인간만이

느낄 수 있다. 천지사방에 아무것도 보이지 않는 광야에서 의지할 것은 오직 하나님뿐이었다.

　모세와 이스라엘 백성들이 살았던 광야에는 매일 하늘에서 만나가 쏟아졌다. 바위에서 물도 나왔다. 그들은 하나님의 돌보심 속에 먹고 마실 것을 해결할 수 있었다. 하지만 예수는 아니었다. 하늘에서 만나도 내리지 않았고 바위에서 물이 터지지도 않았다. 물 한 모금 마시지 못하고, 빵 한 조각 씹지 못한 채 40일 동안 하나님만 바라며 기도에 전념해야 했다. 예수가 신성만 지닌 영적 존재였다면 아무 문제될 게 없었다. 그러나 그는 육체를 가진 인간이었다. 따라서 예수는 죽기 일보 직전의 극심한 탈진 상태에 이르렀을 것이다.

생 명 을 건 금 식 기 도

|

　예수는 왜 공생애를 앞두고 생명을 건 금식기도를 한 것일까? 예수가 인간이 아니었다면 금식을 할 필요가 없었다. 영이신 하나님에게는 음식이 필요 없기 때문이다. 인간은 음식을 제때 먹고 마시지 않으면 죽을 수밖에 없다. 하나님이 창조하신 세상의 모든 생명체는 자연법치에 의해 양식이나 영양분을 공급받으며 생존한다. 그런데 그중에서 스스로 먹을 것을 거부하면서 고통을 감내할 수 있는 존재, 심지어는 죽음까지도 각오할 수 있는 유일한 존재가 바로 인간이다. 인간만이 하나님에 의해 자유의지를 가진 존재로 창조되었기 때문이다.

　'금식'을 뜻하는 히브리어는 '촘'이고 헬라어는 '네스테이아'다. '자발적으로 음식을 절제한다.'는 뜻으로, 히브리어를 직역하면 '먹지 않음'을, 헬라어를 직역하면 '음식 섭취를 중단함'을 의미한다. 정치인이 자신의 이념이나 철학을 관철하기 위해, 노동자가 생존을 위한 수단을 얻어내기 위해, 종교인이 박해와 탄압에 저항하기 위해 금식을 할 때 그는 보다 소중한 가치를 위해 기꺼이 자신의 목숨을 내놓는 것이다. 마찬가지로 인간이 하나님께 드리는 기도 가운데 가장 엄숙하면서도 효과적인 기도는 금식기도다.

성경에 금식이 처음 언급된 것은 모세가 하나님께 십계명을 받을 때였다. 처음 십계명이 새겨진 돌판을 받을 때 모세는 시내 산에 40일 동안 머물렀는데, 음식을 가지고 갔다는 기록이 없는 것으로 보아 금식했을 것으로 추정된다. 두 번째 십계명 돌판을 받을 때도 마찬가지로 40일 동안 금식하며 시내 산에 머물렀다. 그러니까 모세는 40일씩 두 번이나 금식을 한 셈이다.

"모세는 거기서 주님과 함께 밤낮 사십 일을 지내면서, 빵도 먹지 않고, 물도 마시지 않고, 언약의 말씀 곧 십계명을 판에 기록하였다." 출애굽기 34장 28절

다윗 왕 역시 나단 선지자의 책망을 받아 밧세바와의 불륜이 들통 난 후 하나님의 진노로 밧세바가 낳은 아들이 죽게 되자 아들의 생명을 구해 달라고 하나님께 간절히 기도하는 동안 먹을 것과 마실 것을 일절 입에 대지 않았다.

"다윗이 그 어린 아이를 살리려고, 하나님께 간절히 기도를 드리면서 금식하였다. …… 다윗 왕궁에 있는 늙은 신하들이 그에게로 가까이 가

서, 그를 땅바닥에서 일으켜 세우려고 하였으나, 그는 일어나려고 하지도 않고, 또 그들과 함께 음식을 먹으려고도 하지 않았다." 사무엘하 12장 16절 ~17절

이처럼 금식기도는 자기 부정과 고행을 의미한다. 에스라 선지자는 하나님 앞에서 고행하며 금식하자고 했고, 이사야 선지자 역시 금식은 하나님 앞에서 자신을 낮추는 수단이라고 말했다.

"너희가 다투고 싸우면서, 금식을 하는구나. 이렇게 못된 주먹질이나 하려고 금식을 하느냐? 너희의 목소리를 저 높은 곳에 들리게 할 생각이 있다면, 오늘과 같은 이런 금식을 해서는 안 된다. '이것이 어찌 내가 기뻐하는 금식이겠느냐? 이것이 어찌 사람이 통회하며 괴로워하는 날이 되겠느냐?' 머리를 갈대처럼 숙이고 굵은 베와 재를 깔고 앉는다고 해서 어찌 이것을 금식이라고 하겠으며, 주님께서 너희를 기쁘게 반기실 날이라고 할 수 있겠느냐? '내가 기뻐하는 금식은, 부당한 결박을 풀어 주는 것, 멍에의 줄을 끌러 주는 것, 압제받는 사람을 놓아 주는 것, 모든 멍에를 꺾어 버리는 것, 바로 이런 것들이 아니냐?' 또한 굶주린 사람에게 너의 먹거리를 나누어 주는 것, 떠도는 불쌍한 사람을 집에 맞아들이는 것이 아니겠느냐? 헐벗은 사람을 보았을 때에 그에게 옷을 입혀 주는 것, 너의 골육을 피하여 숨지 않는 것이 아니겠느냐? 그리하면 네 빛이 새벽 햇살처럼 비칠 것이며, 네 상처가 빨리 나을 것이다. 네 의를 드러내실 분이 네 앞에 가실 것이며, 주님의 영광이 네 뒤에서 호위할 것이다. 그때에 네가 주님을 부르면 주님께서 응답하실 것이다. 네가 부

르짖을 때에, 주님께서 '내가 여기에 있다' 하고 대답하실 것이다." ^{이사야} 58장 4절~9절

이스라엘 민족은 전쟁 같은 재난이 닥쳤을 때 금식을 선포하고 하나님 앞에 엎드렸다. 이런 전통은 신약 시대에도 이어졌다. 요한의 제자들이 예수에게 왜 당신과 제자들은 우리와 바리새인들처럼 금식을 하지 않느냐고 따져 물을 정도였다. 금식기도에 대한 예수의 가르침은 이전의 종교 지도자들이 해오던 금식기도와는 전혀 다른 파격적인 것이었다.

"금식할 때에 너희는 외식하는 자들과 같이 슬픈 기색을 보이지 말라. 그들은 금식하는 것을 사람에게 보이려고 얼굴을 흉하게 하느니라. 내가 진실로 너희에게 이르노니 그들은 자기 상을 이미 받았느니라. 너는 금식할 때에 머리에 기름을 바르고 얼굴을 씻으라. 이는 금식하는 자로 사람에게 보이지 않고 오직 은밀한 중에 계신 네 아버지께 보이게 하려 함이라. 은밀한 중에 보시는 네 아버지께서 갚으시리라." ^{마태복음 6장 16절~18} 절 개역개정

미국의 복음 전도자인 마릴린 히키는 자신의 책 『금식기도의 능력』에서 이렇게 말했다.

"정기적으로 금식기도를 하면서 성경을 읽으면 영적 안목이 열려 더 많은 진리를 깨달을 수 있다. 또한 사탄의 공격을 이겨낼 수 있는 능력을 준다. 사탄이 나를 넘어뜨리려고 준비한 함정에 걸려들지 않는 이유는 바로 정기적인 금식기도를 통해 미리 여러 가지 함정을 식별할 수 있는 능력을

갖추었기 때문이다."

예수가 공생애를 앞두고 광야에서 40일 동안이나 식음을 전폐한 채 목숨을 걸고 금식기도에 몰두했던 것은 바로 이런 이유에서였다.

식욕은 인간의 가장 치명적인 약점

|

최초의 인류인 아담과 하와가 죄를 짓고 에덴동산에서 쫓겨나게 된 것은 사탄의 유혹 때문이었다. 사탄이 이들을 넘어뜨릴 때 사용한 방법은 식탐을 자극하는 것이었다. 달콤한 식탐의 유혹 앞에서 이들은 여지없이 무너지고 말았다. 아담과 하와는 배가 고파서 선악과를 따먹은 게 아니었다. 어느 날 문득 사탄의 말을 듣고 바라다 본 선악과가 이전과 달리 먹음직도 하고 보암직도 하고 지혜롭게 할 만큼 탐스럽기도 했던 까닭이었다. 인류의 조상은 하나님과 같아지려는 욕망, 보다 자극적인 것을 추구하려는 탐심을 결코 이겨내지 못했다.

인류의 구원자로 오신 예수를 넘어뜨리기 위해 사탄이 꺼내든 첫 번째 시험 역시 식탐을 자극하는 것이었다. 육신을 가진 인간의 가장 치명적인 약점이 바로 이 부분임을 사탄은 잘 알고 있었다. 사탄이 먹을 것을 가지고 접근했을 당시 하와는 허기를 먼저 해결해야 하는 상태가 아니었기 때문에 보다 품격 있는 명예와 교만의 욕망을 덧씌워 그녀를 유혹했지만 예수의 경우에는 광야에서 무려 40일 동안이나 굶주린 상태였기 때문에 자신의 능력을 이용해 당장 허기진 배부터 채워야 한다는 식의 원초적 자극으로 유혹을 시작했다.

사탄이 예수에게 다가가 속삭였다.

"네가 하나님의 아들이거든, 이 돌들에게 빵이 되라고 말해 보아라."

그토록 배가 고프면 참지만 말고 돌멩이를 빵으로 만들어 먹으라는 말이었다. 언뜻 들으면 예수를 위해서 하는 말 같고, 그를 챙겨 주는 태도인 것 같으나 이 시험에는 전제가 있었다. 당신이 정말 하나님의 아들이거든 그렇게 하라는 것이었다. 예수의 정체성과 능력을 의심하도록 건드리며, 온 인류를 위해 인간으로 세상에 오신 예수에게 자신의 육신을 위해 하나님의 초자연적 능력을 맨 먼저 사용해 보라는 달콤한 미끼를 던진 것이다.

예수는 사탄에게 말했다.

"성경에 기록하기를 '사람이 빵으로만 살 것이 아니라, 하나님의 입에서 나오는 모든 말씀으로 살 것이다' 하였다."

신명기 8장 3절 말씀을 인용한 것이다. 이스라엘 백성들이 광야에서 먹고 마실 게 없어 주리기도 하고 만나를 통해 허기진 배를 채우기도 한 것은 인간의 생명은 육신의 양식인 빵과 영의 양식인 말씀을 골고루 먹어야만 유지될 수 있는 것임을 알려 주시기 위한 연단이었다. 예수는 육신의 양식인 빵을 요구하는 사탄에게 영의 양식인 말씀의 중요성을 강조함으로써 생명의 본질을 일깨워 준 것이다. 사탄은 예수가 아담과 달리 말씀으로 이를 물리치자 그를 거룩한 성으로 데려다가 성전 꼭대기에 세우고 말했다.

"네가 하나님의 아들이거든, 여기에서 뛰어내려 보아라. 성경에 기록하기를 '하나님이 너를 위하여 자기 천사들에게 명하실 것이다' 그리고 '그들이 손으로 너를 떠받쳐서, 너의 발이 돌에 부딪치지 않게 할 것이다' 하였다."

식욕을 자극한 일이 수포로 돌아가자 이번에는 허영심을 자극해서 명예욕이 일도록 부추긴 것이다. 그러면서 사탄도 예수처럼 성경을 인용했다. 시편 91편 11절과 12절이었다. 예수는 이를 가볍게 일축했다.

"또 성경에 기록하기를 '주 너의 하나님을 시험하지 말아라' 하였다."

사탄이 어설프게 성경을 인용하며 유혹하자 신명기 6장 16절 말씀으로 되받아친 것이다. 사탄은 세 번째 시험장으로 장소를 옮겼다. 예수를 매우 높은 산으로 데리고 가서, 세상의 모든 나라와 그 영광을 보여주며 사탄이 말했다.

"네가 나에게 엎드려서 절을 하면, 이 모든 것을 네게 주겠다."

식욕과 명예욕을 자극한 일에 연거푸 실패한 사탄은 마지막으로 권력욕을 자극하였다. 먹고살 만하면 명예와 권력의 유혹 앞에 무기력해지는 게 인간이다. 하지만 예수는 달랐다.

"사탄아, 물러가라. 성경에 기록하기를 '주 너의 하나님께 경배하고, 그분만을 섬겨라' 하였다."

신명기 6장 13절 말씀을 통해 천하만국에 경배 받으실 분은 여호와 하나님 한 분 뿐임을 천명하신 것이다. 예수는 세 번에 걸친 사탄의 시험 앞에서 모두 신명기 말씀을 인용해 이를 물리치셨다. 신명기의 히브리어 제목은 '데바림', 즉 '말씀들'이다. 하나님과 이스라엘 백성들 사이에 맺었던 언약을 모세의 고별 설교를 통해 다시 한 번 확인하는 말씀들로 구성되어 있다. 따라서 예수와 그 제자들은 구약성경 중에 신명기를 가장 많이 인용했던 것이다. 이로써 사탄의 모든 시험은 다 실패로 끝나고 말았다.

예수는 죄로 인해 죽을 수밖에 없는 인류를 대신해 죽으심으로 새 생명을 주기 위해 세상에 오셨다. 그는 굶주린 인간들에게 자신의 몸을 생명의 빵으로 나눠 주기 위해 오신 분이다. 그런 그가 공생애를 앞두고 처음으로 겪은 시련과 연단이 금식이었다. 빵으로 오신 예수는 인간의 처절한 굶주림을 직접 체험하는 것으로 공생애를 시작한 것이다. 온 인류의 양식으로 오신 예수를 향해 먼저 자신의 허기진 배를 채우기 위해 빵을 만들어 먹으라는 것이 사탄의 첫 번째 시험이었다는 사실은 참으로 많은 것을 생각하게 하는 대목이다.

아담과 예수 모두 육신을 가진 사람이었다. 그들은 사탄으로부터 인간의 가장 치명적 약점인 식욕을 자극하는 유혹을 받았다. 그러나 아담은 넘어졌고 예수는 이를 물리쳤다. 아담은 죽음을 불러들였고 예수는 생명을 선물로 주었다. 아담 이후 인류는 죽음의 빵을 씹어야 했고 예수 부활 이후 인류는 생명의 빵을 공급받을 수 있었다. 사도 바울은 3차 전도여행 중에 로마에 있는 그리스도인들에게 보낸 편지에서 이를 이렇게 설명하였다.

"그러므로 한 사람으로 말미암아 죄가 세상에 들어왔고, 또 그 죄로 말미암아 죽음이 들어온 것과 같이, 모든 사람이 죄를 지었기 때문에 죽음이 모든 사람에게 이르게 되었습니다. 율법이 있기 전에도 죄가 세상에 있었으나, 율법이 없을 때에는 죄가 죄로 여겨지지 않았습니다. 그러나 아담 시대로부터 모세 시대에 이르기까지는 아담의 범죄와 같은 죄를 짓지 않은 사람들까지도 죽음의 지배를 받았습니다. 아담은 장차 오실 분의 모형이었습니다. 그러나 하나님께서 은혜를 베푸실 때에 생긴 일은, 아담 한 사람이 범죄 했을 때에 생긴 일과 같지 않습니다. 한 사람의 범죄로 많은 사람이 죽었으나, 하나님의 은혜와 예수 그리스도 한 사람의 은혜로 말미암은 선물은, 많은 사람에게 더욱더 넘쳐나게 되었습니다. 또한, 하나님께서 주시는 선물은 한 사람의 범죄의 결과와 같지 않습니다. 한 범죄에서는 심판이 뒤따라와서 유죄 판결이 내려졌습니다마는, 많은 범죄에서는 은혜가 뒤따라와서 무죄 선언이 내려졌습니다. 아담 한 사람의 범죄 때문에 그 한 사람으로 말미암아 죽음이 왕 노릇하게 되었다면, 넘치는 은혜와 의의 선물을 받는 사람들은, 예수 그리스도 한 분으로 말미암아, 생명 안에서 왕 노릇하게 되리라는 것은 더욱더 확실합니다. 그러니 한 사람의 범죄 행위 때문에 모든 사람이 유죄판결을 받았는데, 이제는 한 사람의 의로운 행위 때문에 모든 사람이 의롭다는 인정을 받아서 생명을 얻게 되었습니다. 한 사람이 순종하지 않음으로 말미암아 많은 사람이 죄인으로 판정을 받았는데, 이제는 한 사람이 순종함으로 말미암아 많은 사람이 의인으로 판정을 받을 것입니다." 로마서 5장 12절~19절

후안 데 플란데스(1465~1519, 벨기에), 〈광야의 유혹〉,
목판에 유채, 21×15.5cm, 워싱턴 국립미술관, 워싱턴 D.C.

이 그림은 예수 그리스도가 공생애를 시작하기 전 광야에서 홀로
40일 동안 금식 기도를 한 다음 사탄에게 시험을 받는 장면이다.
첫 번째 유혹은 돌을 빵으로 만들라는 것이었다. 주릴 대로 주린
예수에게는 가장 치명적이면서도 달콤한 유혹이었다. 주목할 것
은 사탄의 모습이다. 수도자의 복장을 한 그는 오른손으로 묵주를
만지면서 왼손으로 돌멩이를 들어 예수 앞에 들이밀고 있다. 사탄
의 유혹은 이처럼 언제나 가까운 곳에서 자연스럽게 다가온다는
것을 암시해 준다. 자세히 보면 오른쪽 성전 위와 왼쪽 절벽 끝에
예수와 악마가 나란히 서 있는 광경이 보인다. 두 번째와 세 번째
로 이어진 사탄의 유혹을 표현한 것이다.

29
제자들의 먹고사는 문제를
먼저 해결해 주신 예수님

먹고사는 일의 한없는 처절함과 숭고함

지난 2008년 초여름 「크로싱」이라는 영화가 개봉되어 호평을 받은 일이 있다. 북한 주민들의 실상을 다룬 영화였는데, 흔히 선입견을 갖기 쉬운 '대한뉴스' 스타일의 반공 영화가 아니라 인간의 실존을 휴머니즘에 입각해 조명함으로써 깊은 감동을 자아낸 수작이었다.

북한 함경도에 있는 어느 탄광마을에 아버지 용수, 어머니 용화 그리고 열한 살 먹은 아들 준이, 이렇게 세 식구가 살고 있었다. 어려운 삶이었지만 끈끈한 가족애로 나름 행복한 생활을 이어가던 이들에게 어두운 그림자가 드리운다. 갑자기 용화가 쓰러진 것이다. 그녀의 병명은 폐결핵이었다. 간단한 감기약조차 구할 수 없는 북한 형편에서 폐결핵은 죽음의 병이었다. 고민 끝에 용수는 중국으로 탈출할 것을 결심한다. 생사를 넘나드는 위험을 무릅쓰고 중국에 도착한 용수는 벌목장에서 일하며 돈을 모으지만 불법 현장이 발각되면서 모든 돈을 잃고 경찰에 쫓기는 신세가 된다. 용수가 떠나고 나서 약 두 달 뒤 병세가 악화된 용화는 결국 세상을 등지고 만다.

홀로 남겨진 준이는 무작정 아버지를 찾아 떠난다. 우여곡절 끝에 마침내 한국에 도착한 용수는 브로커를 통해 준이의 행방을 알게 되고, 헤어졌던 아버지와 아들의 극적인 만남이 시도되지만 이들의 간절한 바람과 달리 엇갈림을 반복하다가 재회를 이루지 못한 채 아들 준이는 몽골의 사막에서 쓸쓸히 죽음을 맞기에 이른다.

스크린 속의 주인공들이 같은 하늘 아래 하나의 언어를 쓰며 살아가는 한 민족이라는 사실에 시종일관 눈시울이 붉어지고 가슴이 먹먹했다. 특히나 내 심금을 울렸던 건 나중에 아내가 죽었다는 사실을 알게 된 아버지 용수 역을 맡은 배우 차인표의 울부짖음이었다.

"예수는 우리 모두를 구하러 세상에 오셨다고 했지요? 그런데 왜 잘사는 남쪽에만 계시고, 북에는 계시지 않는 겁니까? 왜 남쪽 사람들만 구하고 북쪽 사람들은 구하러 가지 않는 겁니까? 북에는 굶어 죽는 사람들 천지인데, 왜 예수는 남쪽만 잘살게 해주고, 북쪽은 그렇게 놔두는 겁니까?"

나를 향한 질문은 아니었지만 나는 그의 참혹한 외침 앞에 아무런 대꾸도 할 수 없었다. 열한 살 된 아들 준이 역을 맡은 아역 배우 신명철의 가녀린 호소도 귓가를 울렸다.

"내가 돈 벌어 가지 않으면 우리 가족은 다 굶어 죽습니다. 제발 살려 주십시오!"

먹고산다는 건 이처럼 처절하면서도 숭고하고 거룩한 일이다. 이 세상 모든 어머니들은 기실 하루 삼시세끼 자식들 입에 따뜻하고 맛있는 밥 한 술 떠 넣어 주는 일을 하기 위해 살아가는 존재들이며, 이 세상 모든 아버지들은 자신에게 딸린 식솔들의 허기진 배를 채워주기 위해 온갖 모욕과 수고와 인내를 감수하며 무거운 짐을 짊어진 채 고행 같은 인생길을 뚜벅뚜벅 걸어가는 존재들이다. 이들에게는 삼엄한 경비가 펼쳐진 국경선도, 언제 들이닥칠지 모르는 죽음의 공포도, 끝을 알 수 없는 모진 시련과 수모도 결코 두려움의 대상이 아니다. 먹는 행위와 사는 행위는 떨어지려야 떨어질 수 없는, 생존이라는 동전의 앞뒷면과 같은 것이다. 그렇기에 먹고사는 일은 세상 그 어떤 것보다 본질적이고 아름다운 일이다.

차인표가 잘사는 남쪽이라고 표현했던, 예수께서 일방적 사랑을 쏟아 붓는다며 불평했던 그 남쪽도 사실은 얼마 전까지 보릿고개라는 숙명의 언덕을 넘어야만 했다. 어머니와 딸의 미묘한 심리 묘사를 탁월한 감각으로 처리한 신경숙 작가의 소설 『엄마를 부탁해』에는 그 시절을 눈물겹게 살아낸 칠순의 어머니 박순녀의 독백이 처연하게 독자들 가슴을 울린다.

"그래도 니들이 자랄 때가 좋았어야. 머리에 수건을 고쳐 쓸 틈조차 없었어도 니들이 밥상머리에 둘러앉아 숟가락 부딪치며 밥 먹고 있는 거 보믄 세상에 부러울 게 뭐 있냐 싶었재. 다들 소탈했어야. 호박된장 하나 끓여줘도 맛나게들 먹고, 어찌다 비린 것 좀 쪄주면 얼굴들이 환해져서는……. 저녁밥 지을라고 양석 꺼내려고 광에 들어갔는디 쌀독 바닥에 바가지가 닿을 때면 아이구 내 새끼들 낼 아침밥은 어쩐디야, 가슴이 철렁 내려앉던 시절이니 부엌일이 싫고 자시고도 없었고나. 큰솥 가득 밥을 짓고 그 옆의 작은 솥 가득 국 끓일 수 있음 그거 하느라 힘들단 생각보다는 이거 내 새끼들 입속으로 다 들어가겠구나 싶어 든든했지야. 니들은 지금 상상도 안 될 것이다마는 그르케 양석이 떨어질까 봐 노심초사하던 시절이 우리 시절이네. 다들 그러고 살았다. 먹고사는 일이 젤 중했어."

지금으로부터 약 2천 년 전 유다와 사마리아 등지에 흩어져 살던 평범한 백성들의 삶도 이와 별반 다르지 않았다. 그들 또한 늘 먹고사는 게 힘들었고, 먹고사는 일이 관건이었다.

예수가 성장하고 활동할 당시 이스라엘은 로마의 식민 지배 하에서 헤롯 대왕의 세 아들인 아켈라오와 헤롯 빌립과 헤롯 안디바에 의해 통치되고 있었다. 헤롯 Herod 은 이두매 에돔 출신으로 팔레스타인과 인접 지역을 통치했던 헤롯 가문에 속한 자들을 일컫는다. 헤롯 가문은 헤롯 안티파테르 1세에 의해 창시되었다. 그는 기원전 1세기 초 하스몬 왕조의 알렉산드로스 얀나에우스에 의해 이두매의 장군으로 등용되었고, 그 아들 안티파테르 2세가 뒤를 이었다. 율리우스 카이사르는 기원전 47년 안티파테르 2세를 유대의 행정장관으로 임명해 유대 지경을 다스리게 했다. 그는 큰아들 파사엘에게는 예루살렘을 다스리도록 했고, 후에 헤롯 대왕으로 불리는 작은아들 헤롯에게는 갈릴리 총독을 맡겨 통치 기반을 다졌다.

예수가 태어나던 해에 세상을 떠난 헤롯 대왕은 기원전 37년 유대인의 왕이 되어 기원선 23년을 진후로 다윗 왕구에 버금가는 넓이의 영토를 다스리게 되었다. 그는 자신의 견제 세력이었던 입법과 사법을 총괄하는 최고 정책 의결 기구인 산헤드린 공회에게서 권력을 빼앗아 의회 기능만을 유지하게 했고, 대제사장도 단순히 종교적 기능만 행사하도록 제한했으며, 스스로 대제사장 임면권을 가지기도 했다. 그는 각종 건축 사업에 진력했는데, 지중해 연안의 작은 항구 도시를 크게 재건하여 로마 황제 가이사 아구스도 Caesar Augustus 에게 경의를 표하며 도시 이름을 '가이사랴'로 명명했고, 유대인들의 환심을 사기 위해 예루살렘 성전 건축 공사를 벌이기도 했다. 그는 유대인의 왕이면서도 이방인이라는 자신의 정체성에 대해 큰 한계를 느꼈으며, 이를 극복하고자 조금만 의심스러운 일을 벌이면 아내고 자식이고 가릴 것 없이 살해하는 잔인함을 드러냈다. 뿐만 아니라 유대인의 왕인 예수가 탄생한다는 소식을 접하고 위협을 느껴 베들레헴에 있는 어린아이들을 살육하는 잔혹성을 보였다.

그의 사후에 아켈라오 Herod Archelaus 는 유대와 사마리아와 이두매를 다스리는 분봉왕이 되었고, 헤롯 안디바 Herod Antipas 는 갈릴리와 베레아의 분봉왕이 되었다. 그는 첫 번째 아내와 이혼한 후 이복형제인 빌립의 아내이자 자신의 조카인 헤로디아와 결혼했으며, 이를 비판하던 세례 요한을 살해했다. 예수께서 여우라고 부를 정도로 교활하고 술수에 능한 사람이었다. 로마 총독 빌라도에게 재판을 받고 넘겨진 예수를 심문한 것도 그였고, 예수를 희롱한 다음 빌라도에게 다시 넘겨준 것도 그였다. 그는 아버지를 본받아 로마 황제 티베리우스 Tiberius Claudius Nero 에 대한 존경의 표시로 갈릴리 해안에 '디베랴'라는 도시를 건설했고, 갈릴리 바다를 '디베랴 바다'로 명명하기도 했다. 헤롯 대왕의 또 다른 아들 헤롯 빌립 2세 Herod Philip II 는 바타네아와 드라고닛, 가우라닛, 얌니아 지역의 분봉왕이 되었는데, 헤롯의 아들 가운데 유일하게 백성들로부터 존경을 받으면서 37년 간 영토를 평화롭게 다스렸다. 그 또한 생전에 '가이사랴 빌립보'를 비롯한 수많은 도시를 건축하였다.

백성들은 로마의 압제에 시달리면서 동시에 유대의 왕으로 군림하며 온갖 악행을 저지르던 헤롯 왕가의 폭정에 신음해야 했다. 매일매일 사는 게 고통의 연속이었던 그들에게 유일한 희망이 있다면 그것은 구약성경에 예언된 대로 하루빨리 메시야가 강림하는 것이었다.

그물이 찢어지도록 잡힌 물고기들

|

예수는 갈릴리 지방 나사렛이라는 동네에서 살았다. 갈릴리는 사마리아나 유대 지방에 비해 경제적으로 어려운 사람들이 모여 살던 고장으로 갈릴리 호수를 끼고 있는 팔레스타인 북부 산지였다. 가나안을 정복한 후 납달리 지파에게 주어진 땅이지만 다수의 원주민들이 살고 있었기에 이방인과의 사이에서 혼혈들이 생겨났고, 언어도 여러 방언을 사용하게 되었다. 기원전 169년 셀류코스 왕조의 안티오쿠스 4세가 모진 박해를 가할 때 레위 지파와 유다 지파에 속한 많은 사람들이 이곳으로 모여들었다. 그 뒤 세포리스는 저항 세력인 열심당의 아지트가 되었고, 로마 군대와 갈릴리 분봉왕 그리고 예루살렘 사두개파 등은 늘 갈릴리 사람들을 감시했으며, 정통 유대인들은 이들을 이방인으로 취급하면서 무시하기 일쑤였다.

나사렛은 갈릴리 호수에서 남서쪽으로 24킬로미터 떨어진 지점에 위치한 작은 성읍이다. 기후가 온화하고 강수량도 적당해 올리브와 삼나무 등 식물이 잘 자라며, 고원 지대라 경관이 아름다운 마을이다. 예수의 모친 마리아가 가브리엘 천사로부터 수태 고지를 받은 곳이며, 마리아와 요셉이 헤롯 임금의 유아 대학살을 피해 이집트로 피난하기 전 살던 곳이기도 하다. 요셉은 여기서 목수로 일하며 생계를 꾸려 나갔다. 농기구를 만들거나 집을 건축하는 일을 하던 목수는 사회적으로 신분이 낮은 계층에 속했다. 예수는 자신의 공생애가 시작되기 전 세상을 떠난 것으로 추정되는 아버지 요셉을 따라다니며 목수 일을 거들며 살았다. 출신 성분은 물론 현실에 있어서도 예수는 철저하게 가난하고 소외된 빈민층 사람이었다.

그래서 사람들은 예수를 '나사렛 예수'라고 불렀다. 그들이 예수를 굳이 나사렛 예수라 부른 것은 예수를 메시야로 인정하지 않고 도리어 경멸과 멸시의 대상으로 본다는 의미였다.

예수의 제자인 빌립이 나다나엘을 만났을 때 그는 환희에 찬 표정으로 이렇게 말했다.

"모세가 율법책에 기록하였고, 또 예언자들이 기록한 그분을 우리가 만났습니다. 그분은 나사렛 출신으로, 요셉의 아들 예수입니다."

그러자 나다나엘은 왜 이리 호들갑을 떠느냐는 듯 시큰둥한 반응을 보였다.

"나사렛에서 무슨 선한 것이 나올 수 있겠소?" 요한복음 1장 46절

나다나엘은 훗날 예수의 제자가 되는 바돌로매의 다른 이름으로 여겨진다. 그의 이같은 대답은 그 무렵 유대인들이 가지고 있던 보편적인 생각이었다. 가난한 사람들이 모여 사는 알려지지 않은 작은 마을 나사렛에서 어떻게 위대한 메시야가 나올 수 있느냐는 것이었다. 그러나 역설적으로 예수가 나사렛 사람이라 불린 것은 메시야는 예루살렘에 있는 특정 유대인들만을 위해 오신 게 아니라 사마리아와 갈릴리와 땅 끝에 있는 모든 이방인들을 위해 오신 거라는 사실을 보다 명확하게 드러낸 것이다. 예수가 나사렛 사람으로 불림으로써 그를 세상의 가장 낮은 자리로 보내 온 인류를 구원하고자 하는 하나님의 뜻이 성취되었다.

어느 날 예수께서 게네사렛 호숫가에 서 계셨다. 게네사렛 호수는 갈릴

리 호수의 다른 이름이다. 갈릴리 호수는 바다가 아니라 민물 호수로 게네사렛, 긴네롯, 디베랴 등 여러 가지 이름으로 불렸다. 수면은 바다보다 210미터나 낮고, 남북으로 길이가 21킬로미터, 폭은 12킬로미터에 달했다. 어족이 풍부하고 깨끗해서 어부들이 물고기를 잡아 가족들을 건사했다. 북쪽 헤르몬 산에서 불어오는 차고 건조한 바람과 남쪽 아라바에서 불어오는 뜨거운 바람이 만나 기상 변화가 심했기 때문에 광풍이 자주 일어 어부들에게 큰 위험을 안겨주기도 했다.

사람들이 예수께 모여들어 하나님의 말씀을 듣고 있었다. 이미 예수의 명성이 자자하던 때였다. 예수께서 호숫가를 둘러보니 배 두 척이 정박해 있었다. 호수에서 물고기를 잡아 막 돌아온 배였다. 어부들이 배에서 내려 그물을 씻는 중이었다. 그런데 그물에는 물고기가 보이지 않았다. 빈 그물이었던 것이다. 고기잡이에 나섰으나 빈 그물로 돌아온 어부들의 어깨는 축 쳐져 있었다. 예수는 그중 한 배 위에 올라가셨다. 베드로의 배였다. 예수께서 베드로에게 배를 뭍에서 조금 떼어 놓으라고 하신 다음 배 위에 앉아 사람들에게 계속해서 하나님의 말씀을 들려주었다. 처참한 어획량에 낙담한 어부들로서는 분통이 터질만한 일이었다. 그때 예수께서 갑자기 말씀을 중단하고 베드로를 바라보며 이야기하셨다.

"저기 깊은 데로 나가 그물을 내려 한 번 더 고기를 잡아 보시지요."

베드로는 어안이 벙벙했다. 갈릴리 호수에서 물고기 잡는 일은 자신이 평생 해온 일로 언제 어디에 어떻게 그물을 내려야 고기를 많이 잡을 수 있을지는 자기보다 더 잘 아는 사람이 없을 정도였다. 그런데 생전 처음 보는 사람이, 그것도 고기 잡는 일에 관한 한 문외한인 목수 출신의 젊은이가 자신에게 고기 잡는 법을 가르쳐주다니 기가 막힐 노릇이었다.

"선생님, 우리가 밤새도록 애를 썼으나, 아무것도 잡지 못했습니다. 그러나 선생님의 말씀을 따라 그물을 내리겠습니다." 누가복음 5장 5절

    프로페셔널 어부들이 밤새도록 그물질을 했지만 물고기를 한 마리도 잡지 못했는데, 아마추어 성경 선생이 말한 대로 한다고 물고기를 잡게 되리라 믿은 사람은 아무도 없었다. 물고기는 낮에 깊은 바다에 가라앉아 있다가 어두워지면 먹이를 찾아 올라오기에 그물질은 밤에 하는 게 상식이었다. 낮에 깊은 물에 그물을 던지는 건 참으로 어리석은 일이었다. 그렇지만 많은 사람들이 따르는 선생이니 체면을 생각해서 그저 한 번 시늉이나 해 본 것이다. 그런데 곧이어 기적 같은 일이 벌어졌다. 베드로와 어부들이 예수께서 알려준 대로 깊은 데로 나가 그물을 내렸더니 그물이 찢어질 정도로 수많은 고기 떼가 걸려든 것이다. 마치 씨가 말라 버린 듯 보였던 물고기들이 어디서 그렇게 모여들었는지 알 수 없는 노릇이었다.
    "이봐, 그물이 전부 찢어지게 생겼어! 다들 이리 와서 우릴 좀 도와줘야 되겠어!"
    베드로는 다른 배에 있던 동료들에게 손짓을 하며 도와달라고 요청했다. 그러자 동료 어부들이 베드로의 배로 모여들었다. 과연 그물이 찢어질 듯 엄청난 양의 물고기들이 배를 가득 채우고 있었다. 다른 배에도 물고기를 실었다. 두 배 모두 물고기 때문에 배가 가라앉을 지경이 되었다. 만선도 보통 만선이 아니었다. 어부 생활 수십 년 만에 처음 겪는 일이었다. 배가 뭍에 닿자 베드로는 예수께 달려가 무릎 앞에 엎드려서 말했다.

"주님, 나에게서 떠나 주십시오. 나는 죄인입니다." 누가복음 5장 8절

예수와 베드로가 사제지간이 되는 역사적 만남이다. 여기서 몇 가지 생각해 볼 있다.

첫째, 왜 베드로는 생면부지인 예수의 말씀에 묵묵히 순종해 지친 몸을 이끌고 다시 배를 띄워 깊은 데로 가서 그물을 내렸을까 하는 점이다. 사복음서 모두 예수와 베드로의 만남에 대해 기록하고 있는데, 얼핏 보면 하나같이 첫 만남 직후 곧바로 제자가 된 것처럼 보인다. 그러나 누가가 쓴 복음서에는 갈릴리 호수에서 예수와 베드로가 만나기 전에 이미 두 사람은 서로 몇 번 만나 알고 있던 사이인 것으로 되어 있다. 이때가 초면이 아니었던 것이다.

"예수께서 회당을 떠나서, 시몬의 집으로 들어가셨다. 그런데 시몬의 장모가 심한 열병으로 앓고 있어서, 사람들이 그 여자를 두고 예수께 청하였다. 예수께서 그 여자에게 다가서서 굽어보시고, 열병을 꾸짖으셨다. 그러자 열병이 물러가고, 그 여자는 곧 일어나서 그들에게 시중을 들었다." 누가복음 4장 38절~39절

요한복음을 제외한 나머지 복음시에는 예수께서 심한 열병을 앓고 있던 베드로의 장모를 고쳐준 사건이 기록되어 있다. 하지만 사건이 일어난 시간에 대한 기록이 다르다. 마태복음과 마가복음에는 베드로가 먼저 예수의 제자로 부름 받은 이후 장모가 치유된 걸로 나오는 데 반해 누가복음에는 장모가 치유된 이후 갈릴리 호수에서 예수와 베드로가 다시 만난 걸로 나온다. 복음서가 기록된 시기는 마가복음, 마태복음, 누가복음, 요한복음 순으로 보는 것이 일반적이다. 마가와 마태는 초대교회의 강력한 지도자였던

수제자 베드로와 예수님의 만남을 제일 중요한 공적인 사건으로 봤으며 베드로의 장모를 치유한 일은 다음에 다루어도 좋은 사적인 사건으로 본 듯하다. 요한 역시 예수와 베드로의 만남을 비중 있게 다루고 있지만 장모 치유에 관한 사건은 아예 언급조차 하지 않았다. 사도가 아니었던 누가는 가장 먼저 기록된 마가복음과 사도인 마태가 쓴 마태복음을 참조하며 누가복음을 써내려갔음에도 불구하고 두 책과 달리 베드로의 장모 치유 사건을 갈릴리 호수에서 두 사람이 만난 사건보다 앞서 벌어진 일로 기록했다. 사복음서 저자 중 누가가 가장 공부를 많이 한 사람이라는 점, 그가 복음서를 쓸 때 수많은 자료와 증언을 토대로 사건들을 추적해 연대기적으로 기록했다는 점 등을 두루 고려했을 때 누가복음의 기록이 더 신빙성이 높다는 추론이 가능하다.

누가의 관점에 따르면 예수는 광야에서 사탄의 시험을 이긴 후 성령의 능력을 입고 갈릴리로 돌아와 유대 여러 회당에서 하나님의 말씀을 가르치셨다. 예수를 나사렛 목수의 아들로만 알고 있던 사람들은 그의 놀라운 지식과 폐부를 찌르는 말씀의 권위에 깜짝 놀랐다. 그러나 고향 나사렛 사람들은 그를 배척했다. 가버나움으로 옮겨 간 예수는 거기서 하나님의 말씀을 가르치면서 귀신을 내쫓은 다음 시몬의 집을 방문해 장모의 병을 고쳐줬던 것이다. 베드로의 이름이 제자가 되기 이전 이름인 시몬으로 기록된 걸로 봐서 정식으로 제자가 되기 전에 벌어진 일임을 알 수 있다.

이때 베드로는 자신의 집에서 예수를 만났으리라 여겨진다. 장모의 병을 꾸짖어 낫게 하시는 모습을 보고 범상치 않은 인물임을 직감했을 것이다. 사도 요한은 베드로가 동생 안드레를 통해 그전에 예수를 만난 적이 있다고 기록했다.

"요한의 말을 듣고 예수를 따라간 두 사람 가운데 한 사람은, 시몬 베드로와 형제간인 안드레였다. 이 사람은 먼저 자기 형 시몬을 만나서 말하였다. '우리가 메시아를 만났소.' '메시아'는 '그리스도'라는 말이다. 그런 다음에 시몬을 예수께로 데리고 왔다. 예수께서 그를 보시고 말씀하셨다. '너는 요한의 아들 시몬이로구나. 앞으로는 너를 게바라고 부르겠다.' '게바'는 '베드로' 곧 '바위'라는 말이다. " 요한복음 1장 40절~42절

안드레는 세례 요한의 제자였다. 어느 날 그는 다른 제자와 함께 스승과 이야기를 나누고 있었다. 그때 예수께서 지나가는 걸 보고 세례 요한이 "보아라, 하나님의 어린 양이다." 라고 말했다. 안드레와 다른 제자는 당대 최고의 선지자였던 스승이 하나님의 어린 양이라고 말하는 예수를 무작정 따라갔다. 그들은 예수의 가르침을 받고 이야기를 나누는 동안 그가 바로 스승의 말처럼 하나님이 보내신 메시야라는 사실을 깨닫게 되었다. 기쁨에 찬 안드레는 형 시몬을 데리고 가서 예수께 인사를 시켜드렸다. 그 자리에서 예수는 시몬에게 당시 공용어인 아람어로 '게바'라는 새 이름을 지어주었다. 본래 그의 히브리 식 이름은 시므온이었고, 시므온의 헬라 식 이름은 시몬이었으며, 새 이름 게바의 헬라 식 이름이 베드로였다.

하지만 베드로는 그날 바로 예수의 제자가 되지 않았다. 새 이름까지 받았지만 그에게는 아내와 자식에 장모까지 딸린 식솔들이 즐비했기에 모든 것을 버려두고 예수를 쫓을 수가 없었던 것이다. 그는 여전히 갈릴리 호수로 돌아와 어부로서의 삶을 이어갔다. 얼마 후 예수가 다시 그의 집을 찾아와 장모의 병까지 고쳐주었지만 그는 여전히 자신의 삶의 자리를 박차고 떠날 수가 없었다. 자신의 생계 수단과 터전을 다 버려두고 훌쩍 떠난다는

것, 먹고사는 문제를 초월해 새로운 가치를 향해 홀연히 일어선다는 것은 그만큼 어려운 일이다.

이런 배경을 이해한 뒤 갈릴리 호수로 눈길을 돌리면 예수와 베드로의 관계가 좀 더 선명하게 이해된다. 밤새도록 그물질을 했지만 물고기 한 마리 잡지 못한 채 처량하게 돌아와 그물을 씻고 있던 베드로는 군중들에게 말씀을 전하고 있던 예수를 다시 만났다. 이때까지 두 사람은 최소한 두 차례 이상 만났으니 익히 아는 사이였다. 그러니까 예수는 자연스럽게 베드로의 배에 올라간 것이고, 배를 뭍에서 조금 떼어 놓으라고 말할 수 있었던 것이다. 예수는 이미 가버나움에서 다수의 병자들을 고쳐주었기 때문에 그에 관한 소문이 인근 지역에 널리 퍼져 있었다. 따라서 그가 가는 곳에는 언제나 사람들이 인산인해로 모여들었다.

육신의 양식을 넘어
영의 양식을 추구하게 된 제자들

두 번째로 생각해 볼 것은 예수께서 왜 베드로와 어부들에게 그물이 찢어질 정도로 물고기가 잡히는 놀라운 은혜를 베풀어 주셨을까 하는 점이다. 예수의 직계 열두 제자, 즉 사도 apostle, 使徒 중에 갈릴리 어부 출신은 모두 네 명이다. 예수는 이들에게 많은 애정을 가지고 있었고, 이들을 제자로 삼기 위해 노력하셨다. 특히 베드로에게는 각별한 신경을 쓰셨다. 만나자마자 이름을 지어주셨고, 직접 집을 방문해 장모의 병을 고쳐주었으며, 갈릴리 호수로 나가 그의 배 위에 오르셨다. 그가 갈릴리 호수에서 물고기만 잡으며 인생을 보낼 사람이 아니라 나와 함께 더 큰일을 할 수 있는 인물이라는 걸 은연중에 암시하신 것이다.

그러나 베드로는 요지부동이었다. 다른 제자들과 달리 그는 유부남이었으며 가족들의 먹고사는 문제를 책임지는 가장이었다. 진리도 좋고, 메시야도 좋지만 그에게 더 중요한 것은 식구들의 생계였던 것이다. 어떤 주석가들은 그의 장모가 걸린 병이 화병이었다고 주장하기도 한다. 가난한 사람들이 사는 갈릴리에서도 어부들은 고정수입이 없으니 더 가난했다. 그런 가난뱅이 어부에게 딸을 시집보낸 어미의 심사가 좋을 리 없었다. 엎친 데 덮친 격으로 장인이 세상을 떠나자 베드로는 장모를 모시고 살게 되었다. 아들도 친척도 없으니 딸에게 얹혀살 수밖에 없었을 것이다. 장모는 딸과 사위 사이에서 본의 아니게 눈칫밥을 먹고사느라 속앓이를 했다. 그런데다 요즘 들어 물고기도 잘 안 잡혀 살림살이가 더 빠듯해졌는데, 사위 형제는 밥벌이보다 세례 요한이나 예수라는 이상한 사람들을 만나고 다니니 속이 터져 화병으로 자리에 눕게 되었다는 설명이다. 그만큼 그는 경제적으로 어려운 처지였다. 예수는 이 문제의 심각성과 중요성을 잘 알고 있었다. 목수 아버지 요셉의 고단한 삶과 제자가 될 어부 베드로의 힘겨운 삶을 보며 가장이 짊어진 어깨의 무게를 절감한 것이다.

내가 알기로 작가 김훈은 그 누구보다 오랫동안 그리고 진지하게 밥에 대해 고민하고 성찰해 온 사람이다. 그는 자신의 에세이집 『밥벌이의 지겨움』에서 밥에 관해 이렇게 썼다.

"전기밥통 속에서 밥이 익어가는 그 평화롭고 비린 향기에 나는 한평생 목이 메었다. 이 비애가 가족들을 한 울타리 안으로 불러 모으고 사람들을 거리로 내몰아 밥을 벌게 한다. 밥에는 대책이 없다. 한두 끼를 먹어서 되는 일이 아니라, 죽는 날까지 때가 되면 반드시 먹어야 한다. 이것이 밥이다. 이것이 진저리나는 밥이라는 것이다. 밥벌이도 힘들지만, 벌어놓은 밥을 넘기기도 그에 못지않게 힘들다. 술이 덜 깬 아침에, 골은 깨어지고 속은 뒤집히는데, 다시 거리로 나아가기 위해 김나는 밥을 마주하고 있으면 밥의 슬픔은 절정을 이룬다. 이것을 넘겨야 다시 이것을 벌 수가 있는데, 속이 쓰려서 이것을 넘길 수가 없다. 이것을 벌기 위하여 이것을 넘길 수가 없도록 몸을 부려야 한다면 대체 나는 왜 이것을 이토록 필사적으로 벌어야 하는가. 그러니 이것을 어찌하면 좋은가. 대책이 없는 것이다."

그래서일까. 세상에 존재하는 온갖 진귀한 산해진미는 다 먹어보고, 먹고사는 일로는 단 한 차례도 근심걱정이라는 걸 해본 적이 없었던 솔로몬은 말년에 이렇게 고백한 바 있다.

"사람의 수고는 다 자기의 입을 위함이나 그 식욕은 채울 수 없느니라." 전도서 6장 7절, 개역개정

이런 인식의 바탕 위에서 오랜 세월 베드로를 짓눌러 왔던 먹고사는 문제를 단번에 해결해 주신 게 바로 갈릴리 호수에서 벌어진 만선의 기적이었다. 그것은 과학과 이성과 경험의 세계를 뛰어넘는 초자연적인 현상이었다. 단 한 번의 그물질로 배 두 척이 가라앉을 만큼 많은 물고기를 잡았다면 이제 베드로는 지긋지긋한 가난에서 벗어날 수 있었다. 예수로부터 비법을 전수받아 매일 그만큼씩 물고기를 잡는다면 가족들의 생계 해결은 물론 부자도 될 수 있었다. 예수를 만난 건 그에게 일생 일대의 행운이었다. 이 광경을 목격한 안드레와 세베대의 아들들인 야고보와 요한 그리고 주변에 있던 많은 사람들이 다 같이 깜짝 놀랐다.

그런데 이상하게 시간이 지나면서 놀라움과 신기함은 두려움과 죄책감으로 바뀌기 시작했다. 여기서 세 번째 질문이 제기된다. 왜 베드로는 만선의 기쁨도 뒤로 한 채 곧장 예수께 달려가 자신에게서 떠나 달라고 애원한 것일까 하는 의문이다. 베드로는 인간이라면 평생을 짊어지고 가야 할 먹고사는 문제, 가난을 유산으로 물려받은 갈릴리 어부이자 한 집안의 가장으로서 숙명처럼 끌어안고 갈 수밖에 없는 생계에 대한 책임을 이렇게 쉽게 단 한 순간에 해결해 주실 수 있는 분이야 말로 동생 안드레가 이야기했던 메시야가 틀림없다고 생각한 것이다. 예수는 그가 지금까지 만났던 수많은 사람들과는 근본적으로 다른 사람이라는 걸 깨달았다. 그는 나 같은 죄인과는 어울릴 수 없는 신적인 존재였다. 그는 꿇어 엎드렸다.

　"주님, 나에게서 떠나 주십시오. 나는 죄인입니다."

　베드로의 호칭이 바뀌어 있었다. 이전에 그는 예수를 선생님이라고 불렀다. 그런데 이 순간 그는 예수를 주님이라고 불렀다. 선생님을 뜻하는 헬라어는 '디다스칼레' 혹은 '에피스타타'였다. 전자는 통상적인 존칭이었고, 후자는 특별한 관계를 나타내는 극존칭이었다. 베드로는 예수를 에피스타타라고 불렀다. 그의 명성은 익히 알고 있었고, 자신의 장모를 말씀으로 고쳐주신 걸 목격했기 때문이었다. 예수는 그저 존경스러운 스승 정도의 인물이었다. 하지만 '퀴리에 ^{주님}'라는 호칭은 달랐다. 히브리인들이 하나님을 부를 때 쓰는 '야훼'의 헬라 식 표현이 바로 퀴리에였다. 베드로가 예수를 주님, 즉 하나님이라고 부른 것이다. 선생님 앞에서 베드로는 보잘 것 없는 가난뱅이 어부였지만 하나님 앞에서 베드로는 죽을 수밖에 없는 죄인이었다. 그래서 그는 예수의 발아래 엎드려 나를 떠나 달라 애원한 것이다.

　이로써 최소한 세 번의 만남 끝에 베드로는 예수를 메시야로 인정했고,

예수의 제자가 되기로 결심했다. 더 이상 먹고사는 문제가 자신의 발목을 잡는 아킬레스건이 될 수 없었다.

"두려워하지 마십시오. 이제부터 당신은 사람을 낚게 될 것입니다."

예수께서 베드로에게 이렇게 말씀하셨다. 이후 베드로와 안드레 형제와 야고보와 요한 형제는 모든 걸 버려두고 예수를 따라갔다. 이 부분을 마태 복음에서는 이렇게 기록하고 있다.

"예수께서 갈릴리 바닷가를 걸어가시다가, 두 형제, 베드로라는 시몬과 그와 형제간인 안드레가 그물을 던지고 있는 것을 보셨다. 그들은 어부였다. 예수께서 그들에게 말씀하셨다. '나를 따라오너라. 나는 너희를 사람을 낚는 어부로 삼겠다.' 그들은 곧 그물을 버리고 예수를 따라갔다. 거기에서 조금 더 가시다가, 예수께서 다른 두 형제 곧 세베대의 아들 야고보와 그의 동생 요한을 보셨다. 그들은 아버지 세베대와 함께 배에서 그물을 깁고 있었다. 예수께서 그들을 부르셨다. 그들은 곧 배와 자기들의 아버지를 놓아두고, 예수를 따라갔다." 마태복음 4장 18절~22절

네 사람의 어부들은 모든 것을 버려두고 예수를 따라갔다. 그물도, 배도, 집도, 아버지도, 어머니도, 아내도, 자식도, 장모도 모두 내버려두고 오직 예수만 바라보고 쫓아갔다. 모든 소유와 관계를 미련 없이 내던진 것이다. 이전에 자신들이 짊어졌던 근심과 걱정과 염려와 수많은 삶의 질곡을 전부 벗어던진 것이다. 그들은 비로소 완전한 무소유의 삶을 시작했다. 예수께서 이처럼 가진 것 없고 배우지 못한 갈릴리 어부들을 제자로 부르신 이유는 그들이야 말로 고아와 과부와 가난한 사람들처럼 위로와 치유가 필요한

사람들이었기 때문이다.

"그러므로 이와 같이, 너희 가운데서 누구라도, 자기 소유를 다 버리지 않으면, 내 제자가 될 수 없다." 누가복음 14장 33절

훗날 예수는 자신을 따르는 많은 사람들에게 이렇게 가르쳤다. 자기 소유를 다 버리는 제자로서의 삶, 그것은 결코 안락하고 평안하며 순탄한 삶이 아니었다. 독일의 신학자이자 목사로 히틀러 암살 계획에 가담했다 체포되어 1945년에 처형된 본회퍼는 이런 말을 남겼다.

"그리스도가 한 사람을 부르실 때는 와서 죽으라고 말씀하시는 것이다."

라파엘로 산치오(1483~1520, 이탈리아),
〈고기잡이 기적〉, 캔버스 위에 부착한 종이에
목탄 드로잉과 채색, 360×400cm,
빅토리아 앤드 앨버트 박물관, 런던

자유분방하게 살다 37세에 요절한 천재 화가답지 않게 성경의 내용을 따라 정색을 하고 진지하게 그려낸 작품이다. 배 두 척에 물고기가 가득하다. 왼쪽 배에는 예수가 앉아 있고 무릎을 꿇은 베드로가 뭔가를 애절하게 호소하고 있다. 안드레의 표정에도 놀라움과 두려움이 배어 있다. 오른쪽 배에 탄 세베대와 두 아들 야고보, 요한은 온 힘을 다해 그물을 끌어올리느라 정신이 없다. 하늘을 나는 갈까마귀는 죄악과 배반을 상징하며, 먹이를 먹는 두루미는 충성과 교황의 권위를 상징한다. 화가는 그물 속에 뱀장어, 칠성장어, 넙치 등도 그려 넣었다. 생명과 부활을 의미하는 물고기는 초대교회에서 그리스도에 대한 상징으로 쓰였다.

너희를 맞아들이는 사람은

나를 맞아들이는 것이요,

나를 맞아들이는 사람은

나를 보내신 분을 맞아들이는 것이다.

예언자를 예언자로 맞아들이는 사람은,

예언자가 받을 상을 받을 것이요,

의인을 의인이라고 해서 맞아들이는 사람은,

의인이 받을 상을 받을 것이다.

내가 진정으로 너희에게 말한다.

이 작은 사람들 가운데 하나에게,

내 제자라고 해서 냉수 한 그릇이라도 주는 사람은,

절대로 자기가 받을 상을 잃지 않을 것이다.

마태복음 10장 40절~42절

30
갈릴리 가나 혼인 잔치를
흥겹게 하시다

갈릴리 가나 그리고 제자들

미국 작가 데이비드 그레고리의 베스트셀러 소설 『예수와 함께한 저녁식사』는 가족들의 원성에도 불구하고 하루 열두 시간 넘게 일에 몰두하며 자신의 꿈과 삶의 목적마저 잊은 채 살아가는 평범한 샐러리맨 닉 코민스키에게 어느 날 뜬금없이 날아 든 초대장 한 통으로부터 이야기가 시작된다.

'나사렛 예수와의 만찬에 당신을 초대합니다.'

초대장에는 이런 황당무계한 내용이 적혀 있었다. 닉은 틀림없이 회사 동료들이 꾸민 술자리일 거라 생각하고 약속 장소로 나가 자칭 나사렛 예수라는 남자와 함께 식탁에 앉는다. 이후 두 사람 사이에 한 치의 양보도 없는 설전이 벌어진다.

그런데 본격적으로 식사가 시작되기 전 다음과 같은 장면이 등장한다.

웨이터가 와인 병을 가지고 나타나 병을 열고 코르크 마개를 내 앞에 내려놓았다.

"향이 좋군요."

웨이터는 내 와인 잔에 조금 따르더니 맛을 보라고 내밀었다.

"아주 좋네요."

그는 나와 건너편 남자의 잔에 와인을 가득 따르고는 병을 내려놓았다. 나는 와인 잔을 집어 들었다.

"이 와인을 물로 바꿀 수 있나요?"

닉 코민스키는 예수와 와인을 보면서 가나 혼인 잔치를 떠올린 것이다. 내 앞에 앉은 사람이 진짜 예수라면 2천 년 전 물을 와인으로 만들었던 것처럼 지금 내 눈앞에 있는 와인을 다시 물로 만들어보라는 것이었다.

이렇듯 예수하면 맨 먼저 떠오르는 그의 이적이 물을 포도주로 만든 가나 혼인 잔치이며, 포도주를 보면 가장 먼저 생각나는 장면 역시 가나 혼인 잔치에서 물을 포도주로 변화시킨 예수의 이적이다. 이는 예수께서 공생애를 시작하고 나서 요한에게 세례를 받으신 뒤 광야로 나가 40일 동안 목숨을 건 금식기도를 하신 후 사탄의 세 자례 시험을 모두 물리친 다음 사람들과 제자들 앞에서 행하신 첫 번째 표적이었다. 그렇다면 예수는 왜 가나 혼인 잔치에 가신 걸까? 예수는 왜 앉은뱅이를 일으킨다든가, 죽은 사람을 살린다든가, 소경의 눈을 뜨게 하는 등의 여러 가지 눈에 띄는 기적을 제쳐두고 하필이면 물을 포도주로 만드는 일을 맨 먼저 행하셨을까? 가나 혼인 잔치에서 예수께서 베푼 기적의 참 뜻과 진정한 의미는 무엇일까?

가나는 헬라어로 '갈대'라는 뜻으로 나사렛에서 북동쪽으로 약 6킬로미터 지점에 위치한 작은 마을이다. 오늘날의 '케프르 켄나'로 추정되는 이곳에는 1881년 프란치스코 사람들이 건축한 가나혼인교회와 1566년 그리스 정교회가 건립한 예배당이 세워져 있다. 예수께서 가나의 혼인 잔치에 가신 것은 빌립에 이어 그의 제자가 된 가나 사람 나다나엘의 초청 때문인 것으로 전해진다. 요한복음 2장 1절에 나오는 '사흘째 되던 날'이란 요한이 예수를 세 번째 만난 날로 첫 번째 날은 세례를 받으시던 예수를 만난 날이었고, 두 번째 날은 안드레와 함께 예수를 따라갔던 날이었으며, 세 번째 날은 가나에서 혼인 잔치가 있던 날이었다.

물과 포도주와 피

이스라엘 사람들이 친척과 친구들을 위해 베푸는 혼인 잔치는 적게는 1주일에서 많게는 30일 동안이나 계속되었다. 잔치에 참석한 모든 손님은 예복을 입어야 했으며, 피로연은 연회장宴會長 이 주관하는 게 관례였다. 연회장은 잔치의 모든 준비와 진행을 관장하는 하인들의 우두머리로 피로연이 이어지는 동안 사람들 사이를 돌아다니며 뭐가 모자란 게 없나 살펴보는 것이 할 일이었다. 연회장은 하인들에게 필요한 지시를 내리기도 하고, 감사를 표하기도 하며, 정해진 시간에 축복을 내리기도 했다. 잔치에서 종교 의식은 행해지지 않았다. 대신 친척과 친구들의 축사가 있었는데, 구약 시대에 룻과 보아스의 혼인을 축사로 축복한 것이 이에 해당하는 좋은 예이다.

가나의 한 집에서 벌어진 혼인 잔치에는 예수와 어머니 마리아, 그리고 제자들이 함께 있었다. 전승에 따르면 신부가 예수의 가까운 친척이었다고도 한다. 남자들은 유대인의 식사 예절에 따라 바닥에 깐 매트에 비스듬히 앉아 푸짐한 음식과 포도주를 마시며 음악에 따라 춤도 추었다. 관례에 따라 여자들은 뒤쪽에 따로 모여 잔치를 즐기고 있었다. 잔칫상에는 여느 때처럼 구운 양과 채소와 빵, 그리고 많은 양의 포도주가 준비되어 있었을 것이다. 그런데 한창 잔치가 이어지는 중에 그만 포도주가 떨어지고 말았다. 피로연에 포도주가 없으면 잔치는 파장이었다. 흥겨운 경삿날 분위기에 찬물을 끼얹는 일이었다.

낭패가 아닐 수 없었다. 가장 당황한 건 혼인 잔치를 베푼 신랑과 신랑의 부모들이었겠지만 피로연을 책임진 연회장의 입장도 참으로 곤란하게 되었을 것이다. 이 중 누군가가 이 사실을 예수의 어머니 마리아에게 알렸고, 마리아는 이 소식을 예수께 알렸다. 뭘 어떻게 해달라는 게 아니라 그냥 포도주가 다 떨어져 버렸다는 사실 자체만을 이야기했을 뿐이다.

"여자여, 그것이 나와 당신에게 무슨 상관이 있습니까? 아직도 내 때가 오지 않았습니다." 요한복음 2장 4절

어머니 마리아를 향한 예수의 대답이었다. '여자여'란 헬라어로 '귀나이'라는 말로써 당시 부인에게 쓰던 가장 높은 존칭어였다. 결코 버릇없이 어머니를 폄훼해서 한 말이 아니라 매우 정중하고 예의 바른 표현이었던 것이다. 이 구절은 공동번역 성경은 이렇게 번역했다.

"어머니, 그것이 저에게 무슨 상관이 있다고 그러십니까? 아직 제 때가 오지 않았습니다."

이 말을 아주 쉽게 풀어서 쓰면 이렇게 이해할 수 있을 것이다.

"어머니, 이 잔칫집에 포도주가 떨어진 건 안타까운 일이지만 제가 상관할 일도 아니고 나설 일도 아니라고 생각합니다. 제가 세상에 온 것은 하나님의 영적 사명을 완수하기 위해 메시야로 온 것이기 때문에 그 사명과 전혀 무관한 이런 일에는 관여하고 싶지 않습니다."

그럼에도 불구하고 마리아는 하인들에게 이렇게 일러두었다.

"무엇이든지, 그가 시키는 대로 하세요."

마리아는 어떻게든 곤란한 상황에 빠진 이 잔칫집을 도와주고 싶은 마음과 공생애를 막 시작한 예수의 사명 완수 사이에서 중립적 위치를 지키며 예수의 처분만을 기다린 것이다. 그러나 예수는 메시야인 동시에 마리아의 아들이었다. 어머니의 안타까운 마음을 끝까지 외면할 수만은 없었다. 결국 어머니의 마음도 풀어드리면서 곤경에 처한 잔칫집의 문제도 해결해 주신 것이다. 그것은 떨어진 포도주를 새로 공급해 주면 되는 일이었다. 마침 거기에는 돌로 된 항아리 여섯 개가 놓여 있었다. 정결 예식 때 사용하는 물을 담아두는 항아리였다. 예수께서 하인들에게 일러 항아리에 물을 채우도록 했고, 하인들은 시키는 대로 아귀까지 물을 가득 채웠다.

"이제 항아리의 물을 떠서 연회장에게 갖다 주십시오."

예수의 말대로 하인들은 연회장에게 항아리에 담긴 물을 떠다 주었다. 연회장은 하인들이 가져온 포도주를 마신 다음 화들짝 놀라며 신랑을 불러서 말했다.

"누구든지 좋은 포도주는 먼저 내놓고 손님들이 취한 다음에 덜 좋은 것을 내놓는 법인데 이 좋은 포도주가 아직까지 있으니 웬일이오!" 요한복음 2장 10절, 공동번역 연회장은 포도주가 다 떨어진 줄 알았는데, 그게 아니라 다른 잔칫집과 달리 신랑이 준비성이 있어 맨 나중에 가장 좋은 포도주를 내오려고 따로 감춰두었던 거라고 생각한 것이다. 예수께서는 물을 포도주로 변화시켜 주셨을 뿐만 아니라 포도주의 맛 또한 이제껏 맛보지 못했던 최상급의 것으로 바꾸어 주셨다. NIV 영어 성경에는 잔칫집에서 먼저 내오는 포도주를 'choice wine', 즉 고급 와인으로, 사람들이 더 마시기 힘들 정도로 취한 다음 나중에 내오는 포도주를 'cheaper wine', 즉 값싼 와인으로, 예수께서 물로 만들어 내온 새 포도주를 'the best', 즉 최고급 와인으로 표현하였다. 그러니 연회장이 깜짝 놀라지 않을 수 없었다. 물이 포도주로 변한 것, 그리고 직접 마셔본 결과 그 맛이 너무 좋았던 것에 놀라움을 금치 못한 것은 연회장과 하객들만이 아니었다. 가장 놀란 것은 제자들이었다. 그들은 비로소 예수께서 하나님의 아들, 즉 메시야라는 사실을 실감했던 것이다.

"예수께서 이 첫 표적을 갈릴리 가나에서 행하여 그의 영광을 나타내시매 제자들이 그를 믿으니라." 요한복음 2장 11절, 개역개정

혼인 잔치의 주인공은 신랑 신부가 아닌 하인들

와인의 어원은 라틴어 비눔 Vinum, 포도를 발효시킨 것 에서 왔으며, 프랑스어로는 뱅 Vin, 이탈리아어로는 비노 Vino, 독일어로는 바인 Wein 이라고 한다. 기원전 4000~3500년에 사용된 와인을 담은 항아리가 메소포타미아 유역의 그루지아 지역에서 발견되었고, 기원전 3500년쯤에 사용된 포도 재배와 와인 제조법이 새겨진 유물이 이집트에서 출토된 바 있다. 그리스인들은 와

인의 양조를 익혀 무역을 하였고, 술의 신인 디오니소스에게 와인을 바쳤다. 로마시대에 와서 식민지로 지배하던 유럽 전역과 영국의 일부, 지중해 연안에 포도밭을 만들고 와인 기술을 전수했으며, 이것이 현재 유럽의 포도주 생산 기반이 되었다 해도 과언이 아니다.

제국이 멸망한 후 와인 제조 기술은 로마 가톨릭 교회와 수도원을 중심으로 보급되었으며, 백년전쟁과 프랑스 혁명 등을 거치면서 포도 경작 지역과 와인 산업 시스템에 많은 변화를 가져왔다. 16세기 이후에는 신대륙을 중심으로 아메리카 대륙과 호주, 칠레 등지에서도 많은 와인을 생산하고 있다. 우리나라는 포도양조를 이용한 처방이 조선 중엽부터 전해져왔으며, 중국 원나라 세조가 사위인 고려 충렬왕에게 포도주를 하사했다는 기록이 남아 있다. 조선시대에는 구한말 기독교 선교사들이 포도나무를 재배하고 포도주를 들여왔다고 알려져 있고, 천주교를 통해 와인 양조가 본격적으로 시작된 것으로 전해진다.

프랑스의 작가이자 철학자인 장 그르니에는 그의 책 『일상적인 삶』에서 이렇게 말했다.

"아가프 초기 기독교의 회식 가 구약 시대의 기름 붓기 의식의 뒤를 이었으며, 그 아가프를 포도주가 있는 성찬식이 완성하였다. 오래전에 벌써 노아가 포도로 인간을 새롭게 하였으며, 이 세상에 잃어 버렸던 젊음을 되돌려주었다. 그리고 예수는 자신을 제물로 바침으로써 인간에게 새 생명을 주었다. 그의 피가 마치 포도 압착기에서처럼 신비의 압착기에서 흘러나왔던 것이다. …… 거의 모든 곳에서 포도주에 대한 사랑은 인간에 대한 신의 사랑 그리고 신에 대한 인간의 사랑을 의미한다."

하나님은 물로 세상을 심판하신 후에 노아에게 포도주를 선물로 주셨다.

예수 그리스도 또한 물로 포도주를 만들어 사람들에게 먹이신 일을 지상에서의 첫 번째 표적으로 행하셨다. 포도주는 피를 상징한다. 노아가 포도주를 마실 수 있었던 건 육식을 하게 된 뒤부터다. 짐승을 잡아 피를 흘린 후 하나님께 제사를 드린 다음 그 고기를 먹었는데, 이때 피는 절대로 먹을 수가 없었다. 피는 생명이기 때문이다. 대신 포도주를 마셨다. 예수께서 공생애 첫 번째로 행하신 기적이 물을 포도주로 만들어 사람들에게 마시도록 한 거라는 사실은 장차 십자가에서 흘리실 보혈의 피와 구속의 역사를 미리 보여주신 거라고 할 수 있다.

평범한 물이 변하여 예전에는 전혀 맛보지 못했던 최상의 포도주가 된 기적은 그리스도교가 유대교 보다 더 새롭고 중요한 가르침을 준다는 상징을 담고 있다. 이 사실을 알게 된 많은 사람들은 더 이상 그를 나사렛에 사는 가난한 목수의 아들로만 여기지 않고 그들이 오랫동안 기다려온 메시야 혹은 범상치 않은 선지자로 생각하게 되었다. 사도 요한은 예수께서 행하신 초자연적인 이런 기적을 헬라어 '세메이온', 즉 표적이라는 말로 기록하고 있는데, 이는 그리스도가 하나님의 아들이며 메시야라는 사실을 확실하게 증거하기 위해서였다.

그렇다면 가나 혼인 잔치의 진정한 주인공은 누구였을까? 신랑 신부였을까? 마리아였을까? 예수 그리스도였을까? 아니다. 이 잔치의 실질적 주인공은 다름 아닌 하인들이었다. 가나 혼인 잔치에서 우리가 꼭 알아두어야 할 교훈은 순종이다. 말씀에 대한 온전한 순종은 기적을 만든다. 잔치를 베푼 신랑 신부도, 초청을 받아 피로연에 참석한 하객들도, 잔치를 책임진 연회장도 어떻게 물이 변하여 포도주가 됐는지 사건의 실체를 정확히 알지 못했다. 그저 잔치를 즐기며 가져온 포도주를 마시면서 흥에 겨울 뿐이었다. 말씀에 순종한 여인은 마리아였으며, 말씀으로 기적을 일으킨 분은 예수 그리스도였다.

그러나 이 모든 일을 가능케 한 건 하인들이었다. 그들은 빈 항아리에 물을 부으라는 예수의 말씀에 순종하여 물을 아귀까지 가득 채웠다. 지금 필요한 건 포도주지 물이 아니라는 걸 누구보다 잘 알고 있는 그들이었지만 묵묵히 순종한 것이다. 항아리에 든 물을 떠서 연회장에게 갖다 주라는 예수의 말씀에도 군말 없이 순종하였다. 연회장이 맛을 보고 그것이 맹물인 줄 알면 주인을 희롱한 죄로 매를 맞고 쫓겨날지도 모를 일이었다. 그렇지만 그들은 예수께서 시키시는 대로 다 행하였다. 그 결과 맹물이 변해 최상의 포도주가 되는 기적이 일어난 것이다. 그날 순종의 비밀을 온전히 알고 있던 사람들은 이 하인들 뿐이었다.

예수께서 사람으로 이 땅에 오신 것은 세상을 심판하고 벌을 주시기 위함이 아니라 생명을 살리고 영생을 얻게 하며 구원을 주시기 위함이었다. 모든 사람이 일렬로 예수 앞에 도열해서 바들바들 떨며 목을 조아리는 장면은 예수께서 원하시는 장면이 아니었다. 모두가 흥에 겨워 즐겁게 잔치를 벌이는 것이 예수 그리스도께서 세상에 오신 목적에 가장 잘 어울리는 장면이다. 그렇기 때문에 예수 그리스도는 기회가 있을 때마다 천국을 혼인 잔치에 비유하시곤 했던 것이다. 가나 혼인 잔치의 표적은 오병이어의 기적과 함께 최후의 만찬을 시사하는 것으로 해석되어 14세기 무렵부터 미술의 소재로 자주 등장하게 되었다.

두초 디 부오닌세냐(1255~1318, 이탈리아),
⟨가나의 혼인 잔치⟩, 목판에 템페라,
47.6×50.1cm, 오페라 델 두오모 박물관,
시에나

부드럽고 신비스러운 화풍의 시에나 화파 창시자인 두초는 중세 이탈리아 화단을 대표하는 거장이다.
이 작품은 1311년에 완성된 이탈리아 시에나 대성당의 중앙 제단화인 '마에스타' 가운데 하나로 가나
의 혼인 잔치에서 일어난 기적을 표현한 것이다. 중앙에는 소박한 잔칫상에 둘러앉아 흥겹게 음식을
나누는 사람들이 보이고, 왼쪽에는 마리아가 예수께 포도주가 떨어졌다고 말하는 모습이 눈에 들어온
다. 아래쪽에는 하인들이 돌로 된 항아리에 물을 붓는 장면과 연회장이 포도주로 바뀐 물을 잔에 따르
는 광경이 차례로 그려져 있다. 두초의 친필 사인이 들어가 있는 유일한 그림으로 그에게 커다란 명성
을 가져다준 작품이다.

그들에게 비유를 하나 말씀하셨다.

"어떤 부자가 밭에서 많은 소출을 거두었다.

그래서 그는 속으로 '내 소출을 쌓아둘 곳이 없으니, 어떻게 할까?'

하고 궁리하였다. 그는 혼자 말하였다.

'이렇게 해야겠다. 내 곳간을 헐고서 더 크게 짓고,

내 곡식과 물건들을 다 거기에다가 쌓아 두겠다.

그리고 내 영혼에게 말하겠다.

영혼아, 여러 해 동안 쓸 많은 물건을 쌓아 두었으니,

너는 마음 놓고, 먹고 마시고 즐겨라.'

그러나 하나님께서 말씀하셨다.

'어리석은 사람아, 오늘밤에 네 영혼을 네게서 도로 찾을 것이다.

그러면 네가 장만한 것들이 누구의 것이 되겠느냐?'

자기를 위해서는 재물을 쌓아 두면서도,

하나님께 대하여는 부요하지 못한 사람은 이와 같다."

누가복음 12장 16절~21절

31
주님이 가르쳐
주신 기도

산상수훈과 주기도문

|

"예수께서 무리를 보시고 산에 올라가 앉으시니 제자들이 나아온지라. 입을 열어 가르쳐 이르시되……"

이렇게 시작되는 예수의 설교는 마태복음 5장부터 7장까지 이어지고 있다. 이를 사람들은 '산상수훈山上垂訓'이라고 부른다. 이 산상수훈은 천국의 비밀과 인간의 윤리에 대한 예수의 가르침이 잘 드러나 있다는 점에서 지금까지 모든 그리스도인의 신앙과 삶의 지침이 되고 있다. 성경 속의 성경으로 일컬어지는 산상수훈은 여덟 가지 복 있는 사람에 대한 설교를 시작으로 그리스도인의 사회적 의무와 자선행위, 기도, 금식, 이웃 사랑, 그리고 참된 신앙생활의 내면적 본질에 관한 가르침으로 이어지는데, 유대인들의 옛 율법 전통과는 극명하게 대조되는 내용이어서 무리들이 그의 가르치심에 놀랐다고 기록되어 있다.

성경에는 산상수훈이 행해진 산이 어디에 있는 어떤 산인지에 대해 전혀 언급하지 않았지만 후세의 사람들은 전통적으로 갈릴리 호수 북쪽 타브가와 가버나움 사이에 있는 한 야산이었을 것으로 추정하고 있다. 현재 팔레스타인 북부 갈릴리 호수 북쪽에 있는 산상수훈 언덕에는 1937년에 세워진 팔복을 상징하는 팔각형의 돔 구조로 건축된 팔복교회와 프란체스코수도회의 수녀원이 자리하고 있다.

주기도문으로 알려진 주님이 가르쳐 주신 기도는 바로 이 산상수훈 설교 내용 가운데 들어 있다. 기도에 관한 설교를 하면서 잘못된 기도 습관과 태도에 대해 신랄하게 지적한 다음 직접 이렇게 기도하라고 모범 기도문을 가르쳐 주신 것이다. 이것이 오늘날 전 세계 모든 그리스도인이 공통적으로 외우고 있는 주기도문이다.

"그러므로 너희는 이렇게 기도하라. 하늘에 계신 우리 아버지여 이름이 거룩히 여김을 받으시오며 나라가 임하시오며 뜻이 하늘에서 이루어진 것 같이 땅에서도 이루어지이다. 오늘 우리에게 일용할 양식을 주시옵고 우리가 우리에게 죄 지은 자를 사하여 준 것 같이 우리 죄를 사하여 주시옵고 우리를 시험에 들게 하지 마시옵고 다만 악에서 구하시옵소서 나라와 권세와 영광이 아버지께 영원히 있사옵나이다. 아멘. " 마태복음 6장 9절~13절, 개역개정

새번역 성경에서는 같은 성경 구절을 이렇게 번역하였다.

"그러므로 너희는 이렇게 기도하여라. 하늘에 계신 우리 아버지, 그 이름을 거룩하게 하여 주시며, 그 나라를 오게 하여 주시며, 그 뜻을 하늘에서 이루심 같이, 땅에서도 이루어 주십시오. 오늘 우리에게 필요한 양식을 내려 주시고, 우리가 우리에게 죄 지은 사람을 용서하여 준 것 같이 우리의 죄를 용서하여 주시고, 우리를 시험에 들지 않게 하시고, 악에서 구하여 주십시오. 나라와 권세와 영광은 영원히 아버지의 것입니다. 아멘."

공동번역 성경에서는 다음과 같이 번역하였다.

"그러므로 이렇게 기도하여라. 하늘에 계신 우리 아버지, 온 세상이 아버지를 하느님으로 받들게 하시며 아버지의 나라가 오게 하시며 아버지의 뜻이 하늘에서와 같이 땅에서도 이루어지게 하소서. 오늘 우리에게 필요한 양식을 주시고 우리가 우리에게 잘못한 이를 용서하듯이 우리의 잘못을 용서하시고 우리를 유혹에 빠지지 않게 하시고 악에서 구하소서. 나라와 권세와 영광이 영원토록 아버지의 것입니다. 아멘."

작은 글자로 된 송영 구절은 고대 사본에는 나오지 않는 내용이지만 후대에 첨가되어 초대교회 때부터 사용되어 왔다. NIV 영어 성경에는 이 부분이 생략되어 있으나 KJV 영어 성경에는 정확하게 기록되어 있다. 한국 가톨릭교회에서 1997년 이후 사용하고 있는 주기도문은 아래와 같다.

"하늘에 계신 우리 아버지, 아버지의 이름이 거룩히 빛나시며, 아버지의 나라가 오시며, 아버지의 뜻이 하늘에서와 같이 땅에서도 이루어지소서. 오늘 저희에게 일용할 양식을 주시고, 저희에게 잘못한 이를 저희가 용서하오니 저희 죄를 용서하시고, 저희를 유혹에 빠지지 않게 하시고, 악에서 구하소서."

마태복음에 나오는 주님께서 가르쳐 주신 기도는 누가복음에도 다시 등장한다.

"예수께서 한 곳에서 기도하시고 마치시매 제자 중 하나가 여짜오되 주여 요한이 자기 제자들에게 기도를 가르친 것과 같이 우리에게도 가르쳐 주옵소서. 예수께서 이르시되 너희는 기도할 때에 이렇게 하라. 아버지여 이름이 거룩히 여김을 받으시오며 나라가 임하시오며 우리에게 날마다 일용할 양식을 주시옵고 우리가 우리에게 죄 지은 모든 사람을 용서하오니 우리 죄도 사하여 주시옵고 우리를 시험에 들게 하지 마시옵소서 하라." 누가복음 11장 1절~4절, 개역개정

누가가 기록한 주님께서 가르쳐 주신 기도는 마태가 기록한 것보다 훨씬 더 간략하다. 그것은 동일한 시간, 동일한 장소에서 말씀하신 내용이 아니기 때문이다. 마태복음의 기도문은 산상수훈 중에 많은 사람들 앞에서 가르쳐 주신 것이고, 누가복음의 기도문은 예루살렘 여행 중에 한 제자의 질문에 답하면서 동행하던 제자들에게 반복해서 가르쳐 주신 것이다.

오늘 우리에게 일용할 양식을 주시옵고

|

주님이 가르쳐 주신 기도는 크게 두 부분으로 나눠진다. 먼저 하나님의 나라와 뜻이 이루어지도록 구하는 기도를 한 다음 나약한 피조물인 인간을 보살펴 주실 것을 구하는 기도가 이어진다. 하나님을 위한 기도는 "하늘에 계신 우리 아버지여"로 시작된다. 이는 기도의 대상을 분명히 한 것이다. 우리가 드리는 기도의 대상, 우리가 섬기는 신앙의 대상은 오직 하나님 한 분 뿐이다. 그 하나님은 우리 모두의 인격적인 아버지가 되신다. 남성성과 여성성을 포괄하는, 다시 말해 모성애와 부성애를 동시에 가지고 계신 하나님 아버지라는 말이다. 하늘에 계시다는 것은 하늘이라는 한정된 공간 속에만 거하신다는 뜻이 아니라 온 우주 공간 어느 곳에든 초월적으로 존재하는 분이라는 뜻이다.

"이름이 거룩히 여김을 받으시오며"는 온 세상이 하나님 아버지의 이름을 거룩하게 받들게 해달라는 뜻인데, 하나님의 이름을 거룩히 여기는 행위는 하나님을 믿고 따르는 자들이 하나님을 신실히 경외하고 하나님께서 거룩하심 같이 자신의 삶과 행위를 성령의 능력으로 거룩하게 함으로써만이 가능한 것이다. "나라가 임하시오며"는 하나님이 통치하시는 하나님의 나라가 이 땅 위에도 이루어지기를 간구하는 기도다. "뜻이 하늘에서 이루어진 것 같이 땅에서도 이루어지이다"라는 기도는 하나님의 뜻에 의해 모든 것이 운행되는 천국에서와 같이 이 땅에서도 하나님의 뜻에 의해 모든 것이 운행되게 해달라는 기도다. 즉 욕망으로 가득 찬 인간의 뜻이 이루어지는 세상이 아니라 오직 하나님의 뜻에 의해 하나님의 뜻대로 움직여지는 세상이 되게 해달라는 기도인 것이다.

주님이 가르쳐 주신 기도의 후반부, 즉 인간을 위한 기도의 첫 번째 단락은 "오늘 우리에게 일용할 양식을 주시옵고"이다. 예수께서 피조물인 인간에게 그들 자신을 위해 기도할 것을 가르치신 내용 중에 가장 먼저 등장하는 것이 일용할 양식을 구하는 기도라는 사실은 참으로 많은 것을 생각하게 하는 대목이다. 이 구절을 NIV 영어 성경에서는 "Give us today our daily bread"라고 표현하였고, KJV 영어 성경에서는 "Give us this day our daily bread."라고 표현하였다. 'daily bread'란 나날의 양식, 하루하루 먹을 양식, 생계, 매일의 생활비 등을 의미한다. 양식으로 번역된 헬라어 '아르토스'는 빵을 뜻한다. 예수께서 말한 '일용할 양식'은 추상적이고 형이상학적인 것이 아니라 당장 끼니를 해결해야만 하는 가난한 사람이 바로 그날 먹을 양식을 가리키는 것이다. 새번역 성경과 공동번역 성경에서는 일용할 양식을 '필요한 양식'이라고 번역하였다.

　　예수의 제자들은 갈릴리 호수에서 고기를 잡아 겨우 생계를 유지하던 가난한 어부들이었다. 또한 예수의 이적과 가르침에 놀라 그를 보기 위해, 그의 가르침을 듣기 위해 산으로 모여든 무리들도 갈릴리 지방에 사는 가난한 서민들이 대부분이었다. 그들은 자기 먹을 것을 챙겨 오거나 뭔가를 사 먹을 수 있는 돈을 가지고 있던 사람들이 아니었다. 그들에게 가장 시급하고 근본적인 문제는 먹고사는 일이었다. 내일이나 모레쯤 먹을 양식이 필요한 게 아니라 바로 오늘, 지금 당장 먹을 양식이 절실했던 것이다. 주님은 이것을 정확하게 보셨으며 이를 한없이 불쌍히 여기셨다. 그래서 인간 자신을 위해 하나님께 드리는 기도의 가장 우선순위를 너희 먹고사는 문제를 위해 기도하라고 가르쳐 주신 것이다.

일용할 양식은 하늘의 만나

|

"하나님 너희 아버지께서는, 너희가 구하기 전에, 너희에게 필요한 것이 무엇인지를 알고 계신다." 마태복음 6장 8절

주기도문을 말씀하시기 전에 주님은 이 말씀을 먼저 주셨다. 우리가 하나님을 아버지라고 부른다면 곧 우리는 창조주 하나님의 자녀들이다. 부모가 자녀들에게 무엇이 필요한지 알아서 먹이고 입히는 것처럼 우리에게 무엇이 필요한지 하나님 아버지께서 다 알고 계시기 때문에 쓸데없이 말을 많이 하며 필요 없는 걸 자꾸 구하지 말라는 말씀이다.

"그러므로 내가 너희에게 말한다. 목숨을 부지하려고 무엇을 먹을까 또는 무엇을 마실까 걱정하지 말고, 몸을 감싸려고 무엇을 입을까 걱정하지 말아라. 목숨이 음식보다 소중하지 아니하냐? 몸이 옷보다 소중하지 아니하냐? 공중의 새를 보아라. 씨를 뿌리지도 않고, 거두지도 않고, 곳간에 모아들이지도 않으나, 너희의 하늘 아버지께서 그것들을 먹이신다. 너희는 새보다 귀하지 아니하냐? 너희 가운데서 누가, 걱정을 해서, 자기 수명을 한 순간인들 늘일 수 있느냐? 어찌하여 너희는 옷 걱정을 하느냐? 들의 백합화가 어떻게 자라는가 살펴보아라. 수고도 하지 않고, 길쌈도 하지 않는다. 그러나 내가 너희에게 말한다. 온갖 영화로 차려입은 솔로몬도 이 꽃 하나와 같이 잘 입지는 못하였다. 오늘 있다가 내일 아궁이에 들어갈 들풀도 하나님께서 이와 같이 입히시거든, 하물며 너희들을 입히시지 않겠느냐? 믿음이 적은 사람들아! 그러므로 무엇을

먹을까, 무엇을 마실까, 무엇을 입을까, 하고 걱정하지 말아라. 이 모든 것은 모두 이방사람들이 구하는 것이요, 너희의 하늘 아버지께서는, 이 모든 것이 너희에게 필요하다는 것을 아신다. 너희는 먼저 하나님의 나라와 하나님의 의를 구하여라. 그리하면 이 모든 것을 너희에게 더하여 주실 것이다. 그러므로 내일 일을 걱정하지 말아라. 내일 걱정은 내일이 맡아서 할 것이다. 한 날의 괴로움은 그 날에 겪는 것으로 족하다." 마태복음 6장 25절~34절

예수께서 "오늘 우리에게 일용할 양식을 주시옵고"라고 기도할 것을 가르치신 이유가 바로 여기에 있다. 하나님은 인간을 창조하시고 생명을 주셨다. 생명의 주인은 하나님이시다. 생명의 주인인 하나님께서 우리에게 먹을 것을 주셨다. 우리를 먹고 사는 존재로 만드신 하나님은 우리가 먹고 사느라고 얼마나 힘들고 고달픈지 너무나 잘 아신다. 그래서 채소와 과일을 주셨고, 고기와 생선을 주셨으며, 때마다 적절한 햇볕을 주시고 비를 주시고 바람을 주셔서 우리가 이 땅 위에서 먹고살 수 있게끔 인도해 주고 계신다. 이 원리를 분명히 인정하고 기억하고 가슴에 새기며 살라는 말씀을 하고 계신 것이다. 이스라엘 백성들이 이집트를 탈출하여 광야에서 40년 동안 방황할 때 그들을 먹이고 입힌 건 그들 자신이 아니라 하나님이었다. 하늘에서 매일 아침 만나를 내려 주시고, 메추라기를 보내 고기도 맛보게 하시고, 바위에서 물이 쏟아져 목을 축이게 하셨다. 이를 위해 이스라엘 백성들이 한 일이라곤 단 하나도 없었다. 그들은 오로지 하나님의 은혜에 의해 생계를 유지했던 것이다. 그때 하나님께서 이들에게 내려 주신 양식이 바로 일용할 양식이었다.

"그때에 여호와께서 모세에게 이르시되 보라 내가 너희를 위하여 하늘에서 양식을 비 같이 내리리니 백성이 나가서 일용할 것을 날마다 거둘 것이라. 이같이 하여 그들이 내 율법을 준행하나 아니하나 내가 시험하리라." 출애굽기 16장 4절, 개역개정

하나님께서 1주일이나 한 달 치 양식을 한꺼번에 주시지 않고 매일매일 하루 분량의 양식을 내려 주신 것은 하루하루 자신의 생명의 근원이 하나님께 있음을 인식하면서 먹고사는 일의 주체가 자신이 아니라 하나님임을 자각하라는 의미였다. 미래는 하나님께서 책임져 주시겠다는 약속이었다. 그럼에도 불구하고 이스라엘 백성들은 하나님의 약속보다 눈에 보이는 양식을 더 믿고 만나를 많이 걷어 저장해 두는 어리석은 짓을 행하였다.

예수 그리스도 당시에도 마찬가지였다. 사람들은 자신들의 생명의 주인이 하나님이며 먹고사는 일을 하나님께서 책임져 주신다는 사실을 까맣게 잊고 살았다. 주님이 가르쳐 주신 기도는 이 사실을 일깨워 주고 있는 것이다. 이 원리를 누구보다 잘 알고 있던 사람은 다윗이었다. 그는

"주님께서는, 내 원수들이 보는 앞에서 내게 잔칫상을 차려 주시고, 내 머리에 기름 부으시어 나를 귀한 손님으로 맞아 주시니, 내 잔이 넘칩니다." 시편 23편 5절

라고 고백했고,

"여호와께서 자기를 경외하는 자에게 양식을 주시며 그 언약을 영원

히 기억하시리로다." ^{시편 111편 5절, 개역개정}

라고 찬양했으며,

"육신을 가진 모든 사람에게 먹거리를 주시는 분께 감사하여라. 그 인자하심이 영원하다." ^{시편 136편 25절}

라고 증거하였다.

또 하나 중요한 것은 '우리에게'라는 말이다. 하나님이 주신 생명이나 양식은 나만의 것이 아니라 우리 모두의 것이다. 따라서 내 생명이 귀하듯 다른 사람의 생명도 귀히 여겨야 하며, 내가 먹을 양식이 중요하듯 다른 사람이 먹을 양식도 중요하다. 이웃집 사람은 오늘 먹을 양식이 없어 굶주리고 있는데, 나는 한 달 두 달 먹을 양식을 곳간에 쌓아두고 있다면 이는 생명의 주인이신 하나님, 먹고사는 문제를 주관하시는 하나님의 뜻에 정면으로 반하는 것이다. 나에게 오늘 먹을 양식이 있다면 나머지는 이웃과 나눠서 우리 모두가 일용할 양식을 공급받는 똑 같은 하나님의 자녀라는 사실을 증명하며 살아가야 한다.

마더 테레사 수녀가 생전에 쓴 책 『말씀』에는 다음과 같은 이야기가 실려 있다.

우리는 캘커타에서만도 매일 만여 명의 사람들에게 먹을 것을 제공합니다. 이는 우리가 하루라도 일하지 않으면 만 명이나 되는 사람들이 굶는다는 것을 의미합니다.

어느 날 그 일을 맡은 수녀님이 와서 어렵게 말을 꺼냈습니다.

"테레사 수녀님, 식량이 하나도 남지 않았습니다. 이렇게 많은 사람에게 줄 음식이 전혀 없습니다. 어쩌면 좋을까요?"

나는 너무 놀라 말을 잃었습니다. 처음 있는 일이었습니다. 그런데 아침 9시경에 트럭 하나가 빵을 싣고 나타났습니다. 정부에서는 매일 가난한 어린이들에게 빵 한조각과 우유 한 잔을 주고 있었습니다. 그런데 무슨 이유에서인지는 모르겠지만 그날 캘커타의 학교들이 갑자기 휴교를 했습니다. 모든 빵이 우리 집에 도착했습니다.

아시겠습니까? 학교 문을 닫은 것은 다름 아닌 하느님이셨습니다. 그분은 우리 집에 오는 사람들이 아무것도 먹지 못한 채 돌아가기를 원하지 않으신 것입니다. 사람들이 그렇게 좋은 빵을 배부를 때까지 실컷 먹어 본 것은 그때가 처음이었습니다. 일용할 양식은 하느님께서 보여 주시는 자비의 또 다른 증거입니다.

장 밥티스트 시메옹 샤르댕(1699~1779, 프랑스),
〈식사 전 기도〉, 캔버스에 유화, 49.5×41cm,
루브르 박물관, 파리

18세기 프랑스 화가 샤르댕의 대표작이다. 그는 귀족적인 취미와 향락 그리고 관능의 세계를 주로 다루던 시기에 특이하게도 서민들의 일상적인 모습들을 화폭에 담아냈다. 그의 그림 가운데 교훈적인 의미가 가장 많이 보이는 작품이 바로 '식사 전 기도'다. 그림의 주인공은 식탁 둘레에 모여 있는 파리 중류 가정의 엄마와 두 딸이다. 왼쪽의 어린 딸은 식사 기도를 하는 중이고, 가운데 큰 딸은 음식을 바라보며 기도가 끝나길 기다리고 있다. 엄마는 작은 아이를 주의 깊게 지켜보며 상을 차리고 있다. 어릴 때부터 일용할 양식 앞에서 감사할 줄 아는 아이들로 자라길 바라는 젊은 엄마의 소박한 바람과 의지가 잘 표현된 작품이다.

32
5천 명을 먹인 보리빵
다섯 개와 물고기 두 마리

구름처럼 모여든 군중

|

예수께서 명절을 맞아 제자들과 함께 예루살렘에 올라가셨다가 양문 羊
門, Sheep Gate 곁에 있는 베데스다 아람어 '베트 헤스다'의 헬라어 음역으로 '자비의 집'이란 뜻 라
는 연못에 이르렀다. 연못가에 있는 다섯 개의 행각 안에는 많은 병자, 맹
인, 다리 저는 사람, 혈기 마른 사람들이 누워 물의 움직임을 주시하고 있었
다. 천사가 가끔 연못에 내려와 물을 움직이게 하는데 그때 먼저 물에 들어
가는 사람은 어떤 병이든 다 낫게 되었기 때문이다. 그 연못 주위에 38년 된
한 병자가 있었다.

예수께서 그가 누워 있는 것을 보고 불쌍히 여겨 다가가 물으셨다.

"병이 낫기를 원하십니까?"

병자가 대답했다.

"그렇습니다. 그런데 선생님, 물이 움직일 때 먼저 들어가야 병이 나을 텐데 나를 들어 연못에 넣어 주는 사람이 없어 매번 연못에 들어가려고 기를 쓰고 가는 동안 다른 사람이 먼저 들어가곤 합니다. 그래서 병을 고치지 못해 이러고 앉아 있는 겁니다."

예수께서 말씀하셨다.

"이제 일어나서 자리를 들고 걸어가십시오."

그러자 오래된 이 중환자가 벌떡 일어나 자신이 누워 있던 자리를 들고 걸어갔다. 38년이라는 긴 세월 동안 누워서 병자로 살던 사람이 예수의 말한 마디로 깨끗하게 나은 것이다. 이날이 안식일이었기 때문에 이 일로 유대인들은 예수가 안식일을 범했다 하여 그를 박해하고 죽이고자 모의하였다. 하지만 예수께서 말씀으로 병자를 고치시던 그 현장에 있던 많은 사람들과 그들로 부터 이 기적적인 사건에 대해 전해들은 많은 민중들은 예수를 보기 위해 구름처럼 몰려들었다. 본래 이런 소문은 파급력이 대단히 크게 마련이고 소문이 퍼져 갈수록 사건의 진실은 눈덩이처럼 부풀려지는 게 인지상정이다. 그러니 각지에서 이 소문을 들은 병자들과 호기심 많은 사람들이 얼마나 많이 모여들었는지는 상상이 가고도 남는 일이다.

예수께서 디베랴의 갈릴리 호수 건너편으로 가서 산에 올라 제자들과 함께 앉으셨는데 이때도 역시 수많은 군중이 나아왔다. 이들은 갈릴리 인근에 사는 가난한 사람들이 대부분이었다. 자기 먹을 것을 싸가지고 다니거나 뭘 사 먹기 위해 돈을 가지고 다닐 만한 처지가 못 되는 사람들이었다. 예수께서는 이들 또한 측은히 여기셨다. 자신을 한 번 보기 위해, 자신의 말을 듣기 위해, 병을 고치기 위해 끼니도 거른 채 모여든 사람들이었기 때문이다.

예수께서 빌립에게 물으셨다.

"우리가 어디 가서 빵을 사 와야 이 많은 사람들을 다 먹일 수 있을까?"

빌립이 대답했다.

"이 사람들에게 조금씩이라도 빵을 다 나눠 주려면 아마 이백 데나리온은 족히 있어야 할 것 같습니다."

한 데나리온은 당시 노동자의 하루 품삯에 해당하는 로마의 화폐 단위였다. 요즘 일용직 근로자의 하루 임금이 5만 원이라고 가정한다면 200데나리온은 1천만 원에 해당하는 큰돈인 셈이다. 예수와 그 제자들 역시 가난하기는 무리들과 마찬가지였으니 그런 돈이 있을 리 만무했다. 빌립의 계산은 명료했으며 결론은 불가능하다는 것이었다.

작은 보리빵 다섯 개와
물고기 두 마리가 든 초라한 도시락

|

빌립의 말을 들은 제자들은 예수께 말했다.

"이미 날이 저물었으니 어디 가서 먹을 것을 구해 오겠습니까? 이 사람들을 마을로 내려 보내 각자 먹을 것을 사 먹게 하는 게 좋겠습니다."

빌립이나 제자들의 말은 현실적이고 합리적이었다. 그런데 예수께서 이렇게 대답했다.

"사람들을 마을로 내려 보낼 필요가 없다. 너희가 먹을 것을 주도록 해라."

황당한 말이었다. 돈도 없고 음식도 없는 산 위에서 제자들이 무슨 수로 엄청난 군중을 먹일 수 있단 말인가? 어이없는 지시를 받은 제자들은 그저 어안이 벙벙해서 서로 눈치만 볼 뿐이었다. 이때 안드레가 한 소년을 데리고 나타났다. 소년은 작은 도시락 보따리 하나를 들고 있었다. 보따리를 풀어 보니 보리로 만든 빵 다섯 개와 물고기 두 마리가 들어 있었다. 어린아이 한 명이 한 끼 식사로 먹을 만큼의 적은 분량이었다. 제자들은 안드레와 소년을 번갈아 바라보며 이걸로 뭘 어쩌라는 말이냐는 표정을 지었다.

우리말 성경에서는 소년이 가져온 음식을 단순히 보리빵 다섯 개와 물고기 두 마리, 즉 오병이어 五餠二魚 라고만 번역하였다. 하지만 빵은 먹음직스러운 커다란 빵덩어리를 말하는 게 아니라 어린아이가 겨우 먹을 수 있는 작은 빵을 의미하며, 물고기도 살이 많은 큰 생선을 뜻하는 게 아니라 보잘것 없는 자그마한 물고기를 가리킨다. 물고기를 뜻하는 헬라어는 마태, 마가, 누가복음에서 사용된 '익투스'인데, 유독 요한복음에서는 '옵사리온'이라는 단어가 사용되었다. 이는 익투스처럼 상품 가치가 있는 큰 물고기가 아니라 내다 팔 값어치가 없는 작은 물고기를 말한다. 어부들은 갈릴리 호수에서 물고기를 잡으면 새끼들은 도로 놓아주고, 상품 가치가 있는 익투스는 빨리 내다 팔았으며, 그렇지 못한 어중간한 작은 생선은 그냥 해변에 내버렸다. 그러면 가난한 사람들이 그걸 가져다가 짜게 절여서 밑반찬으로 만들어 먹었다. 이렇듯 빵과 함께 먹는 소금에 절인 작은 물고기가 바로 옵사리온인 것이다.

소년이 안드레를 통해 예수께 가져온 음식은 이처럼 초라한 도시락이었다. 그렇다면 소년의 도시락에 들어 있던 작은 물고기는 구체적으로 어떤 종류의 생선이었을까? 전승에 의하면 이 물고기는 성 베드로의 물고기로 알려진 '틸라피아'라고 한다. 아프리카와 중동 지역이 원산지이며 세계 전역으로 전래되었다. 초식성인 틸라피아는 먹이를 통해 섭취한 영양분의 대부분을 생장에 사용하기 때문에 매우 빨리 자란다. 원래 온난한 기후에서 서식했으나 해수와 염수성 호수와 담수에서도 살 수 있다. 질병에 대한 저항력이 뛰어나며 1년을 주기로 알을 낳는다. 맛이 뛰어난 물고기로 단백질의 아주 좋은 공급원이다.

소년이 가져온 도시락을 앞에 놓고 예수께서는 제자들에게 일러 무리를 잔디 위에 앉게 하였다. '앉다'로 번역된 헬라어 '아나피프토'는 '기대어 눕다'는 뜻이다. 이스라엘 사람들은 두 다리를 뻗고 벽에 등을 기대거나 한쪽 팔을 베고 비스듬히 누운 자세로 식사를 하는 관습을 가지고 있었다. 예수께서 사람들로 하여금 편안하게 식사 할 자세를 취할 수 있도록 세심하게 배려하신 것이다. 그런 다음 소년이 가져온 음식을 가지고 하늘을 우러러 축사하신 후 제자들에게 빵과 물고기를 군중에게 골고루 나눠주도록 하셨다.

세계적 성서학자인 알프레드 에더쉐임 박사는 그의 책 『구세주 예수 그리스도의 일생』 원제 『The L ife and Times of Jesus the Messiah』 에서 이때 예수께서 하신 축사는 상황에 맞게 즉석으로 하셨거나 아니면 당시 유대인들 사이에 공식적으로 쓰이던 식사 기도를 하셨을 걸로 추측한다. 공식적으로 쓰이던 식사 기도문은 다음과 같았다.

"땅 위에서 빵을 거두시는 세상의 왕, 우리 하나님 여호와 당신께 복 있으리이다."

바로 이때 놀라운 일이 벌어졌다. 빵과 물고기를 아무리 나눠줘도 계속해서 생겨나 음식이 모자라지 않게 된 것이다. 200데나리온이라는 큰돈을 가지고도 겨우 허기나 채울 정도의 빵을 살 수 있으리라는 빌립의 계산대로

라면 빵과 물고기를 모두가 배불리 먹고 남을 정도였으니 이들이 먹은 음식은 400데나리온 이상의 돈을 줘야 구할 수 있는 엄청난 양이었을 것이다. 이날 기적의 음식을 먹은 사람들은 남자 장정들만 5천 명가량이었다. 여자와 어린아이, 노인들까지 치면 최소한 1만 명 이상의 사람들이 다 배불리 먹고 남은 음식을 거두자 열두 바구니에 가득 찰 정도였다. 사람들은 공짜로 배터지게 저녁식사를 하면서 생각했을 것이다.

'내가 지금 먹고 있는 이 빵과 물고기가 진짜일까? 아니 어떻게 한 소년이 가져간 보리빵 다섯 개와 작은 물고기 두 마리를 가지고 이렇게 많은 사람들이 먹고 남을 정도로 무한정 부풀려낼 수가 있을까? 이런 기적 중의 기적을 일으킬 수 있는 분이라면 가히 우리들의 왕이 되기에 충분하지 않은가? 이런 분이 유다의 왕이 된다면 우리는 이제 먹고사는 걱정을 하지 않아도 될뿐더러 로마의 압제로부터도 해방될 수도 있지 않을까?'

그날 그들이 먹은 것은 빵만이 아니었다. 빵처럼 부푼 꿈도 함께 먹었다. 배를 채운 군중은 꿈을 좇기 시작했다. 모두가 나서 예수를 왕으로 세우려 한 것이다.

"사람들은 예수께서 행하신 표징을 보고 '이분은 참으로 세상에 오시기로 된 그 예언자이다' 하고 말하였다. 예수께서는, 사람들이 와서 억지로 자기를 모셔다가 왕으로 삼으려고 한다는 것을 아시고, 혼자서 다시 산으로 물러가셨다." 요한복음 6장 14절~15절

밥의 위력은 대단했다. 예수께서 앉은뱅이를 일으키고, 소경의 눈을 뜨게 하고, 죽은 자를 살리는 기적을 행하셨을 때도 사람들은 깜짝 놀라며 야

단법석을 떨었지만 그를 자신들의 왕으로 세우려 하진 않았다. 그러나 최소한 1만 명이 넘는 군중의 먹고사는 문제를 단번에 해결해 주시는 주님의 기적을 체험한 다음 이들은 필사적으로 예수를 왕으로 세우려 한 것이다. 예나 지금이나 백성들의 먹고사는 문제를 해결하는 일은 위정자들에게 가장 큰 과제임에 틀림없다. 예수는 욕망에 눈이 먼 이들을 피해 홀로 산에 올라 기도에 전념하셨다.

내가 바로 생명의 빵이다

오병이어의 기적은 신약성경 사복음서에 모두 기록된 유일한 사건이다. 마태, 마가, 누가, 요한은 예수 그리스도의 행적과 말씀을 충실히 기록했지만 각자의 성향과 관점, 집필 목적과 시기에 따라 각각 다른 방식으로 성경을 완성했다. 주님께서 가르쳐 주신 기도도 마태와 누가만 기록했을 뿐이다. 그런데 오병이어의 기적을 이들 모두가 기록했다는 사실은 이 사건이 얼마나 충격적이고 감격적인 사건이었는지를 잘 알 수 있게 해준다. 산기슭을 가득 메운 사람들 사이를 헤집고 다니며 마음껏 나눠주고 또 나눠줘도 바구니에 빵과 물고기가 가득 차고 넘쳤을 때 이들이 얼마나 신바람이 났겠는가? 제자들은 예수를 따라나선 이후 처음으로 벅찬 희열을 느끼며 감격과 흥분에 휩싸였을 것이다.

반면 대제사장이나 바리새인 등 예수의 반대편에 서 있던 사람들은 이 일로 예수를 반드시 죽여야만 한다는 굳은 신념을 갖기에 이른다. 그전까지는 예수를 개인적 차원의 돌출 행동을 일삼으며 특이한 말과 이적으로 주목을 끄는 기인 정도로만 생각하고 있었지만 이 사건으로 인해 수많은 백성들로부터 왕으로 추대될 만큼 열렬한 환호와 지지를 받게 된 예수는 더 이상 무시할 수 없는 정치적 세력으로 주목받기에 이른 것이다.

그렇다면 예수께서 이런 기적적인 사건을 앞두고 왜 빌립에게 그와 같은 질문을 던지신 걸까? 그리고 왜 제자들에게 너희가 먹을 것을 주라고 말씀하신 것일까? 이는 제자들을 시험해 본 후 가르침을 주고자 함이었다. 빌립은 자신에게 없는 것을 보았고, 안드레는 자신에게 있는 것을 보았다. 주님을 믿고 의지한다면 내게 있는 것을 가지고 주님께 나아가야 한다. 내게 없는 것을 보고 좌절하고 낙담하고 포기한다면 기적은 일어날 수 없다. 내게 있는 것으로 주님께 드리고 의지했을 때 비로소 기적은 일어나는 것이다. 오병이어의 기적이 주는 교훈은 바로 이것이다. 예수는 제자들이 스스로 이를 깨닫기 원하셨다.

나아가 오병이어의 기적이 주는 보다 중요한 교훈, 좀 더 본질적인 가르침은 육체의 양식을 좇아 이를 통해 배를 불리기 위해 애쓰는 인생이 되지 말고 영혼의 양식을 좇아 생명을 살리는 말씀을 나누기 위해 애쓰는 인생이 되어야 한다는 것이다. 주님께서는 오병이어의 기적을 통해 제자들과 군중이 이 진리를 깨닫도록 하셨지만 허기진 배를 채우기에 급급했던 제자들과 군중은 눈앞에 나타난 기적적인 현상에만 몰입하였다. 그렇기 때문에 그들은 정작 자신들 앞에 계신 예수 그리스도가 바로 생명의 빵 그 자체임을 알아채지 못했던 것이다.

공관복음 共觀福音 인 마태, 마가, 누가복음과 달리 예수 그리스도의 신적 성품을 강조하고 있는 '요한복음 John '에는 이 신비한 이야기가 매우 구체적으로 서술되어 있다. 예수의 총애를 받으며 신실하게 늘 그의 곁을 지켰던 사도 요한은 예리한 통찰력과 탁월한 영성으로 난해한 신학적 이야기를 짧고 명쾌한 필치로 설명해 나간다. 요한복음 6장을 가장 이해하기 쉬운 말로 쓰인 공동번역 성경을 통해 살펴보면 오병이어의 기적을 행하신 이후 예수께서는 자신을 따르는 많은 사람들을 향해 이렇게 가르치셨다.

"정말 잘 들어두어라. 너희가 지금 나를 찾아온 것은 내 기적의 뜻을 깨달았기 때문이 아니라 빵을 배불리 먹었기 때문이다. 썩어 없어질 양식을 얻으려고 힘쓰지 말고 영원히 살게 하며 없어지지 않을 양식을 얻도록 힘써라. 이 양식은 사람의 아들이 너희에게 주려는 것이다. 하느님 아버지께서 사람의 아들에게 그 권능을 주셨기 때문이다." 26절~27절

그들은 예수께 말하였다.
"선생님, 그 빵을 항상 저희에게 주십시오."
예수께서 다시 그들에게 말씀하셨다.
"내가 바로 생명의 빵입니다. 나에게 오는 사람은 결코 배고프지 않고 나를 믿는 사람은 결코 목마르지 않을 것입니다."
예수의 가르침을 접한 유대인들은 요셉의 아들 예수가 어째서 스스로 하늘에서 내려온 빵이라고 하느냐며 수군거렸다. 이에 예수께서 그들에게 말씀하셨다.

"정말 잘 들어두어라. 믿는 사람은 누구나 영원한 생명을 누린다. 나는 생명의 빵이다. 너희의 조상들은 광야에서 만나를 먹고도 다 죽었지만 하늘에서 내려온 이 빵을 먹는 사람은 죽지 않는다. 나는 하늘에서 내려온 살아 있는 빵이다. 이 빵을 먹는 사람은 누구든지 영원히 살 것

이다. 내가 줄 빵은 곧 나의 살이다. 세상은 그것으로 생명을 얻게 될 것이다." 47절~51절

그러자 유대인들이 이 말씀을 이상하게 생각하며 서로 따져 물었다.
"아니, 이 사람이 어떻게 자기 살을 우리에게 먹으라고 내어줄 수 있단 말인가?"
그들은 진리의 말씀을 전혀 알아듣지 못했지만 예수의 선포는 거침없이 계속되었다.

"정말 잘 들어두어라. 만일 너희가 사람의 아들의 살과 피를 먹고 마시지 않으면 너희 안에 생명을 간직하지 못할 것이다. 그러나 내 살을 먹고 내 피를 마시는 사람은 영원한 생명을 누릴 것이며 내가 마지막 날에 그를 살릴 것이다. 내 살은 참된 양식이며 내 피는 참된 음료이기 때문이다. 내 살을 먹고 내 피를 마시는 사람은 내 안에서 살고 나도 그 안에서 산다. 살아 계신 아버지께서 나를 보내셨고 내가 아버지의 힘으로 사는 것과 같이 나를 먹는 사람도 나의 힘으로 살 것이다. 이것이 바로 하늘에서 내려온 빵이다. 이 빵은 너희의 조상들이 먹고도 결국 죽어간 그런 빵이 아니다. 이 빵을 먹는 사람은 영원히 살 것이다." 53절~58절

제자들도, 오병이어의 기적을 직접 체험한 군중도, 유대인들도 예수의 이 심오한 가르침을 제대로 알아들을 수도 이해할 수도 없었다. 나중에 예수께서는 이 말씀대로 제자들과 함께 최후의 만찬을 통해 자신의 살과 피를 나누셨으며, 십자가에 달려 물과 피를 다 쏟은 후 돌아가심으로써 온 인

류를 죄와 죽음으로부터 구원하신 참생명의 빵이 되셨다. 오병이어의 기적은 이와 같은 예수 그리스도의 구속사를 미리 일깨워 주신 표적이었던 것이다.

오렌테 페드로(1580~1645, 스페인),
〈빵과 물고기의 기적〉, 캔버스에 유화,
106×135.7cm, 에르미타주 미술관,
상트페테르부르크

사실주의 화풍으로 목가적인 정경을 즐겨 그렸기 때문에 '스페인의 바사노'라고 불리는 오렌테의 작품이다. 예수께서 산 위에 올라 작은 보리빵 다섯 개와 물고기 두 마리로 성인 남자만 5천 명이 넘는 많은 사람들을 배불리 먹인 기적을 묘사하였다. 왼쪽 아래에는 한 소년이 예수께 먹을 것을 가져다 드리는 모습이 보인다. 이들 사이에 서 있는 제자가 바로 안드레다. 다른 제자들은 부지런히 음식을 나르고 있다. 오른쪽에는 노인과 어린이들 사이에 아기에게 젖을 먹이는 여인이 등장한다. 허기진 가난한 군중을 먹이신 예수 그리스도의 마음이 곧 아기에게 젖을 먹이는 어머니의 심정과 전혀 다를 바 없음을 말해 주고 있다.

33
먹는 문제로부터
자유를 주신 예수님

율법과 예언서의 말씀을 완성하러 온 사람

"내가 율법이나 예언서의 말씀을 없애러 온 줄로 생각하지 마십시오. 없애러 온 것이 아니라 오히려 완성하러 왔습니다. 여러분에게 분명히 말해 두는데, 천지가 없어지는 일이 있더라도 율법은 일 점 일 획도 없어지지 않고 다 이루어질 것입니다."

파격적인 가르침으로 일관된 산상수훈을 통해 예수는 이렇게 선포했다. 위험천만한 내용으로 가득 찬 그의 설교는 유대 사회를 지배하고 있던 바리새인이나 사두개인들의 가르침과는 완전히 상반된 것이었기에 백성들은 그가 율법과 예언서의 말씀을 다 뒤집어엎으려는 사람이라 생각했다. 하지만 예수는 도리어 자신이 율법과 예언서의 말씀을 완성하러 온 사람임을 강조하면서 하나님의 말씀은 결코 없어지지 않고 다 이루어질 거라고 선언한 것이다.

오랫동안 혼돈과 격변의 시대를 거치면서 당시 유대 사회에는 여러 분파들이 생겨났다. 바리새파는 '분리된 자', '구별된 자'라는 뜻의 히브리어에서 유래했다. 기원전 2세기 경 개혁주의 신앙 집단인 '하시딤'이 마카비 혁명 기간 동안 수리아의 헬라화 정책에 대항하여 조직한 집단이다. 이들은 모세의 율법과 장로의 전통을 중시하며 부활을 믿었다. 엄격한 율법 준수와 모범으로 가장 큰 세력을 형성하며 신망과 존경을 받았고, 회당 조직을 통해 유대 사회에 지대한 영향력을 끼쳤다. 이들은 자신들이 하나님과 율법을 누구보다 잘 믿고 실천한다고 자부했지만 지나친 형식주의에 빠져 율법의 참 정신을 잃어버린 상태였다.

사두개파는 기원전 160년경 하스모니안 왕조 때 다윗과 솔로몬 시대에 대제사장이었던 사독 가문에 성전 관리의 책임이 주어진 사실에 기인해 사독의 후예임을 자처하는 다수 제사장들에 의해 형성된 분파다. 이들은 종교와 정치의 구심점이라 할 수 있는 대제사장을 중심으로 사제직을 독점하면서 유대 최고 정치기구인 산헤드린을 장악한 귀족들의 권익을 대변하는 정치화된 세력이었다. 철저하게 현실주의자였던 이들은 성문화된 율법인 모세 오경만 받아들이고 전승은 거부하였으며, 부활이나 천사나 영생이나 영혼 등을 믿지 않았다.

에세네파는 '경건한 자들'이란 뜻의 히브리어에서 유래한 분파로 바리새파처럼 '하시딤'에 기원을 두지만 현실과 거리를 둔 채 엄격한 규율에 따라 금욕생활을 하면서 극단적 신비주의에 치우친 종교생활에 주력했다. 사해 주변 쿰란에서 공동생활을 하며 재산을 공유했고 예배와 독서와 공동식사를 주요 행사로 삼았다. 대부분 결혼하지 않고 소박하게 살아가면서 하나님의 '남은 의인'이라고 자처했다. 모세 오경과 예언서를 더 중시하고 오염된 제사 제도를 배척했다. 사해 두루마리라고 불리는 고문서는 그들이 가지고 있었던 것으로 추정된다.

이들 주요 3대 분파 외에도 서기관과 열심당과 헤롯당에 속한 사람들이 있었다. 서기관書記官은 율법을 필사하거나 연구하여 가르치는 전문 율법학자를 가리킨다. 이들은 주로 레위 지파에서 나왔으며 세습할 수 있었다. 왕정 시대에는 국가 중요 문서를 기록하고 정리하며 보관하는 일 등을 했으나 포로기 이후 율법을 기록하거나 가르치는 교사 역할에 전념해야 했다. 정식 서기관이 된 자는 전승을 해석하고 창출하며, 종교적인 규약을 만들고 재판관의 일원으로 민형사상의 재판에도 참여하는 등 최고의 지위를 누렸다. 율법 교사나 랍비로 불린 이들은 대부분 바리새파에 속하였고 산헤드린의 핵심 인물이 되었다.

열심당은 '시기하다', '열정'이란 뜻의 히브리어에서 따온 명칭으로 기원 후 6년경 갈릴리 출신 유다가 로마의 호적 명령에 반발하여 이방 민족을 하나님의 거룩한 땅에서 몰아내기 위해 세운 애국적 무장 독립 단체를 일컫는다. 선민사상과 민족 우월주의를 근간으로 한 일종의 정치 집단이다. 성경에서는 '셀롯' 혹은 '셀롯인'이라고 표현하였다. 이들은 여호와만 주권자로 삼는 신정정치를 방해하는 모든 세력에 대해 저항하고, 필요하다면 폭력을 휘두르며 죽음까지도 불사하면서 싸웠다. 예수의 제자들 중 가나안인 시몬이 이 당파 출신이다.

헤롯당은 헤롯 대왕이 로마 정부에게 위임받아 팔레스타인 전역을 통치할 때부터 그의 왕조가 몰락하기까지 정치적 이익을 얻고자 모여든 친 로마 계열의 무리들을 말한다. 헤롯은 이두매 출신 이방인이었던 까닭에 선민의식이 강하고 메시야 대망사상을 가지고 있는 유대인들을 통치하는 데 고심할 수밖에 없었다. 따라서 그를 추종하는 헤롯당은 예수를 자신들의 기득권에 도전하는 정치적 메시야로 여겨 탄압에 앞장섰다. 이들의 정책이나 노선은 바리새인들과 정면으로 대치되는 것이었지만 예수를 반대하기 위해 연대도 서슴지 않았다.

예수는 태어날 때부터 십자가에 달려 운명하실 때까지 헤롯 대왕과 그를 추종하는 헤롯당에게 끊임없이 시달리며 각종 위협을 당해야 했고, 유대 사회의 기득권을 유지하며 부귀영화를 누리던 바리새인과 사두개인 그리고 서기관들로부터 온갖 비난과 음해를 받아야 했다.

이들 기득권층과 예수는 물과 기름처럼 도저히 섞일 수 없는 사이였다. 예수는 틈만 나면 율법과 예언서를 권력의 도구와 호구지책의 방편으로 삼아 말씀을 왜곡하면서 지속적으로 새로운 규약을 만들어 백성들의 삶을 억압하고 옭아매던 바리새인과 사두개인과 서기관들을 향해 신랄한 비판을 퍼부었다. 때로는 간담이 서늘할 만큼 심한 독설도 마다치 않았다.

"이 눈먼 인도자들아, 하루살이는 걸러내면서 낙타는 그대로 삼키는 것이 바로 너희들이다." 마태복음 23장 24절, 공동번역

"율법학자들과 바리새파 사람들아! 위선자들아! 너희에게 화가 있다. 너희는 회칠한 무덤과 같기 때문이다. 그것은 겉으로는 아름답게 보이지만, 그 안에는 죽은 사람의 뼈와 온갖 더러운 것이 가득하다. 이와 같이, 너희도 겉으로는 사람에게 의롭게 보이지만, 속에는 위선과 불법이

가득하다."^{마태복음 23장 27절~28절}

"뱀들아! 독사의 새끼들아! 너희가 어떻게 지옥의 심판을 피하겠느냐?"^{마태복음 23장 33절}

안식일에 밀밭에서 이삭을 잘라먹은 제자들

예수께서 유대 여러 고을을 두루 다니며 복음을 전하실 무렵 한번은 안식일에 어떤 밀밭 사이로 지나가게 되었다. 마침 제자들은 식사를 하지 못해 배가 고픈 상태였다. 밀밭에 바람이 불자 그윽한 밀 향기가 코끝을 자극했다. 참지 못한 제자들은 밀 이삭을 잘라먹기 시작했다. 한참 허기진 터라 자그마한 밀 이삭일망정 더없이 달콤하고 맛있었다. 그때였다.

"저것 좀 보십시오. 당신의 제자들이 안식일에 해서는 안 되는 일을 하고 있습니다."

어디서 왔는지 갑자기 바리새인들이 나타나 제자들의 행동을 비난하고 나섰다. 안식일에 밀밭에 들어가 이삭을 잘라먹는 것은 안식일을 거룩히 지키라는 율법을 어긴 것이기 때문이었다. 어떻게 해서든 예수의 잘못을 잡아내 옭아매려던 이들에게는 아주 좋은 기회였다.

"당신들이 이웃 사람의 곡식밭에 들어가 이삭을 손으로 잘라서 먹는 것은 괜찮지만, 이웃의 곡식에 낫을 대면 안 됩니다."^{신명기 23장 25절}

모세가 이스라엘 백성들에게 율법을 설명할 때 했던 말이다. 가난한 사람들이 허기를 달랠 수 있도록 배려한 것이다. 하지만 이 또한 안식일에는 해서는 안 될 일로 여겨져 왔다.

안식일에 밀 이삭을 잘라먹은 것은 네 가지 죄를 범한 일이었다. 첫째는 밀 이삭을 잘랐으므로 추수하는 죄를 범했고, 둘째는 이삭을 손으로 비벼 알갱이를 골라 먹었으니 타작하는 죄를 범했으며, 셋째는 껍질을 불어 날렸으니 키질하는 죄를 범한 것이고, 넷째는 이 같은 모든 행위가 음식을 장만하는 죄를 범한 것이었다. 어마어마한 죄가 아닐 수 없었다.

그런데 예수는 전혀 당황한 기색 없이 그들을 돌아보며 타이르듯 말했다.

"당신들은 다윗과 그 일행이 굶주렸을 때에, 다윗이 어떻게 했는지를, 읽어보지 못했습니까? 다윗이 하나님의 집에 들어가서, 제단에 차려 놓은 빵을 먹지 않았습니까? 그것은 오직 제사장들 밖에는, 자기도 그 일행도 먹어서는 안 되는 것이었는데 말입니다."

이것은 사무엘상 21장에 나오는 이야기를 인용한 것이다. 자신을 죽이려는 사울 왕을 피해 이리저리 도망 다니던 다윗이 제사장 아히멜렉에게 이르렀을 때였다. 다윗은 그에게 먹을 게 있으면 좀 달라고 요청했다. 그러자 아히멜렉은 거절하지 않고 성막의 성소 안에 두었던 진설병밖에 없다며 이를 내주었다. 하나님께 바쳐진 거룩한 빵으로 제사장만 먹을 수 있었던 진설병을 내준 것이다. 다윗 일행은 이 빵을 먹고 굶주린 배를 채웠다. 예수께서 이 구절을 인용한 것은 진설병 그 자체보다 사람의 목숨이 더 중요하다는 것, 형식이나 율법보다 하나님께 대한 경외심과 인간에 대한 사랑이 더 본질적이라는 것을 강조한 것이었다.

바리새인들을 향한 예수의 반박이 계속 이어졌다.

"또한 당신들은 안식일에 성전에서 제사장들이 안식일을 범해도 그것이 죄가 되지 않는다는 것을, 율법책에서 읽어보지 못했습니까?"

이는 민수기 28장 말씀을 인용한 것이다. 제사장들은 안식일에도 일할 수 있었다.

"안식일에도 일 년 된 흠 없는 어린 숫양 두 마리를, 기름으로 반죽한 고운 밀가루 십분의 이 에바의 곡식제물과, 거기에 맞는 부어 드리는 제물과 함께 바쳐라. 안식일에는, 날마다 바치는 번제와 부어 드리는 제물 외에, 안식일 번제를 따로 바쳐야 한다." 민수기 28장 9절~10절

그런 다음 예수께서는 그들을 향해 결정적인 메시지를 선포하였다.

"내가 너희에게 말한다. 성전보다 더 큰 이가 여기에 있다. '나는 자비를 원하고, 제사를 원하지 않는다' 하신 말씀이 무슨 뜻인지 알았더라면, 너희가 죄 없는 사람들을 정죄하지 않았을 것이다. 인자는 안식일의 주인이다." 마태복음 12장 6절~8절

자신이 누구인지, 자신이 말한 복음이 어떤 의미인지를 분명하게 가르쳐 주신 것이다. 바리새인들을 향해 예수가 선포한 것은 세 가지였다. 유대인들에게 성전은 절대적 권위를 지닌 존재였다. 성전에서는 안식일을 범해도

죄가 되지 않을 만큼 성전의 권위는 높았다. 그런데 예수는 성전보다 더 큰 권위가 자신에게 있다고 말씀하신 것이다. 성전보다 더 큰 권위를 가진 사람이 안식일에 일하는 것 정도야 아무런 문제가 되지 않을 터이다. 그리고 예수는 안식일의 기본 정신은 일하지 않는 데 있는게 아니라 하나님의 자비와 긍휼의 마음이 온전히 전달되는 데 있다고 말씀하셨다.

그러면서 호세아서 6장 6절 말씀을 인용했다.

"내가 바라는 것은 변함없는 사랑이지, 제사가 아니다. 불살라 바치는 제사보다는 너희가 나 하나님을 알기를 더 바란다." 호세아 6장 6절

하나님이 진정으로 원하시는 것은 형식적으로 안식일을 지키고, 격식에 맞게 제사를 지내는 일이 아니라 하나님을 변함없이 사랑하고 온 마음과 정성을 다해 하나님에 대해 알아가는 것이다. 바리새인들처럼 율법을 들어 안식일에 아무것도 하지 못하게 함으로써 백성들을 고단하고 괴롭게 만드는 게 안식일의 참 뜻이 아니라는 말씀이었다. 끝으로 예수는 안식일의 주인이 바로 나라고 말씀하셨다. 안식일을 정한 것도, 안식일에 경배와 제사를 받으실 분도 자기 자신임을 명백히 밝히신 것이다.

이는 자신이 곧 하나님이라는 폭탄선언이었다. 같은 사건을 다루고 있는 마가복음 2장에는 예수께서 이렇게 말씀하신 것으로 되어 있다.

"안식일이 사람을 위하여 생긴 것이지, 사람이 안식일을 위하여 생긴 것이 아니다." 27절

이를 달리 표현하면 율법이 사람을 위하여 생긴 것이지, 사람이 율법을 위하여 생긴 것이 아니라는 말이다. 예수의 이와 같은 가르침에 바리새인들을 경악을 금치 못했을 것이다.

이 일이 있는 뒤 예수는 회당에 들어가 한쪽 손 마른 사람을 고쳐주었다. 바리새인들이 그토록 경고했음에도 불구하고 안식일에 또다시 병을 고친 것이다. 그러자 바리새인들은 자신들을 무시하고 율법을 파괴하며 신성모독을 일삼는 예수를 제거할 음모를 꾸미게 되었다.

"바리새인들이 나가서 곧 헤롯당과 함께 어떻게 하여 예수를 죽일까 의논하니라." 마가복음 3장 6절, 개역개정

입으로 들어가는 것이 더러운 게 아니라 입에서 나오는 게 더러운 것이다

어느 날 예루살렘에서 온 바리새파 사람들과 율법학자들이 예수에게 와서 말을 건넸다.

"당신의 제자들은 어찌하여 장로들의 전통을 어기는 것입니까? 그들은 빵을 먹을 때에 손을 씻지 않습니다."

율법학자는 서기관을 말한다. 이들이 예수에게 따진 것은 그의 제자들이 왜 유대인의 정결 예식에 따라 음식을 먹을 때 손을 씻지 않고 더러운 손으로 그냥 집어먹느냐는 것이었다. 이들이 말한 장로들의 전통이란 모세의 율법을 확대 해석하여 실생활에서 적용할 수 있도록 매우 구체적으로 만들어 놓은 수많은 규범들을 가리킨다.

모세 오경에 나오는 계명은 모두 613가지에 달했다. '~ 하라'로 규정된 지켜야 할 계명은 248가지였고, '~하지 말라'로 규정된 금해야 할 계명은 365가지였다. 이는 하나님께서 직접 일러주신 계명들이었다.

하지만 하나님께서 이토록 많은 계명을 주신 이유는 이스라엘 민족 공동체를 억압하고 통제하며, 백성들을 구속하고 옭아매서 괴롭게 만들려는 의도에서가 아니었다. 올바른 규율과 질서를 통해 조화로운 공동체 생활을 유지해 나가고, 위생적이고 청결한 생활을 통해 건강하고 행복한 삶을 이어가도록 하기 위함이었다. 아울러 정결 예식을 통해 하나님께 드리는 제사를 순전한 몸과 마음으로 드리며, 늘 청결한 의식주 생활을 유지하기 위해 노력함으로써 하나님의 백성으로서 구별된 삶, 거룩한 삶을 살기 원하셨던 것이다. 율법의 조항 그 자체보다 율법을 주신 하나님의 깊은 뜻과 말씀 속에 담긴 진정한 의미가 더욱 중요했다.

그러나 바리새인과 율법학자들은 하나님의 뜻과 말씀의 의미는 도외시한 채 613가지의 율법 조항 그 자체에 함몰되어 이를 보다 잘 지키기 위한 각종 규례를 수없이 만들어내 백성들에게 지키게 했다. 그리고 이 같은 규례를 지키지 않으면 율법을 어긴 범죄자로 정죄하였다. 이는 온종일 죽어라 일해도 먹고살기 힘든 고딜픈 백성들에게는 감당하기 힘든 무거운 짐이었다. 음식을 먹을 때 깨끗이 손을 씻고 먹는 것은 위생상 더없이 좋은 일이었지만 물이 귀한 팔레스타인 지역에서 식사할 때마다 깨끗이 손을 씻는 건 어려운 일이었다. 게다가 예수와 그 제자들은 여기저기 떠돌며 동가식서가숙하는 처지였기에 먹을 게 생기면 배를 채우고 없으면 굶어야 했다. 손을 씻고 예의를 차리며 식사할 상황이 아니었던 것이다.

바리새인과 율법학자들이 강조한 정결 예식 중 일부가 마가복음 7장에 소개되어 있다.

"원래 바리사이파 사람들뿐만 아니라 모든 유다인들은 조상의 전통에 따라 음식을 먹기 전에 반드시 손을 깨끗이 씻었고 또 시장에서 돌아왔을 때에는 반드시 몸을 씻고 나서야 음식을 먹는 관습이 있었다. 그 밖에도 지켜야 할 관습이 많았는데 가령 잔이나 단지나 놋그릇 같은 것을 씻는 일들이 그것이었다." 3절~4절, 공동번역

『성지 이스라엘의 관습과 예의』에서 프레드 와이트 박사는 이런 설명을 곁들인다.

"동양인들은 식사 전에 꼭 손을 씻지만 서양식으로 손을 물에 담가 씻는 것은 이미 더러운 물이 손에 묻었다고 생각해 아주 불결하고 상서롭지 못한 것으로 여길 것입니다. 하인이나 아니면 그 자리를 대신하는 사람이 대야 위에 내민 손 위에다 물을 붓습니다. 대야 위에는 오목하게 구멍 난 뚜껑이 있어서 더러운 물은 아래로 빠져 보이지 않게 됩니다. 스푼이나 포크, 나이프 등이 없이 식사를 하는 습관 때문에 이 손을 씻는 법이 선지자 시대에도 불가피했습니다. …… 바리새인들이 손을 씻지 않고 빵을 먹는다 하여 예수님의 제자들에게 불만을 터뜨리는 것은 그들이 말하는 손 씻는 의식을 하지 않는다는 이야기입니다. 유대 귀족들은 당시 어떻게 어떻게 이 세정식을 해야 하는지 엄격한 법칙을 두고 있었습니다. 이것은 모세의 율법이 아니라 장로들이 만든 전통이었습니다. 예수님께서는 식사 전에 손 씻는 습관을 반대한 것이 아니라 랍비들이 어떻게 해야 한다고 미주알고주알 백성들에게 강요하는 권위의식을 반대하신 것입니다."

바리새인과 율법학자들이 이것을 문제 삼아 예수를 다그치자 예수는 이렇게 대답했다.

"그러면 당신들은 어찌하여 당신들의 전통 때문에 하나님의 계명을 어기는 겁니까? 하나님께서 말씀하시기를 '아버지와 어머니를 공경하라' 하시고, 또 '아버지나 어머니를 욕하는 자는 반드시 죽을 것이다' 하셨습니다. 그런데 당신들은 말하기를, 누구든지 아버지나 어머니에게 '내게서 받으실 것이 하나님께 드리는 예물이 되었습니다' 하고 말만 하면, 그 사람은 제 부모를 공경하지 않아도 된다고 합니다. 당신들은 이렇게 당신들의 전통 때문에 하나님의 말씀을 폐한 것입니다. 그러니 당신들은 위선자들입니다. 이사야 선지자가 당신들을 두고 아주 적절한 예언을 한 바 있습니다. '이 백성이 입술로는 나를 공경해도, 마음은 나에게서 멀리 떠나 있다. 그들은 사람의 훈계를 교리로 가르치며, 나를 헛되이 예배한다.' 이렇게 말이지요. 안 그렇습니까? 이 위선자 양반들아!"

예수는 바리새인과 율법학자들이 자신들에게 유리하도록 말씀을 왜곡해 만들어 놓은 장로들의 전통 중 하나를 예로 들어 그들의 주장을 정면으로 반박했다. 자식이 부모를 공양하기 위해 사용해야 할 재물을 하나님께 드리는 예물로 바꿔 제사장들에게 바치기로 하면 보다 거룩한 일에 사용한 것이니 부모를 공양하지 않아도 괜찮다고 가르친 걸 비판한 것이다.

마가복음에서는 이를 '고르반'이라고 설명했다. 이는 '하나님께 드리기 위해 거룩하게 구별하여 따로 떼어 둔 헌물'을 뜻하는 히브리어 '코르반'의 헬라어 음역이다. 본래 '하나님께 바친 헌물'이라는 개념이었는데, 구약 시대 후기부터 무엇이든 하나님께 드려지면 사람이 함부로 사용할 수 없다는 뜻의 금지와 억제를 위한 맹세의 문구로 사용되었다. 신약 시대에 이르러 바리새인들은 '고르반'이라는 맹세를 악용하여 그 맹세한 것이 부모를 공양하는 데 필요한 것일지라도 취소하지 않았다. 사람들은 부모를 공양하는 데 들어가는 재물이 아까워 함부로 '고르반' 맹세를 함으로써 합법적으로 부모를 공양하지 않으면서도 자신의 재물을 그대로 지키는 수단으로 활용하였다. 경건한 신앙생활을 가장해서 인륜을 저버린 것이다.

원죄를 가진 인간은 태생적으로 이기적이며 게으르고 나약하다. 하나님께서 율법을 통해 제사와 생활에 필요한 여러 규칙들을 정해주신 것은 그렇게라도 하지 않으면 사람들이 자발적으로 진심을 다해 하나님을 경외하고 서로 배려하며 사랑하면서 살아갈 수 없기 때문이었다. 제사나 제도나 율법이나 계명보다 더 중요한 것은 하나님에 대한 순종과 사랑이다.

"주님께서 어느 것을 더 좋아하시겠습니까? 주님의 말씀에 순종하는 것이겠습니까? 아니면, 번제나 화목제를 드리는 것이겠습니까? 잘 들으십시오. 순종이 제사보다 낫고, 말씀을 따르는 것이 숫양의 기름보다 낫습니다." 사무엘상 15장 22절

말씀을 따르지 않은 사울 왕을 꾸짖으며 사무엘이 했던 말이다. 예수의 가르침과 다르지 않다. 그렇다면 부모를 공양하지 않고, 식솔과 형제자매들의 어려움을 살피지 않으며, 헐벗고 굶주린 이웃의 아픔을 외면한 채 자신의 소유를 '고르반'으로 맹세하거나 성전에 제물로 바치는 것은 하나님의 뜻도 아니고 하나님을 기쁘시게 하는 일도 아니다. 하나님 사랑과 이웃 사랑은 동전의 양면과 같다. 하나님을 사랑하는 사람이 부모와 식솔과 형제자매와 이웃을 사랑하지 않을 리 없기 때문이다. 만약 누군가 악의적으

로 고르반 맹세를 하며 인륜을 저버린다면 제사장이나 바리새인이나 율법학자들이 나서서 율법의 참 뜻을 올바로 가르치고 맹세를 취소하도록 해야 했지만 그들은 자신들의 기득권을 위해 절대 그렇게 하지 않았다.

이에 예수는 바리새인과 율법학자들이 전가의 보도처럼 사용하던 모세의 율법과 선지자의 예언을 들어 이들을 위선자라고 질책한 것이다. 그런 다음 무리를 가까이 불러 말했다.

"너희는 내 말을 듣고 깨달아라. 입으로 들어가는 것이 사람을 더럽히는 것이 아니라, 입에서 나오는 것, 그것이 사람을 더럽힌다." 마태복음 15장 10절~11절

깨끗하지 않은 손으로 집어먹은 빵이 더러운 게 아니라 율법과 예언서의 말씀을 왜곡하여 잘못 가르치면서 자신들의 잇속만 챙기느라 급급한 바리새인과 율법학자들의 마음속과 입에서 나오는 위선적인 말들이 훨씬 더 더럽다고 말씀하신 것이다. 그러자 머쓱해진 바리새인과 율법학자들이 슬그머니 자리에서 물러갔다. 잘못을 깨닫고 뉘우쳐서 물러간 게 아니라 두고 보자며 이를 갈면서 물러났을 티이다. 그들이 사라지자 제자들이 예수께 말하였다.

"바리새파 사람들이 스승님의 말씀을 듣고 분개하고 있다는 것을 아십니까?"

제자들은 진심으로 스승을 걱정하고 있었다. 예수께서 이런 제자들을 보고 대답했다.

"나의 하늘 아버지께서는 자기가 심지 않으신 식물은 모두 뽑아 버리실

것이다. 그들을 내버려 두어라. 그들은 눈 먼 사람이면서 눈 먼 사람을 인도하는 길잡이들이다. 눈 먼 사람이 눈 먼 사람을 인도하면, 둘 다 구덩이에 빠질 것이다."

예수께서 명쾌한 말씀으로 기세등등하던 바리새인과 율법학자들의 공박을 일축하는 광경을 지켜본 베드로가 스승에게 다가가 방금 말씀하신 비유의 뜻을 다시 설명해 달라고 요청했다. 평생 갈릴리 호수에서 물고기만 잡던 베드로로서는 선뜻 이해가 되지 않았던 것이다.

"너희도 아직 깨닫지 못하느냐? 입으로 들어가는 것은 무엇이든지, 뱃속으로 들어가서 뒤로 나가는 줄 모르느냐? 그러나 입에서 나오는 것들은 마음에서 나오는데, 그것들이 사람을 더럽힌다. 마음에서 악한 생각들이 나온다. 곧 살인과 간음과 음행과 도둑질과 거짓 증언과 비방이다. 이런 것들이 사람을 더럽힌다. 그러나 손을 씻지 않고서 먹는 것은, 사람을 더럽히지 않는다." 마태복음 15장 16절~20절

하나님께서 일러주신 정결 예식의 본래 뜻과 의미는 중요하고 지키도록 애쓰는 게 마땅하지만 더욱 본질적인 것은 몸의 정결보다 마음의 정결, 나아가 영적인 정결이라는 가르침이었다. 더러운 빵이 입에 들어가는 것에 분노할 정도의 높은 윤리의식과 도덕성을 가졌다면 왜 그보다 훨씬 중대한 살인과 간음과 음행과 도둑질과 거짓 증언과 비방 같은 악한 생각들이 입에서 나오는 것에 대하여는 외면하고 침묵하느냐는 일갈이었다. 손을 씻지 않고 빵을 먹는다고 해서 사람이 더럽혀지지 않는다는 말씀은 지금으로서는 당연한 이야기처럼 들리지만 정결 예식을 실정법처럼 존중하며 지키던

당시 유대인들에게는 충격적인 선언이었다.

바울의 동역자이자 베드로의 통역을 맡았던 마가 요한이 두 사도가 순교한 후 로마에서 두 사람으로부터 들었던 증언을 토대로 예수의 행적을 모아 메시야의 수난을 중심으로 기록한 '마가복음 Mark'에서는 이날 예수께서 제자들에게 모든 음식은 깨끗한 것으로 하나님께서 주신 것이니 율법에 얽매이지 말고 믿음으로 자유롭게 먹으면 된다고 선언하셨다.

"예수께서는 이런 말씀을 하여 모든 음식은 깨끗하다고 하셨다." 마가복음 7장 19절

NIV 영어 성경에서는 이 구절을 보다 선명하게 번역하였다.

"In saying this, Jesus declared all foods 'clean'."

레위기에 선포된 음식에 대한 계명이 예수 그리스도에 의해 새롭게 선포된 것이다. 누가복음에는 정결 예식 때문에 예수께서 바리새인을 또다시 꾸짖으시는 장면이 나온다.

"예수께서는 말씀을 마치시고 어느 바리사이파 사람의 저녁 초대를 받아 그 집에 들어가 식탁에 앉으셨다. 그런데 예수께서 손 씻는 의식을 치르지 않고 음식을 잡수시는 것을 보고 그 바리사이파 사람은 깜짝 놀랐다. 그래서 주께서 이렇게 말씀하셨다. '너희 바리사이파 사람들은 잔과 접시의 겉은 깨끗이 닦아놓지만 속에는 착취와 사악이 가득 차 있다.

이 어리석은 사람들아, 겉을 만드신 분이 속도 만드신 것을 모르느냐? 그릇 속에 담긴 것을 가난한 사람들에게 주어라. 그러면 모든 것이 다 깨끗해질 것이다." 누가복음 11장 37절~41절, 공동번역

41절 말씀을 NIV 영어 성경에서는 다음과 같이 번역하였다.

"But give what is inside the dish to the poor, and everything will be clean for you."

역시 모세의 율법과 장로들의 전통보다 하나님과 이웃에 대한 사랑이 더 중요하다는 것을 강조한 말씀이다. 후일 예수는 최후의 만찬을 마친 뒤 로마 병정들에게 체포되기 직전 마지막으로 제자들에게 새로운 계명을 주셨다. 이것이 곧 모든 율법과 예언서의 완성이었다.

"이제 나는 너희에게 새 계명을 준다. 서로 사랑하여라. 내가 너희를 사랑한 것 같이, 너희도 서로 사랑하여라. 너희가 서로 사랑하면, 모든 사람이 그것으로써 너희가 내 제자인 줄을 알게 될 것이다." 요한복음 13장 34절~35절

예수께서 가르쳐주신 이 같은 새로운 계명은 제자들과 그의 말씀을 들은 많은 유대인들에게 지대한 영향을 끼쳤다. 훗날 히브리서 기자는 외적인 정결 예식은 개혁의 대상이요 한계가 있는 것으로써 예수 그리스도가 십자가 희생을 통해 온전하게 하실 거라고 말하고 있다.

"이 모든 것은 현세를 상징하는 것입니다. 그 제도를 따라 봉헌물과 희생제물을 바치지만 그것이 예배하는 사람의 양심을 완전하게 해주지는 못합니다. 그것은 다만 먹을 것과 마실 것과 여러 가지 씻는 예식에 관한 인간적인 규칙들로서 하느님께서 모든 일을 바로잡으시는 때가 올 때까지 유효할 뿐입니다." 히브리서 9장 9절~10절, 공동번역

바르톨로메 에스테반 무리요(1618~1682, 스페인),
〈순례자들에게 빵을 나눠주는 아기 예수〉, 캔버스에 유화,
219×182cm, 부다페스트 미술관, 부다페스트

반종교개혁운동의 대표적 화가 무리요의 작품이다. 그는 성모 마리아가 등장하는 그림을 많이 그렸는데, 미묘한 명암과 우아한 형태와 따뜻한 색조 속에 경건하면서도 사랑스러운 느낌이 가득해 사람들은 그를 '에스파냐의 라파엘로'라고 불렀다. 구름 위에 선 아기 예수가 오른쪽 아래에 줄지어 선 순례자들에게 빵을 나눠주고 있다. 예수 뒤에는 인자한 미소를 띤 마리아가 앉아 있고, 왼쪽에는 빵바구니를 든 천사가 수종을 들고 있으며, 황금빛 하늘 주변으로 아기 천사들이 나타나 주의 영광을 찬양하고 있다. 말씀을 먹지 못해 죽어가고 있는 인류를 위해 친히 생명의 빵으로 세상에 오신 예수 그리스도의 사명을 잘 드러내고 있다.

그 때에 예수께서 제자들을 불러

"이 많은 사람들이 벌써 사흘 동안이나 나와 함께 지내면서

아무것도 먹지 못하였으니 참 보기에 안 되었구나.

가다가 길에서 쓰러질지도 모르니 그들을 굶겨 보내서야 되겠느냐?" 하고 말씀하셨다.

제자들이 "이런 외딴 곳에서 이 많은 사람들을

배불리 먹일 만한 빵을 어떻게 구하겠습니까?" 하자

예수께서 "빵이 몇 개나 있느냐?" 하고 물으셨다.

그들이 "빵 일곱 개와 작은 물고기 몇 마리뿐입니다." 하니까

예수께서는 사람들을 땅에 앉게 하시고

빵 일곱 개와 물고기를 손에 들고

하느님께 감사의 기도를 드리신 다음 떼어서 제자들에게 주셨다.

제자들은 그것을 사람들에게 나누어주었다.

사람들은 모두 배불리 먹었다.

그리고 남은 조각을 주워 모으니 일곱 바구니에 가득 찼다.

먹은 사람은 여자와 어린이들 외에 남자만도 사천 명이나 되었다.

예수께서는 군중을 돌려보내시고 나서 배를 타고 마가단 지방으로 가셨다.

마태복음 15장 32절~39절, 공동번역

34
가난한 자들의
진정한 친구

가난한 사람에게 기쁜 소식을 전하러 온 예수

하나님께서 시종일관 각별한 애정을 가지고 관심을 기울인 대상은 과부와 고아와 가난한 사람들이었다. 이들에 대한 하나님의 세심한 배려는 제사는 물론 각종 제도와 율법에 고스란히 반영되었다. 하지만 권력과 부를 독점한 지배층과 기득권 세력은 자신들이 가진 소유를 지키고 세습하기 위해 소외된 사람들을 먼저 배려하라는 하나님 말씀을 따르지 않았다.

예수님께서 가장 힘주어 강조한 것도 이들 가난하고 힘없고 불쌍한 사람들을 우선적으로 배려하고 사랑하라는 말씀이었다. 누가복음에는 예수께서 광야에서 40일 동안 금식하며 기도하신 뒤 사탄의 시험을 이기고 공생애를 막 시작하실 무렵 제일 먼저 하신 일이 기록되어 있다. 그의 관심이 어디에 있고, 그의 사역이 어떻게 펼쳐질지를 가늠하게 해주는 대목이다.

자신이 자란 나사렛으로 돌아온 예수는 안식일에 회당에 들어가 선 채로 성경을 읽었다.

"주님의 영이 내게 내리셨다. 주님께서 내게 기름을 부으셔서, 가난한 사람에게 기쁜 소식을 전하게 하셨다. 주님께서 나를 보내셔서, 포로 된 사람들에게 해방을 선포하고, 눈먼 사람들에게 눈 뜸을 선포하고, 억눌린 사람들을 풀어 주고, 주님의 은혜의 해를 선포하게 하셨다." 누가복음 4장 18절~19절

이사야서 61장 1절부터 2절까지의 말씀이다. 예수께서 아무 성경 구절이나 되는 대로 읽으신 게 아니었다. 두루마리 성경을 건네주는 사람으로부터 이사야 예언서를 달라고 해서 해당 본문을 찾아 읽은 것이다. 그런 다음 다시 두루마리 성경을 시중드는 사람에게 되돌려준 후 자리에 앉으셨다. 회당에 모인 사람들의 눈길이 일제히 예수에게 집중되었다. 도대체 무슨 까닭으로 이사야서 61장 말씀을 읽은 것일까 궁금해서였다. 예수께서 말씀하셨다.

"이 성경 말씀이 여러분이 들으시는 가운데서 오늘 이루어졌습니다."

약 700년 전에 선포된 이사야의 예언이 그날 그곳에서 많은 무리들이 들었던 것처럼 온전히 성취되었다고 선언하였다. 이사야가 예언한 메시야가 바로 자신임을 드러낸 것이다. 예수의 메시지는 가난한 사람, 포로 된 사람, 눈먼 사람, 억눌린 사람에게 집중되어 있다. 이는 실제로 헐벗고 굶주린 사람, 로마의 식민으로 살아가는 힘없는 사람, 옥에 갇혀 절망에 처한 억울한

사람, 착취와 탄압으로부터 헤어날 길이 없는 사람을 가리키기도 하고, 영적으로 메말라 갈급한 사람, 사탄의 포로가 되어 살아가는 사람, 하나님의 말씀을 알지 못해 영의 눈이 멀어버린 사람, 죄와 사망의 권세에 억눌려 지내는 사람을 지칭하기도 한다. 이들에게 기쁜 소식을 전하고, 해방과 눈 뜸을 선포하며, 자유를 누리게 해주겠다는게 예수의 선언이었다. 이것이 힘없고 억울하고 소외되고 가난한 사람에게 선포된 복음이었다.

히브리어 '아나임'은 권력자들과 부자들의 사회적 억압과 경제적 수탈로부터 자기 자신을 도저히 구원할 능력이 없는 사람을 가리킨다. 이들은 오직 하나님만을 의지할 수밖에 없다. 사람으로 오신 예수는 하나님과 마찬가지로 가난한 사람들에게 특별한 관심을 갖고 계셨다. 가난한 사람에게 가장 기쁜 소식은 무엇일까? 밥을 주는 것이다. 여기 따뜻한 밥이 있으니 아무 조건 없이 배불리 먹으라는 소식이다. 예수는 이들에게 밥을 주러 오신 것이다. 그가 주는 밥은 육신을 위한 양식만이 아니었다. 썩어 없어질 육신의 배고픔을 해결하는 밥에 그치는 게 아니라 영원한 안식이 보장된, 영혼을 살리는 진리의 밥, 생명의 밥을 주시기 위함이었다. 이 놀라운 기쁨의 소식이 그날 회당에서 예수의 말씀을 통해 선포된 것이다. 이후 사복음서에는 가난한 사람들을 위한 예수의 메시지가 끊임없이 이어진다.

"마음이 가난한 사람은 복이 있다. 하늘나라가 그들의 것이다." 마태복음 5장 3절

"달라는 사람에게 주고 꾸려는 사람의 청을 물리치지 마라." 마태복음 5장 42절, 공동번역

산상수훈에 나오는 말씀이다. 동시에 가난한 사람을 돕는 태도에 대해서도 가르치셨다.

"너희는 남에게 보이려고 의로운 일을 사람들 앞에서 하지 않도록 조심하여라. 그렇지 않으면, 너희는 하늘에 계신 너희 아버지에게서 상을 받지 못한다. 그러므로 네가 자선을 베풀 때에는, 위선자들이 사람들에게 칭찬을 받으려고 회당과 거리에서 그렇게 하듯이, 네 앞에 나팔을 불지 말아라. 내가 진정으로 너희에게 말한다. 그들은 자기네 상을 이미 다 받았다. 너는 자선을 베풀 때에는, 오른손이 하는 일을 왼손이 모르게 하여, 네 자선 행위를 숨겨두어라. 그리하면, 남모르게 숨어서 보시는 네 아버지께서 너에게 갚아 주실 것이다." 마태복음 6장 1절~4절

마태복음에는 저자 자신이 어떻게 예수를 만나 제자가 되었는지 상세히 기록되어 있다.

어느 날 예수와 제자들이 길을 가던 중에 마태가 세관에 앉아 있는 것을 보았다. 세관 稅關, tax booth 은 세금을 징수하는 사무소로 수로 통관세를 징수하고 관리하던 곳을 가리키는데, 헤롯 안디바와 헤롯 빌립 영토의 경계 도시였던 가버나움의 세관이 대표적이다. 마태는 바로 여기에 앉아 일을 보고 있었다. 그의 직업이 세리였기 때문이다. 세리 稅吏, tax collector 는 세무 행정을 처리하고 세금을 징수하는 관리를 일컫는다. 로마 정부는 세리들에게 도급제로 권한을 부여했다. 따라서 세리들은 임의대로 금액을 정해 많은 세금을 거두어들인 다음 로마 정부에 일정액의 세금을 바친 뒤 나머지는 자기들 몫으로 착복했다. 이런 까닭에 세리들은 백성들로부터 많은 원성을

샀으며, 민족의 반역자 또는 변절자로 손가락질을 받았다. 뿐만 아니라 이들은 이교도들과 자주 왕래함으로써 율법을 어긴 부정한 사람들로 낙인 찍혔고, 죄인들이나 창기들과 같은 상종할 수 없는 부류의 인간들로 취급받았다.

그런데 예수께서 그런 마태에게 주목하셨다. 그를 제자로 부르신 것이다.

"나를 따라오시지요. 이제부터 다른 제자들과 함께 사람을 낚는 어부로 살게 될 겁니다."

마태는 순순히 예수를 따라나섰다. 누구보다 안정적인 삶, 호의호식할 수 있는 환경을 박차고 거지 차림의 예수와 그 제자들을 따라간 것이다. 그 역시 예수에 대한 소문을 익히 듣고 있었을 것이다. 그는 자신을 부르는 예수의 눈빛과 목소리에 압도되었을 것이다. 도저히 거역할 수 없는 예수의 영적 권위 앞에서 그는 과감히 이전 삶을 버리고 새 삶을 선택했다.

마태는 예수와 그 제자들을 자기 집으로 초대해 식사를 대접했다. 평소 마음속으로 흠모하던 예수의 제자가 된 것이 너무도 기쁘고 감사했기 때문이다. 그는 경제적으로 여유가 있었으니 어느 때보다 더 풍성한 잔칫상을 차려냈을 게 분명하다. 그리고 자신의 친구들인 다른 세리들을 초대했고, 바리새인들이 죄인이라 부르는 부류의 사람들도 대거 초청했다. 평소 부정한 사람이 사는 집으로 여겨져 한산하기만 했던 그의 집이 사람들로 북적거렸다. 이때 바리새파 사람들과 율법학자들이 나타나 혀를 차면서 예수의 제자들에게 말했다.

"어찌하여 당신네 선생은 세리와 죄인과 한데 어울려서 음식을 먹고 마시는 거요?"

바리새인들로서는 도저히 이해할 수 없는 일이었다. 예수께서 이 말을 듣고 대답하셨다.

"성한 사람에게는 의사가 필요하지 않으나 병자에게는 필요하다. 너희는 가서 '내가 바라는 것은 동물을 잡아 나에게 바치는 제사가 아니라 이웃에게 베푸는 자선이다.' 하신 말씀이 무슨 뜻인가를 배워라. 나는 선한 사람을 부르러 온 것이 아니라 죄인을 부르러 왔다." 마태복음 9장 12절~13절, 공동번역

예수와 제자들, 새로 제자가 된 마태와 그의 친구인 세리들과 죄인들은 예수의 말씀을 듣고 더욱 기쁨에 넘쳐 즐거운 식사를 이어갔고, 바리새인들은 분을 참지 못한 채 물러갔다.

가난과 무소유에 대한 훈련과 가르침

마침내 예수의 열두 제자가 확정되었다. 사도들의 이름은 베드로와 그의 형제 안드레, 세베대의 아들 야고보와 그의 형제 요한, 빌립과 바돌로매, 도마와 마태, 알패오의 아들 야고보와 다대오, 가나안인 시몬과 가룟 유다였다. 예수께서 이들에게 더러운 귀신을 쫓아내며 모든 병과 약한 것을 고치는 권능을 주셨다. 그런 다음 이들을 각 지방으로 내려 보냈다.

"이방 사람의 길로도 가지 말고, 또 사마리아 사람의 고을에도 들어가지 말아라. 오히려 길 잃은 양 떼인 이스라엘 백성에게로 가거라. 다니면서 '하늘나라가 가까이 왔다'고 선포하여라. 앓는 사람을 고쳐 주며,

죽은 사람을 살리며, 나병 환자를 깨끗하게 하며, 귀신을 쫓아내어라. 거저 받았으니, 거저 주어라. 전대에 금화도 은화도 동전도 넣어 가지고 다니지 말아라. 여행용 자루도, 속옷 두 벌도, 신도, 지팡이도, 지니지 말아라. 일꾼이 자기 먹을 것을 얻는 것은 마땅하다. 아무 고을이나 아무 마을에 들어가든지, 거기서 마땅한 사람을 찾아내서, 그곳을 떠날 때까지 거기에 머물러 있어라." 마태복음 10장 5절~11절

일종의 거지 여행을 시킨 것이다. 아무것도 소유하지 않은 채 맨몸으로 여러 고을을 다니면서 전도하고, 병든 사람을 치유하며, 끼니때가 되면 사람들에게 음식을 얻어먹으며 다니라는 말씀이었다. 자신이 십자가에 달려 처형당한 이후를 대비해 제자들을 미리 훈련시키기 위함이었다. 가난과 결핍은 제자의 삶에 필수적 요소였다. 제자들은 흩어져 이곳저곳을 두루 다니며 복음을 전했고, 많은 환자들을 만나 병을 고쳐주었다. 먹고 자는 건 각자 알아서 해결해야 했다. 얼마 뒤 사도들은 예수께 돌아와 자신들에게 있었던 일들을 모두 보고했다.

훗날 예수께서는 다시 70명의 제자들을 세워 같은 방식으로 전도 훈련을 시키셨다.

"떠나라. 이제 내가 너희를 보내는 것이 마치 어린 양을 이리떼 가운데 보내는 것과 같구나. 다닐 때 돈주머니도 식량 자루도 신도 지니지 말 것이며 누구와 인사하느라고 가던 길을 멈추지도 마라. 어느 집에 들어가든지 먼저 '이 댁에 평화를 빕니다!' 하고 인사하여라. 그 집에 평화를 바라는 사람이 살고 있으면 너희가 비는 평화가 그 사람에게 머무를

것이고 그렇지 못하면 너희에게 되돌아올 것이다. 주인이 주는 음식을 먹고 마시면서 그 집에 머물러 있어라. 일꾼이 품삯을 받는 것은 당연한 일이다. 이 집 저 집으로 옮겨 다니지 마라. 어떤 동네에 들어가든지 너희를 환영하거든 주는 음식을 먹고 그 동네 병자들을 고쳐주며 하느님 나라가 그들에게 다가왔다고 전하여라." 누가복음 10장 3절~9절, 공동번역

가난과 무소유에 대한 예수의 가르침은 계속되었다.

어느 날 예수께서 성전에서 말씀을 가르치신 후 헌금함 맞은쪽에 앉아서 사람들이 어떻게 헌금함에 돈을 넣는가를 보고 계셨다. 부자들이 여럿 와서 헌금함에 많은 돈을 넣고 갔다. 그 뒤 가난한 과부 한 사람이 와서 쭈뼛거리며 렙돈 두 닢 곧 한 고드란트를 헌금함에 넣었다. 렙돈은 그리스의 최소 단위 구리 동전으로 '한 푼' 또는 '호리'로도 번역된다. 한 고드란트는 헬라 화폐에서 가장 작은 돈인 두 렙돈에 해당한다. 지극히 하찮은 금액의 돈이었다. 이 광경을 목격한 예수께서 제자들을 곁에 불러 놓고 말씀하셨다.

"내가 진정으로 너희에게 말한다. 헌금함에 돈을 넣은 사람들 가운데, 이 가난한 과부가 어느 누구보다도 더 많이 넣었다. 모두 다 넉넉한 데서 얼마씩을 떼어 넣었지만, 이 과부는 가난한 가운데서 가진 것 모두 곧 자기 생활비 전부를 털어 넣었다." 마가복음 12장 43절~44절

하루는 예수께서 바리새파 지도자들 가운데 한 사람의 집에 음식을 먹기 위해 들어가셨다. 그는 늘 바리새인들에게 비판적이었지만 거리낌 없이 어울리기도 했다. 그 날은 안식일임에도 예수는 앞에 있는 수종병 水腫病, 복부에 물

이 차서 심장, 신장, 간장 등을 압박하고 몸이 붓는 병 환자의 병을 고쳐주었다. 그러고는 자신을 초대한 사람에게 이렇게 말씀하셨다.

"네가 점심이나 만찬을 베풀 때에, 네 친구나 네 형제나 네 친척이나 부유한 이웃 사람들을 부르지 말아라. 그렇게 하면 그들도 너를 도로 초대하여 네게 되갚아, 네 은공이 없어질 것이다. 잔치를 베풀 때에는, 가난한 사람들과 지체에 장애가 있는 사람들과 다리 저는 사람들과 눈먼 사람들을 불러라. 그리하면 네가 복될 것이다. 그들이 네게 갚을 수 없기 때문이다. 의인들이 부활할 때에, 하나님께서 네게 갚아 주실 것이다." 누가복음 14장 12절~14절

어떤 사람이 예수께 다가와서 물었다.

"선생님, 제가 영원한 생명을 얻으려면, 무슨 선한 일을 해야 합니까?"

예수께서 그에게 대답하셨다.

"어찌하여 당신은 나에게 선한 일을 묻는 겁니까? 선한 분은 한 분이십니다. 당신이 생명에 들어가기를 원한다면 계명들을 지키십시오."

그러자 그가 예수께 다시 물었다.

"어느 계명들을 지켜야 합니까?"

예수께서 말씀하셨다.

"살인하지 마십시오. 간음하지 마십시오. 도둑질하지 마십시오. 거짓 증언을 하지 마십시오. 아버지와 어머니를 공경하십시오. 그리고 당신의 이웃을 당신의 몸처럼 사랑하십시오."

그 젊은이가 예수께 말하였다.

"저는 이 모든 것을 다 지켰습니다. 아직도 무엇이 부족합니까?"

예수께서 그를 보고 말씀하셨다.

"당신이 완전한 사람이 되려면 가서 당신의 소유를 팔아 가난한 사람들에게 나눠주십시오. 그러면 당신이 하늘에서 보화를 차지하게 될 것입니다. 그러고 나서 나를 따르십시오."

예수의 말을 들은 그 젊은이는 더 이상 아무 말도 하지 못하고 근심어린 표정으로 돌아갔다. 그에게는 재산이 너무 많았기 때문이다. 예수께서 제자들을 둘러보며 말씀하셨다.

"내가 진정으로 너희에게 말한다. 부자는 하늘나라에 들어가기가 어렵다. 내가 다시 너희에게 말한다. 부자가 하나님 나라에 들어가는 것보다 낙타가 바늘귀로 지나가는 것이 더 쉽다." _{마태복음 19장 23절~24절}

그 청년은 자신이 모든 율법을 다 지키며 살았노라 자부했지만 소유에 대한 미련을 버리지 못함으로써 예수의 제자가 될 수 없었다. 무소유로 산다는 건 그만큼 어려운 일이었다. 부자가 하늘나라에 들어가는 것이 얼마나 어려운 일인지는 한 부자와 거지 나사로에 관한 비유의 말씀에서도 고스란히 드러난다. 예수는 제자들을 모아 놓고 이렇게 말씀하셨다.

"어떤 부자가 있었는데, 그는 자색 옷과 고운 베옷을 입고, 날마다 즐겁고 호화롭게 살았다. 그런데 그 집 대문 앞에는 나사로라 하는 거지 하나가 헌데 투성이 몸으로 누워서, 그 부자의 상에서 떨어지는 부스러기로 배를 채우려고 하였다. 개들까지도 와서, 그의 헌데를 핥았다. 그러다가, 그 거지는 죽어서 천사들에게 이끌려가서 아브라함의 품에 안기었고, 그 부자도 죽어서 묻히었다. 부자가 지옥에서 고통을 당하다가 눈을 들어서 보니, 멀리 아브라함이 보이고, 그의 품에 나사로가 있었다. 그래서 그가 소리를 질러 말하기를 '아브라함 조상님, 나를 불쌍히 여겨 주십시오. 나사로를 보내서, 그 손가락 끝에 물을 찍어서 내 혀를 시원하게 하도록 하여 주십시오. 나는 이 불 속에서 몹시 고통을 당하고 있습니다' 하였다. 그러나 아브라함이 말하였다. '애야, 되돌아보아라. 네가 살아 있을 동안에 너는 온갖 호사를 다 누렸지만, 나사로는 온갖 괴로움을 다 겪었다. 그래서 그는 지금 여기서 위로를 받고, 너는 고통을 받는다. 그뿐만 아니라, 우리와 너희 사이에는 큰 구렁텅이가 가로놓여 있어서, 여기에서 너희에게로 건너가고자 해도 갈 수 없고, 거기에서 우리에게로 건너올 수도 없다.' 부자가 말하였다. '조상님, 소원입니다. 그를 내 아버지 집으로 보내 주십시오. 나는 형제가 다섯이나 있습니다. 제발 나사로가 가서 그들에게 경고하여, 그들만은 고통 받는 이곳에 오지 않게 하여 주십시오.' 그러나 아브라함이 말하였다. '그들에게는 모세와 예언자들이 있으니, 그들의 말을 들어야 한다.' 부자는 대답하였다. '아닙니다. 아브라함 조상님, 죽은 사람들 가운데서 누가 살아나서 그들에게로 가야만, 그들이 회개할 것입니다.' 아브라함이 그에게 대답하였다. '그들이 모세와 예언자들의 말을 듣지 않는다면, 죽은 사람들 가운데서 누가 살아난다고 해도, 그들은 믿지 않을 것이다.'" 누가

복음 16장 19절~31절

이 비유는 부자는 악이고 가난한 자는 선이라는 이분법적 논리를 가르치

고 있는 게 아니다. 부자가 자신이 가진 소유에 대한 집착을 버린다는 것이 얼마나 어려운 일인지를 설명하면서 그 소유에 대한 과도한 집착이 결국 하나님 사랑과 이웃 사랑에 걸림돌이 되어 구원에 이르지 못하게 된다는 경고를 하고 있는 것이다. 부자가 자색 옷과 고운 베옷을 입고 날마다 즐겁고 호화롭게 살았다는 건 하나님께 경배하고 이웃의 아픔을 돌아보는 일보다 자신의 안위와 쾌락만을 위해 살았다는 이야기다.

반면 아무것도 소유하지 못한 채 병들고 허기진 육신으로 평생 거지 생활을 한 나사로는 소유에 대한 집착이 없기에 하나님만 의지할 수 있었고 결국 천사들에게 이끌려가서 아브라함의 품에 안기게 되었다. 하나님과 사람보다 재물을 더 사랑하고 소중히 여기는 물욕은 설사 죽은 사람이 살아와서 증언한다 해도 회개하고 돌이키거나 깨닫고 되돌아설 수 없는 것임을 예수께서 이 비유를 통해 가르쳐주고 있다. 이에 반해 물욕을 버리고 회개함으로써 구원받은 사람에 대한 이야기도 성경에 등장한다.

어느 날 예수께서 팔레스타인에서 가장 오래된 성읍인 여리고 성 안을 지나가고 계셨다. 그때 삭개오라는 사람이 거기 있었다. 그는 세관장이고 부자였다. 세관장은 세리의 우두머리로 한 지역의 징수권을 사서 몇 명의 부하 세리를 두고 세금을 징수하는 사람이었다. 민족의 반역자 또는 변절자로 손가락질 받는 세리들 중에서도 가장 부정한 사람에 속했다.

그는 예수가 어떤 사람인지 궁금했다. 가까이 가서 얼굴이라도 보려고 애를 썼지만 사람들이 너무 많아 볼 수가 없었다. 그의 키가 워낙 작았기 때문이다. 그는 한 가지 꾀를 냈다. 앞서 달려가 뽕나무에 올라간 것이다. 예수께서 거기를 지나가실 때 나무 위에서라도 얼굴을 보고 싶었던 까닭이다. 이윽고 뽕나무 아래를 지나던 예수께서 그를 보고 말씀하셨다.

"삭개오시군요. 어서 내려오십시오. 오늘은 내가 당신의 집에서 묵어야 겠습니다."

그는 화들짝 놀랐다. 자신을 쳐다보고 말을 건넸을 뿐만 아니라 어떻게 알았는지 친절하게 이름까지 불러주었기 때문이다. 삭개오는 쏜살같이 내려와 몹시 기뻐하면서 예수를 자기 집으로 모셔 들였다. 이 광경을 목격한 많은 사람들이 여기저기서 수군거리며 말했다.

"예수가 죄인의 집에 묵으려고 들어갔다."

예수를 집 안으로 모신 삭개오는 일어서서 감격스러운 표정으로 예수께 이야기했다.

"주님, 보십시오. 내 소유의 절반을 가난한 사람들에게 주겠습니다. 또 내가 누구에게서 강제로 빼앗은 것이 있으면, 네 배로 하여 갚아 주겠습니다."

삭개오의 고백을 들은 예수께서 흐뭇한 얼굴로 그에게 말씀하셨다.

"오늘 구원이 이 집에 이르렀다. 이 사람도 아브라함의 자손이다. 인자는 잃은 것을 찾아 구원하러 왔다." 누가복음 19장 9절~10절

주린 자에게 먹을 것을 목마른 자에게 마실 것을 주라

예수께서 유월절을 맞아 최후의 만찬을 위해 예루살렘 성으로 들어가시기 전 제자들을 불러 모아 장차 세상 마지막 날에 있게 될 심판에 대해 비유로 말씀해주셨다.

"인자가 모든 천사와 더불어 영광에 둘러싸여서 올 때에, 그는 자기의

영광의 보좌에 앉을 것이다. 그는 모든 민족을 그의 앞에 불러 모아, 목자가 양과 염소를 가르듯이 그들을 갈라서, 양은 그의 오른쪽에, 염소는 그의 왼쪽에 세울 것이다. 그때에 임금은 자기 오른쪽에 있는 사람들에게 말하기를 '내 아버지께 복을 받은 사람들아, 와서, 창세 때로부터 너희를 위하여 준비한 이 나라를 차지하여라. 너희는, 내가 주릴 때에 내게 먹을 것을 주었고, 목마를 때에 마실 것을 주었으며, 나그네로 있을 때에 영접하였고, 헐벗을 때에 입을 것을 주었고, 병들어 있을 때에 돌보아 주었고, 감옥에 갇혀 있을 때에 찾아 주었다' 할 것이다. 그때에 의인들은 그에게 대답하기를 '주님, 우리가 언제, 주님께서 주리신 것을 보고 잡수실 것을 드리고, 목마르신 것을 보고 마실 것을 드리고, 나그네 되신 것을 보고 영접하고, 헐벗으신 것을 보고 입을 것을 드리고, 언제 병드시거나 감옥에 갇히신 것을 보고 찾아갔습니까?' 하고 말할 것이다. 임금이 그들에게 말하기를 '내가 진정으로 너희에게 말한다. 너희가 여기 내 형제자매 가운데, 지극히 보잘 것 없는 사람 하나에게 한 것이 곧 내게 한 것이다' 할 것이다. 그때에 임금은 왼쪽에 있는 사람들에게도 말할 것이다. '저주받은 자들아, 내게서 떠나서, 악마와 그 졸개들을 가두려고 준비한 영원한 불 속으로 들어가라. 너희는 내가 주릴 때에 내게 먹을 것을 주지 않았고, 목마를 때에 마실 것을 주지 않았고, 나그네로 있을 때에 영접하지 않았고, 헐벗었을 때에 입을 것을 주지 않았고, 병들어 있을 때나 감옥에 갇혀 있을 때에 찾아 주지 않았다.' 그때에 그들도 이렇게 말할 것이다. '주님, 우리가 언제 주님께서 굶주리신 것이나, 목마르신 것이나, 나그네 되신 것이나, 헐벗으신 것이나, 병드신 것이나, 감옥에 갇히신 것을 보고도 돌보아 드리지 않았다는 것입니까?' 그때에 임금이 그들에게 대답하기를 '내가 진정으로 너희에게 말한다. 여기 이 사람들 가운데서 지극히 보잘 것 없는 사람 하나에게 하지 않은 것이 곧 내게 하지 않은 것이다' 하고 말할 것이다. 그리하여, 그들은 영원한 형벌로 들어가고, 의인들은 영원한 생명으로 들어갈 것이다." 마태복음 25장 31절~46절

하늘나라는 가난하고 힘없고 소외된 형제자매, 즉 지극히 보잘 것 없는 한 사람을 예수님 대하듯 하면서 주릴 때에 먹을 것을 주고, 목마를 때에 마실 것을 주며, 나그네로 있을 때에 영접하고, 헐벗을 때에 입을 것을 주며, 병들어 있을 때에 돌보아 주고, 감옥에 갇혀 있을 때에 찾아 준 사람들의 것이라는 말씀이다. 그렇게 하지 않은 사람, 즉 지극히 보잘 것 없는 사람을 돌아보지 않고 자신의 소유를 오로지 누리기만 한 사람들은 결단코 하늘나라에 들어갈 수가 없다. 이것이 바로 천국의 비밀이며, 예수께서 가난한 사람들의 친구가 되신 이유다. 지극히 보잘 것 없는 한 사람에게 먹을 것을 주고, 마실 것을 주며, 영접하고, 입을 것을 주며, 돌보아 주고, 찾아 주는 데에는 영적인 의미까지 내포되어 있음은 물론이다.

예수의 인성과 신성을 누구보다 잘 이해하고 있었던 예수의 동생 야고보는 그리스도인에 대한 고난과 박해가 극에 달했을 무렵에 기록한 '야고보서 James'를 통해 이렇게 고백했다.

"나의 형제자매 여러분, 누가 믿음이 있다고 말하면서도 행함이 없으면, 무슨 소용이 있겠습니까? 그런 믿음이 그를 구원할 수 있겠습니까? 어떤 형제나 자매가 헐벗고, 그 날 먹을 것조차 없는데, 여러분 가운데

서 누가 그들에게 말하기를 '평안히 가서, 몸을 따뜻하게 하고, 배부르게 먹으십시오' 하면서, 말만 하고 몸에 필요한 것들을 주지 않는다고 하면, 무슨 소용이 있겠습니까? 이와 같이 믿음에 행함이 따르지 않으면, 그 자체만으로는 죽은 것입니다." 야고보서 2장 14절~17절

그는 편지를 쓴 후 예루살렘에서 대제사장 아나누스에 의해 순교 당했다.

예수께서 가난한 사람에게 기쁜 소식을 전하러 왔다고 선포하시고, 제자들을 가난과 무소유에 익숙해지도록 혹독하게 훈련시키시며, 여러 말씀과 비유를 통해 주린 자에게 먹을 것을 주며 목마른 자에게 마실 것을 주라고 귀에 못이 박히도록 강조해서 가르쳐주셨음에도 불구하고 왜 세상은 지금까지도 끊임없이 헐벗고 굶주린 사람들로 넘쳐나는 것일까?

인간이 달에 발을 들여놓은 지 이미 오래고, 인공지능 알파고가 이세돌 9단에 이어 세계 바둑 1인자라는 커제 9단까지 완파할 만큼 과학기술이 놀랍게 발달했지만 인터넷에 들어가면 가장 먼저 눈길을 사로잡는 것은 다음과 같은 국제구호단체에서 올린 배너 광고 문구다.

"100킬로미터를 걷고도 먹을 것을 구하지 못했어요."

'식량 위기 2차대전 이후 최악의 상황!'

유엔 식량특별조사관으로 활동했던 스위스 제네바 대학 장 지글러 교수는 자신의 책『왜 세계의 절반은 굶주리는가?』에서 우리가 간과하고 있던 기아의 실상을 낱낱이 고발한다.

"여전히, 그래서 더 고약하게도 기아가 극성을 부리고 있다. 부가 넘쳐나는 이 지구상에서 해마다 수백만 명이 기아로 대량학살을 당하는 현실은 분명 우리 시대가 낳은 수치스러운 스캔들이다. 뼈만 앙상하게 남은 채 힘

없이 팔다리를 떨며 초점 없는 눈동자로 허공을 응시하는 어린아이들, 영양 결핍이 만들어낸 희생자들이 점점 더 넓은 지역에서, 점점 더 많아지고 있다. 2015년 현재 지구상에는 73억 명이 살고 있는데 이들 가운데 10억 명 이상이 심각하고도 상시적인 영양실조에 시달리고 있다. 생명을 유지하기 위해서나 걷거나 생각하기 위해서도 우리 인간은 에너지를 소비하는데, 이 에너지는 킬로칼로리라는 단위로 측정된다. 일상적으로 우리가 소비하는 에너지는 매일매일 고체 또는 액체 상태의 식품을 통해서 채워져야 한다. 그렇지 못하면 우리 몸은 괴로워하다가 위기에 처하게 되고 결국 죽음을 맞는다."

그에 따르면 1분에 250명의 아기가 지구상에 새로 태어나는데, 그중 197명이 이른바 제3세계라 불리는 122개 나라에서 태어난다고 한다. 그리고 그들 중 많은 수가 곧 '이름도 없는 작은이들의 묘'에 묻히는 운명을 맞는다는 것이다. 브라질 세아라주의 크라테우스라는 마을에 있는 묘는 태어난 지 며칠 혹은 몇 주 되지 않아 배고픔과 쇠약, 설사, 탈수 등으로 사망한 아기들의 무덤이다. 작은 봉분들로 뒤덮인 이 넓은 지대에 묻힌 아이들을 가리켜 프랑스 철학자 레지 드브레는 "나면서부터 십자가에 못 박힌 아이들"이라고 말했다고 한다.

장 지글러 교수는 2011년판 서문에서 이런 의미심장한 말을 한 바 있다. "이 지구상에서 10세 미만의 어린이가 5초마다 1명씩 기아로 사망한다. 이 같은 통계자료를 제공하는 FAO 유엔식량농업기구 의 연례보고서에 따르면 지금 시점에서 세계의 농업 생산량은 '정상적이라면' 120억 명을 먹여 살릴 수 있다고 한다. 그런데 2011년 현재 지구상에는 약 67억 명가량이 살고 있는 것으로 추산된다. 그렇다면 어떤 결론을 내려야 할까? 기아로 인한 죽음에는 어떠한 필연성도 없다. 기아로 죽는 어린아이는 살해당하는 것이다. 희망은 어디에 있는가? …… 조르주 베르나노스는 '신에게는 우리들의 손만이 있을 뿐이다.'라고 썼다. 우리가 세상을 바꾸지 않는다면 아무도 그 일을 하지 않을 것이다."

"신에게는 우리들의 손만이 있을 뿐이다."

프랑스 소설가 조르주 베르나노스의 말은 2천 년 전 예수의 외침과도 일맥상통한다.

"사람들을 마을로 내려 보낼 필요가 없다. 너희가 먹을 것을 주도록 해라."

하나님께서는 이미 지구상에 모든 인류가 충분히 먹고살 수 있을 만큼의 식량을 주셨지만 우리들이 그것을 올바로 나누지 않기에, 나만 자꾸 더 많이 먹으려 하기에, 내 곳간을 채우기 위해 남의 곳간이 텅 빈 것을 아랑곳하지 않기에, 내 몫 외에는 가난한 사람들을 위해 손을 펴야 함에도 자꾸 손을 움켜쥐기만 하기에, 가난과 기아가 그칠 줄을 모르는 것이다.

장 지글러 교수는 책 속에서 아들 카림과 이런 대화를 주고받는다.

"아빠! 우리나라에는 먹을 것이 넘쳐나서 사람들이 비만을 걱정하고 한쪽에서는 음식 쓰레기도 마구 버리고 있잖아요? 그런데 아프리카나 아시아, 라틴아메리카의 많은 나라들에서는 아이들이 굶어 죽어가고 있다니 정말 기막힌 일 아니에요?"

"그렇단다, 카림. 정말 하늘이 노할 노릇이지."

정말 하늘이 노할 노릇이다. 그래서 예수께서는 일찍이 이렇게 경고하셨는지 모른다.

"저주받은 자들아, 내게서 떠나서, 악마와 그 졸개들을 가두려고 준비한 영원한 불속으로 들어가라. 너희는 내가 주릴 때에 내게 먹을 것을 주지 않았고, 목마를 때에 마실 것을 주지 않았고, 나그네로 있을 때에 영접하지 않았고, 헐벗었을 때에 입을 것을 주지 않았고, 병들어 있을 때나 감옥에 갇혀 있을 때에 찾아 주지 않았다."

보니파치오 데 피타티 (1487~1553, 이탈리아),
〈부자와 나사로〉, 목판에 유채, 47×84.5cm,
영국 국립미술관, 런던

왼쪽에는 부자가 식탁에서 가족 친지들과 어울려 즐거운 시간을 보내고 있다. 모두 화려한 의복을 갖추어 입었다. 반면 오른쪽에는 무릎 꿇은 거지 나사로가 지팡이를 짚은 채 한쪽 손으로 힘겹게 구걸을 하고 있다. 종기를 앓는 그의 몸에서는 개가 핥을 정도로 역한 냄새가 났다. 나사로는 헬라어로 '도움 받을 길이 없다'는 뜻이다. 그러나 이를 히브리어로 쓰면 '하나님이 도우신다'는 뜻이 된다. 도움 받을 길이 없던 그가 하나님의 도움으로 구원에 이르게 되었다. 이 비유에서 부자는 모세와 예언자들의 경고에 귀를 막고 쾌락을 좇아 오로지 자신이 가진 소유에만 탐닉하는 바리새인과 사두개인과 서기관 같은 사람들을 가리킨다.

35
죽었다 살아난
나사로 집에서 벌어진 잔치

먹기를 탐하고 포도주를 즐기는 사람

일정한 거처 없이 이스라엘 전역을 떠돌며 지냈던 예수와 그 제자들은 무엇을 먹고 마시며 살았을까? 예수는 자신의 식생활에 대한 사람들의 수군거림에 대해 스스로 말씀하신 바 있다. 그들이 예수를 가리켜 먹기를 탐하고 포도주를 즐기는 사람이라고 했다는 것이다.

"이 세대를 무엇에 비길까? 마치 아이들이 장터에 앉아서, 다른 아이들에게 이렇게 말하는 것과 같다. '우리가 너희에게 피리를 불어도 너희는 춤을 추지 않았고, 우리가 곡을 해도, 너희는 울지 않았다.' 요한이 와서, 먹지도 않고 마시지도 않았다. 그러니까 사람들이 말하기를, '그는 귀신이 들렸다' 하고, 인자는 와서, 먹기도 하고 마시기도 하니, 그들이 말하기를 '보아라, 저 사람은 마구 먹어대는 자요, 포도주를 마시는 자요, 세리와 죄인의 친구다' 한다. 그러나 지혜는 그 한 일로 옳다는 것이 입증되었다." 마태복음 11장 16절~19절

영적으로 무감각해진 당대 사람들을 향해 예수께서 비유로 말씀하셨다. 아이들이 장터에 앉아 흥겹게 피리를 불며 혼인 잔치 놀이를 벌여도 일어서서 춤을 추지 않는 다른 아이들처럼 아무리 구원의 기쁨을 선포해도 되돌아오지 않는 메아리 같이 반응이 없다는 것이다. 또한 아이들이 장터에 앉아 슬프게 곡을 하며 장례식 놀이를 벌여도 가슴을 치며 함께 울지 않는 다른 아이들처럼 아무리 통렬하게 회개를 촉구해도 쇠귀에 경을 읽듯 꿈쩍도 하지 않는다는 것이다. 이는 예수 자신과 세례 요한의 사역을 빗대 말씀의 본질을 깨닫지 못한 채 눈에 보이는 현상에만 매몰되어 무지하게 생각하고 판단하는 사람들을 꾸짖으신 것이다. 사람들은 세례 요한을 보며 말했다.

"그는 귀신 들린 사람이야."

세례 요한은 금욕주의자로 먹고 마시는 일을 즐기지 않았고 금식을 자주 했기 때문이다. 이에 반해 예수에 대한 사람들의 평판은 전혀 다른 것이었다.

"봐라, 저 사람은 먹기를 탐하고 포도주를 즐기는 사람이요, 세리와 죄인의 친구다."

예수는 제자들과 더불어 거리낌 없이 아무 집에나 들어가 먹고 마셨다. 자신을 초대한 상대가 바리새인들이 죄인 취급하는 세리든 창녀든 병자

든 사마리아인이든 과부든 가난한 사람이든 가리지 않았다. 그런 탓에 사람들은 예수를 먹보요 주정꾼이라 부르며 식탐이나 하고 술이나 즐겨 마시는 한량으로 폄훼한 것이다. 여기서 '먹기를 탐한다'는 문장은 헬라어 단어 '파고스'로 '대식가' 또는 '게걸스럽게 먹다'는 뜻이며, '포도주를 즐기는 사람'이라는 문장은 헬라어 단어 '오이노포테스'로 '술고래' 혹은 '술에 만취되어 사는 사람'이라는 의미다. 생명의 빵으로 오신 예수, 자신의 살과 피를 사람들에게 먹고 마시도록 내어주기 위해 오신 예수로서는 지극히 당연한 일이었지만 사람들이 보기에 예수는 이상한 사람이었다.

훗날 예수께서 무덤에서 부활하여 하늘로 올라가신 다음 오순절을 맞아 제자들이 한 곳에 모여 있을 때 하늘에서 세찬 바람 같이 강력한 성령의 불길이 임하였다. 그러자 사람들이 성령으로 충만하게 되어 각각 여러 나라 방언으로 말하기 시작했다. 이를 본 세계 각국에서 온 경건한 유대 사람들이 깜짝 놀라면서 제자들 모두 새 술에 취했다고 조롱하며 비난했다. 지혜 없는 그들이 보기에 예수나 그 제자들이나 먹보요 주정꾼이기는 매한가지였던 것이다.

예수는 잔치를 아주 좋아했다. 군중에게 여러 가지 비유를 말씀하셨지만 잔치에 관한 비유가 유난히 많았다. 가장 즐거운 잔치는 신분이 낮고 천한 사람들과 어울리는 잔치였다. 하루는 예수께서 이런 비유를 들려주셨다.

"하늘나라는 자기 아들의 혼인 잔치를 베푼 어떤 임금에게 비길 수 있습니다. 임금이 자기 종들을 보내 초대받은 사람들을 잔치에 불러오게 했습니다. 그런데 사람들은 잔칫집에 오려고 하지 않았습니다. 그러자 임금은 다른 종들을 보내며 '초대받은 사람들에게 가서 음식을 다 차리고, 황소와 살진 짐승을 잡아 모든 준비를 마쳤으니, 어서 잔치에 오시라고 하여라.'

하고 말했습니다. 하지만 이번에도 초대받은 사람들은 들은 척도 하지 않고, 저마다 제 갈 곳으로 떠나갔습니다. 한 사람은 자기 밭으로 가고, 한 사람은 장사하러 간 것이죠. 그리고 나머지 사람들은 임금의 종들을 붙잡아 모욕하고 죽이기까지 했습니다. 소식을 듣고 분노한 임금은 군대를 보내서 그 살인자들을 죽이고, 그들의 도시를 불살라 버렸습니다."

"그래서 어떻게 되었습니까?"

사람들은 예수의 말씀에 귀를 쫑긋 기울였다.

"임금이 자기 종들에게 말했습니다. '혼인 잔치는 준비되었는데, 초대받은 사람들은 이것을 받을 만한 자격이 없다. 그러니 너희는 사거리로 나가서 아무나 만나는 대로 잔치에 청해 오너라.' 종들은 큰길로 나가 악한 사람이나, 선한 사람이나, 만나는 대로 다 데려왔습니다. 그래서 혼인 잔치 자리는 손님으로 가득 차게 되었죠. 임금이 손님들을 만나러 들어갔다가 거기에 혼인 예복을 입지 않은 사람이 한 명 있는 것을 보고 그에게 물었습니다. '이 사람아, 그대는 혼인 예복을 입지 않았는데, 어떻게 여기에 들어왔는가?' 그랬더니 그는 아무 말도 하지 못했습니다. 그때 임금이 종들에게 분부했습니다. '이 사람의 손발을 묶어서, 바깥 어두운 데로 내던져라. 거기서 슬피 울며 이를 갈 것이다.' 이처럼 부름 받은 사람은 많으나 **뽑힌** 사람은 적은 법입니다."

여기서 상은 하나님, 아들은 메시야를 가리킨다. 이 비유는 계속해서 하나님 나라를 거부해 온 유대 민족에 대한 경고를 담고 있다. 하나님은 인내심을 가지고 타락과 불순종의 길을 걷고 있는 이스라엘 백성들에게 선지자들을 보내 메시야의 나라에 동참할 것을 수없이 권고했으나 그들은 끝내 이를 거부함으로써 잔치에 참여하지 못하게 되었고, 오히려 초대 받지 못했던 사람들, 즉 이방인들이 잔치에 참여해 구원을 받게 될 것을 말씀하신 것이다. 마태복음 22장에 나오는 이 비유는 누가복음에도 소개되는데, 초청받은 사람들이 막상 잔칫날이 되자 이런저런 핑계를 대며 잔치에 가지 않는 모습이 보다 구체적으로 표현된다.

"한 사람은 그에게 말하기를 '내가 밭을 샀는데, 가서 보아야 하겠소. 부디 양해해주기 바라오' 하였다. 다른 사람은 '내가 겨릿소 다섯 쌍을 샀는데, 그것들을 시험하러 가는 길이오. 부디 양해해 주기 바라오' 하고 말하였다. 또 다른 사람은 '내가 장가를 들어서, 아내를 맞이하였소. 그러니 가지 못하겠소' 하고 말하였다." 누가복음 14장 18절~20절

모두 약속된 잔치에 가는 일보다 자신의 개인적인 볼일을 우선시하고 있다. 피치못할 중차대한 사유라고 보기 어려운 변명들이다. 그러자 집주인이 화를 내면서 종에게 말했다.

"어서 시내의 거리와 골목으로 나가서, 가난한 사람들과 지체에 장애가 있는 사람들과 눈먼 사람들과 다리 저는 사람들을 이리로 데려 오너라. …… 큰길과 산울타리로 나가서, 사람들을 억지로라도 데려다가, 내 집을 채워라. 내가 너희에게 말한다. 초대를 받은 사람들 가운데서는, 아무도 나의 잔치를 맛보지 못할 것이다." 누가복음 14장 21절~24절

유대인들의 잔치 풍습에서는 미리 편지나 사람을 보내 손님의 참석 여부를 물었다. 그런 다음 잔치 당일에 다시 사람을 보내 초청된 사람을 잔치에

모셔오는 것이 관례였다. 그러므로 애초 참석을 약속해 놓고 막상 당일이 되자 핑계를 대며 불참하는 것은 커다란 결례일 뿐 아니라 주인에 대한 모독을 뜻했다. 경우에 따라서는 선전포고로 간주할 수도 있었다.

죽었다 살아난 나사로가 예수를 위해 베푼 잔치

|

베다니라는 마을에 한 병자가 있었다. 그의 이름은 나사로였으며, 마르다와 마리아 두 여동생이 있었다. 여동생들이 요단 강 건너편에 머물고 계신 예수께 사람을 보내 간청했다.

"주님, 보십시오. 주님께서 사랑하시는 사람이 앓고 있습니다."

나사로와 마르다와 마리아는 이전부터 예수와 아주 절친한 사이였다. 뿐만 아니라 이들은 예수가 단순한 성경 선생이 아니라 메시야임을 믿고 있었다. 따라서 여동생들이 보낸 사람이 예수께 주님이라고 호칭한 것이다. 그는 나사로가 주님께서 사랑하시는 사람이라고 했다. 그가 병들어 앓고 있으니 속히 와서 고쳐달라는 이야기였다. 사태는 매우 급박했다.

그러나 예수는 즉시 일어나 달려가지 않고, 소식을 전한 사람에게 이렇게 일러주었다.

"이 병은, 죽을병이 아니라 오히려 하나님의 영광을 드러낼 병입니다. 이것으로 말미암아 하나님의 아들이 영광을 받게 될 것입니다."

예수는 나사로와 그의 여동생들을 사랑했지만 이틀이나 더 그곳에 머물렀다. 만약 소식을 듣자마자 달려갔더라면 나사로는 죽지 않았을 것이다. 그런 다음 그는 제자들에게 말했다.

"다시 유대 지방으로 가자. 우리 친구 나사로는 잠들었다. 내가 가서 그를 깨우겠다."

제자들이 대답했다.

"주님, 그가 잠들었으면, 낫게 될 것입니다."

예수께서는 나사로가 이미 죽었다는 뜻으로 말씀하신 것인데, 제자들은 그가 잠이 들어 쉰다고 말씀하시는 것으로 생각했다. 예수께서 다시 제자들에게 바르게 가르쳐주셨다.

"나사로는 죽었다. 내가 거기에 있지 않은 것이 너희를 위해서 도리어 잘된 일이므로, 기쁘게 생각한다. 이 일로 말미암아 너희가 믿게 될 것이다. 그에게로 가자."

예수께서는 병든 나사로를 치유하는 것보다 죽은 나사로를 살림으로써 부활을 보여 주시고, 제자들에게 부활 신앙을 갖게 하며, 장차 자신도 죽음을 이기고 부활하실 것임을 드러내고자 나사로가 완전히 죽어 부패될 때까지 베다니로 가지 않고 기다리셨던 것이다.

예수께서 제자들과 함께 나사로의 집에 도착하니 그가 죽어 무덤 속에 있은 지 벌써 나흘째였다. 랍비들의 전통에 따르면 죽은 사람의 영혼은 육체와의 재결합을 위해 사흘 동안 육체 주위에 머문다고 한다. 따라서 나흘이나 지났다는 것은 마지막 희망마저 없어졌다는 걸 의미했다. 나사로의 집에는 이미 많은 문상객들이 와 있었다. 마르다는 예수께서 오신다는 말을 듣고 맞으러 나왔지만 마리아는 집에 앉아 있었다. 마리아는 예수께 급히 소식을 전했음에도 불구하고 즉시 달려와 오빠를 고쳐주시지 않은 데 대해 몹시 섭섭했던 것 같다.

"주님께서 여기에 계셨더라면, 제 오라버니가 죽지 않았을 것입니다. 그러나 이제라도, 저는 주님께서 하나님께 구하시는 것은 무엇이나 하나님께서 다 이루어 주실 줄 압니다."

마르다가 예수께 말했다. 그녀의 어진 성품과 신실한 믿음을 알 수 있게 해주는 말이다.

예수께서 이런 마르다를 위로하며 말씀하셨다.

"당신의 오라버니가 다시 살아날 것입니다."

마르다가 다시 예수께 대답했다.

"마지막 날 부활 때에 오라버니가 다시 살아나리라는 것은 제가 압니다."

마르다는 부활을 믿고 있었다. 그렇기에 심판의 날이 이르면 나사로가 부활할 것을 알고 있다고 대답한 것이다. 하지만 먼 훗날이 아닌 바로 지금 이 순간에 예수께서 나사로를 살리실 거라는 사실은 까마득히 모르고 있었다. 예수께서 마르다를 쳐다보며 말씀하셨다.

"나는 부활이요 생명이니, 나를 믿는 사람은 죽어도 살고, 살아서 나를 믿는 사람은 영원히 죽지 아니할 것이다. 네가 이것을 믿느냐?" 요한복음 11장 25절~26절

마르다가 진지한 표정으로 예수께 고백했다.

"예, 주님! 주님은 세상에 오실 그리스도이시며, 하나님의 아들이심을, 제가 믿습니다."

'숙녀', '여주인'이란 뜻을 가진 마르다는 이 정도로 대단한 믿음을 가진 여성이었다. 마르다는 가서 동생 마리아를 불러 조용히 말했다.

"선생님께서 와 계시는데, 너를 부르신다."

이 말을 듣고 마리아는 벌떡 일어나 예수께 달려갔다. 자신을 부르신다

는 말에 섭섭했던 마음이 눈 녹듯 사라진 것이다. 예수는 아직 동네에 들어가지 않고, 마르다와 이야기를 나눴던 곳에 서 계셨다. 마리아는 예수를 보자마자 울컥 눈물을 터뜨리며 발아래 엎드렸다.

"주님, 주님께서 여기에 계셨더라면, 제 오라버니가 그리 허망하게 죽지 않았을 겁니다."

예수께서 마리아와 그녀를 따라온 유대 사람들이 슬피 우는 것을 보고 괴로워하셨다.

"나사로를 어디에 두었습니까?"

사람들이 예수를 나사로의 무덤 앞으로 인도하자 예수께서 눈물을 흘리셨다. 이때 사용된 헬라어 '다크뤼오'는 소리 없이 흐르는 눈물로 인간적 정 때문에 흘리신 눈물을 의미한다.

"보시오, 그가 얼마나 나사로를 사랑하였는가를!"

"눈먼 사람의 눈을 뜨게 하신 분이, 이 사람을 죽지 않게 하실 수 없었단 말이오?"

예수께서 눈물을 흘리시는 걸 보고 유대 사람들이 여기저기서 이렇게 수군거렸다. 나사로의 무덤은 어귀를 돌로 막아 놓은 동굴이었다. 예수께서 모여 있는 사람들에게 말씀하셨다.

"돌을 옮겨 놓으십시오."

이 말을 들은 마르다가 대답했다.

"주님, 죽은 지가 나흘이나 되어서, 벌써 냄새가 납니다."

예수께서 마르다에게 말씀하셨다.

"당신이 믿으면 하나님의 영광을 보게 되리라고, 내가 당신에게 말하지 않았습니까?"

사람들이 무덤 어귀의 돌을 옮겨 놓자 예수께서 하늘을 우러러 보고 말씀하셨다.

"아버지, 제 말을 들어주신 것을 감사드립니다. 아버지께서는 언제나 제 말을 들어 주신다는 것을 압니다. 그런데도 이렇게 말씀을 드리는 것은, 둘러선 무리를 위해서입니다. 그들로 하여금 아버지께서 저를 보내신 것을 믿게 하려는 것입니다."

이렇게 말씀하신 다음 큰 소리로 외쳤다.

"나사로여, 어서 나오십시오!"

그러자 믿을 수 없는 광경이 벌어졌다. 죽은 나사로가 무덤 안에서 천천히 걸어 나온 것이다. 그의 손발은 천으로 감겨 있고, 얼굴은 수건으로 싸매 있었다. 경천동지할 일이었다.

"그를 풀어 주어서, 가게 하십시오."

이 장면을 목격한 유대 사람들 가운데서 많은 사람이 예수를 믿게 되었다. 하지만 그중 몇몇 사람은 바리새파 사람들에게 가서 이 일을 알렸고, 대제사장과 바리새파 사람들은 민심이 예수에게 쏠릴 것을 우려해 이날부터 예수를 죽이려고 모의하였다. 이에 예수께서는 광야에서 가까운 지방 에브라임이라는 마을로 가서 제자들과 함께 지내셨다.

나사로의 부활 사건이 있은 뒤 유월절 엿새 전에, 예수께서 다시 베다니로 가셨다. 나사로가 예수를 위해 잔치를 베푼 것이다. 그렇지 않아도 사랑하고 존경하는 스승이었는데, 죽은 자신을 살려주었으니 얼마나 정성껏 잔치를 준비했을지는 상상이 가고도 남는다. 친구와 친척은 물론 인근 마을 주민들까지 많은 사람들을 잔치에 초대했을 것이다. 흥겨운 분위기 속에 마르다는 시중을 들고 있었고, 나사로는 식탁에서 예수와 함께 음식을 먹고 있었다.

바로 그때였다. 마리아가 매우 값진 순 나드 향유 한 근을 가져다가 예수의 발에 붓고, 자기 머리털로 그 발을 닦았다. 향유 香油 는 피부가 말라 트는 것을 방지하기 위해 살갗에 바르는 액체였다. 죽어 장사까지 지낸 오빠를 살려준 데 대한 답례였다. 마리아로서는 자신이 할 수 있는 최고의 정성과 예의를 보인 것이다. 온 집 안에 향유 냄새가 가득 찼다.

나드는 산스크리트어로 '향기를 발하다'는 뜻을 가진 '나라다'의 헬라어 음역이다. 히말라야나 인도 산지에서 자생하는 향이 좋은 다년생 식물 '나도스타키 자타만시'의 뿌리와 줄기에서 채취한 값비싼 고급 향유를 가리킨다. 로마의 박물학자 플리니우스는 나도 풀뿌리 453그램이 100데나리온에 거래되었다고 했다. 당시 문헌에는 나드 향유 500그램이 300데나리온에 달했다고 기록된 곳도 있다. 1데나리온이 노동자 하루 품삯이었으니 나드의 가치가 얼마나 대단했는지를 짐작할 수 있다. 마리아가 이토록 귀한 향유를 예수의 발에 몽땅 쏟아 부은 다음 자기 머리카락으로 발을 닦아준 것이다. 헌신의 극치를 보여준 셈이었다.

이 모습을 본 가룟 유다가 나서서 입을 열었다.

"아니, 이 비싼 향유를 왜 발에다 뿌리는 겁니까? 이 향유를 삼백 데나리온에 팔아서 가난한 사람들에게 나눠주면 얼마나 좋습니까? 왜 이렇게 쓸데없이 낭비를 하는 겁니까?"

그의 말만 놓고 보면 맞는 말처럼 들리기도 했다. 하지만 그는 진심으로 가난한 사람을 생각해서가 아니라 물질에 대한 탐욕에 사로잡혀 있었기 때문에 이렇게 말한 것이다. 그는 예수의 제자 공동체에서 회계를 맡아 보고 있었다. 그런데 탐심이 가득했던 그는 몰래 돈을 훔쳐내 자기 것으로 삼곤

했다. 그는 예수가 자신이 바라던 정치적 메시야가 아니라는 사실을 알고 물질의 노예로 전락하여 대제사장들에게 은화 30냥을 받고 예수를 팔아 넘겼다. 가룟 유다의 말을 들은 예수께서 말씀하셨다.

"그대로 두어라. 그는 나의 장사 날에 쓰려고 간직한 것을 쓴 것이다. 가난한 사람들은 언제나 너희와 함께 있지만, 나는 언제나 너희와 함께 있는 것이 아니다." 요한복음 12장 7절~8절

마리아는 예수께서 평소 말씀하신 대로 십자가에서 죽임을 당한 후 곧 부활할 것을 의심 없이 믿고 있었다. 그래서 예수께서 돌아가시면 시신에 바르기 위해 미리 값비싼 나드 향유를 준비해 두었던 것이고, 오빠 나사로 를 다시 살리심으로써 자신의 죽음과 부활이 임박했음을 예고한 예수의 발 에 아낌없이 부었던 것이다. 마리아의 행동은 시체에 기름을 바르는 유대 인의 장례법에 따라 예수의 죽음을 미리 준비한다는 상징적 의미를 가진 것이었다.

'가난한 사람들은 언제나 너희와 함께 있지만, 나는 언제나 너희와 함께 있는 것이 아니다.' 라는 말씀은 가난한 사람들의 친구로 사신 예수께서 결 코 가난한 사람을 돕는 일보다 나를 섬기는 것이 우선이라는 의미로 말씀 하신 게 아니다. 가난한 사람을 돕는 일은 세상 끝 날까지 끊임없이 지속되 어야 할 일이지만 머지않아 십자가에 달려 죽음을 맞게 될 자신을 기념하 는 것은 이때가 아니면 할 수 없는 일이라는 사실과 이를 알고 최고의 정성 으로 헌신한 마리아의 순수한 마음을 온전히 받아들이신 것이다. 당시는 예수께서 체포되어 십자가에 처형되기 불과 며칠 전이었다. 아무리 명분이

있는 일이라도 다 때가 있는 법이다. 이날 마리아가 드린 나드 향유 한 근은 예수께서 살아계실 때 바쳐진 거룩한 제물이었다.

나사로가 예수를 초대해 자신의 집에서 성대한 잔치를 벌이고 있다는 소문을 들은 유대 사람들이 떼를 지어 몰려왔다. 그들은 예수뿐 아니라 그가 죽은 사람들 가운데서 다시 살리신 나사로를 보기 위해 모여든 것이었다. 그러자 대제사장들은 예수와 함께 나사로까지 죽이려고 모의했다. 나사로 때문에 많은 유대 사람이 떨어져 나가서 예수를 믿었기 때문이다.

예수의 식생활에서 얻어야 할 교훈

여기서 우리는 한 가지 중요한 사실에 대해 생각해 봐야만 한다. 예수께서 각계각층 사람들과 거리낌 없이 어울리고, 먹보나 주정꾼으로 불릴 만큼 그들과 더불어 먹고 마시는 것을 즐겼으며, 모세의 율법에 따른 식사 계명과 정결 예식을 백성들을 억압하는 도구로 사용하던 바리새인 등을 질타하며 새로운 계명을 선포하여 먹는 문제로부터 자유를 주셨지만 그렇다고 해서 예수와 그 제자들이 아무 음식이나 마구 먹고 마신 게 절대 아니라는 사실이다. 의사로서 오랫동안 예수의 식생활에 대해 연구해 온 미국의 돈 콜버트 박사는 자신이 쓴 『예수님처럼 식사하라』라는 제목의 책에서 다음과 같은 흥미로운 이야기를 들려주었다.

"예수님이 드신 음식은 하나님이 모세를 통해 이스라엘 백성들에게 주셨던 레위기의 율법에 근거한 것들이었다. 율법에 따라 예수님이 드신 음식물들은 가공되지 않은 것들이었고, 이것들은 건강한 육체와 건강한 마음을 유지시켜 주기에 충분했다. 예수님은 하나님이 주신 건강 안에서 생활하셨고 사역하셨다. …… 우리가 유추해 낼 수 있는 예수님의 식습관은 무엇일까? 첫째, 예수님은 많은 양의 과일과 채소를 드셨다는 것이다. 실제로 그분은 가공되지 않아 영양분이 풍부한 곡식과 채소, 과일을 드셨다. 둘째, 예수님은 '깨끗한' 고기와 가금류, 물고기만을 드셨다. 동시에 당시의 시대상을 고려해 볼 때 예수님은 이스라엘에서 나던 부정하지 않은 육류만을 드셨을 가능성이 크다. 이스라엘에는 생선이 풍부했기 때문에 예수님은 주 단백질 공급원으로 생선을 드셨을 것이다. 가금류 또한 풍부했기 때문에 예수님은 보조 단백질 공급원으로 이것을 선택하셨을 것이다. 소고기, 양고기, 염소고기와 같은 육류는 그다지 많지 않았기 때문에 이런 것들을 드실 기회는 별로 없었을 것이다. 셋째, 예수님은 율법에 따라 도축된 육류만을 드셨을 것이고, 어미의 젖에 삶은 어린 동물의 고기도 드시지 않았을 것이다. 또 동물의 피를 먹거나 동물의 지방질을 드신 경우도 없었을 것이다."

예수와 제자들의 식생활은 율법과 계명에 얽매이지 않으면서도 율법과 계명에 담긴 참뜻의 굴레를 결코 벗어나지 않았다. 잔치를 즐겼지만 지나치게 먹고 마시며 식탐에 빠지지 않았고, 혐오스러운 식품이나 비위생적인 음식을 섭취함으로써 다른 사람들을 시험에 들게 하거나 자신의 몸을 더럽히는 행동을 하지 않았다. 빵과 생선과 포도주로 소박한 식사를 하면서 더 많은 이들과 소통하고 교제하는 일에 중점을 뒀지만 언제나 가난한 이웃들과 음식을 나누는 일에 관심을 기울였다. 우리가 예수의 식생활에서 얻어야 할 교훈은 바로 이것이다.

잔치에 대한 예수의 비유는 혼인 잔치를 통해 장차 임하게 될 천국의 비밀을 가르쳐주신 데서 절정을 이룬다. 마태복음에 등장하는 혼인 잔치와 열 처녀의 비유는 다음과 같다.

"하늘나라는 열 처녀가 저마다 등불을 가지고 신랑을 맞으러 나간 것에 비길 수 있다. 그 가운데 다섯은 미련하고 다섯은 슬기로웠다. 미련한 처녀들은 등잔은 가지고 있었으나 기름은 준비하지 않았다. 한편 슬기로운 처녀들은 등잔과 함께 기름도 그릇에 담아 가지고 있었다. 신랑이 늦도록 오지 않아 처녀들은 모두 졸다가 잠이 들었다. 그런데 한밤중에 '저기 신랑이 온다. 어서들 마중 나가라!' 하는 소리가 크게 들렸다. 이 소리에 처녀들은 모두 일어나 제각기 등불을 챙기었다. 미련한 처녀들은 그제야 슬기로운 처녀들에게 '우리 등불이 꺼져가니 기름을 좀 나누어다오.' 하고 청하였다. 그러나 슬기로운 처녀들은 '우리 것을 나누어주면 우리에게도, 너희에게도 다 모자랄 터이니 너희 쓸 것은 차라리 가게에 가서 사다 쓰는 것이 좋겠다.' 하였다. 미련한 처녀들이 기름을 사러 간 사이에 신랑이 왔다. 준비하고 기다리고 있던 처녀들은 신랑과 함께 혼인 잔치에 들어갔고 문은 잠겼다. 그 뒤에 미련한 처녀들이 와서 '주님, 주님, 문 좀 열어주세요.' 하고 간청하였으나 신랑은 '분명히 들으시오. 나는 당신들이 누구인지 모릅니다.' 하며 외면하였다. 그날과 그 시간은 아무도 모른다. 그러니 항상 깨어 있어라." 25장 1절~13절, 공동번역

당시 유대인의 결혼식은 낮이 아니라 밤에 베풀어졌다. 신랑을 맞으러 나간 열 명의 처녀는 신부가 아니라 신부의 들러리들이다. 대개 신부의 절친한 친구들로서 신부를 준비시키고 함께 등불을 든 채 신랑과 신랑 친구들을 맞으러 나가는 것이 유대의 전형적인 결혼 풍습이었다. 따라서 미리 등불을 준비하지 않은 것은 큰 결례였고, 이후에 진행되는 모든 결혼 잔치 프로그램에 참여할 수 없었다. 등불을 켜는 데 반드시 필요한 기름은 성령

을 상징한다.

프레드 와이트 박사는 『성지 이스라엘의 관습과 예의』에서 이런 설명을 덧붙인다.

"신부가 자기 집을 떠나 새로 살게 될 신랑 집까지 가는 데는 신부 측 친척이 동행할 수도 있었습니다. 그러나 보통은 그리스도의 비유에 나오는 열 처녀의 경우처럼 신랑이 직접 신부 집까지 와서 결혼 잔치가 열리는 자기 집까지 데려가는 경우가 더 많았습니다. …… 신랑이 신부와 함께 신부 집을 나서면 그의 집까지 가는 길에는 긴 행렬이 뒤따랐습니다. 중동 지방의 거리는 어두운 편이라 밤에 다니는 사람은 꼭 등이나 불을 밝혀야 했습니다. 초대받은 손님들은 신부 집에 가지 않고 이 행렬에 합세해 모두 함께 결혼 잔치에 갔습니다. 등이나 불이 없으면 행렬에 끼지도 못할뿐더러 신랑의 집에 들어가지도 못했습니다."

훗날 사도 요한은 세상 마지막 날 최후의 심판이 임할 때 구원받은 성도들이 만왕의 왕으로 오실 예수 그리스도와 함께 참여할 잔치가 바로 어린 양의 혼인 잔치라고 예언한다.

"또 나는 큰 무리의 음성과 같기도 하고, 큰 물소리와 같기도 하고, 우렁찬 천둥소리와 같기도 한 소리를 들었습니다. '할렐루야, 주 우리 하나님, 전능하신 분께서 왕권을 잡으셨다. 기뻐하고 즐거워하며, 하나님께 영광을 돌리자. 어린 양의 혼인날이 이르렀다. 그의 신부는 단장을 끝냈다. 신부에게 빛나고 깨끗한 모시옷을 입게 하셨다. 이 모시옷은 성도들의 의로운 행위다.' 또 그 천사가 나에게 말하였습니다. '어린 양의 혼인 잔치에 초대를 받은 사람은 복이 있다고 기록하여라.' 그리고 또

말하였습니다. '이 말씀은 하나님의 참된 말씀이다.'" 요한계시록 19장 6절~9절

예수는 이 마지막으로 베풀어질 즐겁고 성대한 잔치에 참여할 의롭고 신실한 백성들, 예복을 갖춰 입은 사람들, 등불을 예비한 슬기로운 처녀들, 빛나고 깨끗한 모시옷을 입은 순결한 신부들을 부르기 위해 세상에 오셨고, 이 땅에 계시는 동안 수많은 잔치에 직접 참여해 먹고 마시면서 비유를 통해 하늘나라의 진리를 말씀해주셨다. 그럼에도 불구하고 그날과 그 시간에 이르러 잔치에 참여할 수 있는 사람은 이 중 극히 일부에 지나지 않을 것이다.

디에고 벨라스케스(1599~1660, 스페인),
〈마르다와 마리아의 집을 방문한 그리스도〉,
캔버스에 유화, 60×103.5cm,
영국 국립미술관, 런던

스페인 바로크를 대표하는 화가로 고야, 마네, 피카소, 달리 등 수많은 사람에게 영향을 끼친 벨라스케스의 작품이다. 누가복음 10장에 나오는 이야기를 담고 있다. 어느 날 예수와 제자들이 마르다의 집을 방문한다. 마르다는 예수를 극진히 대접하기 위해 분주한데, 마리아는 예수의 발치께 앉아 이야기를 듣느라 정신이 없다. 참다못한 마르다가 예수께 가서 동생이 일을 거들게 해달라고 하지만 예수는 마리아가 더 좋은 편을 택했다고 말한다. 일상적인 집안일보다 주님의 말씀을 듣는 일이 더 중요하다는 뜻이다. 마리아는 이름처럼 '사랑받을' 만한 태도를 보였다. 요리를 하면서도 잔뜩 심통이 나있는 마르다의 표정이 재미있다. 신선한 생선과 달걀 등 식재료가 눈에 띈다.

36
제자들의 발을 씻기신
최후의 만찬

내 생의 마지막 저녁식사

죽음을 앞둔 이들은 무엇보다 개인적인 추억이 얽힌 음식을 원한다. 그 맛을 그리도 잊을 수 없게 만든 것은 다름 아닌 추억과 기억이다. 이 때문에 루프레히트의 일은 때때로 어렵다. 손님들을 기쁘게 하고 그들에게 한 조각의 고향과 일상을 선사하려면 음식으로 정확히 그 기억을 자극해야 하기 때문이다.

애플 케이크의 맛이 옛날 할머니 댁에서 먹었던 것과 똑같을 수는 없다. 할머니 댁에 딸린 커다란 정원에서 뛰어논 것도 한몫하지 않았을까? 이모 집에서 먹었던 미트볼은 왜 그렇게도 맛있었을까? 이모의 음식 솜씨가 좋았던 것도 있지만, 마음씨 좋은 이모와 함께 먹어서가 아닐까?

그에게도 그런 음식이 있다. 잊을 수 없는 추억의 맛. 그때 상황을 떠올리면 곧바로 입안에 침이 고이고, 그 음식에 대한 기대가 몇 배나 높아진다. 감자 크로켓! 머리를 쪽 지은 할머니가 그것을 만들면, 천국에 온 것처럼 행복했다.

"내 기록은 열다섯 조각이었어요. 팬에서 막 꺼낸 상태로 말이죠. 할머니는 내가 더 이상 못 먹겠다고 할 때까지 계속 튀겨냈어요."

그와 할머니는 때때로 마을의 작은 제과점에서 나무 오븐에 구운, 갈색 껍질의 따끈하고 신선한 빵을 샀다. 그는 버터와 꿀을 듬뿍 발라 여러 조각을 너끈히 해치웠다. 이런 빵을 살 수 있다면 지금도 먼 거리를 달려가기를 마다하지 않을 것이다.

한 달에 다섯 사람에게서 같은 음식을 주문받을 수도 있다. 하지만 호스피스 요리사의 입장에서 그것은 결코 같은 요리가 아니다. 같은 음식이라도 입주민 개개인에 따라 그 음식에 대한 기억의 뉘앙스가 다르다. 어린 시절 자주 먹던 음식이든, 친구 집에 처음으로 초대받아서 먹었던 음식이든, 건강했던 시절 일요일에 집에서 해먹던 음식이든 간에 말이다.

『내 생의 마지막 저녁식사』라는 책의 한 단락이다. 독일 함부르크에 있는 호스피스 로이히트포이어에서 일하는 요리사 루프레히트 슈미트는 매일 죽음을 앞둔 사람들을 위한 요리를 만든다. 최고급 레스토랑의 잘나가는 수석요리사였던 그는 채워지지 않는 인생의 허기 때문에 좋은 직장을 버리고 스스로 호스피스를 찾아 들어간다. 왕성한 식욕을 자랑하던 사람들을 위해 요리하던 그가 정성껏 만든 음식을 채 한 숟가락도 먹지 못하거나 입에 넣자마자 뱉어내는 사람들을 위해 요리를 하게 되면서 인생의 참 의미를 하나씩 깨달아 간다. 이 책은 그와 환자들 사이에서 요리를 매개로 이루어졌던 감동적인 이야기를 담아낸 책이다.

죽음을 앞둔 사람들, 그들이 먹고 싶은 생의 마지막 식사는 구하기 힘든 진귀한 재료로 만든 산해진미나 일류 요리사가 만든 비싼 가격의 최고급 요리가 아니라 자신만의 소중한 추억이 담긴 음식이다. 맛은 혀로 느끼지만 추억은 온 몸으로, 삶으로, 존재 자체로 느낀다. 요리란 시간 속에 의미를 얹는 것이다. 언제 누구와 무엇을 먹느냐는 그래서 중요하다.

예수는 완전한 인간이었다. 그가 완전한 인간이었다는 증거는 매일 먹고 마셨다는데서 확연히 드러난다. 따라서 예수에게도 음식은 맛이 아니라 추억이었고 의미였다. 예수는 자신의 죽음을 알고 있었다. 언제 어떤 방식으로 죽음을 맞이하게 될지 너무 잘 알고 있었다. 죽음은 돌이킬 수 없는 것이었고, 그 길을 통해서만 메시야의 사명을 완수할 수 있었다.

죽음을 앞둔 예수께서 제자들과 함께 생의 마지막 저녁식사를 하게 되었다. 이른바 최후의 만찬이다. 마지막이니까 좀 무리해서라도 최선을 다해 진수성찬을 차린 게 아니었다. 때는 유월절이었다. 출애굽을 기념하여 거친 음식을 먹어야 하는 날이다.

예수와 제자들은 3년 동안 이리저리 떠돌며 거지나 다를 바 없이 살았다. 비싸고 기름진 음식은 별로 먹어본 적이 없었을 것이다. 그들에게 추억과 의미가 담긴 음식은 평소에 주린 배를 채워 주던 값싼 빵과 포도주였다. 예수의 마지막 식탁 위에 오른 유월절 음식은 바로 그런 음식이었다.

빵과 포도주는 예수의 살과 피

|

유월절과 오병이어의 기적 그리고 최후의 만찬은 예수 그리스도의 구속

사와 긴밀히 연결되어 있는 사건들이다. 유월절을 통해 이스라엘 백성들은 죽을 수밖에 없는 운명에서 벗어나 천하보다 귀한 생명을 얻었다. 이는 그들의 노력으로 인한 게 아니라 오로지 하나님의 은혜로 거저 얻은 것이었다. 이때 그들을 대신해서 죽은 것이 어린 양이다. 죽은 어린 양의 피를 문설주와 인방에 바름으로써 죽음의 기운이 그들 집을 넘어갔다. 유월절 어린 양은 예수 그리스도를 상징하며 어린 양의 피는 예수 그리스도께서 십자가 위에서 흘린 보혈을 의미한다. 유월절의 구원은 일시적인 것이었으나 예수 그리스도의 구원은 영원한 것이었다.

오병이어의 기적은 예수께서 육신의 생명을 위해 사람들에게 양식을 마련해 주신 사건이다. 인간은 먹어야 살 수 있는 존재다. 산 위에 수많은 무리가 모여 있었으나 먹을 게 없었다. 이때 예수께서 한 소년이 가져온 작은 보리 빵 다섯 개와 물고기 두 마리로 최소한 1만 명 이상의 사람들을 다 배불리 먹이신 후 자신을 가리켜 생명의 빵이라고 말씀하셨다. 내 살을 먹고 내 피를 마시는 사람은 영원한 생명을 누릴 것이며 내가 마지막 날에 그를 살릴 거라고 하셨다. 예수의 살은 참된 양식이며 예수의 피는 참된 음료이기 때문이다. 예수 그리스도가 유월절 어린 양임을 만민들에게 선포하신 일이 바로 오병이어의 기적이다.

최후의 만찬을 행하신 날이 유월절이었음은 결코 우연이 아니다. 스스로 유월절 어린 양이 되어 온 인류의 생명을 구원하기 위해 십자가에 달려 피를 흘려야 할 시간이 점점 다가오고 있었다. 그와 같은 처절한 시간을 앞두고 제자들과 함께 식탁에 마주한 것이다. 유월절의 거친 음식들. 그것은 예수와 제자들이 함께했던 지난 3년을 추억하는 음식인 동시에 유월절 당시 이스라엘 백성들을 구원하기 위해 하나님께서 먹으라고 명하셨던 구속의 의미가 담긴 음식이었다. 빵을 씹어 삼키고 포도주를 목으로 넘기는 일이 얼마나 힘들고 괴로운 일이었을까? 예수와 제자들에게 그날의 만찬은 생에 가장 길고 힘겨운 식사였을 것이다. 체포되어 고난당한 후 십자가에 달리시게 될 주간의 목요일 저녁, 예수께서는 제자들을 시켜 예루살렘 시내에 있는 한 다락방에서 유월절 만찬을 준비하게 하셨다. 가뜩이나 무거운 분위기 속에 심상치 않은 식사를 하고 있던 제자들에게 예수께서 너희 중의 한 사람이 나를 팔 거라고 말씀하셨다. 제자들은 더 이상 음식을 목구멍으로 넘길 수가 없었다. 제자들이 근심어린 표정으로 서로의 얼굴을 쳐다보고 있을 때 예수께서 이렇게 말씀하셨다.

"그들이 먹고 있을 때에, 예수께서 빵을 들어서 축복하신 다음에, 떼어서 제자들에게 주시고 말씀하셨다. '받아서 먹어라. 이것은 내 몸이다.' 또 잔을 들어서 감사 기도를 드리신 다음에, 그들에게 주시고 말씀하셨다. '모두 돌려가며 이 잔을 마셔라. 이것은 죄를 사하여 주려고 많은 사람을 위하여 흘리는 나의 피, 곧 언약의 피다. 내가 너희에게 말한다. 이제부터 내가 나의 아버지의 나라에서 너희와 함께 새 것을 마실 그날까지, 나는 포도나무 열매로 빚은 것을 절대로 마시지 않을 것이다.'" 마태복음 26장 26절~29절

유대인들은 여럿이 모여서 식사할 때 애피타이저를 먹은 후 메인 요리가 나오기 전 주인이 빵을 들고 하나님을 찬양하는 기도를 드리고 나서 손님들에게 나누어주었다. 예수께서도 늘 하시던 대로 그렇게 한 것이다. 그런 다음 예수께서는 제자들이 먹은 빵이 예수의 몸이며, 제자들이 마신 포도

주가 예수의 피라고 선포하셨다. 최후의 만찬은 다름 아닌 제자들이 예수를 먹고 마신 시간이었다. 그들이 빵을 먹고 포도주를 마심으로써 그들 안에 예수의 살과 피가 섞이게 된 것이다. 이로써 예수와 제자들 사이에는 영원한 언약이 이루어졌다.

여기서 언약은 헬라어 '디아데케'로 계약자 상호 간의 책무를 강조하는 언약이 아니라 하나님께서 일방적으로 맺어 주신 구원의 언약을 말한다. 하나님만이 쓰실 수 있는 단어다. 최후의 만찬에서 예수와 제자들이 마신 포도주는 포도나무에서 수확한 열매로 빚은 것이었지만 나중에 천국 잔치에서 예수와 제자들이 다시 만나 마시게 될 포도주는 이와는 질적으로 다른 새로운 포도주가 될 거라고 말씀하셨다. 유월절부터 시작된 구속사 속의 식사는 장차 천국에서 이루어질 잔치 자리에서 비로소 완성될 것임을 미리 알려 주신 말씀이다.

식사 후 제자들의 발을 씻기신 예수

|

오늘날 가톨릭교회와 개신교회에서 공통적으로 지키고 있는 예식으로 대표적인 것은 세례식과 성찬식이다. 개신교회 내부에서도 교단이나 교회에 따라 시기와 방식은 조금씩 차이가 있지만 세례와 성찬은 가장 오래되고 의미 있는 전통 예식이다.

예수께서는 요한에게 세례를 받으시고 우리가 다 물과 성령으로 거듭나야 됨을 강조하셨다. 본질적으로 성령 세례를 받는 것이 중요하지만 교회법에 따라 물로 세례를 받는 것도 필수적인 일이다. 같은 의미에서 우리가 매 순간마다 내 몸에 주님의 살과 피가 섞여 있음을 느끼며 살아가는 게 제일 중요하지만 교회법에 따라 경건한 성찬식에 참여하는 일 또한 더없이 중차대한 일이다. 교회가 2천 년 동안 성찬식을 행해 온 이유는 예수께서 이렇게 말씀하셨기 때문이다.

"또 빵을 들어 감사 기도를 올리신 다음 그것을 떼어 제자들에게 주시며 '이것은 너희를 위하여 내어주는 내 몸이다. 나를 기념하여 이 예식을 행하여라.' 하고 말씀하셨다." 누가복음 22장 19절, 공동번역

성찬식이 이토록 중요한 의미를 지니고 있기 때문에 이에 대한 해석을 둘러싸고 수많은 논쟁들이 이어졌다. 일반적으로 가톨릭교회의 성찬식의 근거가 되는 신학을 '화체설 化體說'이라 부르고, 개신교회의 성찬식의 근거가 되는 신학을 '기념설 記念說'이라 부른다.

가톨릭교회의 화체설은 우리 눈에 보이는 빵과 포도주가 신부의 축성을 받아 실재로 예수의 몸과 피 그 자체로 변화된다는 신앙이다. 그래서 가톨릭교회는 지금도 신부에 의해 축성된 '빵과 포도주'는 예수의 '몸과 피'라고 주장한다. 그러나 이럴 경우 '빵과 포도주' 자체를 너무 신성시하거나 신비화할 우려가 있다. 성찬식은 예수 그리스도의 현존을 체험하는 신비로운 시간임에 틀림없지만 '빵과 포도주'가 신비의 대상이 되는 것은 위험한 일이다.

반면 개신교회의 기념설은 '빵과 포도주'가 예수의 실재 '몸과 피'가 아니라 예수의 몸과 피를 '의미하는 것'이라고 믿는다. 이때 '빵과 포도주'는 하나의 상징일 뿐이다. 따라서 개신교회는 가톨릭교회처럼 '빵과 포도주' 그 자체를 성스럽게 여기지 않는다. 다만 예수께서 제자들과 함께했던 최

후의 만찬 속에 담긴 십자가 고난과 구속사의 의미를 되새기고자 노력할 뿐이다. 이때 우려되는 것은 예수의 '몸과 피'의 절실함이 다소 약화될 수 있다는 것이다.

1517년 10월 31일, 마르틴 루터가 비텐베르크 대학교 부속 예배당 정문에 '95개조의 논제'라는 제목으로 면죄부 판매 등 교회의 부당한 처사를 비판하는 문서를 전격 게시함으로써 종교개혁의 열풍이 전 세계를 뒤흔들게 되었다. 하지만 이 일이 있기 약 1세기 전 체코의 신학자였던 얀 후스에 의해 이미 종교개혁의 불씨는 타오르고 있었다. 그는 성경을 믿음의 유일한 권위로 강조하면서 가톨릭교회 지도자들의 부정과 부패를 비판하다가 1411년 교황 요한 23세에 의해 파문을 당했고, 콘스탄츠 공의회의 결정에 따라 1415년 화형에 처해져 순교했다. 그의 주장은 마르틴 루터 등 후대의 종교개혁자들에게 지대한 영향을 끼쳤다.

후스의 수많은 개혁 조치 중 눈에 띄는 것은 성만찬에 관한 개혁이었다. 당시 성만찬은 빵만 나누는 '일종 一種 성찬'이 당연한 것으로 받아들여지고 있었다. 포도주는 오직 사제들만 마실 수 있었다. 그는 사제집단의 특권적 우월성은 폐지되어야 한다고 주장하면서 신약성경에 나오는 '최후의 만찬'에 근거하여 예배에 참석하는 모든 사람들이 다 같이 빵과 포도주를 나누는 '이종 二種 성찬'을 실시하였다. 지금은 당연한 것으로 받아들여지지만 그때로서는 가히 혁명적인 조치였다. 이후 포도주를 담은 성배는 후스주의 운동의 상징이 되었다고 한다. 체코 개신교단의 상징이 십자가가 아니라 성배인 것도 바로 여기서 유래한다.

종교개혁 당시 개혁운동의 기수였던 루터와 츠빙글리 역시 성만찬에 대한 견해 차이로 갈라서게 되었다. 가톨릭교회에 맞서기 위해 강력한 연합이 필요했던 개혁세력은 성만찬 문제를 두고 격렬한 대립을 벌이고 있던 루터와 츠빙글리의 신학적 화해를 목적으로 1529년 마르부르크 회담을 개최하였으나 오히려 두 사람은 돌아올 수 없는 다리를 건너고 말았다.

루터는 빵의 실체가 그대로 남아 있으면서 예수 그리스도의 몸이 동시에 전달된다는 사상, 곧 '공재설 共在設'을 주장했다. 즉 빵과 포도주는 물질이며 상대적 요소이지만 빵과 포도주 안에 in, 아래 under, 그리고 빵과 포도주와 더불어 with 그리스도 예수의 참된 살과 피가 임재하게 된다는 것이다.

이에 반해 츠빙글리는 화체설은 성경적 근거도 없을 뿐만 아니라 초대교회에도 없었던 가톨릭교회의 창작이라고 하면서 이를 거부하였다. 성찬은 단지 예수 그리스도의 수난을 기념하는 것이라고 보았던 것이다. 성만찬은 이에 참여하는 신자들에게 이미 베풀어진 하나님의 은혜를 상징하고 확인하는 증거로서만 의미가 있을 뿐이라고 믿었다.

회담의 결렬로 루터와 츠빙글리가 각각 입장을 달리하는 교파로 나눠진 것은 개신교회의 커다란 비극이었다. 비록 하나님의 말씀을 보다 정확하게 해석하려는 두 신학자의 확고한 신념에서 빚어진 일이긴 하지만 그 결과는 너무나 참담한 것이었다.

어떤 신학적 입장에 따라 어떤 방식으로 성찬식을 행하든 간에 중요한 것은 본질적인 의미를 잃지 않는 일이다. 성찬식은 예수의 살과 피가 내 몸속으로 들어와 예수와 내가 하나가 되는 신비를 체험하는 것이다. 내가 2천 년 전 마가의 다락방으로 되돌아가 예수의 제자가 되어 최후의 만찬에 동참하는 것이다. 그래서 성찬식 이후 내 몸에 깃든 예수 그리스도의 뜻을 따라 그분의 말씀대로 살아가는 것이다.

이것이 성찬식의 진정한 의미이다.

최후의 만찬이 끝난 뒤 예수께서는 자리에서 일어나 겉옷을 벗고 수건을 가져다가 허리에 두른 후 대야에 물을 담아다가 제자들의 발을 씻기셨다. 발을 씻기려면 자세를 낮추고 상대방 앞에 무릎을 꿇어야 한다. 또한 발을 씻기는 것은 아랫사람이 윗사람에게, 신분이 낮은 사람이 높은 사람에게 하는 행위이다. 예수께서 직접 제자들 발을 일일이 씻기신다는 것은 있을 수 없는 일이었다. 하지만 예수께서는 제자들의 만류에도 불구하고 그렇게 하셨다. 이것은 세상에 있는 자기 사람들을 사랑하시되 끝까지 사랑하셨기에 할 수 있는 일이었다.

드디어 베드로의 차례가 되었다. 베드로가 예수께 말했다.

"주님, 주님께서 제 발을 씻기시렵니까?"

예수께서 그에게 대답하셨다.

"내가 하는 일을 지금은 네가 알지 못하나, 나중에는 알게 될 것이다."

베드로가 다시 예수께 말했다.

"아닙니다. 제 발은 절대로 씻기지 못하십니다."

예수께서 그에게 말씀하셨다.

"내가 너를 씻기지 아니하면, 너는 나와 상관이 없다."

그러자 베드로가 이렇게 말했다.

"주님, 제 발뿐만이 아니라, 손과 머리까지도 씻겨 주십시오."

과연 베드로다운 대답이었다. 예수께서 다시 말씀하셨다.

"이미 목욕한 사람은 온 몸이 깨끗하니, 발 밖에는 더 씻을 필요가 없다. 너희는 깨끗하다. 그러나 다 그런 것은 아니다."

흥미로운 것은 공관복음에 나오는 최후의 만찬 장면과 요한복음에 나오는 최후의 만찬 장면이 많이 다르다는 것이다. 공관복음은 만찬을 통해 성찬 예식을 기념하라고 하신 주님의 말씀이 소개되지만 요한복음에는 만찬 후에 예수께서 제자들의 발을 씻기시는 장면만 등장한다. 마태, 마가, 누가는 유월절 최후의 만찬 자체를 중요시한 반면 요한은 만찬이 끝난 다음 제자들의 발을 씻기신 예수 그리스도의 마지막 서비스를 중요하게 생각한 것이다. 발을 씻기시는 이 극적인 장면은 행동으로 보여주는 비유이며, 겸손을 몸소 가르치는 것으로 예수 그리스도의 자기비하의 생생한 표현이다. 자신의 몸과 피를 나눠준 제자들이 위기의 순간에 결국 실패를 경험하게 되겠지만 그럼에도 불구하고 그 누구 하나 결코 포기할 수 없는 애틋한 목자의 심정을 나타낸 것이다. 이렇듯 최후의 만찬을 통한 예수의 가르침은 모든 제자들을 위한 것이었으며, 특히 배신자 가룟 유다에 대한 마지막 애절한 호소였다.

레오나르도 다 빈치(1452~1519, 이탈리아),
〈최후의 만찬〉, 회벽에 유채와 템페라,
460×880cm, 산타마리아 델레 그라치에 성당,
밀라노

레오나르도 다 빈치는 르네상스 시대 이탈리아를 대표하는 천재적 화가이자 과학자, 기술자, 사상가였다. 이 그림은 1495에서 1497년에 걸쳐 완성한 그의 대표작이다. 화면의 구도는 대단히 수학적인 구조로 이루어져 있다. 세 개의 창문, 네 개의 무리를 이룬 열두 제자 등은 기독교의 삼위일체와 사복음서, 그리고 새 예루살렘의 열두 문 등을 상징한다는 해석도 있다. 화면 한 가운데 위치한 예수의 몸은 삼각형을 이루고 있다. "너희 중 하나가 나를 팔리라."는 예수의 말씀에 제자들은 삼삼오오 머리를 맞대고 동요하고 있다. 충격을 받은 제자들의 표정과 체념한 것 같은 예수 그리스도의 차분한 표정이 대조적이다.

내 양을 먹이라

37
부활하신 후 제자들과 함께
생선과 빵을 드신 예수님

엠마오로 가는 두 제자에게 나타나신 예수

예수께서 부활하신 후에 엠마오로 가고 있던 두 제자에게 나타나셨다. 엠마오는 예루살렘에서 서북쪽으로 12킬로미터 정도 떨어진 곳에 있는 지금의 '쿨로니에'로 추정되는 마을이다. 두 제자 중 한 사람은 글로바였고, 다른 한 사람은 예수의 십자가 죽음을 목격했던 그의 아내 마리아였을 것으로 추측하고 있다. 어쨌든 이들은 예수의 직계 제자인 열한 명의 사도들이 아니었다. 예수님은 미천하고 알려지지 않은 자들에게 나타나신 것이다.

두 제자는 걸어가면서 예루살렘에서 있었던 일, 즉 예수 그리스도의 죽음과 부활에 대해 이야기를 나누고 있었다. 그들이 토론에 빠져 있는 사이 예수님은 가까이 가서 그들과 함께 걸으셨다. 그렇지만 제자들은 영적으로 눈이 가려져 있어 예수를 알아보지 못하였다.

예수께서 그들에게 다가가 물으셨다.

"당신들이 걸으면서 서로 주고받는 이 말들은 무슨 이야기입니까?"

그들은 침통한 표정을 지으며 걸음을 멈추었다. 글로바가 예수께 말했다.

"아니, 예루살렘에 머물러 있었으면서, 이 며칠 동안 거기에서 일어난 일을 당신 혼자만 모른단 말입니까?"

예수께서 물으셨다.

"도대체 무슨 일이 있었던 겁니까?"

그들이 예수께 말했다.

"나사렛 예수에 관한 일입니다. 그는 하나님과 모든 백성 앞에서, 행동과 말씀에 힘이 있는 예언자였습니다. 그런데 우리의 대제사장들과 지도자들이 그를 넘겨주어 사형선고를 받게 하고, 십자가에 못 박아 죽였습니다. 우리는 그분이야말로 이스라엘을 구원하실 분이라는 것을 알고서 그분에게 소망을 걸고 있었습니다. 그뿐만 아니라 그런 일이 있은 지 벌써 사흘이 되었는데, 우리 가운데서 몇몇 여자가 우리를 놀라게 하였습니다. 그들은 새벽에 무덤에 갔다가, 그의 시신을 찾지 못하고 돌아와서 하는 말이, 천사들의 환상을 보았다는 것입니다. 천사들이 예수가 살아 계신다고 말했다는 것입니다. 그래서 우리와 함께 있던 몇 사람이 무덤으로 가서 보니, 그 여자들이 말한 대로였고, 그분은 보지 못하였습니다."

예수께서 절망에 빠져 있는 두 제자에게 말씀하셨다.

"참 어리석은 사람들입니다. 예언자들이 말한 모든 것을 믿는 마음이 그렇게도 무디니 말입니다. 그리스도가 마땅히 이런 고난을 겪고서, 자기 영광에 들어가야 하지 않겠습니까?"

예수께서는 이렇게 말씀하신 후에 모세와 모든 예언자에서부터 시작하여 성경 전체에서 자기에 관해 써 놓은 일을 두 사람에게 알기 쉽고 상세하게 설명해 주었다. 그 두 길손은 자기들이 가려고 하는 마을에 가까이 이르렀다. 그런데 예수께서는 더 멀리 가는 척하셨다. 그러자 그들은 예수를 만류하여 말하였다.

"저녁때가 되고, 날이 이미 저물었으니, 우리 집에 묵으십시오."

예수께서 그들의 집에 묵으려고 들어가셨다. 그리고 그들과 함께 음식을 먹기 위해 앉으셨을 때에, 예수께서 빵을 들어 축복하시고, 떼어서 그들에게 주셨다. 그때서야 그들의 눈이 열려 비로소 예수를 알아보았다. 그러나 한순간에 예수께서는 그들에게서 사라지셨다.

그들은 기쁨이 가득한 얼굴로 서로를 바라보며 말하였다.

"길에서 그분이 우리에게 말씀하시고, 성경을 풀이하여 주실 때에, 우리의 마음이 우리 속에서 **뜨거워지지 않았습니까?"** 누가복음 24장 32절

그들이 곧바로 일어나서, 예루살렘에 돌아와서 보니, 열한 제자와 또 그들과 함께 있던 사람들이 모여 있었고, 모두들 "주님께서 확실히 살아나시고, 시몬에게 나타나셨다"고 말하고 있었다. 그래서 그 두 사람도 엠마오로 가는 길에서 겪은 일과 함께 자신들의 집 식탁에서 빵을 떼실 때에 비로소 예수를 알아보게 된 일에 대해 자세하게 이야기하였다.

생명의 빵이신 부활하신 예수님은 실의에 빠져 엠마오로 가고 있는 두 제자에게 나타나 영혼의 양식인 말씀과 육신의 양식인 빵을 주시며 그들을 영적으로 무지한 상태인 죽은 자의 상태에서 부활시켜 영적으로 살아 있는

생명을 회복시켜 주신 것이다.

디베랴 호숫가에서 생선과 빵을 드신 예수

|

그 뒤 예수께서 디베랴 호수에서 다시 제자들에게 나타나셨다. 디베랴 호수는 갈릴리 호수의 다른 이름이다. 갈릴리 바다 서쪽 연안에 위치한 디베랴는 교통이 발달한 군사도시이며 자연 경관도 뛰어나고 온천이 발달한 휴양도시였다. 기원후 25년 경 헤롯 안디바가 갈릴리와 베레아를 수도로 삼을 목적으로 건설한 후 디베료 황제의 이름을 따서 디베랴로 명명했다. 이때부터 갈릴리 호수는 디베랴 호수로 불리게 되었다.

사도 요한은 복음서에서 왜 갈릴리 호수를 디베랴 호수라고 표현했을까? 디베랴는 황제의 도시 이름이다. 욕망과 타락의 상징인 것이다. 예수가 십자가에 매달려 무기력하게 처형당한 이후 고향인 갈릴리로 돌아온 제자들은 예수의 부활을 믿지 못한 채 소망을 잃고 욕망을 좇아 예전처럼 다시 육신을 위해 먹고사는 일에 매달려 고기잡이에 몰두하였다. 이들은 시몬 베드로와 쌍둥이라고 불리는 도마와 갈릴리 가나 사람 나다나엘과 세베대의 아들 야고보와 요한과 제자들 가운데 다른 두 사람인 안드레와 빌립 등 일곱 명이었다.

베드로가 그들에게 말했다.

"나는 바다로 나가 고기나 잡을 테야."

이 말을 들은 다른 제자들도 베드로를 따라 바다로 나갔다. 그러나 그날 밤 그들은 고기를 한 마리도 잡지 못했다. 동틀 무렵이 되었다. 그때 예수께서 바닷가에 들어 서셨으나 제자들은 그가 예수인 줄 알지 못했다. 모두들 영적으로 무지하고 피폐한 상태였던 까닭이다.

예수께서 제자들에게 물으셨다.

"얘들아, 뭘 좀 잡았냐?"

그들이 대답했다.

"한 마리도 못 잡았습니다."

새번역 성경에서 "얘들아, 뭘 좀 잡았냐?"로 번역된 구절이 개역한글과 개역개정 성경에서는 "얘들아, 너희에게 고기가 있느냐?"로 번역되었다. 이에 대해 한국기독교 선교100주년기념교회 이재철 목사는 요한복음 순서 설교집인 『요한과 더불어』에서 이렇게 설명한다.

"물고기를 의미하는 헬라어 단어는 '익투스'로써 신약성경에 나타난 물고기는 원문에 모두 이 단어로 기록되어 있습니다. 그러나 딱 한 군데 예외가 있으니, 바로 본문입니다. 주님께서 제자들을 향해 '너희에게 고기가 있느냐?'고 물으실 때 '익투스'가 아니라 '프로스파기온'이란 단어를 사용하셨는데, 이것은 성경 중 본문에서 주님에 의해 단 한 번만 사용된 단어입니다. 이 단어의 뜻은 원래 물고기란 의미가 아니라 식탁 위에 올려지는 진미, 즉 진귀한 음식을 가리키는 단어입니다. 따라서 이 단어의 참뜻을 살리면 주님의 질문은 이런 의미가 됩니다. '얘들아, 너희가 정말 귀한 것을 얻었느냐?' 주석을 가하면 더 깊은 의미를 포착하게 됩니다. '욕망에 사로잡혀 진리인 나를 등져서는 아무리 수고하여도 결코 귀한 것을 얻을 수 없단다.' 두 번째로 유의해야 할 것은 주님께서 제자들을 부르시면서 사용하신 '얘들아'라는 단어 '파이디온'입니다. 이것은 아주 작은 어린아이들을 지칭하는 단어로써 이미 성인이 된 제자들을 부르는 데 사용되기에는 전혀 적합치 않은 단어입니다. 그래서 성경 속에서 본문 이외에 이 단어가 성인에게 호격으로 사용된 적은 한 번도 없습니다. 주님 역시 이제껏 제자들을 이런 식으로 부르신 적이 없었습니다. 그런데 오늘 갈릴리 바다에서만은 제자들을 딱 한 번 '어린아이들아!'하고 부르셨습니다. 그렇다면 그 의미가 무엇이겠습니까? 지금 자신들이 해야 할 것이 무엇인지, 있어야 할 곳이 어디인지도 알지 못한 채 단지 허망한 바다를 향해 헛수고만을, 그것도 밤을 새워 가며 열심으로 헛수고하는 제자들이 주님 눈에는 어린아이 - 철없는 아이와 같이 비쳤던 것입니다. 주님께서 제자들에게 말씀하셨습니다. '얘들아! 너희에게 고기가 있느냐? - 이 철부지들아! 그처럼 철없이 살아서는 귀한 것을 절대로 얻을 수 없단다.'"

계속해서 예수께서 제자들에게 말씀하셨다.

"그물을 배 오른쪽으로 던져라. 그러면 고기를 잡을 것이다."

제자들이 시킨 대로 그물을 던지니 고기가 너무 많이 걸려 그물을 끌어올릴 수가 없었다. 그때였다. 갑자기 사도 요한이 베드로에게 외쳤다.

"저분은 주님이시다!"

베드로는 주님이시라는 말을 듣고서, 벗었던 몸에다가 겉옷을 두르고 바다로 뛰어

내렸다. 나머지 제자들은 작은 배를 탄 채로 고기가 든 그물을 끌면서 급히 해안으로 나왔다. 그들이 땅에 올라와 보니 숯불을 피워 놓았는데, 그 위에 생선이 놓여 있고 빵도 있었다.

예수께서 제자들에게 말씀하셨다.

"너희가 지금 잡은 생선을 조금 가져오너라."

시몬 베드로가 배에 올라가서 그물을 땅으로 끌어내렸다. 그물 안에는 큰 고기가 153마리나 들어 있었다. 고기가 그렇게 많았으나 그물이 찢어지지

않았다. 이때 베드로는 예전 기억을 떠올렸을 것이다. 밤새도록 그물질을 했지만 물고기 한 마리 잡지 못한 채 허탕치고 돌아온 날이었다. 호숫가에서 말씀을 가르치시던 예수께서 자신을 바라보며 말씀하셨다.

"저기 깊은 데로 나가 그물을 내려 한 번 더 고기를 잡아 보시지요."

그날 베드로는 그물이 찢어질 정도로 수많은 고기 떼를 잡은 적 있었다. 상황은 비슷했지만 그때와 지금은 베드로의 입장이 판이하게 달랐다. 당시 베드로는 예수의 제자가 되기 전이었고, 메시야로부터 진리의 말씀을 듣기 전이었다. 하지만 지금은 예수의 수제자로 3년 동안이나 함께 지내며 진리의 말씀을 듣고 생명의 빵을 받아 먹었건만 그를 배반하고 다시 갈릴리 호수에서 그물질을 하고 있었던 것이다. 베드로의 심정은 찢어질 듯 아팠을 것이다.

"주님, 나에게서 떠나 주십시오. 나는 죄인입니다."

그때는 이런 말이라도 할 수 있었으나 지금은 예수 앞에서 고개를 들 수가 없었고, 눈을 마주칠 수도 없었으며, 차마 뭐라고 입을 열어 말을 붙일 수조차 없는 처참한 지경이었다.

예수께서 베드로를 비롯한 제자들을 바라보며 말씀하셨다.

"와서 아침밥을 먹어라."

제자들 가운데 아무도 감히 나서서 "선생님은 누구십니까?" 하고 묻는 사람이 없었다. 그가 주님이신 것을 알았기 때문이다. 그들은 두려움과 부끄러움에 사로잡혀 있었다. 예수께서 가까이 오셔서 빵을 집어 그들에게 주시고 이와 같이 생선도 나눠 주셨다. 예수께서 죽은 사람들 가운데서 살아나신 뒤에 제자들에게 자기를 나타내신 것은 이때가 세 번째였다.

예수를 배반하고 뿔뿔이 흩어진 제자들, 수없이 많은 가르침에도 불구하고 부활의 소망을 잃어버린 채 황제의 바다에서 욕망의 그물을 던지던 제자들에게 예수님은 질책과 책망을 하시지 않고 사랑스러운 손길로 생선과 빵을 구워 소박한 아침 밥상을 차려 주신 것이다.

그리고 차마 먹지 못하는 제자들에게 일일이 다가가 음식을 나눠 주심으로 엠마오로 가는 두 제자에게 그러셨던 것처럼 그들을 영적으로 격려하고 회복시키셨다. 예수의 부활은 완전한 육체적 부활이었다. 제자들과 함께 음식을 잡수신 것은 이에 관한 명확한 증거다.

예수와 제자들에게 물고기는 먹을거리 이상의 특별한 의미를 지닌 존재였다. 많은 제자들이 물고기를 잡아 생계를 이어가던 어부들이었고, 예수께서 그들을 처음 만났던 곳 역시 물고기를 잡던 갈릴리 호수였으며, 부활하신 후 다시 제자들에게 나타나 함께 식사하신 곳 또한 물고기를 잡던 갈릴리 호수였기 때문이다. 이런 배경 탓인지는 몰라도 초대교회 당시 로마 당국자들로부터 극심한 박해를 받을 때 신자들 사이에서 물고기 모양이 그리스도인임을 나타내는 상징물로 사용되었다. 기록에 의하면 물고기 상징물이 걸려 있는 집은 그 집에서 성찬식이 거행되니 참석하라는 초청의 의미를 갖고 있었다고 한다. 초대교회 성도들의 신앙 고백인 '예수 그리스도 하나님의 아들 구세주'는 헬라어로 '이예수스 크리스토스 데우 휘오스 소테르'인데, 각 단어의 첫 글자만 따면 '익투스 *ΙΧΘΥΣ*', 즉 '물고기'란 뜻이 된다.

내 양을 먹이라

|

요한복음 21장에는 이때 예수께서 제자들과 나누신 대화가 상세하게 기

록되어 있다.

아침밥을 먹은 뒤에 예수께서 베드로에게 물으셨다.

"요한의 아들 시몬아, 네가 이 사람들보다 나를 더 사랑하느냐?"

베드로가 떨리는 목소리로 대답했다.

"주님, 그렇습니다. 내가 주님을 사랑하는 줄을 주님께서 아십니다."

예수께서 베드로에게 말씀하셨다.

"내 어린 양 떼를 먹여라."

'이 사람들'은 지시대명사 '후토스'로 '이것들'이라는 뜻을 가지고 있다. 여기서 '이것들'이란 지금 눈에 보이는 생선과 빵, 배와 그물 등을 의미하기도 하고, 디베랴 호수를 의미하기도 하며, 이 세상을 의미하기도 한다. 이 모든 세상의 욕망과 집착으로부터 벗어나 진정으로 나를 더 사랑하느냐고 물으신 것이다.

예수께서 두 번째로 물으셨다.

"요한의 아들 시몬아, 네가 나를 사랑하느냐?"

베드로가 작은 목소리로 대답했다.

"주님, 그렇습니다. 내가 주님을 사랑하는 줄을 주님께서 아십니다."

예수께서 그에게 말씀하셨다.

"내 양 떼를 쳐라."

예수께서 세 번째로 물으셨다.

"요한의 아들 시몬아, 네가 나를 사랑하느냐?"

그때 베드로는 비통한 심정으로 대답했다. 눈가에 눈물이 맺혔을지도 모른다.

"주님, 주님께서는 모든 것을 아십니다. 그러므로 내가 주님을 사랑하는 줄을 주님께서 아십니다."

예수께서 베드로에게 말씀하셨다.

"내 양 떼를 먹여라."

부활하신 예수와 깊은 절망에 빠진 베드로 사이에 오간 세 번의 질문과 세 번의 대답. 그 의미가 무엇일까? 이재철 목사는『요한과 더불어』에서 이 같은 해석을 덧붙였다.

"베드로에게 '내 어린 양을 먹이라'고 처음 명령하실 때 주님께서는 '아르니온'이란 단어를 사용하셨습니다. '아르니온'이란 양 중에서도 특별히 어린 양을 가리키는 '아르엔'의 지소어 어떤 단어로부터 그 단어가 갖고 있는 본래의 의미보다 훨씬 작은 개념을 나타내기 위해 파생된 말 입니다. …… 어린 양 중에서도 가장 어리고 작은 양, 이제 갓 태어난 양을 의미하고 계시는 것입니다. 주님께서 두 번째 '내 양을 치라'고 명령하실 때에는 '프로바티온'이라는 단어를 사용하셨습니다. 이것은 장성한 양의 통칭인 '프로바톤'의 지소어입니다. '아르니온'보다는 크지만 장성한 양이 되기에는 턱없이 부족한 상태의 양을 뜻합니다. 사람으로 말한다면 청소년기에 해당될 수 있습니다. 그리고 주님께서 마지막으로 '내 양을 치라'고 말씀하실 때에는 발육이 끝나 정상적인 상태에 있는 양을 의미하는 '프로바톤'을 사용하셨습니다. 이처럼 주님께서 당신의 양을 돌보라고 명령하시되 어떤 특정 상태의 양만을 국한하여 지칭하신 것이 아니라, 갓 태어난 양에서부터 중간치를 거쳐 발육이 끝난 양에 이르기까지 모든 양들을 구별 없이 돌보라 명령하신 것입니다. 즉 어떤 장소, 어떤 상황, 어떤 시간에 상관없이 만나는 모든 양들을 돌보라는 것입니다. 다시 말해 주님을 진정으로 사랑한다면, 만나는 모든 사람을 주님께서 나에게 믿고 맡겨 주신 주님의 양으로 인식하라는 것입니다."

예수께서 이처럼 베드로에게 세 번씩이나 같은 질문을 되풀이하신 것은 그만큼 베드로를 사랑하셨기 때문이며, 그가 예수께서 잡히시던 날 밤 닭이 울기 전 예수를 세 번 부인했던 것을 회개하고 극복할 수 있는 충분한 기회를 주신 것이다. 베드로는 세 번에 걸쳐 공개적으로 자신의 진심을 고백함으로써 스승에 의해 교회 지도자로서의 권위가 회복되었다.

헬라어에서 사랑은 네 가지로 구분된다. 남녀 간의 사랑은 '에로스', 가족 간의 사랑은 '스토로게', 우정으로서의 사랑은 '필리아', 그리고 무조건적인 사랑은 '아가페'다.

첫 번째와 두 번째 질문에서 예수는 베드로에게 아가페의 사랑으로 나를 사랑하느냐고 물었다. 그러나 베드로는 이 말의 의미를 알지 못하고 자신은 주님을 필리아의 사랑으로 사랑한다고 고백했다. 그러자 주님께서는 베드로의 수준에 맞춰 세 번째 질문에서는 필리아의 사랑으로 나를 사랑하느냐고 물었고, 베드로는 필리아의 사랑으로 사랑한다고 대답했다. 이 역시 베드로에 대한 깊은 배려의 조치였다. 내 방식이 아닌 그의 방식으로 사랑을 받아주신 것이다.

양을 먹인다는 헬라어 동사 '보스코'와 양을 친다는 동사 '포이마이노'는 전문적으로 양을 치는 노련한 목자에게만 사용되는 단어다. 양 떼에게 최상의 꼴을 먹일 수 있는 초장과 최적의 안식처가 될 물가를 알고 그곳으로 양 떼를 인도하는 목자를 말한다. '포이마이노'는 목자로서 양떼를 먹이고 다스리는 것이다. 이는 네가 목자가 되라는 것이며, 하나님의 교회를 치라는 것이다. 다스리라는 것이다. 하나님의 백성을 통치하라는 것이다. '보스코'는 입에서 나오는 '레마타 ^{말씀들}'로 먹이는 것이다.

그렇게 어린양, 양떼를 먹이라는 것이다. 이것이 양들을 기르면서 그 양들을 통치하고 다스리는 것이다.

부활하신 예수께서 엠마오로 가는 제자들에게 나타나시고, 디베랴 호수에서 고기 잡는 제자들에게 나타나셔서 이들과 함께 음식을 먹으며 당부하신 마지막 말씀은 내가 너희에게 그랬던 것처럼, 내가 너희들에게 본을 보였던 것처럼 삶의 현장에서 이웃에게 영의 양식과 육의 양식을 먹이는 사람들이 되라는 것이었다.

그런 다음 예수께서 베드로를 바라보며 말씀하셨다.

"정말 잘 들어두어라. 네가 젊었을 때에는 제 손으로 띠를 띠고 마음대로 돌아다닐 수 있었다. 그러나 이제 나이를 먹으면 그때는 팔을 벌리고 남이 와서 허리를 묶어 네가 원하지 않는 곳으로 끌고 갈 것이다." 요

한복음 21장 18절, 공동번역

유대인들은 걸을 때나 달릴 때 자유롭게 활동하기 위해 겉옷을 허리띠로 둘렀다. 여기서 띠는 자유를 뜻한다. 예수께서 이렇게 말씀하신 것은 베드로가 어떤 죽음으로 하나님께 영광을 돌릴 것인가를 암시하신 것이다. 후일 베드로는 로마로 가서 복음을 전하며 그리스도인들을 이끌다가 폭군 네로 황제에게 박해를 받아 순교하게 된다. 그는 예수와 같은 방식으로 죽을 자격이 없다고 주장하면서 스스로 십자가에 거꾸로 매달려 처형되었다.

세상을 떠나 사랑하는 주님 곁으로 가기 전 베드로가 로마 군대의 백부장 고넬료의 집에서 설교하면서 다음과 같이 말한 것은 갈릴리 바닷가에서 예수님과 함께 아침 밥을 먹으며 대화를 나누었던 기억이 얼마나 강렬하고 소중한 것이었는지를 잘 말해 주고 있다.

"우리는 예수께서 유대 지방과 예루살렘에서 하신 모든 일의 증인입니다. 사람들이 그를 나무에 달아 죽였지만, 하나님께서는 그를 사흘째 되는 날에 살리시고, 나타나 보이게 해주셨습니다. 그를 모든 사람에게 나타나게 하신 것이 아니라, 하나님께서 미리 택하여 주신 증인인 우리에게 나타나게 하셨습니다. 그가 죽은 사람들 가운데서 살아나신 뒤에, 우리는 그와 함께 먹기도 하고 마시기도 하였습니다." 사도행전 10장 39절~41절

카라바조(1573~1610, 이탈리아),
〈엠마오에서의 저녁식사〉, 캔버스에 유화,
141×196cm, 영국 국립미술관, 런던

이 그림은 부활하신 예수께서 엠마오의 한 여인숙에서 제자들과 저녁식사를 하던 중 뒤늦게 그가 예수라는 사실을 알게 된 제자들이 깜짝 놀라는 모습을 그린 것이다. 두 명의 제자와 시중을 드는 여인숙 주인의 모습에서 성스러움은 찾아볼 수 없다. 그들은 남루한 행색에 크고 과장된 몸짓으로 예수의 부활을 도저히 믿을 수 없다는 표정을 짓고 있다. 식탁 위의 빵과 포도주는 성체성사를 암시하며, 석류는 부활을 상징하고, 썩은 사과와 색이 변한 무화과는 인류의 원죄를 뜻한다. 예수의 머리 위에 후광 대신 검은 그림자가 드리워진 것은 십자가의 고난과 죽음을 연상시킨다. 예수의 얼굴로 쏟아지는 강한 빛은 구원을 이야기한다.

38
모여서 함께 먹고 마시며
기도에 힘쓴 성도들

돌아온 탕자의 비유

예수께서 부활하신 후 40일 동안 마지막 사역을 감당하신 다음 제자들이 보는 가운데 승천하셨다. 이제 이 땅에서의 일은 남은 사람들, 즉 사도들의 몫이었다. 사도들은 다른 성도들 120여 명과 함께 마가의 다락방에 모였다. 다락방은 고대 팔레스타인을 비롯한 중근동 지방에서 흔히 볼 수 있는 건축 양식으로 지붕 위 옥상에 짓기도 하고, 건물 2층에 베란다처럼 만들어 계단을 통해 오르내리도록 한 공간을 가리킨다. 주로 휴식이나 침실 공간 또는 기도나 집회나 식사 장소로 사용되었다. 마가의 다락방은 120여 명이나 들어갈 수 있는 넓은 공간으로 예수께서 제자들과 함께 최후의 만찬을 나누었던 처소로 추정되는 곳이다.

거기서 사도들은 베드로의 제안으로 가룟 유다를 대신할 새 사도 한 명을 선출했다. 대제사장들에게 은화 30냥을 받고 예수를 팔아넘긴 가룟 유다는 양심의 가책을 받아 자신의 행동을 후회하며 받았던 돈을 성소에 던진 뒤에 자살한 것으로 알려졌다. 마태는 그가 목매어 죽었다고 기록했고, 누가는 몸이 곤두박질하여 배가 터져 죽었다고 증언했다. 베드로는 새로 사도가 될 사람의 자격으로 예수의 공생애 기간 동안 항상 자신들과 함께 다니던 사람 중에 우리와 더불어 예수께서 부활하심을 증언할 사람이어야 한다고 말했다. 그들은 물망에 오른 요셉과 맛디아를 놓고 기도한 후 제비를 뽑아 맛디아를 새로운 사도로 선출했다.

오순절에 마가의 다락방에 모여 기도하던 성도들에게 예수의 말씀처럼 강력한 성령의 불길이 임했다. 그들은 성령의 충만함을 받고 각기 방언으로 말하기 시작했다.

초대교회가 탄생하는 순간이었다. 베드로가 열한 사도들과 함께 서서 모여 있는 유대인들에게 사자후를 토하며 설교하자 이들이 세례를 받고 예수를 믿게 되었는데, 그 수가 무려 3천 명에 달했다. 베드로를 비롯한 사도들은 이제 예전의 무식한 어부들이 아니었다. 성경 말씀을 줄줄 인용하며 예수의 복음과 부활을 담대하게 전하는 용사들이 되어 있었다. 이들에 의해 형성된 초대교회의 역사와 복음 전파의 과정을 기록한 책이 바로 복음서와 서신서의 가교 역할을 하는 '사도행전 使徒行傳, Acts'이다. 저자는 누가복음을 기록한 누가로 알려져 있다.

초대교회 성도들에게 가장 많이 인용되고 강조되던 예수의 가르침 중 하나는 '돌아온 탕자'의 비유였다. 너무나 유명한 이 비유에는 하나님의 순수하고 무한하며 변함없는 사랑과 그 누구도 차별하지 않는 깊은 박애정신이 오롯이 담겨져 있었다. 이와 같은 메시지는 가난하고 소외된 백성들과 멸시의 대상이었던 이방인들에게 매우 호소력 있게 전달되었다. 초대교회 지도자들은 예수께서 그러셨던 것처럼 거리낌 없이 이들을 초청해 함께 먹고 마셨다.

이 비유는 많은 세리들과 죄인들이 예수의 가르침을 들으려고 가까이 몰려들었을 때 들려주신 말씀이다. 이때도 역시 바리새파 사람들과 율법학자들은 투덜거리며 빈정대듯 말했다.

"이 사람이 죄인들을 맞아들이고, 그들과 함께 음식을 먹는구나."

그러자 예수께서 그들에게 이 비유를 말씀하셨다.

"어떤 사람에게 아들이 둘 있는데, 작은아들이 아버지에게 말하기를 '아버지, 재산 가운데서 내게 돌아올 몫을 내게 주십시오.'라고 말했습니다. 그래서 아버지는 살림을 두 아들에게 나누어 주었습니다. 며칠 뒤에 작은아들은 제 것을 다 챙겨서 먼 지방으로 가 거기서 방탕하게 살면서 그 재산을 낭비하였습니다. 그가 모든 것을 탕진했을 때에, 그 지방에 크게 흉년이 들어 그는 아주 궁핍하게 되었지요. 그래서 그는 그 지방의 주민 가운데 한 사람을 찾아가서 몸을 의탁했습니다. 그 사람은 그를 들로 보내 돼지를 치게 했습니다. 그는 돼지가 먹는 쥐엄 열매라도 좀 먹고 배를 채우고 싶은 심정이었으나, 그에게 먹을 것을 주는 사람이 없었습니다. 그제야 그는 제정신이 들어 이렇게 말했습니다. '내 아버지의 그 많은 품꾼들에게는 먹을 것이 남아도는데, 나는 여기서 굶어 죽는구나. 내가 일어나 아버지에게 돌아가 이렇게 말씀드려야 하겠다. 아버지, 제가 하늘과 아버지 앞에 죄를 지었습니다. 저는 더 이상 아버지의 아들이라고 불릴 자격이 없으니, 저를 품꾼의 하나로 삼아 주십시오.' 그는 일어나서 아버지에게로 갔습니다. 그가 아직도 먼 거리에 있는데, 그의 아버지가 그를 보고 측은히 여겨 달려가서 그의 목을 껴안고 입을 맞추었습니다."

홍미진진한 예수의 말씀이 이어지자 사람들은 마른침을 삼키며 더욱 귀를 기울였다.

"이때 아들이 아버지에게 말했습니다. '아버지, 제가 하늘과 아버지 앞에 죄를 지었습니다. 이제부터 저는 아버지의 아들이라고 불릴 자격이 없습니다.' 그러나 아버지는 종들에게 말했습니다. '어서, 가장 좋은 옷을 꺼내서, 그에게 입히고, 손에 반지를 끼우고, 발에 신을 신겨라. 그리고 살진 송아지를 끌어내다가 잡아라. 우리가 먹고 즐기자. 나의 이 아들은 죽었다가 살아났고, 내가 잃었다가 되찾았다.' 그래서 그들은 잔치를 벌였습니다. 그런데 큰아들이 밭에 있다가 돌아오니 집 가까이 이르렀을 때에, 음악 소리와 춤추면서 노는 소리가 들렸습니다. 그는 종 한 사람을 불러 무슨 일인지를 물었습니다. 종이 그에게 대답했습니다. '아우님이 집에 돌아왔습니다. 건강한 몸으로 돌아온 것을 반겨서, 주인어른께서 살진 송아지를 잡으셨습니다.' 이에 큰아들은 화가 나서 집으로 들어가려고도 하지 않았습니다. 이를 알고 아버지가 나와서 그를 달랬습니다. 그는 아버지에게 말했습니다. '저는 이렇게 여러 해를 두고 아버지를 섬기고 있고, 아버지의 명령을 한 번도 어긴 일이 없는데, 저에게는 친구들과 함께 즐기라고, 염소 새끼 한 마리도 주신 일이 없습니다. 그런데 창녀들과 어울려서 아버지의 재산을 다 삼켜 버린 이 아들이 오니까, 그를 위해서는 살진 송아지를 잡으셨습니다.' 큰아들은 섭섭한 심정을 드러냈습니다. '얘야, 너는 늘 나와 함께 있으니 내가 가진 모든 것은 다 네 것이다. 그런데 너의 이 아우는 죽었다가 살아났고, 내가 잃었다가 되찾았으니, 즐기며 기뻐하는 것이 마땅하지 않겠니?'

그를 향해 아버지는 이렇게 말했습니다."

재산을 미리 상속받아 타지에서 방탕하게 다 써버린 후 거지꼴을 하고 집으로 돌아온 작은아들을 아버지가 반갑게 맞아 크게 잔치를 벌였다는 이이야기가 바로 돌아온 탕자의 비유다. '탕자 蕩子'란 방탕한 생활에 빠져 무절제하게 사는 남자를 가리키기 때문이다. 이 비유는 유독 누가복음에만 등장한다. 수리아의 안디옥 출신으로 이방인 개종자였던 누가에게는 예수의 수많은 비유 중 이 비유가 강렬하게 기억에 남은 듯하다. 여기서 작은아들은 죄를 용서받고 아들의 지위를 회복하는 이방인을 상징하며, 큰아들은 계산적으로 행동하며 자기 의에 빠져 있는 바리새인과 사두개인과 서기관 등을 상징한다. 예수는 늘 자신을 못마땅하게 생각하는 바리새인들과 율법학자들 그리고 한 말씀이라도 놓칠까봐 언제나 자신의 말에 귀를 종긋 기울이는 세리들과 죄인들이 다 함께 있는 자리에서 이 비유를 들려주셨다.

『맛있는 성경 이야기』에서 유재덕 교수는 아버지에게 미리 유산을 상속받는 작은아들의 행동은 더할 수 없이 무례한 것이라며 유대인들의 상속법에 대해 이런 이야기를 들려준다.

"유대인들의 상속법에 따르면 부친의 재산이 넉넉하면 딸들에게 약간의 몫이 돌아가고, 나머지는 아들들이 물려받았다. 이때 맏이의 경우는 나머지 형제들 몫의 두 배를 받을 수 있었다. 그리고 상속받을 재산이 부족하면 일차적으로 딸들에게 최소한의 유산을 건네고, 그 나머지를 아들들이 챙겼다. 어떤 경우라도 딸들을 먼저 챙기는 것은 그들이 별다른 노동력을 갖고 있지 못해 법률적으로 생존권을 보장한 것이다. 유산을 상속할 경우 사후에 하는 게 일반적이었다. …… 사전에 상속할 때도 이스라엘의 상속법은 소유권과 처분권을 따로 구분했다. 자식은 아버지가 생존해 있을 동안에는 소유권만 물려받을 수 있었다. 소유권을 갖고 있어도 처분권이 없다보니 재산권을 마음대로 행사할 수 없었다. 누군가 이 사실을 알지 못한 채 상속받은 토지를 구입하게 되면 땅 소유자의 아버지가 세상을 떠날 때까지 전혀 권리를 행사할 수 없었다. 그런데 비유에 등장하는 아버지는 자신을 이미 죽은 사람 취급을 하고 있는 버릇없는 둘째에게 소유권과 처분권을 동시에 넘겨주었다."

작은아들이 너무 배가 고파 주워 먹으려 했던 쥐엄나무 열매는 유대의 사막 지대를 비롯한 여러 지역에서 흔히 볼 수 있는 구주콩나무 locust tree 열매, 즉 카로브콩을 가리킨다. 카로브콩은 말려서 돼지들의 먹이로 사용되었지만 사람이 먹을 수도 있었다. 카로브콩에는 비타민 A와 B1과 B2, 니아신, 칼슘, 마그네슘, 철분 등이 풍부하게 들어 있어 충분히 영양 보충이 가능한 식품이다. 일부 학자들은 세례 요한이 광야에서 먹었던 메뚜기 locust 가 바로 이 구주콩나무 열매인 카로브콩이라고 주장한다. 쥐엄나무를 히브리어로 '하루빔 haruvim'이라 하고, 메뚜기를 '하가빔 hagavim'이라 한다. 성경을 옮겨 쓸 때 기록자가 착각해서 'r'자를 'g'자로 잘못 기록해 쥐엄나무 열매가 메뚜기가 된 게 아닐까 추측하는 것이다. 중동 전역에서 카로브콩이 '세례 요한의 빵'으로 불리는 것이나 지금도 뉴욕의 시장에서 쥐엄나무 열매를 '세례 요한의 빵'이라 부르며 팔고 있는 건 이런 주장을 뒷받침해준다.

안토니 F. 치폴로와 레이너 W. 헤세 주니어는 『바이블 쿠킹』에서 이 우화에 등장하는 맏아들이 받았을 상처와 충격에 대해 당시 풍습을 토대로 조목조목 설명하고 있다.

"맏아들이 받은 상처의 중심에는 저녁식사 요리로 살진 송아지 그리스어로 '모스초스', 어린 송아지라는 뜻 를 잡은 아버지의 사치스러움이 있다. 이 짐승을 잡는 것은 매일 먹는 필수 양식이 아니다. 살진 송아지는 총독이나 장관 같은 아주 중요한 손님들에게나 제공되는 음식이다. 그러니 맏아들의 분노를 짐작할 수 있다. 그는 친구들과 노는 데 마른 염소 한 마리 성경 구절에서는 '새끼 염소'라고 나오는데 그리스어에는 '에리프호스' 조차 내놓은 적이 없었다. '모스초스'와 '에리프호스'와 같은 단어들은 신약성경의 다른 곳에서는 전혀 나타나지 않는다는 점을 언급하고 싶다. 바로 이 점이 이 우화의 독창성과 아버지의 보기 드문 행동을 강조한다고 우리는 생각한다. 장남은 아버지의 행동을 이해할 수 없다고 여기고, 이야기의 독자 역시 장남에게 동정심을 느낀다. …… 맏아들을 충격에 빠뜨린 두 번째 사실은 아버지가 자신도 없이 축하 파티를 시작했다는 것이다. 행사에서 자신을 쏙 빼놓았을 뿐만 아니라 아버지의 연회를 주최하는 것은 장남의 책임이라는 사실을 모르는 사람이 없었다. 하객들에게 자리를 안내하고 식사를 제공하는 등 모든 축제 행사가 장남의 관할이었다. 그러나 그는 그 자리에 없었고, 식사가 있는 줄도 몰랐고, 거기다 초대받지도 못했던 것이다."

계속해서 저자들은 이 우화가 초대교회에서 자주 인용되고 강조되었던 이유를 분석한다.

"초기 교회는 하느님의 관대한 사랑을 보이기 위해서 뿐만 아니라 믿는 자에게는, 설령 최근에 회개한 자라도 그를 위한 연회가 기다리고 있음을 설명하기 위해 이 우화를 사용했다. 말하자면 경기장을 평준화했는데 이것은 이방인 신자가 많았던 루가의 교회에서 특히 중요했다. 이방인은 이스라엘 왕국의 유대인을 하느님의 선택받은 백성으로 만들었던, 노아의 최초 언약에 포함되지 않았기 때문이다. 이 이야기는 예수를 통하면 하느님의 사랑과 약속이 하느님을 찾은 모든 이들에게, 심지어 종전에는 제외되었거나 그럴 자격이 없다고 간주된 이들에게까지 전파된다는 예시를 형성하는 데 일조했다. 이것은 일부에게는 희소식이었고 다른 이에게는 슬픈 소식이 었지만 1세기의 유대주의 안에서 점점 커가던 운동이 곧 '기독교'라는 이름 으로 자리 잡을 수 있는 '새로운 방법' 또는 '길'을 설정할 참이었다."

무소유를 실천한 지상 유일의 신앙 공동체

이처럼 예루살렘 초대교회는 모이면 사도들의 가르침에 몰두하고, 기도 에 힘쓰며, 서로 사귀는 일과 음식을 먹고 마시며 나누는 일에 힘썼다. 성 령 충만한 성도들은 머지않아 다시 오실 예수 그리스도를 소망하며 소유에 얽매이지 않는 완전한 무소유의 삶을 실천했다.

"그들은 사도들의 가르침을 듣고 서로 도와주며 빵을 나누어 먹고 기 도하는 일에 전념하였다. 사도들이 계속해서 놀라운 일과 기적을 많이 나타내 보이자 사람들은 모두 하느님을 두려워하게 되었다. 믿는 사람 은 모두 함께 지내며 그들의 모든 것을 공동 소유로 내어놓고 재산과 물 건을 팔아서 모든 사람에게 필요한 만큼 나누어 주었다. 그리고 한마음 이 되어 날마다 열심히 성전에 모였으며 집집마다 돌아가며 같이 빵을 나누고 순수한 마음으로 기쁘게 음식을 함께 먹으며 하느님을 찬양하였 다. 이것을 보고 모든 사람이 그들을 우러러보게 되었다. 주께서는 구원 받을 사람을 날마다 늘려주셔서 신도의 모임이 커갔다." 사도행전 2장 42절~47 절, 공동번역

실로 놀라운 모습이다. 인간이 가진 본능, 타고난 본성이라고도 할 수 있는 탐욕과 소유욕으로부터 완전히 해방된 완전무결한 신앙 공동체가 만들어진 것이다. 더 맛있는 것을 먹고, 더 좋은 것을 가지며, 더 많은 것을 소유하고자 하는 마음이 사라지고, 다 함께 모여 살면서 모든 것을 공유하고, 자신의 재산과 물건을 팔아 필요한 사람들에게 아무런 조건 없이 나누어주었다. 이런 초대교회 성도들의 아름다운 모습을 보면서 사람들은 그들을 자연스럽게 우러러보게 되었다. 저절로 예수 믿는 사람들을 존경하고 따르게 된 것이다. 그들이 교회로 모여들었다. 초대교회는 갈수록 부흥의 열기에 휩싸였다. 성령의 은총 덕분이었다.

"많은 신도가 다 한 마음과 한 뜻이 되어서, 아무도 자기 소유를 자기 것이라고 하지 않고, 모든 것을 공동으로 사용하였다. 사도들은 큰 능력으로 주 예수의 부활을 증언하였고, 사람들은 모두 큰 은혜를 받았다. 그들 가운데는 가난한 사람이 한 사람도 없었다. 땅이나 집을 가진 사람들은 그것을 팔아서, 그 판 돈을 가져다가 사도들의 발 앞에 놓았고, 사도들은 각 사람에게 필요에 따라 나누어주었다." 사도행전 4장 32절~35절

사도들은 가난한 사람들이었다. 소유한 게 별로 없었다. 성도들도 마찬가지였다. 초대교회 성도들은 대부분 형편이 넉넉지 않은 사람들이었다. 사회적으로 내세울 게 없는 힘없고 소외된 계층이었기 때문이다. 하지만 이들은 가난하지 않았다. 누가는 사도행전에서 초대교회 성도들 중 가난한 사람은 한 사람도 없었다고 기록했다. 모든 것을 나누고, 서로 섬기며, 더 가지려는 사람이 없었기에 그 누구도 자신이 가난하다고 느끼지 않은 것이

다. 개중에 땅이나 집이나 다른 재물을 가진 사람이 있으면 그는 그것을 팔아 사도들의 발 앞에 가져다 놓았다. 그러면 사도들은 그것을 각 사람에게 필요에 따라 나누어주었다. 모두 똑같이 계량적으로 나눈 게 아니다. 각자 사정에 맞춰 필요한 만큼씩 나누었다는 말이다. 아담이 에덴동산을 쫓겨난 이래 지상에 이와 같이 이상적인 공동체는 일찍이 없었다. 파라다이스를 꿈꾸는 많은 사람들이 세속을 떠나 여러 형태의 이상적 공동체를 만들었지만 모두 욕망과 탐심의 덫에 걸려 넘어지고 말았다. 그러나 초대교회는 잃어버린 에덴동산을 복원해낸 것이다.

에리히 프롬은 『소유냐 존재냐』에서 초대교회 신앙 공동체의 성격을 이렇게 규정한다.

"초기 기독교도들은 가난하고 사회적으로 멸시받는, 추방당하고 박해받는 사람들로 구성되어 있었다. 그들은 부자와 권세 있는 자들을 탄핵했고, 세속적 권력이거나 성직의 권력이거나를 막론하고 권세와 부를 타협할 여지가 없는 악으로 단정했다. 막스 베버가 지적했듯이, 산상수훈은 사실상 위대한 노예반란의 성명서였다. 초기 기독교 공동체는 순전히 자발적인 인간의 결속정신으로 뭉쳐져 있있고, 그 정신은 일체의 물질적 재산을 공유하려는 자발적 소망으로 표출되고는 하였다. 초기 기독교의 혁명정신은 유태교로부터 분리되기 전의 기독교 공동체들에게 전파되었던 복음서의 가장 오래된 대목에 특히 명백히 드러나 있다. 이 복음서에서 발견되는 중심 전제는 모름지기 인간은 모든 탐욕과 소유욕을 떨쳐버리고 자신을 소유의 구속으로부터 완전히 해방시켜야 한다는 요청이다. 따라서 모든 긍정적 윤리규범은 존재의 윤리, 공유와 결속의 윤리에 근거하고 있다. …… 아울러 사물의 소유에 관해서도 일체의 단념이 요청된다. 초기 공동체는 사유재산을 근본적으로 단념하는 데에 기초하고 있기 때문에 부의 축적을 경고했다. 초기 기독교도들은 실제로 가난한 사람들의 공동체로서, 하나님이 생각한 구제의 상像에 계시되어 있듯이, 기존 체제가 완전히 멸망할 시기가 무르익었다는 묵시록적 신념으로 가득 차 있었다."

아나니아와 삽비라 부부의 이야기도 이런 차원에서 바라보면 이해가 쉽다. 두 사람은 다른 성도들이 자기 소유를 팔아 사도들에게 가져가는 것을 보고 자기들도 그렇게 해야겠다고 마음먹었다. 그런데 막상 돈이 생기자 다른 생각이 들었다. 다 바치기에는 조금 아까웠던 것이다. 그래서 둘이 의논하여 얼마를 따로 떼어놓은 다음 아나니아가 나머지를 가져다 사도들의 발 앞에 놓았다. 베드로는 성령의 능력으로 그가 거짓말을 하고 있다는 걸 알았다.

"아나니아는 들으시오. 어찌하여 그대의 마음이 사탄에게 홀려서, 그대가 성령을 속이고 땅 값의 얼마를 몰래 떼어놓았소? 그 땅은 팔리기 전에도 그대의 것이 아니었소? 또 팔린 뒤에도 그대 마음대로 할 수 있었던 것이 아니었소? 그런데 어찌하여 이런 일을 할 마음을 먹었소? 그대는 사람을 속인 것이 아니라 하나님을 속인 것이오."

이 말을 듣자마자 아나니아는 그 자리에서 쓰러져 숨졌다. 이 소문을 듣는 사람은 모두 크게 두려워하였다. 젊은이들이 일어나 시체를 싸서 메고 나가 장사를 지냈다. 세 시간쯤 지나 아나니아의 아내 삽비라가 남편의 일을 알지 못한 채 들어왔다. 베드로가 물었다.

"그대들이 판 땅값이 이것뿐이오? 어디 말해 보시오."

그러자 삽비라가 베드로에게 대답했다.

"예, 그것뿐입니다."

태연스럽게 거짓말을 하는 삽비라를 쳐다보며 베드로가 말했다.

"왜 그대들 내외는 서로 공모해서 주님의 영을 시험하려고 하였소? 보시오. 그대의 남편을 묻은 사람들의 발이 막 문에 다다랐으니, 그들이 또 그대를 메고 나갈 것이오."

그러자 삽비라는 그 자리에서 베드로의 발 앞에 쓰러져 숨이 끊어졌다. 아나니아를 장사지내고 돌아오던 젊은이들이 여자가 죽은 것을 보고 메어다가 그 남편 곁에 나란히 묻었다. 아나니아와 삽비라가 즉석에서 죽임을 당한 것은 그들이 성령을 속였기 때문이었다. 그때는 지상에 막 성령이 임하셔서 초대교회의 복음 전파 역사가 시작된 때였다.

실로 엄중한 시기였다는 말이다. 모든 성도들은 성령의 충만함을 입어 역사상 유래가 없는 새로운 신앙 공동체를 만들어가고 있었다. 이런 때에 사사로이 성령을 속이고, 다시금 소유욕에 사로잡혔던 이들의 죄는 용서받을 수 없을 만큼 막중했던 것이다. 성령을 거스르고 탐심과 욕망의 노예가 되고자 했던 죄는 초대교회 공동체를 붕괴시킬 수도 있는 치명적인 독비섯 혹은 누룩 같은 것이었다. 이에 사도들의 우두머리인 베드로는 일벌백계로 이들을 다스린 것이다.

누가는 이 사건을 기록한 뒤 초대교회 성도들과 유대 사회의 분위기를 이렇게 전했다.

"온 교회와 이 사건을 듣는 사람들은, 모두 크게 두려워하였다." 사도행전 5장 11절

여기서 교회는 헬라어로 '에클레시아'다. 이 말은 그리스 세계에서 '시민

집회', 즉 '어떤 문제를 결정하기 위해 부름 받은 자들의 모임'을 뜻하는 말이었다. 그러나 흔히 '교회'로 번역되는 '에클레시아'는 '예수그리스도를 구주로 고백하는 성도들의 모임'을 의미한다. 2천 년 교회 역사상 에클레시아의 정의에 가장 부합되는 이상적인 교회는 바로 초대교회였다.

성도들의 바른 삶을 위한 사도들의 가르침

예수를 단 한 번도 직접 만난 적이 없으면서도 사도가 되어 전무후무한 복음 전파의 기수가 되었음은 물론 초대교회 신학을 정립하고, 다수의 서신서를 기록하여 신약성경을 완성한 바울은 훗날 초대교회의 전통을 이어받아 성도들이 어떻게 생활해야 할지에 대해 가르쳤다.

바울이 활동할 당시 로마에는 자생적으로 생겨난 교회들이 있었다. 예루살렘에 절기를 지키러 갔던 디아스포라 유대인들이 복음을 접한 뒤 다시 로마로 돌아와 전도한 결과로 탄생한 교회들이었다. 바울은 제3차 전도여행 중 고린도에 머물 때 로마에 있는 그리스도인들에게 보낸 편지인 '로마서 Romans'에서 그들도 사도들의 가르침을 따라 살 것을 당부했다.

"성도들이 쓸 것을 공급하고, 손님 대접하기를 힘쓰십시오." 로마서 12장 13절

"'네 원수가 주리거든 먹을 것을 주고, 그가 목말라 하거든 마실 것을 주어라. 그렇게 하는 것은, 네가 그의 머리 위에다가, 숯불을 쌓는 것이 될 것이다' 하였습니다." 로마서 12장 20절

고린도는 그리스 최고의 상업 도시이자 항구 도시였다. 따라서 물질적으로는 매우 풍성했지만 우상 숭배와 도덕적 타락이 극에 달해 그 여파가 교회에까지 밀어닥쳤다. 바울이 제2차 전도여행 중에 설립한 고린도 교회는 이런 배경으로 인해 계속해서 여러 가지 문제가 발생했다. 이에 바울은 제3차 전도여행 때 에베소에서 고린도 교인들을 위해 편지 고린도전서, 1Corinthians 를 보냈고, 훗날 교회가 자신의 교훈을 받아들이자 마게도냐에 머물 때 다시 한 번 편지 고린도후서, 2Corinthians 를 보내 복음의 본질과 십자가의 도에 대해 역설했다.

"여러분은 낡은 누룩을 깨끗이 없애버리고 다시 순수한 반죽이 되어야 합니다. 그리스도께서 우리의 과월절 양으로서 희생되셨으므로 이제 여러분은 누룩 없는 반죽이 되었습니다. 그러므로 우리는 사악과 음행이라는 묵은 누룩을 가지고 과월절을 지내지 말고 순결과 진실이라는 누룩 없는 빵을 가지고 과월절을 지냅시다." 고린도전서 5장 7절~8절, 공동번역

"그러나 이제 내가 여러분에게 사귀지 말라고 쓰는 것은, 신도라 하는 어떤 사람이 음행하는 사람이거나, 탐욕을 부리는 사람이거나, 우상을 숭배하는 사람이거나, 사람을 중상하는 사람이거나, 술 취하는 사람이거나, 약탈하는 사람이면, 그런 사람과는 함께 먹지도 말라는 말입니다." 고린도전서 5장 11절

"여러분은 우리 주 예수 그리스도의 은혜를 알고 있습니다. 그리스도께서는 부요하나, 여러분을 위해서 가난하게 되셨습니다. 그것은 그의

가난으로 여러분을 부요하게 하시려는 것입니다."_{고린도후서 8장 9절}

"요점은 이러합니다. 적게 심는 사람은 적게 거두고, 많이 심는 사람은 많이 거둡니다. 각자 마음에 정한 대로 해야 하고, 아까워하면서 내거나, 마지못해서 하는 일은 없어야 합니다. 하나님께서는 기쁜 마음으로 내는 사람을 사랑하십니다. 하나님께서는 여러분에게 온갖 은혜가 넘치게 하실 수 있습니다. 그러하므로 여러분은 모든 일에 언제나, 쓸 것을 넉넉하게 가지게 되어서, 온갖 선한 일을 얼마든지 할 수 있습니다. 이것은 성경에 기록한 바 '그가 가난한 사람들에게 아낌없이 뿌려 주셨으니, 그의 의가 영원히 있다' 한 것과 같습니다. 심는 사람에게 심을 씨와 먹을 양식을 공급하여 주시는 하나님께서, 여러분에게도 씨를 마련하여 주시고, 그것을 여러 갑절로 늘려 주시고, 여러분의 의의 열매를 증가시켜 주실 것입니다. 하나님께서 여러분을 모든 일에 부요하게 하시므로, 여러분이 후하게 헌금을 하게 될 것입니다. 우리가 여러분의 헌금을 전달하면, 많은 사람이 하나님께 감사를 드리게 될 것입니다. 여러분이 수행하는 이 봉사의 일은 성도들의 궁핍을 채워줄 뿐만 아니라, 많은 사람들로 하여금, 하나님께 감사를 넘치게 드리게 할 것입니다. 여러분의 이 봉사의 결과로, 그들은 하나님께 영광을 돌릴 것입니다. 그것은 여러분이 하나님께 순종하여, 그리스도의 복음을 고백하고, 또 그들과 모든 다른 사람에게 너그럽게 도움을 보낸다는 사실이 입증되었기 때문입니다. 그들은 또한 여러분에게 주신 하나님의 넘치는 은혜 때문에 여러분을 그리워하면서, 여러분을 두고 기도할 것입니다. 말로 다 형언할 수 없는 선물을 주시는 하나님께 감사합니다."_{고린도후서 9장 6절~15절}

에베소는 수리아의 안디옥, 이집트의 알렉산드리아와 더불어 로마 제국 3대 도시 가운데 하나였으며 소아시아 제1의 도시였다. 이곳에는 아데미 신전이 있어 우상 숭배와 황제 숭배가 만연해 있었다. 바울은 제2차 전도 여행 때 이곳에 교회를 설립했다. 바울은 로마에서 첫 번째로 투옥되었다 풀려난 뒤 마게도냐에서 에베소 교회에 편지 _{디모데전서, 1Timothy} 를 보냈다. 당시 에베소 교회는 바울의 동역자이자 믿음의 아들로 불린 디모데가 목회하고 있었다. 바울은 디모데에게 바른 목회 지침을 알려주면서 그리스도인의 도덕적 삶을 강조했다.

"우리는 아무것도 세상에 가지고 오지 않았으므로, 아무것도 가지고 떠나갈 수 없습니다. 우리는 먹을 것과 입을 것이 있으면, 그것으로 만족해야 할 것입니다. 그러나 부자가 되기를 원하는 사람은, 유혹과 올무와 여러 가지 어리석고도 해로운 욕심에 떨어집니다. 이런 것들은 사람을 파멸과 멸망에 빠뜨립니다. 돈을 사랑하는 것이 모든 악의 뿌리입니다. 돈을 좇다가, 믿음에서 떠나 헤매기도 하고, 많은 고통을 겪기도 한 사람이 더러 있습니다." _{디모데전서 6장 7절~10절}

"그대는 이 세상의 부자들에게 명령하여, 교만해지지도 말고, 덧없는 재물에 소망을 두지도 말고, 오직 우리에게 모든 것을 풍성히 주셔서 즐기게 하시는 하나님께 소망을 두라고 하십시오. 또 선을 행하고, 좋은 일을 많이 하고, 아낌없이 베풀고, 즐겨 나누어주라고 하십시오. 그렇게 하여, 앞날을 위하여 든든한 기초를 스스로 쌓아서, 참된 생명을 얻으라고 하십시오." _{디모데전서 6장 17절~19절}

예루살렘 초대교회의 수장은 예수의 동생인 야고보였다. 그는 네로 황제의 박해로 환란이 이어지자 성도들의 굳건한 믿음과 바른 신앙생활을 위해 야고보서를 기록했다. 이 서신에서 그는 구원받은 성도가 어떻게 살아가야 하는지, 즉 믿음의 실천에 대해 가르쳤다.

"부자들은 들으십시오. 여러분에게 닥쳐올 비참한 일들을 생각하고 울며 부르짖으십시오. 여러분의 재물은 썩고, 여러분의 옷들은 좀먹었습니다. 여러분의 금과 은은 녹이 슬었으니, 그 녹은 장차 여러분을 고발할 증거가 될 것이요, 불과 같이 여러분의 살을 먹을 것입니다. 여러분은 세상 마지막 날에도 재물을 쌓았습니다. 보십시오, 여러분의 밭에서 곡식을 벤 일꾼들에게 주지 않고 가로챈 품삯이 소리를 지르고 있습니다. 그래서 그 일꾼들의 아우성소리가 전능하신 주님의 귀에 들어갔습니다. 여러분은 이 땅 위에서 사치와 쾌락을 누렸으며, 살육의 날에 마음을 살찌게 하였습니다. 여러분은 의인을 정죄하고 죽였지만, 그는 여러분에게 대항하지 않았습니다." 야고보서 5장 1절~6절

초대교회의 유력한 지도자였던 사도 요한은 예루살렘이 멸망하자 에베소에 머물며 목회에 전념했다. 그는 말년에 기록한 '요한일서 1John'를 통해 성도와 이웃끼리 사랑함으로써 예수 그리스도로부터 받은 사랑을 몸소 실천할 것을 당부했다. 이 서신은 신학을 체계화한 바울의 사상과 믿음의 행실을 강조한 야고보의 사상을 조화시킨 위대한 서신으로 평가된다.

"누구든지 세상 재물을 가지고 있으면서, 자기 형제자매의 궁핍함을

보고도, 마음 문을 닫고 도와주지 않으면, 어떻게 하나님의 사랑이 그 사람 속에 머물겠습니까? 자녀 된 이 여러분, 우리는 말이나 혀로 사랑하지 말고, 행동과 진실함으로 사랑합시다." 요한일서 3장 17절~18절

"사랑하는 여러분, 서로 사랑합시다. 사랑은 하나님에게서 난 것입니다. 사랑하는 사람은 다 하나님에게서 났고, 하나님을 압니다. 사랑하지 않는 사람은 하나님을 알지 못합니다. 하나님은 사랑이시기 때문입니다. 하나님의 사랑이 우리에게 이렇게 드러났으니, 곧 하나님이 자기 외아들을 세상에 보내주셔서 우리로 하여금 그로 말미암아 살게 해주신 것입니다. 사랑은 이 사실에 있으니, 곧 우리가 하나님을 사랑한 것이 아니라, 하나님이 우리를 사랑하셔서, 자기 아들을 보내어 우리의 죄를 위하여 화목 제물이 되게 하신 것입니다. 사랑하는 여러분, 하나님께서 이렇게까지 우리를 사랑하셨으니, 우리도 서로 사랑해야 합니다." 요한일서 4장 7절~11절

니콜라 푸생(1594~1665, 프랑스),
〈삽비라의 죽음〉, 캔버스에 유화, 122×199cm,
루브르 박물관, 파리

예루살렘 초대교회는 역사상 가장 뜨겁고 순수한 신앙 공동체를 이루고 있었다. 성도들은 집이나 토지 등 자신의 소유를 팔아 교회에 바쳤고, 가난한 사람들을 위해 아낌없이 사용했다. 네 것 내 것이 따로 없었다. 이런 분위기 속에 아나니아와 삽비라 부부도 교회에 바치기 위해 소유를 팔았다. 그런데 왠지 아까운 생각이 들었다. 그들은 일부를 감추고 나머지를 전부인 양 속여 사도들에게 바쳤다. 이를 안 베드로가 이들을 호되게 책망했다. 성령을 속인 죄로 두 사람은 함께 죽음에 이르게 된다. 아나니아는 '여호와는 은혜가 깊으시다', 삽비라는 '아름답다'는 뜻이었으나 비참한 최후를 맞으며 불행한 부부의 대명사가 되었다.

39
바울이 가르친
식탁의 예절

보신탕과 와인

신앙생활에 있어 먹고 마시는 문제는 결코 가볍지도 단순하지도 않다. 일상은 물론 전통이나 예식을 따지게 되면 한층 복잡해진다. 이 문제는 지금보다 예전이 훨씬 더 심각했다. 중고등학생 때의 일이다. 그때는 매주 토요일 오후에 학생회 예배를 따로 드렸다. 예배가 끝나면 담당 교역자의 인도로 성경공부를 했다. 강의 말미에 서로 궁금한 것을 묻고 답하는 시간이 되면 심심찮게 이런 질문이 나오곤 했다.

"저희 집에서는 제사를 많이 지내는데…… 제사 드렸던 음식을 먹어도 괜찮나요?"

그러면 조용하던 분위기가 갑자기 소란스러워졌다.

"먹으면 안 돼지. 교회 다니는 사람이 제사 지내고 남은 불결한 음식을 먹으면 되나."

"상관없다. 먹어도 된다. 식사기도 쎄게 한 번 하고 먹으면 귀신도 다 물러간다."

어떤 날은 이런 질문도 나왔다.

"아버지가 시도 때도 없이 막걸리 받아오라고 심부름을 시키시는데, 할 수도 없고 안 할 수도 없고 정말로 골치 아픕니다. 크리스천이 술심부름을 해도 되는 겁니까?"

이와 같은 질문에 대해 담당 교역자는 대략 다음과 같이 대답했던 걸로 기억된다.

"제사 드렸던 음식이라도 믿음을 가지고 먹으면 아무런 상관이 없습니다. 다만 내키지 않거나 뭔가 꺼림칙하다고 생각되면 먹지 않는 게 좋습니다. 자연스럽게 대하는 것이 현명합니다. 그리고 비록 술심부름이지만 아버지가 시키시는 걸 자식이 거부하면 안 되겠죠. 내가 마시거나 피우지만 않는다면 부모님께서 술이나 담배 심부름을 시키셔도 순종해야 합니다."

대학생 때는 성당에 다니는 친구나 개신교 신자라도 진보적 교단에 다니는 친구는 자유롭게 술도 마시고 담배도 피웠다. 교회 안에서도 미사나 예배가 끝나면 술집에 간다고 했다.

"성경공부 시간에 치열하게 논쟁을 벌인 다음 끝나면 다 같이 호프집에 가서 맥주를 마시며 뒤풀이를 하지. 어떨 때는 전도사님이나 목사님도 오셔서 함께 마신다고. 좋지 않나?"

"우리 본당 신부님은 술이 엄청 쎄시지. 미사나 모임 끝나면 청년들 데리고 술집에 가서 술을 실컷 사주신단 말이야. 아주 멋쟁이 신부님이셔. 그래서 청년들이 다 잘 따른다니까."

보수적인 개신교단 소속 교회에 다니던 나로서는 잘 상상이 가지 않는 낯선 장면이었다. 사회에 나와 직장생활을 하면서 먹는 문제로 큰 충격을 받은 적이 있었다. 서울 종로구 혜화동에 있는 가톨릭대학교로 아는 선배를 만나러 갔을 때였다. 대학 교직원으로 일하는 선배와 오랜만에 만나 이야기를 나누다 보니 점심식사 시간이 되었다. 그 선배는 대학 구내식당에서 밥을 먹자고 했다. 녹음이 우거진 드넓은 캠퍼스였지만 여름방학 때라 학생들이 많지 않았다. 구내식당은 깔끔했다. 그런데 메뉴판에 적힌 글씨를 본 순간 경악했다. 나는 뭔가 잘못 본 게 아닌가 싶어 눈을 씻고 다시 메뉴판을 들여다봤다. 잘못 본 게 아니었다.

'오늘의 메뉴 보신탕'

지금으로부터 20년도 더 전의 일이긴 하지만 그때까지도 보신탕은 공식적으로 금기 음식이었다. 좋아하는 사람은 언제든 자유롭게 먹을 수 있었으나 적어도 떳떳하게 드러내놓고 먹을 수 있는 음식은 아니었다. 더구나 지성의 산실인 대학에서, 게다가 일반대학도 아니고 성직자와 가톨릭교회 지도자들을 배출하는 신학대학에서 사회적으로 금기시하는 보신탕을 구내식당 공식 메뉴로 정해놓고 먹는다는 사실이 충격적이었던 것이다. 개나 고양이를 가족처럼 여기는 반려동물 애호가나 동물보호단체 관계자들이 알면 정말 기절초풍할 일이었다.

"아니, 선배? 보신탕이 공식 메뉴로 나오는 구내식당은 처음 봐요. 이래도 별일 없어요?"

그 선배는 당황스러워하는 내가 오히려 이상하다는 듯 태연스럽게 대답했다.

"원래 가톨릭 사제들이 보신탕을 좋아해. 다들 좋아하고 원하니까 메뉴로 나오게 된거야. 사제관이나 신부님들 숙소에 가면 개 키우는 분들이 많아. 그게 대부분 식용개들이지."

결혼해서 가족과 함께 사는 목사들과 달리 신부들은 독신으로 살며 수행에 전념하다 보니 식도락에 빠지는 경우가 많다는 것이다. 개신교 목사들은 아내가 맛있는 음식을 만들어주지만 가톨릭 사제들은 스스로 몸보신을 해야 하기에 보신탕을 먹을 수밖에 없다고도 했다. 그런 차원에서 보자면 잘 이해가 되지 않는 건 개신교 목사들이었다. 내가 보기엔 가톨릭 사제들 못지않게 보신탕을 즐겨 먹는 계층이 바로 목사들이었기 때문이다. 신부들처럼 평생 독신으로 살며 수행에 전념하는 것도 아닌데, 개신교 목회자들은 누구보다 보신탕을 좋아했다. 어떤 분은 당회가 끝나면 부목사와 장로들을 다 데리고 보신탕을 먹으러 가기도 했다.

가톨릭교회와 개신교회 모두 공통적으로 고민하는 문제 중 하나가 바로 성찬예식 때 사용하는 빵과 포도주에 관한 것이다. 미사나 예배 때 행해지는 성찬예식에 사용할 빵과 포도주를 어떻게 준비하느냐 하는 것과 사용하고 남은 빵과 포도주를 어떻게 처리하느냐 하는 것이다. '화체설'을 따르든 '기념설'을 따르든 성찬예식에 사용되는 빵과 포도주는 다름 아닌 예수 그리스도의 살과 피를 의미하는 것이기에 소중하고 경건하게 다루어야 하는 까닭이다. 최근 로버트 세라 교황청 경신성사성 추기경은 주교들에게 보낸 편지에서 이같이 밝혔다.

"미사 때 신자들에게 나눠주는 밀떡 제병, 祭餠 에 글루텐이 없어서는 안 된다. 밀떡이 유전자변형으로 만들어지거나 글루텐이 적게 들어갈 수는 있지만 전혀 안 들어갈 수는 없다."

글루텐은 밀, 보리, 귀리 등 곡물에 들어 있는 불용성 단백질로 끈적거리는 성질이 있다. 따라서 밀가루 반죽을 쫄깃하게 하고 빵을 부풀게 한다. 그는 포도주에 대해서도 언급했다.

"포도주 또한 순수한 포도 열매로 만든 자연적이고 부패하지 않은 것이어야 하며, 다른 첨가물이 혼합돼서는 안 된다."

가톨릭교회에서는 성체성사에 사용하는 밀떡, 곧 제병을 교회법으로 엄격히 관리한다. 교회법 제924조 2항 에 따르면 제병으로 사용하는 빵은 '순수한 밀가루로 빚고 새로 구워 부패의 위험이 전혀 없어야 한다'고 명시되어 있다. 한국 가톨릭교회에서 사용하는 제병은 갈멜수도회를 비롯한 여러 수도회에서 나누어 생산하고 있다. 방부제와 불순물을 전혀 사용하지 않고 만들기 때문에 유통 기한이 짧아 각 교구 단위로 공급되는 것이 보통이다.

예식이 끝나고 나서 남은 밀떡은 감실 龕室, 라틴어로는 '타베르나쿨룸' 안에 보관한다. 감실은 성당 내부에 고정되어 있는 상자 형태의 용기로 그 안에 성찬례를 위해 축성한 제병인 성체를 넣어 모셔둔다. 대부분의 감실은 금속이나 돌 또는 나무 등 튼튼한 재료로 만들어지며, 성당의 중앙 혹은 양옆에 단단히 고정되어 있다. 그리고 문을 달아 열고 닫을 수 있게 해놓으며, 평상시에는 함부로 성체를 가져갈 수 없게 문을 걸어 잠그도록 되어 있다.

교회법 제924조 3항 에 의하면 미사에 사용되는 포도주는 첨가물 없이 빚은 부패하지 않은 것이어야 한다. 색깔에 대한 언급은 없으나 16세기부터 하얀 성작 수건이 보편화되자 수건에 물들지 않는 백포도주를 선호하게 되었다. 한국 천주교회가 사용하는 미사주는 1977년부터 동양맥주주식회사 현재는 롯데주류 에서 만들어 공급하고 있다. 당시에는 국세청에서 술 이름에 외래어를 쓰지 못하게 했기 때문에 '마주앉아 즐긴다'라는 뜻으로 '마주앙'이란 이름을 지었다고 한다. 로마 교황청의 승인을 받은 이 미사주에는 '마주앙 미사주'라는 상표가 붙어 있다. 경북 경산에 있는 롯데주류 공장에서는 한국 천주교 전국 전례위원회의 엄격한 규정을 거쳐 연간 백포도주와 적포도주 각각 6만 리터씩이 독점 생산된다. 백포도주에 사용될 포도는 경북 의성에서, 적포도주에 사용될 포도는 경북 영천에서 공급되며, 초창기부터 경북 왜관에 있는 베네딕도 수도회의 수사들이 철저하게 품질 관리를 해오고 있다.

개신교회의 경우 한국 교회 전체를 아우르는 통일된 성찬예식에 관한 규정이 없다. 규모나 횟수나 방식 등이 각 교단이나 교회마다 제각각이다. 따라서 성찬예식에 사용되는 빵과 포도주 역시 각 교회에서 알아서 마련하고, 알아서 처분한다. 성찬을 위해 생산된 기존 식품회사와 주류회사의 빵과 포도주를 그대로 구입해 사용하는 교회도 있고, 특별히 정성껏 따로 만들어 사용하는 교회도 있다. 빵도 부드러운 카스텔라를 사각형으로 작게 썰어 사용하기도 하고, 딱딱한 바게트 빵을 조금씩 떼어 사용하기도 한다. 포도주는 수확 철에 질 좋은 포도주를 구매하여 항아리에 잘 담가 교회 뜰이나 창고 안에 보관하는 게 일반적이다. 성찬예식이 끝나고 남은 빵과 포도주는 행여 모르는 사람이나 자격 없는 사람이 먹거나 마시는 일이 없도록 땅을 파서 묻는 경우가 많았다. 이것은 음식이 남은 것이 아니라 예수 그리스도의 살과 피를 의미하는 물질 _{가톨릭교회의 경우 성체와 성혈} 이 남은 것이므로 절대 그냥 먹어서는 안 된다고 생각한 것이다. 그만큼 성찬예식은 거룩하고 엄숙한 전례였다.

나는 개신교 신자지만 때로는 가톨릭 신자들이나 신부, 수녀와 함께 일을 하게 될 때도 있다. 언젠가 젊은 신부 한 분과 1년 정도 같이 일한 적이 있었다. 자주 만나다 보니 정도 들고 해서 그분의 초대를 받아 사목하고 있는 성당을 방문했다. 성당 뒤편으로 그분의 거처가 있었다. 식사를 하고 이야기를 나누며 한창 분위기가 무르익자 그분이 방으로 가서 와인을 꺼내 오셨다. '마주앙 미사주'였다. 술을 좋아했던 이 신부는 성체성사 때 쓸 미사주를 적정양보다 더 많이 주문해서 쌓아두었다가 가끔씩 꺼내서 마신다고 했다. 질적인 면에서 다른 와인보다 결코 뒤지지 않는 고급 품질이면서도 가격이 현저히 싼 미사주야말로 애주가들에게는 더없이 좋은 술임에 틀림없었다. 마셔 보니 정말 맛도 좋았고 향도 그만이었다.

하지만 어쩐지 좀 찜찜하고 개운치가 않았다. 본당 신부가 직접 가져다 준 와인이니 아무런 문제가 없는 것이었지만 거룩한 미사에 사용되어야 할 포도주를 사사로이 따서 마신다는 게 왠지 불경스럽기도 하고 부정한 짓을 저지르는 것 같기도 했던 것이다. 그 신부야 전혀 그런 생각을 갖지 않고 미사에 쓰는 포도주는 예식 속에서만 거룩한 의미를 갖는 것이고, 미사에 쓰지 않는 포도주는 아무런 의미가 없는 그냥 포도주일 뿐이라고 여겼을 게 틀림없다. 허나 나는 그렇지가 않았던 것이다. 누구의 신앙이 더 좋고 나쁘고, 혹은 누가 더 바르고 그르고 하는 문제가 아니었다. 그것은 순전히 마음가짐과 정서상의 문제였다.

음식 문제로 사람을 망하게 하지 말라

|

2천 년 전 예수 그리스도를 구주로 영접한 그리스도인들 사이에서도 이와 똑같은 일들이 벌어졌다. 선민의식은 물론 자신들의 역사와 전통에 대해 강한 자부심을 가지고 있던 유대인들에게 예수와 사도들의 파격적인 가

르침은 낯선 부분이 많았다. 아시아와 유럽에 있던 이방인들에게는 자신들의 문화나 풍습과 맞지 않는 이질적인 요소들이 더욱 많았을 것이다.

당시 시장에서 파는 음식의 대부분은 우상에게 제물로 바쳐진 것이었다. 그래서 예수를 믿는 사람들은 이런 음식 먹는 것을 꺼리게 되었다. 이방신에게 제물로 바쳐진 음식을 먹는 것은 곧 우상 숭배나 다름없다고 생각한 까닭이다. 반면 좀 더 믿음이 강한 사람들은 우상이 아무것도 아니라고 생각했기에 거리낌 없이 시장에서 파는 음식을 먹었다. 이 때문에 먹는 자들과 먹지 않는 자들이 서로 자기 기준대로 판단해 서로를 비난하곤 했다. 사태가 점점 심각한 양상으로 흐르자 사도 바울은 이들에게 서로 비판하지 말라고 경고를 보냈다.

"여러분은 믿음이 약한 이를 받아들이고, 그의 생각을 시비거리로 삼지 마십시오. 어떤 사람은 모든 것을 다 먹을 수 있다고 생각하지만, 믿음이 약한 사람은 채소만 먹습니다. 먹는 사람은 먹지 않는 사람을 업신여기지 말고, 먹지 않는 사람은 먹는 사람을 비판하지 마십시오. 하나님께서는 그 사람도 받아들이셨습니다." 로마서 14장 1절~3절

"아무것이나 가리지 않고 먹는 사람도 하느님께 감사를 드리며 먹으니 주님을 위해서 그렇게 하는 것이고 가려서 먹는 사람도 하느님께 감사를 드리며 먹으니 그 역시 주님을 위해서 그렇게 하는 것입니다." 로마서 14장 6절, 공동번역

"그대가 음식 문제로 형제자매의 마음을 상하게 하면, 그것은 이미 사랑을 따라 살지 않는 것입니다. 음식 문제로 그 사람을 망하게 하지 마

십시오. 그리스도께서 그 사람을 위하여 죽으셨습니다. 그러므로 여러분이 좋다고 여기는 일이 도리어 비방거리가 되지 않도록 하십시오. 하나님의 나라는 먹는 일과 마시는 일이 아니라, 성령 안에서 누리는 의와 평화와 기쁨입니다. 그리스도를 이렇게 섬기는 사람은, 하나님을 기쁘게 해 드리고, 사람에게도 인정을 받습니다. 그러므로 우리는 서로 화평을 도모하는 일과, 서로 덕을 세우는 일에 힘을 씁시다. 하나님이 이룩해 놓으신 것을 음식 때문에 망치는 일이 없도록 하십시오. 모든 것이 다 깨끗합니다. 그러나 어떤 것을 먹음으로써 남을 넘어지게 하면, 그러한 사람에게는 그것이 해롭습니다. 고기를 먹는다든가, 술을 마신다든가, 그 밖에 무엇이든지, 형제나 자매를 걸려 넘어지게 하는 일은 하지 않는 것이 좋습니다. 그대가 지니고 있는 신념을 하나님 앞에서 스스로 간직하십시오. 자기가 옳다고 생각하는 일을 하면서 자기를 정죄하지 않는 사람은 복이 있습니다. 의심을 하면서 먹는 사람은 이미 단죄를 받은 것입니다. 그것은 믿음에 근거해서 한 것이 아니기 때문입니다. 믿음에 근거하지 않는 것은 다 죄입니다." 로마서 14장 15절~23절

예수를 구주로 영접하고 그리스도인이 되었다고 해서 오랫동안 지켜오던 전통과 관습을 한꺼번에 모두 버리거나 바꾸기는 힘든 일이었다. 먹는 문제에 대해 예수께서 새로운 계명을 통해 자유를 주셨지만 여전히 레위기에 나오는 음식에 대한 규정과 정결 예식 등을 중요하게 생각하는 사람들이 있었다. 바울은 그런 사람들은 자기 방식대로 신앙생활을 하는 것이니 비난하지 말고 그대로 두라고 권고한 것이다. 중요한 것은 음식 문제로 형제자매의 마음을 상하게 하거나 넘어지게 하면 안 된다는 것이었다. 바울

은 음식 문제로 그 사람을 망하게 하지 말라고까지 경고했다. 신앙생활의 본질은 뭘 먹고 마시느냐 하는 데 있는 것이 아니라 성령 안에서 그리스도인들이 누리는 의와 평화와 기쁨임을 분명하게 가르쳐주었다.

　로마에 있는 그리스도인들뿐만 아니라 고린도 교회에 있는 신자들 사이에서도 비슷한 일들이 생겨났다. 그러자 바울은 편지를 보내 음식으로 인한 분쟁에 분명한 해답을 주었다.

"우상에게 바친 고기에 대하여 말하겠습니다. 우리는 우리 모두가 지식이 있는 줄로 알고 있습니다. 지식은 사람을 교만하게 하지만, 사랑은 덕을 세웁니다. 자기가 무엇을 안다고 생각하는 사람은, 아직도 그가 마땅히 알아야 할 방식대로 알지 못하는 사람입니다. 그러나 하나님을 사랑하는 사람은 하나님께서 그를 알아주십니다. 그런데 우상에게 바친 고기를 먹는 일을 두고 말하면, 우리가 알기로는, 세상에 우상이란 것은 아무것도 아니고, 오직 하나님 한 분 밖에는 신이 없습니다." 고린도전서 8장 1절~4절

"어떤 사람들은 지금까지 우상을 섬기던 관습에 젖어 있어서, 그들이 먹는 고기가 우상의 것인 줄로 여기면서 먹습니다. 그들의 양심이 약하므로 더럽혀지는 것입니다. 그러나 '우리를 하나님 앞에 내세우는 것은 음식이 아닙니다.' 음식을 먹지 않는 다고 해서 손해볼 것도 없고, 먹는 다고 해서 이로울 것도 없습니다. 그러나 여러분에게 있는 이 자유가 약한 사람들에게 걸림돌이 되지 않도록 조심하십시오. 지식이 있는 당신이 우상의 신당에 앉아서 먹고 있는 것을 어떤 사람이 보면, 그가 약한 사람일지라도, 그 양심에 용기가 생겨서, 우상에게 바친 고기를 먹게 되

지 않겠습니까? 그러면 그 약한 사람은 당신의 지식 때문에 망하는 것입니다. 그리스도께서는 그 약한 신도를 위하여 죽으셨습니다. 이렇게 여러분이 형제자매들에게 죄를 짓고, 그들의 약한 양심을 상하게 하는 것은 그리스도께 죄를 짓는 것입니다. 그러므로 음식이 내 형제를 걸어서 넘어지게 하는 것이라면, 그가 걸려서 넘어지지 않게 하기 위해서, 나는 평생 고기를 먹지 않겠습니다." 고린도전서 8장 7절~13절

　세상 그 어떤 우상도 다 하나님 발아래 있는 것으로 아무것도 아니기에 우리는 오직 한 분이신 창조주 하나님만을 믿고 섬기면 된다고 선포한 후에 그렇기 때문에 우상에게 바쳐진 제물을 먹는 일이 결코 우리 신앙생활에 장애가 될 수 없음을 분명히 한 것이다. 그럼에도 불구하고 믿음이 약한 사람들의 마음을 상하게 하거나 걸려 넘어지게 해서는 안 되므로 각별히 주의할 것을 당부했다. 나아가 바울은 자신이 고기를 먹는 것을 보고 믿음이 약한 누군가가 마음이 상하거나 시험에 들어 넘어지게 된다면 이를 미연에 방지하기 위해서 평생 고기를 먹지 않겠노라고 선언했다. 그만큼 이 문제에 대한 바울의 신념은 확고부동했다.

　디모데가 목회하던 에베소 교회 역시 같은 문제를 안고 있었다. 바울은 디모데에 대한 애정을 담아 부드럽지만 강한 어조로 이단 사설의 거짓말과 속임수에 대해 반박하고 있다.

　"성령께서 환히 말씀하십니다. 마지막 때에, 어떤 사람들은 믿음에서 떠나, 속이는 영과 악마의 교훈을 따를 것입니다. 그러한 교훈은, 그 양심에 낙인이 찍힌 거짓말쟁이의 속임수에서 나오는 것입니다. 이런 자

들은 혼인을 금하고, 어떤 음식물을 먹지 말라고 할 것입니다. 그러나 그 음식물은, 하나님께서, 믿는 사람과 진리를 아는 사람이 감사하는 마음으로 먹게 하시려고 만드신 것입니다. 하나님께서 지으신 것은 모두 다 좋은 것이요, 감사하는 마음으로 받으면, 버릴 것이 하나도 없습니다. 모든 것은 하나님의 말씀과 기도로 거룩해집니다." 디모데전서 4장 1절~5절

여기서 '어떤 사람들'이란 당시 주요 이단 세력이었던 영지주의자들을 가리킨다. '영지靈知'로 번역된 헬라어 '그노시스'는 지식을 의미한다. 그런데 단순한 지식이 아니라 '아는 것', 그것도 직관과 영감에 의한 직접적이고도 개별적인 신비 체험에 의해서 아는 것을 뜻한다. 이들은 유대교 전통보다는 그리스 사상의 관점에서 기독교를 이해하려고 한 자들이다. 따라서 이들은 영혼과 정신은 선하고 육체와 물질은 악하다는 이원론에 근거하여 구약의 창조주 하나님을 물질을 만든 저급한 신으로 보았고, 구약과 신약의 단절성을 과도하게 강조하였으며, 그리스도의 인성에 타격을 줄 만큼 신성을 강조했다. 영지주의자들은 육체를 영혼의 감옥으로 이해했기 때문에 영혼을 육체로부터 해방시키는 방법으로 극단적인 금욕주의를 적용하였다. 그래서 혼인 제도를 거부하고 일체의 육식과 음주를 거부했던 것이다.

에베소 교회에 침투한 영지주의자들은 신자들을 현혹하면서 혼인을 금하고, 어떤 음식물을 먹지 말라고 강요했다. 이에 바울은 반론을 제기하며 하나님께서 지으신 것은 모두 다 좋은 것이므로 감사하는 마음으로 받으면 버릴 것이 하나도 없음을 분명히 했다. 모든 음식은 하나님께서 믿는 사람과 진리를 아는 사람이 감사하는 마음으로 먹게 하려고 만드신 것으로 식탁 위에 오른 음식은 하나님의 말씀과 기도를 통해 거룩해진다고 설명한

것이다.

이를 종합해 보면 음식 그 자체에는 아무런 문제가 없다. 먹어도 되는 음식과 먹지 말아야 할 음식이 따로 정해져 있는 게 아니다. 믿음을 가지고 감사한 마음으로 먹으면 모든 음식이 다 소중하다. 하지만 내 믿음과 행위로 인해 다른 개인이나 공동체에 덕이 되지 않거나 누군가를 시험에 빠뜨리거나 마음을 상하게 하거나 신앙생활에 지장을 초래한다면 결단코 나만 좋다고 내 믿음대로 자유롭게 행동해서는 안된다. 율법의 문자적 조항에 얽매이지 않고 이를 초월하면서도 하나님이 주신 율법의 참뜻을 훼손하지 않는 범위에서 자유를 누리신 예수와 사도들의 삶 속에서 그리스도인이 갖추어야 할 식탁의 예절을 발견할 수 있다.

사도 바울은 그리스도인들의 노동과 먹고사는 문제와 관련해 한 가지 더 주목할 만한 메시지를 남겼다. 데살로니가 교회에 보낸 두 번째 편지 데살로니가후서, 2Thessalonians 를 통해서였다. 그 무렵 데살로니가 교회에서는 임박한 재림을 준비한다는 미명하에 성도들이 일상생활을 포기하고 끼리끼리 어울려 다니며 불필요한 말들을 만들어 퍼뜨리면서 생활은 다른 사람들에게 의존하는 등 무기력하고 무책임하게 살아가는 자들이 속출하는 상황이었다.

"우리를 어떻게 본받아야 하는지는 여러분 자신이 잘 알고 있지 않습니까? 우리는 여러분과 함께 있을 때에 게으른 생활을 하지 않았고 아무에게서도 빵을 거저 얻어 먹지 않았습니다. 오히려 여러분 중 어느 누구에게도 폐를 끼치지 않으려고 밤낮으로 수고하며 애써 노동을 했습니다. 그렇게 한 것은 우리가 여러분에게 요구할 권리가 없어서가 아니라 여러분에게 우리를 본받게 하려고 스스로 모범을 보인 것입니다. 우리가 여러분과 함께 있을 때에 '일하기 싫어하는 사람은 먹지도 마라.' 하는 말을 여러분에게 종종 했습니다. 그런데 여러분 가운데는 게으른 생활을 하며 아무 일도 하지 않고 남의 일에만 참견하는 사람이 있다는 말이 들립니다. 우리는 주 예수 그리스도의 이름으로 이런 사람들에게 명령하고 권고합니다. 말없이 일해서 제힘으로 벌어먹도록 하십시오." 데살

로니가후서 3장 7절~12절, 공동번역

사도 바울은 대표적인 자비량自費糧, one's own expense 선교사였다. 자비량이라는 말은 원래 로마 군인이 월급으로 받던 빵이나 고기를 가리키는 말로서, 성경에서는 '양식을 스스로 갖춤', '스스로 노력해서 얻은 수입', '스스로 쓸 비용을 충당함'이란 뜻으로 쓰였다. 바울은 수많은 고난과 핍박을 무릅쓴 채 복음을 전하러 다니면서도 지역 교회와 현지인들에게 물질적 후원을 요구하지 않았으며, 동역자인 브리스길라와 아굴라 부부와 함께 천막 만드는 일을 하면서 스스로 벌어서 모든 경비를 충당하였다. 게으른 생활을 하며 아무 일도 하지 않고 남의 일에만 참견하면서 신앙 공동체를 어지럽히는 일부 데살로니가 교인들에게 예전에 직접 가르쳤고, 실제 생활을 통해 모범을 보였던 것처럼, 자신을 본받아 말없이 열심히 일해서 제 힘으로 벌어먹으라고 강력하게 명령하고 있다. 부지런히 일해서 이웃을 향해 손을 펴고 남들을 대접하며 살지언정 게으르게 살면서 남에게 도움을 받고 얻어먹으며 사는 것은 올바른 그리스도인의 생활 태도가 아니라는 사실을 분명한 어조로 훈계한 것이다.

합당치 않은 성찬은 주님의 몸과 피를 범하는 죄

|

고린도 교회 교인들 중 일부는 예수를 믿기로 결심해 교회에 출석하면서도 이전의 관습을 따라 이방신을 섬기는 제단에도 참석해 우상 숭배하는 일을 멈추지 않았다. 이런 사람을 가리켜 바울은 주님의 잔과 귀신의 잔을 겸하여 마시며, 주님의 식탁과 귀신의 식탁에 겸하여 참여하는 자라고 강력하게 질타하면서 우상 숭배에 따른 치명적 결과를 경고하고 있다.

"우리가 축복하는 축복의 잔은, 그리스도의 피에 참여함이 아닙니까? 우리가 떼는 빵은, 그리스도의 몸에 참여함이 아닙니까? 빵이 하나이므로, 우리가 여럿일지라도 한 몸입니다. 그것은 우리가 모두 그 한 덩이 빵을 함께 나누어 먹기 때문입니다. 육신상의 이스라엘 백성을 보십시오. 제물을 먹는 사람들은, 그 제단에 참여하는 사람이 아닙니까? 그러니 내가 무엇을 말하려는 것입니까? 우상은 무엇이고, 우상에게 바친 제물은 무엇입니까? 아무것도 아닙니다. 이방 사람들이 바치는 제물은 귀신에게 바치는 것이지, 하나님께 바치는 것이 아닙니다. 여러분이 귀신과 친교를 가지는 사람이 되는 것을 나는 바라지 않습니다. 여러분은, 주님의 잔을 마시고, 아울러 귀신들의 잔을 마실 수는 없습니다. 여러분은, 주님의 식탁에 참여하고, 아울러 귀신들의 식탁에 참여할 수는 없습니다. 우리가 주님을 질투하시게 하려는 것입니까? 우리가 주님보다 더 힘이 세다는 말입니까? '모든 것이 다 허용된다'고 사람들은 말하지만, 모든 것이 다 유익한 것은 아닙니다. '모든 것이 다 허용된다'고 사람들은 말하지만, 모든 것이 다 덕을 세우는 것은 아닙니다. 아무도 자기의 유익을 추구하지 말고, 남의 유익을 추구하십시오. 시장에서 파는 것은, 양심을 위한다고 하여 그 출처를 묻지 말고, 무엇이든지 다 먹으십시오. '땅과 거기에 가득 찬 것들이 다 주님의 것'이기 때문입니다. 불신자들 가운데서 누가 여러분을 초대하여, 거기에 가고 싶으면, 여러분 앞에 차려 놓은 것은 무엇이나, 양심을 위한다고 하여 묻지 말고, 드십시오. 그러나 어떤 사람이 '이것은 제사에 올린 음식입니다' 하고 여러분에게 말해 주거든, 그렇게 알려 준 사람과 그 양심을 위해서, 먹지 마십시오. 내가 여기에서 양심이라고 말하는 것은, 내 양심이 아니라, 다른 사람의 양심입니다. 어찌하여 내 자유가 남의 양심의 비판을 받아야 하겠습니까? 내가 감사하는 마음으로 참여하면, 내가 감사하는 그 음식 때문에 비방을 받을 까닭이 어디에 있습니까? 그러므로 여러분은 먹든지 마시든지, 무슨 일을 하든지, 모든 것을 하나님의 영광을 위하여 하십시오."

고린도전서 10장 16절~31절

마치 구약성경의 마지막 선지자 말라기의 절규를 다시 듣는 것 같은 느낌이다.

"너희는 내 제단에 더러운 빵을 바치고 있다. 그러면서도 너희는, '우리가 언제 제단을 더럽혔습니까?' 하고 되묻는다." 말라기 1장 7절

구약 시대 제사장들이 하나님의 제단에 더러운 빵을 바쳐 하나님의 진노를 산 것과 유사하게 신약 시대 고린도 교회 교인들이 이방신을 섬기는 제단에 참여해 귀신의 잔을 마시고 귀신의 음식을 먹으면서도 거리낌 없이

교회의 성찬예식에 참여해 주님의 피와 살인 포도주를 마시고 빵을 먹음으로써 하나님의 진노를 사게 된 것이다. 이는 모두 하나님의 식탁을 경솔히 여기고 더럽힌 씻을 수 없는 죄악이었다. 성찬 예식에서 먹고 마시는 빵과 포도주는 그 옛날 광야에서 하나님이 이스라엘 백성들에게 내려주신 신령한 음식과 신령한 음료였다.

하나님의 식탁에 참여하는 자는 온전히 죄를 회개하고 거룩한 몸과 마음을 준비한 자여야 한다. 거듭되는 일상 속에서 매 순간마다 먹든지 마시든지, 무슨 일을 하든지, 모든 것을 하나님의 영광을 위하여 할 때 하나님의 식탁에 참여할 수 있는 자격을 갖추게 되는 것이다.

"여러분이 분열되어 있으니, 여러분이 한 자리에 모여서 먹어도, 그것은 주님의 만찬을 먹는 것이 아닙니다. 먹을 때에, 사람마다 제가끔 자기 저녁을 먼저 먹으므로, 어떤 사람은 배가 고프고, 어떤 사람은 술에 취합니다. 여러분에게 먹고 마실 집이 없습니까? 그렇지 않으면, 여러분이 하나님의 교회를 멸시하고, 가난한 사람들을 부끄럽게 하려는 것입니까? 내가 여러분에게 무슨 말을 해야 하겠습니까? 여러분을 칭찬해야 하겠습니까? 이 점에서는 칭찬할 수 없습니다. 내가 여러분에게 전해 준 것은 주님으로부터 전해 받은 것입니다. 곧 주 예수께서 잡히시던 밤에, 빵을 들어서 감사를 드리신 다음에, 떼시고 말씀하셨습니다. '이것은 너희를 위하는 내 몸이다. 이것을 행하여 나를 기억하여라.' 식후에, 잔도 이와 같이 하시고서, 말씀하셨습니다. '이 잔은 내 피로 세운 새 언약이다. 너희가 마실 때마다 이것을 행하여, 나를 기억하여라.' 그러므로 여러분이 이 빵을 먹고 이 잔을 마실 때마다, 주님의 죽으심을 그가 오실 때까지 선포하는 것입니다. 그러므로 누구든지, 합당하지 않게 주님의 빵을 먹거나 주님의 잔을 마시는 사람은, 주님의 몸과 피를 범하는 죄를 짓는 것입니다. 그러니 각 사람은 자기를 살펴야 합니다. 그런 다음에 그 빵을 먹고, 그 잔을 마셔야 합니다. 몸을 분별함이 없이 먹고 마시는 사람은, 자기에게 내릴 심판을 먹고 마시는 것입니다. 이 때문에 여러분 가운데는 몸이 약한 사람과 병든 사람이 많고, 죽은 사람도 적지 않습니다. 우리가 스스로 살피면, 심판을 받지 않을 것입니다. 그런데 주님께서 우리를 심판하시고 징계하시는 것은, 우리가 세상과 함께 정죄를 받지 않게 하시려는 것입니다. 그러므로 나의 형제자매 여러분, 여러분이 먹으려고 모일 때에는 서로 기다리십시오. 배가 고픈 사람은 집에서 먹어야 할 것입니다. 그것은, 여러분이 모이는 일로 심판받는 일이 없도록 하려는 것입니다." 고린도전서 11장 20절~34절

초대교회는 '주의 만찬' 후에 '애찬 愛餐, agape feast'을 나눔으로써 성도의 교제를 가졌다. 이 식사는 원래 그리스도의 사랑에 기초한 거룩한 교제를 위해, 특히 기독교 공동체의 가난한 사람들이나 과부들에게 자비를 베풀기 위해 교회 구성원들에 의해 제공되었다. 그리스도 안에서 형제애를 돈독히 나눈다는 점에서 '사랑의 잔치'라고 불리기도 했다. 이는 예수와 제자들의 공동식사 혹은 군중을 먹이신 그리스도의 자애로운 사역에서 그 원형을 발견할 수 있다. 교인들은 각각 음식과 음료를 가지고 와서 서로 나누어 먹도록 되어 있었다.

그러나 부자들은 가난한 자들을 기다리지 않고 그들이 가져온 음식을 자기들끼리 먼저 먹고 마셨다. 변변히 가져올 게 없었던 가난한 교인들은 부

끄러움을 당하며 배고픔을 안고 돌아가야 했다. 바울은 성찬의 의미를 상실한 이런 행동을 심하게 책망하였다. 그것은 주님의 만찬을 먹는 것이 아니고, 하나님의 교회를 멸시하며, 가난한 사람들을 부끄럽게 하는 일이었다. 그러면서 바울은 사도로서 누구든지 합당하지 않게 주님의 빵을 먹거나 주님의 잔을 마시는 사람은 주님의 몸과 피를 범하는 죄를 짓는 것이라고 선포했다. 누구라도 분별함이 없이 성찬예식에 참여하는 것은 자기에게 내릴 심판을 먹고 마시는 것이라고 경고하였다.

개종한 유대인 성도들을 위해 쓰인 '히브리서 Hebrews'는 구약의 율법과 제사 제도들을 많이 소개하고 있어 '신약의 레위기'로 불린다. 발신인과 수신인이 알려져 있지 않은 이 책에서 기자는 구약의 희생 제물은 십자가를 지고 인류의 죄를 위해 하나님의 어린 양으로 희생당하신 예수 그리스도의 모형이며, 그가 세상에 오심으로 피비린내 나는 제사는 폐지되었고, 모든 성도는 예수 그리스도를 통해 하나님께 단번에 나아가는 길이 열렸다고 가르친다. 아울러 구약성경의 음식 규정에 매여 있는 사람들에게 단순하고 명쾌한 해법을 제시한다.

"음식에 관한 여러 가지 이상한 교훈에 속지 마십시오. 음식에 관한 규정을 지키는 것보다 은총으로 마음을 튼튼하게 하는 것이 더 좋습니다. 음식에 관한 규정을 지키는 사람들이 그것 때문에 이득을 본 일은 없습니다." 히브리서 13장 9절, 공동번역

엘 그레코(1541~1614, 스페인), 〈사도 성 바울〉,
캔버스에 유화, 100×81cm, 엘 크레코 박물관, 톨레도

그리스에서 태어나, 이탈리아에서 훈련받고, 스페인에서 활동하
며 명성을 얻은 화가다. '엘 그레코 '는 '그리스인 The Greek'이라
는 뜻으로 스페인에서 얻은 별명이며 본명은 '도메니코스 테오토
코풀로스'다. 남들은 엘 그레코라고 불렀지만 자신은 항상 그림
의 잘 보이는 곳에 본명을 그리스 문자로 적어 넣었다. 그의 붓끝
에서 탄생한 사도 바울은 직접 마주보고 있는 듯 생생하다. 약간
대머리인 걸로 봐서 말년의 모습을 그린 것 같다. 움푹 파인 두 눈
속에서 그의 파란만장했던 삶과 시대에 대한 고뇌를 읽을 수 있
다. 왼손에는 글자가 빼곡하게 쓰인 편지가 들려 있다. 그는 신약
성경 27권 중 절반에 가까운 13권을 혼자서 집필했다.

그러는 동안에, 제자들이 예수께,

"랍비님, 잡수십시오." 하고 권하였다.

그러나 예수께서는 그들에게 말씀하시기를

"나에게는 너희가 알지 못하는 먹을 양식이 있다." 하셨다.

제자들은 "누가 잡수실 것을 가져다 드렸을까?" 하고 서로 말하였다.

예수께서 그들에게 말씀하셨다.

"나의 양식은, 나를 보내신 분의 뜻을 행하고,

그분의 일을 이루는 것이다."

요한복음 4장 31절~34절

THE LIGHT OF THE WORLD

BEHOLD I STAND AT THE DOOR AND KNOCK IF ANY MAN
HEAR MY VOICE AND OPEN THE DOOR I WILL COME
IN TO HIM AND WILL SUP WITH HIM AND HE WITH ME

40
감추었던 만나와
생명나무 열매

일 어 나 서 잡 아 먹 어 라

최후의 만찬 자리에서 예수의 살과 피를 먹고 마시는 의식을 치르고, 부활하신 예수를 디베랴 호수에서 다시 만나 참회와 화해의 식탁을 통해 새 힘을 얻게 된 사도들은 성령의 인도하심을 따라 예수 그리스도의 지상 명령을 충실히 수행하기 위해 세계 각지로 흩어졌다.

"내 어린 양 떼를 먹여라."

사도들의 가슴속에는 예수의 이 준엄한 메시지가 뜨거운 불꽃처럼 타오르고 있었다. 스승으로부터 각별한 사랑을 받았던 세베대의 아들이자 사도 요한의 형제인 야고보는 초대교회에서 기둥 역할을 하다가 헤롯 아그립바 1세에 의해 살해됨으로써 사도들 중 가장 먼저 순교자가 되었고, 시몬 베드로의 형제인 안드레는 스구디아 흑해 북쪽과 카스피 해 부근에 흩어져 살던 유목민 집단으로 '스키타이'로 불림 에 가서 복음을 전하다가 아가야 로마의 가이사 아구스도에 의해 그리스 반도가 두 개의 주로 분할되었는데, 그중 남쪽에 있는 주를 가리키며, 주요 도시로는 아덴, 고린도, 겐그레아 등이 있음 에서 ×자형 십자가에 매달려 처형되었다고 전해진다. 나다나엘을 예수께 인도했던 빌립은 소아시아의 브루기아 리디아 동쪽, 비시디아 북쪽에 위치한 로마의 속주로 일찍부터 디아스포라 유대인들이 거주했음 에서 사역하다 히에라볼리 라오디게아와 골로새 인근에 위치한 브루기아의 도시로 무역이 성행하고 매우 번성한 도시였음 에서 순교한 것으로 알려졌으며, 나다나엘과 동일인으로 추정되는 바돌로매는 인도에까지 가서 복음을 전한 다음 아르메니아의 알바노폴리스에서 물 속에 던져지는 죽임을 당했다고 한다.

세리였던 마태는 구약성경에 익숙한 유대인들을 위해 복음서를 저술한 후 에티오피아에서 복음을 전하다 순교했고, 예수께서 부활하셨을 때 눈으로 보지 않고는 믿지 못하겠다고 할 정도로 의심이 많았던 도마는 이란 북부 파르티아를 거쳐 인도까지 가서 복음을 전하다가 마드라스 부근에서 순교한 것으로 추정된다. '작은 야고보'라고 불리는 알패오의 아들 야고보는 블레셋과 이집트에 복음을 선하다가 이집트에서 순교했으며, 복음서에 '야고보의 아들' 혹은 '가룟인 아닌 유다'로 소개된 다대오는 수리아에서 선교하면서 수리아 왕 아브가르 5세의 병을 고쳐 주었다고 하며 바로 그곳에서 순교했다고 전해진다. 아람어로 '열심당원'이란 뜻의 '셀롯'으로 불리던 시몬은 열정적 성격대로 십자가형을 당한 것으로 알려져 있다.

죽은 가룟 유다를 대신해 사도로 선택된 맛디아의 행적은 정확히 알려진 게 없으나 전승에 의하면 유대에서 복음을 전하다가 스데반처럼 돌에 맞아 순교한 것으로 전해온다. 예루살렘 교회를 핍박하다가 다메섹의 그리스도인들을 체포하기 위해 가던 중 부활하신 예수를 만나 회심하고 이방인을 위한 사도로서의 사명을 부여받은 바울은 예수와 함께 동고동락했던 사도가 아닌 탓에 늘 사도로서의 직책과 권위에 대해 도전을 받고 시비에 휘말렸다. 그러나 그는 직계 사도 그 누구보다 열정적이고 헌신적으로 복음을 전하며 세 차례에 걸친 전도여행을 한 끝에 아시아와 유럽에 여러 교회를 개척하였다. 말년에는 제국의 심장인 로마에 가서 복음을 전하다가 64년경 로마 대화재로 인한 네로의 박해 때 체포되어 67년경 로마 인근 오스티안 가도에서 순교당한 것으로 추정하고 있다. 그들 모두 예수의 말대로 사람을 낚는 어부로서의 삶, 어린 양 떼를 먹이는 목자로서의 삶을 살다가 스승의 뒤를 따랐다.

이즈음 유대의 역사는 소용돌이치는 격랑 속으로 빠져들게 된다. 66년 가이사랴 회당 앞에서 그리스 이방인과 유대인 사이에 분쟁이 일어나면서 유대인들이 예루살렘에 주둔한 로마 군대를 습격하는 일이 벌어졌다. 이에 로마 군인들이 강경하게 진압하자 소요는 걷잡을 수 없이 과격해졌다. 흥분한 유대인들은 로마 군대를 제압하고 유대의 서부와 남부 지역을 장악하였다. 그러자 로마 총독 갈루스가 안디옥에 주둔하던 로마 군대와 유대 왕 아그립바 2세의 지원군을 보내 반란을 진압하였다.

후임 총독으로 부임한 베스파시아누스는 계속해서 군대를 동원해 갈릴리 지역을 접수하고, 유대 북부 지방까지 진격하여 손아귀에 넣었다. 하지만 네로 황제의 죽음으로 전쟁은 1년 반가량이나 지연되었다. 이후 치열한 권력 투쟁 끝에 베스파시아누스가 네로의 뒤를 이어 황제로 추대되자 그의 아들인 티투스가 사령관 자리를 앉아 전쟁을 이어갔다. 69년 7월 로마 군대의 대대적인 공격이 재개되면서 70년 8월 10일 난공불락으로 여겨지던 예루살렘 성이 함락되었고, 9월 20일에 이르자 로마 군대는 예루살렘 시가지 전체를 완전히 장악하였다. 성전과 성벽은 '돌 위에 돌 하나' 남김없이 무너졌다. 유대 민족의 영원한 성지인 예루살렘은 로마의 도시가 되었다. 승리자인 티투스 장군은 예루살렘 성전에 보관되어 있던 유대교의 상징인 일곱 촛대 메노라를 전리품으로 가져갔다. 유대사가 요세푸스는 자신의 책에서 이 전쟁에서 유대인 110만여 명이 사망했다고 기록했다. 열심당원들은 끝까지 항전했지만 대세를 반전시키기에는 역부족이었다. 이로써 정치적 메시야 운동은 종말을 고하고, 유대의 이름은 역사 속에서 지워져 버리고 말았다.

자신들의 기득권을 지키기 위해 예수를 메시야로 인정하지 않고 십자가에 매달아 잔인하게 처형시킨 유대의 정치 지도자들과 종교 지도자들은 그나마 유지해 오던 기반 자체를 송두리째 상실하고 말았다. 병을 고쳐주고 빵을 나눠줄 때는 구세주를 만난 듯 인산인해로 모여들다가 막상 예수가 위기에 직면하자 철저하게 그를 외면했던 유대인들은 조국을 잃고 노예 같은 삶을 이어가거나 연고 없는 객지를 떠돌며 유리걸식해야만 했다. 살 길을 찾아 이리저리 뿔뿔이 흩어진 유대인들, 그들 가운데 섞여 있던 디아스포라 그리스도인들에 의해 예수의 복음은 전 세계에 전파되었고, 도처에 그리스도의 몸 된 교회가 세워졌다. 이 또한 하나님의 섭리였다. 이로써 예수께서 베드로에게 하셨던 마지막 말씀이 온전히 성취되었다.

"정말 잘 들어두어라. 네가 젊었을 때에는 제 손으로 띠를 띠고 마음대로 돌아다닐 수 있었다. 그러나 이제 나이를 먹으면 그때는 팔을 벌리고 남이 와서 허리를 묶어 네가 원하지 않는 곳으로 끌고 갈 것이다." 요복음이 유대인들의 것이 아니라 이방인들의 것이 될 거라는 예언은 베드로가 본 환상 속에서도 분명하게 드러난 바 있다. 로마 혈통의 이탈리아인인 백부장 고넬료는 이방인이었지만 하나님을 경외하며 구제에 힘써 유대 백성들로부터 의로운 자라고 칭송받던 인물이다. 어느 날 그가 환상을 통해 하나님의 계시를 받고 지중해 연안의 항구 도시 욥바에서 복음을 전하던 베드로를 초대하게 된다. 이 과정에서 베드로는 환상 중에 부활하신 예수를 만났다.

"베드로는 기도하려고 지붕으로 올라갔다. 때는 오정쯤이었다. 그는 배가 고파서, 무엇을 좀 먹었으면 하는 생각이 들었다. 사람들이 음식을 장만하는 동안에, 베드로는 황홀경에 빠져 들어갔다. 그는, 하늘이 열리고, 큰 보자기 같은 그릇이 네 귀퉁이가 끈에 매달려서 땅으로 드리워져 내려오는 것을 보았다. 그 안에는 온갖 네 발 짐승들과 땅에 기어 다니는 것들과 공중의 새들이 골고루 들어 있었다. 그때에 '베드로야, 일어나서 잡아먹어라' 하는 음성이 들려왔다. 베드로가 대답하였다. '주님, 절대로 그럴 수 없습니다. 나는 속되고 부정한 것은 한 번도 먹은 일이 없습니다.' 그랬더니 두 번째로 음성이 다시 들려왔다. '하나님께서 깨끗하게 하신 것을 속되다고 하지 말아라.' 이런 일이 세 번 있은 뒤에, 그 그릇은 갑자기 하늘로 들려서 올라갔다." 사도행전 10장 9절~16절

일반적으로 유대의 가옥은 지붕이 평평하며 외부에서 지붕으로 올라갈

수 있게 만들어진 계단이 있었다. 베드로는 한낮에 기도하기 위해 그곳에 올랐다가 환상을 보게 된 것이다. 새번역 성경에서는 '황홀경', 공동번역 성경에서는 '무아지경', 개역한글 성경에서는 '비몽사몽'으로 번역된 이 말은 헬라어 '엑스타시스'다. 고넬료가 봤던 환상은 실제로 눈앞에 펼쳐져 있는 것 같은 생생한 환상, 즉 '호라마'였으며, 베드로가 봤던 환상은 객관적이기보다는 주관적 성격이 더 강한 무아의 경지, 즉 '자아를 넘어선다'는 뜻을 가진 '엑스타시스'였다.

하늘이 열리면서 네 귀퉁이가 끈에 매달린 큰 보자기 같은 그릇이 땅으로 내려왔다는 것은 동서남북에 있는 모든 사람들이 유대인이나 이방인이나 일체의 차별 없이 복음을 통한 구원 사역에 동참하게 될 것임을 상징하는 것이다. 그릇 안에는 온갖 네 발 달린 짐승들과 땅에 기어 다니는 것들과 공중의 새들이 골고루 들어 있었다. 그것은 레위기에 명시된 먹어서는 안 되는 짐승들이었다. 이어서 귀에 익숙한 주님의 음성이 들려왔다.

"베드로야, 일어나서 잡아먹어라!"

주님의 음성은 너무도 반가웠으니 메시지는 반갑지가 않았다. 모세의 율법에서 금하는 불결한 것들을 잡아먹으라고 하셨기 때문이다. 베드로는 난색을 표하며 주님께 대답했다.

"주님, 절대로 그럴 수 없습니다. 나는 속되고 부정한 것은 한 번도 먹은 일이 없습니다!"

여기서 우리는 예수와 그 제자들이 3년 동안 무엇을 먹고 살았는지를 미루어 짐작할 수 있다. 누구와도 거리낌 없이 한데 어울려 거칠고 소박한 음식을 먹고 살았지만 결코 비위생적이거나 불결하거나 혐오감을 불러일으키는 것으로 배를 채우지 않았다는 걸 알 수 있다. 그런데 그랬던 주님께서 환상 가운데 나타나 율법에서 금하는 불결한 것들을 잡아 먹으라고 하셨으니 베드로가 얼마나 당황스러웠겠는가? 어지간했으면 주님의 말씀을 거부할 리 없는 베드로가 이 명령만은 완강히 거절하였다. 그러자 두 번째로 주님의 음성이 들려왔다.

"하나님께서 깨끗하게 하신 것을 속되다고 하지 말아라!"

마치 디베랴 호수에서 그랬던 것처럼 예수와 베드로 사이에 똑같은 대화가 세 번이나 이어졌다. 그런 다음 불결한 짐승들로 가득찬 그릇이 갑자기 하늘로 들려 올라 갔다. 주님은 베드로에게 불결한 음식을 먹으라고 하심으로써 구원과 삶의 기준으로 이스라엘 민족에게 내리셨던 율법이 무효가 되었음을 선언하셨다. 율법의 시대가 끝나고 복음의 시대가 열렸음을 선포하신 것이다. 복음으로 말미암아 이스라엘 백성들이 부정하고 저주받은 자들로 간주했던 이방인들에게 구원이 임하도록 하는 것이 주님의 뜻임을 알려주신 것이다. 환상을 통해 들려주신 예수 그리스도의 메시지를 성령의 도우심으로 바르게 깨달은 베드로는 기꺼이 가이사랴에 있는 고넬료의 집을 방문하여 말씀을 전하고 세례를 베풀었다. 함께 모였던 이방인들 모두 성령을 받고 방언을 말했으며 소리 높여 하나님을 찬양하였다. 이로써 이방 세계에 '믿음의 문'이 활짝 열렸고, 할례 없이도 이방 사람들이 교회에 참여하게 되었으며, 교회가 유대교적인 관습을 버리고 세계적인 교회로 발전하는 계기가 되었다.

내가 그에게로 들어가 그와 더불어 먹고

사도들 중 순교하지 않고 천수를 누리다 자연사한 유일한 인물이 바로 요한이다. 그는 예수께서 십자가에 달려 임종하시기 직전 어머니 마리아를 자신에게 부탁했던 걸 가슴에 새기고 평생 마리아를 자신의 어머니처럼 극진히 모셨으며, 초대교회의 기둥 같은 지도자로 베드로와 함께 예루살렘과 사마리아에서 복음을 전했다. 전승에 의하면 그는 44년 헤롯 아그립바 1세의 박해를 피해 소아시아로 피신하여 그곳에서 일곱 교회를 지도했다고 한다. 이후 그리스도인들과 교회에 대한 박해가 로마를 넘어 제국 전역으로 확대되었던 도미티아누스 황제 때 에베소에서 목회하던 요한 역시 정치범 수용소로 악명 높던 밧모 섬으로 유배되어 광산에서 약 18개월 동안 강제 노동을 한 것으로 알려졌다. 신약성경의 마지막 책인 '요한계시록 Revelation' 은 이때 기록되었거나 아니면 유배에서 풀려나 에베소로 돌아온 뒤 기록되었을 것으로 추정된다. 그는 서기 100년경 94세로 편안하게 임종을 맞았다고 전해진다.

수많은 상징과 비유로 가득 찬 요한계시록은 예수 그리스도께서 재림하실 때에 일어날 미래의 사건들을 보여주는 예언서다. 도미티아누스 황제는 네로보다 훨씬 더 혹독하고 악랄하게 교회와 성도들을 핍박했나. 따라서 모든 교회들이 형언할 수 없는 고통 속에 신음하며 배교의 위협 아래 놓이게 되었다. 이 같은 위기에 처한 교회와 성도들을 위해 하나님은 요한에게 보여주신 환상과 계시를 통해 악인의 영원한 파멸과 종말, 그리고 시험과 환란을 견딘 구원받은 성도들이 살게 될 영화롭고 존귀한 새 예루살렘의 모습을 동시에 보여주신다.

요한계시록에서 저자는 먼저 소아시아에 있는 일곱 교회에 편지를 보낸다. 각 교회에 보내진 편지는 그 교회뿐만 아니라 일곱 교회에서 모두 읽도록 한 회람 서신의 성격을 띠고 있다. 그 당시 소아시아에는 이보다 더 많

여기서 '열흘'은 10일이 아니라 짧은 기간을 의미한다. 성도들이 천국에서 누리게 될 영원한 상급과 복에 비하면 이 세상에서의 환란과 핍박은 잠깐에 지나지 않는다는 뜻이다.

세 번째는 버가모 교회다. 오늘날 터키의 '베르가마'에 해당하는 버가모는 로마 제국 시대 때 우상과 황제 숭배가 성행하던 도시였다. 버가모 교회 안에는 발람의 교훈을 지키는 자들과 니골라 당의 교훈을 지키는 자들 등 여러 이단들이 성행하여 교회를 혼란하게 만들었다. 발람은 광야의 이스라엘 백성들로 하여금 음행과 우상 숭배에 빠지도록 한 미디안의 술사였다. 따라서 발람의 교훈이란 버가모 교회 일부교인들이 빠져 있던 음행과 우상 숭배의 죄악을 말한다. 이런 와중에도 성도들은 '안디바'와 같이 순교를 당하면서도 끝까지 믿음을 지켜냈다. 안디바는 아시아 지방의 첫 순교자였다. 전승에 따르면 그는 악명 높은 도미티아누스 황제 당시 놋 솥에 넣고 천천히 가열하여 태워 죽이는 형벌을 받으며 순교했다고 한다.

"이기는 사람에게는 내가, 감추어 둔 만나를 주겠고, 흰 돌도 주겠다. 그 돌에는 새 이름이 적혀 있는데, 그 돌을 받는 사람 밖에는 아무도 그것을 알지 못한다." 2장 17절

버가모 교회 성도들에게도 역시 최후까지 승리할 경우 받게 될 상급에 대해 이야기했다. 그것은 '감추었던 만나'를 주겠다는 것이었다. 이는 기원전 586년 유다 왕국이 바벨론에게 멸망당할 때 법궤 속에 담겨진 만나를 예레미야가 몰래 숨겨두었다는 유대인의 전승과 관련된 표현이다. 만나는 하나님께서 이스라엘 백성들에게 내려주신 생명의 양식을 가리키며, 특별

히 감추었던 만나를 주겠다는 약속은 고난과 시험을 이겨낸 성도들을 위해 예수께서 신령한 만나를 계속 공급하시겠다는 것을 의미한다. 에덴동산의 생명나무 열매에 이어 그 옛날 이스라엘 백성들이 광야에서 먹던 신령한 음식인 만나까지 주겠다고 약속하신 것이다.

'흰 돌'은 그리스의 경기장에서 우승자에게 이름을 새겨 주었던 돌을 지칭한다. 이는 하늘나라에서 신앙의 승리자들에게 주실 상급을 의미하는 것이다. 고대 사회에서 이름은 인격의 상징이었다. 어떤 사람의 이름을 안다는 것은 그와 인격적인 교제를 나누게 됨을 뜻한다.

네 번째는 두아디라 교회다. 두아디라는 금속 세공술과 양모 방직, 피혁 가공, 염색 산업 등이 발달한 산업 도시이자 교통의 요지였다. 이런 까닭에 로마 황제, 태양신 아폴로, 미의 여신 아데미 등을 위한 온갖 신전들이 산재해 있었다. 두아디라 교회에 선지자를 사칭하는 한 여인이 있었는데, 그녀는 성도들을 미혹하여 우상의 제물을 먹게 하고, 성적인 타락에 빠뜨렸다. 사람들은 그녀를 거짓 선지자라는 의미에서 이세벨이라고 불렀다. 이세벨은 엘리야 선지자가 활동하던 당시 사악한 왕이었던 아합의 아내로 이스라엘에 우상 숭배를 퍼뜨린 장본인이었다. 따라서 두아디라 교회는 사업과 사랑과 믿음, 섬김과 인내에 있어서는 칭찬을 받았지만 음란한 거짓 여선지자를 용납함으로써 저자로부터 상당한 책망을 받았다.

다섯 번째는 사데 교회다. 사데는 루디아 왕국의 수도로 상업과 군사 도시였다. 한창 번성할 때는 염색과 보석 공예로 유명했고, 최초로 금과 은으로 주화를 만들어 사용했던 곳이기도 하다. 사데에는 키벨레 여신의 밀의 종교 mystery religion, 개인 입교자들에게 신비적인 종교 체험을 제공해주던 그리스 로마의 여러 비밀 종파가 성행했는데, 많은 그리스도인들이 여기에 빠져들었다. 사데 교회는 소수의 정결한 신자가 있었으나 대부분 물질적인 풍요에 만족하며 무기력하고 형식적인 신앙생활을 이어가고 있었다. 때문에 사도 요한으로부터 '살았으나 죽은 교회'라는 질책을 받았다. 사데 교회는 겉으로 보기에는 아무런 부족함도 없고 문제도 보이지 않는 교회였지만 내적으로는 심각한 영적 빈곤 상태에 처해 있었던 것이다.

여섯 번째로 언급된 교회는 빌라델비아 교회다. '형제의 사랑'이란 뜻의 빌라델비아는 '소 아테네'로 불릴 만큼 우상이 범람했고, 티베리우스와 베스파시아누스 등 로마황제 숭배가 극심했던 도시다. 유대교 회당을 중심으로 그리스도인들에 대한 유대인들의 지독한 박해도 이어졌다. 그러나 빌라델비아 교회 성도들은 이 모든 환난을 잘 이겨냈다. 이에 저자는 작은 능력을 가지고서도 하나님의 말씀을 붙잡고 배반하지 않으며 끝까지 충성을 다한 교회라고 칭찬을 아끼지 않았다. 서머나 교회와 더불어 단 한 가지도 책망을 받지 않은 교회다.

마지막 일곱 번째 교회는 라오디게아 교회다. 유일하게 칭찬 없이 꾸지람만 받은 교회다.

"나는 네 행위를 안다. 너는 차지도 않고, 뜨겁지도 않다. 네가 차든지 뜨겁든지 하면 좋겠다. 네가 이렇게 미지근하여, 뜨겁지도 않고 차지도 않으니, 나는 너를 내 입에서 뱉어 버리겠다. 너는 풍족하여 부족한 것이 조금도 없다고 하지만, 실상 너는, 네가 비참하고 불쌍하고 가난하고 눈이 멀고 벌거벗은 것을 알지 못한다. 그러므로 나는 네게 권한다. 네가 부유하게 되려거든 불에 정련한 금을 내게서 사고, 네 벌거벗은 수치를 가려서 드러내지 않으려거든 흰 옷을 사서 입고, 네 눈이 밝아지려거든 안약을 사서 눈에 발라라. 나는 내가 사랑하는 사람은 누구든지 책망도 하고 징계도 한다. 그러므로 너는 열심을 내어 노력하고, 회개하여라." 3장 15절~19절

　요한 사도는 라오디게아 교회 성도들을 향해 차지도 않고 뜨겁지도 않은 미지근한 신앙생활을 하면서도 교만하기 이를 데 없어 자신들이 얼마나 비참하고 불쌍하고 가난하며 눈이 멀고 벌거벗은 상태인지를 알지 못한다고 신랄하게 질책했다. 그들은 자신들의 물질적인 풍요를 하나님이 주신 복으로 착각하고 있었다. 사도 요한은 이들에게 회개를 권고한다. 금은 믿음을 불의 연단은 시련을 뜻한다. 따라서 '불에 정련한 금'이란 영적인 궁핍을 면하기 위해 예수 그리스도를 통해 불에 정련한 금과 같은 순수한 믿음을 소유해야 한다는 말이다. '흰 옷'은 예수 그리스도의 공로를 힘입어 성도들이 얻게 되는 의를 가리킨다. 이것이 없이는 결코 하나님 앞에 나아갈 수 없다. '안약'은 눈에 보이지 않는 세계를 바라볼 수 있는 영적인 통찰력을 의미한다. 이 같은 표현은 당시 라오디게아에 은행이 번성했고, 직물 공업이 발달했으며, 안약 제조로 소문난 의술 학교가 설립되어 있던 상황과 밀접한 관련이 있다.

　칭찬할 게 한 가지도 없어 책망만 한 라오디게아 교회였지만 예수 그리스도께서는 이들에게도 변함없이 사랑을 베푸시며, 문을 열고 당신을 영접할 수 있는 똑같은 기회를 주신다.

"볼지어다. 내가 문 밖에 서서 두드리노니 누구든지 내 음성을 듣고 문을 열면 내가 그에게로 들어가 그와 더불어 먹고 그는 나와 더불어 먹

으리라. 이기는 그에게는 내가 내 보좌에 함께 앉게 하여 주기를 내가 이기고 아버지 보좌에 함께 앉은 것과 같이 하리라." 3장 20절~21절, 개역개정

여기서 '서서'는 현재완료형으로 예수 그리스도의 서심, 즉 구원을 위한 준비는 오랜 세월에 걸쳐 완성된 것임을 나타내며, '두드리노니'는 현재형으로 두드림, 즉 회개를 촉구하는 주님의 역사하심은 현재적이며 계속적인 상태임을 나타낸다. 또한 '누구든지'라는 표현을 통해 주님께서는 친히 각 사람에게 개별적으로 말씀하신다는 것을 알 수 있다. 구원은 전적으로 개인적인 문제라는 말이다. 언제나 문 밖에 서서 문을 두드리며 내 이름을 부르고 계신 주님의 음성을 듣고 내가 문을 열어 맞아들이면 주님은 문 안으로 들어오셔서 나와 더불어 식탁에 앉아 풍성한 음식을 나누시겠다는 말씀이다. 주님은 언제든 나와 함께 만찬을 즐길 준비가 되어 있다. 하지만 내가 문을 열고 그분을 모셔 들여야만 만찬은 이루어질 수 있다.

어린 양의 혼인 잔치

성경은 하나님과 이스라엘, 예수 그리스도와 교회의 사랑을 부부 관계로 표현한 곳이 많다. 사도 요한은 하나님의 어린 양이신 예수께서 십자가상에서 이루신 대속의 은총을 받은 성도들이 내세에서 맞게 될 용서와 사랑, 화해와 기쁨, 무한한 영광의 큰 잔치를 어린 양의 혼인 잔치에 비유했다. 온 세상의 심판주인 예수 그리스도의 재림으로 끝까지 시련을 이기고 승리한 성도들이 주님과 함께 모여 어린 양의 혼인 잔치를 벌이게 된다는 예언이다.

"또 나는 큰 무리의 음성과 같기도 하고, 큰 물소리와 같기도 하고, 우렁찬 천둥소리와 같기도 한 소리를 들었습니다. '할렐루야, 주 우리 하나님, 전능하신 분께서 왕권을 잡으셨다. 기뻐하고 즐거워하며, 하나님께 영광을 돌리자. 어린 양의 혼인날이 이르렀다. 그의 신부는 단장을 끝냈다. 신부에게 빛나고 깨끗한 모시옷을 입게 하셨다. 이 모시옷은 성도들의 의로운 행위다.' 또 그 천사가 나에게 말하였습니다. '어린 양의 혼인 잔치에 초대를 받은 사람은 복이 있다고 기록하여라.' 그리고 또 말하였습니다. '이 말씀은 하나님의 참된 말씀이다.'" 19장 6절~9절

새번역 성경에서는 '모시옷', 개역개정 성경에서는 '세마포'로 번역된 이 옷은 이집트의 고운 삼실로 짠 고급 의류로 성도의 순결을 상징한다. 하나님 나라의 잔치에 참여하기 위해서는 예복을 입지 않으면 안 된다. 따라서 어린 양의 혼인 잔치에 참여할 성도들을 위해서도 예복이 준비되는데, 성경은 이것을 '성도의 옳은 행실', 즉 예수 그리스도로 말미암아 성도들이 누리는 '의'라고 말한다. '신부'는 구원받은 순결한 교회를 상징한다. 어린 양의 혼인 잔치는 예수의 지상 사역에서 이미 예표된 것으로 예수께서 재림하실 때 이루어질 어린 양 예수와 교회 사이의 완전한 연합을 나타낸 표현이다. 한편 이 땅에서의 성만찬은 하나님과 인간 사이의 화해를 상징하는 동시에 훗날 어린 양의 혼인잔치에 참여할 복된 예표가 된다.

사도 요한은 계속해서 하나님의 계시를 통해 미래에 일어날 일들에 대해 이야기하고 있다. 다시 오실 예수 그리스도에 의해 구원받은 성도들과 함께하는 어린 양의 혼인 잔치와 악과 사탄의 세력에 대한 준엄한 심판이 끝나고 나면 새 하늘과 새 땅이 열린다는 것이다.

"나는 새 하늘과 새 땅을 보았습니다. 이전의 하늘과 이전의 땅이 사라지고, 바다도 없어졌습니다. 나는 또 거룩한 도성 새 예루살렘이, 남편을 위하여 단장한 신부와 같이 차리고, 하나님께로부터 하늘에서 내려오는 것을 보았습니다. 그때에 나는 보좌에서 큰 음성이 울려 나오는 것을 들었습니다. '보아라, 하나님의 집이 사람들 가운데 있다. 하나님이 그들과 함께 계실 것이요, 그들은 하나님의 백성이 될 것이다. 하나님이 친히 그들과 함께 계시고, 그들의 눈에서 모든 눈물을 닦아 주실 것이니, 다시는 죽음이 없고, 슬픔도 울부짖음도 고통도 없을 것이다. 이전 것들이 다 사라져 버렸기 때문이다.'" 21장 1절~4절

옛 질서가 사라지며 복되고 영광스러운 새 하늘과 새 땅이 도래한다는 것이다. 그 곳의 도성인 '거룩한 성 새 예루살렘'은 더 이상 악의 세력으로부터 해를 당하지 않는 하나님 나라에서 최종적으로 완성될 성도들의 공동체를 가리킨다. 새 하늘과 새 땅에서는 더 이상 죽음도 슬픔도 눈물도 고통도 없다. 예수 그리스도의 부활로 인해 성취된 죽음에 대한 승리가 재림과 최후의 심판으로 완성되었기 때문이다. 여기서 사용된 '새롭다'는 헬라어 뜻은 시간적으로 새로움을 가리키는 '네오스'가 아니라 완전한 질적 변화를 가리키는 '카이노스'다.

"또 나에게 말씀하셨습니다. 다 이루었다. 나는 알파며 오메가, 곧 처음이며 마지막이다. 목마른 사람에게는 내가 생명수 샘물을 거저 마시게 하겠다. 이기는 사람은 이것들을 상속받을 것이다. 나는 그의 하나님이 되고, 그는 내 자녀가 될 것이다." 21장 6절~7절

새 하늘과 새 땅에서 완성될 하나님과 성도들의 관계는 아담의 범죄로 상실됐던 관계의 회복에 그치지 않고, 하나님을 아버지라고 부르는 데까지 이르게 된다. 창조주와 피조물의 관계나 왕과 백성의 관계가 아닌 아버지와 아들의 관계는 장차 성도들이 누리게 될 지극한 영광의 상태를 의미한다. 그때 더 이상 목마르지 않는 생명수 샘물을 거저 마시게 된다.

"천사는 또, 수정과 같이 빛나는 생명수의 강을 내게 보여 주었습니다. 그 강은 하나님의 보좌와 어린 양의 보좌로부터 흘러 나와서, 도시의 넓은 거리 한가운데를 흘렀습니다. 강 양쪽에는 열두 종류의 열매를 맺는 생명나무가 있어서, 달마다 열매를 내고, 그 나뭇잎은 민족들을 치료하는 데 쓰입니다. 다시 저주를 받을 일이라고는 아무것도 그 도성에 없을 것입니다. 하나님과 어린 양의 보좌가 도성 안에 있고, 그의 종들이 그를 예배하며, 하나님의 얼굴을 뵐 것입니다. 그들의 이마에는 그의 이름이 적혀 있고, 다시는 밤이 없고, 등불이나 햇빛이 필요 없습니다. 그것은 주 하나님께서 그들을 비추시기 때문입니다. 그들은 영원무궁하도록 다스릴 것입니다." 22장 1절~5절

새 예루살렘 성 안에 있는 생명수의 강과 생명나무를 소개하고 있다. 새 하늘과 새 땅을 통해 잃어버린 에덴동산을 회복한 성도들은 생명수의 강물을 마시고, 달마다 열매를 맺는 열두 종류의 생명나무 과실을 먹게 된다. 생명나무의 나뭇잎은 민족들을 치료하는 데 쓰인다. 헬라어 '테라페이'는 '치유하다'는 뜻이지만 본문에서는 '건강하게 하다'라는 의미로 쓰여 하나님의 백성들을 생명의 기쁨으로 충만하게 할 것임을 암시하고 있다. '다시

저주를 받을 일이라고는 아무것도 없다'는 것은 스가랴 선지자의 예언이 성취되었음을 나타낸다.

"백성이 다시 예루살렘에 자리 잡을 것이다. 다시는 멸망하는 일이 없을 것이다. 예루살렘은 안전하게 살 수 있는 곳이 될 것이다." 스가랴 14장 11절

계속해서 주님께서는 성도들을 하늘나라에서 펼쳐질 기쁨의 잔치에 초청하신다.

"성령과 신부가 '오십시오!' 하고 말씀하십니다. 이 말을 듣는 사람도 또한 '오십시오!' 하고 외치십시오. 목이 마른 사람도 오십시오. 생명의 물을 원하는 사람은 거저 받으십시오." 22장 17절

신부는 성령의 영감을 받고 성령과 함께 사역하는 교회를 가리킨다. 누구든지 이 초청에 응하기만 하면 영원히 목마르지 않은 생명의 물을 아무런 대가 없이 마음껏 마실 수 있다.

요한계시록 말미에서 사도 요한은 "아멘, 주 예수여 오시옵소서!"라고 고백하고 있다. 이것은 '주께서 임하시느니라'는 뜻을 가진 아람어 '마라나타'를 헬라어로 번역한 것이다. 이는 초대교회 성도들이 널리 사용하던 인사말이자 초대교회에서 성찬예식을 거행할 때 공식적으로 사용하던 기도문이다. 성찬예식의 기도문을 외우며 예언서의 기록을 마무리한 것이다.

윌리엄 홀만 헌트(1827~1910, 영국), 〈세상의 빛〉,
캔버스에 유화, 233×128cm, 성 바오로 성공회 대성당, 런던

오랜 기도와 연구 끝에 탄생한 작가의 대표작으로 그의 신앙적 사색이 결집된 작품이다. 예전에는 예배당이나 크리스천 가정에 이 그림이 많이 걸려 있었다. 부활하신 예수께서 머리에 가시면류관을 쓴 채 왼손에는 등불을 들고 오른손으로 어떤 집의 문을 두드리고 있다. 문은 오랫동안 열리지 않은 듯 담쟁이넝쿨과 잡초로 뒤덮여있다. 게다가 문에는 문고리가 없다. 안에서 열어줘야만 들어갈 수 있는 문이다. 긴 시간을 맨발로 서서 기다린 탓에 예수의 눈물 고인 두 눈이 더욱 처연해 보인다. 새벽녘 푸른 빛 속으로 보이는 사과나무는 에덴동산의 생명나무를 연상시킨다. 그림 하단에는 요한계시록 3장 20절 말씀이 새겨져 있다.

그러므로 형제자매 여러분,

주님께서 오실 때까지 참고 견디십시오.

보십시오,

농부는 이른 비와 늦은 비가 땅에 내리기까지 오래 참으며,

땅의 귀한 소출을 기다립니다.

여러분도 참으십시오.

마음을 굳게 하십시오.

주님께서 오실 때가 가깝습니다.

야고보서 5장 7절~8절

하나님은 우리가 영혼의 양식과
육신의 양식을 골고루 나눠 먹기를 원하신다

하나님 아버지,

오늘도 변함없이 일용할 양식을 주셔서 감사합니다.
이 음식이 밥상 위에 오르기까지 수고하고
땀 흘린 모든 분들께도 감사합니다.
이 귀한 음식 먹고 제대로 밥값 하는
삶을 살게 해주십시오.
행여 밥만 축내는 무익한 삶을 살지 않도록
붙잡아 주시고, 다른 사람의 밥그릇을
빼앗는 무도한 길을 걸어가지 않도록
지켜 주십시오.
지금 이 시간에도 세계 곳곳에서는
밥 한 숟가락이 없어 굶주림에 시달리는
수많은 사람들이 있습니다.
북녘 동포들 역시 기아와 기근으로
말할 수 없는 고통을 당하고 있습니다.

그들도 저처럼 행복한 밥상 위에서 일용할 양식을

나눌 수 있는 날이 속히 올 수 있도록,

세상 모든 형제자매들이 배고픔과 굶주림에서

해방될 수 있는 날이 속히 올 수 있도록,

하나님 아버지께서 한량없는

은혜의 손길을 베풀어 주십시오.

혹시라도 제가 너무 많이 먹거나,

더 좋은 음식을 탐하거나, 식탐의 노예가 되지 않도록

제 손과 발, 입과 혀, 마음과 생각을 지켜 주십시오.

갈릴리 호수 건너편 산 위에 모인 수많은 군중들이

굶주리자 제자들을 향해 너희가 먹을 것을 주라고 하신

주님의 말씀을 따라 저도 굶주린 이웃들에게 손을 펴서

먹을 것을 주는 삶을 살게 해주십시오.

제가 참된 양식인 주님의 살을 먹고,

참된 음료인 주님의 피를 마신 그리스도인으로서

주님의 마지막 지상 명령을 좇아 이웃에게 참된 양식과

참된 음료를 먹고 마시게 하며, 생명을 나누고,

밥을 나누고, 사랑을 나누어 잃어버린 양을 책임지고

돌보는 삶을 살 수 있게 인도해 주십시오.

육신의 허기를 채우기 위해 음식을 먹는 일 만큼이나

영혼의 허기를 채우기 위해 신령한 말씀을 먹는 일 또한

소홀히 하지 않게 해주십시오.

다음번 일용할 양식을 주실 때까지

먹고사는 문제로 근심하지 않고,

오직 이 땅에 주님의 나라를 세우고,

주님의 의를 실현하기 위해서만 살겠습니다.

생명을 살리는 밥, 그 자체이신

예수 그리스도의 이름으로 기도 드립니다.

아멘!

내가 매번 밥상 앞에서 이처럼 거룩한 식사 기도를 드린다는 건 결코 아

니다. 가급적 이렇게 기도를 드리고 싶고, 또 이와 같이 기도하기 위해 애쓸 뿐이다. 노력하다 보면 언젠가는 자연스럽게 이 기도문을 외워 모든 식사 때마다 이 같은 기도를 드릴 수 있게 되지 않을까 희망한다. 밥은 참으로 소중하고, 매끼니 밥상을 마주한다는 건 정말 경건한 일이며, 누군가와 기꺼이 한 끼 밥을 나눌 수 있다는 건 그만큼 넉넉한 마음이 없으면 불가능한 일인 까닭이다. 따라서 정제된 식사 기도는 밥을 주신 하나님에 대한 최소한의 예의이기도 하다.

2017년 우리나라를 직접 방문하기도 했던 미국을 대표하는 목회자이자 신학자이며 베스트셀러 작가이기도 한 존 파이퍼 목사는 다음과 같이 식사 기도를 한다고 알려져 있다.

아버지 하나님,
당신은 신실하게 저희를 보살펴 주십니다.
다시 한 번 식탁을 대하게 하십니다.
다시 한 번 저희 앞에
귀한 음식을 베푸셨습니다.

단지 배만 채우는 저희가 되지 않게 하소서.

사랑의 분위기로 저희를 감싸 주소서.

저희 몸에 새 힘을 공급해 주시며

저희를 찾아오시어 하나 되게 하소서.

예수님의 이름으로 기도합니다.

아멘!

18세기에서 19세기에 이르는 천주교 박해의 역사를 다룬 소설 『黑山흑산』은 온전한 한 끼 식사를 갈망하며 모진 세월을 견뎌낸 사람들의 이야기다. 작가 김훈은 작품에 등장하는 과부 오동희의 입을 빌어 뼛속까지 울리는 처절하면서 진솔한 기도 한 편을 소개한다.

주여, 매 맞아 죽은 우리 아비의 육신을 우리 아들이 거두옵니다.

주여, 당신이 십자가에서 죽었을 때 당신의 주검을 거두신

모친의 마음이 어떠했으리까.

하오니 주여, 우리를 매 맞지 않게 하옵소서.

우리를 매 맞아 죽지 않게 하옵소서.

주여, 우리를 굶어 죽지 않게 하소서.

주여, 우리 어미 아비 자식이 한데 모여 살게 하소서.

주여, 겁 많은 우리를 주님의 나라로 부르지 마시고

우리들의 마을에 주님의 나라를 세우소서.

주여, 우리 죄를 묻지 마시옵고 다만 사하여 주소서.

주여, 우리를 불쌍히 여기소서.

이것은 식사 기도가 아니다. 삶의 질곡 속에서 울부짖는 백성들의 한 맺힌 기도다. 그들에게는 맞아 죽으나 굶어 죽으나 매한가지다. 이들이 소원하는 건 온 식구들이 둘러앉아 평화롭게 따뜻한 밥 한 끼 먹는 것이다. 그들에게는 그것이 곧 주님의 나라다. 아마도 북녘 땅 어디에선가 이토록 간장을 녹이는 기도를 드리는 지하교회 신자들이 있을지도 모른다.

밥이란 무엇인가? 나는 책을 덮으며 다시 한 번 진지하게 묻지 않을 수 없다. 그것은 단순히 허기를 면하기 위해 제 입에 더운 밥 한 술 떠 넣는 차원을 넘어선 것이다. 온전히 밥벌이를 하며 산다는 것은 하나님이 주신 인생의 소명을 다하는 일이며, 제 식솔을 먹이며 건사한다는 것은 하나님이 내게 맡기신 가정을 책임지는 일이고, 주위에 있는 가난한 사람들과 고아와 과부들을 위해 내 밥그릇에 담긴 밥을 덜어준다는 것은 주님의 지상 명령에 순종하는 일이며, 이웃과 나라와 민족과 인류를 위해 내 주머니를 털고 곳간을 연다는 것은 하나님의 정의와 예수님의 사랑을 실천하는 일이다. 윤리와 도덕과 정의는 결국 밥으로부터 온다. 세상 사람들은 그것을 법과 제도를 가지고 이루려 하지는 이는 불가능한 일이다. 유사 이래 법과 제도를 통해 공평하게 밥을 나누던 시대나 사회는 한 번도 없었다. 성경이 가르쳐주신 대로, 이는 전적으로 하나님의 정의와 예수님의 사랑에 의해서만 가능한 일이다.

마태복음 7장 9절부터 12절까지는 예수께서 율법과 예언서의 본뜻, 즉 성경의 핵심 원리를 알기 쉽게 가르쳐주신 말씀이다. 이는 하나님을 믿고 사랑한다면 그와 동일하게 이웃을 사랑해야 함을 강조한 것이다. 아울러 진정한 이웃 사랑은 말과 혀로만 하는 게 아니라 자발적으로 내 밥그릇에서 밥 한 술 떠서 내 이웃을 먹이는 실천에 있음을 알려주신 것이다.

하나님은 우리 모두가 빈부귀천 없이, 남녀노소 없이, 동서남북 없이 당신이 주신 영혼의 양식과 육신의 양식을 골고루 나눠 먹기를 원하신다. 언제나 내 입만 생각하고 내 배만 불리길 원한다면 세상은 끝없는 아비규환일 테지만 항상 상대방과 이웃과 인류의 입을 먼저 생각하고 나는 일용할 양식에 족하며 살아간다면 세상은 지상낙원이나 다름없을 것이다.

그런 의미에서 프랑스 소설가 조르주 베르나노스의 말은 두고두고 곱씹어볼 만하다.

"신에게는 우리들의 손만이 있을 뿐이다."

제2부 어머니가 자식을 먹이듯 사람들을 먹이신 하나님

제3부 스스로 음식이 되어 살과 피를 나눠주신 예수님

신의 밥상 인간의 밥상

펴 낸 날 | 2018년 1월 30일 초판 1쇄

지 은 이 | 유승준
펴 낸 이 | 이태권

펴 낸 곳 | (주)태일소담
　　　　　서울특별시 성북구 성북로8길 29 (우)02834
　　　　　전화 | 02-745-8566~7 팩스 | 02 -747-3238
　　　　　등록번호 | 1979년 11월 14일 제2-42호
　　　　　e-mail | sodam@dreamsodam.co.kr
　　　　　홈페이지 | www.dreamsodam.co.kr

ISBN 979-11-6027-029-7 03900

이 도서의 국립중앙도서관 출판예정도서목록(CIP)은 서지정보유통지원시스템 홈페이지
(http://seoji.nl.go.kr)와 국가자료공동목록시스템(http://www.nl.go.kr/kolisnet)에서
이용하실 수 있습니다. (CIP제어번호 : CIP2018001587)